TÜBINGER GEOGRAPHISCHE STUDIEN

Herausgegeben von
A. Karger · G. Kohlhepp · H. Grees · W. Moewes · K.-H. Pfeffer
Schriftleitung A. Borsdorf

Heft 97

gleichzeitig

TÜBINGER BEITRÄGE ZUR
GEOGRAPHISCHEN LATEINAMERIKA-FORSCHUNG

Herausgegeben von Gerd Kohlhepp
Schriftleitung: A. Borsdorf

Heft 5

Martin Coy

Regionalentwicklung und regionale Entwicklungsplanung an der Peripherie in Amazonien

Probleme und Interessenkonflikte
bei der Erschließung einer jungen Pionierfront
am Beispiel des brasilianischen Bundesstaates Rondônia

Mit 31 Karten, 22 Abbildungen und 79 Tabellen

1988

Im Selbstverlag des Geographischen Instituts der Universität Tübingen

ISBN 3 - 88121 - 002 - 4
ISSN 0932 — 1438

CIP-Titelaufnahme der Deutschen Bibliothek

Coy, Martin:
Regionalentwicklung und regionale Entwicklungsplanung an der Peripherie in Amazonien : Probleme u. Interessenkonflikte bei d. Erschliessung e. jungen Pionierfront am Beisp. d. brasilian. Bundesstaates Rondônia / Martin Coy. Geograph. Inst. d. Univ. Tübingen. - Tübingen : Geograph. Inst. d. Univ., 1988
  (Tübinger geographische Studien ; H. 97) (Tübinger Beiträge zur geographischen Lateinamerika-Forschung ; H. 5)
  Zugl.: Tübingen, Univ., Diss., 1988
  ISBN 3-88121-002-4
NE: 1. GT; 2. GT

WG: 44;14;61   DBN 88.036275.8   88.02.25
9797   wi/rt

Gedruckt mit Unterstützung des Stiftungsfonds Robert Bosch GmbH im Stifterverband für die Deutsche Wissenschaft und der Frankfurter Sparkasse von 1822 (Polytechnische Gesellschaft)

Copyright 1988. Geographisches Institut der Universität Tübingen, Hölderlinstraße 12, D-7400 Tübingen

Zeeb-Druck, 7400 Tübingen 7

Vorwort

Bereits während meines Geographie–Studiums in Frankfurt am Main wurde das Interesse an Brasilien und an der Problematik der Agrarkolonisation in den Tropen vor allem durch die Teilnahme an zahlreichen Veranstaltungen von Herrn Prof. Dr. G. Kohlhepp geweckt. Auch meine Diplomarbeit zum Problem der Umsiedlung in den Ländern des insularen Südostasien beschäftigte sich mit diesem Fragenkreis. Herrn Professor Kohlhepp habe ich für die Anregung und Betreuung der vorliegenden Dissertation über die Neusiedelregion Rondônia, für fruchtbare Diskussionen und für vielfältige Unterstützung während aller Phasen der Arbeit zu danken. Dabei wurden schon durch meine Mitarbeit im *Amazonas–Projekt* am Geographischen Institut der Universität Tübingen unter der Leitung von Herrn Prof. Dr. G. Kohlhepp wichtige Grundlagen für die spätere Feldarbeit in Amazonien geschaffen. Für die Übernahme des Zweitgutachtens danke ich Herrn Prof. Dr. H. Kopp. Herrn Prof. Dr. G. Sandner, Hamburg, möchte ich für die Übernahme des dritten Gutachtens danken.

Die umfangreichen Feldforschungen in Brasilien wurden durch ein mehrjähriges Stipendium der Abteilung Entwicklungsländerforschung des Forschungsinstituts der Friedrich–Ebert–Stiftung, Bonn, ermöglicht. Hierfür möchte ich an dieser Stelle ebenso danken, wie für die Vergabe eines Graduiertenstipendiums der gleichen Institution während der Ausarbeitungsphase. Dank gilt auch den Mitarbeitern des *Instituto Latinoamericano de Desenvolvimento Econômico e Social* (ILDES) der Friedrich–Ebert–Stiftung in Rio de Janeiro für zahlreiche technische Hilfeleistungen während des Aufenthaltes in Rondônia.

In Brasilien war das Forschungsvorhaben institutionell dem *Departamento de Geografia* der Universität Brasília und dem *Núcleo de Altos Estudos Amazônicos* (NAEA) der Universität Belém angeschlossen, deren Mitgliedern ich für zahlreiche Ratschläge, technische Unterstützung und für viele Diskussionen meinen Dank aussprechen möchte. Stellvertretend seien hier Frau Professor M. Novaes Pinto und Frau Professor C. Aubertin (Brasília) sowie Herr Professor L. J. A. Mougeot und Herr Professor J. Hébette (Belém) genannt.

Viele Freunde und Bekannte in Rondônia haben meine Arbeit mit Interesse begleitet, durch ihre Kenntnisse und Erfahrungen zu einem besseren Verständnis der Probleme der Region und ihrer Bevölkerung beigetragen und in der unterschiedlichsten Weise die Durchführung der Arbeit erleichtert. Stellvertretend möchte ich Enoque Gonçalves de Oliveira, Valter Barbosa und Roberto Aparecido Custódio in Ouro Preto do Oeste, Pastor Friedel Fischer und Ana Maria Alves de Avelar in Ariquemes, Gabriel de Lima Ferreira, Olavo Nienow und den Mitarbeitern der CEPA–RO in Porto Velho danken. Ohne ihre Unterstützung wäre mir vieles von dem, was ich in der vorliegenden Arbeit darzustellen versuche, verschlossen geblieben.

Dem Bischof von Ji–Paraná, Dom Antônio Possamai, danke ich wie vielen anderen auch für die große Gastfreundschaft.

Meinen Freunden am Forschungsschwerpunkt Lateinamerika des Geographischen Instituts in Tübingen, besonders Dr. Reinhold Lücker sowie Dipl. Geogr. Ana C. Walschburger, Dipl. Geogr. Wolf–Dietrich Sahr, Dipl. Geogr. Joseph Hartmayer und Karin

Hatzmann, habe ich für unzählige Diskussionen und Ratschläge, vor allem aber für die freundschaftliche Atmosphäre, die vieles erleichtert hat, zu danken.

Besonderen Dank schulde ich meinem Freund Dipl. Geogr. Hans–Peter Copony. Er hat mich mit viel Geduld und Geschick in die *Geheimnisse* der Textverarbeitung eingeführt und die zahlreichen und immer neuen technischen Probleme souverän gemeistert. Von ihm wurde auch die Druckvorbereitung der Arbeit besorgt. Ohne seine mit hohem Zeitaufwand verbundene freundschaftliche Unterstützung wäre die Arbeit sicherlich sehr viel schwieriger fertigzustellen gewesen.

Für die Reinzeichnung der Karten danke ich Herrn Kartograph G. Koch, Herrn G. Müller sowie besonders meiner Freundin Dipl. Geogr. Ute Woeckner, die mich — außer diesen konkreten technischen Hilfen — in der gesamten Ausarbeitungsphase mit viel Geduld und Verständnis unterstützt hat.

Den Herausgebern der Tübinger Geographischen Studien danke ich für die Aufnahme der Arbeit in die Reihe.

Für die großzügige Gewährung von Druckkostenzuschüssen sei dem Stiftungsfonds Robert Bosch GmbH im Stifterverband für die Deutsche Wissenschaft sowie der Frankfurter Sparkasse von 1822 (Polytechnische Gesellschaft) gedankt.

Schließlich möchte ich besonders den Siedlern des Kolonisationsprojektes PIC *Ouro Preto* in Rondônia für ihre freundliche Aufnahme, ihr Entgegenkommen und ihre Geduld meinen herzlichen Dank aussprechen.

Ich widme die Arbeit meinem Vater, der mich zur Beschäftigung mit der Geographie angeregt und diese Arbeit zu aller Zeit unterstützt sowie mit Interesse begleitet hat.

Tübingen, im Dezember 1987

Inhaltsverzeichnis

Vorwort I

Inhaltsverzeichnis III
    Abkürzungsverzeichnis VIII
    Verzeichnis der Tabellen im Anhang IX
    Abbildungsverzeichnis XII
    Verzeichnis der Abbildungen im Anhang XIII
    Kartenverzeichnis XIII

I.	Einleitung 1
I.1.	Einführung in die Problemstellung der Arbeit 1
I.2.	Zur methodischen Vorgehensweise und zu Restriktionen empirischen Arbeitens an der Pionierfront 1

II.	Zur Grundlegung einer Untersuchung der Peripherie der Peripherie am Beispiel brasilianischer Pionierfronten 8
II.1.	Theoretische Grundbemerkungen 8
II.1.1.	Zu einer geographischen Standortbestimmung 8
II.1.2.	Das Zentrum–Peripherie–Modell als Erklärungsansatz räumlicher und gesellschaftlicher Strukturen 10
II.2.	Die Pionierfront in Brasilien 16
II.2.1.	Zur Beschäftigung mit dem Thema Landerschließung in der Geographie .. 16
II.2.2.	Zum Problem einer Definition der Pionierfront 18
II.2.3.	Der Pionierfront–Mythos 21
II.2.4.	Zur Diskussion verschiedener Pionierfront–Konzepte 26
II.2.5.	Die Bedeutung des Staates für die Pionierfrontentwicklung in Amazonien . 33

III.	Die Pionierfront Rondônia 42
III.1.	Die natürlichen Gegebenheiten 42
III.1.1.	Klima 43
III.1.2.	Geologie und Geomorphologie 45
III.1.3.	Die Böden und ihre Nutzungseignung 48
III.1.4.	Die Vegetation und ihr Nutzungspotential 51
III.2.	Erschließung und Entwicklungsphasen Rondônias bis 1970 54
III.2.1.	Die Phase der ersten Erkundung 54
III.2.2.	Kautschuk und Eisenbahn 56
III.2.3.	Kassiterit und Straßenbau 64
III.2.4.	Agrarkolonisation. Die Verlagerung der regionalen Entwicklungsdynamik . 70

III.2.5.	Zwischenergebnisse	74
III.3.	Migration als Bestimmungsfaktor der Pionierfrontentwicklung	76
III.3.1.	Allgemeines	76
III.3.2.	Quantitative Analyse der Migration nach Rondônia	79
III.3.2.1.	Einordnung in den brasilianischen Gesamtzusammenhang	79
III.3.2.2.	Die Entwicklung der Migration nach Rondônia 1971–1985	85
III.3.3.	Qualitative Analyse der Migration nach Rondônia anhand von Befragungsergebnissen im Kolonisationsprojekt Ouro Preto	97
III.3.4.	Zur Bedeutung der Etappen–Migration. Rondônia als Teil der moving frontier Brasiliens	110
III.3.5.	Abwanderung aus Rondônia. Fortsetzung der moving frontier ?	122
III.3.6.	Zwischenergebnisse	125
III.4.	Kolonisation als Bestimmungsfaktor der Pionierfrontentwicklung	127
III.4.1.	Allgemeines	127
III.4.2.	Zur Entwicklung von Landgesetzgebung und gelenkter Kolonisation in Brasilien	129
III.4.3.	Die staatlichen kleinbäuerlichen Kolonisationsprojekte des INCRA im Rahmen der Neuordnung der Raumorganisation Rondônias seit 1970	137
III.4.4.	Vom PIC zum Assentamento Rápido. Verringerung staatlicher Vorleistungen angesichts steigender Landnachfrage	150
III.4.5.	Die Veränderung der institutionellen und gesellschaftlichen Struktur sowie der administrativen Raumgliederung Rondônias durch die Agrarkolonisation	154
III.4.6.	Tendenzen der Landnutzung und Agrarproduktion seit 1970	160
III.4.7.	Veränderung des Städtesystems Rondônias durch die Agrarkolonisation. Zur Funktion neuer Städte im Zusammenhang mit Migration und Kolonisation.	176
III.4.7.1.	Das Regionalzentrum Ji–Paraná	180
III.4.7.2.	Das lokale Zentrum Ouro Preto do Oeste	190
III.4.8.	Zwischenergebnisse	195
IV.	Zu den Lebens– und Produktionsbedingungen sowie zum Prozeß sozio-ökonomischer Differenzierung der Kolonistenbevölkerung am Beispiel der Untersuchungen im PIC Ouro Preto	198
IV.1.	Die engere Untersuchungsregion	198
IV.1.1.	Einige allgemeine Bemerkungen zur Raumorganisation des Kolonisationsprojektes PIC Ouro Preto und angrenzender Raumeinheiten	198
IV.1.2.	Die Befragungsgebiete: Die Einzugsbereiche der 3 NUARs Teixeirópolis, Nova Colina und Nova União	205
IV.2.	Landeigentumsverhältnisse und ihre Veränderungstendenzen	207

IV.2.1.	Zu den verschiedenen Formen des Landzugangs der im PIC Ouro Preto befragten Kolonisten	208
IV.2.2.	Ein Beispiel agrarsozialer Differenzierung im PIC Ouro Preto	212
IV.3.	Der Erschließungsgang: Von der Naturlandschaft zur Agrarlandschaft	215
IV.3.1.	Zur Problematik und zum Stand der Rodungen durch die Kolonisten im PIC Ouro Preto	215
IV.3.2.	Bemerkungen zum Nutzungssystem und zum Agrarkalender der Kolonisten im PIC Ouro Preto	220
IV.3.3.	Die räumliche Organisation der Siedlungsparzelle und die Nutzungseignung des Landes in der Wahrnehmung der befragten Siedler	225
IV.4.	Landnutzung, Agrarproduktion, Vermarktung und ihre Veränderungen	230
IV.4.1.	Betriebsgrößen und Flächennutzung	230
IV.4.1.1.	Betriebsgrößen	230
IV.4.1.2.	Flächennutzung	231
IV.4.2.	Der Anbau von Grundnahrungsmitteln und marktorientierten Dauerkulturen	234
IV.4.2.1.	Der Anbau auf den untersuchten Betrieben	237
IV.4.3.	Agrarproduktion und Vermarktung	239
IV.4.3.1.	Produktion	239
IV.4.3.2.	Produktivität	240
IV.4.3.3.	Vermarktung	242
IV.4.3.4.	Verkaufserlös	245
IV.4.3.5.	Vermarktungswege	246
IV.4.3.6.	Die Bedeutung der Kooperativen	249
IV.4.4.	Zur Bedeutung der Umwandlung von roças in Kunstweiden und zur Bedeutung der Viehhaltung in der Kolonisten–Landwirtschaft des PIC Ouro Preto	251
IV.5.	Versuch einer Typisierung der untersuchten Kolonistenbetriebe	256
IV.6.	Soziale Organisation der Kolonisten	268
IV.7.	Räumliche Distanzen: Versorgung und Bedeutung der Stadt in der Wahrnehmung der Kolonisten	275
IV.8.	Die Probleme des Lebens im ländlichen Raum aus der Sicht der Kolonisten	279
IV.9.	Zwischenergebnisse	281
V.	**Regionale Entwicklungsplanung in Rondônia am Beispiel des POLONOROESTE–Programms**	**284**
V.1.	Allgemeines: Zu neueren Ansätzen regionaler Entwicklungsplanung in ländlichen Räumen der Dritten Welt und ihrem entwicklungspolitischen Hintergrund	284
V.2.	Das POLONOROESTE–Programm	292
V.2.1.	Ursachen, Hintergründe, Vorläuferprogramme	292

V.2.2.	Das POLONOROESTE-Programm und seine Einzelmaßnahmen 296
V.2.3.	Ländliche Entwicklung in Rondônia. Das PDRI-RO 302
V.3.	Zur Umsetzung Integrierter Ländlicher Entwicklung am Beispiel der 3 NUARs im PIC Ouro Preto 307
V.3.1.	Maßnahmen des PDRI-RO im ländlichen Einzugsbereich der NUARs .. 307
V.3.2.	Die NUARs als ländliche Versorgungszentren 314
V.4.	Zur aktuellen städtischen Entwicklung der NUARs im PIC Ouro Preto .. 321
V.4.1.	Funktionale Gliederung und Attraktivität der NUARs 323
V.4.2.	Sozio-ökonomische Charakterisierung der NUAR-Bevölkerung und die Stellung der NUARs im Prozeß der sozio-ökonomischen Differenzierung der Pionierfront 329
V.5.	Die Einrichtung neuer Kolonisationsprojekte durch POLONOROESTE und ihre Einordnung in die Pionierfrontentwicklung 336
V.6.	POLONOROESTE. Neubeginn peripherieorientierter Planung oder Fortsetzung zentrumsorientierter Integration? 343

VI. Interessenkonflikte an der Pionierfront. Landkonflikte als Raumnutzungskonkurrenz verschiedener sozialer Gruppen 347

VI.1.	Allgemeines: Konflikt und Gewalt als Grundkategorien gesellschaftlicher Auseinandersetzung — ihre Einbeziehung in die geographische Analyse gesellschaftlich und räumlich disparitärer Systeme 347
VI.2.	Landkonflikte als konstitutiver Bestandteil der Pionierfrontentwicklung .. 350
VI.2.1.	Die Einordnung in den brasilianischen Gesamtzusammenhang 350
VI.2.2.	Landkonflikte und die Pionierfronten in Amazonien 352
VI.3.	Landkonflikte in Rondônia 358
VI.3.1.	Der Konflikt zwischen Pionierfront und indianischer Bevölkerung 358
VI.3.1.1.	Ein Beispiel aus dem Untersuchungsgebiet: Die Invasion der A.I. Lourdes 360
VI.3.2.	Der Konflikt zwischen Pionierfront und der Erhaltung der natürlichen Umwelt 362
VI.3.3.	Konflikte innerhalb der Pionierfront bzw. zwischen verschieden strukturierten Pionierfronten 363
VI.3.3.1.	Zur Wiederbelebung des Konflikts zwischen garimpeiros und kapitalistischer Rohstoffextraktion 364
VI.3.3.2.	Zu innerstädtischen Konflikten in Rondônia 365
VI.3.3.3.	Konflikte zwischen kleinbäuerlichem Überleben und der kapitalistischen Expansion an der Pionierfront 365
VI.3.4.	Zur Einordnung der Konflikte und zu ihrem Zusammenhang mit der disparitären Gesellschafts- und Raumstruktur Brasiliens 370
VI.3.5.	Zum Konflikt zwischen *development from above* und *development from below* 375

| VII. | Zusammenfassung. Rondônia — neues El Dorado in Amazonien oder Peripherie der Peripherie? | 379 |

Literaturverzeichnis 389

Resumo 407

Summary 411

Anhang (Tabellen und Abbildungen) 417

Abkürzungsverzeichnis

AI	Area Indígena
AO	Autorização de Ocupação
ARAOPAM	Associação Rural Ariquemense Organizada para Ajuda Mútua
ARCOPAM	Associação Rural Cacoalense Organizada para Ajuda Mútua
ARJOPAM	Associação Rural Ji–Paranaense Organizada para Ajuda Mútua
AROPAM	Associação Rural Ouropretense Organizada para Ajuda Mútua
ASTER	Associação de Assistência Técnica e Extensão Rural
BASA	Banco da Amazônia S.A.
CDR	Comissão de Desenvolvimento Rural
CEDI	Centro Ecumênico de Documentação e Informação
CEPA	Comissão Estadual de Planejamento Agrícola
CEPLAC	Comissão Executiva do Plano da Lavoura Cacaueira
CETREMI	Centro de Triagem e Encaminhamento de Migrantes
CFP	Comissão de Financiamento da Produção
CIBRAZEM	Companhia Brasileira de Armazenamento
CIRA	Cooperativa Integral de Reforma Agrária
CODARON	Companhia de Desenvolvimento Agrícola de Rondônia
CONTAG	Confederação Nacional dos Trabalhadores na Agricultura
COPLAN	Coordenação de Planejamento
CPT	Comissão Pastoral da Terra
Cruz.	Cruzeiro
DER	Departamento de Estradas de Rodagem
DNER	Departamento Nacional de Estradas de Rodagem
DNPM	Departamento Nacional de Produção Mineral
EFMM	Estrada de Ferro Madeira Mamoré
EMATER	Empresa de Assistência Técnica e Extensão Rural
EMBRAPA	Empresa Brasileira de Pesquisa Agropecuária
FUNAI	Fundação Nacional do Indio
GETAT	Grupo Executivo das Terras do Araguaia – Tocantins
IBC	Instituto Brasileiro do Café
IBDF	Instituto Brasileiro do Desenvolvimento Florestal
IBGE	Instituto Brasileiro de Geografia e Estatística
IBRA	Instituto Brasileiro de Reforma Agrária
ILE	Integrierte Ländliche Entwicklung
INCRA	Instituto Nacional de Colonização e Reforma Agrária
INDA	Instituto Nacional de Desenvolvimento Agrário
INPA	Instituto Nacional de Pesquisas da Amazônia
ITERAM	Instituto das Terras do Amazonas
MEAF	Ministério Extraordinário de Assuntos Fundiários
MIRAD	Ministério da Reforma e do Desenvolvimento Agrário
MST	Movimento dos Sem–Terra
MT	Mato Grosso
NUAR	Núcleo Urbano de Apoio Rural
NURE	Núcleo Responsável para Migrações

PA	Projeto de Assentamento
PAD	Projeto de Assentamento Dirigido
PDRI	Projeto de Desenvolvimento Rural Integrado
PF	Projeto Fundiário
PI	Parque Indígena
PIC	Projeto Integrado de Colonização
PICOP	Projeto Integrado de Colonização Ouro Preto
PIN	Programa de Integração Nacional
POP	Projeto Ouro Preto
RO	Rondônia
SEAG	Secretaria do Estado de Agricultura
SECET	Secretaria do Estado de Cultura, Esportes e Turismo
SEMPLAN	Secretaria Municipal de Planejamento
SEPLAN	Secretaria do Estado de Planejamento
SETRAPS	Secretaria do Estado de Trabalho e Promoção Social
SP	Sindicato Patronal
SPVEA	Superintendência do Plano de Valorização Econômica da Amazônia
STR	Sindicato de Trabalhadores Rurais
SUCAM	Superintendência de Campanhas de Saúde Pública
SUDAM	Superintendência do Desenvolvimento da Amazônia
SUDECO	Superintendência do Desenvolvimento do Centro–Oeste
SUDHEVEA	Superintendência da Borracha

Verzeichnis der Tabellen im Anhang

Tabelle	Titel
1	Natürliche Vegetation Rondônias. Einige ausgewählte nutzbare Arten
2	Bevölkerungsentwicklung 1872 – 1980. Brasilien, Região Norte, Rondônia
3	Bevölkerung Rondônias 1980 nach Geburtsstaaten
4	Wanderungssalden der brasilianischen Bundesstaaten 1980
5	Bevölkerung nach städtischem und ländlichem Raum. Rondônia, Região Norte, Brasilien. 1950, 1960, 1970, 1980
6	Migration nach Rondônia 1970 – 1980. Herkunft der Migranten
7	Abwanderung aus Rondônia 1970 – 1980
8	Migration nach Rondônia. Wanderungssaldo 1980
9	Rondônia. Städtische und ländliche Bevölkerung sowie Bevölkerungsdichten 1980 nach Munizipien
10	Herkunft der 169 im PIC *Ouro Preto* Befragten
11	Ankunftsjahr in Rondônia der 169 im PIC *Ouro Preto* Befragten
12	Beschäftigung im Herkunftsgebiet der 169 im PIC *Ouro Preto* Befragten
13	Schulbesuch der 79 im PIC *Ouro Preto* befragten Kolonisten
14	Wanderungsmotive der 169 im PIC *Ouro Preto* Befragten
15	Wanderungsmotive nach Herkunftsregionen der Befragten
16	Wanderungsabsichten der 169 im PIC *Ouro Preto* Befragten

17	Migrationsabsicht *Landkauf* bzw. *Landzuteilung durch INCRA* in Abhängigkeit von sozialer Stellung im Herkunftsgebiet und Ankunftsjahr in Rondônia
18	Information über Rondônia vor der Wanderung bei den 79 im PIC *Ouro Preto* befragten Kolonisten
19	Entfernungstabelle
20	Zur Wanderung nach Rondônia benutztes Transportmittel bei den 79 im PIC *Ouro Preto* befragten Kolonisten
21	Erster Wohnort in Rondônia der 169 im PIC *Ouro Preto* Befragten
22	Wohnform und erster Wohnort in Rondônia bei den 79 im PIC *Ouro Preto* befragten Kolonisten
23	Erste Beschäftigung der 169 im PIC *Ouro Preto* Befragten
24	Etappenmigration nach Rondônia. Migrationsgeschichten der 169 im PIC *Ouro Preto* Befragten
25	Etappenmigration nach Rondônia. Anzahl der Wohnorte der 169 im PIC *Ouro Preto* Befragten
26	Etappenmigration nach Rondônia. Vergleich zwischen Geburts- und Herkunftsregion der 169 im PIC *Ouro Preto* Befragten
27	Etappenmigration nach Rondônia. Wanderungsetappe Paraná
28	Etappenmigration nach Rondônia. Wanderungsetappen Mato Grosso do Sul und Mato Grosso
29	Etappenmigration nach Rondônia. Wanderungsetappe São Paulo
30	Etappenmigration nach Rondônia. Städtische Wanderungsetappen
31	Aus der Nachbarschaft wieder abgewanderte Bekannte oder Verwandte und deren Wanderungsziele
32	Betriebsgrößenstruktur in der brasilianischen Landwirtschaft 1920, 1950, 1980
33	Gelenkte Kolonisation in Brasilien. Übersicht über die Kolonisation des INCRA
34	Agrarkolonisation in Rondônia. Projekte des INCRA
35	Rondônia. Verwendungsbestimmung der Ländereien durch INCRA
36	Rondônia. Verhältnis Extraktion pflanzlicher Rohstoffe zu Agrarproduktion 1952, 1973, 1980
37	Rondônia. Landwirtschaftliche Betriebe und Betriebsfläche nach Größenklassen 1970, 1975, 1980
38	Rondônia. Entwicklung der Anbaufläche von Dauerkulturen und Ackerkulturen 1950 – 1985
39	Rondônia. Dauerkulturanbau. Anbaufläche und produktive Fläche der wichtigsten Dauerkulturen 1985
40	Kakao-Anbau in Rondônia. Entwicklung der Anbauflächen und ihre regionale Verteilung in den Aktionsbereichen der CEPLAC
41	Rondônia. Entwicklung der Rinderhaltung 1980 – 1985
42	Einzelhandelsstruktur in Ji-Paraná und Ouro Preto do Oeste 1981/1982
43	Rondônia. Beschäftigte nach Wirtschaftssektoren 1980
44	Industriestruktur in Ji-Paraná, Ouro Preto do Oeste und Rondônia 1982

45	Industrie und produzierendes Gewerbe in Ji–Paraná. Beschäftigte, Betriebe und Betriebsgrößenklassen 1980
46	Gesundheitswesen in Rondônia. Versorgung mit Krankenhausbetten 1983
47	Elektrizitäts– und Wasserversorgung. Ji–Paraná und Ouro Preto do Oeste 1982 und 1984
48	Ankunftsjahr und Formen des Landerwerbs der 79 im PIC *Ouro Preto* befragten Kolonisten
49	Landerwerb durch Kauf von Kolonistenbetrieben
50	Entwaldung in Rondônia
51	Anteile der bereits gerodeten Flächen in den 79 im PIC *Ouro Preto* befragten Kolonistenbetrieben
52	Jährliche Neurodungen 1980 – 1983/84 in den 79 im PIC *Ouro Preto* befragten Kolonistenbetrieben
53	Nutzungseignung des Landes in der Wahrnehmung der 79 im PIC *Ouro Preto* befragten Kolonisten
54	Wichtige Kennzahlen zur Landnutzung der 79 im PIC *Ouro Preto* befragten Kolonistenbetriebe
55	Wichtige Kenzahlen zum landwirtschaftlichen Anbau der 79 im PIC *Ouro Preto* befragten Kolonistenbetriebe
56	Verteilung der Anbauflächen zwischen Grundnahrungsmitteln und marktorientierten Dauerkulturen auf den 79 im PIC *Ouro Preto* befragten Kolonistenbetrieben
57	Kennzahlen zur Agrarproduktion der 79 im PIC *Ouro Preto* befragten Kolonistenbetriebe
58	Flächenproduktivitäten der wichtigsten Kulturen bei den 79 im PIC *Ouro Preto* befragten Kolonistenbetrieben
59	Wege der Kommerzialisierung landwirtschaftlicher Produkte bei den 79 im PIC *Ouro Preto* befragten Kolonistenbetrieben
60	Kennzahlen zur Weidefläche und zur Tierhaltung der 79 im PIC *Ouro Preto* befragten Kolonistenbetriebe
61	Verwendung von Weidegräsern und Leguminosen bei den 79 im PIC *Ouro Preto* befragten Kolonistenbetrieben
62	Gründe für Ausdehnung der Weideflächen in der Sicht der 79 im PIC *Ouro Preto* befragten Kolonisten
63	Gründe für die positive Einschätzung des Veränderungspotentials von Kleinbauernassoziationen in der Wahrnehmung der 79 im PIC *Ouro Preto* befragten Kolonisten
64	Indikatoren zur Zentralitätsfunktion der Pionierstädte für die 79 im PIC *Ouro Preto* befragten Kolonisten
65	Hauptproblembereiche des Lebens im ländlichen Raum aus der Sicht der 79 im PIC *Ouro Preto* befragten Kolonisten
66	Bereiche der höchsten Kosten des Lebensunterhaltes während des vergangenen Jahres aus der Sicht der 79 im PIC *Ouro Preto* befragten Kolonisten

67	POLONOROESTE-Programm. Verteilung der geplanten Gesamtkosten auf die einzelnen Teilprogramme
68	Einschätzung der Agrarberatung durch die 79 im PIC *Ouro Preto* befragten Kolonisten
69	Eigentum an Parzellen (*datas*), Parzellen–Erwerbsform und aktuelle Wohnform der 90 im PIC *Ouro Preto* befragten NUAR–Bewohner
70	Entwicklungsstand der NUARs des PIC *Ouro Preto* ein– bis eineinhalb Jahre nach ihrer Einrichtung
71	Funktionale Mängel der NUARs im PIC *Ouro Preto* aus der Sicht der im ländlichen Einzugsbereich und in den NUARs Befragten
72	Wohndauer im NUAR und letzter Wohnort vor dem Umzug in den NUAR bei den 90 im PIC *Ouro Preto* befragten NUAR–Bewohnern
73	Beschäftigung im letzten Wohnort vor dem Umzug in den NUAR der 90 im PIC *Ouro Preto* befragten NUAR–Bewohner
74	Gründe für die Wahl des NUARs als Wohnort bei den 90 im PIC *Ouro Preto* befragten NUAR–Bewohnern
75	Landeigentumsverhältnisse bei den 90 im PIC *Ouro Preto* befragten NUAR–Bewohnern
76	Einkommensquellen der 90 im PIC *Ouro Preto* befragten NUAR–Bewohner
77	Bedeutung der Mithilfe und des Zusatzverdienstes von Familienmitgliedern für die Einkommenserwirtschaftung bei den 90 im PIC *Ouro Preto* befragten NUAR–Bewohnern
78	Die Situation der Indianer in Rondônia
79	Waldschutzgebiete in Rondônia

Abbildungsverzeichnis

Abb.	Titel
1	Regionale Entwicklungsplanung in Amazonien
2	Klimadiagramm und Agrarkalender für die Untersuchungsregion PIC *Ouro Preto*
3	Entwicklung der Kassiterit–Produktion in Rondônia 1959 – 1984
4	Schema der zeitlich–räumlichen Entwicklung Rondônias
5	Entwicklung der Migration nach Rondônia 1971 – 1985 sowie letzter Wohnort der Migranten 1972, 1976, 1980, 1984
6	Migration nach Rondônia. Ausmaß der Zuwanderung im Jahresverlauf 1982, 1983, 1984
7	Entwicklung der Migration nach Rondônia 1971 – 1985 sowie letzter Wohnort nach städtischem und ländlichem Raum 1972, 1976, 1980, 1983
8	Migration nach Rondônia. Berufsstruktur der Migranten im Herkunftsgebiet 1979 – 1984
9	Herkunft der Befragten im PIC *Ouro Preto*
10	Entwicklung der Ernteflächen 1968 – 1985 (Ackerkulturen, Dauerkulturen)

11	Typische Optionen der landwirtschaftlichen Nutzung einer *roça* im PIC *Ouro Preto*
12	Zeiträumliche Erschließung eines *lotes*
13	POLONOROESTE und der Einfluß regionaler und externer Prozesse
14	Interessenkonflikte in Rondônia und ihre sozialen Ebenen
15	Zentrum — Peripherie–Beziehungen in einer peripheren Nation

Verzeichnis der Abbildungen im Anhang

Abb.	Titel
A1	Flächennutzung, Landerwerbsformen und Ankunftsjahr der Kolonisten auf den 79 im PIC *Ouro Preto* befragten Betrieben
A2	Grundstrukturen der landwirtschaftlichen Nutzung der 79 im PIC *Ouro Preto* befragten Kolonistenbetriebe
A3	Anbauflächen von Acker– und Dauerkulturen der 79 im PIC *Ouro Preto* befragten Kolonistenbetriebe
A4	Agrarproduktion und –vermarktung der im PIC *Ouro Preto* befragten Kolonistenbetriebe
A5	Betriebsprofile der 79 im PIC *Ouro Preto* befragten Kolonistenbetriebe
A6	Betriebsprofile der im Einzugsbereich der NUARs *Nova Colina*, *Nova União* und *Teixeirópolis* befragten Kolonistenbetriebe
A7	Typisierung in Abhängigkeit von der Landerwerbsform, der sozialen Stellung im Herkunftsgebiet und der Zahl der Wanderungen der Siedler. Abbildungsteil A *Nova Colina*, Abbildungsteil B *Nova União*, Abbildungsteil C *Teixeirópolis*

Kartenverzeichnis

Karte	Titel
1	Brasilien. Übersichtskarte
2	Pionierfronten in Brasilien und ihre Verlagerung
3	Rondônia. Geologie
4	Rondônia. Übersichtskarte der wichtigsten Böden und ihrer Nutzungseignung
5	Rondônia. Vegetation
6	Raumentwicklung Rondônias
7	Migration in Brasilien 1970 – 1980. Wanderungen zwischen den Großregionen
8	Entwicklung der Migration nach Rondônia 1979 – 1984. Herkunft der Migranten
9	Zielgebiet der Migranten in Rondônia 1980 – 1984
10	Etappenmigration nach Rondônia
11	Räumliche Organisation in Rondônia. Kolonisationsprojekte, Indianerreservate, Waldschutzgebiete

12	Landwirtschaftliche Betriebsflächen und ihre Nutzung in Rondônia 1980 nach Munizipien
13	Landwirtschaftliche Ernteflächen in Rondônia 1980 nach Munizipien
14	Landwirtschaftliche Ernteflächen in Rondônia 1985 nach Munizipien
15	Bevölkerungsentwicklung der Städte Rondônias 1950, 1960, 1970, 1980, 1985
16	Städtische Entwicklung des Regionalzentrums Ji–Paraná
17	Einzelhandelsstruktur in Ji–Paraná/Rondônia. Hauptgeschäftsstraßen differenziert nach Branchen
18	Funktionale Kartierung der Stadt Ouro Preto do Oeste/Rondônia
19	Das INCRA – Kolonisationsprojekt PIC *Ouro Preto*
20	Ausschnitt aus dem Flurplan des PIC *Ouro Preto* und angrenzende Siedlungsgebiete
21	Soziale Differenzierung einer *linha* im PIC *Ouro Preto*
22	Entwaldung im PIC *Ouro Preto*. Situation 1973, 1975, 1983
23	Landnutzung von 4 *lotes* im PIC *Ouro Preto* 1983
24	Programmregion POLONOROESTE
25	Integriertes Ländliches Entwicklungsprojekt Rondônia. Núcleos Urbanos de Apoio Rural (NUAR)
26	Funktionale Karte des NUAR *Nova Colina*
27	Funktionale Karte des NUAR *Nova União*
28	Funktionale Karte des NUAR *Teixeirópolis*
29	Landkonflikte in Brasilien
30	Von Landkonflikten betroffene Familien in Brasilien
31	Kolonisation, Planung und aktuelle Landkonflikte im PIC *Ouro Preto*

I. Einleitung

I.1. Einführung in die Problemstellung der Arbeit

Die Erschließung Amazoniens, des größten tropischen Regenwaldgebietes der Erde, durch den Menschen findet in den letzten Jahren verstärktes Interesse, das besonders durch die zunehmenden Bemühungen der Anrainerstaaten – v.a. Brasiliens – zur Öffnung und Nutzung dieser riesigen Tieflandsregion im Herzen Südamerikas ausgelöst wurde. Im Vordergrund des Interesses stehen dabei die zunehmende Gefahr einer irreversiblen ökologischen Degradierung dieses vormals als siedlungsfeindliche *Grüne Hölle* angesehenen Naturraums sowie die zunehmende Verdrängung seiner angestammten indianischen Bewohner durch die expandierende *moderne Zivilisation*. Staatlich gelenkte Erschließung und spontane Entwicklungsprozesse haben jedoch gleichzeitig zur Entstehung neuer ökonomischer, sozialer und räumlicher Strukturen in der Region geführt, die ihrerseits bereits – bei erst relativ kurzem Erschließungszeitraum – permanenten Veränderungen unterworfen sind.

Dies soll im Rahmen dieser Arbeit am Beispiel des im südwestlichen brasilianischen Amazonien gelegenen Bundesstaates Rondônia dargestellt werden (vgl. zur Lage Rondônias Karte 1), dessen Regionalentwicklung seit Beginn der 70er Jahre insbesondere durch massive Zuwanderung landsuchender Migranten und durch staatlich gelenkte kleinbäuerliche Agrarkolonisation geprägt ist. Die spezifische Dynamik der Regionalentwicklung hat Rondônia in den letzten 15 Jahren zu einer der bedeutendsten Pionierfronten Brasiliens und Südamerikas werden lassen. Zentralstaatliche Planung hatte dabei seit Beginn dieser Entwicklung durch gelenkte Landverteilung und regionale Entwicklungsprogramme großen Einfluß. Dabei zeigen jedoch Strukturen und aktuelle Wandlungsprozesse der jungen Pionierfrontentwicklung sowie ihre Funktion im übergeordneten nationalen Zusammenhang, daß Rondônia nicht nur räumlich, sondern auch gesellschaftlich als Teil der Peripherie innerhalb Brasiliens anzusehen ist.

Hauptanliegen der vorliegenden Arbeit ist es, Bedingungen, Strukturen sowie Differenzierungs- und Wandlungsprozesse an der Pionierfront Rondônia in ihren räumlichen Manifestationen zu analysieren, wobei neben der Untersuchung *spontaner* Entwicklungen die Problematik staatlicher Regionalentwicklungsplanung und ihrer Umsetzung am konkreten Fallbeispiel im Vordergrund steht. Hauptaugenmerk gilt dabei aufgrund der vorherrschenden kleinbäuerlichen Strukturierung der Pionierfront dem ländlichen Raum. Als Maßstabsebenen der Darstellung werden als Rahmen die gesamte Region, die bisher in der wissenschaftlichen geographischen Literatur nur sporadisch Beachtung gefunden hat, sowie das älteste und größte Kolonisationsprojekt Rondônias, das PIC *Ouro Preto*, als Fallbeispiel der empirischen Untersuchung gewählt.

I.2. Zur methodischen Vorgehensweise und zu Restriktionen empirischen Arbeitens an der Pionierfront

Im Zentrum des in dieser Arbeit vorgestellten Forschungsvorhabens stand ein ausgedehnter Feldaufenthalt von ca. 20monatiger Dauer (April 1983 bis November 1984) in

Karte 1

Brasilien zur Materialsammlung und zur Durchführung empirischer Arbeiten in der Untersuchungsregion Rondônia. Ein Jahr später (Juli 1985) konnte der Autor für kurze Zeit erneut nach Rondônia zurückkehren, sodaß in der Untersuchungsregion vergleichende Beobachtungen über einen Zeitraum von mehr als zwei Jahren gemacht werden konnten. Neben Materialsammlungen, Experteninterviews etc. in Brasília, Rio de Janeiro, São Paulo und Belém waren insgesamt ca. 15 Monate den empirischen Arbeiten in Rondônia gewidmet.

Neben umfangreichen Materialsammlungen bei Institutionen auf den verschiedensten administrativen Ebenen und neben zahlreichen Gesprächen mit Vertretern der unterschiedlichsten Behörden und gesellschaftlichen Gruppen in der Region stand zunächst die

Auswahl einer engeren Untersuchungsregion innerhalb des immerhin ca. 243.000 km² großen Bundesstaates an. Es sollte sich dabei um eine der aktuellen Kolonisationsregionen handeln, die sich v.a. entlang der Straße Cuiabá — Porto Velho in Zentralrondônia befinden und in der möglichst in typischer Form die sozial- und wirtschaftsräumlichen Strukturen und Prozesse der Pionierfront und ihre Beeinflussung durch staatliche Entwicklungsplanung zu beobachten sein sollten.

Dabei muß insgesamt als problematisch angesehen werden, daß selbst bei offiziellen Stellen die Kenntnis kleinräumiger Entwicklungsprozesse nur sehr unvollständig ist, weil das zur Verfügung stehende offizielle Datenmaterial selbst in der Form des Zensus von 1980 bei der enormen Entwicklungsdynamik der Pionierfront z.T. bereits als überholt angesehen werden muß und andererseits aufgrund der äußerst geringen administrativen Gliederung Rondônias (zum Zensuszeitpunkt nur sieben Munizipien, heute allerdings bereits 13) nur in begrenztem Umfang räumlich differenzierte Aussagen zuläßt.

Mit dem PIC *Ouro Preto* als engerem Untersuchungsraum in Zentral-Rondônia wurde eine Region gewählt, in deren einzelnen Teilräumen praktisch beispielhaft die verschiedenen für Rondônia typischen Elemente der wirtschafts- und sozialräumlichen Organisation der Pionierfront (z.B. unterschiedliche Kolonisationsformen, unterschiedliche agrarsoziale Strukturen, Stadt-Land-Beziehungen etc.) beobachtet werden können. Ebenso ist dieses Projekt eine der Schwerpunktregionen staatlicher Entwicklungsprogramme (POLONOROESTE-Programm), deren Umsetzung wichtiger Aspekt dieser Arbeit sein sollte. Daneben handelt es sich beim PIC *Ouro Preto* um das größte und älteste Kolonisationsprojekt in Rondônia, sodaß hier aufgrund des Erschließungszeitraums bereits Differenzierungsprozesse und ihre räumlichen Auswirkungen beobachtet werden können.

Neben zahlreichen eigenen Kartierungen (Nutzungskartierungen, agrarsoziale Kartierungen, Funktionale Kartierungen, Prozeßkartierungen anhand von Satellitenbildern etc.) zur Erfassung räumlicher Strukturen und Prozesse standen vor allem systematische Befragungen der Kolonisten zu Fragen der Migration, der aktuellen Produktions- und Lebensverhältnisse im ländlichen Raum und der Problemperzeption im Vordergrund der empirischen Analyse[1]. Daneben war insbesondere zur Einschätzung der Umsetzung staatlicher Entwicklungsprogramme die beobachtende Teilnahme an zahlreichen Veranstaltungen der in die Umsetzung eingebundenen Behörden in den entsprechenden Teilräumen sowie die oftmalige Begleitung von Agrarberatern, Sozialarbeitern etc. bei ihrer Arbeit von großer Bedeutung. Zur Beurteilung der Frage der Interessenkonflikte und Raumnutzungskonkurrenzen waren neben direkten Beobachtungen zahlreiche Gespräche mit den Vertretern der verschiedensten sozialen Gruppen und Institutionen, mit *opinion leaders* und Politikern, besonders aber die Teilnahme an zahlreichen Versammlungen der betroffenen Siedler und die Diskussion mit ihnen wesentlichste Grundlagen.

---

1) Es wurden zwei Befragungen in drei durch staatliche Entwicklungsmaßnahmen definierten Teilräumen durchgeführt, wobei sich die eine Befragung jeweils an die ländliche Siedlerbevölkerung der entsprechenden Teilräume, die andere an die Bewohner neuer durch staatliche Planung eingerichteter ländlicher Versorgungszentren in diesen Teilräumen richtete; insgesamt konnten 169 Befragungen im PIC Ouro Preto durchgeführt werden — vgl. zu Befragungen auch Kap. IV.1.2. sowie Fragebögen im Anhang.

Zwei generelle Grundprobleme der für die sozial- und wirtschaftsgeographische Analyse unerläßlichen Zusammenarbeit mit den sozialen Hauptträgern der untersuchten Entwicklungsprozesse — in unserem Fall den Kolonisten — stellen sich jedoch auch bei der empirischen Arbeit an der Pionierfront Rondônia. Dies betrifft einmal die Herausbildung eines eigenen Problemverständnisses bei der Erforschung einer so *fremden Welt* wie einer Pionierfront und zum anderen das grundsätzliche Verhältnis zwischen *Forscher* und *Forschungsobjekt* bei der empirischen Arbeit.

Grundvoraussetzung für die Schaffung eines Problemverständnisses regionaler, sozio-ökonomischer Zusammenhänge an der Pionierfront ist das möglichst breite und unvoreingenommene Kennenlernen des täglichen Lebens, der Arbeit, der konkreten Lebensprobleme, der Problemwahrnehmung, der Denkweisen und Wertmaßstäbe der verschiedenen sozialen Gruppen in der Region. Dies konnte meiner Meinung nach nur im Versuch — sicherlich zeitaufwendiger — *teilnehmender Beobachtung* geschehen, wobei wesentlich war, daß der Forscher versucht, bei sich selbst die Übertragung von Denkweisen und Wertmaßstäben aus seiner eigenen Welt in die Zusammenhänge der Pionierfront weitestgehend zu vermeiden.

Mit dem Begriff der *teilnehmenden Beobachtung*[1] wird hier konkret die Teilnahme des Autors am täglichen Leben der Pionierfront während des Feldaufenthaltes, die Teilnahme an zahlreichen Zusammenkünften der Siedler, die beobachtende Begleitung der Arbeit der verschiedensten Institutionen im ländlichen Raum, das jeweils mehrwöchige Leben des Autors in den kleinen ländlichen Gemeinschaften der untersuchten Teilräume im PIC *Ouro Preto*, das oftmalige Begleiten des täglichen Lebens und der Arbeit der Siedler etc. verstanden. Dabei kam es nicht nur auf die in der Geographie traditionsreiche Beobachtung physiognomischer Ausprägungen des anthropogenen Einflusses in der Landschaft, wie sie z.B. durch Kartierungen erfaßbar werden (vgl. hierzu z.B. BADER 1975, S. 90 ff. sowie HANTSCHEL, THARUN 1980, S. 43 ff.), sondern auch auf die Beobachtung von sozialen Interaktionsformen, Wertmaßstäben und Wahrnehmungen der verschiedenen sozialen Akteure an[2].

Die Formulierung endgültiger Forschungsziele, die Auswahl der zentralen Parameter, die Methodenwahl für die Analyse dieser Parameter konnte erst danach auf der Basis dieses Problemverständnisses vor Ort erfolgen.

Dabei konnte und sollte eigene Betroffenheit, die sich notwendigerweise einstellen muß, nicht ausgeschlossen bleiben.

Eines der wesentlichsten Ziele der empirischen Arbeit war es vielmehr, sich dem anzunähern, was BUTTIMER (1984, S. 69) in Gegenüberstellung und dialektischer Ergänzung zur geographischen *outsider*-Sicht als die *insider*-Sicht sozialgeographischen Arbeitens bezeichnet.

Sowohl bei *teilnehmender Beobachtung*, als auch bei darauf aufbauenden systematischeren Befragungen ist das Verhältnis zwischen *Forscher* und sozialwissenschaftlichem

---

1) Vgl. zur Bedeutung des Begriffs in der empirischen Sozialforschung FRIEDRICHS 1981, S. 288 ff.
2) Teilnehmende Beobachtung wird in diesem Sinne v.a. auch in kultur- und sozialanthropologischen Studien angewandt, so auch in entsprechenden Studien zu ähnlich gelagerten Pionierfront-Beispielen in anderen südamerikanischen Räumen, vgl. z.B. SHOEMAKER 1981, MARGOLIS 1973.

Forschungsobjekt — hier also den Siedlern in Rondônia — von zentraler Bedeutung. Kommunikation und gegenseitiges Verständnis werden dabei v.a. durch unterschiedliche soziokulturelle Hintergründe, nicht zuletzt auch durch die Wahrnehmung bzw. Einschätzung jeweiliger gesellschaftlicher Positionen entscheidend beeinflußt. Für den Kolonisten kann in diesem Zusammenhang, meiner Meinung und Erfahrung nach, der Forscher im Kontext der Pionierfront-Realität nur ein tatsächlicher *outsider* bleiben. Inwieweit er ihn trotzdem akzeptiert, hängt im wesentlichen von Verständlichkeit und Plausibilität der Vermittlung des Forschungsanliegens sowie sicherlich von der Durchführung der empirischen Arbeit ab. Die empirischen Befunde und ihre Interpretation müssen jedoch immer vor diesen Hintergründen gesehen und — besonders auch vom Forscher selbst — kritisch beurteilt sowie relativiert werden.

Neben diesen grundsätzlichen Problemen waren eine Reihe von technischen Problemen der Frageformulierung, der Durchführung der Befragungen, der Quantifizierung verschiedener Parameter etc. in der spezifischen Situation der Pionierfront und ihrer Bewohner zu lösen.

Zunächst war es wichtig, einen für die sehr umfangreich angelegte Betriebsbefragung günstigen Befragungszeitraum zu finden. Im Jahresablauf sollte dies ein Zeitpunkt sein, zu dem bereits ein Überblick über die landwirtschaftliche Produktion des Jahres möglich und die weitere Entwicklung für die nächste Anbauperiode absehbar war. Insofern bot sich besonders das Ende der Trockenzeit und der Anfang der Regenzeit (d.h. v.a. die Monate August, September, Oktober und November) an. Entsprechend wurden die Befragungen in den Einzugsbereichen der NUARs *Nova Colina* und *Nova União* 1983 in dieser Jahresperiode durchgeführt.

Während der Regenzeit war eine Befragung im ländlichen Raum — bes. in entlegenen Gebieten — aufgrund des meist katastrophalen Zustands der *linhas* unter den dem Autor zur Verfügung stehenden technischen Möglichkeiten erheblich erschwert. Zusätzlich sind die Monate der Regenzeit durch Reisernte und Bohnenaussaat Monate sehr hoher Arbeitsbelastung in der Landwirtschaft.

Aus diesen Gründen wurden die Betriebsbefragungen im Einzugsbereich des NUAR *Teixeirópolis* auf die Monate Juni und Juli 1984 gelegt. Als vorteilhaft erwies sich somit die Vergleichsmöglichkeit eines zweiten Wirtschaftsjahres (*Nova Colina* und *Nova União* 1982/83, *Teixeirópolis* 1983/84). Einschränkend wirkte sich der relativ frühe Befragungstermin durch die z.T. noch nicht abgeschlossene Vermarktung der Produktion aus. Ebenso wird der Vergleich wertmäßiger Angaben durch die hohe Inflation sowie durch die von Jahr zu Jahr aufgrund regionsexterner Einflüsse wechselnden Bewertungsrelationen der verschiedenen Produkte eingeschränkt.

Ein anderes Problem stellte die Wahl eines günstigen Befragungstermins im Wochen- und Tagesablauf dar. Meist wurde versucht, mit den Siedlern den Besuchstermin vorher zu vereinbaren. In manchen Fällen wurden auch, falls der Kolonist selbst nicht anwesend war, andere Familienmitglieder (die Ehefrau oder ein älterer Sohn etc.) befragt. Während in diesen Fällen z.T. die Angaben zur Landwirtschaft nicht so *exakt* waren, erhielten andere Themenbereiche (z.B. die Migrationsgeschichte der Familie) größeres Gewicht.

Auch wenn der Autor versuchte, durch die Benutzung von Fragebögen (siehe Anhang) einen gesetzten Rahmen von Themenkomplexen mit den Siedlern zu behandeln, so gestalteten sich die Kolonistenbesuche immer als mehrstündige, oft ganztägige und oftmals bei anderer Gelegenheit wiederholte Besuche mit offener Gesprächssituation. Auf diese

Weise konnte eine Menge an Informationen über den eigentlichen Fragenkatalog hinaus gewonnen werden, die zwar nur zu einem geringen Teil in diese Arbeit einfließen können, aber ganz wesentlich zu einem Gesamtproblemverständnis beigetragen haben.

Eine wesentliche Einschränkung für die Quantifizierung bestimmter agrargeographischer Parameter (z.B. Anbauflächen, Erntemengen, Vermarktungsmengen, Betriebseinkommen etc.) stellt die Tatsache dar, daß die Kolonisten für sich selbst solche Messungen und Quantifizierungen nur in begrenztem Maße vornehmen. So werden Anbauflächen allenfalls grob abgeschätzt. Hinzu kommt die Schwierigkeit, allgemein übliche Maßangaben der Kolonisten, die jedoch je nach regionaler Herkunft auch unterschiedlich sein können, zu vereinheitlichen[1]. Erntemengen werden nur dann *gemessen*, wenn das Produkt auch als Marktprodukt von Bedeutung ist. Produkte, die nur auf dem Betrieb selbst verbraucht werden (z.B. Maniok, z.T. auch Mais) und die — wie bes. der Maniok — z.B. über das ganze Jahr hin geerntet werden können, sind i.a. mengenmäßig schwer zu erfassen.

Zusätzlich werden besonders durch die regional übliche Methode eines gemischten Anbaus verschiedener Kulturen, wobei jedoch Pflanzabstände, Mischungsverhältnisse etc., wie die Erfahrung zeigt, von Betrieb zu Betrieb erheblich abweichen können, exakte Quantifizierungen der Anbauflächen, ihrer Relationen untereinander und der Produktivität der jeweiligen Kulturen etc. erheblich erschwert. Im gleichen Zusammenhang ist z.B. die regional übliche mehrmalige Nutzung der gleichen Fläche innerhalb eines Wirtschaftsjahres (bes. in der üblichen Fruchtfolge Reis — Bohnen, s.u.) bzw. durch ackerbauliche Nutzung mit gleichzeitiger Aussaat von Weidegräsern (bes. in der Nutzungsfolge Reis — Weide) zu berücksichtigen.

Die wenigen hier angesprochenen Problemkreise sollen verstanden werden als Hinweise auf die limitierenden Faktoren des empirischen Arbeitens in Rondônia, limitierende Faktoren, die im generellen Verhältnis zwischen Forscher und *Forschungsobjekt*, in den technischen Randbedingungen sowie in den spezifischen Gegebenheiten der regionalen Produktionsformen begründet sind.

Befragungsergebnisse und die Möglichkeiten ihrer Interpretation sind im Rahmen solcher Restriktionen empirischen Arbeitens an der Pionierfront zu sehen.

Es wurde deshalb auch weitgehend darauf verzichtet, diese Ergebnisse komplexen statistischen Analyse- und Bewertungsverfahren zu unterziehen. Hauptziel soll es lediglich sein, ein möglichst umfassendes Bild der Lebens- und Produktionsbedingungen der Kolonistenbevölkerung an der Pionierfront Rondônia zu zeichnen sowie aus den sich verändernden Strukturmerkmalen Entwicklungs- und Differenzierungsprozesse dieser Pionierfront abzuleiten.

Dem Versuch einer *qualitativen Bewertung* der empirischen Untersuchungsergebnisse soll somit der Vorzug gegenüber vorrangig quantitativen Aussagen, mit denen leicht der Eindruck einer ungerechtfertigten *Objektivität* des unter zahlreichen Restriktionen empirischer Arbeit an der Pionierfront zu sehenden Datenmaterials erweckt werden könnte, gegeben werden. Zur Einordnung dieser *qualitativen Aussagen* (z.B. zur Migration bzw. zur wirtschafts- und sozialräumlichen Struktur der Kolonisationsgebiete und ihrem Wan-

---

1) Z.B. wird bei Flächenangaben sehr häufig der sog. alqueire paulista, 1 alq. = 2,42 ha, manchmal jedoch auch der alqueirão bahiano, 1 alq. = ca. 5 ha, verwandt.

del) soll daneben jedoch anhand der Auswertung des allerdings ebenso unter den genannten zahlreichen Vorbehalten zu betrachtenden und z.T. nur in unzureichendem Maße zur Verfügung stehenden offiziellen Datenmaterials die jeweilige Rahmensituation dargestellt werden.

II. Zur Grundlegung einer Untersuchung der Peripherie der Peripherie am Beispiel brasilianischer Pionierfronten

II.1. Theoretische Grundbemerkungen

II.1.1. Zu einer geographischen Standortbestimmung

Nach der grundlegenden wissenschaftstheoretischen Arbeit von BARTELS (1968) und nach den Auseinandersetzungen auf dem Kieler Geographentag 1969 konnte besonders während der 70er und frühen 80er Jahre in der deutschen Humangeographie eine lebhafte und kontroverse Diskussion um Standort und eine *Neuorientierung* des Faches beobachtet werden (vgl. u.a. HARD 1973, WIRTH 1979, SEDLACEK 1979, 1982). Diese junge Entwicklung der Disziplin ist — u.a. infolge der Rezeption neuerer Ansätze der angelsächsischen Geographie und durch die Rezeption von Ansätzen anderer sozialwissenschaftlicher Fachdisziplinen — geprägt durch einen mehrfachen *Paradigmenwechsel*. Herrschte in den späten 60er und frühen 70er Jahren v.a. die kontroverse Auseinandersetzung um den Begriff der *Landschaft* als dem *Bindeglied* sich in unterschiedliche Richtungen bewegender Teildisziplinen des Faches und im Bereich der Regionalen Geographie v.a. die Kritik am sog. *länderkundlichen Schema* vor, waren die 70er Jahre zunächst stark geprägt von der Diskussion für und wider die hauptsächlich aus dem angelsächsischen Bereich übernommene *Quantitative Revolution* (vgl. BURTON 1970).

Parallel zu dieser allgemeinen Diskussion der letzten Jahrzehnte hat besonders die Teildisziplin der Sozialgeographie im deutschsprachigen Raum durch die grundlegenden Arbeiten v.a. HARTKEs und BOBEKs[1] und ihrer Schüler besonderes Profil, z.T. sogar *Überbaufunktionen* erhalten. Dies nicht zuletzt durch die programmatischen Arbeiten der sog. *Münchner Schule*, in denen, ausgehend von den Begriffen der *Grunddaseinsfunktionen* (vgl. RUPPERT, SCHAFFER 1969, S. 208, 209) und der *sozialen Gruppen* (vgl. RUPPERT, SCHAFFER 1969, S. 211, siehe auch KÖNIG 1969), Struktur und Funktion räumlicher Organisation sowie besonders ihre Veränderungsprozesse als gesellschaftlich und gruppenspezifisch bestimmt herausgestellt wurden[2].

In der Entwicklung der Diskussion der 70er Jahre trat neben dem *quantitativen* Aspekt geographischer Forschung immer mehr auch eine *qualitative* Sichtweise in den Vordergrund, der sich die vorliegende Arbeit stärker verpflichtet fühlt. Nicht mehr nur die Erfassung und Beschreibung einzelner räumlicher Phänomene und ihrer Funktionen, sondern die Analyse und Erklärung *ungleicher räumlicher Strukturen und Prozesse* und — nicht zuletzt infolge der Suche nach einem stärkeren Anwendungsbezug der Geographie — die Suche nach Strategien zu ihrer Überwindung wurden als zentrale Aufgaben einer *engagierten Geographie* angesehen (vgl. BARTELS 1978, S. 229). Der Begriff der *Disparität* wurde zu einem zentralen Parameter geographischer Betrachtungsweise (vgl. hierzu v.a.

---

1) Vgl. verschiedene Arbeiten dieser Autoren in STORKEBAUM 1969.
2) Vgl. RUPPERT, SCHAFFER 1969, zur Entwicklung der Sozialgeographie u.a. THOMALE 1978, zur Kritik am Ansatz der Münchner Schule z.B. HARD 1979.

BARTELS 1978, WOLF 1977). Dabei ist die grundlegende *soziale Disparität* durch unterschiedliche Formen der Statusdifferenzierung, durch ungleiche Lebenschancen und Reproduktionsmöglichkeiten verschiedener gesellschaftlicher Gruppen sowie durch die Ungleichverteilung gesellschaftlicher Machtverhältnisse gegeben. *Räumliche Disparität* meint analog hierzu räumliche Manifestation und regionale Differenzierung von *Ungleichheit* der verschiedenen sozialen und ökonomischen Parameter.

Besonders im Rahmen der sog. *welfare geography* wurden gesellschaftliche *Ungleichverteilung* und Ungleichgewichte sowie ihre räumlichen Ausdrucksformen unter den Fragen *wer bekommt was, wo und wie* in ihrer geographischen Relevanz behandelt[1].

Dabei kann die Untersuchung von *Disparität* auf den unterschiedlichsten Maßstabsebenen erfolgen. Neben der Untersuchung lokaler *Ungleichheiten* (z.B. innerstädtische soziale und räumliche Segregation, Wohnumfeldunterschiede etc.), neben Disparitäten auf regionaler (z.B. Stadt–Land–Kontraste etc.) und nationaler Ebene (*dynamische* versus *strukturschwache* **Räume**), ist besonders auch Disparität auf internationaler Ebene (Unterschiede zwischen *Erster* und *Dritter* bzw. *Vierter* Welt etc.) als geographische Fragestellung im Sinne einer *engagierten Geographie* von großer Relevanz[2]. In der vorliegenden Arbeit soll der Versuch unternommen werden, diese unterschiedlichen Maßstabsebenen in der Gesamtbetrachtung einer peripheren Region zu verknüpfen, wobei im Zentrum des Interesses die empirisch analysierten Strukturen und Prozesse auf lokaler (ländlicher Raum Rondônias) und regionaler Ebene (Stadt–Land–Verhältnis etc.) stehen, die jedoch nur durch den Einbezug der übergeordneten nationalen Maßstabsebene (bes. im Rahmen der Migrationsanalyse, der Beeinflussung regionaler Prozesse durch die Rahmenbedingungen und der konkreten Aktivität des Staates am Beispiel der Entwicklungsplanung und ihrer Funktion) und letztendlich auch des Einflusses eines internationalen Abhängigkeitsgeflechts erklärbar werden.

Ein entscheidender Aspekt gerade bei der Untersuchung sozialer und räumlicher Ungleichgewichte ist neben der strukturalen und funktionalen Betrachtung besonders die prozessuale Komponente, d.h. die Frage nach dem *zeitlich–räumlichen Wandel*, der Verstärkung respektive Verminderung, bzw. der qualitativen Veränderung von Disparitäten[3].

Die genannten vier *Zentralfragen* der *welfare geography* wären somit um die Frage nach dem *wann und in welcher zeitlichen Differenzierung* zu ergänzen.

Räumlicher Wandel ist zweifellos nur vor dem Hintergrund eines übergeordneten *gesellschaftlichen Wandels* zu verstehen, der im Verlauf des gesellschaftlichen Entwicklungsprozesses – in welcher Weise und *Richtung* dieser auch immer verläuft – an den unterschiedlichsten Parametern (ökonomischer, sozialer, kultureller Art etc.) und in entsprechender räumlicher Differenzierung ablesbar ist.

---

1) Vgl. hierzu z.B. SMITH 1977, COATES, JOHNSTON, KNOX 1977, als Überblick SCHMIDT–WULFFEN 1980.
2) Vgl. hierzu BARTELS 1978, S. 232, zu Entwicklung und aktuellem Stand der deutschen geographischen Entwicklungsländer–Forschung BLENCK 1979, 1985, SCHOLZ 1985.
3) Vgl. zur Bedeutung der prozessualen Betrachtungsweise, die in der deutschen Sozialgeographie z.B. bereits von HARTKE 1959 in den Vordergrund gestellt wurde, KLINGBEIL 1980, bes. S. 5 ff.

Die Existenz gesellschaftlichen Wandels, der nach unterschiedlichen Lebensbereichen und sozialen Gruppen in unterschiedlicher Dynamik verlaufen und damit ein gesellschaftliches Konfliktpotential beinhalten kann, ist zweifellos unumstritten, weniger jedoch die Erklärung diese Wandels, die entscheidend von der *ideologischen* Position abhängt[1]. Diese Frage nach den grundlegenden Regelmechanismen des gesellschaftlichen Wandels betrifft somit auch — zumindest implizit — die geographische Analyse von regionalen Ungleichheiten oder Ungleichgewichten und den damit zusammenhängenden räumlichen Wandlungsprozessen.

Die *Zentralfragen* der *welfare geography* wären also um eine weitere, nämlich die Frage *warum*, zu erweitern.

Neben *Disparität* und *Wandel* ist als dritte Kategorie — mit den beiden vorgenannten in engem wechselseitigem Zusammenhang stehend — der Konflikt zwischen den ungleichen und gesellschaftlich ungleichgewichtigen Interessen verschiedener Gruppen, der einen wesentlichen Faktor gesellschaftlichen Wandels darstellt, auch geographisch relevant. Dies besonders in Form von *Raumnutzungskonkurrenzen* infolge unterschiedlicher Raumansprüche verschiedener gesellschaftlicher Gruppen. *Konfliktorientierung* sollte somit ebenso wesentliches Element einer *engagierten Humangeographie* sein[2].

Daneben sei abschließend erwähnt, daß, nach dem Verständnis des Autors, *engagierte Geographie* bei alledem auch meint, daß Formen des wissenschaftlichen Ausdrucks eigener Betroffenheit angesichts der konkreten Manifestationen sozialer und räumlicher Ungleichheit — wie im Fall der Beschäftigung mit der Problematik der *Dritten Welt* und am konkreten Untersuchungsobjekt in Krankheit, Armut und Verelendung, kurz der Nichtbefriedigung menschlicher Grundbedürfnisse vorliegend — zu finden sind und diese Betroffenheit nicht dem Ziel einer *wertfreien Wissenschaft* (wobei natürlich zu fragen wäre, was dies heißen müßte, und ob *Wertfreiheit* nicht von vornherein *wertbelastet* ist) geopfert werden sollte[3].

II.1.2. Das Zentrum–Peripherie–Modell als Erklärungsansatz räumlicher und gesellschaftlicher Strukturen

In dieser Arbeit soll der Versuch unternommen werden, sozial– und wirtschaftsräumliche Strukturen und Prozesse einer peripheren Region Brasiliens, die unter Zugrundelegung nachfolgend zu beschreibender räumlicher und gesellschaftlicher Theorieelemente als Teil der *Peripherie der Peripherie* gekennzeichnet werden kann, zu analysieren. Der gegenüberstellende Gebrauch von Zentrum und Peripherie ist inzwischen in vielen Teilen der Gesellschafts– und der Raumwissenschaften, besonders auch in der Beschäftigung mit der

---

1) Vgl. z.B. als einen Erklärungsansatz die unter dem Überbegriff des Sozialen Wandels zusammengefaßten Theorien (siehe ZAPF 1979, zu ihrer Rezeption in der Geographie STIGLBAUER 1978), andere gesellschaftstheoretische Positionen beinhalten andere Erklärungsansätze (marxistische Ansätze etc.).
2) Vgl. hierzu z.B. BUTZIN 1982, SEDLACEK 1982a, S. 197 ff., OSSENBRÜGGE 1983, siehe ausführlicher Kap. VI.1.
3) Vgl. z.B. SCHMIDT–WULFFEN 1980, BARTELS 1978 und besonders die Gegenüberstellung von insider und outsider–Sicht bei BUTTIMER 1984.

Problematik von *Unterentwicklung* und *Entwicklung*[1], ihren räumlichen Manifestationen und ihren gesellschaftlichen Ursachen, üblich geworden. Jedoch ist der Zentrum–Peripherie–Gegensatz keineswegs Gegenstand einer bestimmten Theorie, sondern kann in den verschiedensten und von unterschiedlichen Grundpositionen ausgehenden räumlichen und gesellschaftlichen Erklärungsansätzen festgestellt werden. Entsprechend stellt auch CLAVAL fest:

»The opposition of the centre and the periphery seems to belong more to the category of expressive images than to that of coherent theories.«
(CLAVAL in GOTTMANN 1980, S. 70)

Insofern erscheint es notwendig, am Anfang dieser Arbeit einige, wenn auch zweifellos unvollständige Anmerkungen zum Gebrauch der Dichotomie zwischen Zentrum und Peripherie voranzustellen.

Zentrum und Peripherie sollen im Rahmen dieser Arbeit sowohl als räumliche wie auch als gesellschaftliche Kategorien verstanden werden.

In räumlicher Sicht können Zentrum und Peripherie zunächst als *geometrische* Beziehung aufgefaßt werden, d.h. als Gegenüberstellung einer im *Zentrum* liegenden – z.B. durch topographische oder demographische Kriterien durchaus verschieden definierbaren – *Kernregion* und einer diese umgebenden *Randregion* als *Peripherie*. Wenn jedoch Zentrum und Peripherie nicht allein im topographischen Sinne gesehen werden sollen, wird zu fragen sein, durch welche Parameter ein Ort, eine Region, ein Land als *Zentrum* bzw. als *Peripherie* definierbar ist.

Implizit beinhaltet jede Theorie der räumlichen Ordnung den Versuch zentral–periphere Raumstrukturen zu erklären[2]. Vor allem infolge der CHRISTALLER'schen Theorie der *Zentralen Orte* ist jedoch die Behandlung der Zentralitätsfrage – und damit implizit auch die der Peripherien – zu einem Hauptpunkt geographischer Forschung und planerischer Praxis geworden (vgl. SCHÄTZL 1981, S. 63 ff., SCHÖLLER 1972). Zentralität wird dabei hinsichtlich der Versorgungs– und Marktfunktionen als *Bedeutungsüberschuß* eines Ortes gegenüber einem zugehörigen *Ergänzungsgebiet*, das durch die *Reichweite* der jeweiligen *zentralen Güter* definiert ist, angesehen (vgl. CHRISTALLER in SCHÖLLER 1972).

Auf eine höhere räumliche Ebene übertragen kann man analog Regionen, die durch ihre Konzentration von Versorgungsfunktionen und deren Reichweite, aber auch durch die *Reichweite* ihrer gesellschaftlichen, ökonomischen und politischen Macht einen *Bedeutungsüberschuß* zu verzeichnen haben, ebenso als *Zentren* bezeichnen. Voraussetzung hierfür ist – von der anderen Seite betrachtet –, daß es Regionen mit entsprechenden Defiziten gibt, die sich in Abhängigkeit von den Zentren befinden. Diese Defizite, die eine Region somit unter den verschiedensten Aspekten zur *Peripherie* werden lassen, können Versorgungsdefizite, Formen ökonomischer Abhängigkeit sowie Formen politischer und gesellschaftlicher *Fremdbestimmung* etc. sein.

---

1) Vgl. zum Bedeutungsinhalt dieser Begriffe und den Problemen ihrer Messung entsprechende Beiträge in NOHLEN, NUSCHELER 1982.
2) Z.B. über ein zentral–peripheres Gefälle der Nutzungsintensitäten bereits bei v. THÜNEN.

GOTTMANN (1980, S. 16) definiert *Peripherie* in gesellschaftlicher und räumlicher Sicht folgendermaßen:

»It would seem that any area or location depending on a centre outside for services or decisions affecting the life of its population feels itself to be on the periphery. In geographical terms the periphery is what surrounds the centre, a geometrical relationship; the farther away a point is from the centre, the more peripheral it would be. But the political relationship is different: peripheral location means subordination to the centre.«

Ungleiche Strukturen zwischen zentralen und peripheren Regionen haben besondere Bedeutung im Rahmen der polarisationstheoretischen Ansätze zur Erklärung regionaler Wirtschaftsentwicklung erhalten (vgl. SCHÄTZL 1981, S. 124 ff.). Dabei geht zum Beispiel MYRDAL (1974) unter den Rahmenbedingungen eines *freien Spiels* der Marktkräfte von der Aufrechterhaltung, ja der Verstärkung, regionaler Ungleichheiten zwischen Zentren und Peripherien im Rahmen seines Prinzips der *zirkulären und kumulativen Verursachung* aus. Wachstumsprozesse in den Zentren führen zu *Entzugseffekten* in den Peripherien (Absorption mobiler Produktionsfaktoren in den Zentren), die in der Regel die vom Zentrum ausgehenden positiven *Ausbreitungseffekte* (Innovationen etc.) in ihrer Wirkung übertreffen (SCHÄTZL 1981, S. 130). MYRDAL wandte seine Theorie besonders auch zur Erklärung der Persistenz von *Unterentwicklung* in den Ländern der *Dritten Welt* an (vgl. MYRDAL 1974).

SCHILLING–KALETSCH (1979) stellt in den polarisationstheoretischen Konzepten FRIEDMANNs und LASUENs zwei weitere Zentrum–Peripherie–Modelle vor, wobei besonders von FRIEDMANN Zentrum–Peripherie–Abhängigkeiten nicht nur im wirtschaftlichen Kontext gesehen werden, sondern gesamtgesellschaftliche Gültigkeit erhalten. Die *core–regions* sind in dieser Sicht nicht nur Zentren der Innovation, sondern – u.a. auch hierauf gründend – Zentren der gesellschaftlichen Domination über die abhängigen Peripherien. Gleichzeitig sieht FRIEDMANN in der Zentrum–Peripherie–Struktur eine *räumliche Form gesellschaftlicher Konflikte* (SCHILLING–KALETSCH 1979, S. 48).

Im Rahmen der entwicklungstheoretischen Diskussion ist das Zentrum–Peripherie–Modell nicht nur zur Erklärung räumlicher Strukturen, sondern auch als Versuch der Erklärung gesellschaftlicher und wirtschaftlicher Ungleichheiten auf internationaler und nationaler Ebene angewendet worden. So zunächst in ausschließlich ökonomischer Argumentation von R. Prébisch in seiner Theorie der *Verschlechterung der Terms of Trade* zwischen dem Industrieprodukte herstellenden Zentrum (Industrieländer) und den Rohstoffe liefernden Peripherien (Dritte Welt) (vgl. zu Prébisch's Ansatz SCHÄTZL 1981, S. 141 ff., PRÉBISCH in BOHNET 1971, S. 115 ff.).

Besonders GALTUNG (1972) hat, von einer gänzlich anderen gesellschaftstheoretischen Position ausgehend, in seiner *strukturellen Theorie des Imperialismus* Ungleichheit der Lebensbedingungen und der Entscheidungsgewalten im Gegensatz zwischen einem *Zentrum* und einer *Peripherie* zum Grundelement sowohl interner gesellschaftlicher Strukturen als auch des internationalen Systems erhoben.

»Die Welt besteht aus Nationen im Zentrum und Nationen an der Peripherie, und jede Nation hat ihrerseits ein eigenes Zentrum und eine eigene Peripherie.« (GALTUNG 1972, S. 29).

Die Beziehungen zwischen Zentrum und Peripherie werden in diesem Ansatz durch das spezifische Herrschaftsverhältnis des Imperialismus gekennzeichnet,

»... das organisierte Kollektive aufspaltet und einige ihrer Teile in von Interessenharmonie gekennzeichnete Beziehungen zueinander setzt, andere in Beziehungen, deren Merkmal die Disharmonie der Interessen oder der Interessenkonflikt ist.« (GALTUNG 1972, S. 30).

Innerhalb einer Gesellschaft besteht Interessendisharmonie — gekennzeichnet durch eine größer werdende Kluft der respektiven Lebensbedingungen — zwischen dem Zentrum und der Peripherie. Im internationalen Zusammenhang bedeutet das Herrschaftsverhältnis des Imperialismus die Bildung von *Brückenköpfen* im gesellschaftlichen Zentrum der Peripherienation, die durch Interessenharmonie mit dem Zentrum der Zentralnation verknüpft sind, während zwischen den Peripherien Interessendisharmonie besteht. Ein weiteres Grundelement ist in dieser Theorie die Annahme, daß innerhalb der Peripherienation größere Interessendisharmonie — d.h. letztendlich größere Ungleichheit — zu beobachten ist als innerhalb der Zentrumsnation (vgl. GALTUNG 1972, S. 35 ff.). Diese spezifischen Abhängigkeitsverhältnisse, unter denen Wachstumsfortschritte etc. letzten Endes durch die Interessenharmonie zwischen den Zentren, aber auch über die Abhängigkeit der *Brückenköpfe* von den Zentren der Zentralnationen in ihrer Funktion als *Transmissionsriemen* (vgl. GALTUNG 1972, S. 77), lediglich dem Zentrum zugute kommen, führen zur Perpetuierung gesellschaftlicher Ungleichheiten, in der Dritten Welt zur Perpetuierung der Unterentwicklung.

In den im lateinamerikanischen Kontext entstandenen Dependencia-Theorien[1] wurde das Zentrum–Peripherie–Modell v.a. auf den Weltmaßstab übertragen. Dabei wurden jedoch die ungleichen Abhängigkeitsstrukturen zwischen den zentralen Nationen (den entwickelten Ländern) und den peripheren Nationen (den Ländern der Dritten Welt) nicht nur zur Erklärung des internationalen Systems, sondern auch zur Erklärung der deformierten internen Strukturen der Peripherienationen selbst herangezogen. Ausgangspunkt ist die historisch begründete These, daß sich bereits seit der Kolonialzeit Formen *struktureller Abhängigkeit* zwischen Zentralnationen und Periphernationen aufgrund der Integration letzterer in den kapitalistischen Weltmarkt und aufgrund der *Aufpfropfung* der *kapitalistischen Produktionsweise* in den Peripherieländern gebildet haben. Diese über die Weltmarktintegration transponierten wirtschaftlichen Abhängigkeiten[2] führten in den

---

1) Vgl. Beiträge lateinamerikanischer Dependencia–Vertreter in SENGHAAS 1972, 1974, WÖHLCKE et al. 1977, S. 14 ff., BOECKH 1982, 1985, NITSCH 1986.
2) Peripherien als Rohstofflieferanten, billige Produktionsstätten, aber auch Abnehmer der industriellen Produktion des Zentrums.

Peripherien zu Deformationen durch die geförderte Herausbildung eines mit dem Zentrum *assoziierten* Sektors, der sich in Bedürfnisstrukturen und Konsummustern am Zentrum orientiert und seine wirtschaftliche und politische Macht in der Peripherienation im Sinne einer außenorientierten, *assoziativ–kapitalistischen* Entwicklung einsetzt[1]. Die Kluft zwischen den *assoziierten* Sektoren, denen aus der Zentrumssicht oftmals die Attribute *modern* oder *dynamisch* gegeben werden, und den breiten Massen der Peripherie–Gesellschaft wird im Rahmen der Penetration der *kapitalistischen Produktionsweise* zunehmend größer. Es kommt zur Herausbildung von *struktureller Heterogenität*[2]. Zunehmende kapitalistische Durchdringung strukturell heterogener, peripherer Gesellschaften führt zu einer zunehmenden *Marginalisierung* der *nicht–assoziierten* Sektoren[3]. *Marginalität* als Folge *struktureller Abhängigkeit* ist als eine zentrale Kategorie der Dependenz–Theorien anzusehen (vgl. hierzu auch NICKEL 1975). Insofern wird der Zentrum–Peripherie–Gegensatz auch in der nationalen Gesellschaft peripher–kapitalistischer Länder deutlich und im Rahmen der Ausbreitung der *kapitalistischen Produktionsweise* in den *assoziierten* Sektoren weiter verschärft.

Vor allem in den in der Folge der international argumentierenden lateinamerikanischen Dependenz–Theorien stehenden Ansätzen zu einer sog. *Theorie des peripheren Kapitalismus* wird versucht, die Zentrum–Peripherie–Abhängigkeit auf die internen gesellschaftlichen Strukturen in den Ländern der Dritten Welt zu übertragen[4]. Unterentwicklung und Abhängigkeit der Peripherien und ihre durch *strukturelle Heterogenität* gekennzeichneten Gesellschaftsformationen werden auch hier als Folge *peripher–kapitalistischer Akkumulationsmuster* angesehen, die durch die Dominanz der *kapitalistischen Produktionsweise* in den *assoziierten*, dynamischen Sektoren und durch die Unterordnung anderer Produktionsverhältnisse in *nicht assoziierten* oder nur partiell *assoziierten* Sektoren der Gesellschaft unter diese immer mehr dominierende *kapitalistische Produktionsweise* gekennzeichnet sind. Die Zuordnung der *nicht assoziierten* Sektoren ist durch die Reproduktionsbedürfnisse der dominierenden, aber auf die *assoziierten* Sektoren konzentrierten Produktionsweise bestimmt. Strukturunterschiede innerhalb peripherer Nationen, die im Rahmen der Modernisierungstheorien v.a. auf den Gegensatz *traditionell – modern* und parallel hierzu *endogen – exogen* zurückgeführt und im Rahmen des unterstellten Modernisierungsprozesses als vorübergehend angesehen wurden, erhalten in der *Theorie des peripheren Kapitalismus* eine neue Dimension, weil auch diese *endogenen Faktoren* der Unterentwicklung als durch die kapitalistische Penetration überprägt und auf die funktionale Abhängigkeit der *nicht assoziierten* Sektoren von den dynamischen Zentren in der Peripherie ausgerichtet angesehen werden (vgl. hierzu SENGHAAS 1974, S. 22).

Besonders RAUCH (1979, 1985) hat versucht, die Auswirkungen *peripher kapitalistischer Akkumulationsmuster* auf die Raumstrukturen und Raumentwicklung in peripheren

---

1) Brasilien kann als Beispiel für eine solche Entwicklung angesehen werden – vgl. SENGHAAS 1977, ZINK 1975, KOHLHEPP 1978.
2) Vgl. zu diesem sehr unterschiedlich definierten Begriff und zu seiner Bedeutung im Rahmen der Entwicklungsdiskussion NOHLEN, STURM 1982.
3) Z.B. Marginalisierung von Kleinbauern, traditionellem Handwerk etc. durch die Ausbreitung kapitalistisch orientierter modernisierter Landwirtschaft, Import von traditionelle Produkte ersetzenden Waren oder Fertigung solcher Waren mit kapitalintensiven importierten Verfahren etc.
4) Vgl. hierzu bes. SENGHAAS 1974, S. 7 ff. sowie die Arbeiten von Samir AMIN.

Nationen zu übertragen (vgl. bes. RAUCH 1985). Er konzentriert sich dabei auf die historisch durch die Entwicklung kapitalistischer Penetration begründete Erklärung von strukturellen und funktionalen Zentrum–Peripherie–Abhängigkeiten innerhalb peripherer Nationen und ihrer Verschärfung, wie sie sich z.B. in einer Verstärkung von Stadt–Land–Gegensätzen, bzw. den Gegensätzen innerhalb ländlicher Räume zwischen kapitalistischer, exportorientierter Produktion und einem nicht, bzw. nur partiell integrierten kleinbäuerlichen Sektor darstellen. In unserem Zusammenhang ist dabei besonders die Funktionszuweisung eines kleinbäuerlichen, v.a. subsistenzorientierten Agrarsektors als einem *sozialen Auffangbecken* interessant (vgl. RAUCH 1985, S. 182):

> »Die Peripherie ist ... der Raum für die Masse der Marginalisierten; ihre wichtigste Funktion ist die der Subsistenzreproduktion all jener, die nicht oder nur teilweise (oder zeitweise) die Möglichkeit haben, an den Wachstumssektoren zu partizipieren.« (RAUCH 1985, S. 184).

Zentrum–Peripherie–Abhängigkeit ist auch das zentrale Erklärungsmodell des zweifellos ebenso durch die Dependenz–Debatte beeinflußten sog. *Weltsystem–Ansatzes*, in dem Entwicklungsunterschiede im internationalen Zusammenhang und Strukturdeformationen der Peripherien durch die historische Entwicklung und die spezifischen Ausbreitungsformen des Kapitalismus erklärt werden (vgl. hierzu bes. WALLERSTEIN 1979, 1986, WALLERSTEIN, HOPKINS 1979). Interessant im Zentrum–Peripherie–Zusammenhang ist hier u.a., daß zusätzlich zu den Kategorien des Zentrums und der Peripherie noch die der sog. *Semiperipherie* eingeführt wird, worunter Länder zu verstehen sind, die insofern eine *Zwischenstellung* einnehmen, als sie zwar im Verhältnis zu den Zentralnationen Peripherien sind, gleichzeitig aber innerhalb eines eigenen Einflußbereichs neue Zentrum–Peripherie–Abhängigkeiten zu noch *periphereren* Staaten aufbauen (vgl. z.B. WALLERSTEIN, HOPKINS 1979, S. 158).

In der Geographie hat z.B. KOHLHEPP (1984b, bes. S. 238 ff.) solche Strukturen am ungleichen Abhängigkeitsverhältnis zwischen Brasilien und Paraguay dargestellt.

Im gleichen Zusammenhang führte bes. die Diskussion um die sog. *Schwellenländer* zu einer differenzierteren Betrachtung der sicherlich sehr plakativen Einordnung der Welt in *Zentralnationen* und *Peripherienationen* (vgl. hierzu bes. MENZEL, SENGHAAS 1985 und 1986, S. 99 ff.). Auch Brasilien wird in dieser Sicht meist zu den *Schwellenländern* gerechnet, die sich durch im Rahmen der Dependenz–Debatte zunächst nicht für möglich gehaltene *Entwicklungsfortschritte* von den restlichen Peripherienationen abheben. Diese Fortschritte werden v.a. an einer relativ starken und bereits diversifizierten Industrialisierungsdynamik, der stärkeren Differenzierung eines Binnenmarktes, dem Beginn einer eigenen Technologieentwicklung, der Modifizierung internationaler Abhängigkeitsbeziehungen durch Subzentren–Bildung sowie an sozialen *Entwicklungsfortschritten* angeknüpft. Hierbei steht die Diskussion um die Möglichkeit einer *nachholenden Entwicklung* im Vordergrund. Es darf dabei jedoch nicht übersehen werden, daß gerade durch diese nationalen Entwicklungsfortschritte (z.B. an hohen gesamtwirtschaftlichen Wachstumsraten bes. zu Anfang der 70er Jahre ablesbar), bes. auch im Rahmen des brasilianischen Entwicklungsmodells (vgl. ZINK 1975, FURTADO 1983), eine Verschärfung interner sozio–ökonomischer und räumlicher Disparitäten durch die Konzentration der Fortschritte auf die *assoziierten Sektoren* und damit eine Verstärkung des internen Zentrum–Peripherie–Gefälles beobachtet werden konnte.

In der jüngeren entwicklungstheoretischen Diskussion wird stärker als in den theoretischen Ansätzen der 70er Jahre, die v.a. die determinierende Wirkung des internationalen Systemzusammenhangs z.B. über den Weltmarkt in den Vordergrund stellten, in Fortführung und Ergänzung dieser Ansätze ein stärkeres Gewicht auf interne Strukturen und Prozesse sowie ihre Differenzierung innerhalb der Dritten Welt — auch in räumlicher Hinsicht — gelegt[1].

Ein wesentlicher Bereich ist hierbei z.B. die Diskussion um die spezifische entwicklungshemmende, -fördernde, bzw. allgemein entwicklungsbestimmende Bedeutung des Staates. Hier sind z.B. die Arbeiten zur Funktionsweise des *peripheren Staates*, zur Bedeutung der *Staatsklassen*, zur Ausweitung staatlicher Dominanz im sozio-ökonomischen Bereich *bürokratischer Entwicklungsgesellschaften* etc. zu nennen (vgl. z.B. Beiträge von ELSENHANS, SIMONIS sowie RÜHLAND, WERZ in NUSCHELER 1985).

Ein anderer Bereich wird zunehmend von Arbeiten zur internen Struktur und Funktionsweise der *Peripherien der Peripherie* eingenommen. Hier sind besonders das zunehmende Interesse am sog. *informellen Sektor*, an Struktur und Funktion der Subsistenzproduktion unter dem Stichwort der *Überlebensökonomie* zu nennen[2]. Nach einer Betonung der *Makroebene* in den oben genannten Ansätzen wird hier nun die *Mikroebene*, z.B. die oftmals unberücksichtigte *Ökonomie jenseits der Warenökonomie* (ELWERT 1985, S. 73) in den Vordergrund gestellt.

In der vorliegenden Arbeit soll der Versuch unternommen werden, vor dem theoretischen Hintergrund der geschilderten Zentrum–Peripherie–Abhängigkeitsmuster Struktur, Funktion und Wandlungsprozesse eines Teils der *Peripherie der Peripherie* zu betrachten. Dabei trifft diese Charakterisierung für das gewählte Beispiel der jungen Pionierfront Rondônia nicht nur im räumlichen, sondern — wie zu zeigen sein wird — auch im gesellschaftlichen Sinne zu. Von besonderer Bedeutung ist hierbei die nachfolgend zu analysierende spezifische Bedeutung und Funktion der Pionierfronten in Brasilien im Rahmen eines unter autoritären Herrschaftsstrukturen in Gang gesetzten assoziativ-kapitalistischen Entwicklungsweges.

II.2. Die Pionierfront in Brasilien

II.2.1. Zur Beschäftigung mit dem Thema *Landerschließung* in der Geographie

Weltweit können besonders zwei Formen der Ausweitung landwirtschaftlicher Produktion zur Versorgung einer wachsenden, oder vornehmlich in nicht-landwirtschaftlichen Bereichen tätigen Bevölkerung festgestellt werden:

---

1) Vgl. am Beispiel der jüngeren politikwissenschaftlichen Diskussion versch. Beiträge in NUSCHELER 1985.
2) Vgl. hierzu u.a. BIELEFELDER ENTWICKLUNGSSOZIOLOGEN 1979 sowie Beiträge in Heft 2, 1985 der Zeitschrift für Wirtschaftsgeographie.

- Produktionserhöhung durch Intensivierung des Anbaus (z.B. durch Intensivierung der Anbausysteme, Einsatz von Dünger und anderen Vorleistungen, Mechanisierung etc.),
- Ausweitung der landwirtschaftlichen Fläche durch Nutzung bisher nicht oder in anderer Form genutzter Areale.

Während die erste Option typisch ist für flächenarme Regionen, d.h. Gebiete hoher ländlicher Bevölkerungsdichten[1] und dort zu den verschiedensten Formen der Intensiv–Landwirtschaft geführt hat (Fruchtwechselwirtschaft, Terrassenkulturen, Bewässerungsfeldbau etc.), kann die zweite Option besonders in Regionen mit hohen *Flächenreserven* – wie z.B. in Brasilien – beobachtet werden.

Landerschließung in Neusiedlungsgebieten unter den verschiedensten ökonomischen Zielsetzungen, v.a. aber zur genannten Expansion landwirtschaftlicher Nutzung, ist eine Fragestellung, mit der sich die Geographie im Bemühen um die Untersuchung der gestaltenden Wirkung des Menschen im Raum schon seit langer Zeit immer wieder auseinandersetzt.

Eine erste große Überblicksarbeit zu diesem Thema legte Isaiah BOWMAN (1931) in der weltweit angelegten Zusammenstellung der *pioneer fringe* vor. Aus dieser Tradition entstammt auch das Werk von PELZER (1945) über die Pionierzonen der südostasiatischen Tropen. In der deutschen Geographie stand zunächst besonders die Untersuchung neuweltlicher Siedlungsgebiete im Vordergrund. Hier können beispielhaft nur einige Arbeiten und *Forschungstraditionen* genannt werden. PFEIFER (1935a, 1935b) konzentrierte sich zunächst auf die kulturlandschaftsgenetisch ausgerichtete Beschäftigung mit der nordamerikanischen *frontier*. WILHELMY (1940, 1949) analysierte Erschließungsgang und -probleme südamerikanischer Waldgebiete. CZAJKA (1953) war bestrebt, anhand seiner ebenfalls südamerikanischen – v.a. argentinischen – Erfahrungen über die Fallstudie hinaus den generellen Charakter der *Lebensformen an der Siedlungsgrenze* in den Vordergrund zu stellen. Für das im Rahmen dieser Arbeit behandelte Beispiel Brasilien war es besonders WAIBEL (1949, 1955), der Bedingungen, wirtschafts– und sozialgeographische Struktur und kulturlandschaftliche Folgen der Neulanderschließungsphasen vor allem im brasilianischen Süden in den Mittelpunkt seiner Untersuchungen stellte. Dabei kam in seiner 1955 erschienen Arbeit *Die Pionierzonen Brasiliens* dem strukturellen und funktionalen Vergleich verschiedener Neusiedlungsgebiete in Brasilien, ihrer Sukzession sowie der naheliegenden – und in der Folge immer wieder behandelten – Gegenüberstellung von brasilianischen Pionierregionen und nordamerikanischer *frontier* besondere Bedeutung zu. Eine weitere grundlegende Arbeit wurde für Brasilien von MONBEIG (1952) mit seinem monographischen Werk über Struktur und Ausbreitung der Kaffeewirtschaft in São Paulo vorgelegt. Diese Werke der *ersten Generation* regten die weitere Beschäftigung mit dem Thema an, wobei für das brasilianische Beispiel hier nur die Arbeiten von PFEIFER (z.B. 1966, 1967, 1973), der ebenso dem kulturlandschaftsgenetischen Aspekt

---

1) Z.B. einen Großteil der europäischen Industrienationen, aber auch dicht besiedelte ländliche Regionen in der Dritten Welt, z.B. in Südostasien.

und dem Vergleich zur nordamerikanischen *frontier* besondere Bedeutung beimißt (z.B. PFEIFER 1973), erwähnt seien[1].

Auf die zahlreichen neueren Arbeiten zum Thema wird an anderer Stelle dieser Arbeit im Zusammenhang mit der Agrarkolonisation zurückzukommen sein (vgl. Kap. III.4.1.).

Jüngere Zusammenstellungen von Einzelbeiträgen (vgl. NITZ 1976) und Überblicksarbeiten zu unterschiedlichen Formen des Kulturlandschaftswandels durch Neulanderschließung (bes. EHLERS 1984) zeigen neben zahlreichen Einzelmonographien und anderen Publikationen, daß die Thematik der Umwandlung von Natur– in Kulturlandschaft an den Siedlungsgrenzen der Erde — heute v.a. in den Ländern der Dritten Welt — bei gleichzeitigen *Schrumpfungsprozessen* der agrarischen Landnutzung in vielen Industrieländern (hierauf weist EHLERS 1984, S. 61 hin) nach wie vor als Thema in der deutschen Geographie aktuell ist.

In der vorliegenden Arbeit soll am Beispiel des jungen Neusiedlungsraumes Rondônia im südwestlichen Bereich des brasilianischen Amazonasgebietes der strukturelle, funktionale und der prozessuale Aspekt der Raumgestaltung und Raumentwicklung und damit auch der räumliche Wandel einer aktuellen, kleinbäuerlich geprägten Pionierfront dargestellt werden.

II.2.2. Zum Problem einer Definition der *Pionierfront*

Zunächst stellt sich ein terminologisches Problem. Während im englischen Sprachgebrauch für das hier zu beschreibende räumliche und gesellschaftliche Phänomen der Begriff der *frontier* — v.a. durch den Gang der Landnahme in den USA und ihre wissenschaftliche Analyse (s.u.) — üblich geworden ist und sich schon sprachlich deutlich von den eher linienhaft zu verstehenden Begriffen *border* und *boundary* abhebt, ist im Deutschen der Gebrauch verschiedener Begriffe für gleiche oder zumindest ähnliche Phänomene wie *Pioniergrenze, Pionierzone, Pionierfront* oder auch *Siedlungsgrenze* etc. in der wissenschaftlichen Literatur zu beobachten. Im französischen Sprachgebrauch ist das Nebeneinander der Begriffe *frontière* und *front pionnier* zu beobachten (CREDAL 1981). Im Brasilianischen wird ebenso von *fronteira* und von *frente* gesprochen, wobei bei einer ganzen Reihe von Autoren definitorisch zwischen beiden Begriffen differenziert wird (siehe hierzu unten). Im nachfolgenden soll der Begriff der *Pionierfront* verwendet werden.

Dabei kann hierunter zunächst im siedlungsgeographischen Sinne der *expansive Saum der Vollökumene* (NITZ 1976a, S. 11) verstanden werden, d.h. die Räume

> »in denen durch das Vordringen von agraren, industriellen oder sonstigen Wirtschaftsformen Naturräume durch Landerschließung in Kulturlandschaft umgewandelt werden.« (NITZ 1976a, S. 11).

Damit ist die Pionierfront im räumlichen Sinne bereits per definitionem als Teil der Peripherie anzusehen. Jedoch sollte die Expansion der Pionierfront — besonders heute unter

---

[1] Einen Überblick zur Beschäftigung mit dem Thema Neulanderschließung gibt u.a. NITZ 1976a und EHLERS 1984.

den spezifischen historischen und sozio-ökonomischen Bedingungen in der Dritten Welt — nicht unbedingt als räumlich *linienhafter* Prozeß angesehen werden, sondern er kann sich auch *inselhaft*, unter Überspringen von Teilräumen — z.B. aus Gründen der Extraktion der Ressourcen eines bestimmten Teiles der Anökumene usw. — in besonderer Abhängigkeit von der Zugänglichkeit bestimmter Teilbereiche und dem sozio-ökonomischen Interesse der sozialen Träger der Pionierfront vollziehen.

Pionierfronten sind jedoch nicht nur Siedlungsraumtypen, sondern sie sind besonders intern durch spezifische wirtschaftliche, soziale und politische Strukturen, Funktionen und Prozesse gekennzeichnet, durch die sie im jeweiligen gesellschaftlichen System eine besondere Stellung erhalten können.

Interne Struktur und die Stellung verschiedener Pionierfronten in der jeweiligen Gesellschaft können allerdings insbesondere in Abhängigkeit von ihrer jeweiligen ökonomischen Ausrichtung und ihrer sozialen Organisation unterschiedlich sein.

Pionierfronten müssen insgesamt besonders in der Interdependenz zwischen Zentrum und Peripherie einer Gesellschaft und ihres Raumes gesehen werden, denn die Regelmechanismen, die sozio-ökonomische Strukturen und Prozesse an den Pionierfronten bestimmen, sind nicht unabhängig von einem gesellschaftlichen Gesamtrahmen zu verstehen, der durch die Vorherrschaft bestimmter *Produktionsweisen* — damit verbunden bestimmter wirtschaftlicher und sozialer Organisationsformen und politischer Machtverhältnisse — geprägt ist, in den die Interdependenzen, in der Realität meist ungleichen Abhängigkeiten, zwischen der Pionierfront als gesellschaftlicher Kategorie und den gesellschaftlichen *Zentralen* eingebettet sind. Pionierfronten sind deshalb i.d.R. nicht nur im räumlichen, sondern auch im gesellschaftlichen Sinne als Peripherien anzusehen.

Unter Berücksichtigung dieser Interdependenzen soll hier die Pionierfront als ein spezifischer Wirtschafts- und Sozialraum definiert werden, der einerseits durch eine besondere Entwicklungsdynamik[1], in sozialer Hinsicht durch die Vorherrschaft regionsfremder Akteure[2], andererseits aber auch durch typische Konflikte zwischen verschiedenen Nutzungsansprüchen und durch rasche sozio-ökonomische und räumliche Veränderungsprozesse geprägt ist.

Pionierfronten sind insgesamt Räume relativ geringer Konsolidierung in gesellschaftlicher und räumlicher Sicht. Sozio-ökonomischer und räumlicher Wandel sind für sie besonders in der Sukzession verschiedener Pionierfront-Phasen typisch. Gesellschaftlich und räumlich *konsolidierte* Pionierfronten hören auf Pionierfronten zu sein[3].

Die spezifische *Entwicklungsdynamik* der Pionierfront wurde bereits von WAIBEL (1955, S. 80) in seiner Definition der *Pionierzone* anschaulich herausgestellt:

»Von einer Pionierzone sprechen wir im allgemeinen nur dann, wenn plötzlich durch irgendeine Ursache die Ausbreitung der Landwirtschaft sich beschleunigt, wenn eine Art Fieber die Bevölkerung der näheren und weiteren Umgebung erfaßt und der Zufluß eines starken Menschenstromes einsetzt. In

---

1) Dies ist jedoch nicht in einem einseitig, positiv evolutionistischen Sinne gemeint.
2) Pionierfronten sind typische Zuwanderungsregionen.
3) Wobei Konsolidierung als ambivalenter Begriff zu sehen ist, denn er bedeutet in der Realität meist Durchsetzung eines bestimmten Pionierfront-Segments auf Kosten anderer.

anderen Worten: wenn die Landwirtschaft und die Besiedelung das hervorrufen, was die Amerikaner in ihrer kommerziellen Ausdrucksweise als *boom* oder *rush* bezeichnen. Dann steigen die Bodenpreise in schwindelnde Höhen, die Wälder werden gerodet, Häuser und Straßen gebaut, Siedlungen und Städte schießen wie über Nacht aus dem Boden und ein verwegener und optimistischer Geist befällt die ganze Bevölkerung.«

In dieser Waibel'schen *Pionierzonen*–Definition klingt besonders am Schluß das an, was man als einen *singulären Lebensstil* der Pionierfronten bezeichnen könnte. Besonders in den klassischen Arbeiten von TURNER zur nordamerikanischen *frontier* (vgl. bes. TURNER 1920) wurde dies im Gegensatz zwischen *frontier* und Altsiedelräumen, zwischen *Neuem* und *Altem*, zwischen *modern* und *traditionell* geradezu zum *Paradigma* erhoben (siehe hierzu ausführlicher nächsten Abschnitt).

Auch wenn infolge der geringen gesellschaftlichen Konsolidierung auch an den aktuellen Pionierfronten in Brasilien der von Waibel angesprochene *Optimismus* der Pioniere beobachtet werden kann, kommt z.B. MARTINS (1975, S. 45) in seiner soziologischen Betrachtung der Grundlagen der Pionierfront zu einer anderen, in der Sicht des Autors der vorliegenden Arbeit auch für das Beispiel Rondônia geltenden Einschätzung der Pionierfront und ihrer sozialen Organisation:

»O 'novo', que é uma das dimensões do conceito de zona pioneira, é novo apenas na ocupação do espaço geográfico e não na estrutura social.«

(Das *neue*, das als eine der Dimensionen des Pionierfront–Konzepts gilt, stellt sich als neu nur hinsichtlich der Raumerschließung, nicht jedoch hinsichtlich der Sozialstruktur dar – Übers. Verf.).

Denn, wie MARTINS (1975, S. 45) fortfährt:

»A frente pioneira exprime um movimento social cujo resultado imediato é a incorporação de novas regiões pela economia de mercado.«

(Die Pionierfront ist Ausdruck einer sozialen Bewegung, deren unmittelbares Ergebnis die Einbeziehung neuer Regionen in die Marktwirtschaft ist – Übers. Verf.).

Diese Einbeziehung der Pionierfront in ein übergeordnetes wirtschaftliches und soziales System und damit die gesellschaftliche Unterordnung der Pionierfront als Peripherie in ein zentrumsbestimmtes Ganzes, die jedoch unserer Ansicht nach nicht wie MARTINS vermutet *unmittelbar*, sondern eher sukzessive erfolgt, dokumentiert sich v.a. in einer im wesentlichen *bipolaren* Funktion der Pionierfront:
- Absorption eines demographischen *Überschusses*;
- Extraktion von Ressourcen, bzw. Produktion von Gütern nicht nur zum ausschließlichen Überleben der Pionierfrontbevölkerung, sondern auch zur Versorgung eines extraregionalen, nationalen, z.T. auch internationalen Marktes[1].

---

1) Vgl. hierzu auch MARTINS 1975, S. 46.

Je nach der Gewichtung dieser unterschiedlichen Funktionen, nach ihrer sozio–ökonomischen Ausprägung und nach dem Grad der Einbeziehung, bzw. Unterordnung in eine Zentrumsbestimmung, kann man unterschiedliche Pionierfronttypen unterscheiden. Von besonderer Bedeutung im Sinne einer prozessualen Betrachtung sind dabei die zeitlich-räumlichen Relationen verschiedener Pionierfronttypen, ihre *Gleichzeitigkeit, Ungleichzeitigkeit* bzw. Sukzession[1]. Bevor jedoch hierauf am Beispiel Brasiliens näher einzugehen sein wird, soll nachfolgend der Versuch unternommen werden, die ideologische Funktion der Pionierfront kurz zu beleuchten.

II.2.3. Der Pionierfront–Mythos.
Zur ideologischen Bedeutung der Pionierfront

Das Studium der Pionierfronten ist sehr stark vom Werk des Historikers Frederick Jackson TURNER geprägt worden, der den Gang der westwärts vordringenden Landnahme in den USA hauptsächlich während des 19. Jhdts. in das Zentrum seiner Untersuchungen stellte (TURNER 1920)[2]. Eine der zentralen Thesen Turners war, daß die nordamerikanische *frontier* nicht nur für die räumliche Ausweitung der Besiedlung, sondern auch für die Entstehung eines *demokratischen Bewußtseins* in der ehemaligen Kolonie und für die Entstehung eines fortschrittsgerichteten, typisch amerikanischen Charakters von entscheidender Bedeutung gewesen sei. Dies drückt sich bei ihm in der Dichotomie *traditioneller, urbaner, europaorientierter Osten* und durch Plantagenwirtschaft und Sklavenarbeit geprägter Süden einerseits versus *moderner, expansiver, an Landerschließung orientierter amerikanischer Westen* andererseits aus:

»The forest philosophy is the philosophy of American democracy.«
(TURNER zitiert nach PFEIFER 1935a, S. 66, 67),

oder zur gesellschaftlichen Bedeutung des *Neuen*, der Dynamik der westwärts vorstossenden *frontier*

»Beyond the mountains new conditions, new problems aroused new ambitions and new social ideals ... its crossing put new fire into its veins — fire of militant expansion, creative social energy, triumphant democracy.«
(TURNER zitiert nach PFEIFER 1935a, S. 67, 68).

Durch diese *Heroisierung* der *frontier* wurde aber übersehen, daß die nordamerikanische Pionierfront nicht nur die Funktion des *melting pot* (durch die Absorption vieler Einwanderer) erfüllte, sondern ihre Expansion nur auf Kosten der Schwächeren, v.a. der indianischen Bewohner durchgeführt werden konnte (hierauf weist z.B. MIKESELL 1960 hin).

---

1) Vgl. für die diesbezügliche brasilianische Diskussion bes. KATZMAN 1975, VELHO 1979, SILVA 1982, FOWERAKER 1982, MUELLER 1983, SAWYER 1983, WOOD 1983 etc.
2) Vgl. zur Analyse der Turner'schen Arbeiten aus geographischer Sicht z.B. PFEIFER 1935a, 1935b, einzelne Beiträge in MILLER, STEFFEN 1977, zur Bedeutung Turners für das Studium der lateinamerikanischen Pionierfronten HENNESSY 1978, S. 6 ff., VELHO 1979, S. 16 ff., VELHO 1979a.

Auch muß für die nordamerikanische *frontier* besonders die gesellschaftliche Funktion der *safety valve* (wie ja auch von Turner betont), wenn zweifellos auch im Vergleich zur *urban safety valve* zeitlich relativiert, gesehen werden:

> »Trotz der Anziehungskraft, die das freie Leben in der *wilderness* auf den Wagemutigen ausübte, trotz aller Romantik des Pionierdaseins, darf nicht übersehen werden, daß eine der bedeutendsten Funktionen der westlichen Grenze die war, wirtschaftlich, sozial oder politisch Schwache und Unterlegene aufzunehmen.« (PFEIFER 1935a, S. 50, 51).

Ebenso wird bereits für die nordamerikanischen Pionierfronten die Sukzession verschiedener Pionierfront–Phasen und ihrer sozialen Träger, und damit das Phänomen der Verdrängung und des sozialräumlichen Wandels der Neusiedelgebiete beschrieben (vgl. PFEIFER 1935b, S. 87).

Die Turner'sche *frontier*–Interpretation ist deshalb wohl eher als *Mythos*, denn als Interpretation realer gesellschaftlicher Verhältnisse der Pionierfront zu sehen.

Neben dem nordamerikanischen Halbkontinent ist zweifellos Brasilien das Land in der *Neuen Welt*, in dem das Pionierfront–Phänomen am ehesten zu einem integrativen Bestandteil der zeitlichen und räumlichen Entwicklung wurde. Die enorme Flächenausdehnung des Landes (8,5 Mio. km^2) und die sich bis ins 19. Jhdt. im wesentlichen auf den engeren und weiteren Küstensaum konzentrierende Besiedlung ließen Brasilien mit seinen potentiellen Reichtümern und seinen Landreserven als *Land der Zukunft*[1] erscheinen. Nach der Phase der kolonialen Extraktion wurde dies besonders während der Phase der durch europäische Einwanderer geprägten Besiedlung Südbrasiliens im 19. Jhdt. deutlich (vgl. WAIBEL 1949, PFEIFER 1956, 1973, vgl. auch Kap. III.4.2.). Die Erschließung und Inwertsetzung von vorher nur in Teilen genutztem Land oder von Neuland wurden zu wichtigen Faktoren der brasilianischen Raumentwicklung des 19. und 20. Jhdts. Nach (z.T. auch gleichzeitig mit) der europäischen Kolonisation Südbrasiliens waren die wichtigsten Etappen dieses Erschließungsprozesses (vgl. zu diesem zeitlich–räumlichen Prozeß Karte 2):

- die Expansion des Kaffeeanbaus – der *coffee–frontier* – in São Paulo
  (vgl. MONBEIG 1952, HOLLOWAY 1984),
- seine Ausdehnung nach Nord–Paraná um die Mitte des 20. Jhdts.
  (vgl. KOHLHEPP 1975),
- die sowohl von Norden als auch von Süden ausgehende Erschließung West–Paranás (vgl. KARP 1986),
- die z.T. zeitgleiche, z.T. spätere Öffnung der Pionierfronten im südlichen (Mato Grosso do Sul, Süd–Goiás) und mittleren (südliche Teile Mato Grossos und Teile von Goiás) Centro–Oeste,
- die Neulanderschließung im Westen von Maranhão,
- sowie besonders die hier im Vordergrund stehende Verlagerung der Pionierfronten nach Amazonien seit Ende der 60er Jahre.

Nachdem ca. 1930 die Phase der hauptsächlich durch europäische Einwanderer dominierten Agrarkolonisation in Brasilien abgeschlossen war, wurde die Landerschließung nun

---

1) Vgl. z.B. Titel des Buches von Stefan Zweig aus dem Jahre 1941, ZWEIG 1981.

Pionierfronten in Brasilien und ihre Verlagerung

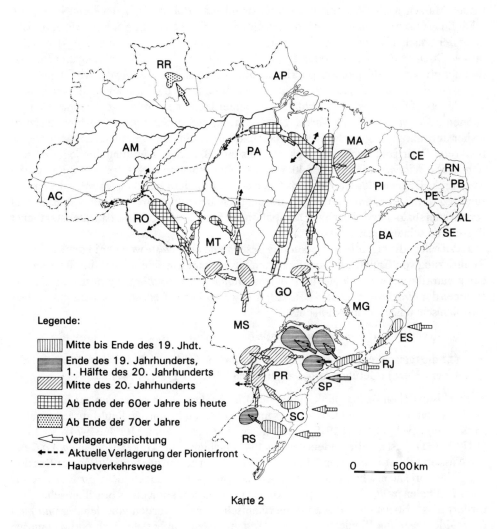

Karte 2

vornehmlich durch Binnenmigration geprägt, deren auslösende *push*-Faktoren in den ländlichen Quellgebieten einerseits in agroökologischen Gegebenheiten und agrarsozialen Ungleichheiten (Nordost–Brasilien), andererseits in einem zunehmenden Bevölkerungsdruck in älteren Pionierfronten (Südbrasilien) oder ebenso agrarsozialen Disparitäten (z.B. in São Paulo) zu suchen sind. Die Landerschließung — spontan sowie privat oder staatlich gelenkt — wurde nun vornehmlich unter innenpolitischen Aspekten betrachtet. Neben ihrer wirtschaftlichen, demographischen und agrarsozialen Funktion wurden die Pionierfronten Brasiliens und ihre Expansion zunehmend auch unter *geostrategischen* und ideologischen Gesichtspunkten gesehen.

Dies gilt besonders für die Zeit des sog. *Estado Novo* (nach 1936) unter der Diktatur von Getúlio Vargas (1930–1945). Im Jahr 1938 verkündete Vargas den sog. *Marcha para Oeste* (Marsch nach Westen) und leitete damit eine Politik der gelenkten Neulanderschließung durch Öffnung neuer Pionierfronten ein, die auch heute noch ein wichtiges Element der brasilianischen Entwicklungsstrategie darstellt. Für Amazonien drückt sich dies im sog. *Discurso do Rio Amazonas* aus, in dem Vargas 1940 die Entwicklung und Integration der großen nördlichen Peripherie Brasiliens zur *nationalen Aufgabe* erhebt.

Bereits der Begriff des *Marcha para Oeste* läßt deutlich die Parallelen, die zur Expansion der ebenfalls westwärts gerichteten nordamerikanischen *frontier* gezogen wurden, erkennen[1]. *Marcha para Oeste* wurde verstanden als *patriotische Aufgabe* zur Inwertsetzung bisher ungenutzter regionaler Ressourcen unter dem Ziel der *nationalen Entwicklung*. In konkreter Form sollte sich dies noch am ehesten z.B. in der Gründung der sog. *Colônias Agrícolas Nacionais* während der 40er Jahre niederschlagen (vgl. Kap. III.4.2.). Das *geostrategische* Element des *Marcha para Oeste* fand v.a. in der Gründung von Bundesterritorien (sog. *Territórios Federais*) an den brasilianischen Siedlungsgrenzen mit dem Ziel einer verstärkten sozio-ökonomischen Okkupation des Staatsraumes und verstärkter staatlicher Präsenz an seinen Grenzen Ausdruck.

Jedoch liegt die eigentliche Bedeutung des *Marcha para Oeste* weniger in der konkreten Realisierung von Entwicklungsmaßnahmen, als vielmehr in seiner Funktion im Rahmen einer autoritären Staatsideologie. *Pioniermentalität* und *Erschließungsdrang* werden im Rahmen der *Marcha para Oeste* — Rhetorik zu wesentlichen Begründungselementen eines brasilianischen Nationalbewußtseins:

»... o verdadeiro rumo de brasilidade é o rumo ao oeste.«

(... die tatsächliche Ausrichtung der *brasilidade* ist die Richtung nach Westen, Übers. Verf.) (Getúlio Vargas zitiert nach VELHO 1979, S. 147).

Seinen historischen Bezugspunkt findet der *Marcha para Oeste* u.a. in den zur Erkundung des Hinterlandes, des *interior*, besonders im 17. und 18. Jhdt. von São Paulo ausgegangenen *bandeirantes* (vgl. VELHO 1979, S. 137 ff., vgl. besonders auch MOOG 1974). VELHO (1979, S. 141) weist auf die Bedeutung des 1940 erschienenen Werkes *Marcha para o Oeste* von Cassiano Ricardo und seine deutlichen Parallelen zu Turner hinsichtlich der Begründung eines brasilianischen Pionierfront-Mythos hin — nun jedoch nicht zur Begründung einer rustikalen *frontier*-Demokratie, sondern zur Legitimation eines brasilianischen Autoritarismus[2]. Ebenso wie die nordamerikanische *frontier* werden von den *Marcha para Oeste*-Ideologen die Pionierfronten des *Westens* als genuin brasilianisch und dynamisch im Gegensatz zum *feudalen*, rückwärtsgerichteten Nordosten der Latifundien und des Zuckerrohrs angesehen.

Marcha para Oeste ist ähnlich der Turner'schen *frontier*-Interpretation insgesamt Ausdruck eines brasilianischen Pionierfront-Mythos, der wenig mit der Suche der

---

1) Hierauf und auf die Gefahren, die mit diesem aus den verschiedensten historischen und sozio-ökonomischen Gründen problematischen Vergleich verbunden sind, weist bereits WAIBEL 1955, S. 77 hin.
2) Auch HENNESSY 1978 zeigt die deutliche Verbindung von lateinamerikanischer frontier und der Entstehung eines caudillismo.

verschiedenen Migrantengruppen nach einer *Überlebensstrategie* im Rahmen der Binnenmigrationen Brasiliens und der harten Lebenswelt der Kolonisten an der Pionierfront, viel mehr aber mit der Suche des autoritären Systems nach einer *Legitimation im Mythos* zu tun hat[1].

Auch in der Nach–Vargas–Zeit bleibt der *Aufbruch nach Westen* zentraler Bestandteil der brasilianischen Entwicklungsstrategie – oder eher auch eines brasilianischen *Entwicklungs–Mythos*. Einen realen Kulminationspunkt findet er unter der Präsidentschaft von Juscelino Kubitschek (Ende der 50er, Anfang der 60er Jahre) in Bau und Realisierung der neuen Hauptstadt Brasília auf dem Planalto von Goiás im *neuen Westen* Brasiliens[2]. Für die Erschließung des Hinterlandes und damit die Entstehung neuer Pionierfronten war der gleichzeitig einsetzende Ausbau des Fernstraßennetzes (besonders durch den Bau der Straße Brasília – Belém und der Straße Cuiabá – Porto Velho, s.u.) von überragender Bedeutung. Bei jedoch handfesten ökonomischen Motiven, die diesen Ausbau der Infrastrukturen zweifellos gefördert haben (Autoindustrie, Extraktionsinteressen etc.), wurde auch hier der brasilianische *Pioniergeist* und der Mythos des für die nationale Entwicklung angeblich förderlichen *Aufbruchs nach Westen* als Legitimationshintergrund für eine insgesamt modernisierungsorientierte Entwicklungsstrategie in dieser Phase des *desenvolvimentismo* bemüht.

Gleichzeitig kann nicht übersehen werden, daß in der Realität die ländlichen Pionierfronten immer mehr zu *gesellschaftlichen Peripherien* degradiert wurden, denn *modernisierungsorientierte Entwicklung* bedeutete – beginnend schon unter Vargas – im ökonomischen Kontext v.a. Stärkung und Ausbau industrieller Strukturen mit dem Preis einer zunehmenden Vernachlässigung des primären Sektors, besonders des für die meisten Pionierfronten Brasiliens typischen kleinbäuerlichen Sektors; im räumlichen Sinne also Bevorzugung des städtischen gegenüber dem ländlichen Raum und dadurch Zunahme regionaler Disparitäten zwischen einem dem *Wachstum* verschriebenen brasilianischen Südosten (v.a. im Städtedreieck São Paulo – Rio de Janeiro – Belo Horizonte) und dem zur Peripherie abgesunkenen, traditionellen Nordosten einerseits sowie den Peripherien der alten und neuen Pionierregionen andererseits[3].

Besonders unter der 21jährigen Militärherrschaft von 1964 bis 1985 wurde die modernisierungsorientierte, am Ziel des wirtschaftlichen Wachstums ausgerichtete Entwicklung v.a. auf der Basis des dominanten Ausbaus des sekundären und tertiären Sektors in den städtischen Zentren, aber auch durch eine zunehmende *Modernisierung* der Landwirtschaft[4] weiter forciert. In der Zeit vor der Ölkrise Mitte der 70er Jahre wurde dieser *assoziativ–kapitalistische* Entwicklungsweg (vgl. SENGHAAS 1977, S. 118 ff.) zum Rückgrat des sog. *milagre brasileiro*, des brasilianischen Wunders (vgl. z.B. ZINK 1975).

Gleichzeitig kann aber auch in dieser Zeit die Kontinuität des *Aufbruchs nach Westen* und die Persistenz des brasilianischen Pionierfront–Mythos, nicht zuletzt erneut als

---

1) Vgl. VELHO 1979, S. 137 ff., siehe zur Mythos–Funktion der Pionierfronten auch HENNESSY 1981.
2) Vgl. zur Entstehung Brasílias und den historischen Hintergründen z.B. PFEIFER 1962.
3) Vgl. zum historisch–räumlichen Entwicklung im Gesamtrahmen Lateinamerikas unter den wechselnden Vorzeichen entwicklungspolitischer Leitvorstellungen z.B. SANDNER, STEGER 1973, S. 17 ff., S. 322 ff. für Brasilien z.B. KOHLHEPP 1978.
4) Z.B. durch Mechanisierung, Modernisierung traditioneller Anbausysteme und Produktionsverhältnisse, zunehmende Exportorientierung, Kapitalintensivierung bei gleichzeitiger Arbeitsextensivierung etc.

Legitimationshintergrund des autoritären Systems, beobachtet werden. Als eine der Hauptaufgaben des Staates wurde nun die Erschließung, Besiedelung und Integration der großen *Leerräume* im brasilianischen Amazonien herausgestellt. Ausbau der Infrastrukturen, v.a. der Fernstraßenbau in die Peripherie, dadurch ermöglichte spontane und gelenkte Landnahme an der Siedlungsgrenze unter dem Motto *terra sem homens para homens sem terra* (Land ohne Menschen für Menschen ohne Land) wurden als Aufgaben *nationaler Integration* angesehen und erhielten — neben ihren konkreten ökonomischen Hintergründen und Zielen und besonders neben ihrer sozialen *Ablenkungsfunktion* — in der offiziellen Rhetorik Symbolwert nationaler Größe und brasilianischen Entwicklungsfortschritts. Großprojekte mit zweifelhaftem Raumgestaltungs–Charakter wie bes. der Bau der Transamazônica stehen stellvertretend für eine Neuauflage des brasilianischen Pionierfront–Mythos. Nicht umsonst nehmen geostrategische und geopolitische Aspekte der Raumentwicklung eine zentrale Position in der Staatsideologie des autoritären Militärregimes ein (vgl. als Beispiel bes. COUTO E SILVA 1981).

Erschließung und *Integration* der Peripherie bedeutet unter den Rahmenbedingungen des *assoziativ–kapitalistischen* Entwicklungsweges Brasiliens in der Realität nicht nur Vorstoß der Pionierfronten in die verbliebenen räumlichen Peripherien durch Fortgang der spontanen und gelenkten Landerschließung, was in der politischen Konzeption der Mächtigen als Substitut für eine Agrarreform in den Altsiedelgebieten angesehen wurde (vgl. hierzu auch Kap. III.4.2.), sondern bedeutet nun zunehmend auch Öffnung der Peripherie für die Expansion der kapitalistisch orientierten Privatwirtschaft u.a. durch Steuerbegünstigung und staatliche Förderung des Großbetriebs (vgl. Kap. II.2.5.).

Interessenkonflikte und ungleiche Raumnutzungskonkurrenzen zwischen kleinbäuerlichen *Pionieren* und dem nachdrängenden *agrobusiness* werden nun zum konstitutiven Bestandteil der Pionierfront–Realität in Amazonien. Dabei ist dies allerdings kein neuer Prozeß. Auch an den älteren Pionierfronten konnte dieser — u.a. von PFEIFER (1935b) auch für die nordamerikanische *frontier* beschriebene — Prozeß des Wandels der sozio–ökonomischen Struktur der Pionierfronten im Rahmen ihrer Konsolidierung, der als Verdrängungsprozeß mit den verschiedensten ökonomischen, gesellschaftlichen, demographischen und ökologischen Verursachungsfaktoren interpretiert werden kann, beobachtet werden (vgl. z.B. FOWERAKER 1982). Die Realität der Pionierfronten in Brasilien verliert deshalb in dieser Sicht viel von ihrem Mythos–Charakter, hat sie doch weniger mit dem oftmals heroisierten *Pioniergeist* zu tun, als vielmehr mit dem Konflikt zwischen der Suche der Schwachen nach einer *Überlebensstrategie* an der Peripherie einerseits und dem Extraktions– bzw. Spekulationsinteresse der wirtschaftlich Mächtigen an der Peripherie andererseits.

II.2.4. Zur Diskussion verschiedener Pionierfront–Konzepte

»Frontier history is often written as a history of conflict and sucession. Apart from the general lawlessness that is portrayed as endemic on the frontier there was much competition for land between groups who had different ideas about how the land should be used.« (HUDSON 1977, S. 22).

Diese für das Beispiel der nordamerikanischen *frontier* gemachte Aussage kann auch als charakteristisch für die interne Struktur der brasilianischen Pionierfronten übernommen werden. Verschiedene Arbeiten zeigen, daß wirtschaftliche und soziale Interessenkonflikte zwischen verschiedenen Gruppen unterschiedlicher gesellschaftlicher Position an den Pionierfronten schon immer als typisch angesehen werden können und daß als Resultat dieser konkreten Nutzungskonflikte, die durch ungleiche Realisierungschancen gekennzeichnet sind, als Sukzession verschiedener Phasen anzusehende Wandlungsprozesse der Pionierfronten festzustellen sind (vgl. bes. VELHO 1979, S. 174 ff., FOWERAKER 1982, S. 35 ff.). Im geographischen Sinne drückt sich dies einmal im internen sozial- und wirtschaftsräumlichen Wandel der Pionierfronten und zum andern in ihrem räumlichen Verlagerungsprozeß aus.

Die *strukturelle Heterogenität* der Pionierfronten hat besonders am brasilianischen Beispiel zu einer lebhaften Diskussion des Phänomens, zu verschiedenen Versuchen der Erarbeitung von *Pionierfronttypen* und zum Versuch der Einordnung des Wandels der Pionierfronten in einen größeren gesellschaftlichen Zusammenhang geführt.

So unterscheidet z.B. KATZMAN (1975) aufgrund seiner vergleichenden historischen Analyse der brasilianischen Pionierfronten, ihrer wirtschaftlichen Ausrichtung und sozialen Organisation zwischen einer *subsistence frontier* (KATZMAN 1975, S. 269 ff.) und einer *export-propelled frontier* (KATZMAN 1975, S. 271 ff.). Beispiel für eine Subsistenz–Pionierfront ist bei diesem Autor die Ausbreitung der europäischen Kolonisation Südbrasiliens, die, v.a. durch das kleinbäuerliche Element geprägt, durch eine einfache Subsistenz–Landwirtschaft mit geringer Marktintegration gekennzeichnet werden kann. In den angewandten Nutzungssystemen kann sogar im Vergleich zu den europäischen Herkunftsgebieten eine regressive, an lokale Bedingungen und relativ große Landreserven adaptierte Technologie (vom Pflugbau zum Hackbau) festgestellt werden[1].

Andererseits ist bei KATZMAN z.T. zeitgleiches Beispiel für eine exportorientierte Pionierfront die wirtschaftlich in der Folgezeit für Brasilien eine dominierende Stellung einnehmende Ausbreitung des Kaffeeanbaus in São Paulo Ende des 19./Anfang des 20. Jhdts. Diese praktisch ausschließlich auf den Anbau eines exportorientierten Produkts gestützte Pionierfront unterscheidet sich in ihrer sozialen Organisation entscheidend von der ersteren. Sie ist geprägt durch die Dominanz eines Agrarunternehmertums in der Person des Kaffee–Fazendeiro, wobei man sich als Arbeitskraft zunächst unfreier Sklavenarbeit und später der abhängigen Arbeitskraft europäischer Einwanderer bediente, die in den verschiedensten und sich wandelnden Formen der Pacht (z.B. sog. *colonato*–System, vgl. HOLLOWAY 1984, S. 110 ff.) in den Produktionsprozeß integriert waren[2].

Beide so unterschiedlichen Pionierfront–Typen trafen im Rahmen des räumlichen Verlagerungsprozesses, dessen unterschiedliche Gründe in der Expansion des exportorientierten Anbaus aber auch der ökologischen Degradierung einerseits, agrarsozialen Wandlungsprozessen und der Erschöpfung der agraren Tragfähigkeit durch zunehmenden Bevölkerungsdruck, durch den die Funktionsfähigkeit der gegebenen extensiven Nut-

---

1) Vgl. zum Gesamtkomplex z.B. WAIBEL 1949, ROCHE 1959.
2) Vgl. zur Entwicklung in São Paulo insgesamt MONBEIG 1952, HOLLOWAY 1984.

zungssysteme nicht mehr gewährleistet war, andererseits lagen, um die Mitte des Jahrhunderts in der neuen, unterschiedlich strukturierten Pionierfront Paraná zusammen[1].

MARTINS (1975) legt das Schwergewicht seiner Überlegungen zum Pionierfront-Phänomen auf die spezifischen Formen sozialer Relationen und ökonomischer Integration unterschiedlicher soziologischer Pionierfront-Konzepte, die sich räumlich und zeitlich überdecken bzw. einander folgen. Er konzentriert sich dabei auf den Produktionsfaktor Boden. MARTINS unterscheidet zunächst zwischen *fronteira demográfica* und *fronteira econômica*, wobei der soziale *Zwischenraum* zwischen beiden als *frente de expansão* (Expansionsfront) bezeichnet wird. Ihre Kennzeichen sind die Absorption eines demographischen *Überschusses*, Formen spontaner Landnahme, weitgehendes Fehlen kapitalistischer Produktionsverhältnisse, während die sog. *frente pioneira* bei MARTINS durch die Umwandlung des *freien Landes* in eine Ware, die Vorherrschaft der Warenproduktion und damit die Dominanz des Marktes als gesellschaftlichem Regulativ geprägt ist (vgl. MARTINS 1975, S. 45 ff.).

Hier wird also bereits die *Gleichzeitigkeit* unterschiedlicher gesellschaftlicher Gruppen und unterschiedlicher ökonomischer Verhaltensweisen und Raumansprüche innerhalb einer Pionierregion bzw. ihre Sukzession als zentral herausgestellt.

Diese Aspekte erhalten besonders in der Diskussion um Struktur, Funktion und Wandel der jungen Pionierfronten in Amazonien eine zunehmende Bedeutung.

So unterscheidet z.B. MUELLER (1983, S. 657) zunächst in Anlehnung an KATZMAN (1975) zwischen subsistenzorientierter und marktorientierter Pionierfront und fügt als weitere Kategorie eine *spekulative Pionierfront* hinzu. Dabei unterscheidet MUELLER (1983, S. 658) nach SAWYER (z.B. 1983, 1984) zwischen *fronteira* als dem übergeordneten Begriff — im räumlichen Sinne einer gesamten Pionierregion entsprechend — und verschiedenen *frentes* innerhalb einer *fronteira*, die durch spezifische wirtschaftliche Ziele, Produktivkräfte und Produktionsverhältnisse geprägt sind. Neben der *frente de subsistência* oder *frente camponesa*, also der — z.B. in Rondônia im Vordergrund stehenden — kleinbäuerlichen Pionierfront[2] gliedert MUELLER (1983, S. 658, 659) eine *frente capitalista*, durch ökonomisch *rationale* Produktionsausrichtung und Marktorientierung geprägt, und eine großbetriebliche, aber unproduktive *frente especulativa* aus.

Der gleiche Autor zeigt neben der unterschiedlichen Struktur auch die unterschiedlichen konditionierenden Faktoren der verschiedenen *frentes* auf. So hängt die Entwicklung der *frente camponesa* besonders mit einer zunehmenden Verdrängung einer *Überschußbevölkerung* anderer Regionen zusammen. Diesen eher sozialen Konditionen stehen die ökonomischen Bedingungsfaktoren der *frente capitalista*, v.a. die Nachfrage dynamischer Märkte nach landwirtschaftlichen Produkten (oder Rohstoffen), gegenüber. Die Ausdehnung einer *frente capitalista* hängt dabei nach MUELLER entscheidend von distanziellen Faktoren (Entfernung von den Märkten), der Raumanbindung und der

---

1) Vgl. zur Entwicklung Paranás PADIS 1981, hinsichtlich unterschiedlicher Strukturen und Wandlungsprozesse einzelner Teilräume zur Kolonisation Nord-Paranás auf der Basis des Kaffeeanbaus KOHLHEPP 1975, zu West-Paraná KARP 1986.
2) An dieser Stelle kann nicht näher auf die äußerst umfangreiche und kontroverse Diskussion um die spezifische Bedeutung des campesinato in Brasilien und auf die dahinter stehende Diskussion um die bäuerliche Produktionsweise eingegangen werden, vgl. hierzu allgemein WOLF 1966, zu Brasilien z.B. QUEIROZ 1976, FORMAN 1979, zur Bedeutung des campesinato für die Pionierfront-Diskussion VELHO 1982.

Ausstattung des Pionierraumes (infrastrukturelle Ausstattung, natürliche Ressourcen) ab. Wesentliche Faktoren für Entstehung und Ausweitung einer *frente especulativa* sind schließlich die Suche nach *billigem Land* in Räumen, die durch Bevölkerungszustrom, Zunahme wirtschaftlicher Aktivitäten, staatliche Entwicklungsmaßnahmen etc., eine zukünftige Valorisierung erwarten lassen. Spezifische staatliche Entwicklungspolitiken sind schließlich konditionierende Faktoren für alle unterschiedlichen Typen der *frente*, am Beispiel Amazoniens nicht zuletzt für Entstehung und Expansion einer *frente especulativa* durch Förderung und steuerliche Begünstigung privatwirtschaftlicher Projekte in größerem Stil seit Ende der 60er Jahre (s.u.) (MUELLER 1983, S. 658, 659).

MUELLER unterscheidet schließlich zwischen der zeitlich–räumlichen Koinzidenz der verschiedenen *frentes* — wie am Beispiel Amazoniens –, die zu Raumnutzungskonkurrenz und zu verstärkter Intervention des Staates führt, und zeitlich–räumlicher Sukzession verschiedener *frentes*, wie nach diesem Autor v.a. am Beispiel der älteren Pionierfronten des brasilianischen Centro–Sul zu beobachten.

Aufgrund der Analyse unterschiedlicher Pionierfronten Brasiliens in ihrem zeitlich–räumlichen Verlagerungsprozeß kommt FOWERAKER (1982) zur Unterscheidung von im wesentlichen drei Stadien der Pionierfrontentwicklung: einem *nicht–kapitalistischen*, einem *prä–kapitalistischen* und einem *kapitalistischen* Stadium, die jeweils durch bestimmte Interrelationen zwischen den Produktivkräften und durch spezifische Produktionsverhältnisse gekennzeichnet sind. Im Zentrum stehen dabei die Interrelationen zwischen Arbeitskraft, Eigentum an Boden und Kapital. Ausschlaggebend für den Verlagerungsprozeß der Pionierfronten ist dabei in einer Situation relativ großer Landreserven wie in Brasilien, daß nur ein Teil der Arbeitskraft in der expandierenden *kapitalistischen Produktionsweise* absorbiert wird, während es durch Abwanderung eines anderen Teils zum Versuch der Reproduktion *nicht–kapitalistischer* Produktionsweisen an neuen Pionierfronten, sukzessive aber auch dort zu einer erneuten Wiederholung der verschiedenen Stadien der Pionierfrontentwicklung durch die Expansion und Domination der herrschenden *kapitalistischen Produktionsweise* kommt. Dieser Prozeß ist dabei vor allem gekennzeichnet durch sozialen Konflikt (vgl. insgesamt FOWERAKER 1982, S. 58 ff.).

Ausdruck findet dieser Konflikt zwischen den Reproduktionsbedürfnissen einer bäuerlichen, ausschließlich aus familiärer Arbeitskraft wirtschaftenden, nur z.T. in Märkte integrierten und nicht vorrangig am kapitalistischen Ziel einer Surplus–Produktion orientierten *Pionierklasse* und der *spontanen*, aber besonders durch den Staat, seine sektoralen und regionalen Politiken und spezifischen regionalen Entwicklungsprogramme vor dem Hintergrund eines *assoziativ–kapitalistischen* Entwicklungsmodells geförderten Expansion kapitalistischer Produktion und vor allem Spekulation, die sich zunächst besonders in den Formen der Aneignung des Landes dokumentiert, im Prozeß des sog. *fechamento da fronteira* (*closing frontier*), dem *Verschluß* der Pionierfront, der von den verschiedensten Autoren an den Pionierfronten Amazoniens beobachtet wird (vgl. hierzu bes. SILVA 1982, MARTINE 1982, WOOD 1983, SAWYER 1983, 1984, MOUGEOT, ARAGON 1983, als Fallstudie SCHMINK 1981).

SILVA (1982, S. 117) zentriert den Begriff des *fechamento da fronteira* auf die Verhinderung besonders der spontanen Landnahme als *Überlebensstrategie* an der Pionierfront durch die zunehmende spekulative Umwandlung der Landreserven in *Wertreserven*:

»O 'fechamento' não tem o sentido de utilização produtiva do solo mas sim o de que não há mais 'terras livres', 'terras sem dono' que possam ser apropriadas por pequenos produtores de subsistência ... É ... um 'fechamento de fora para dentro', onde a terra perde o seu papel produtivo e assume apenas o de 'reserva de valor'« (SILVA 1982, S. 117).

(Das *fechamento* hat nicht den Gehalt einer produktiven Nutzung, sondern den, daß es keine *freien Ländereien* mehr gibt, kein *Land ohne Eigentümer*, das sich subsistenzorientierte Kleinbauern aneignen könnten ... Es ist ein *Verschluß von außen nach innen*, wobei der Faktor Boden seine produktive Funktion verliert und lediglich die Funktion einer *Wertreserve* erfüllt, Übers. Verf.)

Andere Autoren (v.a. MARTINE 1982, SAWYER 1983, 1984) setzen im gleichen Zusammenhang dem Begriff der Pionierfront-Expansion den des Pionierfront-*Rückzugs* (*expansão da fronteira* versus *retração da fronteira*) gegenüber. Wie SAWYER (1984, S. 181) es ausdrückt, werden Pionierfronten durch Phasen demographischer und ökonomischer *Flut* und *Ebbe* charakterisiert, wobei beide in einem interdependenten Prozeß miteinander zu sehen sind. Dabei ist für das heutige Amazonien nach SAWYER (1984) typisch, daß die — durch die herrschenden gesellschaftlichen und ökonomischen Rahmenbedingungen und durch die staatliche Politik für die Pionierfront begünstigte — Expansion der *Spekulationsfront* (Landaneignung etc.) auf Kosten der kleinbäuerlichen Pionierfront, die als *alternativer* Sozialraum für eine Bevölkerung auf der Suche nach einer zur Integration in den kapitalistischen Produktionsprozeß alternativen *Überlebensstrategie* durch Reproduktion bäuerlicher Lebensweise zu sehen ist (vgl. SAWYER 1984, S. 192), aufgrund der verschiedensten Faktoren (distanzielle Gründe, regionalbedingte Gründe etc.) nach wie vor dominiert und noch nicht einmal zur Entstehung einer ausgedehnten kapitalistischen Agrarproduktion, sondern allein zur wirtschaftlichen Stagnation — zur *Ebbe* — an der Peripherie geführt hat (vgl. SAWYER 1984, S. 200).

Im Zusammenhang dieser Interpretationsansätze der Pionierfrontentwicklung am Beispiel Amazoniens spielt die Frage nach der Bedeutung der regionalen Urbanisierungstendenzen, einerseits mit der Funktion der neuen Pionierstädte als *Drehscheiben* zwischen *Peripherie* und den *Zentren* im Rahmen der Expansion des kapitalistisch orientierten Wirtschaftens in die Peripherie, besonders aber mit ihrer Funktion als *Auffanglager* von Arbeitskraftreserven der Pionierfront eine bedeutende Rolle (vgl. Kap. III.4.7.)[1]. Letzteres gilt besonders für die rasch wachsenden regionalen Metropolen (v.a. Belém und Manaus) (vgl. auch MOUGEOT, ARAGON 1983).

Andere Autoren (v.a. BECKER 1982, 1984, 1985a, 1985b) sehen jedoch das *fechamento da fronteira* nicht als gegebene Tatsache an (vgl. bes. BECKER 1984, S. 4 ff.). Dies aus verschiedenen Gründen: einerseits, weil der überwiegende Teil der Landreserven der Pionierfront nicht in irgendeiner Form produktiv genutzt ist[2], andererseits, weil keine Form der Landaneignung an den amazonischen Pionierfronten auf Dauer unmöglich geworden ist und schließlich, weil von der Autorin eine Veränderung der bereits bestehenden

---

1) Vgl. zu diesem Themenkomplex bes. BECKER 1982, S. 110 ff., MACHADO 1982, 1984.
2) Wobei BECKER hier die gesamte Region Amazônia Legal — s.u. — zugrundelegt.

Produktionsformen noch für möglich gehalten wird. Im Gegenteil geht BECKER trotz einer ähnlichen Beschreibung des ungleichen Konflikts zwischen Überlebensstrategien der kleinbäuerlichen Pionierklasse und der kapitalistischen Durchdringung sowie des diesbezüglichen fördernden Einflusses des Staates davon aus, daß durchaus eine *Absorptionskraft* der Pionierfront besteht, diese jedoch gekennzeichnet ist durch die Bildung und Differenzierung einer mobilen Arbeitskraft im Zusammenhang mit der Expansion kapitalistischer Produktionsverhältnisse. Saisonale, sektorale und regionale Beschäftigungsdifferenzierungen sind nach BECKER (1984, S. 9) als *Überlebensstrategien* zu sehen. Ebenso beobachtet BECKER (1984, S. 11 ff.) eine zunehmende sozio–ökonomische Differenzierung der bäuerlichen Gruppen, die an die Pionierfront zuwandern, bzw. auch derjenigen, die dort bereits leben[1]. Schließlich können ebenso immer mehr Ansätze der Interessenartikulation der vom Verdrängungsprozeß an den Pionierfronten Betroffenen beobachtet werden (vgl. hierzu Kap. IV.6.).

Insgesamt ist in dieser Sicht die Pionierfront in Amazonien als gesellschaftlich und räumlich unkonsolidiertes Gebilde Ort einer ständigen Veränderung und Anpassung. Die dominierenden Einflußfaktoren dieser Prozesse sind durch die Funktion der Pionierfronten in der Raumgestaltungs–Konzeption des Staates und entsprechende Politiken einerseits und durch die wirtschaftlichen Interessen des nationalen (z.T. auch internationalen) Kapitals an den Pionierfronten andererseits gegeben. Sie verursachen in unterschiedlichen Formen der räumlichen, sektoralen und sozialen Mobilität der Pionierfront–Bevölkerung Differenzierungsprozesse und eine spezifische sozio–ökonomische und räumliche Dynamik, sie führen jedoch nicht zum *Verschluß* der Pionierfronten, d.h. zu Stagnation. Interessenkonflikte werden jedoch auch hier als konstitutive Bestandteile der sozio–ökonomischen Strukturen und Prozesse an der Pionierfront angesehen. Dabei wird in der zunehmenden Interessenartikulation der Betroffenen eine neue, potentielle gesellschaftliche Entwicklungsrichtung der Pionierfront in der Gegenüberstellung von *Mobilisierung* versus *Mobilität* (BECKER 1984, S. 21) für möglich gehalten.

WOOD (1983) schließlich führt die von ihm beobachteten sozialen Phänomene an der amazonischen Pionierfront, wie bes. saisonale Arbeitskraft–Zirkulationen zwischen bäuerlichem Kolonisten–Sektor und kapitalistischer Pionierfront–Wirtschaft, die Frage zunehmender Landverknappung und ihre Bedeutung für die sozialen Systeme der Pionierfront, Landkonflikte und besonders die Funktion des Staates sowie die durch diese Phänomene bedingte phasenhafte Entwicklung der Pionierfronten, analytisch auf den grundlegenden Konflikt zwischen *bäuerlicher Produktionsweise* und *kapitalistischer Produktionsweise* zurück (WOOD 1983, S. 264 ff.). Er weist dabei besonders auf die Interdependenzen zwischen beiden, in der Theorie voneinander getrennten, Produktionsweisen – und damit unterschiedlichen Lebens– und Wirtschaftssphären – hin[2].

---

1) Siehe hierzu auch BECKER 1985a sowie am Beispiel der kleinbäuerlichen Pionierfront Rondônias Kap. IV.
2) So am Beispiel der Anlage von Kunstweiden auf großen, kapitalistisch orientierten Fazendas durch von einem Arbeitsvermittler (gato) zusammengestellte temporäre Arbeitstrupps aus Landlosen, Pächtern, Landbesetzern etc., was hinsichtlich der unterschiedlichen Produktionsweisen und ihrer Artikulation einem temporären Transfer von Arbeitskraft aus einer nicht–kapitalistischen in eine kapitalistische Sphäre entspricht – vgl. WOOD 1983, S. 267.

Bei allen unterschiedlichen Erklärungsansätzen der äußerst facettenreichen und hier nur in wenigen Schlaglichtern angesprochenen aktuellen Pionierfront–Diskussion in Brasilien können doch einige Gemeinsamkeiten herausgearbeitet werden: So wird insgesamt eine *Bipolarität* der Pionierfronten betont, einerseits durch ihre Funktion als *Überlebensraum* für eine kleinbäuerliche aus anderen Regionen infolge disparitärer gesellschaftlicher Verhältnisse verdrängte Bevölkerung, die versucht, sich durch die Wanderung in den noch nicht *konsolidierten* Raum der Pionierfronten einer Unterordnung in die expandierende, zentrumsorientierte *kapitalistische Produktionsweise* zu entziehen, andererseits durch ihre Funktion eines *Ergänzungsraums* für die Expansion eben dieser zentrumsorientierten kapitalistischen Wirtschaft in die Peripherie mit den alternativen Zielen der Rohstoffextraktion, der marktorientierten Agrarproduktion oder – wie in vielen Fällen – lediglich der Spekulation. Ebenso wird generell die zentrale Bedeutung des Staates – im Falle Brasiliens des nach einer Legitimation für ein Disparitäten förderndes Entwicklungsmodell suchenden autoritären Staates – bei der Entstehung dieser *Bipolarität* durch seine Politik an der Pionierfront herausgestellt (s.u.). Als weiteres werden schließlich in allen vorgestellten Pionierfront–Interpretationen sozialer Konflikt und sozio–ökonomischer Wandel, der in geographischer Hinsicht als sozial– und wirtschaftsräumlicher Wandel sichtbar wird, als konstituierende Elemente der Pionierfrontentwicklung in Amazonien postuliert.

Während der größte Teil der hier vorgestellten Interpretationen der amazonischen Pionierfrontentwicklung sich in der empirischen Aussage v.a. auf den südostamazonischen Raum[1], der in besonderer Weise durch die genannte *Bipolarität* gekennzeichnet ist, bezieht, wird in der vorliegenden Arbeit der Versuch zu unternehmen sein, am Beispiel der südwestamazonischen, vorwiegend kleinbäuerlich dominierten Pionierfront Rondônia, die von vielen Beobachtern auf den ersten Blick als der *erfolgreichere Zweig* des amazonischen Pionierfrontgürtels angesehen wird, zu prüfen, inwieweit die hier vorgestellten theoretischen Ansätze auch für dieses Beispiel gültig sind, bzw. durch welche spezifischen Prozesse – besonders auch internen Prozesse innerhalb des kleinbäuerlichen Pionierfront–Segments – die Regionalentwicklung Rondônias gekennzeichnet ist und welche eventuellen Konsequenzen sie für eine Gesamterklärung unterschiedlicher amazonischer Pionierfront–Phänomene haben.

Abschließend soll an dieser Stelle die Frage angesprochen werden, inwieweit Pionierfronten durch ein besonders hohes Ausmaß ökologischer Degradierung gekennzeichnet sind. Zweifellos spielte die Frage der Bodenerschöpfung und Degradierung unter den Rahmenbedingungen sowohl extensiver Nutzungssysteme der Subsistenzlandwirtschaft (Landwechselwirtschaft etc.), als auch monokultureller Strukturen exportorientierter Pionierfronten (Kaffeeanbau) bei der Verlagerung der Pionierfronten neben den sozio–ökonomischen Faktoren von jeher eine wichtige Rolle. Preston James hat bereits vor geraumer Zeit für dieses Phänomen den Begriff der *hollow frontier* geprägt (vgl. in diesem Zusammenhang auch MARGOLIS 1979). Unter den Bedingungen des labilen ökologischen Gleichgewichts der tropischen Regenwälder Amazoniens kann dieser Begriff

---

1) V.a. Südost–Pará, Nordost–Mato Grosso, Nord–Goiás und West–Maranhão.

der *hollow frontier* vor allem im Rahmen einer an kurzfristiger Spekulation, nicht jedoch am langfristigen Erhalt des natürlichen Produktionspotentials orientierten kapitalistischen Durchdringung[1], aber auch im Rahmen einer zunehmend unter Bevölkerungsdruck durch nachrückende Migrantenwellen geratenden kleinbäuerlichen Pionierfront, deren extensive Nutzungssysteme nicht an lokalen Bedingungen, sondern eher an aus anderen Regionen übertragenen Kenntnissen und typischen Kolonistenerfahrungen orientiert sind, neue Bedeutung erhalten. Die rapide zunehmende Entwaldung in den verschiedenen amazonischen Pionierregionen (vgl. FEARNSIDE 1984b sowie ausführlichere Darstellung in Kap. IV.3.1.) kann als erstes Zeichen hierfür gewertet werden.

In diesem Zusammenhang erhält auch die Gegenüberstellung der Pionierfront–Nutzung und der durch die Pionierfront–Expansion immer mehr verdrängten, ökologisch sehr viel angepaßteren, indianischen Lebensformen in Amazonien eine besonders dramatische Bedeutung. Jetzt, wo es durch die erzwungene *Akkulturation* vieler indianischer Gruppen wohl schon fast zu spät ist, setzt sich — zumindest in der Forschung, jedoch nur ansatzweise in der Entwicklungspraxis — allmählich die Erkenntnis durch, daß nicht etwa die Indianer von der *modernen Zivilisation*, sondern umgekehrt diese und ihre *Vorposten* an den Pionierfronten von indianischen Erfahrungen noch viel zu lernen hätten, um auf Dauer ein sozio–ökonomisches und ökologisches Überleben in Harmonie mit der Natur anstreben zu können (vgl. hierzu z.B. POSEY 1984).

II.2.5. Die Bedeutung des Staates für die Pionierfrontentwicklung in Amazonien

Wie bereits betont, wird in allen Interpretationen der jungen amazonischen Pionierfrontentwicklung die herausragende Bedeutung des Staates als auslösender und richtungsgebender Faktor für die charakteristischen Prozesse an der räumlichen und gesellschaftlichen Siedlungsgrenze in Amazonien herausgestellt. Dies deshalb, weil *raumwirksame Staatstätigkeit* (vgl. zu diesem Begriff BOESLER 1969) in den Leitlinien und Veränderungen sektoraler und regionaler Politiken und den hieraus resultierenden konkreten Entwicklungsmaßnahmen im spezifischen Fall der als *Integration* propagierten Erschließung und *Inwertsetzung* der amazonischen Peripherie in besonderem Maße determinierende Wirkung hatte, letztlich aber auch die Tendenzen und Veränderungen *spontaner* Entwicklungsprozesse, die z.T. auch staatliche Intentionen konterkarieren, mitauslöste.

Wesentliche Grundelemente dieser *raumwirksamen Staatstätigkeit* — v.a. seit den späten sechziger Jahren, also seit der Zeit, in der ein verstärktes staatliches Engagement an der Peripherie in Amazonien zu beobachten ist — sind dabei zunächst in der *autoritär–bürokratischen* Struktur des Systems und dessen Implikationen für staatliches Handeln an der Peripherie[2], in der *Zentrumsorientierung* der Regionalentwicklung an der Peripherie und in der vorrangigen Interessenallianz des autoritären Staates mit den ökonomischen Interessen des gesellschaftlichen *Zentrums*, konkret v.a. den privatwirtschaftlichen Kreisen der

---

1) Bes. am Beispiel der großbetrieblichen Rinderweidewirtschaft und der großangelegten Rohstoffextraktion.
2) Vgl. hierzu bes. BUNKER 1979, 1983, 1985, S. 77 ff., vgl. auch für das Beispiel der staatlich induzierten, kleinbäuerlichen Pionierfrontentwicklung Kap. III.4.

südostbrasilianischen Metropolen, im Rahmen des wachstrumsorientierten, *assoziativ-kapitalistischen* Entwicklungsweges zu sehen.

Die frühere Phase der Regionalentwicklung Amazoniens bis weit in das 20. Jhdt. hinein war geprägt durch die Dominanz einer außenorientierten Extraktionswirtschaft v.a. auf der Basis der Kautschukgewinnung. In Abhängigkeit von der internationalen Nachfrageentwicklung nach den Rohstoffen der Region schwankte die einseitig von der Extraktionswirtschaft abhängige Regionalentwicklung Amazoniens zwischen *Boom* (Ende des 19./Anfang des 20. Jhdts.) und *Baisse* (ca. ab 1912) (vgl. zu dieser Phase auch Kap. III.2.2.). Die flächenmäßig riesige amazonische Peripherie[1] war in dieser Phase – nicht zuletzt aufgrund außer über den Seeweg völlig fehlender Anbindung der Region an das restliche Brasilien – über die *internationalen Brückenköpfe* Manaus und Belém eher einer internationalen *Fremdbestimmung* als dem Einfluß und der Lenkung des nationalen Zentrums unterworfen. Die Funktion Amazoniens war die einer *extremen Peripherie* (BUNKER 1985, S. 24 ff.).

Nach dem Ende des Kautschukbooms und dem Niedergang der regionalen Extraktionswirtschaft seit ca. 1912 sind erste Versuche des brasilianischen Staates, lenkend in die Entwicklung seiner amazonischen Peripherie einzugreifen, mit dem sog. *Plano da Defesa da Borracha* (ab 1912) zu verzeichnen, die sich jedoch bald als Fehlschlag herausstellten (vgl. MAHAR 1979, S. 3 ff.).

Nach einer kurzen Wiederbelebung der Extraktionswirtschaft während des Zweiten Weltkrieges, ebenfalls durch internationale Konstellationen begründet, sind verstärkte Anstrengungen des Staates die Regionalentwicklung zu fördern v.a. nach dem Zweiten Weltkrieg festzustellen. Den rhetorischen Ausgangspunkt hatte der bereits erwähnte *Discurso do Rio Amazonas* von Vargas in Manaus 1940 vor dem Hintergrund der *Marcha para Oeste*-Ideologie mit der Erhebung der Entwicklung Amazoniens zur *nationalen Aufgabe* dargestellt. Die 1946 neu formulierte Verfassung forderte entsprechend in Art. 199 ein spezielles Regionalentwicklungsprogramm für Amazonien, für das ca. 3 % des nationalen Steueraufkommens während 20 Jahren aufgewandt werden sollten (MAHAR 1979, S. 6). 1953 wurde schließlich eine Ausführungsbestimmung dieses Artikels erlassen, in deren Zentrum die Verkündung eines Regionalentwicklungsplans (*Plano de Valorização Econômica da Amazônia*) stand mit den Zielen, durch infrastrukturelle Maßnahmen und öffentliche Investitionen die regionale Wirtschaft zu fördern und die Lebensbedingungen der Bevölkerung zu verbessern. Eine spezielle Regionalentwicklungsbehörde, die sog. SPVEA, wurde als Durchführungsorgan geschaffen. Die Realisierung der Pläne und die Tätigkeit der SPVEA blieben jedoch äußerst begrenzt (vgl. MAHAR 1979, S. 6 ff.).

Wichtigster Aspekt *raumwirksamer Staatstätigkeit* in Amazonien während der Zeit vor der Machtübernahme durch die Militärs war zweifellos der Bau der ersten Landverbindungswege von den Zentren Brasiliens in die amazonische Peripherie in der Zeit der Regierung Kubitschek mit dem Bau der Straßen Brasília–Belém (vgl. hierzu VALVERDE, DIAS 1967) und Cuiabá–Porto Velho (vgl. Kap. III.2.3.) Ende der 50er, Anfang der 60er Jahre. Für die Pionierfrontentwicklung Amazoniens haben diese infrastrukturellen

---

1) Wenn man nur die statistisch definierte Região Norte als Abgrenzung zugrundelegt, ca. 3,6 Mio. km^2, was ungefähr 42 % des brasilianischen Staatsterritoriums entspricht.

Maßnahmen insofern große Bedeutung erlangt, als sie zu *Erschließungskorridoren* einer zunächst v.a. *spontan* in Richtung Amazonien vordringenden Pionierfront wurden, deren kleinbäuerliches Segment besonders an der Straße Belém–Brasília in Nord–Goiás, Nordost–Mato Grosso und Südost–Pará in besonderem Maße von landsuchenden *nordestinos* geprägt war, die in den Neulandgebieten eine spontane Landnahme in Gang setzten.

Mit dem Militärputsch von 1964 und der Errichtung eines autoritären, nationalistischen Regimes erhält die *raumwirksame Staatstätigkeit* an der amazonischen Peripherie neue, entscheidende Impulse. Sie sind zu sehen v.a. im Spannungsfeld zwischen der genannten Interessenallianz der Militärs mit der Privatwirtschaft im Rahmen des wachstumsorientierten Entwicklungsweges einerseits und der Neubewertung der konfliktträchtigen Frage der Notwendigkeit einer Agrarreform andererseits, die von den Militärs schon bald durch die Strategie der Landverteilung an der Siedlungsgrenze *substituiert* werden sollte[1].

Diese neue staatliche Aktivität schlug sich zunächst in der 1966 begonnenen sog. *Operation Amazonien* nieder, mit der der Zentralstaat versuchte, die bis dahin eher *spontan* angelaufene Regionalentwicklung zu forcieren und einer effektiveren staatlichen Lenkung zu unterwerfen[2]. Hauptelemente waren:

- die Gründung der direkt dem Innenministerium unterstehenden Regionalentwicklungsbehörde SUDAM (*Superintendência do Desenvolvimento da Amazônia*) mit Sitz in Belém als Nachfolgeorganisation der SPVEA; ihr Zuständigkeitsbereich umfaßt ca. 60 % des nationalen Territoriums (sog. Region *Amazônia Legal*, die neben den Staaten und Territorien des Nordens — Pará, Amazonas, Acre, Amapá, Roraima und Rondônia — auch die nördlichen Teile von Goiás und Mato Grosso sowie West–Maranhão beinhaltet),
- die Gründung der *Banco da Amazônia S.A.* (BASA) (als Ersatz für die staatliche *Banco da Borracha*) vor allem als staatliche, regionale Entwicklungsbank, über die Projekte in der Region finanziert werden sollten[3],
- die Gründung der Freihandelszone Manaus und einer speziellen Entwicklungsbehörde (SUFRAMA) im Jahr 1967 (vgl. hierzu KOHLHEPP 1984a, S. 144 ff.)
- sowie besonders der Beginn staatlicher Förderung des privatwirtschaftlichen Engagements in Amazonien über ein Bündel von Investitionsanreizen, bes. über Körperschaftssteuer–Ermäßigungen, die als Investitionskapital im Zuständigkeitsbereich der SUDAM genutzt werden konnten (vgl. KOHLHEPP 1979a, S. 258).

Die Folge besonders der letzteren Maßnahme war das stark ansteigende Interesse insbesondere des Kapitals aus den brasilianischen Zentren am Landkauf in Amazonien und die Expansion einer meist extrem extensiven Rinderweidewirtschaft auf Großbetrieben einer Größe zwischen 10.000 und mehreren Hunderttausend Hektar Betriebsfläche. Bis 1983 wurden von SUDAM ca. 470 Rinderweidewirtschaftsprojekte der verschiedensten

---

1) Vgl. zu diesbezüglichen Hintergründen z.B. MARTINS 1984, S. 28 ff. und eine ausführlichere Erörterung der Problematik in Kap. III.4.2. der vorliegenden Arbeit.
2) Vgl. hierzu besonders KOHLHEPP 1979a und MAHAR 1979.
3) BUNKER 1985, S. 80 weist auf die Bedeutung der staatlichen Entwicklungskontrolle über die Gründung spezialisierter, regionaler Entwicklungsagenturen hin.

Größenordnung genehmigt[1], davon allein ca. 43 % in Nord–Mato Grosso und ca. 33 % in Südost–Pará. Das Untersuchungsgebiet Rondônia spielt im Rahmen der SUDAM-geförderten Expansion der Rinderweidewirtschaft mit lediglich vier größeren Projekten bis 1983 jedoch keine Rolle (Inf. DPO–DAI, SUDAM, Belém April 1984). Neben diesen geförderten Projekten kann aber auch die Expansion einer v.a. eigenfinanzierten Rinderweidewirtschaft in großbetrieblicher Form beobachtet werden. Insgesamt sind in den meisten Fällen die Metropolen des brasilianischen Südostens, z.T. auch das Ausland (im Falle multinationaler Investoren, z.B. VW), Sitze des Kapitals. Es handelt sich um Investoren aus den verschiedensten Branchen der Industrie und des Tertiären Sektors (Banken, Versicherungen etc.), deren Interesse in sehr vielen Fällen lediglich das der steuerlichen Abschreibung und Spekulation, nicht jedoch das einer landwirtschaftlichen Produktion ist (vgl. KOHLHEPP 1979a, 1983b, S. 183 ff., POMPERMAYER 1979, 1984, HECHT 1984).

Mit der Förderung der großbetrieblichen Rinderweidewirtschaft schuf der brasilianische Staat jedoch nicht nur die Grundlagen für die auch unter ökonomischen Gesichtspunkten äußerst zweifelhafte Expansion der *kapitalistischen* und besonders der *spekulativen Pionierfront* in die amazonische Peripherie und förderte damit auch die Zunahme sozio–ökonomischer Interessenkonflikte, sondern er begünstigte gleichzeitig indirekt die rapide zunehmende Zerstörung der amazonischen Ökosysteme durch die Umwandlung von Wald in Kunstweide (vgl. hierzu bes. HECHT 1983, 1984).

Schon vier Jahre nach der *Operation Amazonien* wurde 1970 mit der Verkündung des *Programms der nationalen Integration* PIN (*Programa de Integração Nacional*) durch die Regierung des Generals Médici ein weiterer, wesentlicher — allerdings andersgearteter — Impuls für die amazonische Pionierfrontentwicklung gegeben. Einer der unmittelbaren Auslöser dieses Programms war eine der zyklischen Trockenperioden im brasilianischen Nordosten, die eine erhebliche Verschärfung der Notsituation bes. der ländlichen Bevölkerung zur Folge hatte. Der Weg zur Beilegung dieser konkreten Notsituation und gleichzeitig zur Lösung der im Hintergrund stehenden agrarsozialen Disparitäten der brasilianischen Altsiedelgebiete wurde in einem integrierten Entwicklungsprogramm auf der Basis des Straßenbaus und der staatlich gelenkten Agrarkolonisation in Amazonien zur Ansiedlung landloser und landarmer Kleinbauern aus den Krisengebieten gesehen. Dem Straßenbau, der Cuiabá–Santarém–Straße, der Straße Porto Velho — Manaus, besonders aber der über 5.000 km langen Transamazônica kam bei dem auf dem Konzept der *Entwicklungsachsen* basierenden Vorhaben als *Erschließungskorridore* entscheidende Bedeutung zu (vgl. KOHLHEPP 1979a, S. 247 ff.):

»A Transamazônica será uma vereda aberta ao nordestino para a colonização do enorme vazio demográfico e o início da exploração de potenciais até então inacessíveis.« (Präsident Médici im Jahr 1970, zitiert nach MACEDO 1972, S. 33).

---

1) Ab Mitte der 70er Jahre vorrangig nur noch in den Randsäumen des tropischen Regenwaldes, vgl. KOHLHEPP 1979a.

(Die Transamazônica wird ein offener Weg für den nordestino zur Kolonisation des enormen demographischen Leerraums und der Beginn der Exploration bisher unzugänglicher Potentiale sein, Übers. Verf.)

Wichtig an der neuen Politik des PIN ist insgesamt, daß der Staat nun zeitweise den Schwerpunkt seiner regionalen Entwicklungsstrategie auf die gelenkte Förderung der kleinbäuerlichen Pionierfrontentwicklung verlegt. Die konkreten Entwicklungsmaßnahmen im Rahmen dieser Politik, besonders aber auch der begleitende, große propagandistische Aufwand, die heroisierende Proklamation der Erschließung Amazoniens als Aufgabe der *nationalen Integration*, die Deklarierung der gelenkten Kolonisation als *Alternative* zur Agrarreform (vgl. auch KOHLHEPP 1979), kamen einer Wiederbelebung des brasilianischen Pionierfront–Mythos gleich. Sie setzte aber auch mit dem zeitgleich sich verstärkenden Strukturwandel in den brasilianischen Altsiedelgebieten infolge von *Modernisierung* spontane Entwicklungsprozesse (v.a. die spontane Zuwanderung an die neuen Pionierfronten) in Gang, durch die die Pionierfrontentwicklung in manchen Regionen, besonders in dem in dieser Arbeit im Mittelpunkt stehenden Rondônia, das im Rahmen des PIN als Kolonisationsregion nach der Transamazônica erst nachgeordnete Priorität besaß, schon bald staatlicher Kontrolle zu entgleiten drohte[1].

Planung, Durchführung und weitgehendes Scheitern der im Rahmen des PIN vorrangig eingerichteten kleinbäuerlichen Kolonisationsprojekte an der Transamazônica sind in zahlreichen Arbeiten beschrieben worden und bedürfen deshalb an dieser Stelle keiner näheren Erörterung (vgl. KLEINPENNING 1975, KOHLHEPP 1976, WOOD, SCHMINK 1979, MORAN 1981, SMITH 1982, BUNKER 1985).

Nach der *Euphorie* der gelenkten Erschließung Amazoniens durch Agrarkolonisation der frühen 70er Jahre trat jedoch durch die enorm hohen Kosten der infrastrukturellen und kolonisatorischen Maßnahmen und ihrem sehr begrenzten, ja zweifelhaften Erfolg sehr bald eine *Ernüchterung* in dieser Form staatlicher Politik für die amazonische Peripherie ein. Dies schlug sich besonders im 1974 unter der Regierung Geisel verkündeten POLAMAZONIA–Programm nieder, das vom Konzept der *Entwicklungsachsen* abging und nun v.a. eine an der Idee der *Entwicklingspole* orientierte Strategie verfolgte[2]. Die Initiative der Regionalentwicklung wurde nun — im Gegensatz zum PIN — vorrangig privater Initiative in den Bereichen der kapitalistisch orientierten Landwirtschaft, der Industrieansiedlung (v.a. in den regionalen Metropolen) und ebenso in der Extraktion der regionalen Rohstoff–Ressourcen überlassen. Im Rahmen von POLAMAZONIA wurde dadurch die zentrumsorientierte und zentrumsbestimmte Entwicklung der Peripherie mit der Fortsetzung *kapitalistischer Durchdringung* der Pionierfronten weiter verstärkt. Hinsichtlich der gelenkten Agrarkolonisation bedeutete die *Strategiewende* des POLAMAZONIA–Programms ebenfalls eine stärkere Betonung des privatwirtschaftlichen Elements. Während in Rondônia die staatlich gelenkte Ansiedlung von Kleinbauern durch die Landbehörde INCRA — wenn auch mit erheblich reduzierten

---

1) Auf die gesetzlichen Voraussetzungen der Kolonisation, die institutionelle Durchführung und damit die wachsende Präsenz des autoritär–bürokratischen Staates an der Peripherie wird in späteren Kapiteln ausführlich eingegangen.
2) Vgl. u.a. KOHLHEPP 1983b, S. 186 ff. sowie zu den genannten Konzepten Kap. V.1.

Vorleistungen — weiterbetrieben wurde, überließ der Staat besonders in Nord–Mato Grosso (Bereich der Cuiabá–Santarém–Straße, Teile des Araguaia–Gebietes) auch hier das Feld Privatunternehmern z.T. auch Kooperativen aus dem brasilianischen Süden und Südosten, die immense Ländereien — wenn sie diese nicht ausschließlich als Spekulationsobjekte betrachteten — in private Kolonisationsprojekte umwandelten, das Land in unterschiedlicher Form parzellierten und an kapitalisiertere Zuwanderer v.a. aus Südbrasilien mit dem Ziel der Förderung einer v.a. marktorientierten Landwirtschaft verkauften. Dabei kam es oftmals zu erheblichen Konflikten zwischen Siedlern und Kolonisationsfirmen wegen unzureichender infrastruktureller Ausstattung etc. Nach den Problemen der staatlichen Kolonisation scheint insgesamt auch die als *Geschäft* betriebene Erschließung in privaten Kolonisationsprojekten nicht erheblich erfolgreicher, dafür sozial aber wesentlich selektiver zu sein[1].

In dieser *laissez-faire*-Phase der amazonischen Regionalentwicklung kann durch die einseitige Begünstigung privatkapitalistischer Interessen unter dem Ziel der *Modernisierung* der regionalen Wirtschaftsstrukturen eine weitere Verschärfung der Interessenkonflikte zwischen den verschiedenen *Pionierfronttypen*, eine weitere Zunahme der Verdrängung der angestammten indianischen Bevölkerung und eine weitere Beschleunigung der ökologischen Degradierung beobachtet werden.

Auch unter der letzten brasilianischen Militärregierung des Generals Figueiredo (1979 bis 1985) können spezifische Formen des Versuchs der zentralstaatlichen Bestimmung der Peripherie–Entwicklung in Amazonien festgestellt werden. Die beiden größten Regionalentwicklungsprogramme dieser Ära, das 1980 eingerichtete *Programa Grande Carajás* in Ost–Amazonien und das 1981 verkündete POLONOROESTE–Programm für Nordwest–Mato Grosso und Rondônia (vgl. ausführlich Kap. V.), stehen dabei für die Widersprüchlichkeit und Problematik der gesamten zentralstaatlichen, zentrumsbestimmten Aktivität an der amazonischen Peripherie. Zunächst kann mit beiden Programmen konstatiert werden, daß der Staat nun bemüht ist, nach der Phase der ausschließlich privatwirtschaftlich dominierten Regionalentwicklung, die Initiative und Lenkung wieder stärker zurückzugewinnen.

Das Carajás–Projekt (vgl. z.B. KOHLHEPP 1984a, S. 147 ff. und ALMEIDA 1986) steht dabei für den Versuch des Staates, besonders über die exportorientierte Extraktion der natürlichen Reichtümer der Peripherie (mineralische Rohstoffe) einen Ausweg aus der wirtschaftlichen und finanziellen Krise der Nation zu finden und gleichzeitig durch die — zumindest geplante, bisher jedoch nur in wenigen Ansätzen realisierte — Förderung einer großangelegten Industrialisierung auf der Basis nationalen aber auch internationalen Kapitals (große Aluminium–Komplexe in São Luis und bei Belém) einen entscheidenden Schritt zur wachstumsorientierten, dabei aber stark exportabhängigen[2] *Modernisierung* der regionalen Wirtschaft bei dominierender Zentrumsbestimmung zu vollziehen. Die immensen infrastrukturellen Vorleistungen, die im Verbund mit *Carajás* zu sehen sind (Tucuruí–Staudamm, Eisenbahn São Luis — Carajás etc.) werden dabei v.a. diesen privat-

---

1) Vgl. zum Komplex der privaten Kolonisation z.B. RIVIERE D'ARC 1977, BRANFORD, GLOCK 1985.
2) Interessanterweise sind in diesem Zusammenhang bisher fast nur Industrieprojekte an Küstenstandorten realisiert worden.

wirtschaftlichen Projekten, nur zu einem äußerst geringen Teil jedoch der regionalen Bevölkerung zugute kommen.

Anders bei POLONOROESTE. Auch wenn hier zunächst mit der Asphaltierung der Straße Cuiabá–Porto Velho ebenso wie bei vielen früheren staatlichen Entwicklungsmaßnahmen in Amazonien der zentrumsorientierte Infrastrukturausbau im Vordergrund stand, werden doch in diesem Programm besonders im Vergleich zu früheren staatlichen Vorhaben in Amazonien neue Ansätze einer an den Bedürfnissen der kleinbäuerlichen Pionierfront ausgerichteten *armutsorientierten*, ländlichen Entwicklung zumindest propagiert. Ebenso soll dem Schutz der indianischen Bevölkerung und der Umwelterhaltung — auch dies in solch expliziter Form neu für amazonische Entwicklungsprogramme — im Rahmen von POLONOROESTE Beachtung geschenkt werden. Welche regionalen und übergeordneten *constraints* einer zielgerichteten Umsetzung dieses Programms im Wege stehen, wird an anderer Stelle ausführlich erörtert (vgl. Kap. V). Diese *Wende der Entwicklungspolitik* für Amazonien, zumindest auf konzeptioneller Ebene, wird verständlich durch den sicher nicht zu unterschätzenden Einfluß der Weltbank als Finanzierungsorgan des POLONOROESTE–Programms, denn die Übernahmen von neuen Strategien wie Grundbedürfnisbefriedigung, Integrierte Ländliche Entwicklung etc. entspricht der stark von den internationalen Organisationen geprägten entwicklungspolitischen Diskussion der 70er Jahre (vgl. Kap. V.1.).

Gleichzeitig wird jedoch im ostamazonischen Carajás–Projekt die Fortsetzung einer zentrumsorientierten, an wirtschaftlichen Wachstumszielen und an *Modernisierung* ausgerichteten Regionalentwicklung der Peripherie auf der Basis exportorientierter Extraktion und Produktion vorexerziert. Insofern ist die amazonische Peripherie in der Sukzession der verschiedenen staatlichen Entwicklungsprogramme und heute in der Gleichzeitigkeit verschiedener Strategieansätze ein Beispiel für unterschiedliche Regionalentwicklungskonzeptionen und ihre jeweilige Rezeption in staatlicher Regionalpolitik an der Peripherie (vgl. als Überblick über die verschiedenen Programme, ihre Konzeptionen, Maßnahmen und gesellschaftlichen Begründungen Abb. 1).

Eine vorherrschende Zentrumsorientierung und Zentrumsbestimmung der Regionalentwicklung an der amazonischen Peripherie ist dabei als Konstante der gesamten zentralstaatlichen Aktivität festzustellen. Sie wird explizit sichtbar in der Förderung der *kapitalistischen Durchdringung* der Peripherie in den Formen der *kapitalistischen* und der *spekulativen* Pionierfronten, in der Förderung einer meist nicht adaptierten, kapitalextensiven und durch regionsfremde nationale und internationale Kreise bestimmten Industrialisierung und Rohstoffextraktion. Das Ziel heißt *Modernisierung* der regionalen Wirtschaft zur Erhöhung der nationalen Wertschöpfung, d.h. *Integration* in die nationale Ökonomie.

Aber auch die Förderung kleinbäuerlicher Erschließung, die für die Betroffenen der Suche nach einer *Überlebensstrategie* an der Peripherie gleichkommt, kann als zentrumsorientiert betrachtet werden, denn ihre Funktion wird vorrangig in der Ablenkung und Verlagerung der Probleme bereits *integrierter* Räume im Gefolge disparitärer gesellschaftlicher Strukturen an die Peripherie z.B. unter dem Motto Agrar*kolonisation* statt Agrar*reform* gesehen. Dabei kann jedoch nicht übersehen werden, daß die Pionierfronten diese *Sicherheitsventil*-Funktion in der Realität aufgrund ihrer beschränkten demographischen Absorption — besonders im Vergleich zu den großen urbanen Metropolen — überhaupt nicht erfüllen (vgl. ausführlicher Kap. III.3.2.1.).

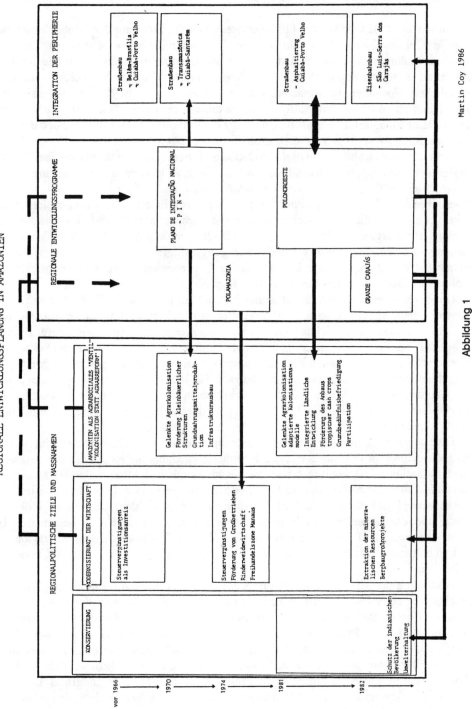

Abbildung 1

Die Folgen dieser ambivalenten Politik drücken sich unter den Rahmenbedingungen disparitärer gesellschaftlicher und ökonomischer Machtstrukturen in sozialen Konflikten und ungleichen Raumnutzungskonkurrenzen zwischen den verschiedenen wirtschaftlichen Interessen und sozialen Gruppen — d.h. zwischen den verschiedenen Pionierfronten, verstanden als sozio–ökonomische Kategorien — und im daraus resultierenden sozio–ökonomischen und räumlichen Wandel der amazonischen Peripherie aus.

Dabei soll in der vorliegenden Arbeit der Versuch unternommen werden zu zeigen, daß sozio–ökonomische Differenzierung, sozialer Konflikt, gesellschaftlicher und räumlicher Wandel auch an einer vorrangig kleinbäuerlich strukturierten Pionierfront zu Bestimmungsfaktoren der Regionalentwicklung werden, nicht zuletzt aufgrund des direkten zentralstaatlichen Einflusses wie besonders des Einflusses der gesellschaftlichen Rahmenbedingungen an der gesellschaftlichen und räumlichen Peripherie.

III. Die Pionierfront Rondônia

III.1. Die natürlichen Gegebenheiten

Die Untersuchungsregion dieser Arbeit ist der brasilianische Bundesstaat Rondônia im Südwesten des brasilianischen Amazonasgebietes zwischen 8° und 13° südlicher Breite, bzw. 60° und ca. 66° westlicher Länge. Seine Fläche umfaßt 243.044 km^2.[1]

Rondônia hat einen Anteil von 2,9 % an der Gesamtfläche Brasiliens und 6,8 % an der brasilianischen Nordregion (vgl. IBGE 1975). Das Gebiet ist, wie die Analyse der wichtigsten Geofaktoren zeigen wird, den Ökosystemen Amazoniens zuzuordnen[2], stellt jedoch gleichzeitig – besonders in seinem südlichen Teil – einen Übergangsbereich zum Naturraum der *campos cerrados* Zentralbrasiliens dar.

Besonders SIOLI (versch. Jahre) hat die Bedeutung der Flüsse und ihrer Eigenschaften als landschaftsökologische Indikatoren, aber auch ihre Bedeutung für die regionale Kulturentwicklung Amazoniens betont. Der Typisierung des amazonischen Gesamtstromsystems in Weißwasser-, Klarwasser- und Schwarzwasserflüsse (vgl. SIOLI 1968, JUNK 1983, S. 45 ff.) entsprechend finden wir in Rondônia mit dem Rio Madeira, einem der größten rechten Amazonas-Tributäre[3], einen Weißwasserfluß in Abhängigkeit von seinen vorandinen Quell- und Einzugsgebieten (vgl. zum Rio Madeira bes. GOULDING 1981). Seine meisten rondonensischen Tributäre (z.B. Rio Jamari, Rio Machado etc.) gehören jedoch ihrem Ursprung im Kristallin des zentralbrasilianischen Massivs entsprechend zu den Klarwasserflüssen.

Nach der wesentlichsten Großgliederung des amazonischen Naturraums in den saisonal überfluteten Auenbereich der sog. *Várzea*, die sich entlang der Weißwasserflüsse ausbildet, und den überflutungsfreien Bereich der *Terra firme* (vgl. z.B. STERNBERG 1975, S. 10 ff.) finden wir in Rondônia nur entlang des Rio Madeira, z.T. entlang des Mamoré und des Guaporé, *Várzea*-Bereiche. Der weitaus überwiegende Teil der Region gehört zur *Terra firme*, was für die regionale Inwertsetzung und das regionale Nutzungspotential von großer Bedeutung ist. Während sich traditionelle Nutzungsformen der *Várzea*, (Fischfang etc.) vor allem auf den Norden der Region, die Gebiete früher Inwertsetzung, beschränken (vgl. GOULDING 1981), unterliegen diejenigen Regionen Rondônias, die im Rahmen der jungen Agrarkolonisation einer agrarischen Nutzung zugeführt wurden und die heute Schwerpunkte der Regionalentwicklung sind, grundsätzlich den ökologischen Restriktionen der *Terra firme* in Hinblick auf eine dauerhafte Nutzung durch den Menschen, wie sie z.B. mit der *Unterbrechung* der kurzgeschlossenen Kreisläufe des Ökosystems tropischer Regenwald bei Rodung und landwirtschaftlichem Anbau gegeben sind (vgl. hierzu besonders WEISCHET 1977).

---

1) Zum Vergleich: die Fläche der BRD beträgt 248.140 km^2.
2) Es kann hier nicht im Detail auf Fragen der Funktionsweise amazonischer Ökosysteme – wie sie auch für den Naturraum Rondônias wichtig sind – eingegangen werden., vgl. hierzu als umfassende Überblicke SIOLI 1984 und PRANCE, LOVEJOY 1985.
3) Im brasilianischen Gebiet erstreckt sich sein Verlauf über 1.700 km, vgl. VALVERDE 1979, S. 29.

Nachfolgend werden die wichtigsten Geofaktoren in ihrer für Rondônia typischen Ausprägung kurz charakterisiert, wobei besonders ihre Bedeutung für die Nutzung durch den Menschen zu berücksichtigen sein wird.

III.1.1. Klima

Das Klima Rondônias ist in Abhängigkeit von den Konstellationen der atmosphärischen Zirkulation sowie den großregionalen Gegebenheiten des amazonischen Klimageschehens als *subäquatorial-humid mit kurzer Trockenzeit* zu kennzeichnen (VALVERDE 1979, S. 25). Nach der Köppen'schen Klimaklassifikation könnte das rondonensische Klima als Amwi-Klima beschrieben werden (VALVERDE 1979, S. 22), d.h. als tropisch, *monsunal*, wintertrocken, mit geringer Temperaturamplitude, wobei jedoch klimagenetisch keine Ähnlichkeit zu monsunalen Klimaten vorliegt.

Ein grundsätzliches Problem der Klimageographie Rondônias ist das Fehlen eines Netzes von Meßstationen. Es existieren mit Porto Velho im Norden und Vilhena im Süden nur zwei Stationen, die über langjährige Meßreihen verfügen.

Hinsichtlich der mittleren Jahresniederschlagsmenge zeigt die Station Porto Velho einen Wert von 2.230 mm und Vilhena von 2.070 mm, was den Übergang innerhalb Rondônias zu den trockeneren zentralbrasilianischen Gebieten nach Süden hin andeutet. Von großer Bedeutung ist der Jahresgang der Niederschläge. Von September bis Mai/Juni weisen in der Regel alle Monate Niederschläge von mehr als 100 mm auf (VALVERDE 1979, S. 19). Allein von November bis März fallen in der Regel ca. 70 % des Jahresniederschlags (IBGE 1975). Die ca. 9 monatige Regenzeit wird von der regionalen Bevölkerung als *inverno* (Winter) bezeichnet, obwohl sie eigentlich auf den Süd–Sommer fällt.

In der Trockenzeit, dem *verão* der Bevölkerung (jedoch eigentlich dem Süd–Winter), von Juni bis August/September fallen in der Regel nur 3–4 % der jährlichen Niederschläge (vgl. Abb. 2).

Diese Saisonalität der Niederschläge wirkt sich ganz entscheidend auf den regionalen Agrarkalender der Bevölkerung aus (siehe als Beispiel Abb. 2, in der beispielhaft der Jahresgang von Temperatur und Niederschlag für Ouro Preto do Oeste in Zentral–Rondônia im Jahr 1984 im Zusammenhang mit den verschiedenen landwirtschaftlichen Aktivitäten der Kolonisten im PIC *Ouro Preto* dargestellt ist). Auch auf die traditionelle, regionale Extraktionswirtschaft wirkt sich der Jahresgang der Niederschläge bestimmend aus. Während in der Trockenzeit vorrangig die Kautschukextraktion (Hevea brasiliensis) betrieben wird, steht in der Hauptphase der Regenzeit die Extraktion von Paranuß (Bertholletia excelsa) oft im Vordergrund. Beide Aktivitäten ergänzen sich somit einander (VALVERDE 1979, S. 21). Durch die mit dem Klimageschehen verbundenen Schwankungen des Flußwasserspiegels ergeben sich auch Auswirkungen auf die Tätigkeit der Goldwäscher (*garimpeiros*) im Gebiet des Rio Madeira. Schließlich wirkt sich die lang andauernde Regenzeit negativ auf die Verkehrssituation aus. Mit der Vorherrschaft des Straßentransports seit den 60er Jahren (Bau der Straße Cuiabá–Porto Velho) sind Jahr für Jahr erhebliche Schwierigkeiten des Zugangs zur Region über die nichtasphaltierten Naturstraßen während der Regenzeit zu verzeichnen gewesen.

Die mittlere Jahrestemperatur beträgt für die Meßstation Porto Velho 25°C, für Vilhena 23°–24°C. Wie für innertropische Klimate typisch, ist in der Regel die Tagesamplitude

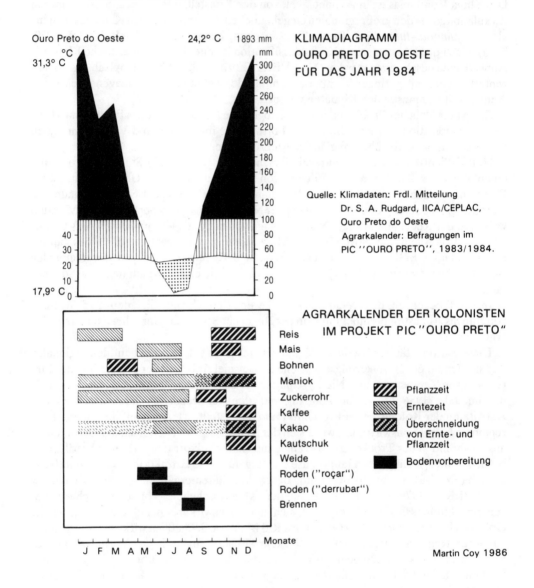

Abbildung 2

der Temperatur größer als die Jahresamplitude. Im Jahresablauf werden die höchsten Temperaturen am Ende der Trockenzeit und zu Beginn der Regenzeit gemessen (VALVERDE 1979, S. 19).

Im Hinblick auf den Temperaturgang gibt es jedoch mit den sog. *friagens* eine klimatische Anomalie in Abhängigkeit von der atmosphärischen Zirkulation, die besonders von Mai bis Oktober auftreten kann. Das Phänomen besteht in der Invasion kalter, feuchter Luftmassen, ausgehend von der Verlagerung des polar–pazifischen Antizyklons nach Patagonien während des Südwinters. Von ihm dringen diese kalten Luftmassen nach Norden (Paraná, Rio Paraguai, Pantanal etc.) und schließlich nach Rondônia vor (vgl. VALVERDE 1979, S. 18). Hierdurch kommt es zu in der Regel kurzen Temperaturstürzen. So wurden z.B. im August 1936 mit 0,4°C und im Mai 1938 mit 0,6°C in Vilhena die absoluten Tiefsttemperaturen der Region gemessen (IBGE 1975). Durch ihre kurze Dauer können jedoch die *friagens* allenfalls die monatliche Mitteltemperatur der Trockenmonate beeinflussen. Allgemein haben die Temperaturgegebenheiten und –anomalien aber keine entscheidenden Negativwirkungen auf die agrarische Nutzung.

III.1.2. Geologie und Geomorphologie

Im Rahmen der regionalen Geologie Amazoniens gehört Rondônia zu den Übergangsgebieten von der tertiär–quartären Aufschüttungsebene Zentralamazoniens, die in den äußersten Norden der Region hineinragt (vgl. Karte 3), zum südlich sich anschließenden kristallinen Schild des zentralbrasilianischen Massivs, von dem der überwiegende Teil der Region aufgebaut wird. Ebenso ragen von SE her mit der SE–NW verlaufenden Chapada dos Parecis und ihrer Fortsetzung, der Serra dos Pacaás Novos, Ausläufer der *Planaltos centrais* von Mato Grosso nach Rondônia hinein, wo sie mit ca. 600 m ü.N.N. die höchsten Reliefteile der Region bilden.

Geologisch kann man im wesentlichen 3 Großbereiche in Rondônia unterscheiden (vgl. Karte 3):

1. Die nördliche Hälfte der Region sowie der Osten werden hauptsächlich von präkambrischen, kristallinen Gesteinen geprägt. Es handelt sich vor allem um metamorphe Gesteine (Migmatite, Amphibolite, Gneisse etc.) des sog. *Complexo Xingu* archaischen Alters (vgl. hierzu und zum Folgenden auch DNPM–RADAMBRASIL 1978, S. 35 ff.). Daneben treten granitische Gesteine und Granodiorite ebenfalls aus dem Archaikum auf. Mit der Formation *Comemoração*, die vorwiegend westlich und östlich Pimenta Bueno auftritt, sind zusätzlich metamorphe Phyllite, Schiefer und Quarzite zu finden. Östlich und nordöstlich von Ji–Paraná stehen präkambrische Sedimente (Konglomerate, Arkosen etc.) des *Grupo Beneficiente* aus dem mittleren Proterozoikum an. Gleiche lithologische Struktur weist die im Norden Rondônias auftretende Formation *Palmeiral* auf. Ebenfalls zum präkambrischen Kristallin gehören die Granite der *Serra da Providência* östlich von Ji–Paraná. Besonders nördlich Ariquemes bilden ebenfalls präkambrische granitische Intrusionen, die sog. *granitos rondonianos*, inselartig den oberflächennahen Untergrund. Sie werden durch die mit ihnen verbundenen Vorkommen von Kassiterit (Zinnstein) für die ökonomische Erschließung besonders bedeutsam (s.u.). Eingeschaltet in den kristallinen Sockel, der also in der Region v.a. durch Metamorphite und Plutonite gebildet wird, treten zum Teil basische (Diabase), zum

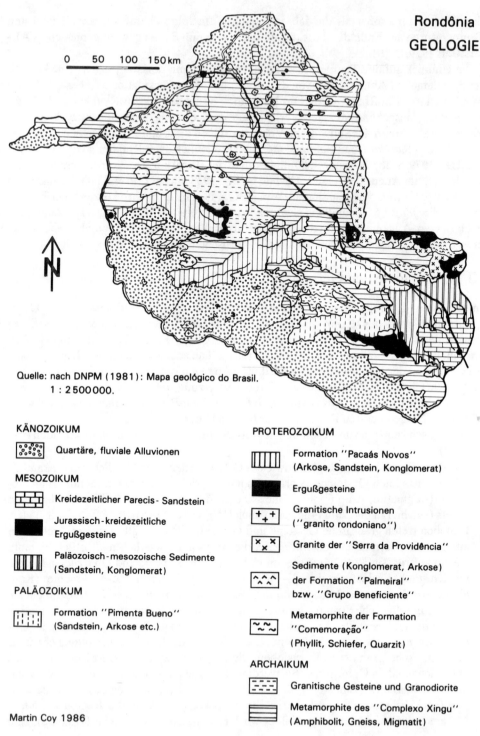

Teil saure und intermediäre Ergußgesteine (letztere besonders im Osten der Region) auf.

2. Den zweiten Großbereich der Geologie Rondônias bilden die Gesteine, die den zentralen SE–NW verlaufenden Gebirgsriegel der Chapada dos Parecis und der Serra dos Pacaás Novos aufbauen. Es sind dies vor allem die hauptsächlich aus Konglomeraten, Sandsteinen und Arkosen aufgebaute Formation *Pacaás Novos* des oberen Präkambriums sowie die lithologisch ähnlich strukturierte, jüngere paläozoische Formation *Pimenta Bueno*. Nach Südosten schließen sich, der Abfolge der zentralbrasilianischen Schichtstufenlandschaft entsprechend, Sandsteine, Arkosen und Kalkgesteine oberpaläozoisch–untermesozoischen Alters sowie schließlich in der Region von Vilhena die kreidezeitlichen Parecis-Sandsteine an. Auch in diesem Bereich sind westlich von Vilhena kreidezeitliche, basische Ergußgesteine zu finden.

3. Den dritten Großbereich bilden schließlich quartäre, fluviale Alluvionen im Norden Rondônias im Gebiet des heutigen Rio Madeira, die im Bereich der tertiären Aufschüttungsebene ausgebildet sind, sowie im Bereich des Rio Guaporé, im Westen Rondônias, der Schichtstufe der Serra dos Pacaás Novos und der Chapada dos Parecis westlich vorgelagert. Besonders in diesem Bereich ist durch Grundwassernähe das Auftreten von Lateritkrusten zu beobachten (vgl. VALVERDE 1979, S. 34).

In diesem dritten Großbereich findet sich auch mit den Goldseifen des Rio Madeira neben dem Kassiterit Nord–Rondônias die zweite wichtige Lagerstätte der Region. Im Gegensatz zur mechanisierten Kassiterit–Exploration durch große Bergbaukonzerne werden die Gold-Lagerstätten bisher fast ausschließlich von Goldwäschern (*garimpeiros*) ausgebeutet, wobei neben der Ausbeute terrestrischer Seifen und der Flußuferdämme besonders das Flußbett des Rio Madeira selbst durch Taucher exploriert wird. Die Tagesausbeute kann nach den verschiedenen Lagerstätten bei 8–10stündiger Arbeit zwischen 50 und 120g Gold betragen (vgl. CPRM 1981, S. 5).

Die beschriebene geologische Großstruktur Rondônias prägt im wesentlichen auch die Einheiten des Großreliefs. Über 95 % der Region liegen höhenmäßig in einem Bereich zwischen 100 m und 600 m ü.N.N. In den unterschiedlichen geologischen Großeinheiten der Region haben sich verschiedene Flächenniveaus ausgebildet (vgl. IBGE 1975). Diese werden besonders im zentralen und nördlichen Bereich durch das Auftreten von Inselbergen morphographisch gegliedert (auf genetische Fragen der Reliefbildung im amazonischen Großraum kann an dieser Stelle nicht näher eingegangen werden, vgl. hierzu z.B. BREMER 1973, KLAMMER 1978). Kleinere aus morphologisch widerständigen Gesteinen aufgebaute Gebirgszüge (sog. *serras*, z.B. E Ji–Paraná aus den Gesteinen der Formation *Comemoração* aufgebaut) sind in vielen Kolonisationsregionen Zentral–Rondônias typisch. Die in diesen Gebieten relativ starke Reliefenergie stellt sich oftmals als Negativfaktor sowohl für die Nutzung, als auch besonders für die verkehrsmäßige Erschließung solcher Regionen unter den gegebenen klimatischen Bedingungen der Region dar.

Im äußersten Norden und im Westen herrschen im Bereich der quartären Alluvionen (z.T. auch auf Fußflächen) dagegen flache Geländeformen vor (vgl. IBGE 1975).

Die Hauptwasserscheide der Region zwischen Rio Guaporé im Westen und Rio Machado im Osten, die jedoch beide zum Stromsystem des Rio Madeira gehören, wird vom Gebirgszug der Chapada dos Parecis und der Serra dos Pacaás Novos gebildet.

III.1.3. Die Böden und ihre Nutzungseignung

Die Problematik der tropischen Böden und ihrer Fruchtbarkeit spielte seit jeher eine zentrale Rolle in der Diskussion des natürlichen Potentials und des ökonomischen Entwicklungspotentials der großen, *menschenleeren* Regenwaldgebiete der Erde. Ihr Nutzungspotential wurde oftmals durch falsche Interpretation der natürlichen Biomassenproduktion überschätzt. Tragfähigkeitsberechnungen, wie sie besonders auch in der deutschen Geographie eine lange Tradition haben[1], sind in der Vergangenheit deshalb oft von hohen potentiellen Bevölkerungsdichtewerten in den Tropen[2] ausgegangen.

WEISCHET (1977, S. 19 ff.) hat demgegenüber in jüngerer Zeit die Nutzungsrestriktionen tropischer Böden (wie vorher bereits GOUROU 1966, S. 15 ff.) herausgestellt. Diese ergeben sich aus den spezifischen, klimabedingten Prozessen tropischer Bodenbildung, deren wesentlichste Folge ein geringes Nährstoffpotential ist (vgl. JORDAN 1985, S. 83). Als besonders wichtig können angeführt werden:
- der Prozeß der Desilifizierung (Abfuhr von SiO_2),
- die relative Anreicherung von Al und Fe (z.T. bis zu Al–Toxizität),
- der geringe Restmineralgehalt tropischer Böden (infolge intensiver tiefgründiger chemischer Verwitterung),
- die Frage des Gehalts organischer Masse im Boden
- und schließlich besonders die – zum großen Teil mit den bereits genannten Prozessen im Zusammenhang stehende – geringe Kationenaustauschkapazität, bedingt durch die geringe Sorptionsfähigkeit der unter tropischen Klimaten vorherrschenden Zweischichttonminerale (vorwiegend Kaolinit).

Die geringe Fruchtbarkeit der tropischen Böden wird unter natürlichen Bedingungen durch die kurzgeschlossenen Nährstoffkreisläufe des Ökosystems *tropischer Regenwald* ausgeglichen, wobei Wurzelpilzen (Mycorrhizae) als natürlichen *Nährstoff–Fallen* (WEISCHET 1977, S. 23) eine besondere Bedeutung zukommt (vgl. auch HERRERA 1985).

Dies gilt in besonderem Maß für die in den feuchten Tropen als zonalem Bodentyp vorherrschenden Latosole (vgl. SEMMEL 1977, S. 92). Auch in Amazonien stellen solche Böden mit ca. 75 % der Fläche den weitaus größten Anteil[3] (NICHOLAIDES, SANCHEZ et al. 1983, S. 105 ff., SANCHEZ, COCHRANE 1982, S. 151 ff.). Diese Böden können als relativ sauer und relativ unfruchtbar bezeichnet werden. Aufgrund ihrer schlechten

---

1) PENCK 1925, HOLLSTEIN 1937, in jüngerer Zeit BORCHERDT, MAHNKE 1973, CAROL 1975, MÜLLER–WILLE 1978 und EHLERS 1984.
2) Für PENCK 1925 waren die Verhältnisse in Java Orientierungspunkt, wobei er jedoch für die übrigen Tropen eine Reduktion von 50 % annahm.
3) Oxisols und Ultisols der US– amerikanischen Bodensystematik, Latosole und red–yellow–podzolic–soils anderer Bodensystematiken, u.a. der brasilianischen.

Drainage ist ein Teil der Alluvialböden (Entisols, Inceptisols, bzw. hydromorphe Gleye etc.) von beschränktem Nutzungspotential. Ihr Anteil an der amazonischen Fläche beträgt nach NICHOLAIDES, SANCHEZ et al. (1983, S. 107) ca. 14 %. Höhere Fruchtbarkeit und gute Drainage weisen nach der gleichen Quelle nur ca. 8 % der amazonischen Böden auf (siehe auch JORDAN 1985, S. 87)[1].

Als wesentlichste Nutzungsrestriktionen können die Nährstoffarmut der Böden (sie sind in der Regel arm an Stickstoff, Phosphor, Kalium, Kalzium, Schwefel, Magnesium, Zink etc.), ihre Aluminium-Toxizität, Drainage-Probleme, geringe Kationenaustauschkapazität, z.T. Erosionsanfälligkeit etc. angeführt werden (vgl. NICHOLAIDES, SANCHEZ et al. 1983, S. 111).[2]

Diese generellen Aussagen können jedoch nicht darüber hinwegtäuschen, daß es im kleinräumlichen Maßstab ganz erhebliche Unterschiede der Bodentypen und Bodenqualitäten gibt[3], die bei Nutzung bzw. Auswahl der Nutzflächen durch Siedler, *caboclos* etc. von großer Bedeutung sein können[4].

Dies gilt grundsätzlich auch für das Untersuchungsgebiet Rondônia. Bisher liegen jedoch nur z.T. einigermaßen detaillierte Bodenkartierungen und -analysen für die Region vor. Die beiden wichtigsten sind die Erhebungen im Rahmen des Projektes RADAM (DNPM-RADAMBRASIL 1978, 1979) sowie jüngere Kartierungen durch EMBRAPA-SNLCS (auf die sich z.B. die agroökologische Zonierung durch CEPA-RO 1983 stützt). Für den im Rahmen dieses Abschnitts beabsichtigten Überblick können fünf wesentliche bodengeographische Zonen unterschieden werden (vgl. Karte 4):

1. Im Zentrum und im Osten Rondônias ist eine Zone dominierenden Vorkommens von vorwiegend eutrophen *red-yellow-podzolic-soils* festzustellen. In dieser Zone eingemischt finden sich auch Vorkommen des fruchtbarsten regionalen Bodentyps, der *Terra roxa estruturada*. Diese Böden sind aufgrund relativ geringer Aluminiumanreicherung, relativ hoher Sorptionsfähigkeit (d.h. höherer Nährstoffgehalte), relativ hoher Basensättigung, guter Drainage etc. im regionalen Maßstab als relativ fruchtbar und zur landwirtschaftlichen Nutzung geeignet zu bezeichnen.

2. Die größte Zone v.a. im Norden Rondônias und in weiten Teilen des Westens wird vorwiegend durch rote, gelbrote und gelbe Latosole sowie dystrophe *red-yellow-podzolic-soils* dominiert. Diese Böden sind aufgrund ihrer schlechteren bodenchemischen und -physikalischen Eigenschaften von insgesamt geringerer Nutzungseignung.

3. Eine weitere bodengeographische Zone bilden vorwiegend hydromorphe Böden (Gleye etc.) hauptsächlich im unmittelbaren Auenbereich der Flüsse. FURLEY (1980, S. 38) weist darauf hin, daß diese Böden aufgrund des meist sauren Ausgangsmaterials, geringen Humusgehaltes und z.T. starker Aluminium-Anreicherung in den hier

---

1) Alfisols — Terra roxa estruturada der brasilianischen Systematik -und z.T. eutrophe red-yellow-podzolic-soils, Mollisols, Vertisols und ein Teil der alluvialen Inceptisols und Entisols.
2) Auf genauere bodenchemische und -physikalische Eigenschaften verschiedener amazonischer Bodentypen kann hier nicht näher eingegangen werden (vgl. zu typischen Profilen COCHRANE, SANCHEZ 1982, S. 156 f., für Rondônia DNPM-RADAMBRASIL 1978, S. 278 ff.).
3) Hierauf weist z.B. WAMBEKE 1978, S. 233, 234 hin.
4) MORAN 1981, S. 97 ff. zeigt dies am Beispiel der Transamazônica-Kolonisation und weist auf die Bedeutung der Klassifikation von Böden im Rahmen ethnoökologischer Wahrnehmungen unterschiedlicher Bevölkerungsgruppen hin.

Rondônia   ÜBERSICHTSKARTE DER WICHTIGSTEN BÖDEN
UND IHRER
NUTZUNGSEIGNUNG

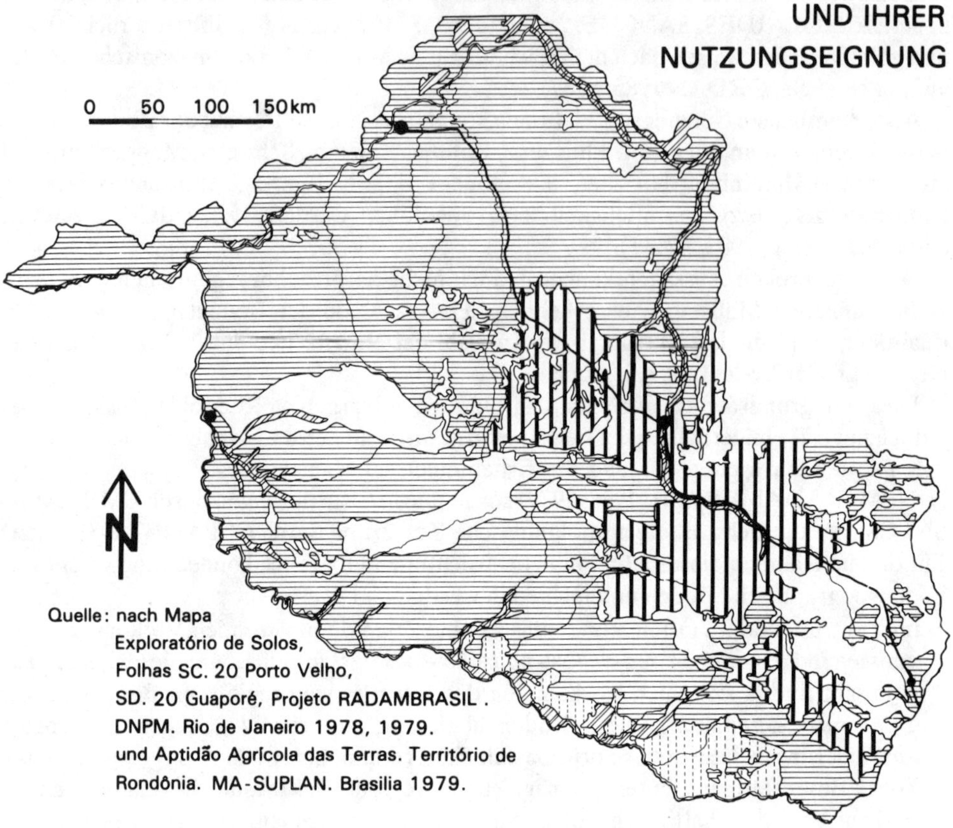

0 50 100 150 km

Quelle: nach Mapa
Exploratório de Solos,
Folhas SC. 20 Porto Velho,
SD. 20 Guaporé, Projeto RADAMBRASIL.
DNPM. Rio de Janeiro 1978, 1979.
und Aptidão Agrícola das Terras. Território de
Rondônia. MA-SUPLAN. Brasilia 1979.

BODENGESELLSCHAFT

Vorwiegend eutrophe
"red-yellow-podzolic-soils"

Vorwiegend gelbe, rote, gelb-rote
allitische Latosole, sowie allitische
"red-yellow-podzolic-soils"

Vorwiegend hydromorphe Böden
(bes. humusarme, allitische Gleye)

Vorwiegend hydromorphe, lateritische
Böden, sowie hydromorphe Quarz-
sande und Gleye

Vorwiegend dystrophe Lithosole (bes.
im Bereich der "serras" und "chapa-
das"), sowie quarzhaltige, allitische
bzw. dystrophe Sandböden (bes. im
Bereich der "Chapada dos Parecis")

NUTZUNGSEIGNUNG

Gute Eignung für ackerbauliche Nutzung

Mittlere bis geringe Eignung
für ackerbauliche Nutzung

Beschränkte Eignung für
ackerbauliche Nutzung

Gute, mittlere bis geringe Eignung für
Weidenutzung

Für ackerbauliche Nutzung nicht geeignet,
z.T. jedoch geeignet für forstliche Nutzung bzw.
Weidenutzung (Naturweiden)

Martin Coy 1986

Karte 4

vorherrschenden Gleyen von geringerer Nutzungseignung sind als andere Auenböden Amazoniens, die oft als die eigentlich am besten nutzbaren Bereiche der Großregion bezeichnet werden.

4. Besonders im Südwesten Rondônias, im Bereich des *Vale do Guaporé*, finden sich als typische Böden ebenfalls hydromorphe, aluminiumreiche Böden, Gleye und sandige Böden, z.T. treten lateritische Böden auf. Auch aufgrund der natürlichen Vegetation dieser Zone wird hier besonders Weidenutzung als potentiell möglich angesehen.

5. Mit Verbreitung vorwiegend im Zentrum Rondônias auf den zentralen Gebirgszügen der Serra dos Pacaás Novos und der Chapada dos Parecis finden sich die regionalen Böden mit geringster Nutzungseignung. Es sind dies v.a. dystrophe Lithosole und dystrophe sandige Böden. Hierbei spielt besonders das Ausgangsmaterial (siehe Geologie) eine wesentliche Rolle. Hinzu kommt z.T. hohe Reliefenergie etc. als limitierender Faktor.

Diese schlechtesten Böden ohne jede Nutzungseignung finden sich aber auch eingestreut in die anderen bodengeographischen Großzonen in Abhängigkeit vom Auftreten kleiner, lokaler Gebirgszüge etc.

Auch wenn diese bodengeographische Großzonierung Rondônias zweifellos sehr unvollkommen bleiben muß und die Frage der Abschätzung der landwirtschaftlichen Nutzungseignung der Böden auch unter methodischen Gesichtspunkten nicht unproblematisch ist (vgl. zur Systematik FURLEY 1980 und auch MA–SUPLAN 1980), so hatte doch die grobe Kenntnis, bzw. häufig eher die Vermutung, des relativ häufigen Vorkommens von Böden relativ günstiger Nutzungseignung in Rondônia im Vergleich zum amazonischen Gesamtrahmen (v.a. Böden der Zone 1) — wobei jedoch das Vorkommen besonders von *Terra roxa* oft stark überschätzt wurde — große Bedeutung für die Anlage von staatlichen, kleinbäuerlichen Kolonisationsprojekten in Zentral–Rondônia. Besonders die ältesten Projekte (PIC *Ouro Preto*, PIC *Gy–Paraná*, PIC *Padre Adolpho Rohl*) sind in den Zonen der Böden günstigerer Nutzungseignung angelegt worden.

Andererseits zeigt aber bereits dieser kurze bodengeographische Überblick, daß der Großteil der rondonensischen Böden nicht von diesen für eine landwirtschaftliche Nutzung relativ günstigen Böden gestellt wird, und daß somit auch die Entwicklung Rondônias unter bodengeographischen Gesichtspunkten ähnlichen Restriktionen unterliegt wie der überwiegende Teil des Amazonasraumes.

III.1.4. Die Vegetation und ihr Nutzungspotential

Es ist besonders die vorherrschende Vegetationsformation des tropischen Regenwaldes, die *Hyläa* Humboldts, die zur Abgrenzung des Großraums Amazonien herangezogen wird.

Auffallendstes Kennzeichen dieser Vegetationsformation ist ihr großer Artenreichtum (WALTER 1973, S. 52 nennt Artenzahlen von über 100 pro ha, vgl. auch SEIBERT 1984, S. 19, speziell zu Amazonien KLINGE 1983) bei relativer Individuenarmut. Ebenso kann in weiten Teilen ein typischer Aufbau des Waldes in verschiedenen Schichten beobachtet werden (WALTER 1973, S. 52 ff., als Überblick über amazonische Vegetationstypen PIRES, PRANCE 1985 und KLINGE 1983). Jedoch ist auch bezüglich der Vegetation Amazonien — und damit auch Rondônia — nur auf den ersten Blick ein *homogen–strukturierter* Raum.

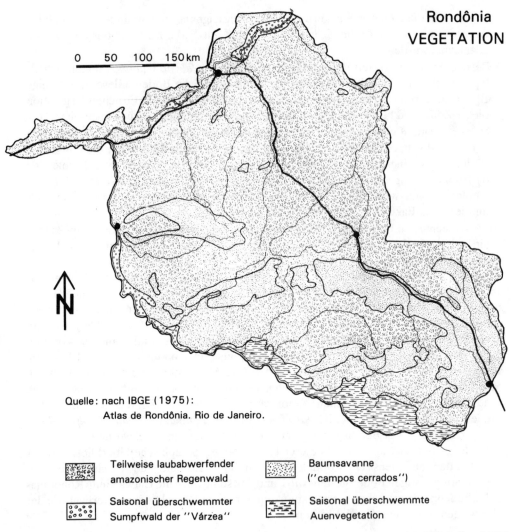

Rondônia
VEGETATION

Quelle: nach IBGE (1975):
Atlas de Rondônia. Rio de Janeiro.

- Teilweise laubabwerfender amazonischer Regenwald
- Saisonal überschwemmter Sumpfwald der "Várzea"
- Baumsavanne ("campos cerrados")
- Saisonal überschwemmte Auenvegetation

Martin Coy 1986

Karte 5

So lassen sich als erste Großgliederung spezifische Waldtypen für die beiden wichtigsten amazonischen Ökosysteme *Terra firme* und *Várzea* (bzw. an Schwarz– und Klarwasserflüssen *Igapó*) (s.o.) ausgliedern. Weiterhin weist z.B. der *Terra firme*–Wald in Abhängigkeit von klimatischen, topographischen und edaphischen Gegebenheiten eine Reihe weiterer Vegetationsformationen auf (z.B. dichtere und offenere Formen mit unterschiedlichem Palmenanteil, unterschiedlichem Lianenanteil etc.) (vgl. besonders PIRES, PRANCE 1985, S. 112 f.).

In Rondônia herrschen insgesamt Wälder der *Terra firme* vor (vgl. Karte 5). Ein typisches Charakteristikum dieser Wälder ist in der Region das Vorkommen von saisonal laubabwerfenden Arten, wobei jedoch der Grad des Laubabwurfs innerhalb der Region unterschiedlich ist (vgl. VALVERDE 1979, S. 35 ff.). Einer Klassifikation als *halblaubwerfende Wälder* wäre nach den Ergebnissen des Projektes RADAM (DNPM–RADAM-BRASIL 1978, S. 427) jedoch eine Zuordnung zu mehr dichten und mehr offenen Formen des tropischen Regenwaldes mit Übergang zu *halblaubwerfenden* Wäldern vorzuziehen.

Außer diesem vorherrschenden *Terra firme*-Wald sind kleine Gebiete von *Várzea*-Wäldern entlang des Rio Madeira und des Unterlaufs des Rio Guaporé zu finden. Für den oberen Verlauf des Rio Guaporé sind in den Überschwemmungsauen offenere Vegetationsformen typisch.

Auf den Gebirgszügen der Serra dos Pacaás Novos und der Chapada dos Parecis sowie in der Region zwischen Vilhena und Pimenta Bueno wird der tropische Regenwald von der Baumsavannenvegetation der *campos cerrados*, die für Zentralbrasilien typisch ist und hier ihre weitesten Ausläufer in die amazonische Hyläa hinein findet, abgelöst.

Besonders die natürlichen Vorkommen nutzbarer Baumarten der rondonensischen Regenwälder spielen bei der ökonomischen Erschließung der Region eine große Rolle. So wurden im vorigen Jahrhundert beginnend die Bestände von Hevea brasiliensis (*seringueira*) zur Kautschukgewinnung genutzt. Sie war bis in die Mitte des 20. Jahrhunderts die dominierende Wirtschaftsaktivität der Region. Im Gegensatz zu anderen Regionen Amazoniens findet sich in Rondônia Hevea brasiliensis nicht nur auf die *Várzea*-Bereiche beschränkt, sondern ist auch im Bereich des *Terra firme*-Waldes stark vertreten (IBGE 1975). Einige der sog. *seringais* Rondônias haben dabei relativ hohe Produktivitäten aufgewiesen (z.B. *Seringal 70* am Rio Jaru, nördlich der heutigen Stadt Jaru, oder der *seringal Nova Vida* südlich Ariquemes, vgl. IBGE 1975).

Neben Hevea brasiliensis spielen seit langer Zeit die Paranußbestände (Bertholletia excelsa, *castanha do Pará*) der Region eine wichtige Rolle im Rahmen der traditionellen Extraktionswirtschaft. Zwar tritt Bertholletia excelsa in Rondônia nicht so gehäuft auf wie z.B. im östlichen Amazonasgebiet (z.B. in der Region Marabá), jedoch werden nach VALVERDE (1979, S. 37) für die Region östlich von Ariquemes z.B. große Vorkommen von Paranuß angeführt.

Die erste Aufbereitung der Extraktionsprodukte Kautschuk und Paranuß beschränkt sich traditionell auf die beiden älteren Städte Porto Velho und Guajará–Mirim. Auch die älteren regionalen Verkehrswege (z.B. die Eisenbahn von Porto Velho nach Guajará–Mirim) hatten vorrangig die Funktion der Erleichterung des Zugangs und des Abtransports dieser beiden regionalen Extraktionsprodukte.

Daneben spielte jedoch schon längere Zeit die Exploration von Edelholzbeständen eine wichtige Rolle in der Region (vgl. u.a. HUECK 1966, S. 27 ff. und 50 f.). Im Rahmen der jungen Erschließung Zentral–Rondônias durch die Agrarkolonisation tritt die Edelholzausbeutung immer mehr in den Vordergrund. Agrarkolonisation und Holzextraktion stehen in einem engen wechselseitigen Verhältnis. Die ökonomisch interessantesten Arten sind Mahagoni (Swietiana macrophylla), *imburana* (oder *cerejeira* bzw. *cumaru–de–cheiro*) (Torresea acreana), *angelim* (Hymenolobium sp.), *andiroba* (Carapa guianensis), *cedro* (Cedrela odorata) etc. (siehe Tab. 1). Besonders Mahagoni hat für den Holzexport v.a. nach USA und Europa eine große Bedeutung. Insgesamt liegen die Absatzmärkte für das

Edelholz hauptsächlich im Südosten und Süden Brasiliens (zur Bedeutung der Holzextraktion vgl. auch Kap. III.4.7.).

Das Holzpotential der Region wird auf Werte zwischen 50 und 100 m^3/ha im südlichen Rondônia und 100 bis 140 m^3/ha im nördlichen Rondônia geschätzt (vgl. CEPA–RO 1983, S. 220).

Neben der Holzextraktion, die jedoch in der Region meist eher den Charakter einer die natürliche Vegetation degradierenden Extraktion als den eines forstwirtschaftlichen Systems aufweist, ist auch das Nutzungspotential anderer, natürlich vorkommender Pflanzen in der Region anzuführen (vgl. Tab. 1). So könnten z.B. neben der bereits genannten Paranuß natürlich vorkommende Palmarten und Fruchtbäume wesentlich zur Verbesserung des Subsistenzniveaus von Kolonisten (durch Lieferung von Fetten und Ölen, als Vitamin–Lieferanten, aber auch zur wirtschaftlichen Exploration) beitragen (vgl. SMITH 1982, S. 41 ff. und MORAN 1981, S. 97 ff. für das Beispiel der Transamazônica–Kolonisation). Mangelnde Kenntnis und Adaption von Neusiedlern an die regionalen Gegebenheiten führen allerdings im Gegensatz zur traditionellen Lebensweise der Kautschuksammler und *caboclos* dazu, daß diese natürlichen Ressourcen meist ungenutzt bleiben[1].

Solche nutzbaren Arten wären z.B. die sehr häufig vertretene Babaçu–Palme (Orbignya martiana), andere Palmarten wie *pupunha* (Bactris gasipaes), bedeutsam durch den hohen Protein– und Vitamingehalt ihrer Früchte (vgl. BALICK 1985, S. 343, 344), *tucumã* (Astrocaryum vulgare), deren Früchte als einer der besten Vitamin A — Lieferanten gelten und die zur Fasergewinnung wichtig ist, *patauá* (Jessenia bataua) und andere mehr (vgl. BALICK 1985). In jüngerer Zeit wird versucht, diese natürlichen Ressourcen sowie andere dem amazonischen Ökosystem entstammende Nutzpflanzen — besonders *guaraná* (Paullinia cupana), den Lieferanten eines stark koffeinhaltigen Stimulans — in die regionalen landwirtschaftlichen Nutzungsmodelle mit staatlicher Förderung zu integrieren (mdl. Mitt. G. Lima Ferreira, SEAG–RO). Ob hiermit eine bessere Adaption der sich ständig ausbreitenden landwirtschaftlichen Erschließung, die nicht zuletzt einhergeht mit einer fortgesetzten Degradierung der natürlichen Waldökosysteme (auf den aktuellen Entwaldungsprozeß wird in Kap. IV.3.1. eingegangen), erreichbar sein wird, bleibt abzuwarten.

III.2. Erschließung und Entwicklungsphasen Rondônias bis 1970

III.2.1. Die Phase der ersten Erkundung

Bis weit in das 20. Jhdt. hinein war der größte Teil der Region - vor allem das immense Hinterland Zentral–Rondônias — Siedlungsgebiet verschiedener Indianergruppen[2]. Im Verlauf des Erschließungsprozesses durch die brasilianische *Zivilisation* wurden die indianischen Gruppen immer mehr in Rückzugsgebiete des Hinterlandes verdrängt. Die heutige indianische Bevölkerung Rondônias, die v.a. in den 16 Indianerreservaten der Region lebt, wird auf insgesamt ca. 7.000 Individuen der verschiedensten Stammesgruppen

---

1) Vgl. Befragungsergebnisse des Autors im PIC Ouro Preto 1983, 1984.
2) Vgl. hierzu bes. ROQUETTE–PINTO 1954, LEVI–STRAUSS 1978 v.a. für die im südlichen Rondônia lebende Gruppe der Nambikwara–Indianer, zur ethno–historischen und ethno–linguistischen Einordnung der rondonensischen indianischen Bevölkerung NIMUENDAJU 1981.

geschätzt (Angaben der FUNAI–Dienststelle, Porto Vclho, Juli 1985; vgl. auch Kap. VI.3.1. und Karte 11). Alle Angaben sowie die generellen Kenntnisse zur rondonensischen Indianer–Bevölkerung müssen jedoch nach wie vor als unzureichend angesehen werden. So ist z.B. zuletzt Ende der 70er Jahre im Rahmen der jungen Erschließung des Hinterlandes eine große Indianer–Gruppe (die Uru–Eu–Wau–Wau–Indianer) erstmals mit der *westlichen Zivilisation* in Kontakt gekommen (vgl. zur Interessenkonfliktproblematik Kap. VI.3.1.).

Das Gebiet des heutigen Rondônia wurde erst relativ spät von den portugiesischen Kolonialherren, bzw. später den Brasilianern, erkundet und erschlossen. Erste Berichte von Bereisungen des Gebietes reichen jedoch bereits ins 17. Jahrhundert zurück. So gilt Antonio Raposo Tavares, der, 1647 von São Paulo aufgebrochen, um 1750, von den bolivianischen Quellflüssen des Rio Mamoré kommend, den Rio Madeira bis zu seiner Mündung und den Amazonas weiter bis Belém hinabfuhr, als Entdecker der Region (FERREIRA 1982, S. 23). Er berichtete bereits von den 20 Stromschnellen im Oberlauf des Rio Madeira, der diesen Namen unterhalb des Zusammenflusses von Mamoré und Beni trägt, und im Unterlauf des Rio Mamoré auf der ca. 360 km langen Flußstrecke zwischen dem heutigen Porto Velho und dem heutigen Guajará–Mirim (FERREIRA 1982, S. 20). Diese Stromschnellen werden von widerständigen Riegeln des hier anstehenden Kristallins im Flußbereich gebildet (vgl. Geol. Karte 3). Die Expedition des Antonio Raposo Tavares gehörte zu den Erkundungsfahrten der paulistaner *bandeirantes*, deren Ziel die Entdeckung der Reichtümer des immensen, unbekannten *Hinterlandes* des Subkontinents war.

Ausgehend von Belém bereiste 1722 Francisco de Melo Palheta den Madeira in umgekehrter Richtung auf der Suche nach dessen Quellflüssen. Die Reiseberichte beider Entdecker bezeugen die Schwierigkeiten der Überwindung der Stromschnellen des Madeira. Unterdessen waren in Mato Grosso in der Region des heutigen Cuiabá und im Gebiet des Rio Guaporé Goldvorkommen entdeckt worden, die für die portugiesischen Kolonialherren von großem Interesse waren. 1748 wird die Provinz Mato Grosso gegründet. Ihre Hauptstadt wird das neugegründete Vila Bela da Santissima Trindade am Rio Guaporé (SECET 1983, S. 7). Zu ihrem ersten Generalkapitän wird Antonio Rolim de Moura ernannt.

Mit dem Vertrag von Madrid 1750 wurden die Grenzen zwischen dem spanischen und dem portugiesischen Einflußbereich in Südamerika neu festgelegt. Vila Bela und der Rio Guaporé befanden sich genau an dieser Grenzlinie, die es in der Folge zu sichern galt. Sowohl Portugiesen als auch Spanier bereisten die Region und versuchten ihre Herrschaft durch Postengründungen zu dokumentieren. Die Spanier legten so z.B. jesuitische Missionen entlang des Guaporé an, die Portugiesen gründeten ihrerseits kleinere, befestigte Stützpunkte.

In der Mitte des 18. Jhdts. kam es mehrfach zu bewaffneten Auseinandersetzungen zwischen Spaniern und Portugiesen am Rio Guaporé im Gebiet des heutigen Rondônia. Die Portugiesen behielten unter der Führung ihres Generalkapitäns Rolim de Moura die Oberhand.

Konkreter Ausdruck der Notwendigkeit zur Grenzsicherung in diesem Gebiet war 1776 die Grundsteinlegung zum *Real Forte Príncipe da Beira* unweit des heutigen Costa Marques am Rio Guaporé in Rondônia (375 km südlich von Guajará–Mirim). Das Fort wurde 1783 fertiggestellt. Die Steine zu seinem Bau mußten z.T. aus Belém, z.T. aus Corumbá in Mato Grosso herangeschafft werden (SECET 1983, S. 14). Jedoch beherbergte das Fort nur relativ kurze Zeit eine Militärgarnison. Bereits im 19. Jhdt. wurde es wieder aufgelassen (SECET 1983, S. 14). Eine andere Region, nämlich die des Rio Madeira und seiner Stromschnellen, stand in der Folgezeit im Vordergrund der Erschließung des heutigen Rondônia.

So war die Suche nach einem Verkehrsweg zu den über das Festland quasi isolierten Goldminen von Mato Grosso über den Guaporé, Madeira und Amazonas nach Belém ein wichtiges Anliegen der Portugiesen in der Region. Mit der Intensivierung der Handelsbeziehungen zwischen Mato Grosso und Belém sollten feste Schiffahrtsverbindungen über diesen Weg errichtet werden. Haupthindernis waren dabei die Stromschnellen des Madeira. An ihnen wurden kleine Militärposten zur Unterstützung der Reisenden eingerichtet (FERREIRA 1982, S. 52). Schon bald nach Unabhängigkeit und Bildung der Nationalstaaten im Gebiet Spanisch–Amerikas Anfang des 19. Jhdts., und damit den permanenten Problemen eines Meerzugangs für das Binnenland Bolivien, kamen Pläne zur maritimen Anbindung Boliviens über das amazonische Stromsystem (Rio Beni, Rio Mamoré, Rio Madeira, Rio Amazonas) auf (FERREIRA 1982, S. 58 ff.). Hierbei stellten die Stromschnellen des Rio Madeira eines der größten Hindernisse dar.

Bereits Mitte des 19. Jhdts. gab es Pläne zur Umgehung der Stromschnellen mittels eines Maultierpfades. Um 1860 wird erstmals die Idee eines Eisenbahnbaus sowohl von bolivianischen als auch von brasilianischen Kreisen in die Diskussion gebracht. Während auf bolivianischer Seite das ökonomische Motiv der Erleichterung des Warentransportes durch Verkürzung der Strecke zu den wichtigsten Märkten in Europa und Nordamerika vorherrschte, kam in Brasilien infolge des Paraguay-Krieges (1865–1870), dem ein paraguayischer Einfall in Mato Grosso vorausgegangen war, das geopolitische Motiv der besseren Grenzsicherung und festeren Anbindung des isolierten Vila Bela an Belém und den Hof in Rio hinzu.

1867 kam es zu einem ersten Vertrag zwischen Brasilien und Bolivien, in dem sich u.a. Brasilien verpflichtet, eine Umgehung der Stromschnellen des Madeira zu schaffen (FERREIRA 1982, S. 66). Im gleichen Jahr wurde der deutsche Ingenieur Franz Keller–Leuzinger und sein Vater — wohl auch infolge des dominierenden Einflusses deutscher Kreise am Hof in Rio durch Kaiserin Leopoldina, die habsburgische Ehefrau Dom Pedro II. (vgl. FERREIRA 1982, S. 66) — beauftragt, die Region zu bereisen und ein Projekt für eine die Stromschnellen umgehende Eisenbahn zu prüfen. Dieser Reise verdanken wir einen wichtigen frühen Forschungsbericht über die Madeira-Region (KELLER–LEUZINGER 1874). In den kommenden Jahren sollte nun, gleichzeitig mit der Ausweitung der amazonischen Kautschukwirtschaft in das heutige Rondônia, die wechselvolle Geschichte vom Bau der *Estrada de Ferro Madeira — Mamoré* beginnen. Damit setzte auch die erste, stark von ökonomischen Motiven geleitete dauerhafte Entwicklungsphase der Region ein, die die Zeit der mehr ephemeren, geopolitisch–strategisch motivierten Erschließungsansätze endgültig ablöste.

III.2.2. Kautschuk und Eisenbahn

Seit der Mitte des 19. Jhdts. begann sich immer mehr der Kautschuk als wichtigstes Produkt der amazonischen Extraktionswirtschaft herauszukristallisieren. Noch 1848 stellte er nach Kakao, Tabak und Fellen wertmäßig erst den viertwichtigsten Posten der amazonischen Exporte (SANTOS 1980, S. 53). In den folgenden 60 Jahren sollte die Bedeutung der

Kautschukextraktion boomhaft ansteigen, um sodann ab 1912 in eine Phase dauerhafter Dekadenz und Stagnation abzugleiten.

In Hinblick auf die regionale Wertschöpfung Amazoniens betrug der Beitrag der Extraktionswirtschaft, d.h. vor allem der Kautschukextraktion, 1890 bereits ca. 36 %, 1900 38 %, 1910 ca. 41 %, um dann jedoch 1920 auf 17 % zurückzufallen (SANTOS 1980, S. 178). Was die exportierten Mengen anbelangt, so können wir einen stetigen Anstieg im 19. und Anfang des 20. Jhdts.[1] und danach eine starke Abnahme der exportierten Mengen[2] feststellen (SANTOS 1980, S. 217). Hintergrund für diesen zeitweisen wirtschaftlichen Boom der Amazonasregion war ein ständiger Anstieg der Nachfrage nach Kautschuk in Europa und Nordamerika.

Bereits in der Mitte des 18. Jhdts. berichtete La Condamine (LA CONDAMINE 1981, S. 75) vom Kautschuk und seinen praktischen Eigenschaften. Besonders nach Entwicklung des Vulkanisierungsverfahrens durch Goodyear 1839 sowie insgesamt im Zuge der Industrialisierung erweiterten sich die Verwendungsmöglichkeiten des Extraktionsproduktes der Hevea brasiliensis. In der zweiten Hälfte des 19. Jhdts erhöhte sich die Nachfrage besonders durch die Entwicklung der Automobilindustrie (vgl. SANTOS 1980, S. 13).

Eine wichtige Voraussetzung für die Erschließung der amazonischen Kautschukreserven war die Einführung des Dampfschiffs in den 50er Jahren des 19. Jhdts. (SANTOS 1980, S. 53). Damit in Zusammenhang stand die Entwicklung eines regelmäßigen Schiffahrtsverkehrs auf dem Amazonas ab der Mitte des 19. Jhdts. Zunehmende ökonomische Interessen des Auslandes an der amazonischen Peripherie machten sich auch in politischem Druck bemerkbar. Es kam schließlich zur Öffnung des Amazonas für die internationale Schiffahrt (STERNBERG 1980, S. 294, 295 sowie REIS 1982). 1874 übernimmt schließlich – auch dies Ausdruck des Auslandsinteresses – die englische *Amazon Steam Navigation* die gesamte Flußschiffahrt auf dem Amazonas (SANTOS 1980, S. 57). Die *Internationalisierung* Amazoniens (vgl. REIS 1982) bleibt seit diesen Tagen ein Dauerthema, dessen Aktualität sich über die Phase des Kautschukbooms und des direkten Engagements ausländischer Firmen u.a. im Infrastruktursektor (z.B. auch Konstruktion der Eisenbahn am Rio Madeira) bis in unsere Tage hinein erhalten hat, insofern, als internationale Diskussionen über eine rationale *Verwendung* und die Zukunft Amazoniens zweifellos eine nicht zu unterschätzende Bedeutung für die jungen Bemühungen des brasilianischen Staates zur Integration seiner nördlichen Peripherie hatten (KOHLHEPP 1983).

Auf der Suche nach dem immer begehrteren Kautschuk und vor dem Hintergrund einer verbesserten Transportanbindung zu den beiden regionalen Zentren Manaus und besonders Belém drangen Kautschukzapfer zwischen 1850 und 1870 auch verstärkt in die Region des oberen Madeira und seiner rechten Zuflüsse, d.h. das Gebiet des heutigen Rondônia, vor. (SANTOS 1980, S. 72).

---

1) 1856: 1.906 t, 1871: 6.765 t, 1881: 8.506 t, 1891: 16.650 t, 1901: 27.940 t, 1911: 33.518 t, 1912: 37.178 t.
2) 1915: 29.772 t, 1920: 23.586 t, 1930: 14.138 t, 1939: 11.861 t.

Ein zentrales Problem der Kautschukwirtschaft war aufgrund der extrem dünnen Besiedelung der Region[1] die permanente Knappheit an Arbeitskräften. Deshalb wurde die Zuwanderung v.a. von *nordestinos* nach Amazonien, die sich vorrangig als Kautschukzapfer (*seringueiros*) im amazonischen Hinterland niederließen, zum wesentlichen Faktor für die weitere Steigerung der Kautschukexporte[2] und damit die Bereicherung der *Kautschukbarone* und Händler in Manaus und Belém, die sich z.B. in einem damals völlig ungewöhnlichen Luxus in diesen beiden Städten dokumentierte.

War schon seit Beginn des 19. Jhdts. eine spontane Zuwanderung von hauptsächlich Cearensern und Pernambucanern nach Amazonien zu verzeichnen, so erreichte sie von 1870 bis 1910 eine enorme Zunahme. Hierfür war neben der *Attraktivität* Amazoniens auch die zunehmende Krise der Zuckerwirtschaft im Nordosten und die besonders scharfen Dürreperioden, bes. 1877, mitverantwortlich (vgl. FERRARINI 1979). Die Zahlen der Migranten werden für den genannten Zeitraum auf mehrere Hunderttausend geschätzt. FURTADO (1975, S. 111) gibt für diese 40 Jahre eine Zahl von 500.000 Zuwanderern an, andere Autoren halten diese Zahl für zu hoch geschätzt (SANTOS 1980, S. 99/100).

Jedoch durchlief insgesamt nur der Süden Brasiliens (Zeit der europäischen Einwanderung und Kolonisation) eine dynamischere Bevölkerungsentwicklung als Amazonien in diesem Zeitraum (SANTOS 1980, S. 109). Neben der spontanen Migration in die amazonischen Kautschukregionen, die jedoch oft durch Übernahme der Transportkosten durch die Kautschukbarone finanziert war (später wurden diese meist mit der vom *seringueiro* gelieferten Latex *verrechnet*), gab es bereits in der zweiten Hälfte des 19. Jhdts. erste Kolonisationsansätze (Zona Bragantina bei Belém) auf der Basis gelenkter Umsiedlung nach Amazonien mit dem Ziel der Verbesserung der regionalen Nahrungsmittelproduktion. Viele der umgesiedelten Kolonisten wanderten aber ebenso in die *seringais* (Bezeichnung für die Kautschuk*bezirke* eines *seringalista* – Kautschukbaron) des Hinterlandes ab (SANTOS 1980, S. 109).

Die Kautschukextraktion war in sozio-ökonomischer Hinsicht von dem System des *aviamento* gekennzeichnet, mit dem die sich nach *unten* fortsetzenden Abhängigkeitsverhältnisse umschrieben werden, die sich für den *seringueiro* im *ungleichen Tausch* von Nahrungsmitteln und sonstigen wichtigen Gütern gegen die gesammelte Latex mit dem *seringalista* ausdrückte. In diesem ungleichen Warentausch war Geldverkehr praktisch nicht vorhanden. Permanente Abhängigkeit des *seringueiro* (z.B. durch indirekte *Verschuldung*) sicherten die Profitmargen des *seringalista*. Dieser befand sich jedoch wieder in Abhängigkeit von den sog. *casas aviadoras* in Belém bzw. Manaus, die einerseits den Kautschukexport, andererseits den Warenimport –und damit die gesamte Verbindung zum Weltmarkt – kanalisierten (vgl. SANTOS 1980, S. 155 ff., WEINSTEIN 1983).

Vor dem Hintergrund dieser regionalen Entwicklung während der zweiten Hälfte des 19. Jhdts., die in ihren Ausläufern also auch bereits das Gebiet des Rio Madeira, und von Mato Grosso kommend auch das Gebiet des Rio Guaporé (SANTOS 1980, S. 102) erreicht hatte, sind die Versuche einer Umgehung der Stromschnellen des Madeira als dem

---

1) Die Bevölkerung Gesamt-Amazoniens wird von SANTOS 1980, S. 59 auf 90.000 im Jahr 1800, und ca. 130.000 im Jahr 1840 geschätzt.
2) Vgl. zu den Wanderungen aus dem brasilianischen Nordosten FERRARINI 1979.

wesentlichen Verkehrs- und ökonomischen Erschließungshindernis durch den Bau einer Eisenbahnlinie zu sehen.

Die Geschichte des Eisenbahnbaus am Madeira begann bereits Ende der 60er Jahre des 19. Jhdts. mit der Beauftragung des amerikanischen Obersten George Earl Church durch die bolivianische Regierung, die Bedingungen für einen Eisenbahnbau zu prüfen. Nach mehreren vergeblichen Versuchen schloß er im Jahr 1877 einen Vertrag mit der großen und im Eisenbahnbau erfahrenen Firma *P. & T. Collins* aus Philadelphia. 1878 begannen die Bauarbeiten nach Ankunft der ersten Material- und Arbeitertransporte (hauptsächlich Iren und Italiener aus Nordamerika) am Madeira.

Die tropischen Krankheiten, besonders die Malaria, wüteten unter den Arbeitern. Die klimatische Situation erschwerte zusätzlich alle Arbeiten. Bereits Mitte 1879 mußte sich auch die Firma Collins, u.a. nach mehreren Indianerangriffen, zur Aufgabe entschließen. Das Ergebnis des 18monatigen Engagements von Collins waren 7 km fertiggestellte Bahnstrecke, die nun, ebenso wie alle Ausrüstungen, dem tropischen Regenwald überlassen werden mußten. Das Ergebnis war aber besonders, daß ca. 450 bis 500 Tote unter den ca. 720 Nordamerikanern und ca. 700 brasilianischen und bolivianischen Arbeitern zu beklagen waren. Das Unternehmen des Eisenbahnbaus am Rio Madeira war damit fürs Erste gescheitert (vgl. FERREIRA 1982, S. 125 ff.).

Jedoch wurden die Baupläne kurze Zeit später wieder belebt, nun unter der Leitung der brasilianischen Regierung, die sich 1882 in einem neuerlichen Vertrag mit Bolivien, das vorher im chilenisch-bolivianischen Krieg seinen Pazifik-Zugang verloren hatte, zum Eisenbahnbau am Madeira erneut verpflichtete (vgl. FERREIRA 1982, S. 134 ff.).

Erst Anfang des 20. Jhdts. wurden jedoch die Pläne zum Eisenbahnbau realisiert. Im 1903 geschlossenen Vertrag von Petrópolis zwischen Bolivien und Brasilien, mit dem der heutige brasilianische Bundesstaat Acre (der Nachbarstaat Rondônias), ehemals bolivianisches Gebiet, allerdings Ende des 19. Jhdts. immer mehr von brasilianischen Kautschukzapfern erschlossen, offiziell dem brasilianischen Staatsterritorium eingegliedert wurde, verpflichtete sich Brasilien im Gegenzug dazu, möglichst innerhalb von 4 Jahren die schon lange geplante Eisenbahn von Santo Antônio do Madeira (heute Porto Velho) nach Guajará-Mirim mit Anschluß an bolivianisches Gebiet zu bauen (vgl. FERREIRA 1982, S. 189).

Die Ausschreibung gewann der brasilianische Ingenieur Joaquim Catrambi, der jedoch von Anfang an im Interesse des nordamerikanischen Unternehmers Percival Farquhar gehandelt hatte. 1907 wurde von Letzterem die amerikanische Firma *May, Jekyll & Randolph* mit dem Bau beauftragt. Farquhar gründete im gleichen Jahr die Bauträger- und spätere Betreibergesellschaft der Bahn, die *Madeira-Mamoré Railway Company*, deren Kapitalgeber andere Firmen Farquhars in Brasilien (bes. die *Port of Pará* sowie andere Eisenbahnfirmen) mit hauptsächlich nordamerikanischem und englischem Kapital wurden (vgl. FERREIRA 1982, S. 206 ff.). Die Erwartung Farquhars war, daß die Bahn aufgrund der zu erwartenden Kautschukproduktion der Region im Rahmen des damals auf seinem Höhepunkt befindlichen wirtschaftlichen Booms Amazoniens eines Tages hohe Gewinne abwerfen würde.

Die Bauarbeiten begannen im gleichen Jahr 1907. Sie wurden mit der Fertigstellung der 364 km langen Strecke von Porto Velho nach Guajará-Mirim im April 1912 beendet. Die Region wurde in diesen 5 Jahren zum Schauplatz eines der entbehrungsreichsten Bauvorhabens in der Geschichte Brasiliens.

Die insgesamt 21.783 Männer, die während der 5 Jahre zum Eisenbahnbau kontraktiert waren, kamen zum großen Teil aus dem Ausland, besonders aus der Karibik, aber auch aus Spanien und anderen europäischen Ländern. Z.B. kamen im Jahr 1910 5.596 Arbeiter in Porto Velho an, davon 1.636 Brasilianer und Portugiesen, 2.211 Arbeiter aus Barbados und den Antillen, 1.450 Spanier, 299 von unbekannter Herkunft (FERREIRA 1982, S. 212). Die Ingenieure und gelernten Kräfte kamen zum größten Teil aus den USA. FERREIRA (1982, S. 302) gibt die Verluste beim Eisenbahnbau mit ca. 6.200 Toten unter der Annahme von insgesamt ca. 30.000 am Bau Beteiligten an (Kontraktarbeiter und spontan Zugewanderte). Haupttodesursache war wiederum die Malaria. Nach einem Bericht des brasilianischen Mediziners Osvaldo Cruz litten z.B. im Jahr 1908 ca. 95 % der Bevölkerung von Porto Velho unter Malaria (vgl. SANTOS 1980, S. 96).

Das Jahr 1912 ist nicht nur verbunden mit der Fertigstellung der *Estrada de Ferro Madeira Mamoré* (EFMM), sondern auch mit dem Umschwung in der amazonischen Kautschukwirtschaft. Bereits 1876 waren von dem Engländer Henry Wickham ca. 70.000 Hevea brasiliensis–Sämlinge aus dem Gebiet zwischen Rio Tapajós und Rio Madeira aus Amazonien heraus nach Kew Gardens bei London geschmuggelt worden, von wo aus die jungen Pflanzen in asiatische Kolonien Englands, zunächst nach Ceylon, später besonders auf die malaiische Halbinsel, gebracht worden waren. Dort bildeten sie den Grundstock vieler Kautschukplantagen. Zu ihrem Erfolg trug wesentlich die Tatsache bei, daß Pflanzenkrankheiten wie bes. der Pilz Microcyclus ulei, der die späteren Versuche Ford's während der 30er Jahre des 20. Jhdts. am Rio Tapajós, Kautschukplantagen auch in Amazonien anzulegen, vereitelte, in Asien nicht vorhanden waren.

Die asiatische Kautschukproduktion stieg bei sehr viel niedrigeren Produktionskosten[1]. 1913 war die asiatische Kautschukproduktion erstmals höher als die amazonische. Gleichzeitig fielen die Preise auf dem Weltmarkt von 1910 bis 1915 um ca. 65 % (vgl. SANTOS 1980, S. 229 ff.). Deshalb nahmen die Exportmengen amazonischen Kautschuks seit 1912 kontinuierlich ab (s.o.).

Entsprechend partizipierte die unter großen Entbehrungen gebaute EFMM auch nicht mehr am amazonischen Wirtschaftsboom. Sie wurde auch kein wirtschaftlicher Erfolg. Bereits ab 1914 war ihr Betrieb mit Ausnahme einer kurzen Periode von 1925–1929 defizitär (FERREIRA 1982; S. 336). Die ausländische Betreibergesellschaft *Madeira–Mamoré Railway Comp.* verlor aus diesen Gründen mit der Zeit jegliches Interesse an der Bahn. Nach kurzer Unterbrechung des Verkehrs übernahm schließlich der brasilianische Staat im Jahr 1931 den Betrieb der nunmehr *nationalisierten* EFMM.

Im Gefolge des Niedergangs des Kautschukbooms war auch der Anteil von Kautschuk am steigenden Frachtaufkommen der Eisenbahn immer mehr rückläufig (1913 waren es 33 %, 1914 43 %, 1920 und 1922 jedoch nur noch 7 % bzw. 9 %) (VALVERDE 1979, S. 62).

Zwar hat die Bahn auch niemals ihre eigentliche überregionale Funktion ausgeübt, zumal mit der Region des Rio Beni auch nur ein kleiner Teil des *Oriente* Boliviens von der EFMM tatsächlich profitierte (vgl. FERREIRA 1982, S. 341), jedoch war sie für die

---

1) Nach LE COINTE (1922, S. 382 f., 386 f.) betrugen 1915 diese in Amazonien ca. 7,50 ffr/kg, in Asien aber nur 3,50 ffr/kg.

Regionalentwicklung des heutigen Rondônia — zumindest seines nördlich-nordwestlichen Teilraums — von entscheidender Bedeutung.

Schon 1912 war Santo Antônio do Madeira (das spätere Porto Velho) zum Munizip erhoben worden. 1929 folgte die Gründung des Munizips Guajará-Mirim nach (vgl. BADRA 1983). Neben diesen beiden durch die Eisenbahn entstandenen bis in die 70er Jahre hinein wichtigsten städtischen Zentren Rondônias (vgl. Kap. III.4.7.), bildeten sich um die Haltepunkte der Eisenbahn eine Reihe von kleineren Siedlungen (z.B. Jaci-Paraná, Mutum-Paraná, Abunã, Vila Murtinho), die als lokale Umschlagplätze der Kautschukproduktion aus den *seringais*, die entlang des Madeira und seiner Zuflüsse auch weiterhin in Funktion waren, oder im lokalen Grenzverkehr mit Bolivien eine gewisse Bedeutung erhielten.

1972 wurde schließlich die EFMM endgültig aus dem Verkehr gezogen. Neben ihrer mangelnden Rentabilität spielte zweifellos die eindeutige Bevorzugung des Straßenverkehrs durch den brasilianischen Staat schon seit den 60er Jahren (siehe Konstruktion der BR 364) auch in so peripheren Regionen wie Amazonien eine wichtige Rolle bei dieser Entscheidung.

Jedoch war auch hiermit noch nicht das *allerletzte Wort* gesprochen. 1981 wird die EFMM auf dem kleinen Teilstück von Porto Velho zur *Cachoeira do Santo Antônio* (ca. 10 km) v.a. zu touristischen Zwecken wiedereröffnet. Weitere Teilstücke bei Guajará-Mirim sollen folgen. So wird das, was viele Jahre lang als lebenswichtig für die Region galt und was so viele Menschenleben kostete, heute zur wichtigsten touristischen Sehenswürdigkeit der sonst relativ *unansehnlichen* Hauptstadt des neuen Bundesstaates.

Im gleichen Jahr, in dem am Rio Madeira der Eisenbahnbau begann, nahm ein weiteres, für die Erkundung und Erschließung besonders des zentralen Rondônia entscheidendes Unternehmen seinen Anfang. Die brasilianische Regierung beauftragte den damaligen Major des militärischen Ingenieurcorps Mariano Cândido da Silva Rondon mit dem Bau einer Telegraphenlinie von Cuiabá, der Hauptstadt Mato Grossos, nach Santo Antônio do Madeira (dem heutigen Porto Velho), mit dem Ziel einer besseren Anbindung des unbekannten und unerschlossenen brasilianischen Nordwestens.

Schon bei seiner ersten Expedition ließ Rondon von Holzfällertrupps eine ca. 2 m breite *picada* (Schneise) anlegen, der später die Telegraphenlinie folgen sollte (ROQUETTE-PINTO 1954, S. 37).

Die zweite Expedition im Jahr 1908 führte Rondon bereits ins südliche Rondônia. Für die Erforschung dieses Gebietes die wichtigste Expedition wurde jedoch die von 1909, die mit 237 Tagen auch die längste war (GOMES DA SILVA 1984, S. 74). Weihnachten 1909 erreichte Rondon nach Durchquerung der Region der heutigen Straße Cuiabá — Porto Velho über die von ihm so benannten späteren Telegraphenposten Vilhena, Pimenta Bueno, Presidente Pena (heute Ji-Paraná), Jaru und Ariquemes den Rio Madeira.

Es sollte jedoch noch bis 1915 dauern, bis die gesamte Telegraphenlinie installiert war (GOMES DA SILVA 1984, S. 78). Die bereits genannten Posten im Gebiet des heutigen Rondônia, die in der Folge zu kleineren Siedlungen, heute zu dynamischen Städten der Pionierfront herangewachsen sind (vgl. Kap. III.4.7.), wurden 1912 von Rondon eingerichtet.

Die Arbeit der Rondon'schen Telegraphenkommission erbrachte wesentliche erste Informationen über die Indianerbevölkerung, wie auch über die Naturgegebenheiten dieser großen nordwestlichen Region Brasiliens (vgl. ROQUETTE-PINTO 1954, LEVI-

STRAUSS 1978). Die topographischen Aufnahmen der Kommission blieben lange Zeit eine entscheidende Grundlage für Planungs- und Bauvorhaben.

1956 wurde das damalige *Território Federal do Guaporé* zu Ehren Rondons in *Território Federal de Rondônia* (heutiger Bundesstaat) umbenannt.

Mit der Rondon'schen Telegraphenlinie wurde aber auch ein erster Erschließungsweg nach Rondônia von den Zentralregionen Brasiliens ausgehend gelegt. Über ihn sind in den folgenden Jahrzehnten Migranten in das heutige Rondônia vorgedrungen und haben sich dort, besonders in den 20er, 30er und 40er Jahren, um die alten Telegraphenposten, bzw. in den lokalen *seringais* hauptsächlich als Kautschukzapfer, z.T. als Diamantenwäscher niedergelassen.

Mit Einführung der drahtlosen Kommunikationsmittel wurde das Pionierwerk Rondons überflüssig. Die Telegraphenlinie verfiel. Beim Bau der Straße Cuiabá–Porto Velho in den 60er Jahren wurde sie weitgehend zerstört (GOMES DA SILVA 1984, S. 78).

Die Zeitphase zwischen 1915 und 1940 kann für das heutige Rondônia als Phase der Stagnation bezeichnet werden. Die regionale Wirtschaftsaktivität beschränkte sich auf die Kautschukextraktion und den lokalen Güterumschlag entlang der EFMM.

Stagnation macht sich u.a. in der praktisch gleichbleibenden Einwohnerzahl der Region zwischen 1920 und 1940[1] deutlich.

So hatte beispielsweise die die Region dominierende Eisenbahngesellschaft kein Interesse an einer landwirtschaftlichen Entwicklung in ihrem Einflußbereich, weil für sie der Antransport wichtiger Güter aus anderen Regionen lukrativer war als die Förderung der regionalen Produktion.

Zunächst mit der Nationalisierung der Eisenbahn im Jahr 1931 und besonders seit dem Besuch des Präsidenten Getúlio Vargas im September 1940 begann sich die Situation zu wandeln. Vargas betonte vor dem Hintergrund der schon vorher von ihm formulierten *Marcha para Oeste*-Ideologie (s.o.) den Pioniergeist der Bewohner des brasilianischen Nordwestens (BADRA 1983, S. 7). Dies sind die ersten Signale für die Gründung der brasilianischen Bundesterritorien im September 1943. Ihre Gründung ist ebenfalls vor allem vor dem Hintergrund der *Marcha para Oeste*-Ideologie zu verstehen. Geopolitische Aspekte, wie Grenzsicherung, treffen sich mit ökonomisch-politischen Motiven, wie Integration der Peripherie und Entwicklung des unerschlossenen Hinterlandes.

In Amazonien wurde neben dem Territorium Amapá und dem Territorium Rio Branco (heute Roraima) das *Território Federal do Guaporé* (1956 in Rondônia umbenannt) mit den beiden Munizipien Porto Velho, das zur Hauptstadt des Territoriums erhoben wurde, und Guajará-Mirim zu einer eigenständigen Gebietseinheit im brasilianischen Staatsverbund, allerdings unter direkter Oberleitung der Zentralregierung.

Neben dieser wichtigen administrativen Veränderung waren die 40er Jahre geprägt durch eine Wiederbelebung der amazonischen Kautschukextraktion mit nordamerikanischer Unterstützung. Die USA waren infolge der japanischen Besetzung Südostasiens von den wichtigsten Kautschukliefergebieten abgeschnitten. Im Rahmen der sog. *Washington Accords*, die den Kriegseintritt Brasiliens markierten, sollten mit finanzieller Unterstützung Nordamerikas die stagnierenden *seringais* Amazoniens neu aktiviert werden. Hierzu wurde

---

1) 1920: 24.659 Einwohner, 1940: 25.784 Einwohner – vgl. VALVERDE 1979, S. 63.

die Migration von Kautschukzapfern, wiederum besonders aus Nordostbrasilien (vgl. 19. Jhdt.) nach Amazonien gefördert. Diese neuen *seringueiros* wurden, ihrer strategisch wichtigen Funktion entsprechend, *soldados da borracha* (Kautschuksoldaten) genannt. Ihre sozio–ökonomische Situation unterschied sich jedoch durch die Fortsetzung des *aviamento*– Systems kaum von der früherer Generationen.

Der Bevölkerungsanstieg Rondônias in den 40er Jahren[1] dürfte zu einem großen Teil auf die Zuwanderung v.a. von Cearensern als *soldados da borracha* zurückzuführen sein.

In den späten 40er Jahren sind auch erste staatlich gelenkte Ansätze einer Agrarkolonisation in Rondônia zu verzeichnen. So wurde 1948 in der Region von Guajará–Mirim mit der *Colônia Agrícola Presidente Dutra*, bekannt unter dem Namen IATA, das erste Siedlungsprojekt der Territoriumsregierung gegründet. Ihm folgte im gleichen Jahr die Agrarkolonie *Candeias* in der Region von Porto Velho. Ebenfalls im Gebiet von Porto Velho wurden in den 50er Jahren mit *Nipo–Brasileira, 13 de Setembro* (beide 1954 gegründet) und *Paulo Leal* (1959) weitere Agrarkolonisationsprojekte gegründet. Später folgten noch *Areia Branca* bei Porto Velho und *Periquitos* bei Abunã (vgl. VALVERDE 1979, S. 63 ff.). Ziel dieser zumeist recht kleinen Kolonien war einmal eine bessere Versorgung der langsam wachsenden städtischen Zentren: Porto Velho als Hauptstadt des neuen Territoriums wuchs von 3.148 Einwohnern im Jahr 1940 auf ca. 10.000 im Jahr 1950 (VALVERDE 1979, S. 63) und war damit zu einem regionalen Zentrum und Handelsumschlagplatz zwischen Eisenbahn und Flußschiffahrt herangewachsen. Außerdem sollte durch die Agrarkolonisation eine *Entleerung* des ländlichen Raumes durch den neuerlichen Verfall der Kautschukwirtschaft nach dem Zweiten Weltkrieg vermieden werden.

Auch wenn besonders die Kolonie IATA in ihren Anfangsjahren wesentlich zum relativ starken Anwachsen der ländlichen Bevölkerung des Munizips Guajará–Mirim beigetragen hat, so konnten doch alle genannten Kolonien nicht die gewünschten Erfolge erzielen. Gründe hierfür waren (vgl. VALVERDE 1979, S. 64):

- zu kleine Parzellen (im Durchschnitt 25 ha) bei der von den Kolonisten praktizierten Landwechselwirtschaft,
- schlechte natürliche Ausgangsbedingungen in diesem nordwestlichen Teil Rondônias (vgl. Kap. III.1.),
- Kapitalmangel der hauptsächlich aus Nordostbrasilien stammenden Siedler,
- fehlende Regierungsunterstützung,
- Abhängigkeit von Zwischenhändlern etc.

Einzig die japanischen Siedler der Kolonie *13 de Setembro* erzielten gewisse Erfolge mit marktorientierter Geflügelzucht und Gemüseanbau für den städtischen Markt von Porto Velho. Nicht zuletzt wurden sie außerdem von japanischer Seite unterstützt.

Die Regionalentwicklung Rondônias blieb bis in die 50er Jahre auf den relativ begrenzten Einflußbereich der EFMM zwischen Porto Velho und Guajará–Mirim im nordwestlichen Rondônia beschränkt.

Zwar bestanden mit der Rondon'schen *picada* und den Telegraphenposten bereits erste Erschließungsansätze im Inneren der Region, jedoch ging hier die Entwicklung über die

---

1) 1940: 25.784 Einwohner, 1950: 36.935 Einwohner – VALVERDE 1979, S. 63 bzw. IBGE 1984, vgl. auch Tab. 2.

Bildung kleinster, meist isolierter Siedlungskerne, oft in Zusammenhang mit den Sitzen der lokalen *seringais* (Seringal *Nova Vida*, *Seringal 70*), bzw. temporärer Bedeutungszunahme von Siedlungen z.B. im Gefolge der vereinzelt zu beobachtenden Diamantenwäscherei nicht hinaus.

Während in den ersten vier Jahrzehnten unseres Jahrhunderts die traditionelle, amazonische Extraktionswirtschaft auf der Basis von Kautschuk (Hevea brasiliensis) und, in Ergänzung hierzu, während der Regenzeit Paranuß (Bertholletia excelsa) praktisch die ausschließliche wirtschaftliche Basis der Region war, so wurden ab der Mitte des 20. Jhdts. mit den ersten Agrarkolonien Versuche unternommen, in der Region die Agrarproduktion zu fördern. Jedoch scheiterten diese ersten Versuche.

Regionalentwicklung in Rondônia war also bis in die 50er Jahre gleichzusetzen mit *Kautschuk* und *Eisenbahn*. Die Region hatte praktisch keinen Anteil an Entwicklungen, die das übrige Brasilien auch schon in dieser Zeit veränderten. Rondônia war somit eine *extreme Peripherie* (vgl. zu diesem Konzept v.a. BUNKER 1985).

Wichtigstes Ergebnis dieser Phase für die Regionalstrukturen war zweifellos Entstehung und Konsolidierung der beiden städtischen Regionalzentren, Porto Velho und Guajará-Mirim.

Ab der Mitte der 50er Jahre beginnt sich mit der Entdeckung von Zinnstein-Lagerstätten in Rondônia eine neue Entwicklungsphase abzuzeichnen. Wichtigstes Ergebnis dieser neuen Phase für die Regionalentwicklung Rondônias wird der Bau der Straße Cuiabá – Porto Velho sein.

III.2.3. Kassiterit und Straßenbau

1952 wurden auf dem Land eines *seringalista* am Rio Machadinho, östlich von Ariquemes, die ersten Kassiterit (Zinnerz) – Vorkommen von Diamantenwäschern, die schon seit geraumer Zeit besonders in der Region des Rio Machado und am Rio Pimenta Bueno tätig waren (vgl. GOMES DA SILVA 1984, S. 27),entdeckt (VALVERDE 1979, S. 181). Die Kassiterit-Vorkommen sind in Rondônia genetisch mit dem Auftreten präkambrischer, granitischer Intrusionen verbunden (*granitos rondonianos*, vgl. Karte 3), die hauptsächlich in der Region Ariquemes – Porto Velho zu beobachten sind. Bei den Lagerstätten handelt es sich mit eluvialen Verwitterungsdecken bzw. alluvialen Seifen um sekundäre Lagerstätten (GRABERT 1973, S. 320). Die ökonomische Ausbeutung der Lagerstätten begann jedoch erst ab 1959 (VALVERDE 1979, S. 183). Viele *seringalistas* unterstützten zunächst die Zinnerz-Ausbeutung, weil sie so ihre, infolge der darniederliegenden Kautschukwirtschaft wenig produktiven, immensen Ländereien plötzlich valorisiert sahen.

Das Erz wurde zunächst vorwiegend im manuellen Verfahren von Zinnstein-Wäschern (*garimpeiros*) abgebaut. Durch diese unverhofften, neuen Möglichkeiten der Region wurden viele Migranten besonders aus Maranhão, Piauí – traditionellen Herkunftsgebieten von *garimpeiros* in Brasilien – und anderen Staaten des Nordostens (Pernambuco, Ceará) nach Rondônia angezogen (VALVERDE 1979, S. 184). Der regionale Bevölkerungsanstieg von 1950 auf 1960[1] und 1960 auf 1970[2] (vgl. auch Tab. 2) dürfte zu einem bedeutenden Teil direkt oder indirekt mit dem Kassiterit–Abbau zusammenhängen (siehe auch weiter unten).

Die Kassiterit–Vorkommen konzentrieren sich v.a. im nördlichen Rondônia im Bereich der Flüsse Candeias, Massangana, Jamari, Jacundá, Machadinho und z.T. am Rio Madeira (vgl. Karte 3 und 6).

Das ab den 60er Jahren mengenmäßig stark zunehmend abgebaute Zinnerz (vgl. Abb. 3) wurde schon immer fast ausschließlich im brasilianischen Südosten, v.a. in Volta Redonda (RJ), São Paulo und São João del Rei (MG), z.T. auch in Manaus aufbereitet (vgl. GLASER 1969, S. 249). Dabei war in den ersten Jahren der Abtransport des Erzes besonders schwierig. Es wurde von Rondônia aus mit dem Flugzeug direkt nach Rio de Janeiro gebracht (GLASER 1969, S. 250). 1962 konnte dann erstmals, nach erster Öffnung der Straße Cuiabá — Porto Velho, der Abtransport mit Lastwagen erfolgen, wie dies auch heute noch geschieht. Mit Fertigstellung der Straße Mitte der 60er Jahre erhöhte sich die Zinnerz–Ausbeute deutlich. Der Straßenbau, d.h. die bessere Anbindung der Extraktionsregion an die Verarbeitungszentren, war also eine wesentliche Voraussetzung für den Anstieg der Zinnerz–Ausbeute (vgl. Abb. 3).

Zu dieser Zeit interessierten sich auch verstärkt große Bergbaugesellschaften für das rondonensische Kassiterit. Sie kauften zunehmend Land von den ehemaligen *seringalistas*, erwarben Prospektionsrechte und kontrollierten besonders immer mehr die noch vorwiegend von *garimpeiros* im manuellen Verfahren dominierte Kassiterit–Extraktion, insbesondere durch den Aufkauf des gewonnenen Erzes (vgl. GLASER 1969, S. 254/255). 1968 waren in Rondônia bereits 10 Firmen mit teils nationaler, teils internationaler Kapitalherkunft in diesem Sektor tätig (GLASER 1969, S. 249).

Von den *garimpeiros* wurden in der Regel nur die erzreichsten Lagerstätten, d.h. hier besonders die alluvialen Seifen, ausgebeutet. Als *gut* galt eine Ausbeute von ca. 7,5 kg SnO_2/m^3 (VALVERDE 1979, S. 187).

Erfolg oder Mißerfolg der *garimpeiros* hing wesentlich mit den Produktions– und Abhängigkeitsverhältnissen zusammen, die auch in den isolierten *garimpos* durch die Abhängigkeit vom Aufkäufer, die gleichzeitig Lieferanten der für den *garimpeiro* überlebenswichtigen Güter waren, dem System des *aviamento* der Kautschuk–Wirtschaft ähnelten (VALVERDE 1979, S. 187).

Die Zinnwäscherei fand hauptsächlich in der Trockenzeit statt. In der Regenzeit hielt sich ein großer Teil der *garimpeiros* in den Siedlungen, besonders in Porto Velho auf. Somit hatte die Zinnwäscherei neben direkten Effekten einen großen indirekten Einfluß auf die städtische Entwicklung während der 60er Jahre, bes. auf die Entwicklung des Handels– und Dienstleistungssektors.

Nach VALVERDE (1979, S. 194) gab es Ende der 60er, Anfang der 70er Jahre ca. 4.000 *garimpeiros* in Rondônia. GOMES DA SILVA (1984, S. 112) gibt mit ca. 10.000 *garimpeiros* eine sehr viel höhere Zahl für die Hochphase der manuellen Zinnerz–Extraktion

---

1) 1950: 36.935 Einwohner, 1960: 9.792 Einwohner, d.h. ein Wachstum um ca. 90 %, vgl. IBGE 1984.
2) 1960: 69.792 Einwohner, 1970: 111.064 Einwohner, d.h. ein Wachstum von ca. 60 %, IBGE 1984.

RAUMENTWICKLUNG RONDÔNIAS

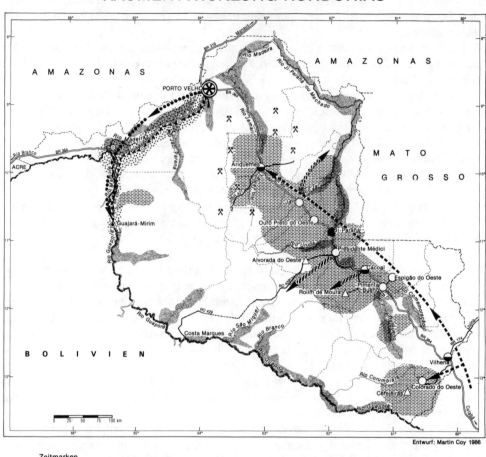

Entwurf: Martin Coy 1986

Zeitmarken

- 1910 — Ältere Entwicklungsrichtung
- Eisenbahnlinie EFMM
- Einflußbereich der ehemaligen Eisenbahnlinie EFMM
- Alte Städte, mit Eisenbahnbau entstanden
- 1940 — Bereiche traditioneller Kautschukextraktion
- 1955 — Bereiche der Zinnerz-Lagerstätten und Zinnerz-Ausbeutung
- 1960 — Jüngere Entwicklungsrichtung
- BR 364
- 1970 — Bereich der Agrarkolonisation durch INCRA
- Junge Städte, mit Agrarkolonisation entstanden bzw. gewachsen
- 1980 — Jüngste (sekundäre) Entwicklungsrichtungen
- Jüngste Städte des "interior"

Heutige städtische Bedeutungshierarchie:

- Hauptstadt des Bundesstaates
- Regionalzentrum ● ◉ Regionalzentrum
- Städte mit regionaler Bedeutung
- Städte mit lokaler Bedeutung ○ △
- Städte mit Bedeutungsverlust

DYNAMISCH   STAGNIEREND

Zunehmende Bedeutung

Karte 6

ENTWICKLUNG DER KASSITERIT-PRODUKTION IN RONDONIA 1959 BIS 1984

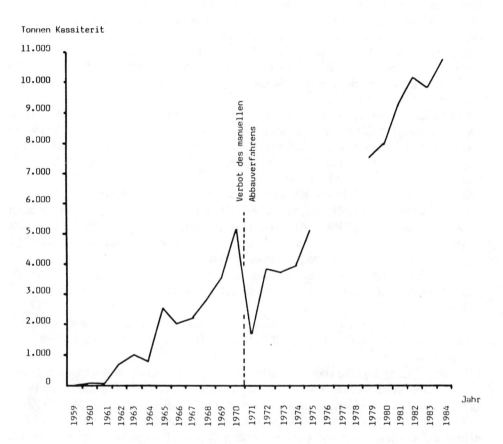

Quellen: VALVERDE, Orlando Hrsg. (1979): A organizaçao do espaço na faixa da Transamazônica. IBGE. Rio de Janeiro. S. 183.
Informationen des DNPM - Porto Velho/RO, Juli 1985.

Abbildung 3

Ende der 60er, Anfang der 70er Jahre an. Nach GLASER (1969, S. 259) wurde die Zahl der *garimpeiros* und ihrer Familienmitglieder 1969 gar auf ca. 30.000 geschätzt.

Das rondonensische Zinnerz wurde mit der Zeit auch über die Region hinaus bedeutsam. Ende der 60er Jahre stellte Rondônia bereits ca. 90 % der brasilianischen Kassiterit-Förderung (GRABERT 1973, S. 321).

Wichtigste sozio-ökonomische Veränderung in diesem Bereich war 1970 das Verbot der manuellen Zinnerz-Extraktion, was dem Existenzentzug für viele tausend *garimpeiros*, die innerhalb eines Zeitraums von einem Jahr ihre Tätigkeit einstellen mußten, gleichkam (GOMES DA SILVA 1984, S. 113).

Die Entscheidung war besonders auf den Druck der Bergbaugesellschaften hin zustandegekommen, deren Hauptargument die nicht-ökonomische Ausnutzung des Erzes im manuellen Verfahren war. Im mechanisierten Verfahren[1] können Vorkommen bis zu einem Zinnanteil von 0,35 kg SnO_2/m^3 ökonomisch ausgebeutet werden. Damit wurde auch der Abbau der eluvialen Verwitterungsdecken möglich.

Als Folge des Verbots des manuellen Abbaus fielen zunächst die Fördermengen Anfang der 70er Jahre (vgl. Abb. 3). Der Höchststand von ca. 5.000 t/Jahr des Jahres 1970 wurde jedoch 1975 wieder erreicht, diesmal ausschließlich durch das hydraulische Abbauverfahren (vgl. Abb. 3).

Der Beschäftigungseffekt des Kassiterit-Sektors in Rondônia war jedoch nun mit ca. 1.400 Beschäftigten Mitte der 70er Jahre (VALVERDE 1979, S. 194), besonders wenn man die hohen Angaben für die Zahl der *garimpeiros* zugrunde legt, relativ bescheiden.

Auch heute noch ist der Kassiterit-Abbau in Rondônia ein bedeutender Wirtschaftsfaktor[2] (vgl. zur Extraktionsentwicklung der letzten Jahre Abb. 3). Der Abbau wird heute (1985) im wesentlichen von fünf großen Bergbaufirmen beherrscht:

1. *Mineração Jacundá* und *Mineração Brasiliense S.A.* (MIBRASA), Tochterunternehmen des multinationalen BRASCAN-Konzerns (kanadisches Kapital, Beteiligung der British Petrol). Diese zwei Firmen stellen mit 6 verschiedenen Abbaufronten ca. 40 % der Erzausbeute der *Província Estanífera de Rondônia*.

2. Auf dem zweiten Platz folgt die Firma *Mineração Oriente Novo* mit ca. 35 % der Produktion bei 8 Abbaufronten. Sie wird von nationalem Kapital (Grupo Brumadinho) gebildet.

3. Ebenfalls nationalen Kapitals ist die *Mineração Taboca S.A.* (Paranapanema-Gruppe), die ca. 20 % der Produktion in 3 Abbaufronten (eine in Mato Grosso, eine im Staat Amazonas) stellt.

4. An letzter Stelle folgt die ebenfalls nationale *Companhia Industrial Amazonense* (CIA) mit 5 % der Produktion in 2 Abbaufronten (Informationen DNPM-Porto Velho 1985). Sitz des nationalen Kapitals ist, mit Ausnahme der in Manaus ansässigen CIA, São Paulo.

Auch wenn die Kassiterit-Extraktion in den letzten Jahren weiter angestiegen ist, so steht Rondônia heute nicht mehr auf dem ersten Platz. Im Nachbarstaat Amazonas hat in den vergangenen Jahren besonders die Firmengruppe *Paranapanema* den Kassiterit-Abbau vorangetrieben. Amazonas stellt heute ca. 65 % des geförderten brasilianischen Kassiterits (Information *Mineração Taboca S.A.*, Porto Velho 1984). Die noch verbleibenden Kassiterit-Reserven Rondônias wurden 1982 auf ca. 7.500 t im Munizip Ariquemes, und ca. 55.000 t im Munizip Porto Velho geschätzt (Information DNPM-Porto Velho 1985), sodaß trotz hoher aktueller Fördermengen das Ende der Kassiterit-Extraktion in Rondônia bereits absehbar ist.

---

1) Vgl. zu den eingesetzten Techniken VALVERDE 1979, S. 188 ff., GLASER 1969, S. 264 ff. und Informationen DNPM-Porto Velho 1985.
2) Neben direkten und indirekten ökonomischen Effekten bes. durch die Bergbausteuer IUM, die zu 70 % an den Bundesstaat, zu 20 % an das Munizip und zu 10 % an die Bundesbehörden abgeführt wird — Information DNPM-Porto Velho 1985.

Der Anstieg der Kassiterit-Extraktion in Rondônia während der 60er Jahre steht zweifellos in engem Zusammenhang mit Bau und Eröffnung der Straße Cuiabá — Porto Velho als Naturstraße, zunächst als BR 29, später umbenannt in BR 364 (vgl. zum Bau der Straße MUELLER 1975, besonders aber LEAL 1984).

Im Februar 1960 wurde vom damaligen Präsidenten Juscelino Kubitschek der Bau der Straße Brasília-Acre (d.h. der zu bauenden Teilstücke Cuiabá-Porto Velho-Rio Branco) als logische Ergänzung zu anderen großen Straßenbauprojekten (bes. Belém — Brasília) angekündigt. Besonders der damalige Gouverneur des Bundesterritoriums Rondônia, Coronel Paulo Nunes Leal, hatte sich für den Bau dieser Straße ausgesprochen, weil er in ihr den einzigen Weg zur Überwindung der Isolation seines Territoriums und zur sozioökonomischen Entwicklung der Region sah. (LEAL 1984, S. 20).

Die Bauarbeiten bis zur Fertigstellung einer ersten *Pionierstraße* (*ligação pioneira*) sollten in der kurzen Zeit von knapp einem Jahr bis Dezember 1960 abgeschlossen sein. Ziel Kubitscheks war es, diese auch mit hohem Symbolwert behaftete Verbindung noch während seiner 1960 auslaufenden Präsidentschaft zu schaffen.

Es gab allerdings bereits *Vorläuferprojekte*, die in Teilstücken schon während der 40er und 50er Jahre als Naturstraßen fertiggestellt worden waren: so die Straße Cuiabá — Rosário do Oeste — Rio Juruena und eine von Porto Velho ausgehende, 30 m breite *picada* bis Ariquemes (LEAL 1984, S. 26, 27). Die noch zu bauenden Teilstücke der Brasília-Acre-Straße erstreckten sich insofern über 1.200 km. Priorität war dabei die Verbindung Cuiabá-Porto Velho.

Die alte Telegraphenlinie des Marschall Rondon (s.o.) stellte sich beim Straßenbau als topographische Orientierungslinie in vielen Bereichen als enorm wichtig heraus. Außerdem erwiesen sich die kartographischen Aufnahmen der Rondon'schen Kommission als unschätzbare Hilfe (LEAL 1984, S. 102).

Die Bauarbeiten wurden von insgesamt 6 kontraktierten Baufirmen (unter ihnen so bedeutende wie die Firma *Camargo Corrêa*) und zusätzlich von den Pionieren des Militärs von verschiedenen Punkten ausgehend begonnen.

Allein für die Entwaldung der zukünftigen Straßentrasse besonders in Rondônia, die von April bis Juli 1960 stattfand, wurden weit über 1.000 Arbeiter, die großenteils in Manaus kontraktiert worden waren, eingesetzt (LEAL 1984, S. 80).

Mit den Bauarbeiten waren begleitende Infrastrukturmaßnahmen (z.B. Flugpistenanlage in verschiedenen kleinen Siedlungen entlang der zukünftigen Straße etc.), der Aufbau eines besonderen Gesundheitsdienstes und Verbesserungen der städtischen Infrastruktur Porto Velhos verbunden[1].

Am 4. Juli 1960 fällte Präsident Kubitschek in Vilhena den letzten Baum der zukünftigen Straßentrasse (LEAL 1984, S. 144). Im Januar 1961 wurde noch von Präsident Kubitschek die BR 29 offiziell dem Verkehr übergeben.

Jedoch war die Situation noch weit davon entfernt, einen regulären Verkehr zuzulassen. Nur in der ca. 3 bis 4 monatigen Trockenzeit war eine Reise auf dem Teilstück Cuiabá-Porto Velho möglich. Die Arbeiten an der Straße zogen sich mit unterschiedlichen

---

1) LEAL berichtet als einer der Hauptbeteiligten im Detail über die verschiedenen Maßnahmen und Bauabschnitte, er beschreibt ebenso die Lebenssituation in Porto Velho 1960 — LEAL 1984, S. 178 ff.

Verzögerungen bis 1965 hin. Ende 1965 konnten schließlich die Bauarbeiten als abgeschlossen angesehen werden (LEAL 1984, S. 290). Für Erhaltung und regelmäßige Ausbesserung der Naturstraße, die besonders unter den gegebenen klimatischen Bedingungen der Region von entscheidender Bedeutung waren, zeichnete ab 1966 das damals in Porto Velho neu installierte 5. Pionierbataillon des brasilianischen Heeres (5º BEC) verantwortlich.

Die Reisezeit von Cuiabá nach Porto Velho betrug je nach Jahreszeit 2 bis 3 Tage bis zu mehreren Wochen. Neben den Regenwaldgebieten Rondônias waren immer besonders die *campo cerrado*-Gebiete auf der Chapada dos Parecis ein besonders ungünstiges Teilstück der Straße. Zum einen war hier die Reliefenergie recht hoch, zum anderen erwiesen sich die Sandsteingebiete der Chapada dos Parecis als extremes Hindernis für den Fahrzeugverkehr. Neben Problemen mit *Treibsanden* waren hier die permanenten Straßenschäden durch die Erosion besonders groß.

III.2.4. Agrarkolonisation. Die Verlagerung der regionalen Entwicklungsdynamik

Die Fertigstellung der BR 364 Cuiabá–Porto Velho in der Mitte der 60er Jahre markiert in vieler Hinsicht den vielleicht entscheidendsten Einschnitt in der Entwicklungsgeschichte Rondônias.

War das Gebiet vor diesem Zeitpunkt durch seine verkehrsmäßige Anbindung, aber auch durch seinen ökonomischen Schwerpunkt im extraktiven Bereich, eindeutig *amazonisch* orientiert, d.h. besonders auf die beiden Zentren der Amazonas–Region Manaus und Belém ausgerichtet, so kehrt sich diese Orientierung nach Öffnung des Landweges in die Zentralregionen Brasiliens ziemlich rasch um. Die *Peripherie* Rondônia wird durch die Straßenverbindung für das *Zentrum* direkt erreichbarer und damit auch interessanter. Dies macht sich bereits in der Phase der Kassiterit–Extraktion durch die Dominanz der im brasilianischen Südosten beheimateten Bergbaufirmen und durch die fast ausschließliche Verarbeitung des Kassiterits im Südosten bemerkbar. Dabei zeigt sich die zunehmend direkte *Zentrumsorientierung* der Peripherie Rondônia nicht nur in ökonomischer, sondern auch in sozialer Hinsicht.

Bereits ab 1964 rückt Rondônia mit vermeintlich großen Reserven ungenutzten, verfügbaren Landes ins Interesse sowohl von privaten Kolonisationsfirmen und Agrarunternehmern als auch von landsuchenden Migranten aus dem brasilianischen Süden und Südosten.

Die neugebaute Straße BR 364 (damals noch als BR 29) stellte für diese verschiedenen Interessengruppen die notwendige *Erschließungsachse* dar.

Durch die Analyse der Migration der 60er Jahre nach Rondônia macht sich bereits die soziale *Umorientierung* während dieses Zeitraums deutlich bemerkbar. Insgesamt sind in diesen 10 Jahren 30.775 Migranten nach Rondônia gekommen (Zensusergebnis 1970). Differenziert nach Zeitabschnitten, kamen ca. 22 % dieser Migranten von 1961 bis 1964, also vor Beendung der BR 364, in die Region. Sie kamen zu 70 % aus der Nordregion selbst (vorwiegend aus den Staaten Pará und Amazonas), zu ca. 20 % aus dem Nordosten. Bei der Mehrzahl dieser Migranten dürfte es sich um Zinn–*garimpeiros* gehandelt haben.

Ca. 36 % der 30.775 Migranten der 60er Jahre kamen im Zeitraum 1965–1968 nach Rondônia. Ihrer Herkunft nach Großregionen entsprechend kamen jetzt nur noch 63 %

aus dem Norden, 11 % aus dem Nordosten — diese beiden Gruppen setzten sich zum großen Teil wieder aus Zuwanderern in die Zinn-*garimpos* zusammen –, dafür aber bereits 24 % aus den Regionen des Südens, Südostens und Mittelwestens.

41 % der Migranten der 60er Jahre kamen in den letzten beiden Jahren (1969 und 1970) in die Region. Es ist also im Verlauf der 10 Jahre ein deutlicher Anstieg der Migration zu verzeichnen. Nun waren es nur noch 33 % der Migranten aus der Nordregion, 17 % aus dem Nordosten, jedoch 19 % aus dem Mittelwesten (v.a. Mato Grosso), 16 % aus dem Südosten (v.a. Minas Gerais, Espírito Santo, São Paulo) und 14 % aus dem Süden (besonders Paraná) (vgl. zu den Angaben VALVERDE 1979, S. 68). Die zunehmende Dominanz von Migranten aus dem Mittelwesten, Südosten und Süden wird nunmehr zu einem der typischsten sozialstrukturellen Faktoren der Entwicklung Rondônias in den 70er und 80er Jahren. Die Migranten aus dem Süden, Südosten und Mittelwesten kommen mit einer anderen ökonomischen Finalität nach Rondônia als die traditionell im extraktiven Bereich (Kautschuk und Kassiterit) engagierten Migranten aus dem Norden und Nordosten. Es sind in ihrer großen Mehrheit bäuerliche Bevölkerungsgruppen, die auf der Suche nach Land immer mehr nach Norden vordringen. Einzuordnen sind diese nach Rondônia übergreifenden Migrationsbewegungen in den Prozeß der Verlagerung der Pionierfronten, wie er in Brasilien seit dem 19. Jahrhundert zu beobachten ist (vgl. Kap. II.2.3.) (WAIBEL 1955, VELHO 1979, FOWERAKER 1982 etc.).

Damit wird gegen Ende der 60er Jahre die jüngste Entwicklungsphase Rondônias, die der Agrarkolonisation und kleinbäuerlichen Pionierfrontentwicklung, eingeleitet (vgl. zum zeitlich-räumlichen Ablauf der rondonensischen Entwicklung auch Abb. 4).

Neben der Fertigstellung der Straße Cuiabá–Porto Velho müssen eine Reihe von Verursachungsfaktoren und Begleitumständen — in der Region selbst sich entwickelnde Gegebenheiten und der die Entwicklung Amazoniens begründende politisch-gesellschaftliche Rahmen Brasiliens — bei der Erklärung berücksichtigt werden.

Schon seit 1964 war im Gebiet der Siedlung Vila Rondônia im zentralen Teil der Region eine in Londrina (PR) ansässige private Kolonisationsfirma, CALAMA S.A., tätig geworden. Diese Firma beanspruchte mit dem, z.T. schon längere Zeit zurückliegenden Kauf von mit regulären, vorwiegend jedoch zweifelhaften Besitztiteln ausgestatteten Landes hauptsächlich ehemaliger, lokaler *Kautschukbarone* ein Areal von mehr als 1 Mio. ha (LANDO 1979, S. 23). Nach langen, besitzrechtlichen Auseinandersetzungen wurden Mitte der 70er Jahre hiervon schließlich etwas mehr als 100.000 ha offiziell regularisiert (Information INCRA, PF Jaru–Ouro Preto, Ji-Paraná 1984, vgl. auch WESCHE 1978, S. 237).

Ziel der Firma war der Verkauf von Parzellen hauptsächlich von ca. 10 bis 30 ha, jedoch auch bis zu 200 ha, an landsuchende Migranten, die großenteils in Paraná bereits zur Neulanderschließung in Rondônia gewonnen worden waren (WESCHE 1978, S. 237). Zwar waren viele der vermessenen Landstücke bereits bald verkauft, doch konnte die Firma die Erwartungen und grundlegendsten Bedürfnisse der Neusiedler nicht erfüllen, weil sie nicht in der Lage war, die minimalsten Infrastrukturen in den Kolonisationsarealen bereitzustellen. Die Siedler mußten sich deshalb oft in der Siedlung Vila Rondônia, zumeist unter äußerst prekären sozio-ökonomischen Bedingungen, niederlassen ohne ihr Land nutzen zu können. Damit entstand ein für die Region neues soziales Konfliktpotential, das jedoch für die folgenden Jahre typisch werden sollte.

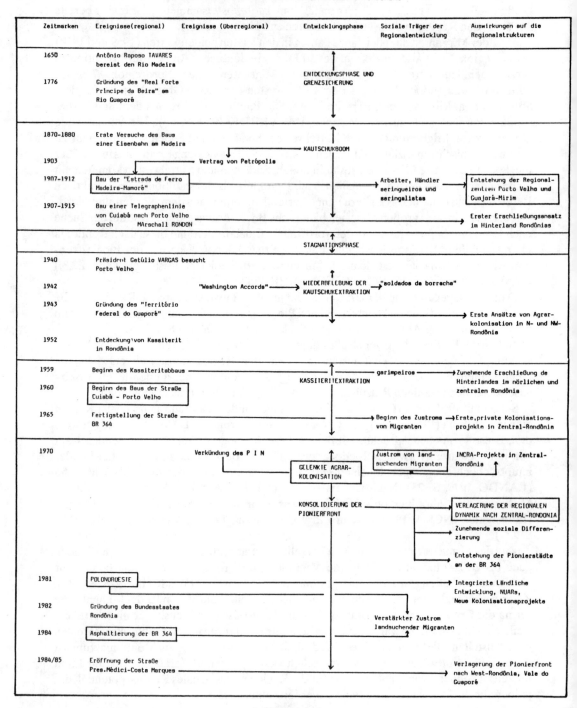

Abbildung 4

Ebenso seit 1967 hatte sich weiter südlich, im Gebiet des heutigen Espigão do Oeste bei Cacoal, mit der Firma ITAPORANGA S.A. der Brüder Melhorança aus São Paulo eine weitere private Kolonisationsfirma in Rondônia niedergelassen (vgl. WESCHE 1978, S. 238, THERY 1976, S. 187 f.). Diese Firma beanspruchte ohne jeden gültigen Besitztitel, handelte es sich doch zumeist um sog *terras devolutas* (d.h. Ländereien die, weil sie keinen privaten Eigentümer haben, dem Staat unterstehen), mehr als 1 Mio ha Land, das ebenfalls in Parzellen unterschiedlicher Größe an Landsuchende verkauft wurde (vgl. LANDO 1979, S. 23 und GALL 1978 (IV), S. 3). Weite Teile des von den Melhoranças beanspruchten Landes lagen in Siedlungsgebieten der Suruí-Indianer. Konflikte mit den Neusiedlern, mit anderen sich in der Region engagierenden Firmen etc. waren praktisch vorprogrammiert.

Interessenkonflikte stehen also bereits am Anfang der Kolonisation und Inwertsetzung des rondonensischen Hinterlandes, drohten doch die Landverhältnisse, besonders in ihrem eigentumsrechtlichen Aspekt, in der durch die neue Straße erschlossenen Region schon nach kurzer Zeit durch die unkontrollierte, spekulativ-orientierte Aktivität privater Firmen ins Chaos abzugleiten.

1967 markiert auch den Beginn der Präsenz der nationalen Landbehörden, zunächst des IBRA (*Instituto Brasileiro de Reforma Agrária*), in Rondônia. Seine erste Aufgabe in Rondônia war 1967 die Erstellung eines Landkatasters.

Die besitzrechtliche Situation der Ländereien in Rondônia war bis dahin hauptsächlich gekennzeichnet durch unklare Authentizität der Titel und Unklarheit der beanspruchten Flächenareale. Viele der von ehemaligen seringalistas beanspruchten Ländereien wurden noch auf alte Besitztitel der Staaten Amazonas und Mato Grosso vor Gründung des Territoriums zurückgeführt. Ebenso gab es aber auch Landtitel des Territoriums sowie Titel föderaler Landbehörden. Andere Gebiete wurden ohne jede rechtliche Grundlage rein auf gewohnheitsrechtlicher Basis beansprucht. Auf der anderen Seite war der Territoriumstatus Rondônias und damit die automatische Zuständigkeit der nationalen Behörden für alle Landfragen ein Faktor, der die nun beginnende, staatlich-gelenkte Agrarkolonisation ganz wesentlich erleichterte.

Am Anfang des staatlichen Engagements im Kolonisationsbereich stand jedoch zunächst im Rahmen der Katasteraufnahme die Überprüfung der Landtitel der privaten Kolonisationsfirma CALAMA durch das IBRA, wobei sich immer mehr ein direktes Eingreifen des Staates zur Verhinderung ungeregelter Landnahme durch Privatfirmen und Landsuchende als dringend notwendig herausstellte. Gleichzeitig wurden die allerdings insgesamt noch wenig bekannten natürlichen Gegebenheiten in Zentral-Rondônia, besonders durch die Vorkommen von *Terra roxa*-Böden als im amazonischen Vergleich relativ günstig für eine landwirtschaftliche Nutzung erachtet.

1970 erfolgte schließlich durch das nun neugeschaffene *Instituto Nacional de Colonização e Reforma Agrária* (INCRA) die Gründung des ersten staatlichen Agrarkolonisationsprojektes PIC *Ouro Preto* in Zentral-Rondônia, unmittelbar nördlich der nun schnell wachsenden Siedlung Vila Rondônia (das später in Ji-Paraná umbenannt wurde) – und damit in unmittelbarer Nachbarschaft zum Siedlungsprojekt der Privatfirma CALAMA. Weitere Projekte sollten kurz darauf aufgrund des nun ständig ansteigenden und nicht mehr abreißenden Zustroms von Landsuchenden Migranten folgen.

Eine andere wesentliche Voraussetzung für den Beginn der jüngsten Entwicklungsphase Rondônias auf der Basis staatlich-gelenkter, kleinbäuerlicher Agrarkolonisation war, außer durch die Fertigstellung der Straße Cuiabá–Porto Velho und die dadurch ausgelösten Entwicklungen in der Region selbst, mit der veränderten Stellung der amazonischen Peripherie und dem verstärkten staatlichen Interesse an ihrer Entwicklung im Rahmen gesamtstaatlicher Planungskonzeptionen im Brasilien nach dem Militärputsch von 1964 gegeben (vgl. Kap. II.2.5.).

Die seit Ausrufung der *Operation Amazonien* durch Präsident Castelo Branco 1966 zu verzeichnende Wiederbelebung von Planung und Regionalentwicklung[1] in Amazonien fand ihren konkretesten Ausdruck im 1970 nach einer Reise des damaligen Präsidenten Médici in die von periodischen Dürrekatastrophen heimgesuchten Problemgebiete des Nordostens verkündeten *Programa de Integração Nacional* (PIN) (vgl. CARDOSO, MUELLER 1977, S. 124 ff.), in dessen Zentrum Agrarkolonisation in Amazonien (besonders an der Transamazônica, vgl. KOHLHEPP 1976, aber auch in Rondônia) durch die neu geschaffene Land- und Kolonisationsbehörde INCRA stand. Ziel der Agrarkolonisation auf kleinbäuerlicher Basis sollte die Lösung der agrarsozialen Probleme des Nordostens — jedoch auch des Südostens und Südens — durch gelenkte Umsiedlung von Landlosen, bzw. wie in Rondônia Ansiedlung spontaner Zuwanderer, sein. Kolonisation in Amazonien wurde also als Alternative zu einer Agrarreform in den eigentlichen Problemgebieten angesehen. Mit Kolonisation sollten in Amazonien die Probleme anderer Regionen verringert werden, Amazonien erhielt sozusagen die Funktion eines *Sicherheitsventils*.

Daneben bestand zunehmend ein ökonomisch (Extraktion von Rohstoffen etc.) und geopolitisch-strategisch[2] begründetes Interesse des brasilianischen Staates zur Integration und Entwicklung der, nach dem Ende des Kautschukbooms als *unproduktiv* erachteten amazonischen Peripherie[3]. Diese politischen Rahmenbedingungen stellten sich als wesentliche Voraussetzungen für die Pionierfrontentwicklung Rondônias ab Ende der 60er Jahre, die durch ständig steigende Zuwanderung von Landsuchenden vorwiegend aus ländlichen Gebieten des brasilianischen Südens, Südostens und Mittelwestens, und durch Anlage staatlicher, kleinbäuerlicher Kolonisationsprojekte gekennzeichnet ist, dar.

III.2.5. Zwischenergebnisse

Betrachten wir die zeitlich-räumliche Entwicklung Rondônias im Zusammenhang (vgl. Abb. 4 und Karte 6), so läßt sich nach der Phase der Entdeckung und Grenzsicherung im 18. und 19. Jhdt. mit dem beginnenden Vordringen von aus dem brasilianischen Nordosten stammenden *seringueiros* in das Gebiet des Rio Madeira bis zum Ende der 60er Jahre unseres Jahrhunderts eine Dominanz der Extraktionswirtschaft, zunächst auf der Basis von Kautschuk und Paranuß, in den 60er Jahren sich zur Extraktion mineralischer Rohstoffe (v.a. Kassiterit) verschiebend, feststellen.

---

1) Gründung der SUDAM als Nachfolgeorganisation der gescheiterten SPVEA, Gründung der BASA, Banco da Amazônia S.A, als regionale Entwicklungsbank.
2) Verdeutlicht durch den Ausdruck integrar para não entregar — zu verstehen als brasilianische Reaktion auf die internationale Diskussion über die Verwendung Amazoniens.
3) Vgl. zum Gesamtkomplex der brasilianischen Amazonaspolitik nach 1964 und ihren Hintergründen z.B. KOHLHEPP 1979, KLEINPENNING 1977, CARDOSO, MUELLER 1977.

In sozialer Hinsicht ist die Extraktionswirtschaft mit den Kautschukzapfern und Zinnwäschern aus den anderen amazonischen Bundesstaaten und besonders aus Nordost-Brasilien verknüpft. Die Produktions- bzw. Extraktionsverhältnisse sind in Rondônia während dieser gesamten Zeitphase durch das *aviamento*-System charakterisiert. Wie das übrige Amazonien auch, stellt sich also Rondônia als *extreme Peripherie*, die zur Produktion von Wohlstand und Entwicklung anderer Regionen durch ihre Extraktionsprodukte beiträgt, selbst jedoch an diesem Wohlstand nicht partizipiert, dar. Im Gegenteil: die regionalen ökonomischen Zyklen zwischen *Boom* und *Stagnation* dokumentieren die extreme Außenabhängigkeit der amazonischen Extraktionswirtschaft (BUNKER 1985).

In Abhängigkeit von diesen extern bestimmten ökonomischen Zyklen ist auch die regionale Bevölkerungsentwicklung (vgl. Tab. 2) ebenfalls zwischen *Boom* (Zensusergebnisse 1890–1920) und *Stagnation* (Zensusergebnisse 1940, 1950 – siehe Tab. 2) zu sehen.

Die räumliche Entwicklung Rondônias (vgl. Karte 6) beschränkt sich bis in die 50er Jahre ausschließlich auf den Norden und Nordwesten. Hier entwickeln sich mit der Eisenbahn EFMM, mit den beiden Städten Porto Velho und Guajará-Mirim, mit den Kautschukbezirken an den Zuflüssen des Madeira und mit vereinzelter, subsistenzwirtschaftlich orientierter agrarischer Nutzung in diesen Regionen die traditionellen Raummuster Rondônias. In den beiden Städten, besonders in der Hauptstadt Porto Velho, konsolidiert sich die sozial, ökonomisch und politisch dominierende, traditionelle Regionalbourgeoisie.

Mit der Kassiterit-Extraktion treten zwar nun bis dahin kaum integrierte Regionsbereiche zwischen Ariquemes und Porto Velho in den Vordergrund, doch verändern sich die traditionellen Raumstrukturen durch das eher temporäre und wirtschaftlich monostrukturierte Phänomen des Zinnerz-Abbaus – besonders nach dem Verbot des manuellen Extraktionsverfahrens – kaum, zumal auch für diesen Sektor das ökonomische Zentrum Porto Velho bleibt.

Erst mit dem Bau der Straße, der Zuwanderung von landsuchenden Migranten und der Anlage staatlich-gelenkter Agrarkolonisationsprojekte entlang der Straße sind einschneidende Veränderungen der traditionellen Raumstrukturen zu verzeichnen. Der Schwerpunkt der regionalen Entwicklungsdynamik verlagert sich zunehmend nach Zentral-Rondônia, zu dessen ökonomischem Rückgrat immer mehr die landwirtschaftliche Produktion der kleinbäuerlichen Siedler aus dem brasilianischen Südosten, Süden und Mittelwesten wird. Dies bedeutet nicht nur eine Schwerpunktverlagerung von der traditionell amazonischen Extraktionswirtschaft zur immer mehr auch marktorientierten landwirtschaftlichen Produktion von sowohl Grundnahrungsmitteln (Reis, Mais, Bohnen), als auch *cash crops* (Kaffee, Kakao, Kautschuk), sondern ebenso eine soziale *Schwerpunktverlagerung* von einer traditionellen, amazonischen Sozialstruktur zur *Pionierfront* als einer eigenen, sozioökonomischen Kategorie. Im Vergleich zur eher stagnierenden traditionellen Gesellschaft Amazoniens, ist die Pionierfront sowohl in sozio-ökonomischer als auch in räumlicher Hinsicht von starker Dynamik gekennzeichnet, z.B. mit Entstehung und raschem Wachstum von Pionierstädten (vgl. Kap. III.4.7. und Karte 6), permanenter Ausdehnung der Neulanderschließung, Veränderung agrarischer Nutzungsstrukturen, Ausbildung und sukzessiver Veränderung sozialer und sozialräumlicher Muster durch sozio-ökonomische Differenzierungs- und Stratifizierungsprozesse (vgl. Kap. IV.) etc.

Daneben kommt unter den spezifischen Gegebenheiten der Pionierfrontentwicklung in Rondônia der staatlichen Politik, zunächst als einem der wesentlichen auslösenden Faktoren der Regionalentwicklung mit dem Ziel der Integration der Peripherie, bald jedoch auch als oftmals ohnmächtigem Versuch der Ordnung und Konsolidierung spontaner Pionierfrontentwicklung große Bedeutung zu. Die Interdependenz zwischen *spontaner* Entwicklung (bes. Migration, Veränderungsprozesse der Pionierfront etc.) und staatlichen Lenkungsversuchen durch sektorale Politik und regionale Entwicklungsprogramme, bei denen jeweils Maßnahmen im Umfeld der Kolonisation im Vordergrund standen, bestimmt seit 1970 in starkem Maße die Raumorganisation Rondônias, besonders der hier im Vordergrund stehenden rondonensischen Pionierfront.

Dabei soll durch den Begriff der *spontanen* Entwicklung nicht der Eindruck entstehen, als würde es sich um Ergebnisse *freier Entscheidungen unabhängiger Individuen* handeln. Im Gegenteil: auch *spontane* Entwicklung ist entscheidend von den politisch-gesellschaftlichen Rahmenbedingungen, von ökonomischen Zwängen, von sozio-ökonomischen Interessenkonflikten determiniert. Besonders unter den Gegebenheiten des auf *Modernisierung* setzenden assoziativ-kapitalistischen Entwicklungsmodells Brasiliens mit der Folge einer Zunahme disparitärer Strukturen in gesellschaftlicher und räumlicher Hinsicht hat *spontane* Entwicklung an der Peripherie Rondônia viel zu tun mit Verdrängung, mit Problemverlagerung aus dem *Zentrum* an die *Peripherie*, was besonders bei der Analyse der Migration nach Rondônia zu zeigen sein wird.

Die Raumwirksamkeit staatlicher Planung an der Peripherie ist aber ebenso, wie sich am Beispiel von Kolonisation und staatlichen Entwicklungsprogrammen in Rondônia zeigen wird, von den gesellschaftlichen und politischen Disparitäten zwischen Zentrum und Peripherie geprägt.

Wie die verschiedenen Entwicklungsphasen Rondônias in zeitlich-räumlicher Abfolge verdeutlichen, sind von jeher *Fremdbestimmung, Außenorientierung* Kennzeichen der peripheren Entwicklung der Region gewesen. Dies setzt sich auch in der jüngsten Entwicklungsphase — wenn auch unter veränderten ökonomischen und sozialen Vorzeichen — weiter fort.

III.3. Migration als Bestimmungsfaktor der Pionierfrontentwicklung

III.3.1. Allgemeines

BÄHR (1983, S. 278) definiert Migration oder Wanderung als eine spezifische Form räumlicher Mobilität. Räumliche Mobilität kann ihrerseits definiert werden als *Positionswechsel innerhalb eines räumlich definierten Systems* (BÄHR 1983, S. 278, vgl. auch KULS 1980, S. 158 ff.). Räumliche Mobilität steht in engem wechselseitigem Wirkungszusammenhang mit sozialer Mobilität, die analog ganz allgemein als *Positionswechsel innerhalb eines sozial definierten Systems* (BÄHR 1983, S. 278) beschrieben wird. Soziale Mobilität kann dabei einschränkender in vertikale Mobilität, die mit einer Veränderung des Sozialstatus durch

Auf- oder Abstieg verbunden ist, und horizontale Mobilität, d.h. den Wechsel der sozialen Position ohne Statusveränderung (BÄHR 1983, S. 279), gegliedert werden[1].

Nach BÄHR (1983, S. 278) läßt sich wiederum die räumliche Mobilität unterteilen in Wanderungen, die mit einem Wechsel des Wohnortes verbunden sind, und Formen räumlicher Mobilität ohne Wohnortsveränderung (z.B. Pendlerbewegungen, saisonale Arbeitsmigration etc.) (vgl. auch WHITE, WOODS 1980, S. 4).

Ein erstes, grobes Gliederungsraster des Wanderungsphänomens ist durch die Unterteilung in Binnen- und Außenmigration gegeben, wobei letztere — neben dem politisch-administrativen Aspekt der Grenzüberschreitung — besonders verbunden sein kann mit unterschiedlichen sozio-kulturellen Implikationen (Sprache, Traditionen etc.), die jedoch, meist in begrenzterem Maße, auch bei Binnenwanderungen eine wichtige Rolle spielen können.

WHITE, WOODS (1980, S. 18 ff.) zeigen unterschiedliche Klassifikationsmöglichkeiten von Migrationen nach unterschiedlichen Kriterien auf:

1. nach der Entfernung,
2. nach der Zeitdauer,
3. nach Herkunfts- und Zielgebiet (z.B. Land-Stadt-Wanderung etc.),
4. nach Migrationsgründen (z.B. ökonomisch bedingte Migration, Bildungsmigration, Altersmigration etc.),
5. nach spezifischen Charakteristika der Migrantengruppen (z.B. ethno-soziale Gruppen, Berufsgruppen etc.).

Entscheidend scheint mir in jedem Fall bei der Analyse von Wanderungen zu sein, daß sie nur im sozialstrukturellen Zusammenhang der jeweiligen Gesellschaft betrachtet werden sollten (BÄHR 1983, S. 279). Wanderungen können also immer nur als Teil eines gesellschaftlichen Systems, d.h. als Ausdruck des gesellschaftlichen Entwicklungsprozesses, bzw. — als Einzelphänomen betrachtet — als Antwort auf eine spezifische sozio-ökonomische Situation angesehen werden.

Dabei spielt bei individuellen Wanderungsentscheidungen letztendlich die individuelle Wahrnehmung gesellschaftlicher Situationen und alternativer sozio-ökonomischer Potentiale eine entscheidende Rolle. D.h. nicht unbedingt die Welt in ihrer objektiven Gestalt ist Entscheidungsbasis, sondern eine subjektiv wahrgenommene *Weltsituation*, wobei unterschiedliche Grade von Selbstverwirklichung und Wohlstand mit unterschiedlichen sozialen und/oder räumlichen Positionen assoziiert werden (WHITE, WOODS 1980, S. 7).

Wanderungen können mikroanalytisch, individuenbezogen und makroanalytisch, systembezogen untersucht werden. Hier soll der Versuch unternommen werden, die Migration nach Rondônia unter beiden Aspekten in quantitativer und qualitativer Hinsicht zu betrachten.

Schon seit langem versucht man Wanderungen nicht nur in Hinblick auf ihre jeweils spezifischen Charakteristika und Bestimmungsmomente hin zu untersuchen, sondern darüber hinaus modellhaft allgemeingültige Erklärungsansätze für das Migrationsphänomen abzuleiten. Bereits im vorigen Jahrhundert entwickelte Ravenstein vor dem Hintergrund sowohl von Binnen-, als auch von Außenwanderungen im Zuge des

---

1) Vgl. zur Migrationsproblematik allgemein auch ALBRECHT 1972.

Industrialisierungsprozesses v.a. in Europa die sog. *laws of migration* (vgl. RAVENSTEIN in SZELL 1972, siehe auch WHITE, WOODS 1980, S. 34). Mit einigen Modifikationen (besonders auch für die heutige Situation in der Dritten Welt) können die Ravenstein'schen Gesetze sicher heute noch im großen Ganzen als gültig angesehen werden.

In unserem Zusammenhang besonders interessant ist, daß Ravenstein bereits auf die Bedeutung der Etappen–Migration (*step–migration*) hinweist. Bei der Wanderung nach Rondônia spielt dieses Phänomen, wie die Analyse individueller Migrationsgeschichten zeigen wird, eine besondere Rolle.

Ein anderes in unserem Zusammenhang interessantes Konzept im Kontext der Etappen–Migration ist das der sog. *chain–migration* (vgl. z.B. WHITE, WOODS 1980, S. 37), wobei davon ausgegangen wird, daß Migrationswellen phasenhaft von unterschiedlichen sozialen Trägern gekennzeichnet sind. Während die ersten Wanderer als aktiv, innovatorisch, als *Pioniere* gekennzeichnet werden, erscheinen in diesem Konzept die in den darauffolgenden Wellen nachrückenden Migranten als *passiver*, weniger innovativ.

Auch wenn sicher die genannte Charakterisierung der sozialen Träger der einzelnen Migrationswellen so nicht verallgemeinert werden sollte, so ist doch, wie sich gerade auch bei der Migration nach Rondônia zeigen läßt, sicherlich eine Differenzierung der Migranten in sozioökonomischer Hinsicht im zeitlichen Ablauf der Migration festzustellen, die wesentlichen Einfluß auf die Gestaltung und Differenzierung der sozialräumlichen Strukturen im Zielgebiet der Wanderung nehmen kann.

Neben der quantitativen Analyse der Migrationsströme nach Rondônia während der letzten 16 Jahre sollen im Folgenden besonders qualitative Aspekte eine Rolle spielen.

Zur Erfassung des räumlichen und besonders des sozio–ökonomischen Beziehungsgeflechts zwischen Herkunfts– und Zielregion, auch in der Sicht der Migranten, ist besonders die Betrachtung von Wanderungsgründen und Wanderungsabsichten, also den im Herkunftsgebiet zu suchenden Auslöserfaktoren der Migration und den mit dem jeweiligen Zielgebiet verknüpften Erwartungen, von zentraler Bedeutung.

Es handelt sich also um die für individuelle Migrationsentscheidungen zentrale Verknüpfung von *push*– und *pull*–Faktoren, wobei diese jeweils ihre Erklärung in den gesellschaftlichen, bes. den ökonomischen und sozialen Rahmenbedingungen in ihrer jeweiligen regionalen Gestalt finden.

Das soziale und räumliche Phänomen der Wanderung soll somit in der hier verfolgten Sichtweise durch die Verbindung individueller Entscheidung und gesellschaftlicher Verursachung erklärt werden, wobei erstere als Folge und Reaktion auf eine sozio–ökonomische Situation, die in der Regel entweder objektiv keine Existenzgrundlage auf Dauer bieten kann oder subjektiv als nicht mehr befriedigend angesehen wird, zu verstehen ist.

In diesem Zusammenhang wird zu zeigen sein, daß die Migration nach Rondônia hauptsächlich durch Wanderer, die der ländlichen, in jüngerer Zeit z.T. auch der städtischen Unterschicht – d.h. Teilen der gesellschaftlichen Peripherie – angehören, charakterisiert ist. Migration ist also im vorliegenden Fall besonders auch im Kontext sozio–ökonomischer und räumlicher Disparitäten zwischen Zentrum und Peripherie, wie dies für Wanderungen in der Dritten Welt insgesamt in besonderem Maße gilt, zu sehen.

III.3.2. Quantitative Analyse der Migration nach Rondônia

III.3.2.1. Einordnung in den brasilianischen Gesamtzusammenhang

Für die Bevölkerungsentwicklung Brasiliens insgesamt wie auch für die Veränderungstendenzen regionaler Bevölkerungsverteilungen im Lande spielen Migrationen seit jeher eine zentrale Rolle.

Bis Anfang des 20. Jhdts. waren internationale Wanderungen, d.h. zunächst die Zuwanderung der portugiesischen Kolonisatoren, später der Transfer von Sklaven v.a. aus dem westlichen Afrika zur Arbeit auf den Zuckerrohrplantagen des Nordostens und schließlich v.a. im 19. Jhdt. der Zustrom europäischer Siedler aus verschiedenen Ländern als Träger der Kolonisation der gemäßigten Regionen des brasilianischen Südens wesentlich für die Bevölkerungsentwicklung Brasiliens verantwortlich.

Die wirtschaftliche Entwicklung des Landes in kolonialer und nachkolonialer Zeit war hauptsächlich geprägt durch die phasenhafte Dominanz exportorientierter Produktion und Extraktion, die jeweils mit einer Verlagerung regionaler Entwicklungsdynamik in Abhängigkeit von den dominierenden Produkten (Zuckerrohr, Edelmetalle, Kautschuk, Kaffee etc.) verbunden war (vgl. FURTADO 1975).

Diese phasenhafte Dominanz der verschiedenen außenorientierten Produkte zog gleichzeitig infolge des jeweils starken Arbeitskräftebedarfs und durch begleitende, indirekte Auswirkungen auf Handel, städtische Dienstleistungen etc. entscheidende Veränderungen der Regionalstrukturen und besonders der regionalen Bevölkerungsverteilung durch externe und interne Migrationen nach sich (siehe hierzu als Überblick SOUZA 1980, S. 43ff).

War während der kolonialen Phase mit dem Hauptprodukt Zuckerrohr der Nordosten auch der demographische Schwerpunkt Brasiliens, so änderte sich dies besonders in der Phase der europäischen Kolonisation Südbrasiliens (vgl. WAIBEL 1949) im 19. Jhdt. grundlegend. Mit der Ausbreitung des Kaffeeanbaus ausgehend von Rio de Janeiro nach São Paulo, später nach Paraná sind ab Ende des 19. Jhdts. entscheidende Veränderungen der regionalen Bevölkerungsverteilung durch neuerliche internationale Wanderungen und durch die Umorientierung interner Migrationsströme zu verzeichnen (vgl. HOLLOWAY 1984). Der Südosten wird ab diesem Moment endgültig zum wirtschaftlichen und auch demographischen Schwerpunkt Brasiliens.

Die Bedeutung des Südostens als Zuwanderungsregion wird im weiteren Verlauf des 20. Jhdts. durch die Konzentration von Industrialisierung und Verstädterung in den Regionen von Rio de Janeiro und São Paulo weiter verstärkt (siehe KOHLHEPP 1982).

Neben dieser verstärkten Zuwanderung in das Städtedreieck São Paulo – Rio de Janeiro – Belo Horizonte hatte aber auch die Öffnung neuer Pionierfronten im 20. Jhdt. wesentliche Konsequenzen für die Orientierung der interregionalen Wanderungsströme.

Durch die Ausbreitung des Kaffeeanbaus ab den 30er Jahren von São Paulo nach Westen trat besonders das randtropische Paraná als wichtigste Pionierfront für mehrere Jahrzehnte in den Vordergrund (vgl. PADIS 1981, KOHLHEPP 1975).

Daneben konstituiert sich im Rahmen der *Marcha para Oeste*-Ideologie (s.o.) unter Vargas auch der südliche und mittlere Centro-Oeste zunehmend als Pionierfront, z.T. auch durch gelenkte Kolonisation und andere staatliche Politiken, und damit als Zielregion interregionaler Migrationen (vgl. WAIBEL 1955).

In den letzten beiden Jahrzehnten gewannen sodann mit der Verlagerung der Pionierfronten nach Norden, ermöglicht durch die verstärkte staatliche Politik der Erschließung der Peripherie durch Straßenbau, gelenkte Agrarkolonisation etc., verschiedene Teilräume Amazoniens, besonders Rondônia, der Norden Mato Grossos und Goiás' sowie Teile des Bundesstaates Pará, als Zielregionen interregionaler Migration — wie ehemals bereits zur Zeit des Kautschukbooms (s.o.) — an Bedeutung.

Um die aktuelle Migration nach Rondônia auch quantitativ richtig einschätzen zu können, ist es notwendig, sie im Zusammenhang der gesamten brasilianischen Binnenmigrationen zu betrachten. Wenn wir einerseits berücksichtigen, daß bei der letzten Volkszählung im Jahr 1980, die für Rondônia eine Einwohnerzahl von ca. 491.000 ergab, 328.339 Einwohner, d.h. ca. 67 % nicht in Rondônia geboren wurden und somit mindestens einmal in ihrem Leben eine interregionale Wanderung durchliefen (vgl. CENSO DEMOGRAFICO 1980 und Tab. 3), wird die überragende Bedeutung der Migration als bestimmender Faktor der rondonensischen Regionalentwicklung klar deutlich[1]. Wenn wir aber andererseits dagegenstellen, daß der regionale Saldo Rondônias in Bezug auf die Wanderungen zwischen 1970 und 1980, also der Phase des Beginns der starken Zuwanderung (s.u.), mit 246.102 Personen (vgl. Tab. 4) nur ca. 5 % aller im gleichen Zeitraum registrierten interregionalen Wanderungen in Brasilien zwischen verschiedenen Bundesstaaten, die mit ca. 5 Mio. angegeben werden (vgl. BRET et al. 1984, S. 135), darstellt, so wird die quantitativ beschränkte Bedeutung der Wanderung nach Rondônia im Gesamtkontext Brasiliens deutlich[2]. Obwohl die brasilianische Statistik nur unzureichend über das gesamte Ausmaß der internen Wanderungen (z.B. der intraregionalen Wanderungen und der Etappen-Wanderungen innerhalb einer Interzensus-Periode) informiert, geben doch eine Reihe von Indikatoren Hinweise auf die Migrationsentwicklung.

Zunächst ist eine zunehmende Tendenz zur Wanderung festzustellen. Während beim Zensus 1940 noch 9 % der Brasilianer als (Fern-)Wanderer (zwischen verschiedenen Bundesstaaten) registriert wurden (Kriterium: Geburtsort ist nicht gleich Wohnort), waren es 1980 bereits 15 % der brasilianischen Bevölkerung (vgl. IBGE 1985, S. 140). Die beiden Großregionen, die in den letzten Jahrzehnten den Hauptanteil an der Binnenwanderung stellten, sind der Nordosten als Hauptabwanderungsregion (43 % aller registrierten Abwanderungen 1980) und der Südosten (besonders die Bundesstaaten São Paulo und Rio de Janeiro) als Hauptzuwanderungsregion (1980: 52 % aller insgesamt registrierten Zuwanderungen). Jedoch stellt der Südosten mit Minas Gerais auch eines der stärksten Abwanderungsgebiete in Brasilien (vgl. Wanderungssaldo 1980 Tab. 4).

Auch die Entwicklung der regionalen, jährlichen Bevölkerungswachstumsraten kann im nationalen Vergleich — neben ihrer Beeinflußung durch die Veränderung von Geburten- und Sterberaten im Rahmen des demographischen Transformationsprozesses (vgl. KOHLHEPP 1982, S. 342–345, BRET et al. 1984, S. 122 ff.) — auch als Indikator für die unterschiedliche regionale Bedeutung der Migration herangezogen werden. So liegen im Nordosten, trotz konservativen generativen Verhaltens, die Zuwachsraten schon seit

---

1) Diese Angaben sagen natürlich noch gar nichts über die tatsächliche Zahl der Wanderungen, z.B. versch. Wanderungsetappen oder über intraregionale Wanderungen z.B. auch der in Rondônia Geborenen.
2) Vgl. BRET et al. 1984, sowie WOOD,WILSON 1982 und MARTINE 1982, die ihre These der beschränkten demographischen Absorptionsfähigkeit der Pionierfront mit auf diese Gegebenheiten fundieren.

Jahrzehnten besonders durch die hohe Abwanderung unter dem nationalen Durchschnitt (1970/1980: 2,16 % p.a. gegenüber 2,48 % p.a. für Gesamtbrasilien).

Im Südosten stehen sich mit Minas Gerais und São Paulo Gebiete mit unterdurchschnittlicher Wachstumsrate (1970/1980: 1,64 % p.a. für Minas Gerais) durch Abwanderung und Gebiete mit überdurchschnittlicher Bevölkerungswachstumsrate (3,49 % p.a. für São Paulo) durch Zuwanderung gegenüber.

Der Süden war bis 1970 ebenfalls geteilt zwischen Abwanderungsgebieten (besonders Rio Grande do Sul) und durch starke Zuwanderung charakterisierten Pionierfronten, besonders Paraná, das 1950/1960 mit 7,16 % p.a. die höchste Wachstumsrate in Brasilien zu verzeichnen hatte und auch 1960/1970 mit 4,97 % p.a. noch überdurchschnittliche Zuwachsraten aufwies. In der letzten Dekade 1970/1980 verändert sich die Situation im brasilianischen Süden entscheidend. Paraná hat nun mit 0,97 % p.a. die geringste brasilianische Wachstumsrate. Dies wird vor allem mitverursacht durch den höchsten negativen Wanderungssaldo im Vergleich der brasilianischen Bundesstaaten der 70er Jahre (vgl. Tab. 4). Diese Trendänderung steht für die tiefgreifenden strukturellen Wandlungsprozesse der ehemaligen Pionierfront Paraná in den 70er Jahren, die v.a. verbunden waren mit der massiven Freisetzung ländlicher Arbeitskraft.

Die Gebiete mit den höchsten Wachstumsraten sind die aktuellen Pionierfronten im Mittelwesten und in Amazonien; im Mittelwesten mit einer deutlichen Verlagerung der Wachstumsschwerpunkte von Mato Grosso do Sul (1950/1960: 6,23 % p.a., 1960/1970: 5,59 % p.a., 1970/1980: 3,21 % p.a.) in das nördlich anschließende Mato Grosso (1950/1960: 4,29 % p.a., 1960/1970: 6,12 % p.a., 1970/1980: 6,64 % p.a.) Diese Entwicklung ist in den Prozeß der Verlagerung der Pionierfronten in Brasilien nach Norden während der letzten Jahrzehnte einzuordnen. Eine Sonderstellung nimmt im Mittelwesten der Distrito Federal, also die neue Hauptstadt Brasília, ein, die ab den 60er Jahren eine starke *pull*-Wirkung hat, die sich z.B. im ständig wachsenden Ring von Satellitenstädten um die Hauptstadt herum nachvollziehen läßt. 1960/1970 waren hier mit 14,39 % p.a. die höchsten, 1970/1980 mit 8,15 % p.a. die zweithöchsten Zuwachsraten im Vergleich der brasilianischen Bundesstaaten festzustellen (vgl. PAVIANI 1985).

In der amazonischen Nordregion Brasiliens läßt sich auch an den Veränderungen der regionalen Bevölkerungswachstumsrate die zunehmende Bedeutung der Region als aktuelle Pionierfront ablesen. Mit 5,02 % p.a. (also mehr als dem Doppelten des nationalen Durchschnitts) weist der Norden die höchste jährliche Bevölkerungswachstumsrate unter den brasilianischen Großregionen für 1970/1980 auf, wobei von 1960/1970 auf 1970/1980 mit ca 50 % der höchste Anstieg des Indikators festzustellen ist.

Dabei sticht besonders Rondônia im regionalen Kontext mit einer jährlichen Bevölkerungswachstumsrate von 16,03 % p.a. 1970/1980 gegenüber 4,76 % p.a. 1960/1970, also für die 70er Jahre dem höchsten Wert im nationalen Vergleich, heraus (vgl. zu allen angegebenen Wachstumraten: IBGE 1985, S. 147).

Diese relativen Daten können uns hauptsächlich Auskunft über regionale Trendveränderungen und über die Bedeutung der Bevölkerungsdynamik im regionalen Kontext geben.

Absolute Vergleiche und eine Bedeutungsabschätzung von Bevölkerungsveränderungen durch die interne Migration werden bei der völlig unterschiedlichen zahlenmäßigen Bezugsbasis nur durch Vergleiche der tatsächlichen Wanderungssalden möglich (vgl. Tab. 4 für die Wanderungen in der Dekade 1970/1980).

Für die jüngsten, im nationalen Rahmen registrierten Binnenwanderungen zwischen 1970 und 1980 bestätigen sich die generellen Tendenzen in vollem Umfang. Alle Bundesstaaten des Nordostens weisen negative Wanderungssalden auf, wobei die Abwanderung zwischen 1970 und 1980 wie im Falle Paraíbas bis zu 9 % der 1980 gezählten regionalen Bevölkerung betragen kann (vgl. Tab. 4).

Minas Gerais weist als traditionelles Abwanderungsgebiet einen besonders hohen negativen Wanderungssaldo auf, der allerdings bei diesem bevölkerungsstarken Bundessland nur 5 % der Regionsbevölkerung ausmacht.

Überraschend hoch ist der negative Wanderungssaldo Paranás, der nicht nur der zahlenmäßig höchste im Vergleich der brasilianischen Bundesstaaten ist, sondern mit ca. 10 % der regionalen Bevölkerung 1980 sowohl absolut als auch relativ einen hohen Bevölkerungsverlust darstellt.

Absolut überragende Zuwanderungsregion ist São Paulo mit einem positiven Wanderungssaldo von ca. 2 Mio. Der Abstand zum nachfolgenden Rio de Janeiro und zu Brasília, die jeweils nur ca. 17 % (ca. 345.000 bzw. 337.000) des für São Paulo registrierten Wanderungsgewinns zu verzeichnen haben, ist bereits enorm.

Auf dem 4. und 5. Rang folgen mit Rondônia und Pará (nur noch 12 % bzw. 11 % der für São Paulo registrierten Wanderungsgewinne) die wichtigsten Pionierfrontregionen des heutigen Brasilien (vgl. Tab. 4).

Wenn wir die Wanderungssalden der 70er Jahre aller Regionen, die zu den aktuellen Pionierfronten Brasiliens gerechnet werden können (die Staaten des Nordens und des Mittelwestens mit Ausnahme des Distrito Federal), zusammenrechnen und mit dem São Paulos vergleichen, so zeigt der Wert von 38 % die relativ geringe demographische Absorption der Pionierfront im Vergleich mit dem städtisch-industriell geprägten São Paulo (vgl. entsprechende genauere Analysen in WOOD,WILSON 1982 und MARTINE 1982)[1].

BRET et al. (1984,S. 135) quantifizieren die Wanderungsströme zwischen den 5 brasilianischen Großregionen, sodaß wir ein genaueres räumliches Bild der brasilianischen Binnenmigration erhalten können (vgl. Karte 7). Die beiden Richtungen NE-SE und S-SE dominieren, gefolgt von den Migrationsströmen SE-CO, NE-CO, S-CO und CO-SE. Erst danach rangieren mengenmäßig die Wanderungen nach Amazonien mit der Rangordnung NE-N, CO-N, SE-N und S-N[2] (als Zeitvergleich siehe ähnliche Darstellung der Binnenmigration für das Zensusjahr 1940 in PFEIFER 1956, Tafel 11).

Schließlich ist für eine erste qualitative Gliederung dieser genannten interregionalen Wanderungsströme die Unterscheidung nach der Migration in städtische und ländliche Zielgebiete im interregionalen Vergleich von Bedeutung.

Als Indikator hierfür können wir die generelle Tendenz der Bevölkerungsverteilung zwischen Stadt und Land in Brasilien sowie die jeweilige absolute und relative Veränderung

---

1) Wobei in diesem Wert auch die zunehmend bedeutender werdende Wanderung in die Städte der Pionierfrontregionen und besonders in die großen Regionalmetropolen wie Belém, Manaus usw., die in den letzten Jahren besonders stark gewachsen sind und somit bereits zur These der Entleerung der ländlichen Peripherien zugunsten der großen Zentren auch an der Pionierfront (vgl. MOUGEOT, ARAGON 1983) geführt haben, enthalten sind.

2) Die Abkürzungen bedeuten: NE = Nordosten, SE = Südosten, S = Süden, CO = Mittelwesten, N = Norden.

Migration in Brasilien 1970-1980
Wanderungen zwischen den Großregionen

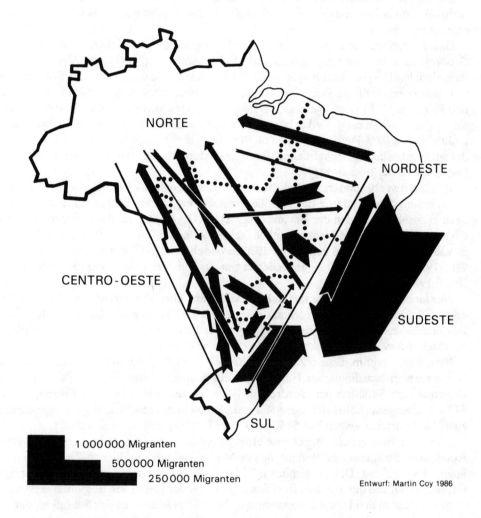

Quelle: IBGE: Censo Demográfico 1980. Rio de Janeiro.
nach Angaben in: BRET et al. (1984), S. 135.

Karte 7

innerhalb der beiden Lebensräume während der letzten Jahre heranziehen (vgl. auch KOHLHEPP 1982) (siehe Tab. 5).

War noch 1950 das Verhältnis von städtischer zu ländlicher Bevölkerung in Gesamtbrasilien 36 % zu 64 %, so hatte sich dies 1980 mit ca. 68 % zu 32 % mehr als umgekehrt.

Die rapide Verstädterung kann somit für Brasilien als einer der einschneidensten sozio-ökonomischen und räumlichen Wandlungsprozesse der zweiten Hälfte des 20. Jhdts. angesehen werden.

Dabei ergeben sich jedoch bedeutende regionale Unterschiede. Während die Großregionen des Nordens, Südens und Mittelwestens im Stadt–Land–Verhältnis 1980 im nationalen Durchschnitt liegen, weist der Nordosten mit ca. 50 % zu 50 % noch ungewöhnlich hohe ländliche Bevölkerungsteile auf, wobei besonders Maranhão (ca. 31 %) und Piauí (ca. 42 %) relativ geringe Verstädterungsraten aufweisen. Der Südosten hat erwartungsgemäß mit ca. 83 % den höchsten Anteil städtischer Bevölkerung. Besonders Rio de Janeiro (ca. 92 %) und São Paulo (ca. 89 %), das aber trotzdem nach wie vor auch einer der wichtigsten landwirtschaftlichen Erzeugerstaaten Brasiliens ist, stechen hervor (zu den Daten vgl. IBGE 1985, S. 146).

1970/1980 war besonders im Südosten und Süden die erste Dekade, in der sich zusätzlich zur relativen Verschiebung des Bevölkerungsschwergewichts in den städtischen Raum auch in absoluten Zahlen der Bevölkerungsverlust des ländlichen Raumes durch Abwanderung, die sog. Landflucht, deutlich zeigt. So nimmt in São Paulo die ländliche Bevölkerung um ca. 23 % gegenüber 1970, in der ehemaligen Pionierfront Paraná, wo sie 1960/1970 noch um ca. 50 % angestiegen war, in den 70er Jahren um ca. 40 % ab (vgl. IBGE 1984, S. 78).

Nur im Norden nimmt die ländliche Bevölkerung aller Teilstaaten noch zu (z.B. Pará um 52 %), auch wenn sich im Norden 1980 erstmals das Verhältnis städtischer zu ländlicher Bevölkerung mit ca. 52 % zu ca. 48 % (gegenüber 1950: 32 % zu 68 %) zur Dominanz der städtischen Bevölkerung umkehrte.

Rondônia bietet in diesem Zusammenhang — allerdings auf geringer absoluter Basis — als einziger brasilianischer Bundesstaat einen umgekehrten Trend. War 1970 — im Gegensatz zur Situation der Nordregion — der Anteil städtischer Bevölkerung mit ca. 54 % dominierend, kehrt sich dies 1980, der allgemeinen Trendrichtung entgegengesetzt, zu 47 % städtischer gegenüber 54 % ländlicher Bevölkerung um (vgl. Tab. 5).

Dies zeigt, trotz gleichzeitig ebenso erheblicher Zunahme der städtischen Bevölkerung Rondônias, die vorrangige Bedeutung der Migration in die ländlichen Zielregionen der jungen Pionierfront. Demgegenüber läßt die starke Verstädterungstendenz der übrigen Großregionen und der absolute Bevölkerungsverlust der ländlichen Regionen in Brasilien insgesamt und in den Hauptzuwanderungsgebieten des Südostens den Schluß zu, daß der Großteil der Binnenmigration in Brasilien in städtische Zielgebiete gerichtet ist und sich aus vorwiegend ländlichen Quellgebieten rekrutiert.

WOOD, WILSON (1982, S. 3 ff.) kommen unter verschiedenen Annahmen[1] zu absoluten Schätzungen der Landflucht in Brasilien, die für 1960/1970 nach diesen Berechnungen ca. 14 Mio., für 1970/1980 ca. 17 Mio. betrug.

---

1) Bevölkerungsprojektion 60/70 bzw. 70/80 aufgrund des natürlichen Bevölkerungswachstums, Differenz projektierte Bevölkerung 70 bzw. 80 — tatsächliche Bevölkerung 70 bzw. 80 entspricht tatsächlichem Wanderungsverlust.

Auch wenn diese Werte zu hoch liegen sollten, so relativieren sie doch die Gesamtzuwanderung nach Rondônia von ca. 266.000 Migranten in den 70er Jahren (vgl. Tab. 6) und zeigen die beschränkte Absorptions- und Problemlösungsfähigkeit der Migration an die Pionierfront — und Rondônia gehört zweifellos zu den dynamischsten Pionierfronten — im gesamtbrasilianischen Kontext. Die Pionierfrontmigration ist deshalb im Gesamtzusammenhang der Binnenmigrationen Brasiliens nur in beschränktem Maße das sog. *Sicherheitsventil*, sie ist von ihrer absoluten Bedeutung her, besonders in Hinblick auf die dauerhafte Absorptionskraft der ländlichen Pionierregionen, eher *ein Tropfen auf den heißen Stein*.

III.3.2.2. Die Entwicklung der Migration nach Rondônia 1971–1985

Die quantitative Entwicklung der Migration von 1971–1985, also ab Beginn der Phase der Agrarkolonisation in Zentralrondônia mit der Einrichtung der staatlichen Siedlungsprojekte des INCRA, ist gekennzeichnet durch eine deutliche Zunahme der Migrantenzahlen (vgl. Abb. 5). Bereits während der 60er Jahre hatte sich dieser Anstieg der Zuwanderung in den letzten Jahren der Dekade[1] deutlich bemerkbar gemacht.

Auch die Umorientierung der Herkunft der Zuwanderer — früher vorwiegend der Norden und Nordosten und nun der Süden, Südosten und Mittelwesten — hatte sich schon in den späten 60er Jahren abgezeichnet (vgl. VALVERDE 1979, S. 68).

In der ersten Hälfte der 70er Jahre steigen die Migrantenzahlen. Besonders ab 1974 hatten sie eine deutliche Zunahme erfahren. Wie MARTINE (1982, S. 71) vermutet, auch durch die völlige *Kehrtwendung* der brasilianischen Siedlungspolitik im bis dahin prioritären Agrarkolonisationsgebiet Amazoniens an der Transamazônica (vgl. KOHLHEPP 1976).

Aufgrund der beschränkten Ansiedlungskapazität der neuen Siedlungsprojekte und der völlig unzureichenden infrastrukturellen Ausstattung von Stadt und Land in den Hauptzuwanderungsgebieten Zentralrondônias gegenüber dem kontinuierlich zunehmenden Erschließungsdruck der Zuwanderer sah sich der Staat zu Maßnahmen hinsichtlich einer Beschränkung der Migration gezwungen, nicht zuletzt weil Interessen- und Landkonflikte (s.u.) in Rondônia immer mehr auf der Tagesordnung waren.

In den Herkunftsgebieten der Migranten und entlang der BR 364 Cuiabá — Porto Velho wurden in dieser Zeit (1976/1977) vom Staat viele Wanderungswillige durch *Negativpropaganda* und Aufklärung über die zu erwartende schwierige Situation in Rondônia von der Wanderung abgehalten (MARTINE 1982, S. 71). Darauf ist das zeitweilige Absinken der Zuwanderung bis 1978 zurückzuführen.

Jedoch nahm aufgrund des unveränderten Abwanderungsdrucks in den Herkunftsräumen die Wanderung nach Rondônia im letzten Drittel der 70er Jahre wieder deutlich zu. Auch hatte der Staat inzwischen seine restriktive Migrationspolitik wieder aufgegeben.

---

1) 41 % der ca. 31.000 Migranten der 60er Jahre kamen 1969, 1970 nach Rondônia — vgl. Kap. II.2.4.

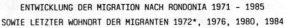

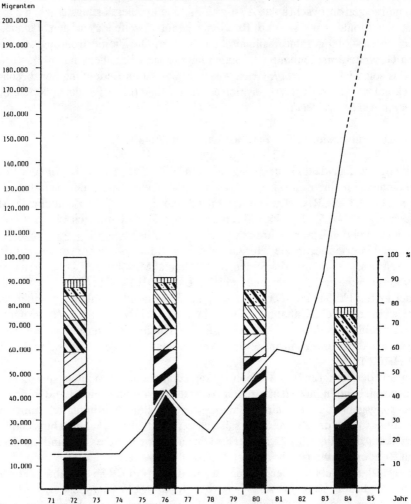

*Wert für 1972 entspricht dem Durchschnitt für die Jahre 1971-1974

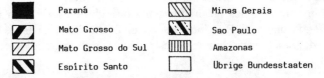

Quellen: IBGE (1982): Censo Demográfico 1980, Vol. 1, Tomo 4, N° 2. Rio de Janeiro
SEPLAN/RO-NURE (1984): 5 anos de migraçao em Rondônia. Porto Velho
SEPLAN/RO-NRUE (1985): Boletim de migraçao 1984. Porto Velho
Daten für 1985: mündl. Mitt. Secretário de Estado Gabriel de Lima Ferreira und eigene Berechnungen

Abbildung 5

Zusätzlich wirkte sich die einseitig positive Information über Rondônia durch bereits dort Angesiedelte an ihre Verwandten und Bekannten, besonders aber auch die aus Profitorientierung betriebene direkte und indirekte Migrationswerbung z.B. der privaten Busfirmen, die die Linien von Süd- und Zentralbrasilien nach Südwestamazonien unterhielten[1], zweifellos migrationssteigernd aus.

Seit 1975 werden in Vilhena an der südlichen Grenze Rondônias durch das dem Innenministerium in Brasília zugeordnete CETREMI (*Centro de Triagem e Encaminhamento de Migrantes*) statistische Erhebungen aller nach Rondônia Einreisenden (es besteht Registrationspflicht) durchgeführt. In den ersten Jahren erfolgten die Zählungen nur tagsüber, sodaß die Daten als nicht sehr zuverlässig angesehen werden müssen. Ab Ende der 70er Jahre wird jedoch 24stündig gearbeitet. Seit dieser Zeit dürften sich die registrierten Zahlen in etwa den realen Werten annähern, müssen jedoch eher als zu niedrig eingeschätzt werden.

In den letzten Jahren werden auch zunehmend Migrantenzählungen am Flughafen und am Busbahnhof von Porto Velho (hier durch die sog. POEMIs – *Posto de Encaminhamento de Migrantes* – der SETRAPS) vorgenommen, die jedoch als sehr viel weniger zuverlässig gelten. Allerdings stellt die Zahl der über diese Wege nach Rondônia kommenden Migranten nur einen ganz geringen Bruchteil der in der großen Mehrzahl über die Straße Cuiabá – Porto Velho in Vilhena nach Rondônia Einreisenden dar.

Nach den Daten des CETREMI, auf denen die hier zugrundegelegten Statistiken des NURE (*Núcleo Responsável para Migrações*) des Planungsstaatssekretariats in Porto Velho basieren (SEPLAN/RO–NURE, versch. Jahre), nimmt die Migration seit Ende der 70er Jahre mit einer kurzen Stagnation 1981/1982 weiter zu. Besonders seit 1982 ist eine rapide Steigerung der Zuwanderung festzustellen, die sich 1983 dem Wert von 100.000 Migranten/Jahr nähert. Man bedenke zum Vergleich, daß dieser Wert praktisch der 1970 gezählten Gesamtbevölkerung Rondônias entspricht.

Nach neuesten Informationen (mdl. Inf. G. de Lima Ferreira, Mai 1986) hat sich die Zuwanderung innerhalb von nur 2 Jahren (1984 kamen ca. 150.000 Migranten nach Rondônia) 1985 mit ca. 200.000 Zuwanderern erneut verdoppelt.

Für den Gesamtzeitraum 1971 – 1985 hat sich, verglichen mit dem Wert von ca. 266.000 Zuwanderern während der gesamten 70er Jahre (vgl. Tab. 6), die Migration nach Rondônia bereits in der ersten Hälfte der 80er Jahre (1981–1985 incl.) mit ca. 564.000 Migranten mehr als um das Doppelte erhöht (Daten SEPLAN/RO–NURE 1984, 1985 und mdl. Inf. G. de Lima Ferreira, Mai 1986).

Über den Jahresverlauf betrachtet (vgl. Abb. 6 für die Jahre 1982, 1983, 1984) hatte die Zuwanderung nach Rondônia stets einen charakteristischen Ablauf, der in enger Beziehung zu den die jeweilige Situation der damals noch Naturstraße Cuiabá – Porto Velho in entscheidendem Maße beeinflussenden klimatischen Gegebenheiten der Region

---

1) Bes. die ursprünglich relativ kleine regional arbeitende paranaenser Firma União Cascavel, die die Route Cascavel/PR –Campo Grande/MS – Cuiabá/MT – Porto Velho/RO auch heute noch, jetzt als florierendes, auch in anderen Bereichen z.B. Landbesitz aktives Unternehmen mit starker Expansionstendenz betreibt.

zu sehen ist. So war bisher die Zuwanderung während der Regenzeit von Oktober/November bis April/Mai, in der die Reise nach Rondônia zu einer mehrwöchigen Tortur ausarten konnte, in der Regel weit geringer als in der Trockenzeit von Juni bis September, während der die Reisebedingungen zwar günstiger, aber immer noch beschwerlich genug waren[1].

Es ist zu erwarten, daß in Zukunft infolge der 1984 beendeten Asphaltierung der BR 364 (s.u.) die Migrantenströme sich gleichmäßiger über das Jahr verteilen werden. Jedenfalls hat im Zuge des rapiden Anstiegs der Migration ab 1983 auch die Zuwanderung in der Regenzeit frühere, nur in der Trockenzeit gekannte Spitzenwerte bereits überschritten (vgl. Abb. 6).

In Hinblick auf die Herkunft der Migranten überwiegen für die gesamten 70er Jahre betrachtet (vgl. Tab. 6 und Abb. 5) die Großregionen Süden, Südosten und Mittelwesten. Im amazonischen Großraum hatten in dieser Dekade nur noch 7 % der Zuwanderer nach Rondônia ihren letzten Wohnort, der größte Teil davon — nämlich 4 % der Gesamtzahl der Migranten — im Nachbarstaat Amazonas. Bei ihnen dürfte es sich fast ausschließlich um Zuwanderer nach Porto Velho handeln. Mit letztem Wohnort im brasilianischen Nordosten sind nur noch 5 % der Migranten während der 70er Jahre gegenüber immerhin noch 15 % während der 60er Jahre (VALVERDE 1979, S. 68) zu verzeichnen.

Als Herkunftsregion (bzgl. letztem Wohnort) überwiegt bei weitem der Bundesstaat Paraná, gefolgt von Mato Grosso mit bereits weniger als der Hälfte der Wanderer und Mato Grosso do Sul (vgl. Tab. 6 und Abb. 5). Diese drei Staaten können zu einem *Herkunftstyp*, nämlich dem älterer, heute *konsolidierter* bzw. sich *konsolidierender* Pionierfronten, zusammengefaßt werden.

Mit Espírito Santo und Minas Gerais folgen Gebiete, die, von starker Landflucht geprägt, ohnehin zu den traditionellen Abwanderungsgebieten, u.a. aufgrund disparitärer Agrarsozialstrukturen, gerechnet werden können.

Schließlich ist als Herkunftsgebiet während der 70er Jahre noch der ländliche Raum des Staates São Paulo zu nennen.

Die Abwanderung aus Rondônia (vgl. Tab. 7) im gleichen Zeitraum der 70er Jahre ist mit nur ca. 6 % der Zuwanderung als relativ untergeordnet zu bezeichnen. Wichtigste Zielgebiete der Abwanderung sind:

- Mato Grosso, wobei es sich zumindest zu einem bedeutenden Teil bereits um Weiterwanderung in jüngere Pioniergebiete Nord–Mato Grossos (Projekt Juína, Fontanilhas, Aripuanã etc.) handeln dürfte,
- Amazonas, hierbei könnte neben der Rückwanderung z.B. von garimpeiros etc. und der Abwanderung in ländliche Gebiete besonders die Wanderung in städtische Zentren (Manaus) von Bedeutung sein,
- São Paulo, wobei ebenfalls die *pull*–Wirkung der Metropole im Vordergrund stehen dürfte.

---

1) Noch im Juni 1983 benötigte der Autor für die ca. 700 km lange Reise von Cuiabá nach Vilhena mit einem Lastwagen — großenteils auf der alten Straßentrasse über die Serra dos Parecis ca. 4 Tage.

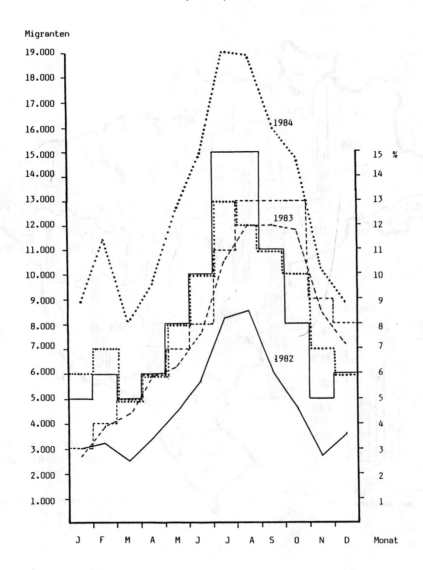

Abbildung 6

Entwicklung der Migration nach Rondônia 1979 - 1984
Herkunft der Migranten

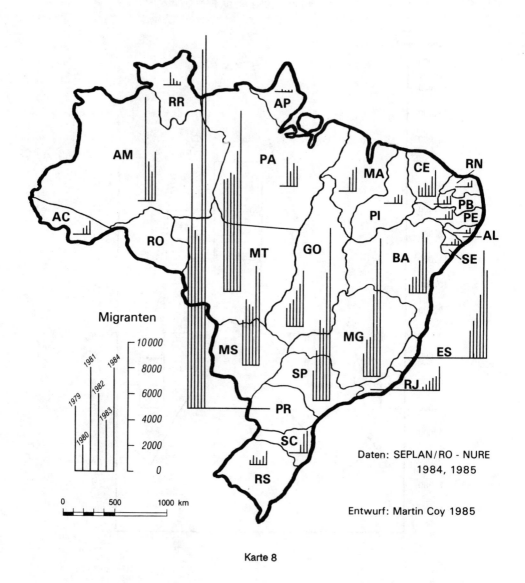

Karte 8

Insgesamt kann jedoch das Ausmaß der zumindest offiziell registrierten Rückwanderung von neuzugewanderten Siedlern, wie auch der relativ geringe Anteil Paranás an der Abwanderung aus Rondônia (vgl. Tab. 7) zeigt, als untergeordnet angesehen werden.

Wie bereits ausgeführt, ist während der ersten Hälfte der 80er Jahre eine starke Zunahme der Migration zu beobachten. Wie Abb. 5 zeigt, sind daran alle wichtigen Herkunftsregionen, die auch bereits in den 70er Jahren dominierten, beteiligt. Nur die Herkunftsregionen Mato Grosso do Sul und Espírito Santo haben von 1983 auf 1984, Paraná von 1980 auf 1981, sogar absolut abgenommen — Paraná hat jedoch danach wieder starke Zuwächse zu verzeichnen.

Jedoch verschieben sich die Relationen der Herkunftsgebiete der Migranten in den letzten Jahren (vgl. Karte 8 und Abb. 5). So liegen die Werte für das Herkunftsgebiet Paraná trotz absoluter Zunahme während der letzten Jahre unter 30%, die Mato Grossos zwischen ca. 12 % (1983) und 15 % (1982). Mato Grosso do Sul stellt nun immer weniger als 10 % der Migranten, Espírito Santo zwischen weniger als 6 % und knapp 9 %. Der Anteil Minas Gerais' lag zwar zu Beginn der 80er Jahre mit ca. 5 % relativ niedrig, in den Jahren 1982, 1983 und 1984 kamen jedoch ca. 10 % der Zuwanderer aus diesem Bundesstaat. Auch der Anteil Bahias und Goiás' hat sich mit jeweils ca. 4 % gegenüber den 70er Jahren erhöht.

Die deutlichste Verschiebung ist jedoch in der relativ starken Zunahme der Migranten mit letztem Wohnort im Bundesstaat São Paulo zu sehen. Während der 70er Jahre waren dies nur ca. 4 %, jedoch stieg ihr Anteil von 1979 ca. 6 % auf 1981 ca. 10 %, 1982 und 1983 ca. 9 % und 1984 ca. 12 % aller Zuwanderer nach Rondônia an.

Diese Entwicklungen könnten mit einer anderen, wichtigen strukturellen Verschiebung in der Migration nach Rondônia, nämlich dem Verhältnis von ländlicher zu städtischer Herkunft (bzgl. des letzten Wohnortes vor der Wanderung), zusammenhängen (vgl. Abb. 7). Während in den 70er Jahren durchweg der ländliche Raum als Quellgebiet der Wanderer mit ca. 74 % gegenüber dem städtischen Raum dominiert hatte, beginnt sich dies in den letzten Jahren deutlich zu ändern, wenn auch noch nicht absehbar ist, ob es sich um einen dauerhaften Trend handelt.

1983 kamen nur noch ca. 30 % der Migranten direkt aus dem ländlichen Raum, 70 % dagegen aus dem städtischen (vgl. Abb. 7). Berücksichtigt werden muß jedoch hierbei, daß es sich bei diesen Angaben um eine sehr weite Definition von *Stadt* handelt, in der größere Siedlungen im ländlichen Raum mit dörflichem Charakter z.B. auch enthalten sind.

Jedoch ist durchaus, wie weiter unten an Einzelbeispielen zu zeigen sein wird, der Zuwanderer aus der Stadt in Rondônia keine Seltenheit mehr. Dabei handelt es sich einmal um solche, die direkt in die sich immer mehr konsolidierenden Pionierstädte an der BR 364 oder nach Porto Velho wandern, mit dem Ziel, sich in *städtischen Berufen* zu etablieren. Die Bedeutung des expandierenden städtischen Handels- und Dienstleistungssektors (siehe auch Kap. III.4.7.) ist hier besonders groß, ebenso der Arbeitskraftbedarf staatlicher und neuer munizipaler Institutionen. Bei all diesen Fällen handelt es sich also um eine *Stadt–Stadt–Wanderung*.

Ebenso ist aber auch eine *Stadt–Land–Wanderung* festzustellen (s.u.), die jedoch großenteils als Versuch einer *Rückkehr aufs Land* eingeschätzt werden muß, weil viele der Migranten aus städtischen Quellgebieten ursprünglich ländlicher Herkunft sind und nur eine unterschiedliche Zeitdauer im Rahmen ihrer in Etappen verlaufenen persönlichen Migrationsgeschichte in der Stadt gelebt und gearbeitet haben.

Zusätzlich ist in den letzten Jahren eine weitere Strukturverschiebung in der Migration nach Rondônia, die mit der vorgenannten in direktem Zusammenhang stehen dürfte,

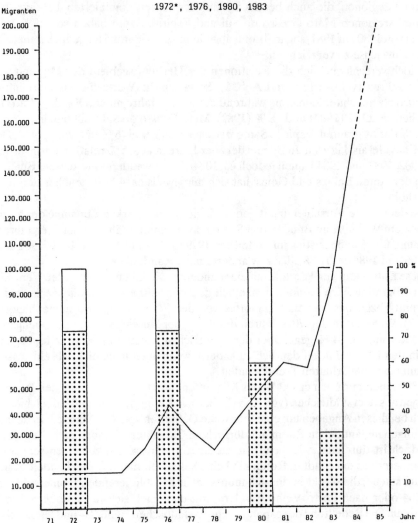

ENTWICKLUNG DER MIGRATION NACH RONDONIA 1971 - 1985
SOWIE LETZTER WOHNORT NACH STÄDTISCHEM UND LÄNDLICHEM RAUM
1972*, 1976, 1980, 1983

*Wert für 1972 entspricht dem Durchschnitt für die Jahre 1971-1974

Ländlicher Raum   Städtischer Raum

Quellen: IBGE (1982): Censo Demográfico 1980, Vol. 1, Tomo 4, N° 2. Rio de Janeiro
SEPLAN/RO-NURE (1984): 5 anos de migraçao em Rondônia. Porto Velho
SEPLAN/RO-NRUE (1985): Boletim de migraçao 1984. Porto Velho
Daten für 1985: mündl. Mitt. Secretário de Estado Gabriel de Lima Ferreira
und eigene Berechnungen

Abbildung 7

MIGRATION NACH RONDONIA
BERUFSSTRUKTUR DER MIGRANTEN IM HERKUNFTSGEBIET
1979 - 1984

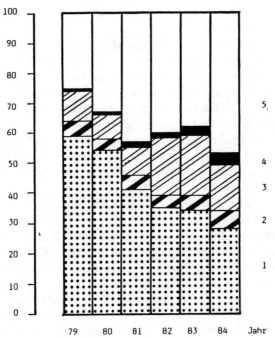

1 = Tätigkeit in der Landwirtschaft (selbständig und abhängig)
2 = Händler
3 = handwerkliche Berufe
4 = qualifizierte Dienstleistungsberufe
5 = übrige Berufe und ohne Beruf

Quelle: SEPLAN/RO-NURE (1984): 5 anos de migraçao em Rondônia. Porto Velho
SEPLAN/RO-NURE (1985): Boletim de migraçao 1984. Porto Velho
und eigene Berechnungen

Abbildung 8

festzustellen: die Veränderung der beruflichen Stellung der Migranten im Herkunftsgebiet (vgl. Abb. 8)

Während in den 70er Jahren der weitaus überwiegende Teil der Zuwanderer im Herkunftsgebiet in der Landwirtschaft tätig gewesen war, sowohl als Landeigentümer zumeist eines kleinen Landstückes (Minifundium) wie auch als Abhängiger (Pächter, meistens Halbpächter, Landarbeiter, nichtentlohntes, mitarbeitendes Familienmitglied etc.), so ist ab Ende der 70er Jahre eine Abnahme dieser Berufsgruppe[1] zugunsten anderer Berufe festzustellen (vgl. Abb. 8). So nehmen, parallel zur Zunahme der Migration aus städtischen Quellgebieten, Berufe eher *städtischen Charakters* wie Händler, handwerkliche Berufe, qualifizierte Dienstleistungsberufe (z.B. Techniker verschiedener Sparten, Lehrer, Ärzte, Buchalter etc.) zu. 1984 hatte der Anteil der Migranten mit eindeutig landwirtschaftlicher Tätigkeit im Herkunftsgebiet mit ca. 30 % einen bisher absoluten Tiefststand erreicht (vgl. Abb. 8).

Jedoch dürfte auch hier ähnlich wie bei der Migration aus städtischen Quellgebieten gelten, daß ein großer Teil dieser Migranten aus nichtlandwirtschaftlichen Berufen ursprünglich vom Lande stammten und in der Landwirtschaft in der verschiedensten sozialen Form die ursprüngliche Haupterwerbsquelle hatte, die jedoch im Rahmen der individuellen Migrationsgeschichte (in Hinblick auf räumliche und soziale Mobilität) von anderen, oftmals nur angelernten Tätigkeiten abgelöst wurde.

Zur Erklärung der beschriebenen Strukturveränderungen der Migration nach Rondônia während der letzten Jahre bieten sich im wesentlichen zwei verschiedene Hypothesen, einmal in der Situation in den Quellgebieten, andererseits im Zielgebiet der Wanderung ansetzend, an.

Im Zuge der strukturellen Krise der brasilianischen Wirtschaft und ihrer sozialen Folgen während der zweiten Hälfte der 70er Jahre hat sich besonders die Lebenssituation städtischer Unterschichten, aber auch der urbanen Mittelschicht, infolge realer Einkommensverluste durch die extrem hohe Inflation, zunehmender Arbeitslosigkeit, zunehmend problematischer werdender Wohnsituation, ansteigender Kriminalität in den Städten etc. zusehends verschlechtert. Insofern mag für einen Teil dieser Stadtbewohner, besonders wenn sie ursprünglich aus dem ländlichen Raum in die Stadt zugewandert waren, meist jedoch ohne sich sozio–kulturell in den Lebensraum Stadt jemals völlig integriert zu haben, die Wanderung an die Pionierfront, die zudem in den Medien meist übertrieben positiv und *dynamisch* gezeichnet wird (vgl. z.B. verschiedene Sonderbeilagen großer Tageszeitungen wie *O Globo* und *Jornal do Brasil* über Rondônia 1983), als positive Alternative zum problembeladenen Stadtleben erscheinen. Der soziale Aufstieg, der schon in der Stadt erhofft war, meist aber nicht realisiert werden konnte, soll mit der Migration an die Pionierfront, deren Struktur als noch *unverkrustet*, und deshalb dem Migranten mehr Möglichkeiten bietend erscheint, erreicht werden.

Auf der anderen Seite hat sich seit Beginn der Agrarkolonisation Anfang der 70er Jahre auch die Situation in den Pioniergebieten Rondônias selbst stark verändert. So bieten sich neben den eigentlichen landwirtschaftlichen Siedlungsgebieten auch die in ihrem Zentrum entstandenen, neuen Pionierstädte, die immer mehr zu wichtigen Handels– und Dienstleistungsstandorten heranwachsen, als Wanderungsziele besonders für Angehörige städtischer Berufe an. Es konnte z.B. beobachtet werden, daß in den letzten Jahren verstärkt Berufsanfänger, die in ihren Herkunftsgebieten von Arbeitslosigkeit bedroht waren, auf Arbeitssuche an die Pionierfront nach Rondônia kommen. Aus diesem, zahlenmäßig

---

1) Der Anteil der Halbpächter an den in der Landwirtschaft Tätigen bewegt sich zwischen 1979 und 1983 zwischen 60 % und 70 % – vgl. SEPLAN/RO–NURE 1984.

sicher nicht allzusehr ins Gewicht fallenden Kreis von *Arbeits*-Migranten rekrutiert sich z.B. ein Großteil der auch durch die aktuellen Regionalentwicklungsprogramme in der Region (s.u.) stark expandierenden bundesstaatlichen und munizipalen Beamtenschaft. Ähnliches gilt für Angehörige freier Berufe, Händler usw., die hoffen, vom ständigen, z.T. *boomartigen* Wachstum der Pionierfront zu profitieren. Jedoch ist zweifellos für einen Großteil der Zuwanderer das angestrebte Zielgebiet in Rondônia nach wie vor der ländliche Raum, sei es — genügende Kapitalausstattung vorausgesetzt — zum Kauf bereits inwertgesetzten Landes, sei es mit dem in den letzten Jahren immer schwieriger zu realisierenden Ziel, in einem der Kolonisationsprojekte des INCRA Neuland zur landwirtschaftlichen Nutzung zu erhalten.

Karte 9 zeigt die absolute und prozentuale Verteilung der 1980 bis 1984 in Rondônia angekommenen Migranten auf die verschiedenen Munizipien des Bundesstaates (nach Angaben der Migranten bei Registrierung durch CETREMI in Vilhena). Dabei wird die starke Konzentration der Migranten in den Munizipien entlang der BR 364, also in den Hauptgebieten der Agrarkolonisation, klar deutlich.

Die beiden westlichen Munizipien Guajará–Mirim und Costa Marques sind demgegenüber bisher als Zielgebiete der Migration praktisch überhaupt nicht zu nennen. Dies könnte sich jedoch in Zukunft durch den Bau der Straße RO 429 Presidente Médici — Costa Marques ändern, an der bereits 1983 ein erstes Kolonisationsprojekt (PA *Bom Princípio* siehe Karte 11 und Kapitel V.5.) eingerichtet wurde. Weitere Projekte in der Region Costa Marques, in der 1984 auch die Ankunft von Migranten über den Rio Guaporé bereits beobachtet wurde (mdl. Inf. Sr. P.A. de Aguiar, SEPLAN/RO–NURE 1984), sollen folgen. Die somit vorgezeichnete Ausweitung der Kolonisationsfront nach Westen in das *Vale do Guaporé* könnte also auch diese bisher nach wie vor durch die traditionelle amazonische Extraktionswirtschaft geprägten westlichen Gebiete für landsuchende Migranten in Zukunft interessanter machen.

Bei den Munizipien entlang der BR 364 fallen erhebliche Unterschiede in Bezug auf ihre Absorption von Neuzuwanderern auf (vgl. Karte 9). Diese sind einmal zunächst in Beziehung zu den tatsächlichen Bevölkerungsunterschieden zwischen den Munizipien Rondônias zu setzen (vgl. Tab. 9). Die bevölkerungsstärkeren Gebiete üben zweifellos größere Anziehungskraft aus und besitzen sicher auch größere Absorptionskapazitäten, nicht zuletzt weil ein Großteil der neuen Migranten die Anfangszeit in Rondônia bei bereits dort ansässigen Verwandten oder Bekannten zu überbrücken gedenken. Auch erscheinen für viele Migranten die größeren Pionierstädte (Ji–Paraná, Cacoal, Vilhena, Ariquemes — vgl. Tab. 9) als erster Wohnsitz auch aufgrund besserer potentieller Erwerbsmöglichkeiten attraktiv.

Insgesamt stechen v.a. Cacoal und Ji–Paraná als Hauptzielgebiete der Migranten in der Kolonisationsregion Zentral–Rondônias hervor, wobei besonders für Ji–Paraná bei nach wie vor steigenden Migrantenzahlen ein relativer Rückgang im Vergleich der Munizipien untereinander zu beobachten ist. Dies mag u.a. damit zusammenhängen, daß der ländliche Raum in diesem Bereich zu den frühesten Kolonisationsgebieten, und damit zu den bereits stark aufgesiedelten Regionen gehört.

Dies dürfte auch für die z.T. rückläufige bzw. stagnierende Zuwanderung in die Region Colorado do Oeste in Süd–Rondônia, die ebenfalls zu den Gebieten der relativ frühen Kolonisation in der ersten Hälfte der 70er Jahre gehört, gelten. Hinzu kommt hier die

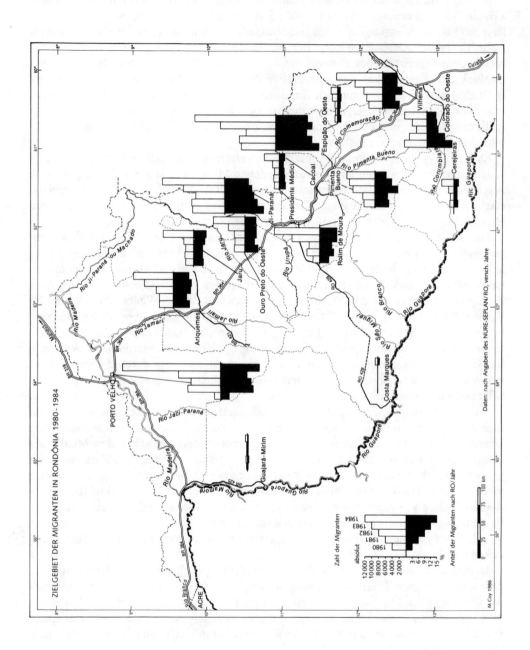

Karte 9

relativ abgelegene Situation Colorados zur sich immer mehr als Hauptentwicklungsachse herauskristallisierenden BR 364.

Demgegenüber nimmt die Zuwanderung in die ebenfalls schon länger besiedelten Regionen Ouro Preto do Oeste und Jaru weiter zu. Hier handelt es sich jedoch nicht nur um besonders ländlich dominierte Munizipien (vgl. Tab. 9) mit besonders großer Zahl angesiedelter Kolonisten, die wiederum neue Zuwanderungswellen nach sich ziehen, sondern in diesen Gebieten sind auch in den letzten Jahren noch Neulandgebiete im Rahmen der verschiedensten Kolonisationsmaßnahmen (*Assentamento Rápido*, Projekt *Urupá* etc., vgl. nachfolgende Kap.) aufgeteilt worden.

Die starke absolute und relative Zunahme der Migration nach Rolim de Moura, einem der neuesten, erst 1983 gegründeten Munizipien Rondônias, erklärt sich durch die besondere Dynamik dieses erst Ende der 70er Jahre entstandenen Ortes. Rolim de Moura ist Zentrum einer in den letzten Jahren immer mehr nach Westen vordringenden Rodungsfront, die u.a. den Ort zum Zentrum der Holzextraktion der Region macht, und besitzt somit relativ starke Anziehungskraft für landsuchende Neuzuwanderer.

Ähnliches dürfte für das Gebiet um Alvorada do Oeste — in nächster Zukunft wohl das sechzehnte Munizip Rondônias — und die RO 429 sowohl direkt für Neuzuwanderer als auch sekundär für sich zunächst in Ji-Paraná oder Cacoal ansiedelnde Landsuchende gelten. Rolim de Moura und Alvorada do Oeste stehen somit für die jüngste Entwicklungsrichtung der Pionierfront in Rondônia von der BR 364 in Richtung Westen (vgl. Karte 6).

Vielleicht auffallendste Veränderungstendenz der Zielgebiete der Migranten während der letzten Jahre ist die starke Zunahme von Porto Velho als Wanderungsziel. Dabei dürfte es sich v.a. um die Wanderung in die Stadt Porto Velho selbst handeln, nicht zuletzt weil der ländliche Raum des Munizips bereits außerhalb der eigentlichen Kolonisationsregion liegt und auch von seinen natürlichen und infrastrukturellen Gegebenheiten her keine attraktive Wanderungsalternative zu den Kolonisationsprojekten Zentral-Rondônias darstellt. Die Hauptstadtfunktion dieses bedeutendsten Regionalzentrums und die starke Expansion besonders seines Handels- und Dienstleistungssektors dürften für die Attraktivität der Stadt Porto Velho für immer mehr Neuzuwanderer in Rondônia im wesentlichen mitverantwortlich sein.

III.3.3. *Qualitative* Analyse der Migration nach Rondônia anhand von Befragungsergebnissen im Kolonisationsprojekt *Ouro Preto*

In diesem Kapitel sollen die eher *qualitativen* Aspekte der Wanderung nach Rondônia, zu denen hier die Analyse der Wanderungsmotive und Wanderungsabsichten im Zusammenhang der sozio-ökonomischen Situation in den Herkunftsräumen sowie die Analyse des Wanderungsablaufs (Informationsgewinnung über das Wanderungsziel, erster Wohnort, erste Beschäftigung am Wanderungsziel etc.) gezählt werden, am Beispiel der 169 im Projekt PIC *Ouro Preto* befragten Siedler erläutert werden.

Die Befragung wurde in drei ausgewählten Teilräumen dieses mit ca. 513.000 ha und ca. 5.000 offiziell durch INCRA angesiedelten Familien größten, und mit der Gründung im Jahr 1970 ältesten Kolonisationsprojektes in Rondônia durchgeführt. Es handelte sich dabei um die drei im PIC *Ouro Preto* im Rahmen des an späterer Stelle zu analysierenden POLONOROESTE-Programms eingerichteten NUARs (*Núcleo Urbano de Apoio Rural*)

Nova Colina, Nova União, Teixeirópolis und ihrer jeweiligen definierten ländlichen Einzugsbereiche (siehe Karte 19)[1].

Bei beiden Teilbefragungen hatte die Migrationsanalyse (in zumeist gleich konzipierten Fragen zu Migrationsgeschichte, sozio-ökonomischer Stellung im Herkunftsgebiet, Migrationsmotiven und -absichten etc.) eine vorrangige Bedeutung.

Die im vorangegangenen Kapitel gezeigte Verteilung der Gesamtzahl der Migranten nach Rondônia auf die verschiedenen Herkunftsräume findet sich auch bei der exemplarischen Befragung im PIC *Ouro Preto* wieder (vgl. Abb. 9 und Tab. 10). Paraná steht als Herkunftsgebiet (nicht jedoch als Geburtsregion, vgl. Kap. III.3.4.) von 32 % der Befragten auch hier an der Spitze, gefolgt von Mato Grosso (20 %), Minas Gerais (12 %), Espírito Santo, Mato Grosso do Sul und São Paulo (jeweils 9 %).

Betrachtet nach ihrer Herkunft aus dem ländlichen bzw. dem städtischen Raum lebten 66 % der 169 Befragten vor ihrer Wanderung in den ländlichen Raum Rondônias ebenfalls in ländlichen Gebieten der Herkunftsregionen, 34 % jedoch in der Stadt (vgl. Tab. 10 und Abb. 9). Dabei ist bemerkenswert, daß der weitaus überwiegende Teil der aus São Paulo zugewanderten Befragten aus städtischen Gebieten kommt (vgl. Abb. 9 und Tab. 10). Dies kann als Bestätigung der bereits im vorangegangenen Kapitel aufgestellten Hypothese, daß die jüngste Zunahme der Migranten aus städtischen Herkunftsgebieten und die Zunahme der Migranten aus São Paulo in engem Zusammenhang stehen, angesehen werden, zumal der größere Teil dieser aus São Paulo zugewanderten Befragten in den NUARs angetroffen wurde und zu den in jüngerer Zeit nach Rondônia Gekommenen gehört.

Insgesamt ist das unterschiedliche Verhältnis von ländlicher zu städtischer Herkunftsregion bei den im ländlichen Einzugsgebiet der NUARs Befragten (86 % zu 14 %) und den in den NUARs selbst Befragten (48 % zu 52 %) im Vergleich besonders im Rahmen der beschriebenen Strukturveränderung der Migration nach Rondônia zu sehen, denn 51 % der in den NUARs Befragten sind erst 1980 und später nach Rondônia gekommen, gegenüber nur 15 % der im ländlichen Raum Befragten (vgl. Tab. 11).

Vorweggenommen heißt dies auch, daß die ländlichen Kleinstzentren der NUARs auch in ihrer Funktion als *Auffanglager* für jung Zugewanderte und besonders für aus städtischen Herkunftsräumen Zugewanderte gesehen werden müssen.

Die berufliche Tätigkeit im Herkunftsgebiet ist bereits als wesentlicher Indikator für die sozio-ökonomische Kennzeichnung der Migration herausgestellt worden (vgl. vorhergehendes Kapitel).

Beim weitaus größten Teil (71 %) der 169 im PIC *Ouro Preto* Befragten erwies sich der landwirtschaftliche Bereich als wichtigster Erwerbssektor im Herkunftsgebiet (gefragt

---

1) Dabei wurden zwei in den Fragen z.T. kongruente, z.T. divergierende Befragungen als Stichproben durchgeführt: die eine, 79 Probanden umfassende und in ihrem Umfang von 147 Fragen sehr detaillierte Befragung bezog sich auf die ländlichen Einzugsgebiete der NUARs und zielte v.a. auf die Analyse der Lebens- und Produktionsbedingungen der dort ansässigen Kolonistenbevölkerung; die andere, 90 Probanden umfassende Befragung zu insgesamt 45 Problembereichen beschränkte sich auf die Bevölkerung der erst zu Anfang der 80er Jahre eingerichteten drei NUARs, wobei hier neben der Erfassung der aktuellen sozio-ökonomischen Situation der Schwerpunkt auf spezifischen Charakteristika dieser NUAR-Bevölkerung, den Motiven zur Wahl des NUAR als Wohnort, Art und Weise ihrer Etablierung im NUAR und besonders der Perzeption dieser durch staatliche Entwicklungsmaßnahmen eingerichteten Kleinstzentren durch die NUAR-Bevölkerung lag (vgl. zu den Fragebögen Anhang).

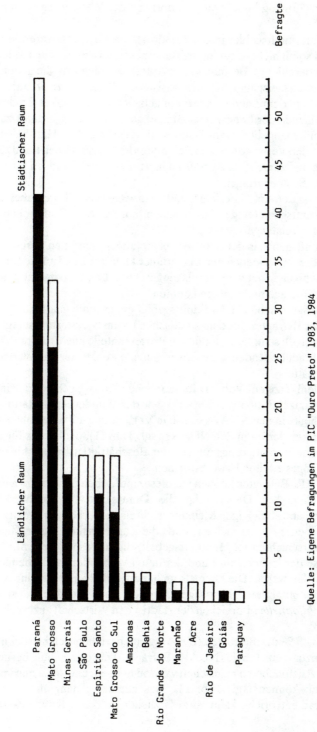

wurde nach der Beschäftigung im letzten Wohnort vor der Wanderung nach Rondônia, vgl. Tab. 12).

Ca. 56 % der im Herkunftsgebiet in der Landwirtschaft Tätigen waren jedoch nicht Landeigentümer und somit nicht selbständige Bauern, sondern in der einen oder anderen Weise als Abhängige beschäftigt. Besonders der Anteil von Pächtern, die in den verschiedenen Herkunftsgebieten meist auf Halbpachtbasis in der Regel exportorientierte Dauerkulturen (bes. Kaffee) auf dem Lande Anderer angebaut hatten, ist groß. Zu den ehemals abhängig Erwerbstätigen in der Landwirtschaft sind auch die sog. *agregados* zu rechnen, d.h. z.B. landlose Familienangehörige von Bauern etc., die in eigenem Haushalt auf Betrieben ihrer landbesitzenden Verwandten oder Bekannten leben, von diesen Land zur eigenen Bearbeitung erhalten und zumeist im Austausch hierfür Arbeitsleistungen für den Eigentümer auf informeller Basis erbringen.

Bei den Befragten ist der Anteil derjenigen, die vorwiegend als Tagelöhner und Landarbeiter in den Herkunftsgebieten gearbeitet haben, mit nur ca. 7 % der ehemals in der Landwirtschaft Tätigen relativ gering (vgl. Tab. 12).

44 % der im Herkunftsgebiet in der Landwirtschaft tätigen Befragten waren dort bereits Landeigentümer, in der Regel jedoch nur Eigentümer kleinster Landstücke (unter 10 ha), die auf Dauer — in Abhängigkeit vom jeweils eingesetzten Landnutzungssystem — keine gesicherte Existenzgrundlage mehr bieten konnten.

Ca. 29 % aller Befragten haben im Herkunftsgebiet in der Stadt gearbeitet, was bei der Herkunft von 34 % der Befragten aus dem städtischen Raum zu erwarten ist (vgl. Tab. 12). Es zeigt sich aber durch diese unterschiedlichen Prozentanteile auch, daß ein Teil der vor der Migration in der Stadt Lebenden seine Erwerbsquelle wohl in der Landwirtschaft (z.B. als Tagelöhner etc.) hatte.

Betrachtet nach dem jetzigen Wohnort im ländlichen Einzugsgebiet oder im NUAR, zeigt außerdem die Konzentration von 82 % der vor der Wanderung in städtischen Sektoren Beschäftigten heute in den NUARs selbst, in Verbindung mit dem hohen Anteil der in jüngerer Zeit Zugewanderten in den NUARs (vgl. Tab. 11), die bereits für Rondônia insgesamt beschriebene Veränderungstendenz der Beschäftigtenstruktur hin zu eher im städtischen Bereich angesiedelten Erwerbsformen.

Für die in den NUARs Befragten können wir diese städtischen Erwerbsformen genauer spezifizieren (vgl. Tab. 12). Dabei zeigt die Dominanz von handwerklich/kleingewerblichem Bereich und abhängigen Kleinangestellten und Arbeitern (wozu z.B. Wächter in Banken, Bauarbeiter etc. zu rechnen sind) die Zugehörigkeit dieser Migranten zu den städtischen Unterschichten im Herkunftsgebiet, die in besonderem Maße von der wirtschaftlichen Krise der letzten Jahre und der damit verbundenen, drohenden Dauerarbeitslosigkeit betroffen waren. Die ehemals im handwerklichen und kleingewerblichen Bereich Tätigen (z.B. Zimmerleute, Lastwagenfahrer etc.) und Kleinhändler sind im Herkunftsgebiet zumeist *informellen* Bereichen der städtischen Wirtschaft zuzurechnen gewesen.

Die Tatsache, daß 49 % der Befragten (die Angaben beziehen sich hierbei nur auf die in den ländlichen Einzugsgebieten der NUARs Befragten) nie eine Schule besucht haben, also in der Regel als Analphabeten angesehen werden müssen, und 44 % maximal 4 Jahre Schulbesuch angeben können (vgl. Tab. 13), was zumeist einem nur sehr geringen Alphabetisierungsgrad entspricht, kann als zusätzlicher Indikator für die Zugehörigkeit des größten Teils der Zuwanderer nach Rondônia zu den unteren sozialen Schichten im brasilianischen Gesellschaftssystem gewertet werden.

Bereits diese wenigen Angaben zu Herkunft, früherer Beschäftigung und bisheriger sozio-ökonomischer Stellung der in den Beispielsräumen des PIC *Ouro Preto* befragten Kolonisten dokumentieren ihre Zugehörigkeit zu denjenigen sozialen Gruppen in den Herkunftsräumen, die in besonderem Maße von den wirtschaftlichen und daraus folgenden sozialen Strukturveränderungen im städtischen, besonders aber im ländlichen Bereich des brasilianischen Südens und Südostens im Zuge der *Modernisierung* und kapitalistischen Durchdringung der regionalen Wirtschaftsstrukturen während der letzten ca. 20 Jahre betroffen waren (vgl. hierzu SILVA 1982, SILVA 1983, IANNI 1984, VELHO 1979, FOWERAKER 1982). Diese Strukturveränderungen betreffen v.a. die *Freisetzung* landwirtschaftlicher Arbeitskraft durch die Abkehr von arbeitsintensiven Nutzungssystemen und Ersetzung regionaltypischer Kulturen, die mit spezifischen sozialen Produktionsverhältnissen verbunden waren (wie z.B. die Halbpacht mit dem Kaffeeanbau, vgl. KOHLHEPP 1975)[1], durch andere Kulturen mit modernisierten Nutzungssystemen und *Produktionsweisen*, z.B. den großenteils weltmarktorientierten mechanisierten Soja- und Weizenanbau in Südbrasilien (vgl. LÜCKER 1986, KARP 1986), die Ausweitung des nur saisonale Landarbeit (*boia-fria* – Problematik) benötigenden Zuckerrohranbaus zur Alkoholgewinnung in Südostbrasilien etc.

Diese *Freisetzung* landwirtschaftlicher Arbeitskraft, die sich ja in der bereits für die Großregionen Brasiliens beschriebenen Abwanderung aus dem ländlichen Raum und z.B. dem negativen Wanderungssaldo Paranás in den 70er Jahren ausdrückt, muß in sozialer Hinsicht als Teil eines Verdrängungsprozesses traditioneller arbeits- und subsistenzorientierter Produktionsweisen durch die moderne kapitalistische, wie sie dem Modell der gesamten brasilianischen Entwicklung besonders seit 1964 zugrundeliegt, auch auf dem Lande angesehen werden. D.h. breite soziale Schichten, die jedoch schon seit jeher eher der gesellschaftlichen Peripherie zuzurechnen waren, werden sowohl in gesellschaftlicher als auch in räumlicher Hinsicht zunehmend *peripherisiert*.

Zunächst wurden die *zentrumsnahen* Räume von diesem sozial- und wirtschaftsräumlichen Wandel erfaßt (São Paulo etc.). Während der 70er Jahre konzentrierte er sich v.a. auf die älteren, sich konsolidierenden Pionierfronten, besonders Paraná[2], Mato Grosso do Sul, Teile Mato Grossos und das südliche Goiás etc., d.h. Räume, die bis dahin der Peripherie zuzurechnen waren und nun in ökonomischer und sozialer, wie auch räumlicher Hinsicht durch eine zunehmende *Zentrumsorientierung* gekennzeichnet waren (vgl. z.B. FOWERAKER 1982).

Die Wanderung nach Rondônia ist nur im Rahmen dieser sozial- und wirtschaftsräumlichen Wandlungen in den Herkunftsregionen der Migranten zu erklären. Sie ist ein wesentliches Element der *Überlebensstrategien* der Verdrängten. Denn neben der *Eingliederung* der Arbeitskraft dieser Verdrängten in die *modernisierte* regionale Wirtschaft unter

---

1) Daneben führten auch die in NW-Paraná durch Frostgefährdung und -schäden bedingten betrieblichen Umstellungen auf Rinderweidewirtschaft zur Freisetzung von Arbeitskräften.
2) Zu unterscheiden ist im Falle Paranás zwischen der Zuwanderung derjenigen, die infolge der Krise des Kaffeeanbaus in N-Paraná abwanderten, und denjenigen, die durch die agrarstrukturellen Wandlungen z.B. in West-Paraná meist später verdrängt wurden.

anderen sozialen Bedingungen, z.B. als Saisonarbeiter, Tagelöhner etc., und neben der zahlenmäßig dominierenden Abwanderung in die Städte, stellt die Wanderung an neue Pionierfronten eine wichtige *Option* des sozio–ökonomischen Überlebens und der sozio-ökonomischen Reproduktion der ländlichen Unterschichten im Rahmen ihrer zunehmenden Marginalisierung dar.

Gleichzeitig bietet die staatliche Politik der Erschließung peripherer Räume durch Straßenbau und Kolonisation, und damit die offizielle Schaffung der Voraussetzungen für gelenkte und spontane Pionierfrontentwicklung, einen entscheidenden Anreiz zur Migration, d.h. sie hat wesentlichen Einfluß auf die Entscheidung des Einzelnen bei der Wahl der möglichen *Überlebensstrategien*.

Bedrohung bzw. Verhinderung der Reproduktion traditioneller Lebens– und Produktionsformen in den Herkunftsräumen durch die kapitalistisch orientierte *Modernisierung* bedeutet aber auch Schaffung bzw. Verstärkung sozialer Spannungsfelder. Der Pionierfront kommt in diesem Zusammenhang, zumindest potentiell, wesentliche *Ventilfunktion* zu. Die staatliche Begünstigung der Pionierfrontentwicklung durch Kolonisation hat diese *Ventilfunktion* zum Hintergrund.

Disparitäre Agrarstrukturen, ihre Verstärkung im Rahmen des Modernisierungsprozesses, Verdrängung und Marginalisierung der *Kleinen* in Stadt und Land auf der einen Seite, der Mythos der Pionierfront als neuer, dynamischer Sozialraum mit vermeintlich unbegrenztem Reproduktions– und Verbesserungspotential durch große Landreserven, als günstig wahrgenommenen Lebensbedingungen für die *Armen* etc. auf der anderen Seite sind entsprechend die wesentlichsten *push*– und *pull*–Faktoren, wie sie sich bei der Analyse der Wanderungsmotive der Befragten in den drei Beispielsräumen des PIC *Ouro Preto* herauskristallisieren (vgl. Tab. 14).

Bei den im Herkunftsgebiet zu suchenden *push*–Faktoren erwiesen sich Landlosigkeit (30 % der gesamten Nennungen) und Landarmut (16 % der Nennungen) als mit Abstand wichtigste Wanderungsmotive. Ebenso spielt die Perzeption der Lebenssituation im Herkunftsgebiet als ohne Zukunft für die Familie eine bedeutende Rolle (8 %). Direkt auf die Folge des beschriebenen Modernisierungsprozesses (Verdrängung durch Expansion der Großbetriebe, Substituierung von Landarbeit durch Mechanisierung) rekurrierten bewußt immerhin 9 % der Nennungen.

Insgesamt beziehen sich 63 % aller genannten Migrationsmotive direkt auf die nicht mehr existierenden oder als unzureichend empfundenen sozialen und wirtschaftlichen Reproduktionsmöglichkeiten der *Armen* im Herkunftsgebiet, wie sich die Befragten ehemaligen Kleinbauern und Landlosen auch selbst wahrnehmen.

Das soziale und ökonomische Überleben im Herkunftsgebiet ist aber auch z.T. aus ökologischen Gründen eingeschränkt gewesen, wie die Nennung von Erschöpfung der Produktivität des Landes als Abwanderungsgrund zeigt.

Arbeitslosigkeit und geringe Beschäftigungsmöglichkeiten in den Herkunftsregionen sind Wanderungsgründe, die v.a. von Zuwanderern aus städtischen Gebieten angeführt werden. Als ein weiterer, zunächst nicht erwarteter Wanderungsgrund ist von diesen Migranten aus der Stadt die zunehmende Gefährdung in der Großstadt, gerade auch an der städtischen Peripherie, genannt worden (vgl. Tab. 14).

Zu den wichtigsten im Zielgebiet der Wanderung zu suchenden *pull* –Faktoren gehören auf der anderen Seite familiäre und bekanntschaftliche Beziehungen zu bereits in Rondônia lebenden Kolonisten (VELHO 1984, S. 35 ff. weist auf die besondere Bedeutung dieses

Faktors für die Wanderung auch an andere Pionierfronten Amazoniens hin, s.u.), auf die 8 % der Nennungen entfallen, die Kenntnis — bzw. oftmals eher die Vermutung — großer Landreserven und guter Lebensbedingungen in Rondônia (8 % aller Nennungen) und, speziell von den aus städtischen Herkunftsgebieten Abgewanderten als Motiv genannt, der Wunsch nach einer *Rückkehr aufs Land* (4 % der Nennungen), der insbesondere dann verständlich wird, wenn man berücksichtigt, daß die Stadt für viele dieser Migranten nur eine Etappe in ihrer ursprünglich eher dem ländlichen Raum zuzuordnenden Lebens- und Migrationsgeschichte war.

Betrachtet man die unterschiedlichen genannten Wanderungsmotive in Abhängigkeit von den Herkunftsregionen der Migranten (vgl. Tab. 15), so zeigt sich zunächst durchweg die Dominanz der auf die unzureichenden Reproduktionsmöglichkeiten im ländlichen Raum bezogenen Motive bei allen Quellgebieten. Besonders bei den Migranten aus älteren Pionierfronten (Paraná, Mato Grosso do Sul, Mato Grosso), aber auch bei den Migranten aus Espírito Santo, dominieren Landlosigkeit und Landarmut als Migrationsgründe. Ansonsten fällt auf, daß die mit der Verschlechterung der städtischen Lebenssituation zusammenhängenden *push*- und *pull*- Faktoren vor allem von den Migranten aus São Paulo und Minas Gerais — wobei es sich hier z.T, um Zuwanderer aus den jeweiligen Metropolen São Paulo und Belo Horizonte handelt — genannt werden. Tab. 15 zeigt ergänzend hierzu, daß diese Migrationsgründe auch jeweils nur von in jüngerer Zeit in die NUARs selbst Zugewanderten angeführt wurden, was die bereits mehrfach vorgestellte These der Strukturveränderung der Migration nach Rondônia auch in Hinblick auf die Wanderungsmotive weiter unterstreicht.

Die Frage nach den Wanderungsgründen wird inhaltlich ergänzt durch die Erfassung der mit der Migration verbundenen Absichten (vgl. Tab. 16). Die Befragungen im PIC *Ouro Preto* zeigen, daß insgesamt sowohl von den Kolonisten im ländlichen Einzugsgebiet der NUARs, als auch von der in den NUARs lebenden Bevölkerung der Landerwerb (88 % der Nennungen) als Migrationsabsicht in Rondônia am häufigsten genannt wurde (vgl. Tab. 16). 64 % der Nennungen beziehen sich dabei auf den Landerhalt durch Zuteilung der staatlichen Landbehörde INCRA in einem der offiziellen Kolonisationsprojekte. 22 % der Nennungen bezogen sich auf die bereits bei der Wanderung bestehende Absicht Land zu kaufen (vgl. Tab. 16).

Für die Differenzierung der Zuwanderer nach Rondônia in sozialer Hinsicht und im zeitlichen Phasenverlauf der jungen Pionierfrontentwicklung ist es interessant, die beiden Migrationsabsichten *Landkauf* und *Landzuteilung durch INCRA*, die, wie gezeigt, den weitaus überwiegenden Teil der Migrationsabsichten umfassen, genauer nach Ankunftsjahr der diese Absichten nennenden Befragten in Rondônia und ihrer sozialen Stellung in den Herkunftsgebieten zu analysieren (vgl. Tab. 17).

Beim Vergleich der Akunftszeiträume fällt auf, daß der größte Teil der am Landkauf Interesssierten (nämlich 77 %) erst 1976 und später in Rondônia eingetroffen ist. Demgegenüber ist der größte Teil der Befragten, die als Migrationsabsicht den Landerhalt durch INCRA angeben, bereits vor 1976 nach Rondônia zugewandert (nämlich 57 %). Jedoch ist nach wie vor ein bedeutender Teil der Befragten mit der Absicht, Land durch INCRA zu erhalten, auch in den späteren Zeiträumen nach Rondônia zugewandert. Interessanterweise handelt es sich bei ihnen zum größten Teil um in den NUARs Befragte, die jedoch in der Realität diese Absicht bereits nicht mehr — oder noch nicht — realisieren konnten (vgl. zu den genannten Daten Tab. 17).

In Hinblick auf ihre jeweilige soziale Stellung im Herkunftsgebiet besteht der markanteste Unterschied zwischen den die beiden hier analysierten unterschiedlichen Migrationsabsichten nennenden Migrantengruppen darin, daß fast zwei Drittel der mit Kaufabsicht nach Rondônia gekommenen Befragten bereits über Landeigentum in den Herkunftsgebieten verfügt hatten, gegenüber nur 22 % bei den an Landzuteilung durch INCRA interessierten Befragten. Bei dieser letzteren Gruppe ist dagegen der Anteil der Pächter, *agregados* und Landarbeiter im Herkunftsgebiet mit 52 % dominierend, gegenüber nur 15 % dieser sozialen Gruppe bei den Kaufwilligen.

Ebenso ist in der Gruppe der auf Landzuteilung durch INCRA rechnenden Befragten der Anteil der im Herkunftsgebiet in der Stadt Arbeitenden absolut und relativ mit 26 % weit größer als bei den Kaufwilligen. Der größte Teil dieser Teilgruppe (67 %) wird dabei durch in den NUARs selbst Befragte gestellt, die in ihrer Mehrheit erst in jüngsten Jahren nach Rondônia zugewandert sind (siehe Tab. 17).

Zusammenfassend können wir also feststellen, daß im Zeitablauf seit Beginn der Agrarkolonisation in Rondônia 1970 eine gewisse Differenzierung der Migranten an der Pionierfront nach ihrer sozialen Stellung im Herkunftsgebiet und nach ihren mit der Migration verbundenen Absichten festzustellen ist. Während die erste Phase der Neulanderschließung in den staatlichen Kolonisationsprojekten großenteils durch die, aufgrund ihrer zumeist fehlenden Kapitalausstattung auf die Zuteilung von Land durch INCRA angewiesenen ehemaligen Pächter, *agregados* und Landarbeiter geprägt ist, kann in einer darauffolgenden Phase zusätzlich auch der Zustrom von Migranten, die aufgrund von Landverkauf im Herkunftsgebiet etc. über ein zumeist jedoch sehr beschränktes Eigenkapital verfügen, beobachtet werden. Diese Migranten sind bereits von Anfang an gezielt am Aufkauf schon inwertgesetzten Landes interessiert. Sie möchten so die, wegen anfangs in den Neusiedelgebieten noch großenteils fehlenden Infrastrukturen etc., in der Regel besonders beschwerliche anfängliche Rodungsphase *überspringen*.

Jedoch sollte diese beobachtbare Differenzierung der Migranten im Phasenablauf der Pionierfrontentwicklung in Hinblick auf die potentiell durch sie verursachte wirtschafts- und sozialräumliche Veränderung der ländlichen Gebiete Rondônias nicht überschätzt werden. Denn bei den kaufwilligen Migranten der jüngeren Jahre muß sicher unterschieden werden zwischen denen, die durch Besitzkonzentration und Einsatz *moderner* Produktionsmittel und -systeme das Bild der kleinbäuerlichen Agrarkolonisation tatsächlich nachhaltig verändern können, und dem Gros auch der Kaufwilligen, die sich in ihrer *Produktionsweise* nicht wesentlich von den durch INCRA angesiedelten Kolonisten unterscheiden.

Daß jedoch durch die beschriebene Differenzierung der Migrantengruppen und ihrer jeweiligen Absichten keineswegs die Nachfrage nach Landzuteilung durch die Kolonisationsbehörde INCRA nachläßt, zeigt sich durch den nach wie vor hohen Anteil der auf Landzuteilung hoffenden, erst in den jüngeren Jahren nach Rondônia zugewanderten Befragten, die hier im relativ früh begonnenen und bereits seit einigen Jahren *aufgesiedelten* PIC *Ouro Preto* v.a. bei der Befragung in den NUARs angetroffen wurden (vgl. Tab. 17), aber besonders auch als Halbpächter und *agregados* auf den Kolonistenbetrieben zu finden sind.

Auch weist der Anteil der ehemals in der Stadt Lebenden und Arbeitenden an der Gruppe der auf Landzuteilung Hoffenden (vgl. Tab. 17) darauf hin, daß die bereits mehrfach beschriebene strukturelle Veränderung der Migration nach Rondônia im Verlauf der letzten Jahre nicht unbedingt mit einer parallelen Veränderung der Migrationsabsichten einhergeht. D.h. viele der aus dem städtischen Raum Zugewanderten sind ebenso an Landzuteilung durch INCRA interessiert, wurden also durch das vorwiegend ländliche Reproduktionspotential der Pionierfront zur Wanderung motiviert und unterscheiden sich insofern nicht wesentlich von der *traditionellen* Klientel der offiziellen Agrarkolonisation in Rondônia.

Wanderungsmotive und –absichten zeigen zusammenfassend für alle Migrantengruppen aller Ankunftsphasen, wie zusätzlich auch viele Einzelgespräche mit Kolonisten dokumentieren, als vorherrschenden Beweggrund für die Wanderung nach Rondônia aus der Sicht der Betroffenen den Wunsch nach dauerhafter sozialer und ökonomischer Verbesserung durch Landerwerb, sei es der Wunsch nach erstmaligem Landerwerb seitens der ehemaligen Landlosen, sei es der Wunsch der Landarmen nach vergrößertem Landeigentum im Vergleich zu den Herkunftsräumen. Räumliche Mobilität ist also im Falle Rondônias verknüpft auch mit vertikaler, sozialer Mobilität, zumindest mit dem Wunsch nach sozialem Aufstieg.

Gleichzeitig muß die Wanderung nach Rondônia aber auch in Verbindung mit den genannten Verdrängungsprozessen in den Herkunftsräumen gesehen werden, die im Sinne sozialer Mobilität zunehmende Marginalisierungsgefahr, d.h. die Gefahr sozialen Abstiegs, in sich bergen. Deshalb ist die Wanderung an die Pionierfront besonders als *Überlebensstrategie* der Verdrängten mit der Hoffnung auf sozio–ökonomische Verbesserung zu interpretieren.

Ob dies in der Regel als tatsächlich gelungen angesehen werden kann, wird im Rahmen der weiteren Analyse der tatsächlichen Lebenssituation der Bevölkerung im ländlichen Raum Rondônias anhand der Befragungen in den drei Teilräumen des PIC *Ouro Preto* zu untersuchen sein.

Neben der sozio–ökonomischen Analyse der Migration, der Untersuchung der Wanderungsmotive und –absichten ist es zum Verständnis des Gesamtproblems wichtig, den eigentlichen Ablauf des Wanderungsvorgangs zu betrachten.

Hierzu gehört zunächst die Frage nach den Informationen und besonders den Informationsquellen, die der potentielle Migrant bereits im Herkunftsgebiet zum künftigen Wanderungsziel hatte (vgl. Tab. 18). Auch wenn sich die diesbezüglichen, hier vorgestellten Befragungsergebnisse nur auf die in den ländlichen Einzugsgebieten der NUARs befragten 79 Probanden beschränken, wird doch deutlich, daß besonders drei Ebenen der Informationsgewinnung von Bedeutung sind.

Dies ist zunächst der Informationsaustausch über das potentielle Zielgebiet mit Nachbarn, Bekannten etc. noch im Herkunftsgebiet. D.h. im konkreten Falle, daß nach Öffnung einer neuen Pionierfront, hier Rondônia, diese mit der Zeit immer mehr durch rückfließende Informationen bereits Abgewanderter in den Mittelpunkt der diesbezüglichen Diskussion in den Abwanderungsgebieten rückt. Das Interesse des Wanderungswilligen, der immer mehr sein sozio-ökonomisches Überleben gefährdet sieht, an einem neuen, besseren Reproduktionsmöglichkeiten versprechenden Lebensraum wird geweckt.

Die häufigst genannten Informationsquellen zum Zielgebiet der Wanderung sind bereits dort ansässige Verwandte und Bekannte (insgesamt 33 % der Nennungen, vgl. Tab. 18).

Der Verfasser konnte immer wieder beobachten, daß bereits in Rondônia ansässige Siedler die Verbindungen zu den Verwandten in z.T. sehr weit entfernt liegenden Landesteilen oft über Jahre hinweg aufrechtzuerhalten versuchen. Dabei spielen sicher eine Reihe von Faktoren eine Rolle, wie z.B. explizit allerdings nicht eingestandenes *Heimweh*, Suche nach sozialer Bindung, die sich in den Kolonisationsgebieten aufgrund ihrer stark heterogenen Zusammensetzung vielfach schwierig gestalten kann etc. Insgesamt kann bei der Aufrechterhaltung der Bindungen zu Familienangehörigen und Bekannten die Bedeutung der heute durchweg guten Anbindung auch entlegenster Landesteile an die überregionalen Kommunikationsnetze durch Post und besonders durch das erst in den letzten Jahren eingerichtete Telephon nicht hoch genug eingeschätzt werden. Selbst in kleinen Städten wie Ouro Preto do Oeste gehört der örtliche Telephonposten der Telephongesellschaft TELERON, von dem die meisten Orte Brasiliens bereits im Direktwählverkehr erreichbar sind, mit zu den wichtigsten und von den Siedlern meistbesuchtesten Einrichtungen. Die Erfahrung zeigt, daß — psychologisch aus der Sicht der Siedler nur zu verständlich — die positiven Aspekte der Wanderung nach Rondônia, die Verbesserungen gegenüber dem Herkunftsgebiet etc. im Gespräch mit den *Daheimgebliebenen* besonders, oft auch übertrieben, herausgestellt werden, wie nachgekommene Migranten dem Autor gegenüber angesichts der tatsächlich vorgefundenen Lebenssituation angaben.

Dieser Informationsfluß zwischen Rondônia und den Herkunftsgebieten der Migranten, in denen sich die Tendenz zur Abwanderung ja nicht wesentlich verändert, dürfte ein wesentliches Stimulans besonders für die Migranten der *zweiten Generation* sein.

Eine andere wichtige Informationsquelle, die ebenso entscheidend mit verwandtschaftlichen oder bekanntschaftlichen Beziehungen zu tun hat, ist die eigene Kenntnis des potentiellen Migrationsziels vor der endgültigen Wanderung (26 % der Nennungen, vgl. Tab. 18). Man fährt zu Besuch zu Verwandten und Bekannten, nimmt die Möglichkeiten, die sich bieten, selbst in Augenschein, hat aber theoretisch — auch wenn viele, die eigentlich *auf Besuch* sind, schon endgültig in Rondônia bleiben — den Rückweg und die endgültige Migrationsentscheidung noch offengehalten. Angesichts der oft drängenden Probleme der sozio–ökonomischen Existenzsicherung im Herkunftsgebiet wird jedoch auch hier das Potential der besuchten Region zunächst eher übertrieben positiv eingeschätzt. Hinzu kommt, daß die Existenz von Verwandten oder Bekannten die Unsicherheiten und Risiken der Wanderung als leichter zu bewältigen erscheinen lassen.

VELHO (1984, S. 35 ff.) stellt anhand ähnlicher Untersuchungsergebnisse in Pioniergebieten Ost–Amazoniens die Bedeutung der familiären Beziehungen bei Informationsgewinnung und letztendlich bei der Wanderungsentscheidung als wesentlich heraus. Dabei betont VELHO (1984, S. 36, 37) den Gegensatz zwischen *Freiheit* der Pionierfront und sozialen Restriktionen und Zwängen im Herkunftsgebiet, zwischen Reproduktionspotential und Marginalisierung, in der Perzeption der Betroffenen (*liberdade* versus *cativeiro*).

Insgesamt spielt Familiensolidarität bei der Wanderung sicherlich eine entscheidende Rolle, verspricht sie doch letztlich für den Neuanfang an der Pionierfront, als der das Leben in den Kolonisationsgebieten Rondônias angesehen werden muß, nicht nur soziale Geborgenheit, sondern auch konkrete materielle Hilfestellung (z.B. durch Austausch von Arbeitsleistungen etc.). Insofern ist es keine Seltenheit in den kleinen Teilräumen und Nachbarschaften der Kolonisationsgebiete mit der Zeit ganze Familienclans bzw. Migranten aus den gleichen Herkunftsräumen oder Mitglieder einer Religionsgemeinschaft etc. zu finden.

Bei der Informationsgewinnung über Rondônia vor der Migration fällt auf, daß von den Befragten relativ selten direkte Informationen von öffentlichen und privaten Kolonisationsinstitutionen und ebenso selten Informationen über Radio, TV oder Zeitungen genannt werden (insgesamt 15 % der Nennungen). Jedoch sollte nicht übersehen werden, daß indirekt der Einfluß dieser Faktoren, besonders der Einfluß der verschiedenen Kommunikationsmittel z.B. für den Informationsaustausch und die Diskussion unter den potentiellen Migranten, doch eine erhebliche Rolle gespielt haben dürfte, auch wenn ihr Einfluß von den Betroffenen direkt nicht wahrgenommen wurde.

Die Bedeutung der Beziehungen zu Verwandten und Bekannten im Zielgebiet für den Migranten wird weiterhin deutlich, wenn wir die Angaben zum ersten Wohnsitz in Rondônia nach der Wanderung (vgl. Tab. 22 — die Angaben beziehen sich auch hier nur auf die in den Einzugsgebieten der NUARs Befragten) betrachten. So gaben immerhin 31 der 71 Antwortenden (d.h. 44 %) an, zunächst bei Bekannten oder Verwandten aufgenommen worden zu sein.

Bevor jedoch weiter auf die Anfangsphase der Etablierung der Migranten in Rondônia eingegangen werden soll, einige Bemerkungen zum Wanderungsvorgang selbst.

In einem Flächenstaat von den enormen Ausmaßen Brasiliens mit einer Staatsfläche von ca. 8,5 Mio. km^2 ist ein großer Teil der Binnenmigrationen unter dem Distanzgesichtspunkt als *Fernwanderung* zu kennzeichnen. Die Wanderung in das peripher gelegene Rondônia ist unter Berücksichtigung der Entfernungen zu den wichtigsten Herkunftsgebieten der Migranten von zumeist mehreren 1.000 km praktisch immer eine Fernwanderung (vgl. Tab. 19).

Die Tatsache der Fernwanderung hat zunächst geographische Implikationen, wie besonders den mit der Wanderung verbundenen Wechsel zwischen verschiedenen natur- und auch wirtschaftsgeographischen Milieus. So z.B. den Wechsel vom randtropischen, z.T. noch frostgefährdeten Paraná in die inneren, feuchttropischen Regenwaldgebiete Rondônias mit entsprechenden Auswirkungen auf die jeweiligen Nutzungsmöglichkeiten etc. Selbst für den *wanderungserfahrenen* Migranten bedeutet dieser Milieuwechsel eine, wenn auch meist nicht so wahrgenommene *Streßsituation*. Neben erheblichen direkten Belastungen z.B. durch ein ungewohntes Klima, neben der Gefährdung durch regionsspezifische Krankheiten etc. wirkt sich der Milieuwechsel indirekt entscheidend auf Lebens- und Nutzungsformen aus, die bei den Kolonisten im Vergleich zu regional traditionellen Lebensformen meist wie ein Fremdkörper wirken. Dabei spielt die Perzeption der neuen, unbekannten Umwelt durch den Zuwanderer eine entscheidende Rolle. Die Adaption an ein so komplexes Milieu wie den tropischen Regenwald stellt für die Siedler in Rondônia eine oftmals auch von ihnen selbst unterschätzte Belastung dar. Das Problem der mangelhaften Anpassung der Kolonisten-Nutzungssysteme an die ökologischen Gegebenheiten, die unzureichende — auch wirtschaftlich unzureichende — Nutzung natürlicher Potentiale hängen in entscheidendem Maße mit den Auswirkungen der Migration als Fernwanderung zusammen.

Auch in sozialem und psychologischem Kontext stellt die Fernwanderung für den Migranten eine erhebliche Belastung dar, wird er doch weit mehr als der im nah- und mitteldistanziellen Bereich Wandernde aus seinen sozialen Bezugssystemen herausgelöst. So ist z.B. eine periodische Rückkehr in die Herkunftsgebiete allein wegen des finanziellen und zeitlichen Aufwandes der Reise nur selten möglich. Auch in diesem Zusammenhang ist der Versuch der Siedler, den Kontakt zu Verwandten und Bekannten im Herkunftsgebiet nicht abreißen zu lassen, bzw. diese ebenfalls zur Wanderung nach Rondônia zu bewegen, zu sehen.

Der Umzug nach Rondônia ist für viele Migranten auch finanziell ein belastender Faktor. Wegen seiner geringen finanziellen Ressourcen ist der Migrant z.B. großenteils auf relativ inhumane Transportformen angewiesen. 38 % der im ländlichen Einzugsgebiet der 3 NUARs im PIC *Ouro Preto* Befragten sind mit dem sog. *pau–de–arara* (*Papageienstange*) nach Rondônia gekommen (vgl. Tab. 20). Dies sind Lastwagen, meist Viehtransporter, die von ihren Besitzern zum Transport mehrerer Familien auf einmal mitsamt ihres ganzen Hab und Guts (Möbel, Vieh etc.) zu oft erheblichen Preisen eingesetzt werden. Dabei muß man berücksichtigen, daß, besonders in der Zeit vor der Fertigstellung der Asphaltstraße von Cuiabá nach Porto Velho, die Reise nach Rondônia je nach Jahreszeit mehrere Tage bis zu 3 bis 4 Wochen dauern konnte. In den meisten Gesprächen mit Kolonisten wurde deshalb immer wieder die Wanderung nach Rondônia als besonders leidvolle Erfahrung geschildert.

Dies gilt auch für diejenigen, die mit dem Bus nach Rondônia gekommen sind (35 % der Befragten), zumal die Busreise in früheren Jahren nicht weniger schwierig und zeitaufwendig war. Außerdem setzten die privaten Busfirmen, die ausschließlich an Gewinnmaximierung orientiert sind, auf den miserablen Straßen alte, meist bereits defekte Fahrzeuge ein, die zusätzlich oft übersetzt wurden. Pannen auf freier Strecke, die zu tagelangen Wartezeiten ohne Lebensmittel etc. führen konnten, waren keine Seltenheit. Außerdem muß man bei den mit dem Bus ankommenden Migranten berücksichtigen, daß sie nur ein Minimum an persönlichem Besitz und Umzugsgut mit nach Rondônia bringen konnten.

Mit größeren Kapitalmitteln ausgestattete Migranten konnten für sich und ihre Familie allein einen Lastwagen zum Umzug mieten (23 % der Befragten).

Das eigene Fahrzeug spielt, wie auch die Befragung zeigt, besonders bei den typischen, aus ländlichen Gebieten abwandernden Migrantengruppen eine untergeordnete Rolle. Insgesamt gar nicht ins Gewicht fällt bei der Migration nach Rondônia das Flugzeug als Transportmittel.

An früherer Stelle wurde bereits erwähnt, daß ein bedeutender Anteil der Migranten, wie sich bei den Befragungen herausstellte, während der Anfangsphase in Rondônia bei Bekannten oder Verwandten erste Aufnahme gefunden hat.

Die ersten Monate, z.T. handelt es sich auch um Jahre, bis zur dauerhaften Etablierung der Migranten in ihrer neuen Heimat Rondônia sollen hier noch unter dem Oberthema Migration behandelt werden, zumal die Befragungen im PIC *Ouro Preto* gezeigt haben, daß der Migrationsprozeß mit der Ankunft in Rondônia noch keineswegs als abgeschlossen angesehen werden kann.

Der erste Wohnort und meist auch die erste Beschäftigung im Zielgebiet entsprechen in der Regel noch nicht den mit der Migration verbundenen Absichten.

Entscheidend ist hierbei z.B. im Fall der Migranten, die auf Landzuteilung durch das INCRA hoffen, daß die Zuteilung erst nach Meldung des Ansiedlungswilligen und Teilnahme an einem in unterschiedlichen Zeitabständen stattfindenden Auswahlverfahren des INCRA in Rondônia selbst in Abhängigkeit von den jeweils zu Ankunftzeit der Migranten noch zu besiedelnden Kolonisationsgebieten erfolgen kann (vgl. hierzu ausführlicher Kap. III.4.3.).

D.h. die erste Zeit befindet sich der Migrant sozusagen in *Warteposition*, die je nach Situation in früheren Jahren meist von relativ kurzer Dauer, in jüngerer Zeit jedoch aufgrund der zunehmenden Landverknappung in den Kolonisationsgebieten bei gleichzeitig immer stärker werdender Nachfrage durch Ansiedlungswillige von mehrjähriger Dauer sein kann.

Insofern ist bei der größten Zahl der Befragten besonders in den ländlichen Einzugsgebieten der NUARs, aber auch in den NUARs selbst, der jetzige Wohnort nicht der erste in Rondônia (erfaßt wurden bei der Befragung nur Wohnorte mit einer Verweildauer von mindestens 3 Monaten).

Nur 20 % der Befragten sind mit der Zuwanderung direkt an ihren jetzigen Wohnort gekommen. Von diesen 20 % wiederum wurden 76 % in den NUARs angetroffen. Für diese direkt in die NUARs gekommenen Befragten dürfte es sich jedoch zu einem erheblichen Teil bei dem jetzigen Wohnort *NUAR* um eben die bereits genannte erste *Warteposition* nach der Migration handeln, denn, wie bereits ausgeführt, die überwiegende Migrationsabsicht der in den NUARs Befragten ist auch der Landerwerb.

Die übrigen 80 % der Befragten haben also mindestens einmal in Rondônia ihren Wohnort bereits gewechselt. Interessant ist dabei, daß immerhin 27 % der jetzt ja ausschließlich im ländlichen Raum Befragten (NUAR und Einzugsgebiet) ihren ersten Wohnsitz in einer der jungen Pionierstädte Rondônias an der BR 364, zum bei weitem überwiegenden Teil im städtischen Zentrum der Kolonisationsregion Ji–Paraná, hatten. Dies kann als Hinweis für die *Wartesaalfunktion* der neuen Städte an der Pionierfront gewertet werden.

Viele Zuwanderer versuchen, die erste Zeit in Rondônia in den Städten, wo man sich ein einfaches Haus baut oder mietet und wo man versucht, durch die verschiedensten, oftmals *informellen* Aktivitäten den Lebensunterhalt zu erwirtschaften, zu überbrücken, bis sich eine Chance zur Realisierung der mit der Migration verbundenen Wünsche, sei es Zuteilung eines Stücks Neuland durch INCRA, sei es der Kauf einer Landparzelle, ergibt.

Der als vorübergehend geplante Aufenthalt in der Stadt und die dort ausgeübte städtische Erwerbstätigkeit werden jedoch auch oft, entgegen der ursprünglichen Absichten, zur Dauersituation (vgl. auch Kap. III.4.7.).

Der überwiegende Teil der Befragten (53 %) hatte jedoch auch den ersten Wohnsitz in Rondônia bereits im ländlichen Raum (vgl. Tab. 21), v.a. bei Bekannten und Verwandten, die bereits in Rondônia ansässig waren, aber auch bei bis dahin nicht bekannten Familien.

Die Charakterisierung der Anfangsphase im Zielgebiet der Migration wird ergänzt durch die Analyse der ersten Beschäftigung in Rondônia. Insgesamt 77 % der genannten ersten Beschäftigungen beziehen sich dabei auf eindeutig dem ländlich/landwirtschaftlichen Bereich zuzuordnende Tätigkeiten.

An erster Stelle stehen prozentual diejenigen, die in der Anfangsphase in Rondônia als Halbpächter auf den Betrieben bereits etablierter Kolonisten gearbeitet haben (26 % der Nennungen), danach die sog. *agregados* (21 %), also solche, die von Kolonisten — meist Verwandten oder Bekannten — ein Stück Land zur eigenen Bearbeitung für eine Übergangszeit ohne Abgabeverpflichtung eines Ernteanteils wie bei den Halbpächtern erhalten haben[1].

---

1) In Rondônia werden besonders auf Betrieben, die Dauerkulturen (besonders Kaffee und Kakao) anbauen, Halbpächter z.T. zunächst zur Anpflanzung und Pflege in den ersten Jahren, aber auch bei älteren, produktiven Beständen zur Bearbeitung und Ernte für einige Jahre kontraktiert. In der Regel haben sie die Möglichkeit, besonders bei jungen Dauerkulturbeständen, als Zwischenpflanzung Jahreskulturen (bes. Reis, Mais und Bohnen) zu ihrer eigenen Subsistenzsicherung ohne Abgabeverpflichtung anzubauen.

Viele Migranten sehen sich also somit in der Anfangsphase ihres *neuen Lebens* an der Pionierfront mit ähnlichen Produktionsverhältnissen konfrontiert wie in ihren Herkunftsgebieten.

16 % der Nennungen bezüglich der ersten Beschäftigung beziehen sich auf die in der Regel angestrebte Tätigkeit des Kolonisten als Landeigentümer (*parceleiro*). Hierbei handelt es sich um solche Befragte, die entweder Land gekauft haben, oder relativ direkt durch INCRA Land erhalten haben. 9 % der Nennungen beziehen sich auf eine Tätigkeit als Tagelöhner in der Landwirtschaft in der Anfangsphase nach der Migration (vgl. zu den genannten Angaben Tab. 23). 20 % der insgesamt genannten ersten Beschäftigungen sind solche, die eher dem städtischen Raum, bzw. dem *dörflichen* Bereich der NUARs zuzurechnen sind, wie Kleinhändler, Kleinhandwerker, Angestellter etc. (vgl. Tab. 23). In vielen Fällen sind die ersten Tätigkeiten in Rondônia, v.a. im städtischen Bereich, eher informeller Art. Die Migranten versuchen, mit den Fähigkeiten, die sie besitzen und die sie zumeist als selbständige Kontraktnehmer anbieten (z.B. als Zimmerleute beim Hausbau, bei Möbelherstellung, als Mechaniker, die Ehefrauen oft als Wäscherinnen, Köchinnen, die Kinder als Eisverkäufer, Schuhputzer etc.), in der Anfangszeit den Unterhalt für die Familie sicherzustellen.

Viele sehen in der Eröffnung eines kleinen Geschäftes, meist ein sog. *bolicho*, der als Kombination aus Gemischtwarenladen und Getränkeausschank zu bezeichnen wäre, eine erfolgversprechende Einkommensquelle. Die Zahl dieser *bolichos* in jeder neuen auch noch so kleinen Ansiedlung ist erstaunlich (vgl.Kap. III.4.7. und V.4.1.).

Vielen in den letzten Jahren nach Rondônia zugewanderten Migranten wird im Endeffekt auch bei anderer Migrationsabsicht wegen der zunehmend beschränkten Ansiedlungskapazität und des permanent wachsenden Drucks auf die Landreserven Rondônias infolge der stark ansteigenden Migration nichts anderes übrig bleiben, als städtische Existenzformen, zunehmend auch aufgrund der beschränkten Absorptionskapazität der jungen noch unstrukturierten Wirtschaft der Pionierstädte erneuter Marginalisierungsgefahr ausgesetzt, auf Dauer zu akzeptieren.

III.3.4. Zur Bedeutung der Etappen–Migration. Rondônia als Teil der *moving frontier* Brasiliens

Bei der bisher vorgestellten Analyse der Migration nach Rondônia wurde nur der eigentliche Wanderungsvorgang ins Zielgebiet Rondônia, die im Herkunftsgebiet begründeten Wanderungsmotive, die mit der Wanderung verbundenen Absichten etc. berücksichtigt. Die Rondônia–Wanderung stellt jedoch bei vielen Migranten nur ein Glied einer langen Kette von sukzessiven Wanderungen im Verlauf ihres Lebens dar. Zur genaueren Charakterisierung der Zuwanderer wie auch zur Einordnung der aktuellen Migration nach Rondônia in einen zeitlich–räumlichen Gesamtrahmen kann deshalb die Untersuchung dieser *Migrationsgeschichten* der Zuwanderer wesentlich beitragen.

Bei beiden Befragungen im PIC *Ouro Preto* (in den drei NUARs und in ihren ländlichen Einzugsgebieten) wurde versucht, die persönliche Wanderungsgeschichte durch die Erhebung sämtlicher wichtiger Wohnorte vor der Wanderung nach Rondônia und sämtlicher bisheriger Wohnorte in Rondônia zu fassen (vgl. Fragebögen im Anhang). Als methodisch schwierig erwies sich dabei, daß die Befragten bei einer oft verwirrend großen Zahl von Wohnortswechseln sowohl über kurze, als auch sehr oft über große Distanzen in der

Befragungssituation nur annähernde Angaben besonders zur Verweildauer an den jeweiligen Wohnorten machen konnten.

Es wurde versucht, zumindest alle Wohnortswechsel zwischen verschiedenen Munizipien zu erfassen, wobei eine Mindestverweildauer am jeweiligen Wohnort von ca. einem Jahr als Erfassungsuntergrenze gesetzt wurde. Für die Wohnortswechsel in Rondônia selbst wurde eine Verweildauer von mindestens drei Monaten als Untergrenze gesetzt.

Die sichersten Angaben bezogen sich jeweils auf die interregionalen Wanderungen, d.h. hier Wanderungen zwischen verschiedenen brasilianischen Bundesstaaten. Bei den auch quantitativ sehr bedeutenden intraregionalen Wanderungen, hier verstanden als Wohnortswechsel innerhalb eines Bundesstaates, müssen die erhaltenen Angaben als eher zu niedrig angesehen werden.

Besonderer Wert wurde bei der Erhebung der Migrationsgeschichte auf die Differenzierung des jeweiligen Wohnorts auch in den früheren Etappen nach städtischem und ländlichem Raum gelegt.

Die vorrangige Bedeutung einer oft in zahlreichen Etappen verlaufenen Migrationsgeschichte wird klar deutlich, wenn wir berücksichtigen, daß nur ca. 28 % der Befragten aus dem Staat, in dem sie geboren wurden, nach Rondônia zugewandert sind. Der Anteil reduziert sich auf nur 13 % der Befragten, wenn wir die Zuwanderung vom Geburtsort direkt nach Rondônia, d.h. ohne Wohnortswechsel im Bundesstaat, in dem der Migrant geboren wurde, berücksichtigen, und auf nur 1 % der Befragten, wenn wir die Fälle der Direktwanderung vom Geburtsort zum heutigen Wohnort zugrundelegen.

Dies bedeutet, daß zumindest 87 % der Befragten bereits vor der Wanderung nach Rondônia an mehr als einem Ort für längere Zeit gelebt haben, und daß 72 % aller Befragten vor der Wanderung nach Rondônia bereits in mehr als nur einem brasilianischen Bundesstaat gewohnt haben (vgl. Tab. 24 und Karte 10, in der nur die interregionalen Wanderungen im Laufe der Migrationsgeschichten berücksichtigt werden konnten).

Nach der Gesamtzahl der Wohnorte (d.h. inclusive Geburtsort und inclusive der bisherigen Wohnorte in Rondônia) haben 59 % der Befragten bisher bis zu 5 Wohnorten und 41 % der Befragten 6 bis 10 Wohnorte durchlaufen (vgl. Tab. 25). Der Anteil derer, die ihre Wohnorte relativ häufig gewechselt haben, die mithin eine hohe räumliche Mobilität aufweisen, ist also bei den Migranten, die nach Rondônia kommen, relativ hoch. Vergleicht man Geburtsort und Herkunftsort der Befragten nach Großregionen und den wichtigsten Herkunftsstaaten, lassen sich z.T. erhebliche Unterschiede feststellen, sodaß folglich die Herkunftsregion allein zur Charakterisierung der Migranten nicht ausreicht, handelt es sich doch bei einem Großteil auch im Herkunftsgebiet nicht um dort Gebürtige, sondern ebenfalls um Zuwanderer (siehe Tab. 26).

So ist zwar mit 32 % der Befragten ein großer Teil aus Paraná zugewandert (s.o.), jedoch sind nur 10 % der Befragten auch dort geboren. 29 % sind aus den Staaten des Mittelwestens nach Rondônia gekommen, aber nur 3 % wurden dort geboren.

Dagegen sind 36 % der Befragten in Minas Gerais gebürtig, wo jedoch nur 12 % ihren letzten Wohnsitz vor der Rondônia–Wanderung hatten. Ebenso wurden 19 % in den Staaten des Nordostens geboren; nur 4 % der Befragten lebten aber dort unmittelbar vor der Wanderung nach Rondônia (vgl. Tab. 26). Diese Ergebnisse sind im Zusammenhang der typischen, weiter oben bereits angesprochenen Strukturen der brasilianischen Binnenmigration zwischen Ab- und Zuwanderungsgebieten und ihrer jeweiligen raum–zeitlichen

Etappen-Migration nach Rondônia

Basis: 170 Kolonisten des PIC "Ouro Preto"

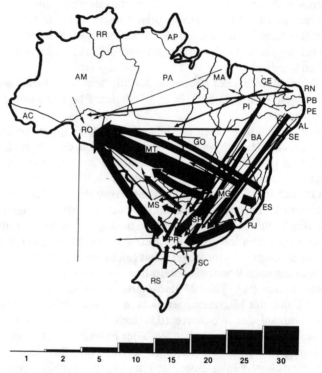

Erste Wanderungsetappe

Erste Wanderungsetappe: 170 Migranten

Zweite Wanderungsetappe: 121 Migranten

Dritte Wanderungsetappe: 52 Migranten

Vierte Wanderungsetappe: 20 Migranten

Fünfte, sechste und siebte Wanderungsetappe: 6 Migranten

Entwurf: Martin Coy 1986

Karte 10/1

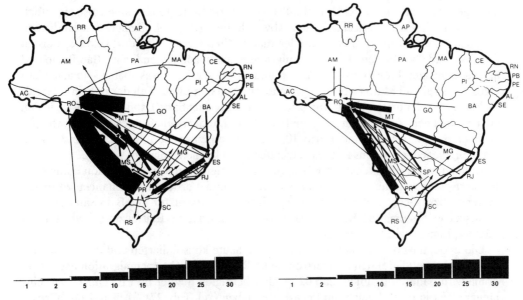

Zweite Wanderungsetappe

Dritte Wanderungsetappe

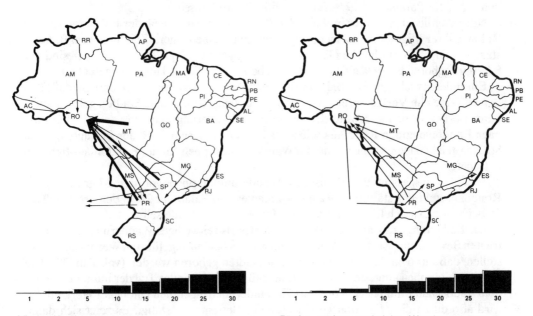

Vierte Wanderungsetappe

Fünfte, sechste und siebte Wanderungsetappe

Karte 10/2

Verlagerung zu sehen. Ca. 55 % der im PIC *Ouro Preto* Befragten stammen also eigentlich aus den traditionellen brasilianischen Abwanderungsgebieten, nämlich den ländlichen Räumen des Nordostens und des Bundesstaates Minas Gerais. Von dort sind sie, meist in den 50er und 60er Jahren, den Hauptmigrationsrichtungen folgend, nach São Paulo und an die damaligen Pionierfronten Paraná und – oft zeitlich etwas später – nach Mato Grosso do Sul und Mato Grosso abgewandert. Daneben ist ein Teil der in Minas Gerais Gebürtigen in der ersten Wanderungsetappe in das benachbarte Espírito Santo, wo in den 50er und frühen 60er Jahren die kleinbäuerliche Landwirtschaft noch expandierte, abgewandert (vgl. Tab. 24 und Karte 10, die nach aufeinander folgenden Wanderungsetappen, die jedoch jeweils zeitlich verschoben sein können, angelegt wurde).

Hauptzuwanderungsregionen waren für diese Migranten also auch schon damals die Pionierfronten, die den *Kleinen* bessere Lebens- und Verbesserungschancen zu bieten schienen, bzw. Gebiete, die durch ihre spezifische Agrarstruktur – z.B. in São Paulo das agrarsoziale System des Kaffeeanbaus – den Migranten Existenzmöglichkeiten als Pächter, Landarbeiter etc. boten.

Die Bedeutung der ehemaligen und älteren, heute konsolidierten und *modernisierten*, bzw. sich konsolidierenden Pionierfronten im Rahmen der Etappenmigration nach Rondônia wird dadurch deutlich, daß 42 % aller befragten Siedler im PIC *Ouro Preto* eine längere Zeit in Paraná gelebt und gearbeitet haben (vgl. Tab. 27), 31 % in Mato Grosso do Sul und Mato Grosso (vgl. Tab. 28). Beide Werte sind also mithin noch höher als der Anteil derjenigen, die die entsprechenden Gebiete als Herkunftsregionen angegeben haben (32 % für Paraná und 29 % für die beiden Mato Grossos).

Noch deutlicher wird dies im Falle São Paulos. Insgesamt 26 % der Befragten sind im Rahmen ihrer Migrationsgeschichte irgendwann für eine längere Zeit in diesem Bundesstaat – sehr oft im städtischen Raum – ansässig gewesen (vgl. Tab. 29), jedoch sind nur 8 % dort geboren und 9 % der Befragten geben São Paulo als Herkunftsgebiet an.

Ein anderes wichtiges Ergebnis der Befragungen zur Migrationsgeschichte ist, daß 50 % der Befragten im Verlauf ihres bisherigen Lebens eine Zeit lang in Städten gelebt haben, unter Berücksichtigung sowohl der städtischen Wanderungsetappen vor der Migration nach Rondônia und in Rondônia selbst. Es bleiben immerhin 34 % der Befragten, die in Städten gelebt haben, wenn wir nur die Wanderungsetappen vor der Rondônia–Migration betrachten.

Von den insgesamt 97 städtischen Wanderungsetappen vor der Migration nach Rondônia stellt der städtische Raum des Staates São Paulo mit 25 % den größten Teil. Dabei handelt es sich fast immer um die Hauptstadt São Paulo selbst.

Die Bedeutung des städtischen Lebensraumes als zeitweiliges Wanderungsziel der befragten Bevölkerung wird noch klarer, wenn wir den beiden angeführten Werten entgegenstellen, daß nur 6 % der Befragten auch in Städten geboren wurden (vgl. Tab. 30). Die bereits weiter oben aufgestellte Hypothese, daß ein bedeutender Teil der immer mehr aus dem städtischen Raum nach Rondônia Zuwandernden eigentlich ländlicher Herkunft ist, wird also durch die Migrationsgeschichten der Befragten bestätigt. Es zeigt sich damit auch, daß – auch wenn dies quantitativ hier nicht faßbar ist – Abwanderung aus dem ländlichen Raum und Zuwanderung in die Städte in Brasilien kein *irreversibler* Prozeß ist, sondern daß es daneben eine, quantitativ zwar sicherlich untergeordnete Möglichkeit der Rückwanderung in den ländlichen Raum gibt, wobei der Pionierfront mit ihrem als besonders hoch erachteten sozio–ökonomischen Reproduktionspotential für die unteren sozialen Gruppen des Gesellschaftssystems durch ihre vermeintlich unbegrenzten Landreserven, durch die vermeintlich besseren Möglichkeiten zu schnellerem sozialem Aufstieg als in bereits älter-strukturierten Räumen besondere Bedeutung zukommt.

Zum besseren Verständnis des zeitlich–räumlichen Ablaufs der Etappenmigration nach Rondônia, um ihre sozio–ökonomischen Implikationen besser einschätzen zu können und nicht zuletzt um die bisherige Gesamtbetrachtung durch den Aspekt des persönlichen Schicksals der befragten Siedler zu bereichern, sagt dies doch schließlich oftmals weit mehr aus als *totes Zahlenmaterial*, sollen nachfolgend anhand ausgewählter Fälle einzelne Migrationsgeschichten von im PIC *Ouro Preto* Befragten nachgezeichnet werden[1]. Es wurden bewußt solche Fälle ausgewählt, die über zumeist mehrere Etappen verfügen, um so das hier im Vordergrund stehende Phänomen der Etappenmigration besser fassen zu können.

a) Sr. José wurde in Minas Gerais (Munizip Central de Mantena) geboren (Nr. 29). 1960 ist sein Vater nach Paraná abgewandert, wo er im Munizip Campina da Lagoa zunächst 4 Jahre als Tagelöhner und später 6 Jahre als Halbpächter (mit dem Anbau von Jahreskulturen) lebte und arbeitete. 1970 ist die Familie nach Rondônia gekommen. Haupt–Wanderungsmotiv war Landlosigkeit: ... *sempre trabalhei na terra dos outros...* (immer habe ich auf dem Lande Anderer gearbeitet). Nach kurzer Zeit erhielten sie damals durch Zuteilung durch INCRA ein 100 ha–Landstück, verkauften es jedoch nach 5 Jahren bereits wieder. Danach haben sie 5 Jahre in der Stadt Ji–Paraná gelebt, von wo aus die männlichen Familienmitglieder wieder als Tagelöhner bei anderen Kolonisten arbeiteten. Seit 1984 leben sie im NUAR *Nova Colina* und arbeiten weiterhin *auf dem Lande Anderer* als Tagelöhner.

b) Sr. João wurde in Minas Gerais (Munizip Resplendor) geboren (Nr. 26). Sein Vater war landloser Pächter. 1946 ging er in das benachbarte Espírito Santo (Munizip Barra do São Francisco), wo er ebenfalls wie sein Vater ca. 16 Jahre lang als Pächter lebte. 1962 siedelte er nach Paraná über (Munizip Campina da Lagoa). Auch dort bearbeitete er als Pächter ca. 7 ha, auf denen er v.a. Subsistenzkulturen anbaute. 1973 ging er mit der Absicht von INCRA Land zu erhalten nach Rondônia. Wanderungsmotiv war also auch hier Landlosigkeit. Nachdem er 2 Jahre in der Stadt Ji–Paraná gelebt und gearbeitet hatte, konnte er auf ein 100 ha–lote bei Ji–Paraná übersiedeln. Zur Verbesserung seines Betriebes schloß er einen Kredit zur Finanzierung einer Kautschuk–Pflanzung ab, konnte aber die Zinsen nicht bezahlen, sodaß er schließlich nach nur 7 Jahren zur Schuldentilgung sein Land wieder verkaufen mußte. 1982 ist er in den NUAR *Nova Colina* übergesiedelt, wo er einen der ersten *bolichos* (Kleinladen mit Getränkeausschank) eröffnete.

c) Sr. Manoel stammt ebenfalls aus Minas Gerais (Munizip Governador Valadares) (Nr. 27). 1956 wanderte er in das benachbarte Espírito Santo ab, wo er im Munizip Vila Velha für 10 Jahre als Pächter lebte. 1966 ging er nach Palotina in Paraná. Dort konnte er ca. 12 ha Land erwerben. Weil dies jedoch auf Dauer für die Familie zu wenig war, wanderte er 1972 nach Acre ins Munizip Brasileia weiter, wo er ca. 120 ha Land kaufen konnte. Jedoch lebte er nur 4 Jahre auf dem Land und verkaufte es dann, auch wegen der seiner

---

1) Die Namen der Siedler wurden vom Autor verändert, die Ordnungsnummern beziehen sich auf die Zuordnung der jeweiligen Fälle in Tab. 24, wobei jeweils der Bezug die Geburtsregion des Befragten ist.

Meinung nach geringen Fruchtbarkeit. Er siedelte in die Stadt Brasileia (Acre) über. Dort lebte er für 3 Jahre und arbeitete als Kleinhandwerker. 1979 kam die Familie nach Ji–Paraná in Rondônia, wo sie 5 Jahre lang in der Stadt wohnte. Sie arbeiteten dort zunächst auf einem kleinen Landstück (*chácara*) in unmittelbarer Nähe der Stadt, tauschten das Land später aber gegen einen Eisladen (*sorveteria*) in der Stadt. Weil jedoch das Überleben für die *Kleinen* seiner Meinung nach auch in der Stadt an der Pionierfront immer schwieriger wird, ist Sr. Manoel mit seiner Familie 1984 in den NUAR *Teixeirópolis* übergesiedelt, um dort ebenfalls einen kleinen Eisladen zu betreiben, was jedoch wegen fehlender Elektrizität etc. sehr schwierig sein wird.

d) Sr. Pedro wurde in Ceará (Munizip Barbeia) geboren (Nr.2). Seine Eltern hatten dort kein Land, sondern arbeiteten immer *für die Anderen*. 1958 siedelte er nach Paraná über. Innerhalb von 23 Jahren hat er in Paraná an mindestens 5 verschiedenen Orten gelebt und immer als Tagelöhner oder Halbpächter gearbeitet (in den Munizipien Cruzeiro do Sul, São Carlos, Ubiratã, Foz do Iguaçu, São José). Mechanisierung und Besitzkonzentration in Paraná ließen den *Kleinen* und Landlosen immer weniger Überlebensmöglichkeiten: *...saiu tudo para os tubarão...* (alles ging an die *Haie*). 1981 kam er nach Rondônia, um von INCRA Land zu erhalten, was er jedoch bisher nicht bekommen hat. Die ersten drei Jahre in Rondônia arbeitete er auf drei verschiedenen Kolonistenbetrieben als Halbpächter. 1983 siedelte er in den NUAR *Nova União* über, wo er aber bisher noch keine dauerhafte Erwerbsquelle finden konnte.

e) Sr. Antônio stammt aus Pernambuco (Munizip Caruaru) (Nr. 21). 1949 wanderte er in den ländlichen Raum des Staates São Paulo ab, wo er als Pächter Beschäftigung fand. 1955 siedelte er in das heutige Mato Grosso do Sul in das Munizip Dourados über, damals eine kleinbäuerliche Pionierregion. Dort bewirtschaftete er als Landeigentümer ca. 29 ha. Da er in Süd–Mato Grosso keine Verbesserungsmöglichkeiten mehr sah und auch wegen Gesundheitsproblemen das Land verkaufen mußte, kam er 1972 nach Rondônia. Nach zweijähriger Anfangszeit in der Stadt Ji–Paraná, von wo aus er als Halbpächter auf dem Betrieb eines Kolonisten arbeitete, erhielt er 1974 von INCRA ein 100 ha–Landstück. Dort lebte er 9 Jahre. 1984 ist er in den NUAR *Teixeirópolis* übergesiedelt, wo er einen Kleinhandel betreibt. Sein Land bewirtschaftet er weiter, zusätzlich hat er dort zwei Familien beschäftigt, die eine über 10 ha große Kaffeepflanzung in Halbpacht bearbeiten.

f) Sr. Francisco wurde in Ceará (Munizip Juazeiro do Norte) geboren (Nr. 6). 1930 siedelte seine Familie nach Alagoas über, von wo aus sie nach 21 Jahren 1951 in den ländlichen Raum von Presidente Prudente im Bundesstaat São Paulo abwanderte. Dort lebte Sr. Francisco 8 Jahre lang als Halbpächter. 1959 ging er in das relativ nahe Dourados in Mato Grosso do Sul, das schon seit den 40er Jahren als kleinbäuerliche Pionierfront erschlossen war. Sr. Francisco konnte dort ca. 12 ha Land kaufen, auf dem er hauptsächlich Subsistenzkulturen anbaute. Doch das Land war relativ unfruchtbar (*terra fraca*), außerdem kauften Fazendeiros die kleineren Betriebe, wie vorher bereits in São Paulo, immer mehr auf. Nach 14 Jahren in Dourados verkaufte er 1973 sein Land wieder und wanderte weiter nach Norden, nach Rondônia, wo er zunächst ein Jahr als Halbpächter bei einem schon vorher nach Rondônia übergesiedelten Bekannten wohnte, bevor er von INCRA ein 100 ha– Landstück erhielt. Wegen Bankschulden mußte er 1978 die Hälfte seines lotes verkaufen. 1982 verkaufte er noch ein weiteres Stück Land, sodaß ihm nur noch ca. 20 ha bleiben. Diese bewirtschaftet er nun mit seiner

Familie, mit der er 1984 in den nahegelegenen NUAR *Nova Colina* übergesiedelt ist. Zusätzlich lebt auf dem verbliebenen 20 ha–Landstück ein Halbpächter mit seiner Familie.

g) Sr. João Batista stammt aus Presidente Prudente in São Paulo (Nr. 6). Dort besaß er kein Land. 1960 wanderte er in die Pionierzone von Fátima do Sul im heutigen Mato Grosso do Sul. Er baute dort auf ca. 5 ha eigenem Land hauptsächlich Baumwolle und Erdnuß an. Weil sein Land für die Familie zu klein wurde, und weil die zunehmende Mechanisierung zu Besitzkonzentration führte und die Überlebensmöglichkeiten der *Kleinen* immer mehr einschränkte, kam er nach 16 Jahren in Fátima do Sul 1976 nach Rondônia, wo er die Rechte eines Okkupanten auf ein 100 ha–Landstück kaufte. Später wurde sein Land, das er bis heute bewirtschaftet, von INCRA offiziell regularisiert.

h) Sr. Roberto wurde in Minas Gerais (Munizip Iapú) geboren (Nr. 38). Er und seine Familie besaßen dort 30 ha Land. 1975 verkaufte er seinen für die Familie nicht mehr ausreichenden Betrieb und ging an die Pionierfront nach Cáceres in Mato Grosso. Er konnte dort 44 ha Land erwerben. Jedoch stellte sich auch dieses Land bereits bald als zu wenig für die gesamte Familie heraus. Deshalb kam er 1978 nach Rondônia, wo er mit dem Erlös des in Mato Grosso verkauften Landes ca. 100 ha kaufen konnte.

i) Sr. Ernesto ist ebenfalls in Minas Gerais (Munizip Teôfilo Otoni) gebürtig (Nr. 47), wanderte aber 1960 als junger Mann in den ländlichen Raum des Munizips Campo Grande in Mato Grosso do Sul ab. Dort arbeitete er als Verwalter etc. auf den großen landwirtschaftlichen Betrieben der Region. Nach 6 Jahren ging er 1966 weiter nach Norden, nach Rondonôpolis in Mato Grosso, jüngere Pionierregion der 50er Jahre, 1967 schließlich nach Tangará da Serra, ebenfalls in Mato Grosso. Immer arbeitete er ... *para os outros* (für die Anderen). 1968 kam er mit der ersten Migrantenwelle nach Ji–Paraná in Rondônia, um von der privaten Kolonisationsfirma CALAMA S.A. (s.o.) Land zu kaufen. Da sich jedoch die Versprechungen der Firma als falsch erwiesen, blieb ihm nichts anderes übrig, als 4 Jahre lang in der Stadt Ji–Paraná mit den verschiedensten Arbeiten, u.a. beim Straßenbau sein Geld zu verdienen. 1972 erhielt er von INCRA das 100 h Landstück, auf dem er heute u.a. eine 24 ha große Kakao–Pflanzung unterhält.

Die nächsten beiden Beispielsfälle repräsentieren die auch in Rondônia recht häufig zu findende ethno–soziale Gruppe der deutschstämmigen Siedler, die vor mehreren Generationen nach Brasilien gekommen sind, meist in den Süden, jedoch auch wie die pommerschen Vorfahren der beiden hier angeführten Befragten nach Espírito Santo (vgl. PFEIFER 1973). Mit den beiden in sozio–ökonomischer Hinsicht und in Hinblick auf ihre soziale und räumliche Wanderungsgeschichte recht unterschiedlichen Fällen soll u.a. gezeigt werden, daß die Assoziierung bestimmter sozialer und ökonomischer Merkmale und Verhaltensweisen, und damit Assoziierung sozio–ökonomischer Erfolgschancen, mit bestimmter regionaler, ethnischer, religiöser Herkunft zumindest im Falle Rondônias nicht unbedingt zutreffen muß.

j) Sr. Augusto Mueller stammt aus Afonso Cláudio in Espírito Santo (Nr.17). Er ist Lutheraner und Nachfahre pommerscher Einwanderer. Er war in Espírito Santo Eigentümer von ca. 75 ha Land, auf dem er v.a. Subsistenzkulturen anbaute und Viehhaltung (bes. Schweinehaltung) betrieb. In den 60er Jahren wurde von den Fazendeiros der Region immer mehr Klein– und Mittelbesitz aufgekauft. Da sein Land inzwischen im Zuge der Landwechselwirtschaft unproduktiv geworden war, verkaufte auch er und ging 1968 an die Pionierfront nach Cáceres in Mato Grosso, wo er mit dem Verkaufserlös ca. 40 ha Land erwerben konnte. Er war jedoch schon bald in Mato Grosso nicht mehr zufrieden. Viele seine Verwandten und Bekannten waren bereits in Rondônia ansässig und schilderten ihm die relativ günstigen Bedingungen der Region, sodaß er sich 1974 ebenfalls zur Weiterwanderung nach Norden, nach Rondônia entschloß. Das erste Jahr verbrachte er auf dem Land eines Kolonisten als Halbpächter. 1975 konnte er mit dem Erlös des Landverkaufs in Mato Grosso ca. 100 ha Land, das er heute mit seiner Familie bewirtschaftet, erwerben.

k) Sr. Emílio Schmitt ist in Côrrego Grande (Espírito Santo) gebürtig (Nr. 9). Seine Familie hatte dort kein Land. Auch in den 60er Jahren wurde es schon immer schwieriger, in Espírito Santo Pachtstellen zu erhalten. Deshalb ging er 1965 nach Campo Mourão in Paraná, wo er bis 1972 in Halbpacht Kaffee anbaute. Mit dem allmählichen Vordringen des Soja–Anbaus nach Paraná wurde der Kaffeeananbau, und damit auch die Kaffeepächter, immer mehr verdrängt. Deshalb ging Sr. Emílio 1972 nach Rondônia, wie mit ihm viele andere ehemalige Pächter. Im ersten Jahr lebte er als *agregado* auf dem Land eines bereits angesiedelten Kolonisten. 1973 erhielt er von INCRA das Land (100 ha), das er bis heute, hauptsächlich zur Subsistenzsicherung der Familie, bewirtschaftet.

Auch die beiden nächsten Beispielsfälle stehen für eine besondere Gruppe der Befragten, nämlich die Gruppe der in der Stadt Geborenen und aus der Stadt in den ländlichen Raum Rondônias Zugewanderten.

l) Sr. Valdir wurde in der Stadt Mendes Pimentel in Minas Gerais geboren (Nr. 58). Als er noch Kind war, wanderten seine Eltern nach Rio de Janeiro, wo sie jedoch nur 3 Jahre blieben, um 1958 nach Belo Horizonte überzusiedeln. Sein Vater arbeitete in den verschiedensten Berufen, meist betrieb er selbständig ein kleines Geschäft. Er selbst hat das Bäckerhandwerk erlernt und war in verschiedenen Betrieben bis 1983 in Belo Horizonte tätig. Die Familie seines Vaters war bereits vor ihm nach Rondônia gekommen und hat im NUAR Nova União einen *bolicho* eröffnet. Sr. Valdir ist 1983 nachgekommen und möchte in Nova União eine Bäckerei eröffnen, arbeitet aber bisher als Bäcker in einem Betrieb in der Stadt Ji–Paraná.

m) Sr. Raimundo stammt ebenfalls aus einer Kleinstadt in Minas Gerais (Nr. 60). 1966 ist er nach Rio de Janeiro gegangen. Er war dort in verschiedenen Autowerkstätten als Arbeiter tätig. Nach 13 Jahren ging er 1979 nach São Paulo, wo er hauptsächlich elektrische Haushaltsgeräte reparierte. Für ein Jahr wohnte er 1982 wieder in seiner Geburtsstadt in Minas Gerais. Nach einem neuerlichen kurzen Aufenthalt in São Paulo, lebte Sr. Raimundo ein Jahr lang in Vitória, der Hauptstadt Espírito Santos. Sowohl in São Paulo als auch in Vitória hat er versucht, seine Familie mit Reparaturarbeiten etc. zu ernähren. 1984 ist Sr. Raimundo nach Rondônia gekommen und hat sich im NUAR *Nova Colina* niedergelassen. Als wichtigste Wanderungsgründe gibt er die immer schwieriger werdende Situation auf den städtischen Arbeitsmärkten sowie die zunehmende Gefährdung in den Großstädten durch eskalierende Gewalt etc. an. Seine Wanderungsabsicht war der Landerwerb und damit die *Rückkehr aufs Land*, von dem seine Eltern in die Stadt abgewandert waren. Bisher ist es ihm entgegen seinen Erwartungen nicht gelungen, Land zu erhalten. Er nimmt im Moment jede sich bietende Gelegenheitsarbeit an und beabsichtigt auch als Tagelöhner auf den Betrieben anderer Kolonisten zu arbeiten.

Die beiden letzten Beispielsfälle schließlich stehen für die heute zahlenmäßig zurücktretende Gruppe von Nordestinos, die bereits vor Beginn der Agrarkolonisation nach Amazonien als Kautschukzapfer gekommen waren. Einige von ihnen haben an der Landzuteilung durch INCRA teilgenommen und leben heute als Kolonisten auf dem Lande. Sie stellen also ein Bindeglied zwischen dem traditionellen, amazonischen Rondônia und der durch Agrarkolonisation geprägten Pionierfront dar.

n) Sr. Ademar stammt aus Ceará (Nr. 8). Wie bereits sein Vater, der zu Ende des 19. Jhdts. als Kautschukzapfer nach Amazonien gegangen war, machte auch er sich, aufgrund der periodischen Dürrekatastrophen des brasilianischen Nordostens, 25jährig im Jahr 1951 auf die immerhin 4 Monate dauernde Reise von Ceará nach Rondônia, wo er bis 1956 im *Seringal 70* unweit des heutigen Jaru, dem Kautschukbezirk der lokalen seringalista-Familie Catanhede, als seringueiro arbeitete. Sein engerer Lebens- und Arbeitsbereich die sog. *colocação* (mehrere sog. *Kautschukstraßen*, die oft über weite Entfernungen verstreute Kautschukbäume verbinden) befand sich ca. 10 Stunden Fußmarsch von der nächsten menschlichen Ansiedlung entfernt. Nach kurzer Rückkehr nach Ceará ging er 1956 in den ländlichen Raum des Staates São Paulo, wo er auf einer Fazenda Arbeit fand. Nach 8 Jahren wanderte er 1964 nach Paraná weiter, wo er zunächst im Munizip Maria Helena, und ab 1972 im Munizip Capitão Leonidas Marques lebte. Dort war er zuletzt Eigentümer von ca. 39 ha Land. U.a. weil bereits Mitte der 70er Jahre in Paraná Rondônia, das er ja bereits kannte, mit seinen großen Landreserven in aller Munde war, wanderte er 1976 aus Paraná nach Rondônia ab, um mithilfe des Erlöses aus dem Landverkauf in Paraná mehr Land im Zielgebiet erwerben zu können. 1976 kaufte er schließlich nach sehr kurzem Aufenthalt in der Stadt Ji-Paraná 100 ha Land im PIC *Ouro Preto* von einem vorher dort von INCRA angesiedelten Kolonisten. Heute hat er, neben dem Anbau der üblichen Subsistenzkulturen, eine ca. 12 ha große Kaffeepflanzung, besitzt ca. 60 Rinder und betreibt zusätzlich auf seinem Land eine kleine Ziegelei.

o) Sr. Benedito wurde ebenfalls in Ceará geboren (Nr. 4). 1946 kam er als Kautschukzapfer an den Rio Aripuanã nach Nord-Mato Grosso nahe der Grenze zu Rondônia. Dort lebte er 10 Jahre. Weitere 3 Jahre arbeitete er in einer *colocação* am Rio Roosevelt ebenfalls in Nord-Mato Grosso. Ab 1959 lebte er für 2 Jahre in Manaus, arbeitete aber auch in dieser Zeit weiter als Kautschukzapfer. 1961 kam er nach Rondônia und lebte ebenso als seringueiro in der Umgebung des ehemaligen Vila Rondônia (heute Ji-Paraná). Nach einer kurzen Phase, während der er beim Straßenbau der damaligen BR 29 (s.o.) im Abschnitt Ariquemes – Jaru beschäftigt war, arbeitete er als Zinnerzwäscher (*garimpeiro*) in der Region des Rio Massangana bei Ariquemes. Zur damaligen Zeit begann nämlich die wirtschaftliche Ausbeute des Zinnerzes in Nord-Rondônia im manuellen Abbauverfahren (s.o.). Nach 8 Jahren mußte Sr. Benedito 1970 mit dem Verbot des manuellen Abbauverfahrens (s.o.) die Zinnwäscherei aufgeben. Danach ging er wieder für 2 Jahre als seringueiro in die Umgebung von Vila Rondônia. In diese Zeit fällt auch der Beginn der Agrarkolonisation in der Region. Sr. Benedito beteiligt sich an dem Auswahlverfahren des INCRA und erhält eine 100 ha-Landparzelle in unmittelbarer Umgebung seiner ehemaligen Kautschuk-colocação. Sr. Benedito baut auf seinem Land, das heute noch zu 86 % Primärwald ist, vorwiegend Subsistenzkulturen sowie etwas Kaffee an. Er bezieht auch heute noch einen Teil seines Einkommens aus der Extraktionswirtschaft, v.a. dem Sammeln von Paranüssen.

Aus der Lebensgeschichte des Sr. Benedito lassen sich sozusagen exemplarisch die wirtschaftlichen und räumlichen Erschließungs- und Entwicklungsphasen Rondônias nach dem zweiten Weltkrieg von der Kautschukextraktion über die Zinnerzgewinnung bis zur aktuellen Phase der Agrarkolonisation mit ihren jeweiligen Produktionsweisen und sozialen Implikationen nachvollziehen. Er repräsentiert zweifellos einen heute in der Phase der Agrarkolonisation immer mehr zurücktretenden, bzw. wie im Falle des Sr. Benedito sich der Pionierfront als sozialer Kategorie integrierenden sozialen Typus.

Die hier exemplarisch vorgeführten, in ihrem jeweils spezifischen zeitlichen, räumlichen und sozialen Ablauf z.T. recht unterschiedlichen 15 Wanderungsgeschichten lassen bei genauerer Betrachtung doch eine ganze Reihe von Gemeinsamkeiten erkennen.

Gemeinsam ist allen, auch bei unterschiedlicher regionaler Herkunft, eine ähnliche soziale Herkunft, nämlich aus der kleinbäuerlichen bzw. landlosen unteren Sozialschicht der ländlichen brasilianischen Gesellschaft (vgl. zu diesem Gesamtkomplex FORMAN 1979). Dieser Teil der ländlichen Gesellschaft ist traditionell geprägt durch seine vorwiegend auf der Subsistenzproduktion basierende *bäuerliche Produktionsweise*[1], bzw. durch traditionelle zwischen Landeigentümern und Landlosen (Pächtern, *agregados* etc.) bestehende interdependente Abhängigkeitsverhältnisse.

Schon zumindest seit Ende des 19. Jhdts. wurde der Arbeitskräftebedarf der verschiedenen außenorientierten Wirtschaftszyklen Brasiliens zu einem Teil aus der *Überschußbevölkerung* dieser unteren ländlichen Sozialschichten, d.h. v.a. den nachwachsenden Jüngeren, gedeckt (wie z.B. im Falle des amazonischen Kautschukbooms – s.o.), auch wenn bis in das 20. Jhdt. hinein ein großes Kontingent dieses Arbeitskräftebedarfs durch die internationale Zuwanderung v.a. von Europäern (z.B. die Italiener im Falle des Kaffeezyklus in São Paulo, vgl. HOLLOWAY 1984, S. 61 ff.) befriedigt wurde.

Zwar hat dieser Sektor der ländlichen Gesellschaft, d.h. besonders die kleinbäuerliche Landwirtschaft, eine erhebliche Bedeutung im Rahmen der Nahrungsmittelproduktion für den brasilianischen Binnenmarkt (vgl. SILVA 1982, S. 37), doch steht sie seit jeher in zunehmender Flächennutzungskonkurrenz zur durch die brasilianische Agrarpolitik und durch internationale Abhängigkeiten einseitig begünstigten Produktion von landwirtschaftlichen Exportprodukten.

In diesem Zusammenhang haben die Pionierfronten in Brasilien schon immer die Funktion eines *Ventils* für diesen Konflikt zwischen bäuerlicher, subsistenzorientierter und kapitalistischer, exportorientierter Landwirtschaft (vgl. PADIS 1981).

Während die Kleinbauern und Landlosen im einen Gebiet der großbetrieblichen, im Hinblick auf ihre Produktionsstruktur an *Modernisierung* ausgerichteten Landwirtschaft allmählich weichen müssen, bereiten sie im nächsten Gebiet, nämlich an der Pionierfront, durch Rodung, Urbarmachung und erste Inwertsetzung von Neuland das Feld für eben denselben Konflikt und denselben allmählichen Verdrängungsprozeß erneut vor (vgl. hierzu FOWERAKER 1982).

D.h. die Pionierfronten erfüllen in sozialer Hinsicht sicherlich z.T. die bereits genannte *Ventilfunktion*, sie tragen zusätzlich mit der zu Beginn der Pionierfrontphase typischen

---

1) An dieser Stelle kann nur auf die umfangreiche, kontroverse Diskussion dieses von CHAYANOV in den 20er Jahren geprägten Begriffs hingewiesen werden, für Brasilien siehe z.B. VELHO 1982.

kleinbäuerlichen Grundnahrungsmittelproduktion auch zur Aufrechterhaltung der Versorgung der Bevölkerung mit Lebensmitteln bei gleichzeitiger Expansion der landwirtschaftlichen, großbetrieblich organisierten Exportgüterproduktion in anderen Regionen, bei, sie stellen aber gleichzeitig einen potentiellen *Ergänzungsraum* für diese modernisierte, kapitalistische Landwirtschaft dar (vgl. FOWERAKER 1982, S. 58 ff.). Die Folgen der Integration ehemaliger, kleinbäuerlicher Pionierfronten in die zentrumsbestimmte nationale Ökonomie durch Vordringen der modernisierten Landwirtschaft (z.B. in Südbrasilien durch die Expansion der landwirtschaftlichen Mechanisierung, damit Einführung exportorientierter Produkte und Ersetzung arbeitsintensiver Kulturen etc., vgl. z.B. LÜCKER 1982, 1986) manifestieren sich v.a. in zunehmender Besitzkonzentration, Substitution von Arbeits- durch Kapitalintensität, Verdrängung der kleinbäuerlichen, subsistenzorientierten Landwirtschaft, damit zusammenhängend Verdrängung typischer sozialer Produktionsverhältnisse (Halbpacht, *agregado*), zunehmende *Proletarisierung* der ländlichen Arbeitskraft etc. Es handelt sich mithin auch in räumlicher Hinsicht um tiefgreifende strukturelle Wandlungen, d.h. besonders um den strukturellen Wandel des ländlichen Wirtschafts- und Sozialraums, wie er sich u.a. in zunehmender Landflucht, sprich Verdrängung — und hier ist die Verbindung zu den angeführten Beispielen der Etappenmigration zu sehen — dokumentiert[1].

Die *Ventilfunktion* einer neuen Pionierfront ist zur *Beilegung* des durch die *Kapitalisierung* der älteren Pionierfront ausgelösten sozialen Konflikts vonnöten. Der geschilderte Entwicklungs- und Umstrukturierungsprozess der Pionierfront kann damit aber auch von neuem beginnen (vgl. SILVA 1982). Auf diese Art und Weise ist die zeitlich-räumliche Sukzession kleinbäuerlicher Pionierfronten, wie sie in Brasilien schon seit langer Zeit beobachtet wird (vgl. WAIBEL 1955), zu erklären (siehe auch PADIS 1981, S. 59).

SILVA (1982, S. 114 ff.) hat für diesen Prozeß des sozio-ökonomischen Strukturwandels der kleinbäuerlichen, zumeist nicht- oder *prä-kapitalistischen* (vgl. FOWERAKER 1982, S. 58 ff.) Pionierfront infolge der zunehmenden Integration in die nationale, vorwiegend kapitalistisch ausgerichtete Ökonomie am Beispiel Ostamazoniens den Begriff des *fechamento da fronteira* (Abschluß der Pionierfront) geprägt, der sich dort z.B. im Bedeutungswandel des Bodens und Landeigentums von einem zentralen Produktionsfaktor (für die kleinbäuerliche Pionierfront) zur Wertreserve, bzw. zum Spekulationsobjekt (für die kapitalistisch überprägte Pionierfront) ausdrückt. Diesen Begriff kann man ebenso auf den in den älteren brasilianischen Pionierfronten abgelaufenen Strukturwandel anwenden.

Die *Periodizität* der Pionierfronten, die Periodizität von kleinbäuerlicher Reproduktion zu Beginn der Pionierfrontentwicklung und sukzessiver, neuerlicher Marginalisierungs- und Verdrängungsgefahr durch Integration der Pionierfront in einer *Konsolidierungsphase* läßt sich in den angeführten 15 Migrationsgeschichten immer wieder erkennen. Sei es in der Migrationsetappe São Paulo, in Paraná (v.a. West-Paraná), in Süd- oder Nord-Mato

---

1) Vgl. für das Beispiel Paraná z.B. PADIS 1981, MARTINE 1982, für die Pionierfrontsukzession Paraná — Mato Grosso do Sul — Pará FOWERAKER 1982, KOHLHEPP 1975 für die der Pionierfrontentwicklung Paranás vorgelagerten Migrationssukzessionen Minas Gerais — São Paulo — Paraná einerseits und Rio Grande do Sul — Santa Catarina — Paraná andererseits, für die Verlagerung der Pionierfront aus Paraná in westlicher Richtung nach Paraguay schließlich KOHLHEPP 1984b.

Grosso, die Gründe, die die Kleinbauern und Landlosen zur Weiterwanderung veranlassen, sind ähnlich.

In sozialer Hinsicht zeigen die geschilderten Fälle jedoch unterschiedliche Tendenzen in der Gesamtbetrachtung der Migrationsgeschichte. Während einige der Beispiele (z.B. die Fälle e, g, h, j) einen deutlichen sozialen Aufstiegstrend im Ablauf ihrer unterschiedlichen Wanderungsetappen zeigen, der sich z.B. ausdrückt im sozialen Übergang vom Pächter zum Klein–Landeigentümer und der späteren Erweiterung des Landeigentums mit der Wanderung an die neue Pionierfront Rondônia, erleben andere (wie z.B. i oder k) eine deutliche soziale Verbesserung erst mit der Wanderung nach Rondônia durch erstmaligen Landerwerb. Wieder andere (wie z.B. d) stehen für diejenigen, die mit räumlicher Mobilität keinen sozialen Positionswechsel verbinden konnten, d.h. – wie im vorgestellten Fall – sich noch nicht von ihrer abhängigen sozialen Stellung als Pächter, Tagelöhner etc. durch die Wanderung an die Pionierfront emanzipieren konnten. Schließlich zeigen einige der angeführten Fälle (z.B. a, b, c, f), daß die Wanderung an die Pionierfront nicht unbedingt, wie dies im Gefolge der Diskussion um die Turner'sche Interpretation der Pionierfronten Nordamerikas oft auch für Südamerika unterstellt wurde (vgl. Kap. II.2.3.), einem unilinearen Prozeß des sozialen Aufstiegs entspricht, sondern daß es auch die Gefahr eines neuerlichen sozialen Abstiegs z.B. durch Verkauf kurz zuvor erhaltenen Landes, erneute soziale und wirtschaftliche Abhängigkeiten etc. gibt.

III.3.5. Abwanderung aus Rondônia. Fortsetzung der *moving frontier* ?

An die Ausführungen zum Komplex der Etappenmigration nach Rondônia und ihrer Bedeutung im Zusammenhang der *moving frontier*, der zeitlich–räumlichen Verlagerung der Pionierfronten in Brasilien, muß sich die Frage anschließen, inwieweit Rondônia nun die *Endstation* der Migration im positiven Sinne einer dauerhaften, sozioökonomisch gesicherten Existenz für die Zuwanderer sein wird, oder ob die Pionierfront Rondônia wieder nur eine Etappe der *moving frontier* und damit auch nur eine Etappe der persönlichen Migrationsgeschichte vieler Kolonisten sein wird, bedingt durch im Rahmen von zunehmender Integration der Peripherie und sozio–ökonomischen Differenzierungsprozessen der Pionierfront ausgelöste neuerliche Verdrängung.

Ein wichtiger Indikator zur Beantwortung der gestellten Frage könnten Angaben zur erneuten Abwanderung aus Rondônia in den letzten Jahren sein. Dabei stellt sich das Problem, daß die Abwanderung aus Rondônia im Gegensatz zur Zuwanderung nach Rondônia an keiner Stelle regelmäßig erfaßt wird. Andererseits können wir im Rahmen der offiziellen Statistik nur auf die in 10jährigem Turnus stattfindenden Bevölkerungszensen zurückgreifen, wobei im Falle Rondônias die diesbezüglichen Angaben der Zählung von 1980, d.h. also nur 10 Jahre nach Beginn der eigentlichen Pionierfrontentwicklung in Rondônia durch die Agrarkolonisation, aufgrund des relativ kurzen Beobachtungszeitraums bei einer hier einmal unterstellten Mindestverweildauer in Rondônia von einigen Jahren noch keine allgemeinen Trendaussagen zulassen. Wir hatten in diesem Zusammenhang bereits weiter oben festgestellt, daß die Analyse von Zu– und Abwanderung in Rondônia während der 70er Jahre nach den Zensusergebnissen von 1980 die zahlenmäßig völlig untergeordnete Stellung der Abwanderung aus Rondônia im Vergleich zur Zuwanderung zeigt (vgl. Tab. 6 und 7). Bei der Abwanderung sollte man unterscheiden in Rückwanderung in die Hauptquellgebiete der Rondônia–Migration und in Weiterwanderung in Gebiete, die ebenso zu den Pionierfronten zu rechnen sind, bzw. deren Pionierfrontentwicklung zeitlich noch nach der Rondônias einsetzte. Daneben ist die Weiterwanderung in die ohnehin in gesamtbrasilianischem Rahmen als Zuwanderungsgebiete festzustellenden Regionen zu berücksichtigen.

Nach der offiziellen Statistik ist in dieser Hinsicht nur die Einschätzung der jeweiligen Abwanderungsform nach den angegebenen Regionen möglich, wobei sich problematische Fälle ergeben können, wie z.B. São Paulo (11 % der Abwanderungen aus Rondônia während der 70er Jahre, vgl Tab. 7), das als Wanderungsziel nicht unbedingt im Rahmen von Rückwanderungen, sondern eher, besonders im Falle der Hauptstadt São Paulo, als Form der Weiterwanderung anzusehen ist. Ebenso dürfte es sich bei einem erheblichen Teil der Abwanderungen nach Mato Grosso, die mit 19 % in den 70er Jahren den höchsten Anteil der Abwanderung aus Rondônia stellen, um Weiterwanderungen an die z.T. noch jüngeren Pionierfronten des Rondônia benachbarten Nordteils dieses Bundesstaates handeln. Auch ist im Falle der Abwanderung nach Amazonas (16 %) schwer zu klären, ob es sich vorwiegend um Weiterwanderer oder z.B. um rückwandernde *garimpeiros* etc. handelt.

Rechnet man jedoch den Großteil der drei genannten Zweifelfälle zu den Weiterwanderern, ergibt sich ein Verhältnis von ca. 55–60 % Weiterwanderern zu ca. 40–45 % Rückwanderern während der 70er Jahre. Das bedeutet, daß auch an der jungen Pionierfront Rondônia bereits nach kurzer Zeit eine Weiterwanderung an andere Pionierfronten (z.B. Acre, Amazonas, Pará, Roraima, Nord–Mato Grosso) bzw. in städtisch geprägte Regionen (bes. São Paulo) festzustellen ist.

Bei den Befragungen im PIC *Ouro Preto* wurde auch gerade wegen des Fehlens jüngerer, offizieller Daten zur Abwanderung aus Rondônia versucht, sich dem Problem auf indirektem Wege über die Frage nach Zahl und Wanderungsziel von aus Rondônia wieder abgewanderten Bekannten und Verwandten der Befragten aus deren unmittelbarer Nachbarschaft (d.h. meist der gleichen linha, der lokalen Kirchengemeinschaft etc.) zu nähern. Damit kann zwar in keiner Weise Auskunft über die quantitative Bedeutung der Abwanderung erhalten werden, jedoch werden Trends durch die genannten Wanderungsziele ersichtlich, die auch gleichzeitig Hinweise auf die möglichen Verlagerungsrichtungen der Pionierfront geben, wie sie sich auch in den Diskussionen der Kolonisten untereinander über potentielle Wanderungsziele in der Zukunft immer wieder herauskristallisieren (vgl. Tab. 31).

Zunächst zeigt die Tatsache, daß 65 % der Befragten auf Anhieb mindestens eine aus Rondônia bereits wieder abgewanderte Familie aus ihrer Nachbarschaft nennen konnten, das Vorhandensein der neuerlichen Abwanderung gerade auch aus den kleinbäuerlichen Kolonisationsgebieten.

Unterscheidet man auch hier bei den Abwanderungsformen erneut zwischen Weiterwanderung und Rückwanderung, so kann die Dominanz der Weiterwanderung mit 84 % der insgesamt genannten abgewanderten Familien festgestellt werden.

Ca. 2/3 der von den Befragten insgesamt genannten Abgewanderten sind in das im nördlichen Amazonien liegende Bundesterritorium Roraima gegangen (vgl. Tab. 31). Wie sich in zahlreichen Gesprächen mit Kolonisten herausstellte, beherrscht Roraima die Diskussion über potentielle Abwanderungsgebiete, wobei sich ähnliche Informations– und Meinungsbildungszusammenhänge wie im Falle der analysierten Rondônia–Migration ergeben: Abgewanderte Bekannte und Verwandte berichten über leichten Zugang zu Neuland, dem zweifellos wichtigsten Faktor bei einer möglichen Migrationsentscheidung, aber auch, anders als im Falle Rondônias, über weit schlechtere natürliche Voraussetzungen und noch schwierigere Lebensbedingungen, weshalb es auch schon zu erneuter Rückwanderung nach Rondônia gekommen sein soll.

Die Gründe, die zu einer auch von der jungen Pionierfront Rondônia bereits wieder ausgehenden Abwanderung führen, werden u.a. in den nachfolgenden Kapiteln genauer zu analysieren sein. Vorwegnehmend kann man generell sagen, daß es ähnliche Gründe sind, die vorher bereits die heutigen Kolonisten in Rondônia zur Wanderung an die Pionierfront in Amazonien bewogen haben. Zunehmend sehen Migranten in Rondônia ihren Wunsch nach Landerwerb nicht mehr so relativ einfach und schnell realisierbar wie noch Anfang der 70er Jahre. Pächter und *agregados* in Rondônia, u.a. auch die heranwachsenden Kinder von etablierten Kolonisten in Rondônia hoffen, den Wunsch nach Landerwerb in noch jüngeren Pionierregionen, z.B. den genannten Kolonisationsgebieten in Roraima an der BR 210, der *Perimetral Norte*, SE Caracaraí (vgl. IBGE 1981) leichter als in Rondônia realisieren zu können. Kolonisten, die zwar in Rondônia Land erhalten haben, dieses aber aus den unterschiedlichsten Gründen (Verschuldung durch Kreditaufnahme, Krankheit etc., persönliche Motive) bereits wieder verkaufen mußten, suchen eine neue Existenz in anderen Neusiedelgebieten.

Auch gibt es daneben sicher den sozialen Typus des *Pioniers* der anfänglichen Rodungsphase an der Pionierfront, in Rondônia wie in anderen Regionen auch, dessen Hauptinteresse in Landnahme, Rodung, kurzzeitiger Nutzung und im neuerlichen Verkauf des Landes, nicht jedoch in dessen dauerhafter Inwertsetzung liegt. Er verkauft sein Land aus oft rational nicht ergründlichen Motiven, beziehungsweise sieht die besten Profitmöglichkeiten in der Wertsteigerung des kurzfristig valorisierten Landes. Er verkauft also und wandert auf der Suche nach Neuland weiter, um von Neuem mit Rodung und kurzzeitiger Valorisierung zu beginnen.

Insgesamt darf jedoch quantitativ die Abwanderung aus Rondônia trotz der zu beobachtenden Tendenzen nicht überschätzt werden. Zwar ist die Fluktuation in den Kolonisationsgebieten Rondônias durch Verkauf der Betriebe (in vielen Gebieten wohl schon ca. 50 % der Betriebe — hierauf wird weiter unten näher einzugehen sein), Abwanderung von Pächtern und *agregados* bei gleichzeitig nachdrängender Zuwanderung von Landlosen und am Landkauf interessierten Migranten, groß, doch dürfte die in ihrem quantitativen Ausmaß kaum zu fassende intraregionale Wanderung innerhalb Rondônias im Vergleich zur interregionalen Migration z.B. an die noch jüngeren Pionierfronten zahlenmäßig noch bei weitem überwiegen.

Die neuerliche Abwanderung aus Rondônia wird in entscheidendem Maße auch von den Möglichkeiten und der Attraktivität neuer Siedlungsgebiete, von der staatlichen Regionalpolitik sowie der Tätigkeit von Kolonisationsinstitutionen und Landbehörden beeinflußt, bzw. wird in Zukunft von diesen Faktoren mit abhängen.

Daß ein entsprechendes Potential zur Weiterwanderung in Rondônia vorhanden ist, zeigt sich u.a. darin, daß im Jahr 1983 nach Rondônia kommende landsuchende Migranten, die von INCRA in Rondônia nicht mehr angesiedelt werden konnten, von derselben Behörde mit Bussen von Ouro Preto do Oeste in INCRA-Projekte im Nachbarstaat Acre, wo sie Neuland-Parzellen erhalten sollten, gebracht wurden.

In ähnlichem Zusammenhang fand im Jahr 1983 die gelenkte Umsiedlung von ca. 600 Familien hauptsächlich aus Ariquemes, aber auch aus anderen Munizipien Rondônias in ein neues Kolonisationsprojekt des *Instituto de Terras do Amazonas* (ITERAM), der bundesstaatlichen Landbehörde des nördlichen Nachbarstaates Amazonas, am Rio Aracú im Munizip Novo Aripuanã nahe der BR 320 *Transamazônica* (in ihrem westlichen Teilstück) statt (vgl. Artikel in *O Estadão de Rondônia* und *Alto Madeira* vom 1.7.1983, beide Porto Velho). Bei den von ITERAM und INCRA gemeinsam ausgewählten Familien handelte es sich, nach den genannten Quellen, v.a. um Landlose, die schon seit längerer Zeit in den Kolonisationsgebieten um Ariquemes als Pächter, Tagelöhner etc. gerade überleben, oder um solche, die ihr Land in Rondônia aus den verschiedensten Gründen nicht bewirtschaften konnten. Die Familien, die zusätzlich zu ihrer wirtschaftlich sehr schwierigen Lage besonders unter der gerade in Ariquemes sehr häufigen Malaria zu leiden hatten, waren, wie die Interviews mit Umsiedlern in den genannten Quellen zeigen, voller Hoffnung auf einen Neuanfang, nicht zuletzt wegen der Versprechungen des ITERAM (100 ha–Landstück für jeden Umsiedler, Finanzierung von Motorsäge und Saatgut sowie Versorgung mit Lebensmitteln in den ersten Monaten). Bereits nach kurzer Zeit stellten sich jedoch erhebliche Schwierigkeiten in dem fatalerweise *Projeto Esperança* (Projekt Hoffnung) genannten ITERAM-Projekt ein, das entgegen anderen Kolonisationsprojekten auf der Basis des Flusses als einzigem Verkehrsweg und des Flußanschlusses jeden *lotes* geplant war. Nach kaum einem Jahr berichteten erste Rückwanderer von der hoffnungslosen Lebenssituation vieler Umsiedler in Novo Aripuanã, die ihre ohnehin sehr geringe Agrarproduktion nicht selbst vermarkten können, sondern zur Schuldentilgung aufwenden müssen und die finanzielle Unterstützung durch ITERAM ganz für den Kauf der allernotwendigsten Lebensmittel und Medikamente etc. verbrauchen. Außerdem befinden sich die Neusiedler durch den Fluß als einzigem Verkehrsweg und durch das Fehlen von Booten in völliger Isolation (vgl. Artikel in *A Tribuna* Porto Velho vom 30.5.1984 und frdl. Information durch Sandra Witt, Ariquemes 1983 und 1984).

Dieses Beispiel zeigt, daß Weiterwanderung nicht unbedingt sozio-ökonomische Verbesserung in der Realität bedeuten muß.

Ähnliche Situationen könnten in Zukunft eintreten, wenn — wie zu erwarten — im Gefolge der im Sommer 1985 begonnenen Asphaltierung der Straße Porto Velho — Rio Branco (Acre) die Abwanderung aus Rondônia nach Acre zunehmen wird. Wie vor Ort festgestellt werden konnte, ist dieser Bundesstaat weder von seinen natürlichen Gegebenheiten her betrachtet noch von der dort äußerst komplizierten eigentumsrechtlichen Situation des Landes, geschweige denn von der derzeitigen infrastrukturellen Ausstattung der Region her in der Lage, potentiellen Migranten zum derzeitigen Stand eine befriedigende Lebenssituation, bzw. bessere Lebensbedingungen als in Rondônia zu gewähren (vgl. KOHLHEPP, COY 1985, S. 51 ff.).

III.3.6. Zwischenergebnisse

Die Entwicklung Rondônias ist seit Ende der 60er Jahre und besonders ab Beginn der 70er Jahre durch eine ständig anwachsende spontane Zuwanderung geprägt. Allein während der 70er Jahre ist es v.a. durch diese Zuwanderung zur Vervierfachung der regionalen Bevölkerung von 1970 bis 1980 gekommen.

Im Rahmen der brasilianischen Binnenmigrationen steht jedoch die Zuwanderung mehrerer Hunderttausend Migranten an die Pionierfront nach Rondônia weit hinter der millionenfachen Wanderung in die städtischen Metropolen des Südosten (v.a. nach São Paulo) zurück. Die *demographische Absorption* der Pionierfront ist also im Rahmen der gesamtbrasilianischen Binnenmigration von nur begrenzter Bedeutung.

Die Migration nach Rondônia steht in engem wechselseitigem Verhältnis zur 1970 beginnenden, gelenkten Agrarkolonisation in Rondônia durch die Anlage staatlich gelenkter Siedlungsprojekte. Vorrangiger *pull*-Faktor für die Migranten ist dementsprechend die Landsuche.

Die wichtigsten Herkunftsregionen der nach Rondônia kommenden Migranten sind die ländlichen Räume des brasilianischen Südens, Südostens und Mittelwestens. Hierbei bilden v.a. ältere, inzwischen *konsolidierte* Pionierfronten einen *Herkunftstyp*. Hierzu zählen besonders Paraná, aus dem die weitaus meisten Migranten nach Rondônia zuwandern, sowie Mato Grosso do Sul und Mato Grosso. Andere Herkunftstypen bilden schließlich mit Minas Gerais und Espírito Santo traditionelle Gebiete der brasilianischen Landflucht sowie der ländliche Raum São Paulos.

Die wichtigsten Gründe für die Abwanderung der Migranten aus diesen Gebieten — also die vorrangigen *push*-Faktoren — sind in ihrer agrarsozialen Stellung in den Abwanderungsgebieten und in den wirtschafts- und sozialräumlichen Wandlungsprozessen, denen diese Gebiete durch die Krise traditioneller Anbausysteme (Kaffee) und durch die Expansion einer kapitalistischen *Modernisierung* im Rahmen des brasilianischen Entwicklungsmodells unterworfen waren, zu sehen. Die Migranten gehören in ihrem überwiegenden Teil zur ländlichen Unterschicht der Landlosen (Tagelöhner, Pächter, *agregados*) und Kleinbauern, deren Überlebensmöglichkeiten durch den Strukturwandel in den Herkunftsregionen besonders beeinträchtigt wurden.

Bei der Migration nach Rondônia handelt es sich also v.a. um eine Form der *Verdrängungsmigration*. Die Wanderung nach Rondônia kann somit interpretiert werden als eine — staatlich geförderte — Suche der *gesellschaftlichen Peripherie* nach einer *Überlebensstrategie* an der *räumlichen Peripherie*.

Für die Migranten ist räumliche Mobilität dabei mit dem Wunsch nach sozialer Mobilität durch den Erwerb eigenen Landes verbunden.

In jüngerer Zeit beginnt sich die Struktur der Migration nach Rondônia zu wandeln. Einerseits kommen immer mehr Migranten aus städtischen Quellgebieten nach Rondônia, z.T. sogar aus den großen städtischen Metropolen. Ihr Zielgebiet sind sowohl die wachsenden Pionierstädte Rondônias als auch der ländliche Raum im Rahmen des Versuchs einer *Rückkehr aufs Land*.

Andererseits ist auch die Zuwanderung einer kapitalkräftigeren Migrantengruppe mit dem Ziel des Landkaufs an der Pionierfront zu beobachten.

Die Migration, die Ende der 70er, Anfang der 80er Jahre durch enorme Zuwächse gekennzeichnet war, muß z.T. als sich selbst verstärkender Prozeß angesehen werden. Dies besonders durch die Wirkung verwandtschaftlicher und bekanntschaftlicher Beziehungen zwischen Hauptquellgebieten, in denen der Abwanderungsdruck weiter fortbesteht, und dem Zielgebiet Rondônia.

Die Etablierung vieler Migranten in Rondônia verläuft in Etappen über eine anfängliche Wohnortwahl in den neuen Pionierstädten der Region oder über die Aufnahme bei bereits etablierten Kolonisten, meist in abhängiger sozialer Position. Aufgrund der stark ansteigenden Zuwanderung und der Verknappung der Landreserven werden jedoch für viele diese anfänglichen Etappen auf dem Weg zum eigenen Land zur Dauersituation.

Wie die Analyse der Migrationsgeschichten der meisten Zuwanderer zeigt (vgl. Befragungsergebnisse), ist die Wanderung nach Rondônia kein einmaliger Vorgang, sondern ordnet sich in eine oftmals lange in mehreren Etappen verlaufene Migrationsgeschichte ein. Diese Etappenmigration der Siedler, die heute in Rondônia anzutreffen sind, bezieht sich sowohl auf interregionale, als auch auf mehrfache intraregionale Wohnortswechsel wie ebenso auf den oftmaligen Wechsel zwischen ländlichem und urbanem Milieu.

Dabei können typische Wanderungsetappen festgestellt werden, die fast immer in den traditionellen Abwanderungsgebieten Brasiliens (Nordosten, Minas Gerais, Espírito Santo) beginnen, über die älteren Pionierregionen (São Paulo, besonders aber Paraná, Mato Grosso do Sul) und/oder jüngere Pionierfronten (Mato Grosso), bei vielen auch über städtische Wanderungsetappen verlaufen.

Die Etappenmigration ist im Rahmen disparitärer agrarsozialer Verhältnisse, im Rahmen der Verlagerung der Pionierfronten in Brasilien und den hiermit zusammenhängenden Verdrängungsprozessen sowie im Rahmen sich verschlechternder Lebensmöglichkeiten in den Städten zu sehen. Sie ist somit Ausdruck der räumlich und zeitlich differenzierten *Überlebensstrategien* eines Teils der brasilianischen Unterschichtbevölkerung und dessen Suche nach sozio–ökonomischer Reproduktion und sozialen Verbesserungsmöglichkeiten.

Dabei sind Anzeichen dafür festzustellen, daß sich auch die Pionierfront Rondônia in diesen Verlagerungsprozeß einordnet, wie die Weiterwanderung eines Teils der Siedler in noch jüngere Pioniergebiete anzeigt.

III.4. Kolonisation als Bestimmungsfaktor der Pionierfrontentwicklung

III.4.1. Allgemeines

Kolonisation wird im Rahmen dieser Arbeit verstanden als dauerhafte, nicht vereinzelt, sondern flächenhaft organisierte Erschließung eines vorher nicht, nicht dauerhaft oder nur teilweise genutzten Raumes durch zumeist dem primären Sektor, insbesondere der Landwirtschaft zuzuordnende wirtschaftliche Aktivitäten, deren soziale Träger sich in der Regel aus bestimmten sozio–ökonomischen Teilgruppen einer Gesellschaft (z.B. bestimmte Einwanderergruppen, kleinbäuerliche oder landlose Teilgruppen der ländlichen Gesellschaft etc.) rekrutieren. Kolonisation beinhaltet im allgemeinen eine tiefgreifende Umwandlung der Natur– (z.B. durch Urwaldrodung) und der traditionell geprägten Kulturlandschaft (z.B. durch den Übergang von traditioneller shifting cultivation zu permanenter landwirtschaftlicher Nutzung in tropischen Regenwaldregionen usw.) des betreffenden Raumes und beinhaltet ebenso die Neuentstehung bzw. Umorientierung regionaler Strukturen und territorialer Organisationsformen (z.B. durch Umorientierung bzw. Neuaufbau von Infrastrukturen, Entstehung neuer Stadt–Land–Systeme und –Beziehungen, Entstehung neuer regionaler Sozialstrukturen, Veränderung politisch–administrativer Gegebenheiten etc.). Kolonisation ist meist mit Migrationswellen verbunden, d.h. der Einwanderung nicht nur vereinzelter Individuen, sondern ganzer Kolonistengruppen in ein zu kolonisierendes Gebiet, sei es in der Form der internationalen Wanderung, sei es in der Form der Binnenwanderung. Kolonisation kann *spontan*, d.h. durch die sozialen Träger der Kolonisation aufgrund bestimmter gesellschaftlicher Umstände selbst organisiert oder durch staatliche Institutionen bzw. private Kolonisationsfirmen gelenkt organisiert sein. Sie kann durch die unterschiedlichsten Motive sozialer, demographischer, ökonomischer, politisch–strategischer oder militärischer Art begründet sein. Kolonisation ist ein Phänomen, das sich in den unterschiedlichsten historischen Epochen und in allen Großräumen der Erde konstatieren läßt (vgl. z.B. Überblick bei EHLERS 1984, S. 65 ff.). In der Regel hat Kolonisation die Einordnung, bzw. Unterordnung, des vorher im allgemeinen nicht oder doch nur kaum integrierten Kolonisationsgebietes in einen gesellschaftlichen Gesamtrahmen und dessen territoriale Raumorganisation zur Folge.

Die Neulanderschließung durch spontane und staatlich gelenkte Kolonisation ist ein Thema, das gerade in der geographischen Literatur immer wieder Beachtung gefunden hat (vgl. Kap. II.2.1.). Aus den wichtigsten Kolonisationsgebieten liegen auch im aktuellen, deutschen geographischen Schrifttum Untersuchungen vor, die sich besonders mit den bevölkerungs-, wirtschafts- und agrargeographischen Ursachen, den siedlungs- und agrargeographischen Ausprägungen und den Perspektiven der Neulanderschließung beschäftigen (vgl. als zusammenfassende Sammlungen und Überblickdarstellungen z.B. NITZ 1976 und EHLERS 1984, S. 136 ff.). Als Einzeluntersuchungen für den Bereich des tropischen Westafrika seien hier die Arbeiten von GRENZEBACH (z.B. 1978) genannt. Die verschiedenen Kolonisationsmuster und –strategien des festländischen und besonders des insularen Südostasien werden bei UHLIG (1984) zusammenfassend erläutert[1].

Besonders für das tropische und randtropische Süd- und Zentralamerika wurden zahlreiche Arbeiten über Hintergründe und Formen staatlich gelenkter und spontaner Neulanderschließung vorgelegt: so für Costa Rica und das östliche Zentralamerika SANDNER (1961, 1964), für die Kolonisation am östlichen Andenabfall und im westlichen Amazonas–Tiefland in Kolumbien BRÜCHER (1968), in Peru MAASS (1969) und JÜLICH (1975), für die verschiedenen Formen der Indianer- und Mennonitenkolonisation im östlichen Bolivien MONHEIM (1965, 1977), SCHOOP (1970) und MONHEIM, KÖSTER (1982); zusammenfassend für diese verschiedenen Kolonisationsansätze am östlichen Andenabfall BRÜCHER (1977). Die v.a. durch Brasilianer geprägte Kolonisation in Ost–Paraguay wird von KOHLHEPP (1984b – hier auch Verweise auf weiteres Schrifttum) analysiert. Für Brasilien sind die Arbeiten von KOHLHEPP (bes. 1976) für die staatlich gelenkte Kolonisation in Ostamazonien, von KRÜGER (1978) und SCHACHT (1980) für Nordostbrasilien sowie für das gemäßigte und randtropische Brasilien die wegweisenden geographischen Arbeiten von WAIBEL (1949 und 1955), für das Beispiel der privat-gelenkten Erschließung des randtropischen Nord–Paraná KOHLHEPP (1975) besonders zu nennen.

Für das Untersuchungsgebiet dieser Arbeit, Rondônia, das sich in den letzten Jahren zweifellos zu einer der wichtigsten Kolonisationsregionen Südamerikas entwickelt hat, liegen jedoch mit Ausnahme einiger kleinerer Arbeiten, die sich aber meist spezielleren Themenstellungen widmen, wie besonders GLASER (1969) hinsichtlich der Kassiterit-

---

1) Als Einzeluntersuchungen für diesen Raum seien hier ZIMMERMANN 1975 für das wohl wichtigste Beispiel aus diesem Raum, die Transmigration in Indonesien aus dem übervölkerten Java auf die Außeninseln – bes. nach Sumatra und Kalimantan, für die Kolonisationsstrategie der malaysischen Landbehörde FELDA die Arbeiten von SENFTLEBEN 1971 und 1978, für die bezüglich der Frage des Kulturkontaktes zwischen Christentum und Islam besonders interessante Neulanderschließung auf Mindanao im Süden der Philippinen HAUSHERR 1972 genannt – vgl. auch als Zusammenfassung COY 1980.

exploration und MATZNETTER (1980 und 1984), der sich eingehender der Frage des Kakaoanbaus widmet, bisher noch keine Untersuchungen aus dem deutschen geographischen Schrifttum oder verwandten Fachgebieten (mit Ausnahme der geologischen Arbeiten GRABERTs) vor. Aus anderen Sprachräumen seien für Rondônia mit THERY 1976 und 1981, MUELLER 1975, MUELLER 1980, FURLEY 1980, FURLEY, LEITE 1985 und besonders VALVERDE 1979 die wichtigsten Arbeiten bezüglich der Entwicklung der Neulanderschließung Rondônias genannt.

Gelenkte Kolonisation erhält selbst bei ähnlichen Erscheinungsformen wie denen spontaner Kolonisation auch in geographischer Hinsicht eine besondere Dimension dadurch, daß sie als *raumwirksame Tätigkeit* des Staates (im Sinne BOESLERs 1969) oder privater Firmen, d.h. als in einen politisch-gesellschaftlichen Gesamtrahmen einzuordnende bewußte Raumgestaltung — sozusagen als Raumordnungsstrategie — verstanden werden muß.

III.4.2. Zur Entwicklung von Landgesetzgebung und gelenkter Kolonisation in Brasilien

Der Beginn der gelenkten Agrarkolonisation wird in Brasilien normalerweise mit der Ansiedlung von Kolonisten aus Madeira und den Azoren in Südbrasilien und z.T. im extremen Norden Brasiliens um die Mitte des 18. Jhdts. angesetzt (vgl. LARANJEIRA 1983, S. 19, TAVARES et al. 1972, S. 27). Diese gelenkten Ansiedlungen waren hauptsächlich politisch-militärisch durch die Notwendigkeit der Grenzsicherung motiviert (vgl. PRADO JR. 1984, S. 183). Sie blieben aber zunächst eine ephemere Erscheinung.

Die eigentliche Besiedelung und wirtschaftliche Inwertsetzung Brasiliens im 16., 17. und 18. Jhdt. hatte unter anderen Vorzeichen stattgefunden und führte zu anderen agrarsozialen Verhältnissen.

Die eine wichtige Grundlage war in agrarsozialer Hinsicht die Verteilung von sogenannten *sesmarias*, großen Ländereien, an Verdiente, Adlige, Günstlinge etc., die durch die Generalkapitäne der im 16. Jhdt. geschaffenen 14 *capitanias* der portugiesischen Kolonie erfolgen konnte (vgl. ZANATTA 1984, S. 10). Dadurch war zunächst der Landzugang z.B. für bäuerliche Sozialgruppen, eine fundamentale Voraussetzung der Agrarkolonisation, versperrt. Schon damals entwickelten sich die auch heute noch wesentlichsten Disparitäten der brasilianischen Agrarstruktur. Die *sesmarias* waren sozusagen die *Keimzellen* des heutigen Latifundiums und damit der Landoligarchie. Daneben entwickelten sich am anderen Ende der *sozialen Rangskala* die auch heute noch wichtigen verschiedenen Formen der Pacht (*arrendamento*, *aforamento* als der Geldpacht entsprechend, *parceria* der Teilpacht entsprechend)[1], ebenso Formen der Landnutzung ohne rechtlichen Anspruch auf das genutzte Land, die sog. *posse*, wobei der *posseiro* auf privatem oder öffentlichem Land mit oder ohne Wissen des Eigentümers hautsächlich Subsistenzproduktion betrieb und heute nach wie vor in vielen Gebieten Brasiliens betreibt. Weiterhin ist der ländliche Sozialtyp des *agregado* zu nennen, der mit Wissen des Landeigentümers Teile von dessen Ländereien

---

1) Vgl. zur agrarsozialen Entwicklung in Brasilien besonders FORMAN 1979, S. 47 ff., zu den heutigen Formen agrarsozialer Disparitäten FORMAN 1979, S. 71 ff.

zur eigenen Subsistenz bewirtschaftet und im Gegenzug dem Eigentümer in der Regel Arbeitsleistungen erbringt (vgl. LARANJEIRA 1983, S. 15).

Die andere wichtige Grundlage der kolonialen Inwertsetzung Brasiliens in ökonomischer Hinsicht war die Entwicklung der rein auf den Export nach Europa gerichteten Zuckerrohrwirtschaft auf den großen Ländereien der Küstenzonen des Nordostens. Sie war das beherrschende Element der kolonialen Extraktion. Wesentlichste Grundlage zur Funktion der Plantagenwirtschaft, und damit eines der wesentlichsten Charakteristika der kolonialen Agrarstrukturen, war der Einsatz von aus Afrika importierten Sklaven als Arbeitskräfte[1].

Bis zu Beginn des 19. Jhdts. behielt Brasilien insgesamt alle typischen Merkmale einer auf koloniale Extraktion fixierten Peripherie bei und erfüllte damit nicht die Voraussetzungen einer auf *Binnenentwicklung* orientierten Struktur, deren wichtiges Teilelement Agrarkolonisation hätte sein können.

Das Verbot der Verteilung von *sesmarias* durch Dom Pedro I. im Jahr 1822 stellte einen wesentlichen Einschnitt in der brasilianischen Agrargeschichte dar (vgl. ZANATTA 1984, S. 11). Eine besondere Bedeutung auch für die Kolonisation sollte nun die Verteilung und Nutzung der immensen, nicht–inwertgesetzten öffentlichen Ländereien, der sog. *terras devolutas*, erhalten. Zum Verständnis dieses Begriffs muß nochmals auf das *sesmaria*–System zurückgekommen werden. Grundvoraussetzung der Vergabe der *sesmarias* war, daß diese in irgendeiner Weise (z.B. durch Viehzucht) genutzt wurden. Die ungenutzten Ländereien fielen mit der Zeit an die Krone zurück, sie mußten quasi *zurückgegeben* werden, daher der Ausdruck *terras devolutas* (von lat. devolvere) (vgl. ZANATTA 1984, S. 10).

Das Vorhandensein ungenutzten, öffentlichen Landes war wesentliche Voraussetzung für die um 1824 beginnende Einwanderung europäischer Kolonisten, die v.a. im gemäßigten brasilianischen Süden und z.T. in Espírito Santo als Kleinbauern in europäisch dominierten Agrarkolonien angesiedelt wurden und sich v.a. der Nahrungsmittelproduktion widmeten (vgl. z.B. PRADO JR. 1984, S. 183 ff., FURTADO 1975, S. 105 ff.). Die hohe Subventionierung dieser europäischen Kolonisation in Südbrasilien und ihre räumliche Orientierung durch den Staat ließen sie zur ersten großen Erfahrung gelenkter Agrarkolonisation, die in ihren Auswirkungen bis in die ersten Jahrzehnte des 20. Jhdts. hineinreichte, werden (vgl. zum Gesamtkomplex bes. WAIBEL 1949).

In Hinblick auf die Agrargesetzgebung Brasiliens und damit den Zugang zum Land war nach dem Verbot der *sesmaria*–Vergabe 1822 das erste Agrargesetz von 1850 von großer Bedeutung, das z.B. die rechtliche Situation der *terras devolutas* festlegte, die *posse*, d.h. die Landnahme und –nutzung ohne rechtmäßigen Eigentumstitel bei tatsächlicher Nutzung des Landes anerkannte und schließlich den Verkauf von *terras devolutas* an Private ermöglichte (vgl. ZANATTA 1984, S. 11). Ziel dieser Gesetzgebung sollte u.a. eine Stärkung des kleinen Landeigentums sein. Schließlich wurde in dem Werk in Hinblick auf die Kolonisation die Einwanderung und Ansiedlung europäischer Kolonisten gesetzlich geregelt.

---

1) Vgl. zum Gesamtkomplex der kolonialen Erschließung Brasiliens und ihren Bedingungen z.B. FURTADO 1975, PRADO JR. 1984.

Die republikanische Verfassung von 1891 bringt in Hinblick auf die öffentlichen Ländereien eine für spätere Zeiten insofern wichtige Veränderung, als sie die *terras devolutas* der Zuständigkeit der Bundesstaaten, mit Ausnahme eines 66 km breiten Landstreifens entlang der Grenzen, der unter der Hoheit der Zentralregierung verbleiben sollte, unterstellte (vgl. ZANATTA 1984, S. 11). Die Bundesstaaten konnten nun ihrerseits öffentliche Ländereien für Kolonisationsmaßnahmen nutzen, wie dies im Fall der brasilianischen Südstaaten auch geschah (vgl. LARANJEIRA 1983, S. 20).

Die überseeische Einwanderung hielt bis in die ersten Jahrzehnte des 20. Jhdts. an. Waren es in der ersten Hälfte des 19. Jhdts. noch vor allem Deutsche, die nach Brasilien kamen, so wurden sie ab 1845 von den Italienern, die v.a. jedoch nicht als Kolonisten (mit Ausnahme der Region Caxias do Sul in Rio Grande do Sul – vgl. ROCHE 1959), sondern als Lohnarbeitskräfte auf die prosperierenden Kaffee-Fazendas in São Paulo nach Brasilien kamen (vgl. HOLLOWAY 1984), zahlenmäßig abgelöst. Ab 1910 ist daneben auch die Einwanderung japanischer Siedler im Rahmen gelenkter Kolonisation von zunehmender Bedeutung (vgl. TAVARES et al. 1972, S. 28).

Räumlich konzentrierte sich die Kolonisation nach wie vor hauptsächlich auf das südliche und südöstliche Brasilien. In Nordbrasilien gab es erste Kolonisationsansätze mit der gelenkten Erschließung der Zona Bragantina südöstlich Belém (vgl. PENTEADO 1967).

Die Krise des Kaffeeanbaus zu Ende der 20er Jahre im Gefolge der Weltwirtschaftskrise führte u.a. zu einer Abnahme der Nachfrage nach Arbeitskräften auf den Kaffeefazendas und damit auch zur starken Einschränkung der europäischen Einwanderung.

In der Folgezeit sollte sich nun die gelenkte Agrarkolonisation, die vorher praktisch als direkt mit der internationalen Wanderung verbunden angesehen werden mußte, v.a. aus den unteren ländlichen Sozialgruppen der Landlosen, Pächter und Minifundisten aus den brasilianischen Altsiedelgebieten selbst rekrutieren. Sie erhielt schon damals wie heute auch ihre beiden wesentlichsten Bestimmungsfaktoren, nämlich die Inwertsetzung und Integration ungenutzten Landes und damit die Erhöhung der nationalen Wertschöpfung einerseits und die Lösung agrarsozialer Disparitäten und Konflikte in den Altsiedelgebieten durch Kolonisation an der Pionierfront andererseits. 1938 wurde eine eigene Kolonisationsbehörde, die *Divisão de Terras e Colonização* (DTC) als Abteilung des Landwirtschaftsministeriums geschaffen. Im Gefolge der Vargas'schen *Marcha para Oeste*-Ideologie (vgl. Kap. II.2.3.), die als politische Legitimation gerade in der Agrarkolonisation eine der wesentlichsten Achsen der brasilianischen Entwicklung sah, wurden von der DTC mehrere sogenannte *Colônias Agrícolas Nacionais* (nationale Agrarkolonien) auf kleinbäuerlicher Basis eingerichtet. Hierzu gehören z.B. die Kolonisationsgebiete von Dourados im südlichen Mato Grosso und Ceres im südlichen Goiás (vgl. TAVARES et al. 1972, S. 33). Genau die beiden genannten Aspekte der Kolonisation, nämlich Besiedelung ungenutzter Regionen und Abbau sozialer Spannungen durch die Förderung und Verlagerung der Pionierfront waren auch im Falle der *Colônias Agrícolas Nacionais* die ausschlaggebenden Motive.

Neben diesen staatlichen Projekten sind in dieser Zeit (wie z.T. auch schon im 19. Jhdt.) vor allem die Aktivitäten privater Kolonisationsgesellschaften für die Besiedlung und wirtschaftliche Erschließung der letzten Pionierregionen im südlichen Brasilien von Bedeutung gewesen. So die Kolonisation Nord-Paranás durch die ursprünglich englische *Companhia Terras Norte do Paraná* (später *Companhia Melhoramentos Norte do Paraná*) (vgl.

besonders KOHLHEPP 1975) und im westlichen Paraná die kolonisatorische Tätigkeit der privaten Gesellschaft MARIPA (vgl. z.B. FOWERAKER 1982, S. 172 ff.).

1946 wurde mit dem *Lei das Terras* (Landgesetz) insofern eine für die heutige Kolonisation in Rondônia wichtige Grundlage geschaffen, als u.a. die *terras devolutas* in den 1943 neugegründeten Bundesterritorien, also auch im damaligen *Território do Guaporé*, heute Rondônia, der Hoheit der brasilianischen Zentralregierung unterstellt wurden (siehe ZANATTA 1984, S. 12).

Im gleichen Jahr 1946 wurde mit der neuen Verfassung auch eine erste gesetzliche Grundlage für eine mögliche Agrarreform zum Abbau der seit der Kolonialzeit unvermindert fortbestehenden Disparitäten der brasilianischen Agrarstruktur geschaffen. Der Artikel 147 führt erstmals eine *Sozialverpflichtung* des Eigentums ein und stellt die Möglichkeit, per Gesetz eine gerechte Eigentumsverteilung mit gleichen Chancen für alle zu schaffen, in Aussicht (vgl. ZANATTA 1984, S. 12). Jedoch blieb dies nur eine Absichtserklärung, denn weitere gesetzliche Ausführungen blieben, nicht zuletzt wegen des nach wie vor großen politischen Einflusses der Landoligarchie, aus. Außerdem erwies sich die in der Verfassung vorgesehene Enteignung aus sozialen Gründen aufgrund der dort ebenso vorgeschriebenen Geldentschädigung als kaum operationalisierbares Instrument (vgl. BORGES 1984, S. 17).

Das 1954 geschaffene und bis 1962 existierende *Instituto Nacional de Immigração e Colonização* (INIC) – man erkennt noch die frühere Interdependenz der beiden Komplexe – brachte außer einigen Agrarkolonien im Nordosten ebenso wenig neue Ansätze wie die nur von 1962 bis 1964 existierende Nachfolgebehörde SUPRA (*Superintendência da Política Agrária*) (vgl. TAVARES et al. 1972, S. 33).

Bereits wenige Monate nach dem Militärputsch und der Amtsübernahme des ersten Generalspräsidenten Marschall Humberto Castelo Branco im Frühjahr 1964 wurde Ende November 1964 mit dem *Estatuto da Terra* (Gesetz Nr. 4.504) eine neue Agrargesetzgebung verkündet[1].

Das *Estatuto da Terra* verstand sich, zumindest auf dem Papier, als Gesetz, das die Basis zur Durchführung einer Agrarreform und zur Neuordnung der Agrarpolitik in Brasilien schaffen sollte (vgl. Artikel 1 des Gesetzes 4.504 in PNPF 1983, S. 12). Dabei wurden besonders in Hinblick auf die anzustrebende Besitzgrößenstruktur eine Reihe von neuen Definitionen (vgl. besonders Artikel 4 des gleichen Gesetzes) eingeführt. Als Basiseinheit wurde der sog. *módulo rural* als der jeweils unter Berücksichtigung der entsprechenden regionalen Bedingungen und Nutzungssysteme zu bestimmende, eine Familie ausreichend ernährende Betrieb definiert. Hiervon ausgehend sollten wünschenswerte und nichtwünschenswerte Betriebsgrößen und -formen in Hinblick auf eine Agrarreform bestimmt werden. Als anstrebenswert wurde besonders der unter den jeweiligen Bedingungen maximal ökonomisch und rational wirtschaftende Betrieb, der die Bezeichnung *empresa rural* erhielt, angesehen (vgl. zu diesem Komplex KOHLHEPP 1979b, S. 475 ff.). Ziele und Durchführung der Agrarreform sowie die Möglichkeiten zur Enteignung aus sozialen Gründen wurden durch dieses Gesetz ebenso bestimmt (Art. 16–46) wie die Landbesteuerung (Art.

---

1) Vgl. zu den gesellschaftlichen und politischen Bedingungen und Hintergründen der neuen Agrargesetzgebung und ihrem Zusammenhang mit der Revolution von 1964 z.B. MARTINS 1984, S. 28 ff.

47–53), die staatliche und private Kolonisation (Art. 55–72) sowie andere wichtige Bereiche der Agrarpolitik (vgl. PNPF 1983, S. 12 ff.).

Als Durchführungsorgan des Gesetzes besonders in Hinblick auf die Definition von Prioritätszonen der Agrarreform, Katastererhebungen, Durchführung staatlich gelenkter Kolonisation in den definierten Prioritätszonen und zur Ansiedlung von Umsiedlern aus diesen Prioritätszonen in anderen Regionen wurde das *Instituto Brasileiro de Reforma Agrária* (IBRA) geschaffen. In allen übrigen Fällen war für staatliche Kolonisation, die hier im Vordergrund steht, das ebenfalls neue *Instituto Nacional de Desenvolvimento Agrário* (INDA) zuständig.

Neben dem entscheidenden Problem des fehlenden politischen Willens zur Durchführung der Agrarreform zeigten sich aber bereits in der neuen Gesetzgebung eine Reihe technischer und konzeptioneller Schwächen (z.B. die komplizierte Bestimmung des *módulo rural* etc.) (vgl. BORGES 1984, S. 17, 18 und S. 26 ff.). Trotz der nun geschaffenen gesetzlichen Möglichkeiten zur Agrarreform blieb die politische Realität weit von ihrer Durchführung entfernt. Im Gegenteil: diejenigen, die in den folgenden Jahren von der tatsächlichen brasilianischen Wirtschafts– und Agrarpolitik am meisten profitiert haben, waren weit eher die modernisierten Betriebe und das *agrobusiness*, nicht jedoch die tatsächlich Bedürftigen, die Landlosen und Kleinbauern, die den größten Teil der ländlichen Sozialschichten stellen (vgl. MARTINS 1984, KOHLHEPP 1979b, S. 478 ff.).

Aufgrund der unter den in den 60er und 70er Jahren gegebenen gesellschaftlichen Bedingungen sich immer mehr erweisenden politischen Undurchführbarkeit einer Agrarreform in den disparitär–strukturierten Altsiedelgebieten Brasiliens wurde zunehmend in der staatlich gelenkten Agrarkolonisation in Neusiedelgebieten ein Substitut einer tatsächlichen Agrarreform gesehen, obwohl es sich dabei im Endeffekt um nichts anderes handeln konnte als allenfalls den Versuch einer *Problemkontrolle* durch Beilegung und Ablenkung akuter sozialer Spannungen (vgl. *Ventilfunktion* der Pionierfront), nicht jedoch um eine tatsächliche *Problemlösung* durch Beseitigung der grundlegenden Disparitäten.

Eine ganze Reihe von Dekreten und Gesetzen konzentrieren sich entsprechend nach 1964 auf Ausführungsbestimmungen etc. der staatlich gelenkten Kolonisation (vgl. LARANJEIRA 1983, S. 24, 25). So ist besonders das Dekret Nr. 59.428 aus dem Jahr 1966 zu nennen (vgl. PNPF 1983, S. 120 ff.), in dem, in Ausführung des *Estatuto da Terra*, die gesetzlichen Möglichkeiten der staatlichen und privaten Kolonisation geschaffen wurden. Dabei werden der soziale Aspekt der Schaffung gerechterer Agrarstrukturen durch Kolonisation, durch die Erweiterung der Möglichkeiten des Zugangs zu Land sowie die ökonomische Integration von bisher ungenutztem Neuland als Hauptziele der Kolonisation genannt. In dem angeführten Dekret werden ebenso die notwendigen infrastrukturellen Ausstattungsmerkmale von Siedlungsprojekten definiert (Art. 21, 22), wie auch in Artikel 64 die Voraussetzungen des landsuchenden Kolonisten zum Erhalt einer Parzelle in einem staatlichen Projekt, als da sind:

- Alter zwischen 21 und 60 Jahren,
- bisher kein Landeigentümer,
- bisher kein Eigentümer industrieller oder kommerzieller Betriebe,
- kein Beamter,
- Wunsch nach landwirtschaftlicher Tätigkeit,
- Verpflichtung zugewiesenes Land selbst zu bewohnen und zu bearbeiten,
- guter gesundheitlicher Zustand,

• Fähigkeiten zu Verwaltung und Nutzung eines landwirtschaftlichen Betriebes[1].
Staatliche Kolonisation soll auf Ländereien im Eigentum des Staates, also z.B. auf *terras devolutas*, in der der Zentralregierung unterstehenden Grenzregion oder auf vorher aus sozialen Gründen enteignetem Land durchgeführt werden.

Wichtigstes Ergebnis der neu geschaffenen Gesetzeswerke und Institutionen während der 60er Jahre war die Katastererhebung durch das IBRA. Im Bereich der staatlichen Kolonisation dagegen konnten während der 60er Jahre jedoch keine wesentlichen Fortschritte verzeichnet werden.

Erst mit dem 1970 vom dritten Generalspräsidenten Emílio G. Médici verkündeten *Programm der Nationalen Integration* (PIN *Programa de Integração Nacional*), dessen wesentlichstes Ziel die Erschließung und Integration der amazonischen Peripherie auf der Basis des Fernstraßenbaus (Transamazônica, Cuiabá–Santarém, Perimetral Norte) und der kleinbäuerlichen, staatlich gelenkten Agrarkolonisation entlang dieser Straßenachsen war, tritt die Neulandbesiedelung an der Siedlungsgrenze in den Mittelpunkt der nationalen Entwicklungsstrategie und ihrer konkreten Umsetzung (vgl. hierzu KOHLHEPP 1976, MORAN 1981, S. 73 ff., SMITH 1982, S. 9 ff).

Noch im Juli 1970 wird aus den beiden Institutionen INDA und IBRA das *Instituto Nacional de Colonização e Reforma Agrária* (INCRA) neugeschaffen, das fortan — schon in der Namensgebung wird die offizielle Sicht der Interdependenz zwischen Kolonisation und vermeintlicher Agrarreform deutlich — für alle wesentlichen Landfragen zuständig ist.

Entscheidende Voraussetzung für die nun beginnende, zumindest in der Planung großangelegte Agrarkolonisation durch die brasilianische Zentralregierung an den Siedlungsgrenzen in Amazonien war die Unterstellung aller *terras devolutas* in einem jeweils 100 km breiten Streifen beiderseits aller gebauten und geplanten Bundesstraßen in der 1966 geschaffenen Planungsregion *Amazônia Legal* unter der Zuständigkeit des INCRA aus *Gründen der nationalen Sicherheit und Entwicklung* (vgl. Decreto–Lei nº 1.164, April 1971, siehe PNPF 1983, S. 204 ff.). Damit war die Möglichkeit zentraler Planung und Durchführung von Kolonisationsvorhaben durch die Bundesbehörde INCRA auch in Ländereien, die vorher den Bundesstaaten unterstanden, entlang der als Entwicklungsachsen geplanten Bundesstraßen gewährleistet[2].

Ziel der staatlichen Kolonisation, die sich nun vorrangig auf die *terras devolutas* im nur in ersten Ansätzen genutzten brasilianischen Amazonasgebiet konzentrierte, sollte neben der produktiven Integration dieser immensen Gebiete in die nationale Wirtschaft und Gesellschaft v.a. die Absorption der durch die disparitäre Agrarstruktur des Nordostens und die periodischen Dürreperioden immer mehr aus den ländlichen Räumen Nordostbrasiliens abwandernden Bevölkerung sein. *Land ohne Menschen für Menschen ohne Land* wurde zur Devise der Neubelebung staatlicher Agrarkolonisation an der Siedlungsgrenze. Dies wurde durch die wissenschaftliche Evaluierung bisheriger Kolonisationsansätze bei positiver Einschätzung der Absorptionskapazität zukünftiger neuer Siedlungsprojekte in

---

1) Dekret nº 59.428, Art. 64 in: PNPF 1983, S. 134, siehe auch zusammenfassend LARANJEIRA 1983, S. 28 ff.
2) Vgl. zu Entwicklung und Problematik der in der internationalen Öffentlichkeit seit dieser Zeit am meisten beachteten Kolonisation an der Transamazônica besonders KLEINPENNING 1975, KOHLHEPP 1976, MORAN 1981, SMITH 1982, BUNKER 1985, S. 124 ff.

Amazonien (über 1 Mio. Familien) unter der Annahme relativ geringer Kosten pro angesiedelter Familie (ca. 2.000 US-$ pro Familie) untermauert (vgl. besonders die vielzitierte Studie von TAVARES et al. 1972, S. 123, 124).

Daß die Realität bereits bald sehr weit hinter den Absichten zurückblieb, was ja u.a. zu entscheidenden Veränderungen der Regionalentwicklungsstrategie für Amazonien im Rahmen des POLAMAZONIA-Programms ab 1974 führte, ist von zahlreichen Autoren beschrieben und analysiert worden (vgl. KOHLHEPP versch. Jahre, KLEINPENNING versch. Jahre, MAHAR 1979, FEARNSIDE 1984, BUNKER 1985 usw.).

In Hinblick auf die Gesetzgebung zur Landfrage und zur Kolonisation wurden auch in den 70er Jahren eine Reihe weiterer Gesetze und Ausführungsbestimmungen erlassen (vgl. LARANJEIRA 1983, S. 24, 25). Erwähnt sei z.b. ein Gesetz aus dem Jahr 1979 (Lei nº 6.634), mit dem der unter der Oberhoheit der Zentralregierung stehende Grenzstreifen von zunächst 66 km, später 100 km auf 150 km erweitert wurde, wodurch sich natürlich die Position der Landbehörde INCRA weiter verstärkte.

Wichtige institutionelle Veränderungen im Zusammenhang mit der Landproblematik besonders des östlichen Amazonasgebietes ergaben sich — dies sei am Rande erwähnt — 1980 mit der Gründung des GETAT (*Grupo Executivo das Terras do Ararguaia-Tocantins*), das nun anstelle des INCRA und entsprechender bundesstaatlicher Behörden für alle Aspekte der Landfrage im südöstlichen Pará, westlichen Maranhão, nördlichen Goiás und nordöstlichen Mato Grosso zuständig wurde. Nicht umsonst ist dies diejenige Region in Amazonien, in der Anfang der 70er Jahre die einzigen größeren guerrilla-ähnlichen Auseinandersetzungen auf dem Lande in Brasilien stattfanden und die heute nach wie vor von den stärksten Interessenkonflikten zwischen Großgrundbesitzern und *posseiros*, bzw. Kleinbauern und Landlosen betroffen ist (vgl. z.B. MARTINS 1982, KOTSCHO 1982, als Fallstudie IANNI 1981). Es handelt sich gleichzeitig um die Region, in der einige der wichtigsten brasilianischen Großprojekte, besonders das Carajás-Projekt, der Tucuruí-Staudamm etc. mit ebenso jeweils hohem sozialem Konfliktpotential liegen und somit ein besonderes, direktes Zugriffinteresse des Staates erklären (vgl. hierzu z.B. PINTO 1982, IBASE 1983, ASSELIN 1982).

Ebenso 1980 wird eine weitere Sonderbehörde, der *Grupo Executivo para a Região do Baixo Amazonas* (GEBAM) mit ähnlichen Sonderrechten wie GETAT im Staat Pará gegründet (vgl. ALMEIDA 1984). Beide Behörden werden bezeichnenderweise direkt dem von den Militärs dominierten nationalen Sicherheitsrat unterstellt.

1982 wird schließlich das *Ministério Extraordinário de Assuntos Fundiários* (MEAF) gegründet, dem durch die Zuordnung von INCRA, GETAT und GEBAM alle wichtigen Zuständigkeiten im Bereich der Landproblematik obliegen. Zum Minister wird der bisherige Chef des nationalen Sicherheitsrates General Danilo Venturini ernannt. Dies zeigt deutlich die spezielle — auch sicherheitspolitische — Bedeutung, die der so konfliktträchtigen Landfrage besonders in Amazonien von den regierenden Militärs auch in der Phase der politischen *abertura* noch zugemessen wurde. Nicht umsonst sprechen brasilianische Autoren bei der Analyse dieser Entwicklungen von der *Militarisierung der Landfrage* (vgl. besonders MARTINS 1984, S. 19 ff.).

Auch unter der seit Frühjahr 1985 im Amt befindlichen Zivilregierung unter Präsident Sarney bleibt die Landfrage eines der zentralen politischen Themen. Eine der ersten institutionellen Veränderungen war 1985 die Auflösung des MEAF und die Gründung des *Ministério da Reforma e do Desenvolvimento Agrário* (MIRAD) — nun also erstmals sogar ein Ministerium, das bereits im Titel die so oft beschworene Agrarreform führt –, das unter ziviler Leitung steht und dem sämtliche Landbehörden zugeordnet wurden.

Erste und wichtigste Aufgabe der zunächst stark von progressiven Kräften geprägten neuen Administration war die Ausarbeitung eines neuen Vorschlags zur Agrarreform (*I Plano Nacional da Reforma Agrária* — I PNRA), dessen Hauptidee in der rigiden Anwendung der durch das *Estatuto da Terra* bereits 1964 geschaffenen Möglichkeiten lag. Dieser Themenkomplex entwickelte sich rasch zu einem der brisantesten Konfliktstoffe der sogenannten *Nova República*. Schnell zeigte sich aber, daß auch unter der neuen Regierung tiefgreifende strukturelle Reformen, wie sie in den ersten Vorschlägen und Diskussionen zum PNRA noch gefordert wurden, zur Beseitigung der agrarsozialen Disparitäten wohl kaum durchgeführt werden dürften. Äußerungen von Präsident Sarney noch im Jahr 1985 zeigen, daß erneut weniger die gerechtere Landverteilung in den Altsiedelgebieten als vielmehr massive Neulandverteilung in Form staatlicher Kolonisation auch im Zentrum der neuen *Agrarreform* stehen werden[1].

Insgesamt zeigt bereits dieser kursorische Überblick, daß in Brasilien im Verlauf der Jahre sehr wohl ein umfangreiches gesetzliches Instrumentarium sowie ein entsprechender institutioneller Rahmen zur Regelung landeigentumsrechtlicher Fragen, zur rechtlichen Klärung der Situation der unteren ländlichen Sozialschichten z.B. durch die Gesetzgebung zur Regelung der *posse*, aber auch zur Regelung der Situation von Tagelöhnern etc. (u.a. durch das bereits 1963 verabschiedete *Estatuto do Trabalhador Rural*), zu einer möglichen Agrarreform (durch das *Estatuto da Terra*), zur rechtlichen Verfügungsgewalt des Staates über weite Landstriche (*terras devolutas*) bes. auch in den Bundesterritorien (und damit auch in Rondônia) und zur Durchführung staatlich gelenkter Agrarkolonisation geschaffen wurde.

Andererseits zeigt das Fortbestehen, ja die Verstärkung der grundlegenden strukturellen Disparitäten der brasilianischen Landwirtschaft zwischen Großbetrieb und modernisiertem Agrarsektor einerseits und zunehmender Marginalisierung ausgesetztem, subsistenzorientiertem Kleinbauerntum (vgl. Tab. 32) und der großen Gruppe der landlosen Pächter und Tagelöhner sowie die aus diesen Gegensätzen resultierenden Interessenkonflikte andererseits, daß das gesetzliche Instrumentarium allein nicht ausreicht, wenn der politische Wille zu dessen rigider Anwendung fehlt.

Staatlich gelenkte Agrarkolonisation an der Siedlungsgrenze in Amazonien, d.h. die Ausweitung der Pionierfront als staatliche Raumordnungsstrategie, ist derjenige Teil staatlicher Agrarpolitik, der von den Regierenden in Brasilien immer wieder in den letzten 20 Jahren als entscheidend für die Erreichung gerechterer agrarsozialer Verhältnisse durch die Schaffung eines Zugangs zu Land für die Landlosen herausgestellt wurde. In diesem Sinne wurde und wird Kolonisation als ein essentieller Bestandteil einer Agrarreform — zumindest in der Rhetorik, in der Realität eher als ein unzureichendes Substitut — verstanden.

---

1) Vgl. zu den Auseinandersetzungen um den PNRA z.B. GAZETA MERCANTIL 1985, sowie Heft 3, 1985 der Zeitschrift Reforma Agrária.

III.4.3. Die staatlichen kleinbäuerlichen Kolonisationsprojekte des INCRA im Rahmen der Neuordnung der Raumorganisation Rondônias seit 1970

Heute, ca. 1 1/2 Jahrzehnte nach Beginn der staatlich gelenkten Agrakolonisation in ganz Amazonien, ist Rondônia der brasilianische Bundesstaat, in dem die meisten Siedlungsprojekte des INCRA eingerichtet wurden und in dem die höchste Zahl von Familien durch INCRA eine Neulandparzelle zur Bearbeitung erhalten hat (vgl. Tab. 33). Dies ist auch deshalb interessant, weil zu Anfang der 70er Jahre in der staatlichen Planung die Kolonisationsgebiete an der Transamazônica (PICs Altamira, Marabá, Itaituba) eindeutigen Vorrang vor den rondonensischen Projekten hatten (vgl. KOHLHEPP 1976, 1979, 1984). Rondônia kam allenfalls auf Platz 2 der staatlichen Prioritätenliste amazonischer Siedlungsregionen. Die heute dominierende Stellung Rondônias ist besonders auf das hohe Ausmaß der spontanen Zuwanderung von Landsuchenden und die sukzessive Einrichtung neuer Projekte durch das so in *Zugzwang* geratene INCRA zurückzuführen.

Unmittelbar ausgelöst durch die sozialen Spannungen und Konflikte, die Ende der 60er Jahre in der Region um Vila Rondônia (heute Ji–Paraná) dadurch entstanden waren, daß die private Kolonisationsgesellschaft CALAMA nicht zu Ansiedlung und adäquater Versorgung der von ihr in Paraná angeworbenen Kolonisten in der Lage war, wurde 1970 das Projekt *Ouro Preto* durch das neugeschaffene INCRA als sog. PIC *Projeto Integrado de Colonização* (Integriertes Kolonisationsprojekt – zur inhaltlichen Bedeutung für die Kolonisten siehe weiter unten) gegründet (vgl. Karte 11). In ihm sollten ad hoc 300 der durch die CALAMA angeworbenen Siedlerfamilien noch 1970/71 angesiedelt werden. Die anfänglich geplante Gesamtkapazität des Projektes, die sich an damaligen offiziellen Schätzungen der Landnachfrage in Rondônia orientierte, war insgesamt auf 1.000 Familien ausgelegt (vgl. VALVERDE 1979, S. 93). Im Verlauf der Jahre mußte jedoch das Projekt aufgrund der ständig ansteigenden Landnachfrage durch die Migrationszunahme von INCRA mehrfach erweitert werden. Insgesamt wurden im Verlauf der 70er Jahre in diesem ältesten und größten der rondonensischen Kolonisationsprojekte 5.162 Familien durch INCRA angesiedelt (vgl. Tab. 34) (siehe auch Kap. IV.1.1. zum PIC *Ouro Preto*). Ein wichtiges Kriterium für die Auswahl dieser ersten Kolonisationsregion war die Vermutung günstiger bodengeographischer Gegebenheiten. Detaillierte Bodenuntersuchungen fehlten jedoch in der Anfangsphase des Projektes, sie wurden erst später durch entsprechende Kartierungen der Kakaobehörde CEPLAC gewonnen (s.u.).

Kurze Zeit nach Einrichtung des Projektes *Ouro Preto* wurde 1971 im Nordwesten Rondônias das zweite Siedlungsprojekt, das PIC *Sidney Girão*, eingerichtet (vgl. Karte 11). Dieses Projekt blieb das einzige, das völlig außerhalb des Hauptkolonisationskorridors in Zentral–Rondônia entlang der BR 364 angelegt wurde. Es ist bis heute das kleinste staatliche Siedlungsprojekt (ca. 600 angesiedelte Familien, vgl. Tab. 34) und das einzige der älteren Projekte, in dem auch heute noch Parzellen zur Verteilung existieren. Für die geringe Ansiedlung waren hauptsächlich schlechtere Böden, die periphere Lage des Projektes besonders in Hinblick auf die Hauptzuwanderungsrichtungen und fehlende Expansionsmöglichkeiten in der Anfangszeit (das Projekt liegt zwischen zwei Indianerreservaten) verantwortlich (Information INCRA–executor des PIC *Sidney Girão*, Guajará–Mirim, August 1983). Dieses Projekt unterscheidet sich von den übrigen INCRA–Projekten Rondônias auch durch die Dominanz von Siedlern aus dem Nordosten

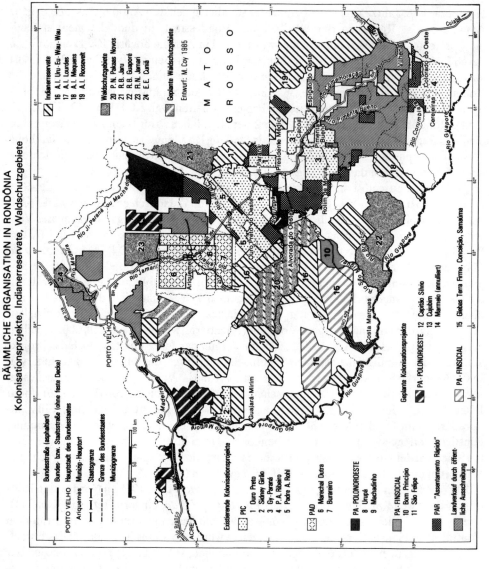

Karte 11

Brasiliens, die z.T. schon vor 1970 besonders aus Ceará in die Region gekommen waren (vgl. zum PIC *Sidney Girão* VALVERDE 1979, S. 163 ff.).

Als drittes Kolonisationsprojekt des INCRA in Rondônia wurde im Jahr 1972 das PIC *Gy–Paraná* gegründet, das in einer Ausdehnung von ca. 50 km entlang der BR 364 mit der Pionierstadt Cacoal im Zentrum und der Stadt Pimenta Bueno an der südöstlichen Begrenzung angelegt wurde (vgl. Karte 11). Es besteht heute aus 5 zu unterschiedlichen Zeiten begonnenen, sich jeweils nach Südwesten und Nordosten in das *Hinterland* ausdehnenden Sektoren. Anlaß für die Gründung des Projektes war die zunehmende Migration nach Rondônia, die spontane Niederlassung von Migranten in den kleinen Siedlungen am Rande der BR 364 (in Pimenta Bueno und dem damals neu entstehenden Cacoal, s.u.) sowie die beginnende spontane Landnahme durch die Neuankömmlinge in den damals zur Kautschukextraktion genutzten Ländereien der Umgebung. Insgesamt wurden im PIC *Gy-Paraná* im Verlauf der 70er Jahre ca. 4.800 Familien auf jeweils ca. 100 ha großen Neuland-Parzellen angesiedelt (vgl. Tab. 34). Bodengeographisch liegt dieses Projekt bereits in einigen Teilen an der Grenze zu den durch weniger günstige Bodenverhältnisse gekennzeichneten Regionen des südlichen Rondônia (z.B. *Setor Abaitará*) (vgl. Bodenkarte 4). In anderen Sektoren treten jedoch auch noch mit einzelnen Vorkommen von *Terra roxa* die zur landwirtschaftlichen Nutzung am besten geeigneten regionalen Bodentypen auf (vgl. VALVERDE 1979, S. 138 ff.).

1973 folgte als viertes Kolonisationsprojekt des INCRA im südlichsten Bereich Rondônias das PIC *Paulo de Assis Ribeiro* (vgl. Karte 11), das ca. 100 km südwestlich der Grenzstadt Vilhena in einer Region angelegt wurde, in der durch das Auftreten ultrabasischer Amphibolite und durch auf diesen ausgebildete, vorwiegend rote, eutrophe Latosole als dem regional vorherrschenden Bodentyp (vgl. Geologische Karte 3 und Bodenkarte 4) trotz gleichzeitig hoher Reliefenergie ungleich günstigere natürliche Bedingungen für kleinbäuerliche Kolonisation herrschen als besonders in der unmittelbaren Umgebung der Stadt Vilhena und im Bereich der BR 364 zwischen Vilhena und Pimenta Bueno. Entsprechend sollten mit diesem Projekt Migranten, die sich in Vilhena und Umgebung niederlassen wollten, in dieses günstigere Kolonisationgebiet *gelenkt* werden. Gleichzeitig sollte der immer stärker werdende Druck auf die älteren Projekte *Ouro Preto* und *Gy-Paraná* durch die neuankommenden Siedler durch das neue Projekt Entlastung finden. Besonders aufgrund der schwierigen infrastrukturellen Erschließung abseits der BR 364 begann im PIC *Paulo de Assis Ribeiro* die erste Ansiedlung erst 1974. Der offizielle Projektsitz entwickelte sich im Laufe der folgenden Jahre zur Pionierstadt Colorado do Oeste (vgl. Karte 11). In einem westlichen Expansionsgebiet des Projektes entstand als sekundäres Zentrum die Pioniersiedlung Cerejeiras. 1978 waren alle vorgesehenen Parzellen des Projektes, die im Durchschnitt eine Fläche von 100 ha haben, verteilt. Insgesamt erhielten in diesem Projekt ca. 3.100 Familien durch INCRA Land (vgl. Tab. 34). In der Region, in der das PIC *Paulo de Assis Ribeiro* liegt, existieren bereits seit Projektbeginn eine ganze Reihe von großen, v.a. an Holzextraktion und Viehzucht interessierten Betrieben. Entsprechend kam es immer wieder zu Konflikten zwischen Siedlern und Großgrundbesitzern um die Landnutzung (für genauere Analysen zum PIC *Paulo de Assis Ribeiro* siehe VALVERDE 1979, S. 154 ff. und WESCHE 1983).

Beim fünften rondonensischen Kolonisationsprojekt, dem 1975 gegründeten PIC *Padre Adolpho Rohl* (vgl. Karte 11), handelt es sich eigentlich um einen ehemaligen Sektor des PIC *Ouro Preto*, in dem bereits 1973 mit der Ansiedlung begonnen worden war. Das Gebiet des heutigen Projektes war in früherer Zeit hauptsächlich Kautschukextraktionsgebiet verschiedener *seringais*. Zu Beginn der Ansiedlung kam es zum Teil zu heftigen Auseinandersetzungen zwischen diesen *seringalista*–Familien[1] und z.T. bereits vor der Vermessung der Parzellen durch INCRA, sozusagen als *posseiros*, vordringenden Siedlern (Informationen verschiedener Siedler im benachbarten PIC *Ouro Preto*, 1983, 1984). Im Zentrum des Projektes liegt an der BR 364 die Pionierstadt Jaru, ein ehemaliger Posten der Rondon'schen Telegraphenlinie, heute Sitz der INCRA–Projektadministration und zentraler Ort mit Versorgungs– und Vermarktungsfunktionen für die Siedler des PIC *Padre Adolpho Rohl*. Die natürlichen Voraussetzungen sind hier ähnlich wie im PIC *Ouro Preto* durch das Auftreten basischer Gesteine und vorwiegend eutropher *red–yellow–podzolic–soils* als relativ günstig zu bezeichnen. Insgesamt wurden von INCRA ca. 3.700 Familien auf jeweils 100 ha großen Neulandparzellen angesiedelt (vgl. Tab. 34) (vgl. zu diesem Projekt VALVERDE 1979, S. 147 ff. und SILVA 1984).

Im Rahmen einer modifizierten Ansiedlungsstrategie (vgl. hierzu weiter unten) wurde bereits ab 1974 von INCRA die nördlicher gelegene Region um die Siedlung Ariquemes in die staatlich gelenkte Agrarkolonisation mit einbezogen. Steigende Migrantenzahlen und entsprechend steigender Druck von Ansiedlungswilligen in den existierenden Projekten an der BR 364, zunehmende Landinvasionen etc. machten das Ausweichen auf diese Region notwendig, die jedoch von ihren natürlichen Voraussetzungen her durch das Vorwiegen von Latosolen und insgesamt starken Unterschieden der Bodenqualitäten sowie z.T. hoher Reliefenergie und schließlich wegen der hier besonders starken Malariahäufigkeit weniger zur kleinbäuerlichen Inwertsetzung geeignet erscheint.

Mit den beiden 1975 bzw. bereits 1974 gegründeten Projekten PAD (*Projeto de Assentamento Dirigido*) *Marechal Dutra* und PAD *Burareiro* (vgl. Karte 11) wurden von INCRA zwei verschiedene Ziele verfolgt. Während sich das Projekt *Marechal Dutra* durch seine Konzeption mit der Verteilung von 100 ha–Landstücken zunächst kaum von den fünf älteren Projekten Rondônias unterscheidet, wurden im PAD *Burareiro* größere Landstücke von jeweils 250 ha ausgewiesen. Diese größeren Parzellen sollten besonders an kapitalkräftigere, erfahrenere und innovationsfreudige Kolonisten verteilt werden, die an der Anlage von Kakao–Pflanzungen als *cash–crop* interessiert waren, mit dem bereits vorher im PIC *Ouro Preto* erste erfolgversprechende Erfahrungen durch die staatliche Kakaobehörde CEPLAC gemacht worden waren. Man wollte so einen anderen, eher marktorientierten, *modernen* Betriebstyp, der mehr dem Bild einer *empresa rural* (s.o.) entsprechen sollte, gegenüber dem zunächst eher subsistenzorientierten, kleinbäuerlichen Kolonistenbetrieb fördern und damit in agrarsozialer Hinsicht die Entstehung einer *modernen*, agrarischen *Mittelschicht* in Gang setzen. Diese Unterschiede in der Ansiedlungsstrategie haben in der Folgezeit entsprechend zu deutlichen sozio–ökonomischen Differenzierungs– und Stratifizierungsprozessen, die z.B. durch unterschiedliche staatliche Unterstützung, unterschiedlichen Zugang zu Krediten etc. noch gefördert wurden, zwischen den verschiedenen Siedlungsprojekten in der Region Ariquemes geführt, die von HEBETTE, ACEVEDO (1982) eingehend analysiert worden sind (vgl. zu diesen beiden

---

1) Die auch heute noch — im Rahmen der Entschädigung durch INCRA — Ländereien innerhalb des Projektgebietes besitzen.

Projekten auch VALVERDE 1979, S. 121 ff.). Insgesamt wurden während der 70er Jahre im PAD *Marechal Dutra* ca. 4.800 Kolonisten durch INCRA angesiedelt, es ist damit nach dem PIC *Ouro Preto* das zweitgrößte Siedlungsprojekt in Rondônia. Im PAD *Burareiro* erhielten ca. 1.500 Siedler Land — hier also jeweils 250 ha–Parzellen (vgl. Tab. 34).

Das Modell der gelenkten Agrarkolonisation durch das INCRA in Rondônia bestand also in der Verteilung von in der Regel 100 ha–Neulandparzellen. Dies entspricht dem nach dem *Estatuto da Terra* festgelegten *módulo rural* für Rondônia und das übrige Amazonien. Damit war auch zunächst nicht der Fehler der früheren Agrarkolonisation in der Region, die Verteilung von nur 25 ha großen Parzellen, die sich beim regional üblichen System der Brandrodung und Landwechselwirtschaft sehr schnell als auf die Dauer zu klein erwiesen hatten, wiederholt worden.

In diesem Zusammenhang muß jedoch berücksichtigt werden, daß nach dem Gesetz nº 4.771 *Côdigo Florestal* aus dem Jahr 1965 nach Art. 16, Abschnitt b und nach Art. 44 bei der Inwertsetzung von Primärwald in der Region Amazonien maximal 50 % des Waldbestandes gerodet werden dürfen (vgl. IBDF o. J., S. 7, 15), d. h. jeder Kolonist muß laut Gesetz auf seinem 100 ha–Landstück eine Waldreserve von ca. 50 ha erhalten. Es steht ihm also nur die Hälfte der Gesamtfläche zur tatsächlichen Bearbeitung zur Verfügung. Eigene Beobachtungen und Auskünfte durch Beamte der Kolonisationsbehörde INCRA und der Forstbehörde IBDF (*Instituto Brasileiro de Desenvolvimento Florestal*) in Rondônia zeigen jedoch, daß sich diese Vorschrift einmal wegen mangelnder Sensibilisierung der Siedler für die Erhaltung des Waldes und zum anderen wegen völlig fehlender Überprüfung und Aufnahme der im Einzelbetrieb gerodeten Flächen in der Realität als praktisch bedeutungslos erweist.

Planung und Auslegung der Nutzungsparzellen erfolgte bei allen sieben genannten Projekten nach dem gleichen orthogonalen Schema. Von der Hauptachse der Bundesstraße BR 364 ausgehend werden Erschließungsstraßen in geradlinigem Verlauf in den Primärwald vorgetrieben. Entweder werden die einzelnen Parzellen bereits nur an diesen Erschließungsstraßen (*estradas coletoras*) angelegt oder es werden von ihnen ausgehend sekundäre Stichstraßen (*estradas de penetração*) gebaut, an denen die einzelnen Parzellen vermessen werden. Normalerweise handelt es sich bei den 100 ha–Parzellen um gleichvermessene, rechteckige Landstücke von 500 m Breite, wobei normalerweise eine Stirnseite an der Straße zu liegen kommt, und 2.000 m Länge, wobei sich die Rückseiten der Parzellenreihen jeweils zweier, 4 km voneinander entfernter Erschließungs-oder Stichstraßen treffen. Nicht umsonst werden alle ländlichen Erschließungs– und Stichstraßen in den Kolonisationsprojekten von den Bewohnern und inzwischen auch offiziell als *linha* bezeichnet. Die Länge der *linhas* variiert zwischen wenigen Kilometern bei den Stichstraßen bis zu 80 km (z.B. im PIC *Ouro Preto*) und mehr bei den Erschließungsstraßen.

Im siedlungsgeographischen Sinne handelt es sich also bei diesen geplant angelegten Kolonisationsgebieten um *reguläre Breitstreifenfluren mit Hofanschluß* (vgl. z.B. NIEMEIER 1977, S. 65, 66) bzw. *Streifeneinödfluren* (NITZ 1973), den europäischen *Waldhufen* verwandt, wie sie für Waldkolonisationsgebiete sowohl der Alten als auch der Neuen Welt typisch sind (NITZ 1973) (siehe für einen typischen Flurplan eines rondonensischen Kolonisationsprojektes Karte 20 für das PIC *Ouro Preto*).

Die rigide orthogonale Anlage des Flurplans ist nicht nur in Rondônia für gelenkte Kolonisationsprojekte typisch, sondern ist auch bei den anderen INCRA–Projekten in Amazonien die Regel (vgl. z.B. KOHLHEPP 1976). Ebenso sind in Neusiedelgebieten anderer Länder ähnlich gleichmäßige Flurpläne zu beobachten (SCHOOP 1970, S. 140, JÜLICH 1975, S. 157 f., MOHNHEIM 1965, S. 48, 72 f., UHLIG 1984, S. 30, 31, 88, EHLERS 1984).

Das orthogonale Flursystem hat zwar sicherlich Vorteile für eine schnelle Projektplanung (sozusagen *vom grünen Tisch aus*), erleichtert die topographischen Arbeiten, hält somit insgesamt die Kosten der Projektplanung relativ gering und ermöglicht schließlich eine relativ schnelle Verteilung der Parzellen an die Kolonisten, was in Rondônia bei dem permanenten Druck neuankommender Siedler immer von größter Wichtigkeit war, jedoch überwiegen sicherlich die mit diesem System verbundenen Nachteile. Es mag zwar in einem von den verschiedenen Geofaktoren her homogen strukturierten, ebenen Gebiet funktionsfähig sein, jedoch können sich bei starker Reliefenergie, wie ja in vielen Projektteilen der rondonensischen Siedlungsgebiete, erhebliche Nutzungshindernisse für die Kolonisten sowie erhebliche Beeinträchtigungen der Verkehrsanbindung für die Gemeinschaft ergeben. So stellen z.B. kleinere Gebirgszüge im PIC *Ouro Preto*, über die die geradlinigen *linhas* in Anlehnung an den Flurplan gelegt werden mußten, besonders in der Regenzeit für Omnibusse und Lastwagen völlig unüberwindbare Hindernisse dar, mit der Folge der praktischen Isolation eines Teils der Kolonisten und der erheblichen Erschwerung des Abtransports der geernteten Produktion (die Spitzenzeiten der Ernte sind in der Regenzeit) während eines großen Teils des Jahres.

Andere Probleme und *Ungerechtigkeiten* ergeben sich durch die völlig fehlende Berücksichtigung unterschiedlicher Bodenqualitäten bei der orthogonalen Anlage des Flurplans. Den Planern der ersten Projekte muß jedoch zugute gehalten werden, daß sie zu der Zeit, während der sich die Notwendigkeit einer schnellen Projektplanung ergab, über solche Angaben in der Regel gar nicht verfügten. Bodenuntersuchungen in den Projekten sind in der Mehrzahl erst nach Projektbeginn vorgenommen worden. Hinzu kommt, daß für eine tatsächliche Berücksichtigung der z.T. sehr kleinräumigen Bodenwechsel großmaßstäbige Bodenkartierungen notwendig wären, wie sie für ein so immenses Neulandgebiet wie Rondônia nur äußerst schwer und mit enormem Zeitaufwand erfolgen könnten.

Ein weiterer schwerwiegender Nachteil des rechtwinkligen Flurplans ist die Nichtberücksichtigung des hydrographischen Systems. Es gibt durchaus Fälle, daß Kolonisten kein Wasser auf ihrem Landstück haben. Besonders in der Trockenzeit kann dies, zumal genügend tiefgründige Brunnen meist fehlen, eine erhebliche Beeinträchtigung sowohl für den Haushalt als auch für die Landwirtschaft (Viehtränke) darstellen.

Bei der Planung der neuesten Projekte der 80er Jahre (z.B. PA *Machadinho* – s.u.) wurde entsprechend in Abänderung des alten Systems versucht, den Flurplan an die Geländeformen, die Hydrographie und die Bodengüte anzupassen. Man geht dabei von der Anlage der Erschließungsstraßen entlang der lokalen Wasserscheiden aus. Die von ihnen abgehenden Parzellen können unterschiedliche Größe (in Abhängigkeit von der Bodengüte) und unterschiedliche Form (angepaßt an die Reliefstruktur und zur Garantie des Anschlusses an ein Fließgewässer) haben. Grundlage der Projektplanung sind Satellitenbildinterpretation und umfangreiche Geländearbeiten. Die Kosten der Projektplanung werden dadurch natürlich erheblich gesteigert: insgesamt betragen die Kosten pro angesiedelte Familie heute zwischen 5.000 und 6.000 US-$ gegenüber ca. 2.000 US-$ pro Familie in der Anfangsphase des PIC *Ouro Preto*, jeweils bei Einberechnung der entsprechenden Infrastrukturmaßnahmen, die bei den neuen Projekten höher angesetzt werden müssen (vgl. TAVARES 1972, S. 111, zu den neuen Projekten Information Dr. T. Barbosa, INCRA — Depto. de Projetos e Operações, Brasília, Mai 1983).

Die Bedeutung der Kolonisation für Raumstruktur und sozio–ökonomische Situation Rondônias wird deutlich durch die Gegenüberstellung der Gesamtzahl von 23.658 Familien — einer Personenzahl von ca. 118.300 (bei einer niedrig angenommenen Familiengröße von 5 Personen/Familie) ensprechend –, die in den sieben beschriebenen Projekten angesiedelt wurden, und der gesamten Einwohnerzahl Rondônias im Jahr 1970 von nur 111.000 Personen.

Die Verlagerung des demographischen und des ökonomischen Schwerpunktes der Regionalentwicklung in den *Kolonisationskorridor* entlang der BR 364 seit 1970 stellt somit eine der einschneidendsten Veränderungen der Raumorganisation und der regionalen gesellschaftlichen Strukturen dieses Teils der südwestamazonischen Peripherie dar (vgl. hierzu auch Karte 6).

Die Siedlungsparzellen in den während der ersten Hälfte der 70er Jahre sukzessive gegründeten fünf PIC und zwei PAD in Rondônia waren, trotz mehrmaliger Erweiterung der Siedlungsareale in den einzelnen Projekten, bis zum Ende der 70er Jahre gänzlich verteilt worden. Damit entstand ein deutlicher Engpaß hinsichtlich des Landangebots. Gleichzeitig nahm jedoch die Landnachfrage aufgrund der stetig ansteigenden Migration (s.o.) immer mehr zu. Es kam zur spontanen Invasion öffentlicher Ländereien sowie zur Invasion von Großgrundbesitz durch Landsuchende. Insgesamt nahm das regionale Konfliktpotential erheblich zu.

Gleichzeitig wollte sich aber das INCRA, auch aufgrund des hohen Kostenaufwandes, den bes. die PICs bedeuteten, nicht zu einer Fortsetzung der anfänglichen Kolonisationsstrategie entschließen. Man ging deshalb ab 1979/80 zum Ansiedlungsschnellverfahren des sog. *Assentamento Rápido* über (zu den Konsequenzen für die Siedler vgl. Kap. III.4.4.). Innerhalb von nur zwei Jahren erhielten ungefähr 12.300 Familien auf diese Weise Land (vgl. Tab. 34). Viele von ihnen konnten jedoch über den nominellen Besitzanspruch hinaus dieses Land aufgrund völlig fehlender Infrastrukturen — bes. aufgrund der fehlenden Erschließungsstraßen (von INCRA wurden nämlich bei Vermessung und Verteilung der Parzellen jetzt nur sog. *picadas*, Schneisen von wenigen Metern Breite, in den Primärwald geschlagen) — lange Zeit nicht unter dauerhafte Nutzung nehmen. Die Größe der Parzellen wurde beim Verfahren des *Assentamento Rápido* auf 50 ha, also nur noch die Hälfte des regionalen *módulo rural*, reduziert (vgl. z.B. Karte 20).

Die Gebiete, in denen *Assentamento Rápido* betrieben wurde, waren meistens Fortsetzungen und Grenzbereiche bereits existierender Kolonisationsprojekte, Flächen, in denen es zu Invasionskonflikten gekommen war und die aus sozialen Gründen enteignet worden waren, sowie Gebiete entlang neuer Straßenvortriebe (besonders entlang der RO 429 bei Alvorada do Oeste sowie zwischen dieser neuen Pioniersiedlung und Rolim de Moura), in denen es ebenso durch mit dem Straßenbau vorrückende Landsuchende zu Invasionskonflikten kam (vgl. zur Lokalisierung der genannten Gebiete Karte 11).

Aufgrund des sehr zweifelhaften Erfolgs dieser auf ein Minimum an staatlicher Unterstützung für den Kolonisten reduzierten Ansiedlungsstrategie des *Assentamento Rápido* wurde dieses Verfahren nach ca. 2 Jahren von INCRA in Rondônia bereits wieder aufgegeben.

An dieser Stelle sei, einem späteren Abschnitt dieser Arbeit vorgreifend, bereits erwähnt, daß die Anlage von Kolonisationsprojekten durch das INCRA mit dem seit 1981 existierenden großangelegten Regionalentwicklungsprogramm POLONOROESTE in Rondônia weiter fortgesetzt wurde. Es handelt sich dabei um zunächst 4 geplante Siedlungsprojekte[1], die — laut Plan — Neuland für insgesamt ca. 15.000 Familien zur Verfügung stellen sollen. Seit 1982 wurde das kleinste der neuen Projekte, das PA (*Projeto de Assentamento*) *Urupá* — dem PIC *Ouro Preto* benachbart (vgl. Karte 11) — zur Landverteilung freigegeben. Inzwischen sind dort bereits alle ca. 1.200 Parzellen verteilt. Seit 1983, besonders seit 1984, hat auch im zweiten, weit größeren Projekt, dem PA *Machadinho* im Nordosten Rondônias, die Ansiedlung begonnen (vgl. zur Zahl der bisher Angesiedelten Tab. 34, zur Lage Karte 11).

Mit anderen finanziellen Mitteln, dem nationalen FINSOCIAL-Programm, werden seit 1983 Kolonisationsmaßnahmen entlang der RO 429 (Presidente Médici — Costa Marques) ermöglicht (PA *Bom Princípio* vgl. Karte 11 und Tab. 34), die dazu führen sollen, die im Rahmen der Fertigstellung der Straßenverbindung zu erwartende Invasionsproblematik[2] *abzufangen*. Weitere Projekte im Gebiet des *Vale do Guaporé* sind für die nächsten Jahre vorgesehen (vgl. Karte 11). Besonders in Hinblick auf die ökologische Erhaltung der bisher noch praktisch unbesiedelten Areale West- Rondônias muß das durch staatliche Maßnahmen (Straßenbau der RO 429 und Kolonisationsprojekte) induzierte Vordringen der kleinbäuerlichen Pionierfront vom Kolonisationskorridor ausgehend nach Westen mit größter Sorge betrachtet werden (zur Problematik und Ambivalenz der aktuellen Kolonisation im Rahmen von POLONOROESTE und FINSOCIAL vgl. Kap. V.5.).

Gleichzeitig zur Ansiedlung in staatlichen Kolonisationsprojekten, bzw. dieser zeitlich vor- und nachgelagert, sind eine ganze Reihe von Maßnahmen zur Landeigentumsregulierung (sog. *regularização fundiária*) notwendig.

In einem allerersten vorgelagerten Schritt müssen zunächst die öffentlichen (*terras devolutas*) eindeutig von den privaten (mit rechtlich einwandfreien Landtiteln ausgestatteten) Ländereien unterschieden und getrennt werden (sog. *discriminação*). Besonders in Gebieten, die — wie auch Rondônia — im Verlauf der Zeit zu verschiedenen Bundesstaaten gehört, bzw. selbst unterschiedlichen Status hatten, kann dieser Prozeß durch die Überlagerung verschiedener Titel und sonstige Unklarheiten erheblich erschwert sein.

Wird das Land als *öffentlich* — d.h. ohne privaten Eigentümer — erkannt, so ist der nächste Schritt die Inkorporierung dieses Landes in das Eigentum des Staates und seine entsprechende Überschreibung in die öffentlichen Register (sog. *arrecadação*). Hierbei kommt es — wie auch in Rondônia — wiederholt zu Konflikten mit Landbesetzern (*posseiros*), den bisherigen Nutzern (z.B. *seringalistas*) oder professionellen Landnehmern in großem Stil (sog. *grileiros*).

Aufgabe der sog. *regularização fundiária* ist es dann, im Einzelfall durch Prüfung der tatsächlichen Nutzung und der dadurch gegebenen Möglichkeiten der Anerkennung von Nutzungsansprüchen bzw. ihrer flächenmäßigen Begrenzung eine Problemlösung zu finden.

---

1) PA Urupá, Machadinho, Cujubim und Capitão Sílvio, vgl. Karte 11.
2) Zumal in den der Straße unmittelbar benachbarten Schutzgebieten der Uru–Eu–Wau–Wau–Indianer und dem Parque Nacional Pacaás Novos, siehe Karte 11.

Im Fall Rondônias war dies z.B. wichtig bei der Anerkennung von Nutzungsansprüchen ehemaliger *seringalistas* und *seringueiros*. Im Rahmen der *regularização fundiária* wurden entsprechend den ehemaligen lokalen Kautschukbaronen innerhalb des 150 km–Grenzstreifens Ländereien bis zu 2.000 ha, außerhalb dieses Streifens bis zu 3.000 ha als privates Land — sozusagen als Ersatz für die zuvor meist ohne Titel beanspruchten weit größeren Kautschukbezirke (*seringais*) — überschrieben. Bei den Kautschukzapfern betrug die zugestandene Fläche i. d. R. zwischen 100 ha und 500 ha, mit dem Ziel diese der traditionellen Extraktionsökonomie verbundenen sozialen Gruppen nun in die landwirtschaftliche Produktion zu integrieren (vgl. VALVERDE 1979, S. 83).

Die *regularização fundiária* wird besonders auch zur Regulierung der von *posseiros* (kleinbäuerlichen Okkupanten) genutzten öffentlichen Ländereien, wie sie in Rondônia seit Beginn der Kolonisation besonders an den Rändern der offiziellen Projekte zu beobachten ist, tätig. Zumeist haben die *posseiros* sich bereits bei der spontanen Landnahme am offiziellen Kolonisationsmuster (rechteckige 100 ha–Parzellen, geradlinige Schneisenvortriebe meist in Verlängerung der offiziellen *linhas* etc.) orientiert. Die Landregulierung besteht dann hier in einer nachträglichen offiziellen Vermessung des Landes und bei tatsächlicher Nutzung und Nichtvorhandensein anderer rechtmäßiger privater Eigentumsansprüche in der Einleitung der Titelvergabe. Diese sog. *áreas de regularização fundiária* unterscheiden sich daher sehr oft kaum von den offiziellen Kolonisationsprojekten.

Die im Rahmen des Prozesses der *arrecadação* dem Staat überschriebenen Ländereien müssen schließlich in einem weiteren Schritt auf ihre zukünftige Verwendung hin geprüft werden (*destinação*). Neben der Verwendung zu Kolonisationszwecken sind dies vor allem andere öffentliche Funktionen, besonders als Schutzgebiete (Indianerreservate oder Waldschutzgebiete — vgl. hierzu auch Kap. VI.2.). Eine weitere Verwendungsmöglichkeit besteht schließlich im Verkauf öffentlicher *terras devolutas* an Private im Rahmen der sog. *concorrência pública* durch öffentliche Ausschreibung (s.u.).

Dieses gesamte Landregulierungs– und –bestimmungsverfahren wird von den sog. *Projetos Fundiários* des INCRA durchgeführt. Von den insgesamt 35 in Brasilien existierenden *Projetos Fundiários* (PF) befinden sich allein 27 im Bereich der Region *Amazônia Legal*, was die Bedeutung der öffentlichen oder unter die Oberhoheit der zentralstaatlichen Institutionen gestellten Ländereien, ihrer Verwendungsbestimmung, ihrer Regulierung sowie der Konfliktlösung — denn auch hierfür sind in rechtlicher Hinsicht die PFs zuständig — besonders in der amazonischen Großregion unterstreicht (vgl. hierzu ZANATTA 1984, S. 13). In Rondônia sind seit 1975 4 PFs[1] für alle Landregulierungs– und –verwendungsfragen zuständig (vgl. MODESTO 1981, S. 39 ff. und Tab. 35).

Hinsichtlich der offiziellen Kolonisation kann nach Bestimmung und rechtlicher Garantierung eines Gebietes als Siedlungsgebiet gleichzeitig zur Projektplanung, z.T. sogar bereits vor ihr, das Auswahlverfahren der zukünftigen Siedler (*seleção*) beginnen. Hierzu

---

1) PF Alto Madeira mit Sitz in Porto Velho, PF Guajará–Mirim mit Sitz in der gleichnamigen Stadt, PF Corumbiara mit Sitz in Pimenta Bueno, PF Jaru–Ouro Preto mit Sitz in Ji–Paraná, in dessen Zuständigkeitsgebiet der überwiegende Teil der staatlichen Kolonisationsprojekte liegt.

ist zunächst Voraussetzung, daß sich die Ansiedlungswilligen bei den lokalen INCRA–Büros in Rondônia zur Auswahl melden (*inscrição*).

Das Auswahlverfahren ist INCRA–intern geregelt[1]. Die Auswahl ist durch die gleichmäßige Erfassung der Kandidaten mittels des sog. *IC*–Formulars, in dem neben persönlichen Angaben besonders die landwirtschaftliche Erfahrung des Kandidaten sowie Größe und Zusammensetzung seiner Familie zur Abschätzung der Familienarbeitskraft erfaßt werden, normiert. Zur Klassifikation werden vier Kriterien bewertet und gewichtet:

- das Alter des Kandidaten,
- das Alter der übrigen Familienmitglieder,
- die Arbeitskraft der Familie,
- die landwirtschaftliche Erfahrung.

Beim Erreichen einer Punktzahl von 500 bis 1.000 gilt der Kandidat als zur Ansiedlung ausgewählt. Eine Reihe von weiteren Kriterien können den Ausschluß des Bewerbers vom Auswahlverfahren bedeuten:

- zu geringes oder zu hohes Alter,
- seine persönliche Führung,
- Funktionen im öffentlichen Dienst,
- andere permanente Einkommensquellen,
- Landeigentum,
- vor jetziger Bewerbung schon einmal durch INCRA angesiedelt.

Die Auswahl (*seleção*) durch INCRA ist jedoch nicht automatisch gleichbedeutend mit tatsächlich unmittelbar folgender Ansiedlung in einem der Kolonisationsprojekte. Besonders in den späten 70er Jahren und in der ersten Hälfte der 80er Jahre haben sich durch die stets steigende Landnachfrage infolge der immer weiter wachsenden Zuwanderung nach Rondônia gegenüber einem stagnierenden Angebot von Siedlungsparzellen in den Projekten erhebliche Engpässe bei der Ansiedlung durch INCRA ergeben.

Das INCRA reagiert in den letzten Jahren auf diese Diskrepanz von Angebot und Nachfrage nach Neuland dadurch, daß keine Siedlerauswahl mehr stattfand. Die letzte Auswahl wurde 1982 durch INCRA vorgenommen. Ca. 20.000 Familien wurden damals zur Ansiedlung ausgewählt. 1985 wurde jedoch – dies als Hinweis auf mögliche Wartezeiten – die Zahl der 1982 ausgewählten Familien, die noch nicht in einem der neuesten Projekte Land erhalten hatten, mit immerhin noch 14.000 Familien angegeben (Inf. MIRAD–INCRA–DR/RO, Porto Velho, Juli 1985). Gleichzeitig muß aber auch berücksichtigt werden, daß durch den konstanten und steigenden Zustrom neuer Migranten die tatsächliche Zahl der Ansiedlungswilligen bei weitem höher angesetzt werden muß. Hinzu kommt die Zahl derer, die mit dem Wunsch nach Ansiedlung in einem INCRA–Projekt nach Rondônia gekommen waren, aber bald die Aussichtslosigkeit der Realisierung bei den offensichtlichen Ansiedlungsengpässen erkennen mußten und sich infolgedessen anders orientiert haben.

Wenn sich auch momentan die Schere zwischen Ansiedlungsmöglichkeiten und tatsächlicher Landnachfrage aufgrund der jüngsten Migrationsentwicklung ständig erweitert,

---

1) Zuletzt 1981 durch die Norma P.S. 1–P/la zur Anwendung des Auswahlformulars IC = Identificação e Classificação de Candidato a Parceleiro.

so ist doch dieses Phänomen nicht neu. VALVERDE (1979, S. 85) schätzt bereits für 1976/77 — also eine Phase, in der die Projekte der ersten Hälfte der 70er Jahre bereits mehr oder minder in ihrer Ansiedlungskapazität erschöpft waren, bzw. ausgewählte Kolonisten früherer Auswahlverfahren noch in *Warteposition* waren — die Zahl der Familien ohne Land in Rondônia auf ca. 30.000.

Die Zahl der tatsächlich durch INCRA angesiedelten Familien (vgl. Tab. 34) spiegelt also keineswegs ein in der Realität ausgeglichenes Verhältnis von Landangebot und Landnachfrage wieder. Sie entspricht allenfalls einem Bruchteil der Gesamtzahl der Ansiedlungswilligen. Sie entspricht aber ebenso nur einem Teil der tatsächlich im ländlichen Raum der Kolonisationsgebiete Lebenden. So betrug 1980 die Zahl der in den 6 INCRA–Projekten im *Kolonisationskorridor* der BR 364 angesiedelten Familien 22.155 (vgl. MODESTO 1981, S. 46). Die beim Zensus des gleichen Jahres gezählte ländliche Bevölkerung der entsprechenden Munizipien, deren ländlicher Raum zum größten Teil oder, wie im Falle von Ouro Preto do Oeste, praktisch ausschließlich von den INCRA–Projekten gebildet wird, betrug jedoch ca. 212.500 Einwohner (vgl. Tab. 9), einer Familienzahl von ca. 35.400 (bei Annahme von 6 Personen pro Familie) entsprechend. Also ist die tatsächliche Einwohnerzahl von Gebieten, die vor Beginn der Kolonisation ja als praktisch unbesiedelt angesehen werden mußten, höher als die Zahl der offiziell Angesiedelten. Dies weist einmal auf andere Formen ländlicher Existenz (Okkupanten, die auf Landregulierung zählen, andere Landerwerbsformen als offizielle Ansiedlung etc.) und besonders auf ländliche Einwohner ohne Land auf den Betrieben der angesiedelten Kolonisten oder Bewohner kleiner ländlicher Pioniersiedlungen etc. hin.

Ein wichtiger Punkt für die rechtliche Stellung der Kolonisten in den offiziellen Siedlungsprojekten ist schließlich die Vergabe der Landeigentumstitel, die ebenfalls durch INCRA erfolgt. In der Regel ist die erste Vorstufe zur Vergabe des endgültigen Landtitels die Erteilung der sog. *Autorização de Ocupação* (A.O.), die einer offiziellen Nutzungserlaubnis entspricht. Die A.O. sollte mit der Ansiedlung für einen Übergangszeitraum von ca. 2 Jahren erteilt werden. In der Anfangszeit der Kolonisation in Rondônia war der Prozeß der Titelvergabe jedoch u.a. aus administrativen Gründen erheblich langsamer. So wurden im PIC *Ouro Preto* die ersten A.O.s erst 1973, also drei Jahre nach Projektbeginn, im PIC *Gy–Paraná* erst 1974, d.h. zwei Jahre nach Projektbeginn erteilt (vgl. MODESTO 1981, S. 34, 35). Dies bedeutet, daß die Siedler vorher über keinerlei Eigentumsdokumente verfügten. Dies ist insofern von Bedeutung, als die Möglichkeit zum Abschluß eines Agrarkredits von der Existenz eines Eigentumsdokumentes als Sicherheit für die Bank abhängt. In den jüngsten Projekten wird die A.O. unmittelbar nach Ansiedlung zusammen mit einer sog. *carta de anuência*, die den Abschluß von Krediten ermöglicht, erteilt (Information INCRA–executor des PA *Urupá*, Juli 1985) (vgl. auch ZANATTA 1984, S. 14).

In den zwei Jahren nach Erteilung der A.O. werden von INCRA Begehungen der Parzellen (sog. *vistorias*) durchgeführt, mit denen einmal überprüft werden soll, ob der angesiedelte Kolonist sein Land tatsächlich bewohnt und inwieweit er es bereits inwertgesetzt hat, wobei lange Zeit als wichtiges Kriterium galt, wie groß die vom Kolonisten gerodete Fläche ist (Information INCRA–executor PIC *Ouro Preto*, Juni 1984). Dies ist besonders unter ökologischen Gesichtspunkten als nachteilig anzusehen, weil so der Kolonist geradezu zur schnellen Primärwald–Rodung und nicht unbedingt zur sukzessiven Intensivierung der Nutzung auf den bereits gerodeten Flächen angehalten wurde.

In der Regel zwei Jahre nach Erteilung der A.O. wird schließlich die Vergabe des endgültigen Landeigentumstitels an die Kolonisten der offiziellen Siedlungsprojekte eingeleitet. Mit Erteilung des sog. *Título definitivo* verbunden ist die Rückzahlungspflicht eines offiziell festgesetzten Preises für das erhaltene Land in zwanzig Jahres-Raten, die nach einer zweijährigen Karenzzeit fällig werden. Bisher waren diese Raten eher symbolisch, weil sie erstens ohnehin niedrig waren und zweitens nicht um die durchweg hohen Inflationsraten korrigiert wurden.

Eine weitere wichtige Vorschrift hinsichtlich der Eigentumstransferierung ist das mit der Titelvergabe verbundene Verbot des Landverkaufs innerhalb einer Fünf-Jahres-Frist nach Erhalt des *Título definitivo* (vgl. zum Gesamtkomplex der Titelvergabe ZANATTA 1984, S. 14, 15). Daß jedoch durch diese Regelung keineswegs die intendierte Verhinderung der Abwanderung, bzw. Fixierung der Kolonisten auf dem Land, erreicht werden konnte, zeigt der offiziell zwar nirgends registrierte, weil an der Landbehörde vorbeilaufende, aber allgemein zu beobachtende hohe Prozentsatz von bereits mindestens einmal in den meisten Fällen unrechtmäßig verkauften Landparzellen, der bereits bis zu 50 % der Parzellen und mehr in allen Projekten betragen kann (siehe hierzu nähere Angaben am Beispiel des PIC *Ouro Preto*).

Schließlich existiert mit der sog. *concorrência pública* noch eine weitere Verwendungsform öffentlicher *terras devolutas* in Rondônia. Hierbei handelt es sich um den Verkauf von Staatsland an Private durch öffentliche Ausschreibung. Die Größe der so verkauften Landstücke kann zwischen 500 und 3.000 ha variieren (vgl. ZANATTA 1984, S. 14). In Rondônia existieren drei Areale (sog. *glebas*), in denen während der siebziger Jahre Parzellen hauptsächlich zur Förderung v.a. Viehzucht und andere landwirtschaftliche Aktivitäten betreibender Mittel- und Großbetriebe, im Sinne der Förderung der sog. *empresas rurais* (s.o.), vom Staat verkauft wurden. Dies sind (zur Lage der drei Areale vgl. Karte 11):

- die *Gleba Garças* südlich Porto Velho — hier mit dem Ziel, durch Förderung von Viehzucht und Milchwirtschaft die Versorgung der wachsenden Stadt Porto Velho zu verbessern,
- die *Gleba Burareiro* östlich Ariquemes — hier sollte, in Verlängerung des PAD *Burareiro*, der Kakaoanbau auch in Großbetrieben gefördert werden,
- und schließlich das größte Areal, die *Gleba Corumbiara*, wo auf generell relativ ungünstigen Böden (sandiges Ausgangssubstrat) im z.T. bereits den *Campos cerrados* zuzurechnenden Bereichen die Möglichkeit zur Anlage von Viehzuchtbetrieben auf ca. 2.000 ha großen Parzellen geschaffen werden sollte[1].

Obwohl, wie auch THERY (1976, S. 197) betont, die in diesen *áreas de concorrência pública* ausgewiesenen Parzellen bei weitem nicht den immensen Ländereien entsprachen, die im südöstlichen Amazonien im Rahmen der durch SUDAM betriebenen Steuervergünstigungspolitik erworben wurden (vgl. Kap. II.2.5.), zeigt sich auch bei diesen großbetrieblich dominierten Gebieten in Rondônia die Herkunft der Käufer v.a. aus Wirtschafts- und Finanzkreisen des brasilianischen Südosten. So stammten 71 % der insgesamt 202 Käufer eines Landstückes von 2.000 ha in der *Gleba Corumbiara* im Jahr 1972 aus São Paulo. Bei

---

1) Vgl. u.a. VALVERDE 1979, S. 85, zur Anfangsphase des Verkaufs größerer Landparzellen durch den Staat und zur Parzellenauslegung in der Gleba Corumbiara THERY 1976, S. 196-199.

den 401 Käufern einer 2.000 ha–Parzelle ebenfalls in der *Gleba Corumbiara* im Jahr 1975 waren 52 % in São Paulo und 26 % in Paraná ansässig (vgl. CALVENTE 1980, S. 112, 113).

CALVENTE (1980, S. 111 ff.) leitet aus dieser Tatsache zumindest für Teilräume der hauptsächlich kleinbäuerlich dominierten Pionierfront Rondônia auch das Vordringen des zentrumsbestimmten Kapitals in die Peripherie mit staatlicher Förderung ab. Kolonisten bzw. Landsuchende, Halbpächter oder *agregados* auf den Betrieben anderer Siedler erhalten bei dieser Interpretation die Funktion der *Arbeitskraftreserve* für die entstehenden kapitalistisch orientierten *empresa rurais*. Also besteht, in dieser Sicht, auch in Rondônia der Interessenkonflikt zwischen kleinbäuerlich orientierter und kapitalistisch spekulativ orientierter Pionierfront. Eine der Ursachen dieses Interessenkonflikts ist in der staatlichen Raumordnungspolitik durch die *geplante* Nachbarschaft von kleinbäuerlicher Kolonisation und großbetrieblicher, kapitalistisch orientierter Struktur zu sehen.

Die Tätigkeit des INCRA in Rondônia seit 1970 führte also insgesamt zu einer grundlegenden Umorientierung der regionalen Gesellschafts- und Raumorganisation. Während vorher zumeist gewohnheitsrechtliche und unklare Besitzansprüche von lokalen Kautschukbaronen etc. und deren Extraktionsinteressen soziale Strukturen, Besitzverfassung und Raumnutzung des Hinterlandes Rondônias vorwiegend der Bestimmung durch die lokalen und regionalen traditionellen *Eliten* unterwarfen (bzw. mit dem Vordringen privater Bergbaugesellschaften zur Kassiterit-Extraktion auch erstmals regionsexterne Kapitalinteressen im größeren Stil auf die Raumnutzung des rondonensichen Hinterlandes Einfluß gewannen), wird mit Beginn der Agrarkolonisation der Staat zum wichtigsten Faktor der Raumgestaltung in Rondônia. Denn es ist der brasilianische Zentralstaat, der sich durch die bereits analysierten gesetzlichen Regelungen hinsichtlich der Verwendung der *terras devolutas* das Entscheidungsmonopol über die wohl wichtigste Ressource der Region, nämlich Land, und damit das Entscheidungsmonopol über die Entwicklungsrichtung der Peripherie Rondônia vorzubehalten sucht. Mit dem INCRA, dem nun die Entscheidungs- und Verfügungsgewalt über sämtliche Ländereien der Region zukam, wurde ab 1970 eine regionsexterne Instanz, mit in Brasília bestimmten Vertretern und in Brasília bestimmten Entwicklungszielen zur in jeder Hinsicht wichtigsten und mächtigsten regionalen Raumgestaltungskraft. Die traditionellen Eliten der Region, die v.a. in Porto Velho konzentriert waren, von dort aber das Hinterland in weiten Bereichen über ihre seringais etc. dominierten, sahen ihren dominierenden Einfluß gerade auch in diesem Hinterland schlagartig schwinden.

Der neue Machtfaktor INCRA drückt auch der politischen und gesellschaftlichen Szene Rondônias bis heute seinen Stempel auf. Nicht umsonst sind ein großer Teil der 1982 gewählten politischen Vertreter Rondônias auf lokaler, regionaler und nationaler Ebene ehemalige Funktionäre des INCRA[1].

---

1) Z.B. einer der rondonensischen Senatoren, mehrere Bundesabgeordnete, Abgeordnete des regionalen Parlaments und Bürgermeister, z.B. der Präfekt von Ouro Preto do Oeste, der vor seiner Wahl zum Präfekten INCRA-executor des PIC Ouro Preto war.

III.4.4. Vom PIC zum *Assentamento Rápido*. Verringerung staatlicher Vorleistungen angesichts steigender Landnachfrage

Die Stellung des INCRA in Rondônia seit 1970 war auch deshalb so bedeutend, weil die Landbehörde nicht allein für Planung und Anlage der Kolonisationsprojekte in der Region verantwortlich war, sondern ebenso für alle infrastrukturellen Erschließungsmaßnahmen in den Siedlungsgebieten sowie deren spätere Unterhaltung. Hierzu gehörten v.a. der Bau der *linhas*, Bau und Unterhaltung von Schulen, Gesundheitsdienst, Agrarberatung in der Anfangszeit der Ansiedlung, Einrichtung von Vermarktungsorganisationen insbesondere Kooperativen etc.

Die Übernahme all dieser sektoralen Maßnahmen durch die Kolonisationsbehörde war notwendig, weil die administrative Struktur der regionalen Institutionen, also der Behörden der damaligen Territoriumsverwaltung, durch diese Aufgaben völlig überfordert gewesen wäre.

In den Kolonisationsgebieten gab es praktisch keine behördliche Präsenz vor Ankunft des INCRA. Die unterste institutionelle Ebene, die Munizipverwaltung, befand sich für alle Kolonisationsgebiete Rondônias bis in die zweite Hälfte der 70er Jahre im mehrere hundert Kilometer entfernten Porto Velho. Die Siedlungsgebiete wurden also mit Beginn der Kolonisation unter den allgegenwärtigen Einfluß des INCRA und damit den direkten Einfluß der brasilianischen Zentralregierung ohne den *Umweg* über starke lokale und regionale Instanzen gestellt. Insofern spiegeln Veränderungen der *raumwirksamen Staatstätigkeit* in den Siedlungsprojekten Rondônias eigentlich vor allem Veränderungen nationaler Politiken wieder. Am Beispiel der rondonensischen Agrarkolonisation während der siebziger Jahre lassen sich entsprechend der wechselnde politische Stellenwert der Kolonisation als Erschließungsstrategie für Amazonien und die in der Realität wechselnde, bzw. immer mehr nachgeordnete Priorität der Förderung dauerhafter, kleinbäuerlicher Agrarstrukturen an der Peripherie am wechselnden Input staatlicher Vorleistungen und staatlicher Unterstützung für die Siedler — besonders auch im Zeichen einer zunehmenden ökonomischen Krisensituation auf nationaler Ebene — ablesen.

Dies drückt sich bereits in den unterschiedlichen Ansiedlungsstrategien im Verlauf der siebziger Jahre aus:

In der Anfangszeit boten die PIC (*Projetos Integrados de Colonização*) — ihrem eigentlichen Anspruch entsprechend — dem Siedler ein Maximum an Unterstützung. Hier zeichnete das INCRA neben der eigentlichen Ansiedlung verantwortlich für Infrastruktureinrichtung, Verwaltung, landwirtschaftliche Beratung, Erziehungs- und Gesundheitswesen, Sozialfürsorge, für die Wohnsituation der Kolonisten, für Kooperative, Vermarktung und für den Agrarkredit (vgl. MODESTO 1981, S. 34). Es wurde also versucht, unter einer Projektverwaltung alle wesentlichen Lebensbereiche der Siedler zu erfassen. Für den einzelnen Siedler bedeutete dies v.a., daß ihm in den ersten Jahren der Kolonisation in Rondônia Material für den Hausbau, Werkzeug und besonders eine finanzielle Überbrückungshilfe in den ersten Monaten der Ansiedlung bis zur Erzielung eines eigenen Einkommens aus der landwirtschaftlichen Arbeit zur Verfügung gestellt wurden.

Als Klientel der PIC wurden von INCRA im Sinne der Strategie *Land ohne Menschen für Menschen ohne Land* (*terra sem homens para homens sem terra*) besonders die Gruppe der Landlosen, der Pächter, Tagelöhner und der Minifundisten, die im Rahmen der Verdrängungsmigration an die Pionierfront gekommen waren, angesehen (vgl. MODESTO 1981, S. 34). Die Strategie der PIC in Rondônia war weitgehend identisch mit der Ansiedlung von Kolonisten in den drei PIC an der Transamazônica (vgl. KOHLHEPP 1976, MORAN 1981 und SMITH 1982) und ordnet sich somit völlig in die Strategie des PIN, dessen Hauptachse die kleinbäuerliche Erschließung Amazoniens war, ein.

Die genannten direkten Unterstützungsleistungen des INCRA für die Kolonisten wurden in den Projekten in Rondônia jedoch nur bis ca. 1974 beibehalten (mdl. Inf. Haroldo Santos, SEAG–RO, Ouro Preto do Oeste, 12.6.1984). Danach wurden alle direkten Unterstützungsmaßnahmen – auch bei den restlichen Ansiedlungen in den bestehenden PIC – eingestellt. Als Gründe hierfür können angeführt werden, daß einmal bei der unerwartet hohen Zuwanderung nach Rondônia, der daraus resultierenden großen Landnachfrage und der sich deshalb ausdehnenden Ansiedlungsnotwendigkeit durch INCRA die Kolonisation immer mehr zu einer finanziellen Belastung des Staatshaushaltes werden mußte und somit *Kostenbegrenzung* geboten war, daß andererseits aber auch Kolonisation als Raumordnungsstrategie für die amazonische Peripherie spätestens ab 1974, nachdem sich immer mehr das Scheitern der ambitiösen Pläne für die Transamazônica herausgestellt hatte (vgl. KOHLHEPP 1976), an Priorität stark verlor und insofern Kolonisation in Rondônia immer mehr als notwendige regionale *Konfliktverhütung* bei steigender Landnachfrage, nicht jedoch als *Modellfall* oder *reformerisches Prestigeobjekt* (wie dies bei der Transamazônica–Kolonisation zu Beginn der Fall war) angesehen wurde.

Die staatliche Wende in der Erschließungspolitik für Amazonien hin zur vorrangigen Unterstützung des *modernen* Agrarsektors, wie sie sich besonders im POLAMAZONIA–Programm für die Gesamtregion niederschlug (vgl. Kap. II.2.5.), läßt sich parallel auch in der Modifizierung der Ansiedlungsstrategie von Kleinbauern durch INCRA in Rondônia ab 1975 erkennen.

So sind, zumindest in offizieller Sicht, die Klientel der nun eingerichteten PAD (*Projetos de Assentamento Dirigido*) nicht mehr die unterprivilegierten ländlichen Sozialschichten der Landlosen, Pächter etc., sondern weit eher ein bäuerlicher Sozialtyp, der sowohl über mehr landwirtschaftliche Erfahrung als auch über ein gewisses eigenes Startkapital verfügt sowie Erfahrung im Umgang mit Agrarkrediten besitzen sollte (vgl. MODESTO 1981, S. 37, 38). Das INCRA sah entsprechend seine Verantwortung nur noch in der Ansiedlung der Kolonisten und der Einrichtung der Basisinfrastrukturen.

Dem übergeordneten Hintergrundrahmen der *Strategiewende* entsprach in der Agrarkolonisation Rondônias besonders die Differenzierung der beiden PAD im Raum Ariquemes in ein kleinbäuerliches (PAD *Marechal Dutra*) und ein *moderneres*, spezialisierteres, auf dem Mittelbetrieb aufbauendes Projekt (PAD *Burareiro*). Diesem Hintergrund entspricht auch die Tatsache, daß in der täglichen Politik und Behördentätigkeit die Belange des von der Zahl der Ansiedlungen her weit kleineren PAD *Burareiro* aufgrund seiner anderen sozialen Strukturierung (für die heute bereits ein hoher Anteil von Pachtverhältnissen und *Absentismus* als typisch angesehen werden muß – Information INCRA, Ariquemes, 1983) relativ stärker und effektiver Berücksichtigung finden als die des PAD *Marechal Dutra* (Information Sra. Ana Maria Alves de Avelar, SETRAPS–RO, Ariquemes 1983 und 1984), dessen Klientel sich in der Realität keineswegs von der der älteren PIC unterscheidet, denn es waren nach wie vor v.a. die ehemals Landlosen, Pächter, Tagelöhner und Minifundisten, die bei INCRA um Ansiedlung nachsuchten.

In der Realität bedeutete die Wende in der Ansiedlungsstrategie vom PIC zum PAD, daß die Lebens- und Produktionsbedingungen in der Region von Ariquemes, die ohnehin aufgrund der hohen Malariahäufigkeit (Ariquemes wird im Volksmund nicht von ungefähr *Welthauptstadt der Malaria* genannt) ungleich härtere Voraussetzungen als andere bietet, durch mangelhafte bzw. fehlende Infrastrukturen (Straßen wurden z.T. erst Jahre nach Projektbeginn gebaut, der Erhaltungszustand der gebauten Straßen war miserabel, Gesundheitsdienste fehlen bzw. funktionieren nicht etc.) und fehlende direkte Unterstützung durch den Staat im Vergleich zur Anfangssituation in den PIC's erheblich schlechter wurden[1].

Dies gilt jedoch nicht nur für die PAD, sondern auch für die später erschlossenen Bereiche der PIC, in denen die Unterstützung des INCRA für die Siedler bereits auf das Maß der PAD beschränkt wurde. So berichten z.B. die Befragten im *Setor 6* des PIC *Ouro Preto* (NUAR *Nova União*) über die harten Lebensbedingungen der Anfangsjahre (ca. ab 1976), als ihre bereits bis zu mehr als 40 km von der Bundesstraße BR 364, an der sich der nächste zentrale Ort Ouro Preto do Oeste mit allen Versorgungseinrichtungen befindet, entfernten Parzellen nur über schnell zuwachsende Schneisen im Primärwald zu erreichen waren. Bis zum nächsten Straßenvortrieb, der von der BR 364 16 km ins Hinterland reichte, mußte alles in vielstündigen Fußmärschen transportiert werden etc. (Befragungen in den Linhas 40 und 44 des PIC *Ouro Preto*; NUAR *Nova União* 1983). In der *zweiten Phase* der Ansiedlung in Rondônia konnte also besonders die immer größer werdende Entfernung der Neusiedelgebiete von der zentralen – und ausschließlichen – *Versorgungsschiene* BR 364 und ihren Pionierstädten, bei mangelhafter infrastruktureller Erschließung der neuen Siedlungsgebiete, reduzierter Regierungsunterstützung, fehlenden öffentl. Transportmitteln etc. vor allem in der Regenzeit die weitgehende Isolation der Kolonisten mit sich bringen.

Trotz geringer Projektausstattung und trotz stark reduzierter Regierungsunterstützung für die Neusiedler nahm die Flut der Landsuchenden in Rondônia nicht ab. Im Gegenteil: die Migration stieg in der zweiten Hälfte der 70er Jahre aus den bereits analysierten Gründen deutlich an. Hauptziel des INCRA wurde nun, angesichts der praktisch erschöpften Ansiedlungskapazität in den PIC wie in den PAD, möglichst schnell und möglichst kostengünstig Land zu verteilen. Dabei kam es nun überhaupt nicht mehr auf eine *Projektstrategie* an. Ziel war es, dem Anspruch der staatlichen Kontrolle der Regionalentwicklung und Raumorganisation Rondônias durch das INCRA in irgendeiner Form gerecht zu werden und der immer mehr drohenden Gefahr spontaner Landnahmen und daraus resultierender Interessenkonflikte vorzubeugen.

Man meinte dies mit dem sog. *Programa de Assentamento Rápido*, sozusagen der Kolonisation im Schnellverfahren, allein durch Vergabe von Siedlungsland, das in den meisten Fällen infrastrukturell durch das INCRA überhaupt nicht erschlossen wurde, erreichen zu können. Auch wurden jetzt nur noch 50 ha–Parzellen verteilt (durch die 50 %-Klausel also einer Nutzungsparzelle von 25 ha entsprechend). Einerseits mit der sinnvollen Idee, die Besiedelung der Kolonisationsgebiete zu *verdichten*, andererseits ohne vorherige Verifizierung der Gangbarkeit reduzierter Parzellengrößen bei den jeweils gegebenen

---

1) Information Sra. A.M. A. de Avelar, SETRAPS–RO, Ariquemes und Pastor Friedel Fischer, IECLB, Ariquemes 1983 und 1984 sowie zahlreiche Gespräche mit Siedlern des PAD Marechal Dutra 1983.

natürlichen Voraussetzungen. Zusätzlich wurde auf jede Hilfestellung seitens der Kolonisationsbehörde verzichtet, wozu z.B. Agrarberatung, Propagierung intensiverer Nutzungsformen z.B. durch Verbesserung der üblichen Landwechselwirtschaft (z.B. durch Stubbenrodung und Einfachst–Mechanisierung) angesichts der kleineren Parzellen gehört hätte. *Assentamento Rápido* bedeutete also für die betroffenen Siedler durch kleinere Nutzungsparzellen und besonders durch Ausbleiben jeder staatlichen Vorleistung und Hilfestellung eine neuerliche erhebliche Verschlechterung im Vergleich zur Anfangssituation der PIC.

Dies hat zur Folge, daß auch heute noch viele Kolonisten, die im Schnellverfahren Anfang der 80er Jahre Land erhalten hatten, sich aufgrund der völlig fehlenden Infrastrukturen nicht in der Lage sehen, ihr Land zu bewohnen und dauerhaft zu bewirtschaften. Auch kam es in den Gebieten des *Assentamento Rápido* sehr schnell zu Landverkäufen und Abwanderung. Insgesamt existiert in diesen Gebieten ein besonders hoher Anteil von wieder aufgegebenen und verlassenen Parzellen. INCRA–Funktionäre des PIC *Ouro Preto* schätzen diesen Anteil für die beiden Sektoren *Trincheira* und *Urupá* (vgl. Karten 19 und 20), in denen 1981/82 im Rahmen des *Assentamento Rápido* insgesamt ca. 1.250 Parzellen verteilt worden waren, inzwischen auf 30 %[1].

Auch von seiten des INCRA wird heute *Assentamento Rápido* als Fehlschlag eingeschätzt. Obwohl eine große Zahl von Landverteilungen innerhalb von nur ca. zwei Jahren vorgenommen werden konnten (vgl. Tab. 34), wurde diese Ansiedlungsstrategie bereits 1982 aufgrund ihrer geschilderten Problematik wieder eingestellt.

Mit den ersten Projekten im Rahmen des POLONOROESTE–Programms ab 1981/1982 beginnt eine neue Phase der INCRA–Ansiedlungsstrategie, wobei eher wieder an frühere Phasen (PIC) — nun auch ermöglicht durch die völlig anderen finanziellen Möglichkeiten infolge der Weltbankbeteiligung an POLONOROESTE –, mit erheblichen Verbesserungen zumindest in der Projektkonzeption (Parzellenanlage, Infrastrukturen etc.) angeknüpft wird (vgl. Kap. V.5.).

Das Beispiel des mehrfachen Wandels der staatlichen Kolonisationsstrategie in Rondônia innerhalb von nur ca. zehn Jahren zeigt, daß der Staat und seine Kolonisationsbehörde INCRA keineswegs ein klares Konzept der Förderung der kleinbäuerlichen Wirtschaft an der Pionierfront verfolgte. Anfänglicher Euphorie, die zu verstehen ist vor dem Hintergrund der *Ablenkungsfunktion* der Agrarkolonisation von einer tatsächlichen Reformpolitik in den ländlichen Problemregionen Brasiliens, folgt der sukzessive Rückzug auf das absolut notwendige Minimum des Regelungsversuchs der Landnahme. Die Pionierfrontentwicklung Rondônias wurde aufgrund der wachsenden spontanen Zuwanderung ohnehin zum *Selbstläufer*. Die Raumordnung des Staates reduzierte sich vom *Auslöser* der Regionalentwicklung zur Anpassung an spontan ablaufende Entwicklungen. *Rationalisiert* wurde die mangelnde Lenkungsfähigkeit der Entwicklung durch den Staat aufgrund der unzureichenden institutionellen und — besonders seit Ende des *milagre brasileiro* Mitte der 70er Jahre — auch der finanziellen Kapazitäten damit, daß man die Rücknahme staatlicher Vorleistungen als Abkehr von *paternalistischer Bevormundung* deklarierte und

---

1) Information INCRA–executor PIC Ouro Preto, Ouro Preto do Oeste, Juni 1984 sowie Gespräche mit Bewohnern des NUAR Nova União 1984.

stärkerer *Eigeninitiative* der Kolonisten Raum geben wollte, ohne jedoch zu sehen, daß diese nur bei Bereitstellung eines adäquaten Rahmens z.B. im infrastrukturellen Bereich möglich sein kann.

Daneben muß jedoch auch berücksichtigt werden, daß von INCRA ab Ende der siebziger Jahre der Rückzug auf die eigentliche Aufgabe der Behörde, nämlich die Regelung der Landproblematik — neue Kolonisationsvorhaben allerdings ebenso — bei Übertragung der Zuständigkeiten für infrastrukturelle Maßnahmen, Agrarberatung, Verwaltung etc. in allen existierenden Siedlungsgebieten auf die im Laufe der siebziger Jahre sich strukturierenden und in der Region auch auf lokaler Ebene etablierenden Institutionen des Territoriums (heute des Bundesstaates) angestrebt wurde.

III.4.5. Die Veränderung der institutionellen und gesellschaftlichen Struktur sowie der administrativen Raumgliederung Rondônias durch die Agrarkolonisation

Die institutionelle Situation Rondônias war bis vor wenigen Jahren entscheidend durch den Territorium–Status der Region bestimmt. Dies bedeutete vor allem die unmittelbare Zuständigkeit der Zentralregierung, insbesondere des Innenministeriums, für alle regionalen Belange. Die regionale Administration in Porto Velho war also in der Regel nur Ausführungsorgan übergeordneter Entscheidungen. Die regionale Führungselite, besonders der Gouverneur, wurde direkt von der Zentralregierung in Brasília entsandt. Sie verstanden sich entsprechend oft mehr als Vertreter der zentralen Staatsmacht, nicht jedoch als Vertreter der Region oder der regionalen Bevölkerung, zumal es sich bei der administrativen Führungselite des Territoriums seit jeher um Beamte — im Falle des Gouverneurs immer um Militärs (meist im Range eines Obersten) — aus anderen Regionen Brasiliens handelte, die ihre berufliche Tätigkeit in Rondônia hauptsächlich als Etappe ihrer professionellen oder militärischen Karriere ansahen. Die Verweildauer der Beamtenschaft in Rondônia war — und ist es heute nach wie vor — deshalb meist begrenzt, was durch den Status als Bundesbeamte (*funcionário federal*) mit Versetzungsanspruch nach i.d.R. drei Jahren erheblich begünstigt wurde. Dies mußte sich negativ auf die Kontinuität staatlicher Planung und Administration auf der regionalen Ebene auswirken.

Räumlich gesehen waren sämtliche administrativen Funktionen des Territoriums in der Hauptstadt Porto Velho konzentriert. Wichtigste Institution war lange Zeit die Administration der Eisenbahnlinie EFMM (Porto Velho — Guajará–Mirim). Aus ihr heraus war deshalb auch der erste Gouverneur des Territoriums, Ten. Aluízio Ferreira, hervorgegangen.

In den sechziger Jahren kam als weitere wichtige Institution das Militär hinzu, das seit der Stationierung des 5. Pionierbataillons (5º BEC) in Porto Velho mit der Zuständigkeit für weite Bereiche des Infrastrukturausbaus auch zur raumgestaltenden Kraft wurde. Porto Velho war zusätzlich zu seiner administrativen Funktion aber ebenso das Zentrum sowohl der regionalen Extraktionswirtschaft als auch des Handels.

Seit 1945 bestand die administrative Raumgliederung des Territoriums aus den beiden Munizipien Porto Velho, das mit einer Fläche von ca. 154.000 km^2 über 60 % der Gesamtfläche des Territoriums umfaßte, und Guajará–Mirim. Im rondonensischen Hinterland war also der Staat praktisch nicht präsent. Hinsichtlich der regionalen gesellschaftlichen Strukturen hatte sich auch deshalb besonders die traditionelle Elite der lokalen Kautschukbarone v.a. im Hinterland ihre dominierende Stellung zunächst bewahren können. Insgesamt war jedoch die regionale gesellschaftliche Elite nicht im gleichen Maße wie in anderen Regionen an der politischen und administrativen Führung der Region beteiligt.

Dies alles änderte sich von Grund auf im Gefolge der Agrarkolonisation. Die gesellschaftlichen Strukturen der Region begannen sich durch die Zuwanderung von Siedlern aus dem Süden und Südosten Brasiliens grundlegend zu wandeln. Diese repräsentieren einen neuen *sozio–ökonomischen Typ* in der Region, sind sie doch nicht mehr in die traditionelle amazonische Extraktionswirtschaft (sei es die pflanzliche oder die mineralische Extraktion) mit ihren traditionellen sozialen Abhängigkeiten (*aviamento*-System) eingebunden, sondern zur Urwaldrodung und der Umwandlung in Ackerland nach Rondônia gekommen. Entsprechend bilden sich in den Kolonisationsgebieten neue regionale gesellschaftliche Subsysteme, wie sie in der Regel mit der Entstehung von Pionierfronten verbunden sind. Geprägt waren diese Subsysteme in der Anfangszeit der Kolonisation zunächst von der relativen sozialen *Homogenität* der ländlichen Siedlerbevölkerung — jedoch nur in der Anfangszeit, denn sozio–ökonomische Differenzierungs- und Stratifizierungsprozesse erweisen sich als typisch für den weiteren Verlauf der Pionierfrontentwicklung.

Mit dem INCRA ist nun plötzlich eine zentralstaatliche Institution auf der lokalen Ebene im Hinterland permanent vertreten. Auch hier muß berücksichtigt werden, daß praktisch der gesamte Beamtenkader des INCRA aus anderen Regionen stammte und meist auch nur mit der Absicht einer baldigen Rückkehr durch Versetzung in die Herkunftsregion nach Rondônia gekommen war. Dies unterstreicht die Tatsache der regionsexternen Bestimmung der Regionalentwicklung an der Peripherie.

Die Projektsitze des INCRA (Ouro Preto, Cacoal, Colorado do Oeste etc.) werden nach und nach neben den ohnehin schon existierenden Siedlungskernen — z.T. auch gegen den Willen der Behörden (s.u.) — zu den neuen Zentralen Orten der Kolonisationsgebiete, weil in ihnen neben den administrativen Funktionen auch die entscheidenden öffentlichen und — mit der Zeit — auch privaten Versorgungs–, Dienstleistungs- und Handelsfunktionen konzentriert sind.

So kristallisierte sich in den neu entstehenden Pionierstädten bald eine lokale, von der Produktion und den Versorgungsbedürfnissen des ländlichen Raumes lebende urbane *Bourgeoisie* heraus, bestehend aus Händlern, Angehörigen des neu entstehenden Dienstleistungssektors und natürlich den Funktionären des INCRA, den bislang einzigen Vertretern des Staates. Diese ländliche und urbane *Pionierfront–Gesellschaft* wird in den siebziger Jahren schnell zum dominierenden Faktor des zentralrondonensischen Hinterlandes. Sie überlagert die traditionellen, lokalen gesellschaftlichen Strukturen, bzw. letztere gliedern sich der *Pionierfront–Gesellschaft* partiell ein. Auf der gesellschaftlichen Ebene des Territoriums und im politisch–administrativen Bereich findet jedoch diese *Pionierfront–Gesellschaft* nicht sofort die ihrer wachsenden Bedeutung zukommende Repräsentanz (vgl. z.B. GOMES DA SILVA 1984, S. 23, 24).

Zwar ist für die Belange des ländlichen Raumes das von der Territoriums- und Munizip-Administration unabhängige INCRA verantwortlich, jedoch zeigen sich besonders hinsichtlich der infrastrukturellen Versorgung der neuen Pionierstädte schnell die Probleme einer fehlenden lokalen Administration, zumal Porto Velho als Munizip-Sitz sowohl im räumlichen als auch gesellschaftlich, politisch–administrativen Sinne weit von den Kolonisationsgebieten entfernt ist.

Der wachsenden demographischen, ökonomischen und gesellschaftlichen Bedeutung der Pionierregionen wird im politisch–administrativen Bereich erst 1977 mit der Gründung von fünf neuen Munizipien (Ariquemes, Ji–Paraná, Cacoal, Pimenta Bueno und Vilhena), die alle an der BR 364, dem *Kolonisationskorridor,* liegen und die alle aus dem übergroßen Munizip Porto Velho (nur Vilhena erhält auch Teile des Munizips Guajará–Mirim) ausgegliedert werden, Rechnung getragen.

Der dominierenden Stellung des INCRA in dieser Region entsprechend werden in den meisten Fällen bisherige INCRA–Projektleiter zu Präfekten der neuen Munizipien ernannt[1]. Ein Teil der Beamtenschaft nutzt also das zeitweise gesellschaftliche *Vakuum* an der Pionierfront, um sich rechtzeitig einen Platz in der neu sich bildenden lokalen und regionalen Elite zu garantieren, was ihnen aller Wahrscheinlichkeit nach in ihren Herkunftsräumen nicht mit der gleichen Leichtigkeit gelungen wäre. Auch dies ist ein Aspekt der *sozialen Mobilität* an der Pionierfront. Eine wichtige Rolle spielen in diesem Zusammenhang zweifellos die spezifischen *patron-client* — Verhältnisse, die besonders zwischen den Beamten und der ländlichen Siedlerbevölkerung entstanden waren.

Auch auf der Ebene der Territoriumsverwaltung zeigt sich immer mehr die Notwendigkeit, der neuen sozio–ökonomischen Realität weiter Teile Rondônias als Agrarpionierfront gerecht zu werden. Dies geschieht durch die institutionelle Stärkung der regionalen Ministerien und sonstiger regionaler Behörden, auf die nach dem absehbaren Rückzug des INCRA aus den älteren Projektgebieten im Rahmen der *Projekt–Emanzipation* besonders im infrastrukturellen Bereich zusätzliche Verantwortlichkeiten zukommen. Ebenso wurden speziell für diese neuen Aufgabenbereiche neue regionale Institutionen geschaffen[2].

Ab 1979 übergab das INCRA die Zuständigkeit für alle infrastrukturellen Bereiche, für Agrarberatung, Sozial– und Gesundheitsdienst, Erziehungssektor etc. an die Territoriumsbehörden.

Jedoch zeigt sich bald, daß deren Struktur, institutionelle und personelle Kapazität zur Erfüllung der neuen Aufgaben[3] nicht ausreichte. Auch die neugeschaffenen Munizipien konnten aufgrund ihrer noch völlig unzureichenden administrativen Struktur den sich immer mehr auch im urbanen Bereich stellenden Aufgaben und Problemen[4] und den mit dem Wachstum der Pionierstädte neu auftretenden Interessenkonflikten (Invasionen städtischer Teilbereiche etc.) — geschweige denn den Aufgaben im ländlichen Bereich — nicht gerecht werden.

Ebenso erwies sich die sektorale Aufsplitterung der Zuständigkeit für die verschiedenen Bereiche auf viele Institutionen im Vergleich zur vorher alles umfassenden Aktivität des INCRA im Sinne einer Koordinierung und Integration der Regierungstätigkeit auch im ländlichen Raum als nachteilig. Deshalb wurde 1979 — zumindest für diesen Bereich der

---

1) So z.B. in Ariquemes Sr. Francisco Sales, in Ji–Paraná Sr. Assis Canuto, ehemalige INCRA–Beamte, heute beide Bundesabgeordnete Rondônias in Brasília.
2) Z.B. der Agrarberatungsdienst Associação de Assistência Técnica e Extensão Rural ASTER — heute EMATER–RO — als regionaler Zweig der nationalen EMBRATER.
3) Man denke nur z.B. an die — aufgrund der klimatischen Gegebenheiten eigentlich regelmäßig notwendige — Erhaltung und Wiederherstellung der linhas.
4) Städtische Rahmenplanung, urbane Parzellierung und Eigentumsregulierung, Bau und Erhaltung des städtischen Straßennetzes, Elektrifizierung, Müllbeseitigung etc.

ländlichen Entwicklung — als zentrale Planungs- und Durchführungsbehörde die *Companhia de Desenvolvimento Agrícola de Rondônia* CODARON vom damaligen rondonensischen Landwirtschaftsminister William Cury gegründet. Die CODARON entwickelte sich zeitweise — besonders in der Anfangszeit des POLONOROESTE–Programms, für das sie in weiten Bereichen die Durchführungskompetenz übernahm — zur *Superbehörde* Rondônias, was entsprechende erhebliche institutionelle Rivalitäten und Konflikte auf den verschiedensten Ebenen mit sich brachte.

Auch auf der untersten administrativen Ebene der Munizipien war die Entwicklung mit der Neuschaffung der fünf Munizipien an der BR 364 1977 noch nicht abgeschlossen. So wurde dem durch die steigende Zuwanderung in die Kolonisationsgebiete der BR 364 verursachten Wachstum und der Strukturierung der Pioniersiedlungen sowie der permanenten Ausdehnung der ländlichen Erschließung des Hinterlandes im Jahr 1981 durch die Schaffung weiterer sechs Munizipien[1] Rechnung getragen. 1983 folgte schließlich als aktuellste Entwicklung der administrativen Raumgliederung die Erhebung der jüngsten und besonders dynamischen Pioniersiedlungen Rolim de Moura und Cerejeiras mit ihrem jeweiligen von starker Expansion geprägtem Hinterland zum Munizip.

Weit entfernt sind die Munizipien jedoch heute nach wie vor von der notwendigen Effizienz der lokalen Administrationen aufgrund völlig fehlender technischer, personeller und finanzieller Kapazität. Auch ergaben sich bald nach der Gründung der neuen Munizipien eine Reihe von institutionellen Kompetenzproblemen und Konflikten z.B. zwischen den auf der lokalen Ebene agierenden regionalen Institutionen (z.B. CODARON, andere bundesstaatliche Behörden etc.) und den neuen lokalen Verwaltungen, die ihren Aktionsradius — bes. auch aus politischen Gründen — über den urbanen Bereich hinaus auch in den ländlichen Raum ausweiten wollen, sich allerdings weitgehend von den auf übergeordneter Ebene gesteuerten Regionalentwicklungsmaßnahmen für diesen Bereich (bes. POLONOROESTE–Programm) ausgeschlossen sehen (mdl. Inf. Sr. Horácio Careli, Planungsdezernent Ouro Preto do Oeste, 1984).

Diese hier in einigen wesentlichen Grundzügen dargestellte politisch–administrative Strukturierung und Aufgliederung der Peripherie Rondônia besonders seit der zweiten Hälfte der 70er Jahre, die Übernahme wesentlicher Aufgabenbereiche durch die regionalen Behörden etc. müssen jedoch auch im Kontext des wichtigsten politischen Ziels der von 1979 bis 1985 im Amt befindlichen Territoriumsregierung des Obersten Jorge Teixeira de Oliveira gesehen werden: nämlich der Überführung Rondônias vom Status eines Bundesterritoriums in den eines eigenständigen Bundesstaates. Die von Teixeira bereits 1979 geforderte und 1981 realisierte Gründung neuer Munizipien, die beabsichtigte Asphaltierung der Straße Cuiabá–Porto Velho als wesentlichem regionalem Entwicklungsimpuls sowie der geplante Bau des Wasserkraftwerks *Samuel* als den notwendigen Konsequenzen der rapiden demographischen und ökonomischen Entwicklung der Pionierfront, sollten die Forderung der Staatswerdung vorbereiten bzw. unterstreichen (vgl. GOMES DA SILVA 1984, S. 142). Dieses Ziel konnte zum Jahreswechsel 1981/1982 endgültig realisiert werden. Rondônia wurde der 23. Bundesstaat der brasilianischen Föderation (vgl.

---

1) Jaru, Ouro Preto do Oeste, Presidente Médici, Espigão do Oeste, Colorado do Oeste — alle in Kolonisationsgebieten — und Costa Marques im Vale do Guaporé — vgl. Karte 11.

GOMES DA SILVA 1984, S. 156). Die wichtigste Rechtfertigung für die Forderung nach der Staatswerdung war die rapide demographische und ökonomische Entwicklung Rondônias im Gefolge der Agrarkolonisation gewesen.

Die Forderung nach Gründung des Bundesstaates war allerdings nichts neues. Bereits seit Jahren wurde von den regionalen politischen Vertretern dieses Ziel angestrebt (vgl. GOMES DA SILVA 1984, S. 135 ff. und SANTANA 1982).

Dafür gab es mehrere Gründe: Die Bundesterritorien waren zwar staatsähnliche Gebilde, sie waren aber anders als die Bundesstaaten in praktisch allen Bereichen von der Zentralregierung abhängig. So wurde der Haushalt der Territorien voll aus Bundesmitteln getragen[1]. Die Territorien haben keine Verfügungsgewalt über die in ihrem Gebiet erhobenen Steuern, die Administration ist von der Zentralregierung bestimmt, die Gouverneure wurden nicht erst seit der Militärherrschaft, sondern bereits seit Gründung der Territorien 1943 von der nationalen Regierung ernannt, die dieses Recht natürlich immer zur Unterstützung der jeweiligen eigenen politischen Interessen, nicht aber unbedingt der des Territoriums nutzte. Die Gouverneure waren schließlich immer Militärs, die meist in entsprechender autoritärer Form regierten. Insgesamt bedeutete der Territoriumstatus für Rondônia immer im politisch-administrativen Sinne die Situation einer abhängigen, zentrumsbestimmten Peripherie.

In der Staatswerdung erhofften sich die politischen Vertreter der Region, d.h. natürlich besonders die Vertreter der traditionellen und besonders der neuen regionalen Eliten, weit größeren Einfluß auf alle regionalen Entscheidungen, zumal die Staatswerdung bes. den Aufbau einer eigenen politisch–administrativen Struktur in allen Bereichen der Legislative, Exekutive und Judikative mit entsprechender politischer, finanzieller und administrativer Verfügungs– und Entscheidungsgewalt beinhaltet.

Das nicht umsonst 1981 beschlossene POLONOROESTE–Programm stellte mit der Finanzierung der entscheidenden Entwicklungsvorhaben[2], die insbesondere verbunden sein mußten mit einer institutionellen und personellen Stärkung der regionalen administrativen Struktur, eine wesentliche Voraussetzung für die Staatswerdung Rondônias dar.

Auch darf man nicht übersehen, daß die damalige Bundesregierung unter Präsident Figueiredo mit der Staatswerdung Rondônias massive politische Eigeninteressen verband. Im Rahmen der politischen Öffnung (*abertura*) seit 1979/80 waren für November 1982 erstmals wieder umfassende Wahlen auf allen Ebenen vorgesehen. Entgegen den Forderungen der Opposition, auch den Gouverneur des neuen Bundesstaates Rondônia durch die Bevölkerung wählen zu lassen (vgl. SANTANA 1982), wurde jedoch das Mandat des ernannten Gouverneur Oberst Teixeira für eine *Übergangszeit* bis zum nächsten Wahltermin von Figueiredo weiter verlängert. Damit war zumindest gesichert, daß die Regierung Rondônias weiterhin auf dem Kurs der Zentralregierung liegen würde.

---

1) Dies wird übrigens für den neuen Bundesstaat Rondônia für eine Übergangsperiode von ca. 10 Jahren auch noch weitgehend so bleiben –Information SEPLAN/RO, Porto Velho 1984.
2) Asphaltierung der BR 364, Einrichtung neuer Kolonisationsgebiete, Integrierte Ländliche Entwicklung in den bestehenden Siedlungsgebieten etc.

Ebenso war zu erwarten, daß durch die Popularität und das politische Gewicht des äußerst autoritären Gouverneurs, im Volksmund allgemein *Teixeirão* (Vergrößerungsform von Teixeira) genannt, und durch die deutliche Konzentration regionaler Entwicklungsmaßnahmen in der Vorwahlperiode[1] sowie besonders eben durch die Gründung des Bundesstaates, die als Erfolg der Einwohner Rondônias und ihres Gouverneurs dargestellt wurde, der auch im nationalen Rahmen wichtige Wahlsieg der Kandidaten der Regierungspartei PDS in Rondônia bereits als gesichert angesehen werden konnte. In der Tat stellte die Partei der Militärs, die PDS, nach der Wahl vom November 1982 alle Präfekten der damals 13 rondonensischen Munizipien, 15 der 24 Abgeordneten des neuen regionalen Parlaments (*Assembleia Legislativa*), 5 der 8 rondonensischen Bundesabgeordneten und alle 3 Senatoren des neuen Bundesstaates (vgl. GOMES DA SILVA 1984, S. 215 ff.).

Die Entwicklung der gesellschaftlich-politischen Strukturen, des institutionellen Sektors und der administrativen Raumgliederung Rondônias seit 1970 spiegelt die Veränderung der regionalen Situation im Gefolge der Agrarkolonisation wieder.

Der Staat war gezwungen, die auf der regionalen Ebene völlig unzureichende Administration den neuen, sich durch die Kolonisation stellenden Bedürfnissen anzupassen und ihre Präsenz besonders auf der lokalen Ebene zur Erfüllung des staatlichen Anspruchs der Lenkung der Regionalentwicklung erheblich zu verstärken. Gleichzeitig bot aber die rapide Regionalentwicklung durch die spontane Zuwanderung auch den neu entstehenden Eliten auf lokaler und regionaler Ebene den notwendigen Legitimationshintergrund für die Ausweitung ihrer gesellschaftlichen und politischen Machtstellung. Das Beispiel der Staatswerdung Rondônias zeigt deutlich, wie Regionalpolitik zu diesem Ziel der Machterweiterung eingesetzt werden kann. Während vor 1979 unter der Regierung des Obersten Guedes noch eines der wichtigsten regionalpolitischen Ziele die Einschränkung der Migration und die Konsolidierung der Siedlungsgebiete in Rondônia war, so wird unter der neuen Regierung des Obersten Teixeira über die indirekte Förderung der Zuwanderung durch einseitig positive Darstellung der Entwicklungsfortschritte und -potentiale Rondônias[2] in den Medien, durch Propagierung der Dynamik der rondonensischen Entwicklung als *Krisenlösungsansatz*[3], Regionalpolitik zum Instrument der gezielten Machterweiterung auf regionaler und nationaler Ebene über die angestrebte Staatswerdung[4].

Schließlich zeigt das Beispiel Rondônia ebenso, daß die gesellschaftliche Entwicklung an der Peripherie auch für die nationale *Staatsklasse* zum machtstützenden Faktor werden kann. Denn der in den Medien[5] gefeierte *krisenlose* Erfolg der staatlich mitinduzierten

---

1) Verkündung des POLONOROESTE-Programms, schneller Beginn der Asphaltierung der BR, sehr rasche Landverteilung im ersten neuen Kolonisationsprojekt Urupá, schnelle technische Ausführung der ersten sog. NUAR's (s.u.) als ländliche Entwicklungszentren etc.
2) Übrigens völlig auf der Linie der Militärs seit den 60er Jahren der Problemlösung durch Erschließung und Integration der amazonischen Peripherie.
3) Vgl. z.B. Rede des Gouverneurs Teixeira zum Abschluß des IV Encontro dos Pesquisadores da Amazônia in Porto Velho, September 1983.
4) Dies entspricht auch Informationen durch Sr. Jorge Nóbrega, ehem. CEPA-RO, Porto Velho, Juni 1983.
5) Siehe z.B. Sonderbeilagen in O Globo und Jornal do Brasil im Frühjahr 1983.

Pionierfront–Entwicklung in einer Zeit nationaler Krise und die im Sinne einer fortschreitenden *Integration der Peripherie* als Beitrag zur nationalen Entwicklung gesehenen regionalpolitischen Maßnahmen des Staates (POLONOROESTE–Programm etc.) bieten dem Zentralstaat und seiner Führungselite die Möglichkeit der Selbstdarstellung und des Vorzeigens staatlicher Aktivität. Dies wird von den neuen regionalen Eliten, die nicht zuletzt durch ihre oftmals ehemalige Zugehörigkeit zu zentralstaatlichen Institutionen (INCRA) bzw. durch ihre regionsexterne Zugehörigkeit zum nationalen *Zentrum*[1] auch in ihrer Funktion als direkte *Brückenköpfe* gesehen werden müssen, auf der regionalen Ebene vertreten und der nationalen Ebene durch politisches *Wohlverhalten* honoriert.

Raumwirksame Staatstätigkeit an der Peripherie Rondônia hat also neben der zentralen Funktion der *Problemablenkung* aus dem Zentrum durch Migration und Kolonisation im Sinne des *Sicherheitsventils* (*Kolonisation statt Agrarreform*), ebenso durch die Schaffung neuer administrativ–institutioneller Spielräume, durch die Förderung und Integration neuer lokaler und regionaler Eliten im Sinne der Entstehung neuer *patron–client–relationships* zwischen nationaler und regionaler Ebene die wichtige Funktion des Machterhalts für die *Staatsklasse*.

Und wo bleiben bei alledem die eigentlichen Betroffenen, die Siedler? Sie stellen natürlich als die eigentlichen sozialen Träger der Regionalentwicklung den entscheidenden Faktor im politischen Kalkül dar. Die Regierungsaktion richtet sich, zumindest verbal, hauptsächlich nach ihren Interessen, die sich nun in Rondônia erstmals nicht mehr in der Situation der *Marginalisierten* sehen, im Gegensatz zu ihren Herkunftsräumen, wo sie die *Überschußbevölkerung* darstellten. Hier in Rondônia sind die Marginalisierten die traditionellen Bewohner der Region, besonders die indianische Bevölkerung, aber z.T. auch die noch in Teilen vorhandene Gruppe der seringueiros und auch der garimpeiros, deren Interessen auf der politisch–administrativen Ebene kaum Vertretung finden. Einem Teil der Siedler, den *Erfolgreichen*, gelingt — dem Pionierfront–*Mythos* entsprechend — auch nicht nur der ökonomische, sondern auch der gesellschaftliche Aufstieg z.B. mit der Übernahme politischer Ämter etc. Der größte Teil der ländlichen Bevölkerung bleibt jedoch, anders als die in der Regel selbstbewußteren Stadtbewohner, besonders die städtische Mittelschicht, von tatsächlicher politischer Mitbestimmung oder tatsächlicher Mitgestaltung der Probleme ihrer Lebens– und Produktionsbedingungen auch weiterhin weitgehend ausgeschlossen.

III.4.6. Tendenzen der Landnutzung und Agrarproduktion seit 1970

Die Einrichtung kleinbäuerlicher Kolonisationsprojekte durch das INCRA in Rondônia seit 1970 hat die ökonomischen Strukturen und Produktionsweisen im ländlichen Raum sowie die vorherrschenden landwirtschaftlichen Betriebssysteme, und damit die *Produktepalette* der regionalen Agrarproduktion, in entscheidendem Maße beeinflußt. Die

---

1) Z.B. im Falle einer rondonensischen PDS–Bundesabgeordneten, Mitarbeiterin des regierungstreuen Rádio Nacional in Brasília, aber auch eines PMDB–Abgeordneten, eines Immobilienspekulanten aus Rio de Janeiro, die beide nie in Rondônia gelebt oder gearbeitet haben.

deutlichste Veränderung besteht ab 1970 in der eindeutigen Schwerpunktverlagerung von der amazonischen Extraktionswirtschaft auf der Basis der Nutzung der natürlichen Bestände von Kautschuk (Hevea brasiliensis) und Paranuß (Bertholletia excelsa), die in den 50er Jahren z.B. noch weit über 90 % des Produktionswertes der gesamten pflanzlichen Extraktion und landwirtschaftlichen Produktion Rondônias stellte (vgl. Tab. 36), hin zur Agrarproduktion der kleinbäuerlichen Pionierfront, die sich in den ersten Jahren der Agrarkolonisation in Rondônia vor allem auf den Anbau von Grundnahrungsmitteln[1] konzentrierte. Wertmäßig stellten diese Basisagrarprodukte bereits 1973 ca. 40 % des Gesamtwertes der pflanzlichen Produktion und Extraktion (vgl. Tab. 36).

Im Laufe der 70er Jahre sind daneben durch die Eigeninitiative der Kolonisten und durch gezielte Förderungsmaßnahmen des Staates die Dauerkulturen[2] in ihrer Bedeutung als *cash crops* für die regionale Agrarproduktion stark gestiegen. Ihr wertmäßiger Anteil betrug 1980 bereits 21 % des gesamten regionalen Produktionswertes der pflanzlichen Extraktion und Produktion Rondônias (vgl. Tab. 36) und hatte damit den Anteil des traditionellen Extraktionsproduktes Kautschuk (1980 = 12 %) schon bei weitem überholt. Das Verhältnis von Extraktion und Agrarproduktion hat sich somit in den letzten Jahren durch den Einfluß der Agrarkolonisation praktisch umgekehrt. Die Stagnation der Kautschuk– und Paranuß–Extraktion (vgl. die praktisch gleichgebliebenen Produktionsmengen von 1950–1980 in Tab. 36) in Rondônia entspricht der *Stagnation* der traditionellen amazonisch orientierten ländlichen Gesellschaft, die Dynamik der Agrarproduktion der *Dynamik* der aufgrund ihrer sozio–kulturellen Zusammensetzung vorherrschend nicht–amazonisch orientierten Pionierfront.

Auch auf die regionale Betriebsgrößenstruktur hat die kleinbäuerliche Agrarkolonisation entscheidenden Einfluß genommen. Betrachten wir z.B. nur die Situation für die 70er Jahre (vgl. Tab. 37), so ist zunächst in der Gesamtschau eine enorme Zunahme der Zahl der landwirtschaftlichen Betriebe insgesamt (583 %) von 1970 bis 1980 festzustellen. Für die einzelnen Betriebsgrößenklassen differenziert betrachtet, wird der Einfluß der Agrarkolonisation im überdurchschnittlich hohen Anstieg der Betriebe in der Größenklasse von 50 bis 200 ha (1.532 %), d.h. in der Größenklasse, die hauptsächlich von Kolonistenbetrieben geprägt ist, deutlich. Daneben fällt besonders der enorme Anstieg von Minifundien (Betriebe unter 10 ha), der für 1970 bis 1980 ca. 2.000 % beträgt, auf. Hierbei dürfte es sich einmal v.a. um Kleinbetriebe (sog. *chácaras*) im Umkreis der älteren, besonders aber im Umkreis der neu entstehenden Pionierstädte handeln, die von Stadtbewohnern oder von auf Landzuteilung Wartenden zur Eigenversorgung und z.T. auch zur Überschußvermarktung betrieben werden. Zusätzlich dürfte sich im hohen Anstieg der Minifundien auch bereits die Aufteilung von Kolonisten– und sonstigen Betrieben in Kleinbetriebe aufgrund des ständig steigenden Drucks auf die Landreserven der Region niederschlagen. Insofern ist auch der hohe Anstieg der Minifundien im Zusammenhang mit der Agrarkolonisation in Rondônia zu sehen.

Im Vergleich zur gesamtbrasilianischen Situation weist Rondônia durch den Einfluß der Agrarkolonisation zwar im Bereich der mittleren Betriebe eine ausgewogenere Situa-

---

1) Bes. Reis, Mais, Bohnen — zusammengefaßt als sog. lavoura branca — und Maniok.
2) V.a. Kaffee, Banane, Kakao und angepflanzter Kautschuk.

tion auf, jedoch zeigen sich auch in dieser Region, in der ja u.a. das Schlagwort *Land ohne Menschen für Menschen ohne Land* realisiert und damit die Gangbarkeit der These von der Kolonisation als einer *Alternative zur Agrarreform* demonstriert werden sollte, nach wie vor — oder bereits wieder — die im gesamtbrasilianischen Kontext bekannten Disparitäten der Agrarverfassung (Gegensatz Minifundium — Latifundium) (vgl. Tab. 32).

Karte 12 zeigt deutlich die regionale Differenzierung der landwirtschaftlichen Strukturen Rondônias. Basierend auf den Ergebnissen des Agrarzensus von 1980 wurden hier für die 1980 noch 7 Munizipien Rondônias die jeweilige landwirtschaftliche Gesamtbetriebsfläche eines jeden Munizips nach den vorherrschenden Nutzungsarten unterschieden. Die Bedeutung und regionale Konzentration der Agrarkolonisation dokumentiert sich zunächst in der im Verhältnis großen Gesamtbetriebsfläche der Munizipien entlang der BR 364 im Vergleich zu den beiden Munizipien Porto Velho und Guajará–Mirim, in denen nach wie vor die traditionellen Wirtschaftsformen dominieren. Dies spiegelt sich entsprechend in unterschiedlichen Dichtewerten der landwirtschaftlichen Nutzung wieder. Die regionalen Unterschiede dieses Wertes sind erheblich und zeigen in den Extremen eines Index unter 10 % für die Munizipien Porto Velho und Guajará–Mirim auf der einen Seite und ca. 77 % für Cacoal auf der anderen Seite deutliche Intensitätsunterschiede zwischen dem traditionellen Rondônia und der Pionierfront.

Betriebsfläche ist jedoch nicht gleichbedeutend mit der tatsächlich genutzten Fläche. Karte 12 zeigt, daß bei allen Munizipien Rondônias 1980 mindestens 50 bis 75 % der Gesamtbetriebsfläche noch von Restwaldflächen eingenommen wurden. Dies weist auf zwei verschiedene Begründungszusammenhänge hin:

Einmal ist besonders in den Kolonisationsgebieten entlang der BR 364 die landwirtschaftliche Inwertsetzung noch ein sehr junger, 1980 gerade 10 Jahre alter Entwicklungsprozeß. Deshalb ist der Anteil der verbliebenen Waldflächen bei den meisten Kolonistenbetrieben noch relativ hoch. Jedoch nehmen diese Restwaldflächen aufgrund des regional üblichen extensiven Nutzungssystems der Brandrodung und des Landwechsels Jahr für Jahr immer mehr ab[1]. Heute dürfte sich der Waldanteil an der Gesamtbetriebsfläche der Munizipien der BR 364 gegenüber 1980 bereits erheblich reduziert haben (vgl. auch FEARNSIDE 1982).

Andererseits ist der hohe Waldanteil auch ein Indikator für die großenteils geringe tatsächliche Nutzung z.B. der flächenmäßig mit ca. 38 % der Gesamtbetriebsfläche (vgl. Tab. 37) insgesamt relativ bedeutenden großen Betriebe (über 1.000 ha). Auf diesen Betrieben haben die Rodungen ebenso zumeist erst in den letzten Jahren, u.a. wegen der Verbesserung der infrastrukturellen Erschließung etc., in größerem Umfang begonnen. Andere Flächen, besonders im Bereich des *Vale do Guaporé*, auch im Munizip Porto Velho haben bisher nur nominell einen Eigentümer, von einer tatsächlichen Nutzung kann noch keine Rede sein. Ein wichtiger Faktor bei großen Betrieben ist in der Anfangsphase der Nutzung sowieso zunächst die Holzextraktion. Oft ist eine großflächige Nutzung, wie Beispiele im Raum Ouro Preto do Oeste (Fazenda *Citrosuco*, Fazenda *Candeias* — s.u.)

---

1) Dies zeigt z.B. Karte 22 in der die Zunahme der Rodungen im Gebiet des PIC Ouro Preto im Zeitraum 1973 — 1983 anhand der Interpretation von LANDSAT–Bildern dargestellt wurde.

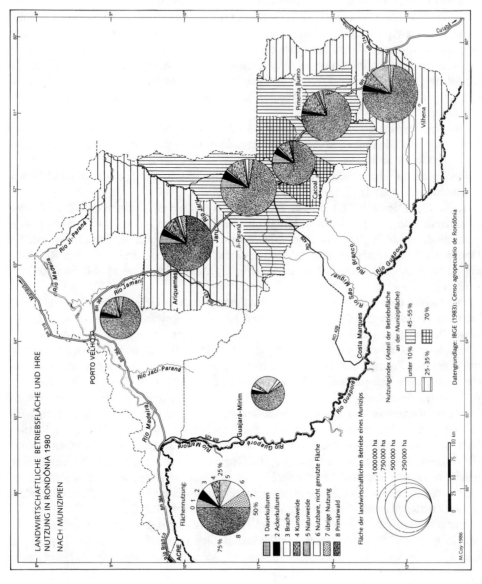

Karte 12

zeigen, auch gar nicht beabsichtigt, sondern das Landeigentum dient entweder kurzfristigen Extraktionsinteressen oder in besonderem Maße der Spekulation.

Karte 12 zeigt daneben, daß 1980 Weidenutzung prozentual den größten Flächenanteil der Gesamtbetriebsflächen in den rondonensischen Munizipien repräsentiert. Dabei spielen nur in den südlichen und südwestlichen Teilräumen (Munizipien Vilhena und Guajará–Mirim) Naturweiden eine Rolle, nämlich in den Regionen, die bereits zur *Campos cerrados*-Formation oder zu den Auenbereichen des Rio Guaporé gehören (vgl. Karte 5). In allen übrigen Regionsteilen ist Weidenutzung gleichbedeutend mit der Anlage von Kunstweiden. Der Anteil der Weidenutzung ist bei allen Munizipien höher als der intensiverer Nutzungsformen. Letztere können unterteilt werden in einjährige Ackerkulturen und Dauerkulturen.

Die Basis der kleinbäuerlichen Neulanderschließung bildet in Rondônia insgesamt der Anbau von Grundnahrungsmitteln[1], in erster Linie zur Eigenversorgung, in zweiter Linie dann zur Überschußvermarktung.

Dem amazonischen Umfeld entspräche weit eher der vorrangige Anbau von Maniok, bes. auch zur Herstellung des Maniokmehls (*farinha*).

Karte 13, in der für 1980 auf der Basis der Ergebnisse des Agrarzensus die Gesamternteflächen der Munizipien Rondônias nach den einzelnen Acker– und Dauerkulturen untergliedert wurden, zeigt deutlich diesen Unterschied zwischen Pionierfront mit der Dominanz der *lavoura branca* und dem traditionellen, amazonisch orientierten Rondônia mit der vorrangigen Stellung des Maniokanbaus (Munizipien Guajará–Mirim und Porto Velho).

Der Reis ist dabei das erste Anbauprodukt jung gerodeter Gebiete. Aus diesem Grunde kann die Regel aufgestellt werden, daß der Anteil des Reisanbaus umso höher liegt, je *jünger* das entsprechende Kolonisationsgebiet erschlossen ist[2]. Reis ist nach dem Agrarzensus von 1980 sowohl in Hinblick auf die Erntefläche als auch mengen– und wertmäßig das wichtigste Produkt der rondonensischen Landwirtschaft. Seine Anteile an der gesamten Kulturfläche schwanken für 1980 zwischen 32 % im Munizip Porto Velho und 55 % im Munizip Ariquemes (vgl. Karte 13 und IBGE 1983). Flächenmäßig an zweiter Stelle folgt der Maisanbau, der jedoch in Hinblick auf den Produktionswert (Mais erzielt insgesamt geringe Preise und wird deshalb auch v.a. auf den Betrieben selbst, als Körnerfutter etc., verbraucht) erst an vierter Stelle steht. Der Anbau von schwarzen Bohnen (*feijão*), in der regionalen Fruchtfolge in der Regel die auf den Reisanbau folgende Ackerfrucht im Jahreszyklus, folgt flächenmäßig auf dem dritten Rang, wertmäßig jedoch, aufgrund der hohen Bewertung dieser Kultur, hinter dem Reis auf Rang 2 der Produktepalette rondonensischer Landwirtschaft (zumindest im Zensusjahr 1980).

Für 1980 umfaßt insgesamt die Erntefläche der einjährigen Ackerkulturen und des Manioks über 80 % der Gesamternteflächen bei allen rondonensischen Munizipien (vgl. Karte 13), was die dominierende Stellung dieser Kulturen besonders in der ersten

---

1) Reis (immer als Bergreis im Trockenfeldbau), Mais und schwarze Bohnen, die im allgemeinen Sprachgebrauch als sog. lavoura branca zusammengefaßt werden.
2) Vgl. z.B. in Karte 13 das 1980 relativ jung erschlossene Gebiet um Ariquemes, in Karte 14 die Region Rolim de Moura.

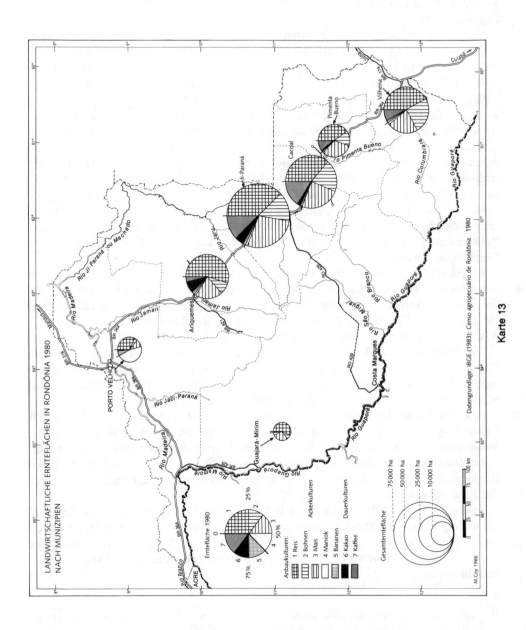

Karte 13

Erschließungsphase deutlich unterstreicht. Bis 1985 hat sich der Anteil der einjährigen Kulturen an der Gesamtemtefläche zugunsten der Dauerkulturen auf ca. 55 % reduziert (vgl. Karte 14).

Neben dem Anbau von Grundnahrungsmitteln wurde besonders der Dauerkulturanbau von seiten des Staates als wesentlicher Faktor der Marktintegration und letztendlich der *Modernisierung* und Stabilisierung der kleinbäuerlichen Kolonistenbetriebe gesehen. Dem liegt die These zugrunde, daß der kleinbäuerliche Betrieb, bei allerdings relativ hohen anfänglichen Investititonskosten und einem z. T. erheblichen *time–lag* zwischen Anlage und erster Ernte der Dauerkultur (bei gepflanztem Kautschuk z. B. 7–8 Jahre), durch den Anbau von auf den nationalen und internationalen Märkten relativ hochbewerteten tropischen Produkten im Endeffekt ein wesentlich höheres und, günstige Preisentwicklung vorausgesetzt, dauerhafteres Betriebseinkommen erzielen könnte als durch den ausschließlichen Anbau von Grundnahrungsmitteln, der unter den herrschenden extensiven Betriebssystemen (Brandrodung und Landwechselwirtschaft ohne Stubbenrodung oder sonstige Meliorationsmaßnahmen) auf die Dauer durch die zeitliche Begrenzung der Nutzungsmöglichkeit der gleichen Parzelle zu hohem Landverbrauch (durch die permanente Notwendigkeit der Neurodung) und letztendlich zu relativ rascher Erschöpfung der Tragfähigkeit führen muß.

KOHLHEPP (1976) erläutert am Beispiel der Transamazônica–Projekte die Konzeption eines mehrjährigen Landnutzungsmodells für den kleinbäuerlichen Kolonistenbetrieb durch die Kolonisationsbehörde INCRA unter Einbeziehung von Dauerkulturen (in diesem Fall v.a. Pfeffer und Zuckerrohr) in den auf die Rodung und den anfänglichen Anbau von Grundnahrungsmitteln folgenden Jahren.

Die Integration von Dauerkulturen in das Landnutzungsmodell staatlich gelenkter Kolonisationsvorhaben ist dabei nicht nur für das brasilianische Amazonien festzustellen, sondern ebenso aus anderen Neulandgebieten als integrativer Bestandteil einer Strategie zur *Modernisierung* der kleinbäuerlichen Landwirtschaft bekannt[1].

Auch im System der Agrarkolonisation Rondônias sollten die Siedler durch staatliche Förderung verschiedener Dauerkulturen als *cash crops* von ausschließlicher bäuerlicher Subsistenzproduktion zu mehr marktorientierten Betriebssystemen hingeführt werden.

Im Vordergrund der staatlichen Förderungsmaßnahmen stehen in Rondônia der Kakao (beginnend in den ersten Jahren der Kolonisation) und besonders seit Ende der 70er Jahre der Kautschukanbau.

Sowohl in Karte 13 für 1980 als auch in Karte 14 für 1985 zeigt sich jedoch Kaffee als die wichtigste Dauerkultur der Region noch vor den staatlich besonders geförderten Kulturen[2]. Hinsichtlich der Gesamtanbaufläche 1985 zeigt Tab. 39, daß ca. 64 % der gesamten Dauerkulturfläche von Kaffee, jedoch nur 26 % von Kakao und ca.10 % von Kautschuk gestellt werden.

---

1) Dies gilt z.B. besonders für den südostasiatischen Raum (vgl. COY 1980), wo vor allem im Beispiel Malaysia Neulanderschließung unmittelbar verbunden ist mit der staatlichen Förderung des Anbaus von hochbewerteten Dauerkulturen dort v.a. Ölpalme und Kautschuk (siehe hierzu SENFTLEBEN 1978, McANDREWS 1977, insgesamt UHLIG 1970, 1984, BAHRIN 1979, für Indonesien SCHOLZ 1977).
2) In den beiden Karten 13 und 14 erscheint der Kautschuk noch nicht, weil bisher die Pflanzungen noch nicht ins Produktionsalter eingetreten sind.

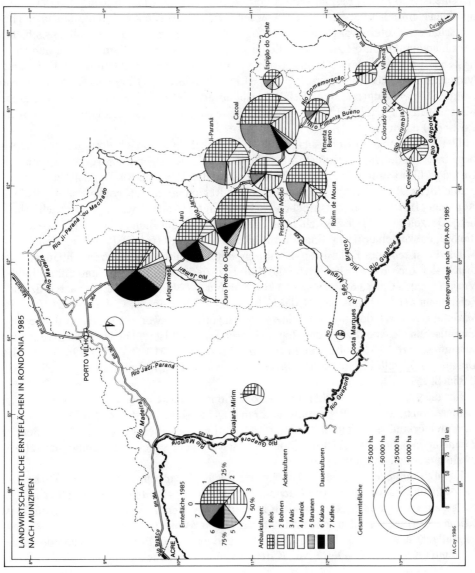

Die Einführung des Kaffeeanbaus in Rondônia hängt unmittelbar mit den Erfahrungen und sozio-kulturellen Hintergründen der Kolonisten zusammen, denn sie kommen zum großen Teil aus den ehemaligen bzw. auch heute noch wichtigsten Kaffeeanbaugebieten Brasiliens (São Paulo, Paraná, Minas Gerais, Espírito Santo) nach Rondônia. Viele der heutigen Neusiedler haben ehemals in diesen Gebieten als Pächter Kaffeepflanzungen bewirtschaftet. Insofern war es für sie nur folgerichtig, daß sie in den Neusiedlungsgebieten vor allem am Anbau dieser Kultur, die ja für Brasilien insgesamt lange Jahre den wichtigsten Exportfaktor darstellte und damit von entscheidender Bedeutung für die gesamtwirtschaftliche Entwicklung war (vgl. KOHLHEPP 1978, S. 359), interessiert waren, zumal Kaffee für viele aufgrund ihres Erfahrungshintergrundes einen vermeintlichen Garanten wirtschaftlichen Erfolges (zumal in Rondônia das in Paraná bestehende Frostrisiko nicht existierte) darstellte.

Der Kaffeeanbau in Rondônia, dem von offizieller Seite zunächst mit größter Skepsis begegnet wurde, muß insofern ausschließlich auf die Eigeninitiative der Kolonisten zurückgeführt werden. Dies spiegelt sich auch in der Tatsache wieder, daß die überwiegende Mehrzahl der Kaffeepflanzungen in der Region mit dem Eigenkapital der Kolonisten angepflanzt wurde (entsprechend schwanken die Anbauflächen pro Betrieb erheblich). Derzeit wirken sich zusätzlich die hohen Zinssätze der Banken insgesamt negativ auf die Möglichkeit einer Fremdfinanzierung dieser Kultur aus (vgl. CEPA-RO 1985b, S. 52).

Die Persistenz der Kolonisten-Erfahrung mit der Kultur aus anderen Anbaugebieten drückt sich auch in der Präferenz für die Kaffee-Varietäten *Mundo novo* und *Catuaí*, beides Varietäten von Coffea arabica, aus[1]. Coffea arabica – Varietäten stellen nach offiziellen Schätzungen für 1983/84 ca. 65 % der Kaffeebestände Rondônias. Coffea robusta (v.a. die Varietät *Conillon*), der zwar qualitativ generell geringer bewertet werden muß, aber den klimatischen Gegebenheiten der Region besser angepaßt ist und deshalb langfristig auch eine günstigere Ertragssituation zu bieten scheint (Inf. EMATER-RO, Ouro Preto do Oeste, 1983), stellt bisher nur ca. 35 % der regionalen Kaffeekulturen (vgl. CEPA-RO 1985a, S. 15).

Für die agrarsozialen Verhältnisse an der Pionierfront Rondônia ist der Kaffeeanbau insofern von besonderer Bedeutung, als er in starkem Maße mit der Reproduktion einiger aus den Herkunftsgebieten der Kolonisten traditionell mit dieser Kultur zu verbindender Pacht- und Halbpachtverhältnisse nun auch im Neusiedlungsgebiet zusammenhängt (Beispiele hierzu siehe weiter unten).

Es gibt deutliche regionale Schwerpunkte des Kaffeeanbaus in Rondônia. Diese sind v.a. das Kolonisationsgebiet von Cacoal (d.h. das PIC *Gy-Paraná*), in dem 1985 ca. 30 % des gesamten regionalen Kaffeeanbaus konzentriert waren. Ein weiterer Schwerpunkt ist Ariquemes (hier vor allem das PAD *Marechal Dutra*) mit 14 % der regionalen Kaffeeanbaufläche sowie Rolim de Moura mit 11 % und danach Ji-Paraná, Colorado do Oeste, Jaru und Ouro Preto do Oeste (vgl. Karten 13 und 14, vgl. auch Tab. 39).

---

[1] Die jedoch den klimatischen Gegebenheiten der Region weniger angepaßt sind, nicht zuletzt wegen ihres frühen Erntezeitpunktes, der in Rondônia z.T. noch in das Ende der Regenzeit fällt und somit das Risiko von Ernteverlusten und Qualitätsminderungen in sich birgt (vgl. CEPA-RO 1985a, S. 15).

Die Kaffeeproduktion Rondônias schwankt naturgemäß einmal infolge von typischen Produktivitätszyklen, infolge der klimatischen Risiken besonders der arabica–Varietäten, zum anderen aber auch durch den Einfluß schwankender Erzeugerpreise (vgl. CEPA–RO 1985a, S. 17). Durch den vermehrten Eintritt jüngerer Pflanzungen in das produktive Alter sowie durch die permanente Ausdehnung der Anbauflächen ist insgesamt jedoch eine expandierende Tendenz festzustellen[1].

Bisher bestehen noch keine ausreichenden Erfahrungen mit der langjährigen Produktivität der rondonensischen Kaffeekulturen. Nach Meinung von Agrarberatern dürfte jedoch das Produktionsalter der rondonensischen Pflanzungen aufgrund der oft fehlenden adäquaten intensiven Pflege und aufgrund fehlender Meliorationsmaßnahmen weit kürzer anzusetzen sein als das in den südlichen Hauptanbaugebieten Brasiliens. Zusätzlich sind die Aufbereitungsformen und -anlagen der meisten Kolonisten nicht zur Erzielung einer hohen Produktqualität geeignet. Ebenso sind auch in Rondônia bereits eine Reihe von Kaffee–Schädlingen und Kaffee–Krankheiten aufgetreten, wie z.B. der Schädling *bicho mineiro* (Perileucoptera coffeella) sowie erste Fälle des durch Hemileia vastatrix verursachten Kaffeerostes (vgl. CEPA–RO 1985b, S. 5).

Bis vor kurzem wurde Rondônia als Kaffee–Anbaugebiet von der zentralen brasilianischen Kaffee–Behörde IBC (*Instituto Brasileiro do Café*) – auch in den Produktionsstatistiken – praktisch ignoriert. Das IBC ist erst seit 1984 über Kooperationsabkommen mit den bundesstaatlichen Behörden bei Anbauberatung, die durch die EMATER–RO erfolgt, und Kommerzialisierung, die nach wie vor fast ausschließlich über die privaten Zwischenhändler und nur zu einem geringen Teil über die wenigen Kooperativen der Region läuft, in Rondônia indirekt vertreten.

Bei insgesamt starken Schwankungen der nationalen Kaffeeproduktion stand Rondônia mit ca. 2 % der Kaffeeerntefläche und der Kaffeeproduktion Brasiliens im Jahr 1982 jedoch erst mit großem Abstand auf dem sechsten Platz der Anbauregionen nach São Paulo, Minas Gerais, Espírito Santo, Paraná und Bahia (vgl. IBGE 1985, S. 442). Die dominierende Bedeutung des Kaffeeanbaus im regionalen Kontext Rondônias findet also im Moment noch kein Äquivalent im nationalen Zusammenhang.

Etwas anders scheint sich dagegen die Situation bei der zweitwichtigsten Dauerkultur Rondônias, bei Kakao, zu entwickeln. Bereits seit 1970 wurden von der staatlichen brasilianischen Kakao–Behörde CEPLAC (*Comissão Executiva do Plano e da Lavoura Cacaueira*) in den jungen Kolonisationsgebieten grundlegende Untersuchungen (v.a. bodenkundlicher Art) hinsichtlich der Gangbarkeit des Kakaoanbaus unternommen. Bis 1978 wurden ca. 1,5 Mio. ha Land in den rondonensischen Kolonisationsgebieten auf ihre Anbaueignung untersucht, ca. die Hälfte mit positivem Resultat (vgl. ALVARES–AFONSO 1980, S. 5). Als Schwerpunkte der Anbaueignung wurden die Gebiete der PIC's *Ouro Preto* und *Padre Adolpho Rohl*, Teile des PIC *Gy–Paraná* sowie die Region um Ariquemes ausgewiesen.

---

1) Vgl. für die langjährige Entwicklung der Ernteflächen auch im Verhältnis zu anderen Dauerkulturen und zu Ackerkulturen Abb. 10 sowie Karten 13 und 14.

Nach Anlage erster Demonstrationskulturen begann die staatliche Förderung des Kakaoanbaus in diesen Gebieten in größerem Umfang ab 1975 (vgl. Tab. 40). Als wesentliches Instrument zur Förderung des Kakaoanbaus erwies sich das für einen zehnjährigen Zeitraum von 1976–1985 auf nationaler Ebene geschaffene PROCACAU-Programm (*Programa Diretrizes para Expansão da Cacauicultura Nacional*). Eines der wesentlichsten Ziele dieses Programms, das insgesamt zur massiven Steigerung des brasilianischen Anteils an der Weltkakao–Produktion[1] und damit zur Devisenerwirtschaftung beitragen sollte, war, neben der Sanierung von Kakao–Altbeständen im traditionellen Hauptanbaugebiet des südlichen Bahia, die Neupflanzung von ca. 160.000 ha Kakao in Amazonien, davon 100.000 ha in Rondônia, 50.000 ha in Pará und 10.000 ha in Amazonas (vgl. ALVARES–AFONSO 1984, S. 2 f.). Hauptelement der Förderung war die Bereitstellung von Investitionskrediten zur Anlage von Kakao–Kulturen im kleinbäuerlichen (in Rondônia die PIC's), mittelbetrieblichen (in Rondônia das PAD *Burareiro*) und großbetrieblichen (in Rondônia v.a. die *Gleba Burareiro*) Rahmen. Ebenso war wesentliche Voraussetzung für die staatliche Förderung und auch Kontrolle des Kakao–Anbaus die Schaffung einer institutionellen Infrastruktur der CEPLAC. Heute existieren in Rondônia neben der regionalen Zentrale in Porto Velho lokale Dienststellen in Ariquemes, Jaru, Ouro Preto do Oeste und Cacoal.

Die Kreditvergabe (Erstellung und Genehmigung eines einzelbetrieblichen Investitionsprojektes), Verteilung von ausgewähltem und angepaßtem Pflanzenmaterial sowie die Anbauberatung, Kreditüberwachung und Produzentenschulung obliegen ausschließlich diesen Dienststellen der CEPLAC, die ihren Aktionsradius – und damit die staatliche Förderung des Kakao–Anbaus – auf ausgewählte Teilräume beschränken.

In der Zwischenzeit mußten die Zielvorgaben und Kreditmöglichkeiten des PROCACAU–Programms aufgrund der gesamtwirtschaftlichen Situation Brasiliens erheblich zurückgenommen werden. So wurde besonders die angestrebte Anbaufläche für Rondônia um die Hälfte reduziert – mit entsprechender Reduzierung der verfügbaren Kredite (vgl. CEPA–RO 1985b, S. 46).

Die regionale Verteilung des Kakaoanbaus zeigt, daß in den letzten Jahren besonders die Anbauregion Ariquemes mit vorwiegend mittel- und großbetrieblicher Struktur[2] starke Zuwächse aufweist. Insgesamt zeigt sich, daß trotz starken Anwachsens der Anbauflächen nur ein relativ geringer Prozentsatz der durch INCRA angesiedelten Kolonisten[3] am staatlich geförderten Kakaoanbau partizipieren.

Nach Angaben der CEPA–RO (1986) hat sich die Kakao–Anbaufläche Rondônias seit 1982 um ca. 6.500 ha auf 45.622 ha erweitert. Dies dürfte nicht zuletzt als eine Folge der derzeit günstigen Weltmarktsituation mit entsprechend günstiger Preisentwicklung

---

1) Brasilien stellte in den letzten Jahren ca. 10 % der Produktion und lag nach der Elfenbeinküste zusammen mit Ghana auf dem zweiten Platz, vgl. auch MATZNETTER 1980.
2) Denn die kleinbäuerlichen Betriebe des PAD Marechal Dutra sind wegen der angeblich fehlenden Bodeneignung dieses Projektes vom staatlich geförderten Kakaoanbau praktisch ausgeschlossen – vgl. auch HEBETTE/ACEVEDO 1982.
3) Bis 1982 nämlich nur 2.159 Siedler in den PIC und PAD, das entspricht ca. 9 % der in diesen Projekten angesiedelten Familien – ohne Berücksichtigung der durch andere Maßnahmen des INCRA angesiedelten Landwirte.

gewertet werden. Neben den bisher genannten kleinbäuerlichen, mittelbetrieblichen und größeren Kakao–Produzenten existieren jedoch in Rondônia zusätzlich einige Latifundien, die ein wirtschaftliches Schwergewicht auf den Kakaoanbau setzen. Neben der Fazenda *Aninga* (Ouro Preto do Oeste) der Firmengruppe *Fischer* aus Rio de Janeiro ist dies bes. die Fazenda *Rio Branco* der Firma *Frey Rondônia Florestal* in Ariquemes, die 1983 über eine Kakao–Anbaufläche von 450 ha sowie über moderne Aufbereitungs– und Trocknungsanlagen auf dem eigenen Betrieb verfügte (Eigene Begehung und Information durch Herrn H. Frey, Ariquemes, Juni 1983).

Zusätzlich zu den im auf Teilgebiete der Siedlungszonen von Ariquemes, Jaru, Ouro Preto und Cacoal beschränkten Aktionsbereich der CEPLAC angelegten ca. 45.600 ha Kakaofläche werden die ohne staatliche Unterstützung (Kredit und Beratung) und Kontrolle — daher aber auch zumeist mit minderwertigem Pflanzmaterial — außerhalb dieser Aktionsbereiche existierenden Kakao–Bestände auf ca. 5.000 bis 10.000 ha geschätzt (vgl. CEPA–RO 1985a, S. 11).

Hinsichtlich der Produktion des rondonensischen Kakaoanbaus ist in den letzten Jahren eine kontinuierliche Steigerung der Ernteflächen und der Produktionsmenge besonders durch den Eintritt von immer mehr Kakaobeständen in das produktive Alter (ab dem 3./4. Jahr) festzustellen[1]. Lag Rondônia 1980 mit einer Produktion von ca. 2.400 t, gleichbedeutend nur ca. 1 % der nationalen Kakao–Produktion von ca. 320.000 t auf Platz 4 der nationalen Produzenten (hinter dem traditionellen Kakao–Zentrum Bahia mit 95 % der Produktion, Espírito Santo mit 3 % und Pará mit ebenfalls 1 %) (vgl. IBGE 1985, S. 442), so betrug die rondonensische Produktion 1985 mit ca. 22.700 t bereits 5 % der nationalen Produktion von 416.400 t. Dies bedeutet Platz 2 für Rondônia nach Bahia (nur noch 87 % der Produktion) und vor Pará und Espírito Santo (jeweils 3 %) (CEPA–RO 1985b, S. 47).

Die Kommerzialisierung des unaufbereiteten sowie des aufbereiteten Kakaos erfolgt in Rondônia großenteils über die privaten Zwischenhändler, wobei einige Firmen, die das Produkt zur Weiterverarbeitung in ihren Firmen in São Paulo oder Manaus direkt von den Produzenten und kleineren Zwischenhändlern in Rondônia kaufen (z.B. INDECA, Riopardo, beide in Ouro Preto do Oeste), oder große Kakao–Produzenten in Rondônia selbst (z.B. Frey, ANINGA etc.) den Markt immer mehr kontrollieren (vgl. Erhebung zur landwirtschaftlichen Vermarktung in Ouro Preto do Oeste, Oktober 1984). Die Kooperativen, die nach den ursprünglichen Vorstellungen der CEPLAC einen Großteil der Aufbereitung und Vermarktung übernehmen sollten, partizipieren nur zum geringeren Teil am Markt (z.B. CIRA–PICOP in Ouro Preto und COPAMAR in Ariquemes).

Der Kakaoanbau, der eigentlich als ein Rückgrat der Konsolidierung der Agrarkolonisation und ihrer Modernisierung durch Marktintegration angesehen wurde, bringt jedoch eine ganze Reihe von Problemen mit sich. Zunächst ist Kakao ein stark vom Weltmarkt abhängiges Produkt. Zwar sind die Abnehmer des rondonensischen Kakaos v.a. nationale Aufbereitungsfirmen, jedoch wirkt sich die internationale Preisentwicklung aufgrund fehlender Stützungs– und Korrekturmaßnahmen unmittelbar auf die Entwicklung des

---

1) Vgl. zur Entwicklung der Ernteflächen Abb. 10, zur regionalen Differenzierung innerhalb Rondônias Karten 13 und 14.

regionalen Preises aus. Dieser liegt zusätzlich in der Regel um bis zu 20 % niedriger als der des bahianischen Kakaos (vgl. CEPA–RO versch. Jahre: *Acompanhamento Conjuntural*). In den letzten Jahren war die Preisentwicklung aufgrund von Ernteausfällen und Anbauproblemen in den afrikanischen Erzeugerländern für den brasilianischen Kakaoanbau zwar günstig, jedoch können Preisrückschläge schnell Frustrationswirkung nach sich ziehen, besonders bei den bisher noch über wenig Produkterfahrung verfügenden rondonensischen Produzenten dieser äußerst arbeitsintensiven Kultur.

Die Kolonisten in Rondônia haben zum größten Teil (mit Ausnahme der aus Bahia stammenden Siedler) aufgrund ihrer Herkunft keine Erfahrungen mit dem Kakaoanbau. Dies wirkt sich durchaus auf die Qualität des Kakaoanbaus aus, denn die Kultur reagiert, trotz ihrer amazonischen Herkunft, sensibel auf klimatische und andere natürliche Gegebenheiten. Adäquate Pflege und Produktbehandlung, die z.B. in Bahia lange Tradition haben, hängen in Rondônia in starkem Maße von der Effizienz und Adaption der Agrarberatung und Betreuung der Produzenten ab. Diese Situation beeinflußt wesentlich Ertrag, Produktqualität und letztendlich den Produktwert dieser für Rondônia und seine Landwirte noch neuen Kultur. Nicht zuletzt deshalb war ja die vorzugsweise Verteilung der Parzellen des PAD *Burareiro* an Siedler aus dem südlichen Bahia mit Erfahrung im Kakaoanbau, von denen man sich praktisch Multiplikatorwirkung versprach, vorgesehen.

Ein weiteres Handikap des Kakaoanbaus sind die zur Erzielung eines qualitativ hochwertigen Produktes eigentlich notwendigen Investitionskosten für eine erste Aufbereitung des Kakao im Kolonisten–Betrieb (Anlagen zur Fermentierung und Trocknung des Kakao). Ein Großteil der Produzenten verfügt nicht über solche Anlagen und verkauft deshalb bereits den unfermentierten Kakao (*cacau mole*) an Zwischenhändler oder größere Produzenten (z.B. Frey, ANINGA) zu relativ unterbewerteten Preisen, die ihn dann als *cacau seco* zu besseren Konditionen weitervermarkten.

Eine entscheidende Gefahr für den Kakaoanbau Rondônias stellt der Befall der Kulturen durch den Pilz Crinipellis perniciosa (*vassoura de bruxa*) dar, der speziell im feuchttropischen Umfeld beste Verbreitungsvoraussetzungen findet und gegen den es bisher keine andere wirksame Bekämpfungsmethode gibt als die äußerst arbeitsaufwendige, manuelle Entfernung, Sammlung und Vernichtung der befallenen Pflanzenteile. Nach bereits älteren Angaben der CEPLAC ergaben Stichproben bei nur ca. 17 % der untersuchten Betriebe einen befallsfreien Bestand (vgl. ALVARES–AFONSO 1984, S. 51). Nach Expertenmeinung stellt die *vassoura de bruxa* (zu deutsch Hexenbesen) eine existentielle Bedrohung der Kakaobestände der Region dar (mdl. Mitt. Dr. S. A. Rudgard, IICA/CEPLAC, Ouro Preto do Oeste, 1984). Ihre Kontrolle hängt dabei in entscheidendem Maße mit den beiden erstgenannten limitierenden Faktoren, nämlich der Preisentwicklung[1] und der Erfahrung der Siedler, bzw. dem extrem hohen Arbeitskrafteinsatz zusammen.

In unmittelbarem Zusammenhang mit der Entwicklung des Kakaoanbaus steht in Rondônia der Anbau von Bananen, denn neben dem Anbau dieser Kultur v.a. zur Eigenversorgung auf allen Kolonisten–Betrieben dient die Banane v.a. als Schattenpflanze in

---

1) Bei negativer Preisentwicklung besteht kaum Anreiz zur äußerst arbeitsaufwendigen Pflege und Reinhaltung der Kulturen.

den ersten Jahren des Kakaoanbaus. In letzterem Falle produziert die Banane i. d. R. 4 Jahre und wird dann bei entsprechender Höhe des Kakaos ausgerissen. Karte 14 (1985) zeigt die Konzentration des Bananenanbaus in den Schwerpunktgebieten des Kakaoanbaus (zur Entwicklung der Bananenanbaufläche vgl. Abb. 10). Im Zuge der Verbesserung der Straßenverbindungen ist in der Region zunehmend auch ein wachsendes Interesse am marktorientierten Bananenanbau zu verzeichnen. Lastwagenfahrer, die Waren aus Süd– und Südostbrasilien nach Rondônia bringen, nehmen als Rückfracht aufgrund der verkürzten Transportzeit zunehmend Bananen mit in die Ballungsregionen des Südostens oder aber nach Manaus im Norden mit. Sie kaufen das Produkt direkt auf den Kolonistenbetrieben auf und verkaufen es in den Absatzgebieten an Zwischenhändler weiter (vgl. auch CEPA–RO 1985b, S. 42 ff.).

Als vierte Dauerkultur von Bedeutung für die Landwirtschaft Rondônias stellt sich in den letzten Jahren zunehmend der Anbau von Kautschuk v.a. im kleinbäuerlichen Kolonisten–Betrieb, z. T. auch auf großen Fazendas[1] dar. Ähnlich wie beim Kakaoanbau handelt es sich bei der Anpflanzung von Kautschuk hautsächlich um eine auf staatliche Initiative zurückzuführende Entwicklung.

Die ersten Kautschuk–Pflanzungen wurden in Rondônia bereits 1972 angelegt. Sie sind im Zusammenhang mit dem im gleichen Jahr geschaffenen nationalen Förderungsprogramm PROBOR I (*Programa de Incentivos à Produção de Borracha Natural*) unter der Administration der SUDHEVEA (*Superintendência da Borracha*) zu sehen. Mit diesem Programm sollte — angesichts der heraufziehenden Ölkrise und der damit verbundenen Verteuerung der synthetischen Kautschuk–Substitute bei gleichzeitigem Niedrigststand der natürlichen Kautschuk–Extraktion in Brasilien, dem Ursprungsland der Kultur — durch Ausweitung des modernen Kautschukanbaus in außeramazonischen Teilräumen aber auch in Amazonien und durch Unterstützung der Naturkautschuk–Extraktion die nationale Produktion gesteigert werden[2].

Nach fünfjähriger Laufzeit von PROBOR I folgte 1977 PROBOR II und schließlich 1982 das PROBOR III — Programm, als dessen wesentlichste Maßnahmen bis 1987 die Finanzierung von ca. 250.000 ha Kautschuk–Pflanzungen in Brasilien insgesamt, Finanzierung der Produktion von qualitativ hochwertigen und gegen Krankheiten möglichst resistenten Setzlingen und schließlich Finanzierung von 500 sog. *Mini–Usinas*, in denen mit einer aus Südostasien übernommenen Einfach–Technologie auf lokaler Ebene in Eigenverwaltung der Produzenten — *seringueiros* bzw. Kolonisten — der Kautschuk vermarktungsgerecht aufbereitet werden soll (vgl. SUDHEVEA o.J.a), vorgesehen sind (vgl. SUDHEVEA o.J.b).

1985 existierten in Rondônia nach offiziellen Angaben 18.433 ha angepflanzte Kautschukflächen (vgl. Tab. 39). Ca. 65 % dieser Flächen wurden erst 1980/81 und 1981/82 angelegt (CEPA–RO 1985a, S. 32) Der regionale Schwerpunkt auch des Kautschukanbaus

---

1) Z.B. Fazenda Rio Branco in Ariquemes mit ca. 800 ha Kautschuk–Pflanzungen und Fazenda Aninga in Ouro Preto do Oeste.
2) Vgl. zum Kautschukanbau–Potential in Amazonien die bis heute noch nicht gelösten Probleme und Risiken durch den Pilzbefall mit Microcyclus ulei, dem Verursacher der South American Leaf Blight, durch die ja u.a. die großangelegten Kautschukanbau–Versuche des Ford–Konzerns in Belterra und Fordlandia am Rio Tapajós praktisch zum Scheitern verurteilt waren — siehe SIOLI 1969, S. 317 f., WILHELMY 1970, S. 75.

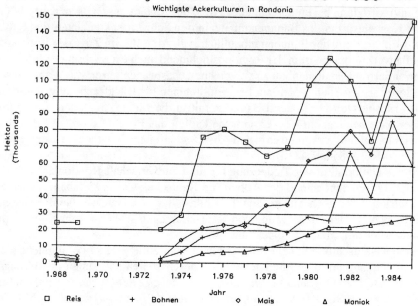

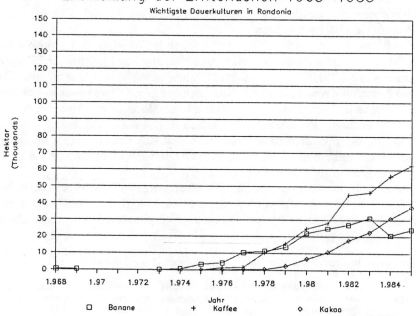

Abbildung 10

liegt im Munizip Ariquemes. Mit größerem Abstand folgen Ouro Preto do Oeste, Cacoal und Ji–Paraná (vgl. Tab. 39).

Die Kautschuk–Anbauflächen in den kleinbäuerlichen Betrieben umfassen in der Regel 10 ha. Sie wurden in den meisten Fällen mit günstigen staatlich subventionierten Agrarkrediten im Rahmen der PROBOR–Programme über die BASA (*Banco da Amazônia S.A.*) finanziert. Technische Beratung und Kreditüberwachung werden von der EMATER–RO durchgeführt. Seit 1982 ist infolge der Kürzung von Regierungsmitteln, durch starke Zinserhöhungen und Anpassung der Zahlungsmodalitäten an die Inflation ein deutlicher Rückgang der Neuanpflanzung von Kautschuk — ebenso wie bei allen übrigen Dauerkulturen — zu konstatieren (vgl. CEPA–RO 1985a, S. 32).

Bisher liegen aus Rondônia praktisch noch keine Erfahrungen zum Ertrag der Kautschukpflanzungen vor, weil erst jetzt die ältesten Bestände in das Produktionsalter (frühestens ab dem 7./8. Jahr) eintreten.

Auch in Rondônia soll die Aufbereitung in auf genossenschaftlicher Basis organisierten *Mini–Usinas*, von denen bisher 5 existieren, mit Unterstützung der SUDHEVEA, durch die Produzenten selbst erfolgen.

Für den Erfolg dieser Dauerkultur wird außer ökonomischen Gesichtspunkten langfristig das Problem der Kontrolle der genannten Pflanzenkrankheiten, bes. des Microcyclus ulei, durch Auswahl relativ resistenten Pflanzenmaterials, für das zwar aus anderen Regionen, für Rondônia jedoch noch keine ausreichenden Erfahrungen vorliegen, entscheidend sein.

Einer der wesentlichsten Trends der Landnutzung in Rondônia scheint insgesamt, sowohl im kleinbäuerlichen Kolonistenbetrieb als auch im großbetrieblichen Bereich die Umwandlung von Acker– und Neurodungsflächen in Kunstweiden zu sein[1]. Sie steht auch in engem Zusammenhang zu den geschilderten Problemen, Restriktionen und Risiken ökonomischer und ökologischer Art der übrigen landwirtschaftlichen Nutzungsformen.

Parallel zu dieser Tendenz der Anlage von Kunstweiden ist eine starke Ausdehnung der Rinderhaltung besonders während der letzten Jahre in Rondônia zu beobachten (vgl. Tab. 41). Die regionalen Schwerpunkte sind hierbei das Munizip Pimenta Bueno[2], Ouro Preto do Oeste, Vilhena[3], Cacoal und Espigão do Oeste (vgl. Tab. 41). Es handelt sich dabei

---

1) Auch wenn aufgrund fehlender neuester Daten diese Tendenz über 1980 hinaus, als ja bereits ein großer Kunstweiden–Anteil an der Gesamtbetriebsfläche der rondonensischen Munizipien feststellbar war (vgl. Karte 12), auf gesamtregionaler Ebene nicht gezeigt werden kann, so belegen doch eigene Detailuntersuchungen (s.u.) für den kleinbäuerlichen Bereich, Aussagen der zuständigen staatlichen Behörden (CEPA–RO, lokaler Dienststellen der EMATER–RO und der SEAG–RO) sowie Interviews mit den Leitern großer Fazendas in der Region (Fazenda Rio Branco Ariquemes, Fazendas Aninga, Citrosuco und Candeias in Ouro Preto do Oeste) auch für den großbetrieblichen Bereich diese Tendenz.
2) Hier machen sich v.a. die speziell auf Rinderweidewirtschaft ausgerichteten empresas rurais der Gleba Corumbiara deutlich bemerkbar.
3) In der Region Vilhena z.T. mit Weidenutzung auf den natürlichen Campos–Flächen in mittel– und großbetrieblicher Struktur.

jedoch in jeder Hinsicht um extensive Formen der Rinderhaltung und der Weidewirtschaft[1].

Trotz der letztgenannten Tendenzen und trotz der Tatsache, daß Rondônia im nationalen Rahmen bisher als Agrarproduzent noch von relativ untergeordneter Bedeutung ist[2] hat doch die ländliche Erschließung und Inwertsetzung der Region infolge der kleinbäuerlichen Pionierfront-Entwicklung dazu geführt, daß Rondônia innerhalb von nur ca. 10 Jahren praktisch vom Stand *Null* heute zum mit wichtigsten Produzenten von Grundnahrungsmitteln der gesamten brasilianischen Amazonasregion sowie zum zweitwichtigsten Produzenten des als *cash crop* für den Export im nationalen Rahmen bedeutenden Produkts Kakao geworden ist (vgl. IBGE 1985, S. 440 ff.).

III.4.7. Veränderung des Städtesystems Rondônias durch die Agrarkolonisation. Zur Funktion neuer Städte im Zusammenhang mit Migration und Kolonisation.

Die wichtige Funktion der Stadt für die Erschließung einer Region durch Agrarkolonisation[3] als Standort zentraler öffentlicher und privater Versorgungseinrichtungen liegt auf der Hand. Dies wird auch in den jüngeren Entwicklungstendenzen des rondonensischen Städtesystems deutlich.

Karte 15 zeigt die Bevölkerungsentwicklung der Städte Rondônias von 1950 bis 1985 (letzter Wert beruht auf Schätzungen). Dabei wird neben der weiterhin dominanten Stellung Porto Velhos als der Hauptstadt des Bundesstaates der Bedeutungszuwachs der Städte an der BR 364 deutlich, die großenteils 1980 überhaupt erstmals in der offiziellen Statistik erscheinen. Diese Städte sind *Pionierstädte*, die mit der Agrarkolonisation Zentral-Rondônias entstanden bzw. gewachsen sind und die nun im Vergleich zu den Städten des *traditionellen* Rondônia in den Vordergrund treten.

1985 dürften dabei allein vier Städte an der BR 364 (Ji-Paraná, Cacoal, Ariquemes und Vilhena) das bis 1970 zweitwichtigste städtische Zentrum der Region, Guajará-Mirim im Nordwesten, eingeholt bzw. bereits überholt haben (vgl. Karte 15). Ji-Paraná, unter dem älteren Namen Vila Rondônia im Jahr 1970 mit 4.285 Einwohnern noch als städtisches Zentrum kaum erwähnenswert, war schon 1980 mit 31.645 Einwohnern, einem Wachstum von 640 % während der 70er Jahre entsprechend, zweitgrößte Stadt Rondônias. Im Jahr 1985 dürfte Ji-Paraná mit einer geschätzten Einwohnerzahl von ca. 70.000 um weitere 120 % gegenüber 1980 gewachsen sein. Guajará-Mirim wuchs demgegenüber in den siebziger Jahren *nur* um ca. 85 %, von 1980 bis 1985 um wahrscheinlich ca. 63 % (vgl. IBGE 1982, SEPLAN/RO-COPLAN 1985). Wir können im rondonensischen Städtesystem drei verschiedene *Städtegenerationen* (vgl. auch Karte 6) unterscheiden:

---

1) Rindersorten — vorherrschend sind die relativ widerstandskräftigen und anspruchslosen Nelore-Rinder und die als pé duro bezeichneten regionstypischen Mischungen —, Weidemanagement, Milchproduktion, Bestockungsdichten etc.
2) Ca. 2 % der Produktionsmenge bei lavoura branca 1984, vgl. IBGE 1985, S. 440 ff.
3) Vgl. z.B. KOHLHEPP 1975, S. 56 f. für das Beispiel der Agrarkolonisation in Nord-Paraná, zur Urbanisierung der amazonischen Pionierfronten allgemein BECKER 1985.

BEVÖLKERUNGSENTWICKLUNG DER STÄDTE RONDONIAS
1950, 1960, 1970, 1980, 1985

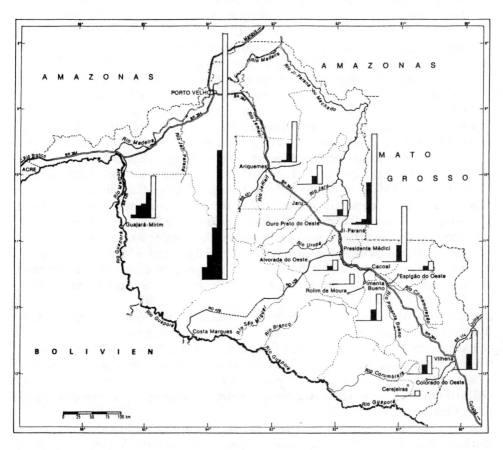

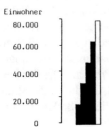

Martin Coy 1986

Quellen: IBGE: Território do Guaporé 1950. Rio de Janeiro
IBGE: Sinopse Preliminar do Censo Demográfico 1960, 1970. Rio de Janeiro
IBGE: Censo Demográfico 1980. Rio de Janeiro
SEPLAN/RO-COPLAN (1985): Projeção Populacional. Porto Velho

Karte 15

- Die ältesten städtischen Siedlungen Porto Velho und Guajará–Mirim, die im Zuge des Eisenbahnbaus Anfang diesen Jahrhunderts entstanden sind. Entlang der Eisenbahn entstanden weiterhin eine Reihe von Siedlungen, die lokale Versorgungsfunktion für die damals dominierende Kautschuksammelwirtschaft sowie Stützpunktfunktion für die Eisenbahn übernahmen (z.B. Abunã, Mutum–Paraná, Jacy–Paraná etc.). Diese kleinen Siedlungen haben nach der Einstellung der Eisenbahn ihre Funktion weitgehend verloren. Diese alten Städte der Region werden geprägt von lokaltypischen Wirtschaftsaktivitäten[1] und den ihnen zuzuordnenden sozialen Gruppen. Im Fall Porto Velhos hat sich dieser traditionelle Charakter in den letzten Jahren aufgrund der Hauptstadtfunktion jedoch entscheidend vermischt mit den *moderneren* Sektoren eines Verwaltungs– und Dienstleistungszentrums.
- Eine zweite Städtegeneration stellen die Pionierstädte Zentral–Rondônias entlang der BR 364 dar. Sie sind entscheidend gekennzeichnet von der Agrarkolonisation und der für die kleinbäuerliche Pionierfront charakteristischen Lebens– und Wirtschaftsweise. Dementsprechend sind sie kaum als *amazonische* Städte anzusprechen, wie dies für Porto Velho und Guajará–Mirim durchaus der Fall ist.
- Eine dritte Städtegeneration stellen schließlich die neuesten, abseits der BR 364 gelegenen Pionierstädte des rondonensischen *interior* (z.B. Rolim de Moura, Alvorada do Oeste, Cerejeiras) dar. Sie unterscheiden sich von den älteren Pionierstädten im wesentlichen durch ihr sehr viel geringeres Maß an städtischer *Konsolidierung*. Sie weisen im Moment aber eine besonders intensive Wachstumsdynamik auf, weil sie in den aktuellen Vorstoßrichtungen der Agrarkolonisation liegen (vgl. Karte 6).

Die Städte der BR 364 sind unterschiedlich entstanden. Einige (Vilhena, Pimenta Bueno, Ji–Paraná, Jaru und Ariquemes) bildeten sich um oder in der Nähe von ehemaligen Posten der Anfang des Jahrhunderts gebauten Telegraphenlinie des Marschall Rondon. Sie hatten jedoch alle vor Beginn der Agrarkolonisation außer als Wohnort von einigen *seringalistas* und *seringueiros* sowie als Stützpunkte der Gold– und Diamantenwäscher (vgl. GOMES DA SILVA 1984) praktisch kaum städtische Bedeutung, geschweige denn städtischen Charakter.

Andere Städte sind überhaupt erst im Zuge der jungen Erschließung durch Migration und Kolonisation entstanden, z.B. wie im Fall von Cacoal um lokale Verkehrshindernisse der Straße (*atoleiros*) etc., an denen die Reise nicht fortgesetzt werden konnte. Hier haben sich in der Folgezeit einige Händler und Siedler niedergelassen und so den Kern einer Spontansiedlung gelegt[2]. Ebenso spontan entstanden Presidente Médici und Ouro Preto do Oeste, wobei letzteres Anfang der siebziger Jahre entgegen den Planungsvorstellungen des INCRA, das nur den Sitz des Kolonisationsprojektes PIC *Ouro Preto* am Ort der heutigen Stadt vorgesehen hatte, auf den Druck der Siedler hin entstand, die durch die Stadtneugründung die unzureichende infrastrukturelle Versorgung und die große Entfernung

---

1) Kautschukextraktion und –verarbeitung, Grenzhandel, Extraktion mineralischer Rohstoffe.
2) Diese Entstehungssituation ist auch für Städte älterer Pionierfronten in São Paulo oder Paraná typisch gewesen (z.B. an den Endpunkten von Eisenbahnen etc.).

zu Handel und Dienstleistungen in Ji–Paraná, der nächsten Stadt, beseitigen wollten. Die meisten dieser Städte wuchsen – ihrer Entstehungssituation entsprechend – unkoordiniert, auch wenn ihr Grundriß – für brasilianische Verhältnmisse typisch – meist regelmäßig angelegt ist und deshalb als *zentral geplant* erscheinen mag.

Wieder andere Städte jedoch, wie besonders das heutige Ariquemes, wurden tatsächlich planmäßig, abseits des auch hier bereits bestehenden historischen Kerns, angelegt und sollten von vornherein nach dem Vorbild anderer brasilianischer Stadtneugründungen in unterschiedliche funktionale Sektoren aufgeteilt werden (vgl. DIAS 1980, S. 125, GOMES DA SILVA 1984, S. 16).

Die Bedeutung der Stadt an der Agrarpionierfront Rondônia war von Beginn des Kolonisationsprozesses 1970 an zweigeteilt:

Einerseits hatte sie immer eine wichtige Funktion für das ländliche Hinterland als Versorgungs– und Vermarktungszentrum. Diese Funktion ist in Hinblick auf die städtische Bevölkerung besonders verbunden mit der Entstehung einer neuen städtischen, *modernen* Mittelschicht, die die ökonomischen Chancen des Pionierfrontbooms erkennt und ausnutzt[1]. Sie wird vor allem gebildet von Zwischenhändlern, die sich einerseits auf die Vermarktung der landwirtschaftlichen Produktion des ruralen Hinterlandes, andererseits auf die Versorgungsbedürfnisse der ländlichen, wie auch der wachsenden städtischen Bevölkerung konzentrieren, von Angehörigen der verschiedensten Dienstleistungsberufe (Ärzte, Rechtsanwälte etc.), die an der Formierung eines neuen, privaten *Tertiären Sektors* in den Pionierstädten partizipieren und von der lokalen Beamtenschaft, die zunächst besonders von den Angehörigen der Kolonisationsbehörde INCRA, im Laufe der Zeit zunehmend auch von einer wachsenden munizipalen Verwaltung gestellt wird. Traditionelle soziale Hierarchien (z.B. die gesellschaftliche Dominanz der lokalen Kautschukbarone) werden durch neue, sehr stark vom ökonomischen *Erfolg* geprägte Sozialhierarchien innerhalb der Pionierstädte abgelöst (siehe für Beispiele sozialen Aufstiegs durch wirtschaftlichen Erfolg weiter unten).

Andererseits hat die Stadt an der Pionierfront die Funktion eines *Wartesaals* für neue Zuwanderer, die eigentlich auf Landzuteilung warten und deshalb die Stadt nur als *Durchgangsstation* ansehen. So haben von den 79 im PIC *Ouro Preto* befragten Kleinbauern 23 (d.h. 29 %) zunächst in der Stadt als erstem Wohnsitz in Rondônia gelebt (19 davon in Ji– Paraná), bevor sie ihr eigentliches Ziel, einen Wechsel aufs Land, erfüllen konnten. Die Verweildauer in der Stadt ist dabei sehr unterschiedlich und reicht von wenigen Monaten bis zu mehreren Jahren. Aufgrund zunehmender Schwierigkeiten bei Landzuteilung und Landerwerb bleiben jedoch immer mehr Neuzuwanderer, deren eigentliches Migrationsziel das Land war, auf Dauer in den Städten und tragen so wesentlich zu deren Wachstum bei. Sie arbeiten entweder im ländlichen Bereich bei anderen Kolonisten oder versuchen im städtischen Bereich ihren Lebensunterhalt zu finden[2]. Ihre ökonomische und soziale Situation ist, wie auch physiognomisch in vielen Stadtvierteln rondonensischer

---

1) MILLER 1983, 1985 weist dies am Beispiel der Pionierstadt Itaituba an der Transamazônica in West–Pará nach.
2) Besonders im Hausbau, Kleinhandwerk und –handel sowie in einem sich erweiternden informellen Sektor – z.B. zahllose Schuhputzer, Eisverkäufer, Wächter, Wäscherinnen etc.

Städte zu erkennen (z.B. Viertel *Dom Bosco* oder *Nova Brasília* in Ji–Paraná), zumeist prekär. DIAS (1980) weist auf diese soziale *Auffangfunktion* der Stadt in Rondônia hin. MACHADO (1982,1984) sieht hierin sowie in der damit verbundenen zunehmenden Marginalisierungsgefahr das wesentlichste Charakteristikum der Pionierstadt im Rahmen des brasilianischen, kapitalistischen Entwicklungsmodells und dessen Auswirkungen auf die Agrarpionierfront in Amazonien, auch wenn diese Funktion der Pionierstadt zweifellos auch schon an älteren Pionierfronten Gültigkeit hatte.

Es kommt also innerhalb der Pionierstädte zu sozialen Segregationsprozessen zwischen einer zahlenmäßig zwar wachsenden, aber prozentual untergeordneten, ökonomisch erfolgreichen Mittelschicht und der breiten Masse der Bewohner der Pionierstädte. Diese soziale Segregation beginnt sich auch bereits in räumlicher Segregation durch sozial unterschiedlich bewertete Viertelsbildung, ungleichen Zugang zu Wohnraum etc. auszudrücken.

Nachfolgend soll versucht werden, das sozio–ökonomische Bild der Pionierstadt sowie die sich entwickelnden Hierarchien im aktuellen Städtesystem Rondônias vor allem am Beispiel der im Untersuchungsgebiet gelegenen Städte Ji–Paraná (vormals Vila Rondônia) und Ouro Preto do Oeste nachzuzeichnen.

III.4.7.1. Das Regionalzentrum Ji–Paraná

Erste luso–brasilianische Besiedlungsansätze der Region des heutigen Ji–Paraná dürften in den siebziger Jahren des 19. Jahrhunderts zu suchen sein mit dem Vordringen von Kautschuksammlern aus dem brasilianischen Nordosten in das Siedlungsgebiet der *Urupá*–Indianer am Zusammenfluß von Rio Urupá und Rio Machado (vgl. GOMES DA SILVA 1984, S. 16). 1912 wurde mit der Errichtung einer Station der Telegraphenlinie Cuiabá — Porto Velho durch den Marschall Candido Mariano da Silva Rondon am Aufeinandertreffen von Rio Machado und Rio Urupá der historische Ausgangspunkt für die heutige Stadt gelegt (vgl. Karte 16). Die Entwicklung des Postens blieb völlig unbedeutend. THERY (1976, S. 235) gibt für 1920 gerade 30 Einwohner an. Sie fanden ihren Lebensunterhalt v.a. in der Kautschukextraktion. 1943 wurde der ehemalige Posten im Rahmen der Gründung des *Território do Guaporé* zu einem Distrikt des Munizips Porto Velho unter dem Namen *Rondônia*, später *Vila Rondônia*, erhoben. Eine gewisse Belebung erfuhr die kleine Siedlung in den fünfziger Jahren durch die Entdeckung von Diamanten im Rio Machado, durch die *garimpeiros* (Gold– und Diamantenwäscher) sogar aus Roraima nach Vila Rondônia angezogen wurden (GOMES DA SILVA 1984, S. 27). Nach diesem Autor soll die Einwohnerzahl der Siedlung in den fünfziger Jahren, der Zeit der Diamanten, zeitweise bis zu 2.000 betragen haben. Die eigentliche Siedlung beschränkte sich auf die direkte Umgebung der alten Rondon'schen Telegraphenstation (siehe Karte 16).

Erst mit der Straße — sie erreichte Vila Rondônia 1960 von Norden kommend und 1966 von Süden kommend — setzte eine Erweiterung der Siedlung ein, die sich zunächst auf den unmittelbaren Bereich des damaligen Straßenverlaufs Richtung Porto Velho beschränkte (siehe Karte 16). Mit der Fertigstellung der Brücke über den Rio Machado 1968 wurde die Straße auf ihre heutige Trasse verlegt. Damit erfolgte auch eine räumliche Ausweitung und Verlagerung der städtischen Siedlungsflächen (vgl. Karte 16).

THERY (1976, S. 234) gibt für die Zeit vor der Agrarkolonisation folgende Bevölkerungsentwicklung des heutigen Ji–Paraná an:

- 1920: 30 Einwohner
- 1951: 120 Einwohner
- 1960: 600 Einwohner
- 1965: 852 Einwohner
- 1968: 2 015 Einwohner

Der Zustrom von Migranten, und mit ihm der Waren- und Personenverkehr in die Region, verstärkte sich seit Ende der sechziger Jahre kontinuierlich. Die kleinen Siedlungen Zentral-Rondônias übernahmen nun immer mehr Stützpunkt- und Versorgungsfunktionen für die Kolonisten der neuen Projekte, wie auch für Lastwagenfahrer etc. Die Stadtentwicklung Vila Rondônias, bzw. Ji-Paranás, wie es seit 1977 heißt, wurde hiervon entscheidend beeinflußt. Die Siedlungsfläche blieb nun nicht mehr auf das linke Ufer des Rio Machado beschränkt, sondern dehnte sich besonders auf dem rechten Ufer um einen zweiten, sekundären Siedlungs- und Geschäftskern, die sog. *Vila Jotão* (siehe Karte 16), aus.

Für diese Entwicklung war eine Einzelperson besonders wichtig, der ehemalige Lastwagenfahrer Roberto *Jotão* Geraldo, aus Südostbrasilien stammend, der Ende der sechziger, Anfang der siebziger Jahre mit seinem eigenen Lastwagen, auf den er ein großes "J" gemalt hatte (daher der Name *Jotão*), einen großen Teil der Personen- und Warentransporte in Ji-Paraná und Umgebung — einen damals noch nicht existierenden regulären Omnibusverkehr ersetzend — versah. Zusätzlich hatte er auf der rechten Seite des Rio Machado eine kleine Tankstelle eingerichtet, deren wirtschaftlicher Erfolg mit dem beginnenden Kolonisationsboom gesichert war. Durch Unregelmäßigkeit der alten Fähre und andere Schwierigkeiten bei der Flußüberquerung entwickelte sich die Tankstelle des *Jotão* zum präferierten Haltepunkt für Lastwagen etc. Auch wurde hier die erste *Rodoviária* Ji-Paranás eingerichtet. Mit der Zeit siedelten sich hier Bars, Restaurants, kleine Geschäfte, Werkstätten etc. an. Die *Vila Jotão* war entstanden. Roberto *Jotão* Geraldo errichtete mit der Zeit eine ganze Reihe von Tankstellen, auch in anderen Städten an der BR 364, er kaufte Land, wurde also auch zum Fazendeiro und konnte sogar Ende der siebziger Jahre sein eigenes Privatflugzeug erwerben. Seine *wirtschaftliche Karriere* wurde durch eine politische *gekrönt*. 1982 wurde Roberto Jotão Geraldo bei der ersten kommunalen Wahl in Rondônia Präfekt des 1977 gegründeten Munizips Ji-Paraná.

Über den Einzelfall hinaus verdeutlicht diese persönliche Geschichte die Möglichkeit sozialen Aufstiegs durch wirtschaftliche Prosperität an der Pionierfront, vor allem in den Pionierstädten. Der Fall zeigt im gleichen Zusammenhang die Entstehung der neuen städtischen Mittelschicht, aufbauend auf dem Geschick, der Energie und der Initiative kleiner und mittlerer Unternehmer und Händler, die in der Pionierfront ihre Chance sehen, schnell zu materiellem Reichtum zu gelangen (vgl. MILLER 1983 am Beispiel der Stadt Itaituba).

Diese neue städtische Mittelschicht hat sich in Ji-Paraná in den siebziger Jahren durch die Ausweitung des Handels, durch den Zuzug der ersten Ärzte, Rechtsanwälte sowie die verstärkte Präsenz staatlicher Beamter besonders der Landbehörde INCRA erweitern

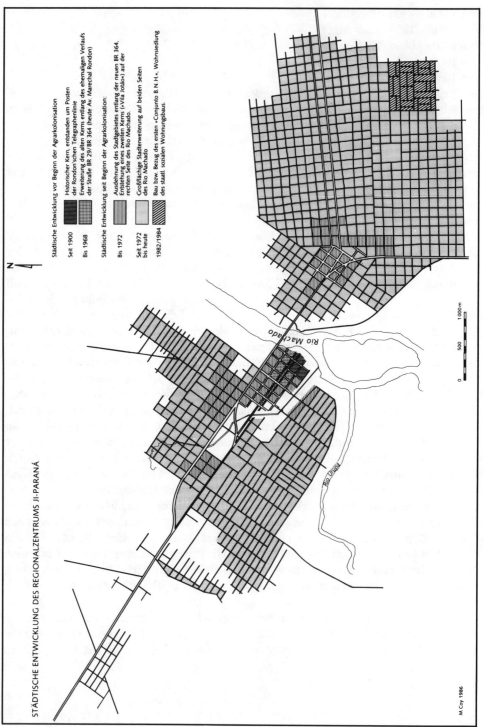

Karte 16

und strukturieren können. Sie wird zur neuen *modernen* Elite der Pionierfront, die in vieler Hinsicht — ökonomisch wie auch politisch — *Brückenkopffunktionen* des gesellschaftlichen *Zentrums* an der *Peripherie* übernimmt[1].

Die *Wartesaal–Funktion* der Pionierstadt zeigte sich in den siebziger Jahren aber auch immer mehr in der Stadtentwicklung Ji–Paranás. So wurde seit 1973 im Zuge der Migration nach Ji–Paraná neben der Erweiterung der Siedlungsflächen im Anschluß an den alten Stadtkern (Stadtteile *Dom Bosco, Urupá* etc.) der neue Stadtteil *Nova Brasília* auf der rechten Machado–Seite im direkten Anschluß an die *Vila Jotão* (siehe Karte 16) vor allem durch landsuchende Migranten besiedelt. Nach GOMES DA SILVA (1984, S. 23) lebten bereits 1973 60 % der damals 13.000 Einwohner — zumeist den unteren sozialen Schichten zugehörig — auf dieser rechten Seite des Machado.

THERY (1976) beschreibt den Beginn des neuen Stadtteils und die anfänglich ohne jegliche städtische Infrastruktur sehr harten Wohn– und Lebensbedingungen dieses Teils der Stadtbevölkerung, ihre provisorischen und zumeist miserablen Unterkünfte. Auch heute läßt sich beobachten, daß für viele der zweifellos existierende wirtschaftliche *Boom* der Pionierstadt sich kaum in persönlichen sozio–ökonomischen Erfolg umsetzen ließ. Diese städtischen Unterschichten erhalten ihr Einkommen entweder durch Lohnarbeit oder Bearbeitung gepachteter Flächen bei anderen Kolonisten oder aus Bearbeitung von sog. *chácaras* (Minifundien in unmittelbarer Stadtnähe), also im landwirtschaftlichen Bereich einerseits. Andererseits versuchen viele durch Gelegenheitsarbeiten in der Stadt[2] ihren Lebensunterhalt zu bestreiten. Insgesamt gehörten nach THERY (1976, S. 239) Mitte der siebziger Jahre zu den unteren sozialen Schichten 80 % der städtischen Bevölkerung Ji–Paranás. Dieser Anteil dürfte sich bis heute kaum positiv verändert haben (Information SEMPLAN/Ji–Paraná).

Was die Struktur des kommerziellen Sektors in Ji–Paraná anbelangt, so ist heute gegenüber den Anfangsjahren der Kolonisation, für die THERY (1976, S. 240/41) eine relativ geringe Differenzierung und Hierarchisierung beschreibt, eine zunehmende Erweiterung und Spezialisierung des Angebots, besonders auch hinsichtlich dauerhafter Konsumgüter, Güter des gehobenen Bedarfs etc. — wohl nicht zuletzt als Folge der steigenden Nachfrage durch den zahlenmäßig wachsenden städtischen Mittelstand — festzustellen (siehe Tab. 42). Besonders groß ist die Zahl der Geschäfte in den Bereichen Kraftfahrzeugzubehör, Ersatzteile etc.[3], Autohandel, Haushaltsgeräte, Maschinen, Elektroartikel etc.[4] Die weitaus größte Zahl der Geschäfte stellen aber die Lebensmittel– und Textilbranche, d.h. Bereiche des kurz– und mittelfristigen Bedarfs, die für alle sozialen Schichten sowohl im städtischen als auch im ländlichen Raum von zentraler Bedeutung sind. Bei den Textilgeschäften handelt es sich großenteils um *bazar*ähnliche Geschäfte, die ein relativ breites Sortiment, oftmals aber geringere Spezialisierung und Qualitätsstufe anbieten. Es tauchen

---

1) Vgl. zur Frage der Substitution der traditionellen Eliten in amazonischen Pionierstädten bzw. deren Anpassung MILLER 1985.
2) Besonders im Baugewerbe, im Straßenbau, untergeordneten Dienstleistungen — Wächter etc., den wenigen existierenden Industrien, v.a. den Sägereien und im informellen Sektor.
3) Hier macht sich die zentrale Funktion der Straße und des Transportwesens für die Pionierstadt deutlich sichtbar, zumal Verschleiß unter den Bedingungen der Pionierfront gerade bei Fahrzeugen enorm ist.
4) Deren Kundschaft sich zum größten Teil aus der städtischen Bevölkerung rekrutieren dürfte.

aber auch bereits *Boutique*–ähnliche Geschäfte, die sich auch vorrangig an die städtische Mittelschicht wenden, auf. Bei der großen Zahl der Lebensmittelgeschäfte, Bars etc. (siehe Tab. 42 Branche 9) handelt es sich meist um sog. *bolichos* oder *buteques*, d.h. kleine, wie die Pilze aus dem Boden schießende Krämerläden, oft in Verbindung mit einer *bar*, in denen der tägliche Bedarf besonders der unteren sozialen Schichten gedeckt werden kann.

Weiterhin typisch für die Region ist die große Zahl von Apotheken und Drogerien. Sie versprechen aufgrund der spezifischen regionalen Situation schnellen Profit. Ihre große Zahl zeigt den hohen Bedarf an medizinischer Versorgung unter den gesundheitlichen Bedingungen in der Region (Malaria, sonstige Tropenkrankheiten, Infektionskrankheiten etc.). Sie sind besonders auch für die ländliche Bevölkerung, die oftmals einen nicht unerheblichen Teil ihrer Einkünfte für Medikamente ausgeben muß, von großer zentraler Bedeutung (vgl. Befragungsergebnisse).

Insgesamt ist im Einzelhandel aufgrund hoher Transportkosten, Lieferschwierigkeiten etc., aber auch wohl durch Ausnutzung dieser Gegebenheiten, ein sehr hohes Preisniveau festzustellen, das bei manchen Artikeln das Doppelte und mehr der Preise im brasilianischen Südosten betragen kann.

Karte 17 zeigt eine deutliche räumliche Konzentration des Einzelhandels in drei Bereichen Ji–Paranás:

1. Das alte Geschäftszentrum auf der linken Seite des Rio Machado, besonders entlang der ältesten Geschäftsstraße *Avenida Marechal Rondon*. Dies ist das eigentliche Stadtzentrum, hier findet sich die höchste Zahl der aus Stein — oft mehrgeschossig — gebauten Häuser. Das Einzelhandelangebot ist relativ diversifiziert (vgl. Karte 17). Hier im alten Geschäftszentrum konzentrieren sich auch die meisten munizipalen und staatlichen Behörden, Kirchen, Post, Telephongesellschaft sowie sämtliche Banken der Stadt[1]. Das alte Stadtzentrum um die *Avenida Marechal Rondon* kann somit als der konsolidierteste und diversifizierteste Geschäfts- und Dienstleistungsbereich der Stadt angesprochen werden.

2. Die höchste Konzentration des Handels befindet sich jedoch entlang der *Avenida Transcontinental*, wie die BR 364 im Stadtbereich Ji–Paranás genannt wird (siehe Karte 17). Dabei sind die meisten Geschäfte auf der rechten Seite des Rio Machado im Bereich der *Vila Jotão* lokalisiert. Die *Vila Jotão* wird somit zum zweiten Geschäftszentrum der Stadt. Den Kern bildet die größte Tankstelle, in deren Umgebung sich eine große Zahl von Autozubehörgeschäften (Ersatzteile, Reifen etc.), die sich im Übrigen fast ausschließlich hier an der *Av. Transcontinental* befinden, angesiedelt haben. Ebenso sind hier — auch sicherlich in Verbindung zur Tankstelle — eine ganze Reihe von Hotels, einfacheren Unterkünften (*dormitôrios*), Restaurants und *bars* entstanden. In der *Vila Jotão* ist außerdem eine große Zahl von Textilgeschäften sowie Unternehmen der Haushalts- und Elektrobranche, der Handel mit Eisenwaren, Baumaterial und Sanitärprodukten angesiedelt.

---

1) Die zunehmende Bedeutung der Banken an der Pionierfront macht sich im Stadtbild in den letzten Jahren in großen, modernen Neubauten, die die alten Holzbaracken der Anfangsjahre ersetzen, bemerkbar. So besitzt in Ji-Paraná, wie auch in Ariquemes, z.B. die Banco do Brasil das auffälligste, höchste (4 Stockwerke) und modernste Gebäude der Stadt.

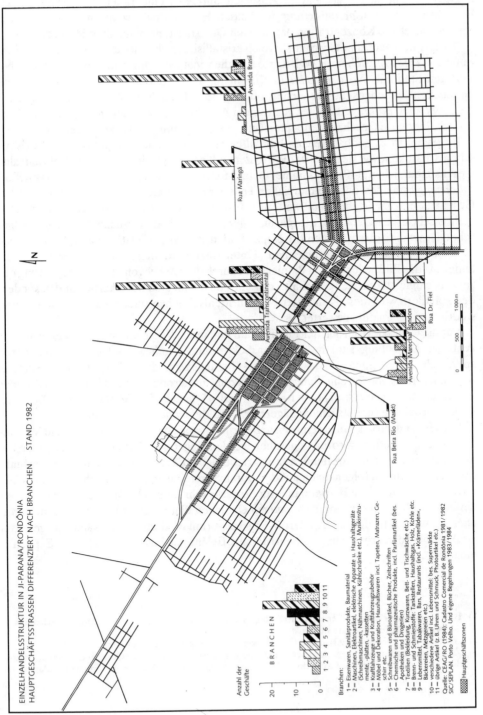

Karte 17

Damit ergibt sich insgesamt in Ansätzen durchaus eine räumliche Trennung der Branchen und eine *Spezialisierung* der beiden Hauptgeschäftszentren, unterstützt besonders durch die Konzentration der meisten Dienstleistungen im alten Stadtzentrum.

3. Als dritter zentraler Geschäftsbereich kristallisiert sich besonders in den letzten Jahren die *Avenida Brasil* heraus (vgl. Karte 17), die wichtigste Straße des sozial geringer bewerteten Stadtteils *Nova Brasília* (s.o.). An ihr ist besonders die Konzentration von Geschäften der Lebensmittelbranche groß. Hier befinden sich eine große Zahl von *bolichos* etc., aber auch *Bazare* mit breiter gestreutem Angebot etc. In den letzten Jahren sind besonders hier viele Geschäftsneubauten (u.a. einige *supermercados*) zu verzeichnen.

Insgesamt ist zu beobachten, daß die alten Holzbarrackengeschäfte mit oft provisorischem Charakter, wie sie aber für die Pionierstadt so typisch sind, in diesen drei zentralen Geschäftsbereichen Ji–Paranás immer mehr durch solide Steinbauten — Zeichen von *Konsolidierung* zumindest des kommerziellen Teils der Pionierstadt — ersetzt werden. Im alten Geschäftszentrum ist dies am weitesten fortgeschritten. Hier sind auch die meisten mehrgeschossigen Gebäude, oft mit mehrgeschossiger kommerzieller Nutzung (Erdgeschoß Geschäfte, obere Etagen Büros), zu finden, zuletzt ein relativ großer, für regionale Verhältnisse luxuriöser Hotelneubau. Unterstützt wird diese physiognomische Veränderung des Bildes der jungen Pionierstadt durch die 1982 begonnene Asphaltierung der zentralen innerstädtischen Geschäftsstraßen. Von der lokalen Bevölkerung und besonders den Händlern wird dies als enormer Fortschritt, als Zeichen städtischen Wohlstands und städtischen Charakters gewertet.

Für die Charakterisierung der Pionierstadt und ihrer Wirtschaftsstruktur weiterhin von zentraler Bedeutung sind industrieller Sektor und produzierendes Gewerbe, deren spezifische Ausprägung, wie das Beispiel Ji–Paranás zeigt, die Abhängigkeit der Stadt an der Pionierfront von Erschließung, Inwertsetzung und Produktion des ländlichen Raumes weiter deutlich machen. Tabellen 43, 44 und 45 lassen die Dominanz der Bereiche Holzverarbeitung (hauptsächlich Sägereien) und *Agroindustrien*[1] erkennen.

Die Holzindustrie kann als typischste *Begleitindustrie* der Agrarkolonisation in Verbindung mit dem Rodungsprozeß angesehen werden. Sägereien sind in der Regel die ersten an der Pionierfront anzutreffenden Industriebetriebe, z.T. haben sie sogar Vorreiterfunktion, die Kolonisten folgen ihnen auf den durch Sägereien angelegten Schneisen im Wald nach[2]. Dabei sind diese Betriebe in ihrer Struktur sehr unterschiedlich und variieren von einfachsten Sägewerken (sog. *pica–pau* mit einfachen Blattsägen), die oft gerade im ländlichen Raum anzutreffen sind, zu Groß–Sägereien (mit modernen Bandsägen ausgestattet etc.), die oft Tochterbetriebe großer in Manaus, Belém, São Paulo etc. ansässiger Exportfirmen sind[3].

---

1) Besonders Reis– und Kaffeeschälmaschinen, die immer in Verbindung mit dem Zwischenhandel landwirtschaftlicher Produkte stehen.
2) Heute ist dies in Rondônia z.B. in der Gegend von Rolim de Moura durchaus der Fall.
3) Z.B. Sägereien der aus Belém stammenden Grupo Dínamo in Ouro Preto do Oeste und Rolim de Moura, der zur Grupo De Zorzi aus Caxias do Sul/RS gehörende Großbetrieb Madeireira Urupá in Ji–Paraná etc.

Sägereien können an der Pionierfront, wie z.B. in Rolim de Moura, der seit 1979 existierenden, jüngsten Pionierstadt Rondônias (siehe Karte 6) mit einer für 1985 niedrig geschätzten städtischen Bevölkerung von ca. 7.500 Einwohnern, Ausgangspunkt städtischer Siedlungen sein[1]. Heute dürfte es allein in Rolim de Moura über 100 Sägereien aller Größenordnungen geben (Inf. *Serraria Meridional*, Rolim de Moura 1983).

Hauptinteresse der Sägereien in Rondônia ist die Extraktion amazonischer Edelhölzer, wobei Mahagoni (Swietiana macrophylla) und *cerejeira* bzw. *emburana* (Torresea acreana) eindeutig an der Spitze stehen. Dabei ist Mahagoni praktisch ausschließlich für den Export[2], *emburana* eher für den inländischen Markt bestimmt (Inf. *Serraria Meridional*, Rolim de Moura 1983).

In Ji–Paraná dominieren v.a. drei große Holzverarbeitungsbetriebe[3] (vgl. Tab. 45). Diese drei Betriebe absorbieren allein 74 % der im Holzsektor Beschäftigten, bzw. 59 % aller im sekundären Sektor der Stadt Beschäftigten (vgl. Tab. 45). Sie sind damit überhaupt die weitaus größten Betriebe Ji–Paranás. Alle drei sind am Stadtrand Richtung Porto Velho angesiedelt. Alle übrigen *Industrien*, sowie das produzierende Gewerbe absorbieren nur einen geringen Teil der Arbeitskraft Ji–Paranás.

Die *Agroindustrien*, d.h. vor allem die Reis– und Kaffeeschälmaschinen der landwirtschaftlichen Zwischenhändler, sind zwar in Hinblick auf ihre Beschäftigungseffekte von untergeordneter Bedeutung, für die städtische Wirtschaft und ihre interregionale Verflechtung sowie für die Bevölkerung des ländlichen Hinterlandes sind sie jedoch sehr wichtig. Der landwirtschaftliche Zwischenhandel, der sich weit eher als der großmaßstäbliche Holzsektor in lokalen Händen der *modernen* städtischen Mittelschicht befindet, verspricht, bei den Unzulänglichkeiten staatlicher Agrarvermarktung (s.u.), durch die nach wie vor steigende Produktion des ländlichen Raumes gute Profitchancen. Die wichtigsten über den Zwischenhandel der Städte kommerzialisierten Produkte sind Reis, Mais, Bohnen, Kaffee, Kakao und — als Produkt der Extraktionswirtschaft — Kautschuk.

Die beiden Bereiche Holzextraktion bzw. -verarbeitung und *Agroindustrien* sind von zentraler Bedeutung im Beziehungsgefüge zwischen den wirtschaftlichen *Zentren* Brasiliens, in denen diese Produkte nachgefragt, bzw. über die sie exportiert werden, und der wirtschaftlichen *Peripherie* der Rohstoffe und Grundnahrungsmittel liefernden Pionierfront. Sie geben den Pionierstädten Rondônias ihre überregionale *Drehscheiben–* Funktion.

Die übrigen Bereiche des produzierenden Gewerbes von Ji–Paraná, die durchgängig eher handwerklichen Charakter haben (was u.a. bereits die Zahl der Beschäftigten — vgl. Tab. 45 — zeigt), sind mehr lokaler Bedeutung.

Mit dieser kurzen Charakterisierung des sekundären Sektors der Pionierstadt Ji–Paraná wird jedoch auch deutlich, daß dieser bei seinem aktuellen Entwicklungsstand kaum als eine Beschäftigungsalternative für neuzuwandernde Migranten in Frage kommt. Gerade in Hinblick auf eine verstärkt notwendig werdende Absorption von Migranten in städti-

---

1) Hier Ansiedlung der ersten Sägerei 1977/78 — Inf. Serraria Meridional, Rolim de Moura 1983.
2) V.a. nach USA, Großbritannien und in die Bundesrepublik.
3) Madeireira Urupá S/A mit 458 Beschäftigten 1980, Indústria Triángulo de Rondônia Ltda. mit 117 Beschäftigten und Lammy Indústria Madeireira da Amazônia Ltda. mit 159 Beschäftigten 1980 — Information IBGE–Büro, Ji–Paraná, 1983.

schen Wirtschaftsbereichen im Zuge der jüngsten Migrationsentwicklung, scheint deshalb eine Diversifizierung dieses Sektors auf der Basis der Verarbeitung der regionalen Primärprodukte, wie sie bisher allenfalls in Ansätzen beobachtet werden kann, dringend geboten.

Bisher spielten bei der Absorption von Arbeitskraft staatliche Infrastrukturmaßnahmen, besonders der Straßenbau, eine wesentliche Rolle. So brachte die Asphaltierung der BR 364 von 1982 bis 1984 die großen Baufirmen Brasiliens (*Mendes Junior, Andrade Gutierrez, Queiroz Galvão* etc.) nach Rondônia, die nicht nur einen Teil der Arbeiter vor Ort rekrutierten, sondern auch mit ihrem gesamten *Tross* (Ingenieure mit Familien etc.) einen wichtigen wirtschaftlichen Faktor für die Pionierstadt, ihren Handel und ihr Dienstleistungsgewerbe darstellten.

Neben Handel und Industrie hängt die überörtliche Bedeutung der Stadt für das Hinterland entscheidend von ihrer Ausstattung mit staatlichen und privaten Dienstleistungen ab.

Außer den verschiedenen Behörden wie INCRA, EMATER, Munizipverwaltung etc., die für den Kolonisten in der Stadt von Bedeutung sind, ist vor allem die Ausstattung im Gesundheits- und Schulbereich wichtig.

Die Ausstattung Ji-Paranás mit Krankenhausbetten (vgl. Tab. 46) zeigt durch das sehr niedrige Verhältnis *Einwohner/Betten* auf Munizip-Ebene die überörtliche Bedeutung der Stadt in diesem Bereich an. Dafür spricht auch die relative Unterversorgung der umliegenden Munizipien Ouro Preto do Oeste, Presidente Médici und Jaru in diesem Bereich (vgl. Tab. 46). Ji-Paraná übernimmt also hier zentrale Versorgungsfunktion. Besonders das sog. *Hospital Regional de Ji-Paraná* soll die Gesundheitsversorgung der regionalen Bevölkerung sicherstellen. Jedoch entspricht es von Ausstattung und Leistungen her nicht den regionalen Notwendigkeiten. Gleiches gilt für die meisten staatlichen Krankenhäuser Rondônias, die insofern besonders für die Kolonisten von großer Wichtigkeit sind, als ihre Leistungen kostenlos in Anspruch genommen werden können.

Diesen Defiziten entsprechend, gibt es eine große Zahl kleiner privater Krankenhäuser (in Ji-Paraná sind es 12), die der Bevölkerung ärztliche Dienstleistungen z.T. gegen sehr hohe Preise anbieten (vgl. zur Bedeutung des privaten Krankenhaussektors Tab. 46). Viele Kolonisten weichen aufgrund der oft schnelleren und besseren Versorgung auf diese Privatkrankenhäuser aus, auch wenn ihre finanzielle Situation dies oft eigentlich nicht erlauben würde. Entsprechend sind in vielen Fällen Krankenhaus- und Arztkosten Grund für Verschuldung.

Das Gesundheitswesen ist somit nicht nur ein Problem der sozialen Infrastruktur, sondern wird gleichzeitig zu einem wirtschaftlichen Faktor der jungen Pionierstädte. Allein in Ji-Paraná waren 1983 74 Ärzte der verschiednen Fachgebiete und 22 Dentisten niedergelassen (Information SEMPLAN/Ji-Paraná 1983).

Im Schulwesen verfügt die Stadt Ji-Paraná über 8 Grund- und Hauptschulen und 4 weiterführende Schulen, wobei von letzteren besonders eine Agrartechniker und -berater ausbildende Schule von überörtlicher Bedeutung ist. Der Einzugsbereich der Schulen ist neben der eigentlichen Stadt auch der ländliche Raum, in dessen Grundschulen in der Regel nur die ersten vier Jahre unterrichtet werden. Es kommt entsprechend durchaus vor, daß Eltern auf dem Land ihre Kinder zum weiterführenden Schulbesuch zu Verwandten in der Stadt in Pension schicken, bzw. einen zweiten Wohnsitz in der Stadt unterhalten.

Auch in Hinblick auf andere, höhere Qualifikationsniveaus erfordernde Dienstleistungen weist Ji–Paraná eine zunehmende Diversifizierung auf, wofür die Zahl von 40 niedergelassenen Advokaten und 12 Architekten als Indikator angesehen werden kann (Information SEMPLAN/Ji–Paraná 1983).

Bei vielen Angehörigen höherqualifizierter städtischer Berufe handelt es sich um Berufsanfänger oder ehemals abhängig Beschäftigte, die, meist aus den gleichen Regionen wie die Landsuchenden jedoch auch zunehmend aus den großen Städten Südostbrasiliens stammend und dort von Arbeitslosigkeit bedroht, sich in den Pionierstädten Rondônias eine Existenz aufzubauen versuchen. Dies gilt in besonderem Maße für die Angehörigen des durch den Übergang Rondônias zum Bundesstaat und die Gründung neuer Munizipien stark expandierenden öffentlichen Dienstes. Diese Gruppen der städtischen Mittelschichten sehen Rondônia oft nur als eine *Durchgangsstation* an. Sie wollen an der Pionierfront schnell zu wirtschaftlicher Prosperität gelangen, um sich dann, in ihre Herkunftsregionen zurückkehrend, eine dauerhafte Existenz sichern zu können.

Was technische, öffentliche Infrastrukturleistungen für die städtische Bevölkerung anbelangt, d.h. besonders Wasser– und Stromversorgung bzw. Abwasserentsorgung, so ist einerseits gegenüber der Situation wie sie THERY (1976, S. 239) für Ji–Paraná in der ersten Hälfte der 70er Jahre als völlig unzureichend beschreibt, ein deutlicher Fortschritt zu verzeichnen[1]. Andererseits wird die defizitäre Infrastrukturversorgung der Pionierstadt durch den Vergleich mit nationalen Durchschnittswerten (auf der Basis 1980), die bei beiden Indikatoren höher, bzw. fast doppelt so hoch liegen (vgl. Tab. 47), offensichtlich.

Die Energieversorgung erfolgt derzeit in allen Städten Rondônias über dieselbetriebene Generatoren lokaler bzw. regionaler Reichweite. Die in Ji–Paraná installierten Generatoren versorgen neben dieser Stadt auch Ouro Preto do Oeste und Presidente Médici. In allen größeren Städten beträgt das tägliche Energieangebot derzeit bereits 24 Stunden. Jedoch sind die Kosten für die Energieerzeugung (bes. für Dieselkraftstoff) in den letzten Jahren enorm angestiegen. Auch stellte sich der installierte Generatorenpark Rondônias als unzureichend für eine rationelle und regelmäßige Energieversorgung zumindest der größeren Städte heraus (vgl. SEPLAN/RO 1984, Vol. 2, S. 179–196).

Zunehmende Schwierigkeiten der Energieversorgung der Bevölkerung in den Städten Rondônias durch steigende Produktionskosten und technische Probleme machten sich besonders 1983/1984 deutlich sichtbar. So mußten z.B. in Ji–Paraná fast täglich für mehrere Stunden die Generatoren abgeschaltet, bzw. einzelne Stadtteile oder die zum Netz gehörenden Städte Ouro Preto do Oeste und Presidente Médici aus der Versorgung ausgeschaltet werden.

Abhilfe soll in Zukunft mit einem seit 1982 im Bau befindlichen Wasserkraftwerk am Rio Jamari (*Cachoeira de Samuel*) ca. 52 km von Porto Velho entfernt, geschaffen werden. Es soll eine Endkapazität von 216 MW haben. Bis 1993 sollten ca. 96 % der durch Dieselgeneratoren erzeugten Energie durch Wasserkraft ersetzt sein, ein Chronogramm, das sich jedoch immer mehr als nicht einhaltbar herausstellt (vgl. zu Angaben bzgl. *UHE Samuel* ELETRONORTE o.J.).

---

1) Immerhin hatten 1984 47 % der städtischen Haushalte in Ji–Paraná Strom– und Wasseranschluß, vgl. Tab. 47.

III.4.7.2. Das lokale Zentrum Ouro Preto do Oeste

Ouro Preto do Oeste gehörte 1985, ca. 10 Jahre nach Beginn einer *städtischen Entwicklung* im eigentlichen Sinne, mit ca. 11.600 Einwohnern (Schätzung in SEPLAN/RO–COPLAN 1985) zu den kleineren Pionierstädten Rondônias (vgl. Karte 6). Das seit 1981 bestehende Munizip, vorher Distrikt des Munizips Ji–Paraná, umfaßt mit den Sektoren 1, 2, 3 und 6 den größten Teil des Kolonisationsprojektes PIC *Ouro Preto* sowie das neue Projekt *Urupá*, zusätzlich einige im Rahmen des *Assentamento Rápido* (s.o.) besiedelte Bereiche (vgl. Karte 11). Es besitzt somit viel stärker *ländlichen Charakter* als Ji–Paraná, was sich in einem für 1985 geschätzten Verhältnis der städtischen zur ländlichen Bevölkerung von 11 % zu 89 % ausdrückt (SEPLAN/RO–COPLAN 1985). Für Ji–Paraná beträgt dieses Verhältnis demgegenüber nur 46 % zu 54 % (SEPLAN/RO–COPLAN 1985), bzw. nach anderen Quellen sogar 63 % zu 37 % (SEPLAN/RO 1984b), jeweils für 1985.

Ausgangspunkt der Stadtentwicklung Ouro Pretos war eine Spontansiedlung im Umkreis des Verwaltungssitzes des Kolonisationsprojektes PIC *Ouro Preto*. Für die sozio–ökonomische Charakterisierung der heutigen Stadt gilt eine ähnliche *Zweiteilung* wie für Ji–Paraná:

- *Entstehung einer modernen* Mittelschicht aus Händlern, Beamten etc. einerseits,
- *Wartesaalfunktion* für landsuchende Neuzuwanderer andererseits.

Die *Lokalelite* Ouro Pretos ist jedoch stärker als die Ji–Paranás durch die Beamtenschaft geprägt, bedingt durch die starke Konzentration wichtiger, besonders im ländlichen Raum und im landwirtschaftlichen Bereich agierender bundesstaatlicher und federaler Institutionen in dieser Stadt. Neben der Munizipverwaltung sind dies besonders die Landbehörde INCRA, die Agrarberatungsinstitution EMATER–RO, die örtliche Dienststelle der SEAG/RO, zusätzlich eine Station der landwirtschaftlichen Forschungsbehörde EMBRAPA, ein kleiner Posten des INPA/Manaus, sowie als besonders wichtiger Faktor regionale und lokale Dienststelle sowie Forschungsstation der staatlichen Kakaobehörde CEPLAC, die sich auch im Sozialgefüge der kleinen Stadt z.B. durch ein eigenes Wohnviertel relativ hohen Standards besonders herausstellt (zur Lokalisierung der Behörden im Stadtbereich siehe Karte 18). Diese Institutionen spielen im täglichen Leben der Stadt eine bedeutende Rolle.

Handel und Dienstleistungen Ouro Pretos weisen einen weit geringeren Diversifizierungsgrad auf als in Ji–Paraná. Zwar sind alle wesentlichen Branchen vertreten (vgl. Tab. 42 und Karte 18), jedoch ist das Warenangebot weit weniger spezialisiert und, besonders im Bereich dauerhafter Konsumgüter, Elektroartikel, Autozubehör, aber auch Schreibwaren etc., z.T. sehr gering. In diesen Bereichen sowie in Hinblick auf ein reichhaltigeres und höherrangiges Angebot in allen Branchen ist die Bevölkerung auf den kommerziellen Sektor Ji–Paranás angewiesen. Bei vielen Artikeln sind darüber hinaus die Preise der Geschäfte in Ouro Preto ungünstiger als in Ji–Paraná.

Auch der übrige tertiäre Sektor Ouro Pretos ist weit weniger strukturiert als der des Regionalzentrums Ji–Paraná. So existierte bis 1983 nur eine Bank in Ouro Preto. Besonders das Fehlen der für den staatlichen Agrarkredit wesentlichen Banken Banco do Brasil und BASA dürfte sich nachteilig auch auf den kommerziellen Sektor der Stadt ausgewirkt haben, da alle diejenigen Kolonisten des Hinterlandes, die Agrarkredite abgeschlossen haben, allein schon zur Abwicklung der Kredite nach Ji–Paraná orientiert sind und dort, in Verbindung damit, meist alle notwendigen Einkäufe sowie oftmals die Vermarktung der Agrarproduktion tätigen.

Ouro Preto besitzt also aufgrund seiner zentralörtlichen Ausstattung und aufgrund der *Reichweite* seiner *zentralen Funktionen* eindeutig eine geringere *Attraktivität* als Ji–Paraná, das als höchstrangiger zentraler Ort der gesamten Kolonisationsregion Zentral–Rondônias eingestuft werden muß. Räumlich beschränkt sich der Geschäftsbereich Ouro Pretos im wesentlichen auf drei Straßen (vgl. Karte 18):

- die *Avenida Marechal Rondon* unmittelbar an der BR 364 als der ältesten Geschäftsstraße, an der bislang auch die Bushaltepunkte des Land–Stadt–Verkehrs — für die Entwicklung des Handels ein wichtiges Kriterium — liegen;
- ein kurzes Stück der *Rua 15 de Novembro,*
- die *Avenida Daniel Comboni*, die sich im Verlauf der Ausdehnung des Stadtgebietes zur zentralen innerstädtischen Straßenachse entwickelt hat, an deren oberen Verlauf mit Präfektur und *Câmara dos Vereadores*, neben dem älteren, am Rande des eigentlichen Stadtgebietes liegenden *institutionellen Sektor* — ein zweites städtisches *Verwaltungszentrum* entstanden ist.

Im Gegensatz zu Ji–Paraná ist in Ouro Preto, mit Ausnahme des bereits erwähnten CEPLAC–Wohnviertels und eines Wohngebiets der Beamten des INCRA, noch kaum soziale Viertelsbildung zu erkennen. Allerdings ist ein deutliches *Zentrum–Peripherie-Gefälle*, auch in Hinblick auf infrastrukturelle Versorgung (Strom und Wasser), zu den sich ständig ausdehnenden städtischen Randgebieten festzustellen (vgl. zum städtischen Wachstum Ouro Pretos in der ersten Hälfte der 80er Jahre Karte 18).

Auch der sekundäre Sektor der Stadt, dessen wesentlichste Bereiche ebenso Holzverarbeitung und *Agroindustrien* sind (vgl. Tab. 43 und Tab. 44), ist im Vergleich zu Ji–Paraná von weit geringerer Bedeutung, besonders auch was den Beschäftigungseffekt anbelangt (zur Lokalisierung vgl. Karte 18).

Insbesondere eine Firma, ANINGA/FRICOM (*Fischer de Rondônia Indústria e Comércio*), beherrscht den sekundären Sektor Ouro Pretos. Zu dieser Firma gehören zwei Fazenden im Munizip Ouro Preto (s.u.), eine Großsägerei in Ouro Preto und der landwirtschaftliche Zwischenhandel mit Reis, Kakao und Kaffee. Der Betrieb ist ein Tochterunternehmen der *Grupo Fischer –Navegação Aliança S/A* mit Sitz in Rio de Janeiro.

Insgesamt gab es 1984 im Bereich *Agroindustrien* (außer der Kooperative CIRA/PICOP und den Lagern der staatlichen Gesellschaft CIBRAZEM) 15 private Betriebe in Ouro Preto do Oeste, von denen allein sechs Betriebe erst seit 1983 existieren. Der Bereich befindet sich also — bei gleichzeitiger Fluktuation — noch in Expansion (Erhebung des Autors in Ouro Preto do Oeste, Oktober 1984).

Dabei gibt es zwischen diesen 15 in Ouro Preto ansässigen *agroindustriellen* Betrieben erhebliche Unterschiede. Neben dem Großbetrieb ANINGA/FRICOM sind zwei weitere Betriebe, die sich beide ausschließlich auf Aufkauf bzw. Aufbereitung von Kakao konzentrieren, Tochterbetriebe größerer, nicht in Rondônia ansässiger Unternehmen. Die Firma *Riopardo*, Filialbetrieb eines in Manaus ansässigen, Kakao aufbereitenden und exportierenden Unternehmens, beschränkt sich auf Aufkauf und Abtransport von rondonensischem Kakao nach Manaus. Die zweite Firma, INDECA, seit 1983 in Ouro Preto do Oeste und in Rondônia tätig, ist Tochterbetrieb eines großen, in São Paulo ansässigen Unternehmens der Branche. INDECA dürfte inzwischen bereits der größte

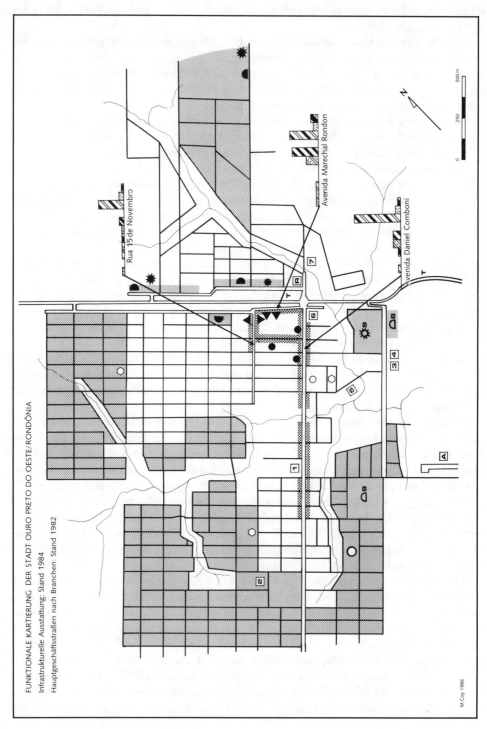

FUNKTIONALE KARTIERUNG DER STADT OURO PRETO DO OESTE/RONDÔNIA
Infrastrukturelle Ausstattung: Stand 1984
Hauptgeschäftsstraßen nach Branchen: Stand 1982

Karte 18

193

Anzahl der
Geschäfte

BRANCHEN

Branchen:

1 — Eisenwaren, Sanitärprodukte, Baumaterial
2 — Maschinen, Elektroartikel, elektrische Apparate u. Haushaltsgeräte (Schreibmaschinen, Nähmaschinen, Kühlschränke etc.), Musikinstrumente, -platten, -kassetten
3 — Kraftfahrzeuge und Kraftfahrzeugzubehör
4 — Möbel und Dekoration, Haushaltswaren incl. Tapeten, Matratzen, Geschirr etc.
5 — Schreibwaren und Büroartikel, Bücher, Zeitschriften
6 — Chemische und pharmazeutische Produkte, incl. Parfümartikel (bes. Apotheken und Drogerien)
7 — Textilien (Bekleidung, Kurzwaren, Bett- und Tischwäsche etc.)
8 — Brenn- und Schmierstoffe: Tankstellen, Haushaltsgas, Holz, Kohle etc.
9 — Lebensmittel, Tabakwaren, Bars, Restaurants (incl. »Krämerläden«, Bäckereien, Metzgereien etc.)
10 — verschiedene Artikel incl. Lebensmittel: bes. Supermärkte
11 — übrige Artikel (z.B. Uhren und Schmuck, Photoartikel etc.)

Quelle: CEAG/RO (1984); Cadastro Comercial de Rondônia 1981/1982 SIC/SEPLAN. Porto Velho. Und eigene Begehungen 1983/1984

Hauptgeschäftszonen
»Industrie« Bereiche

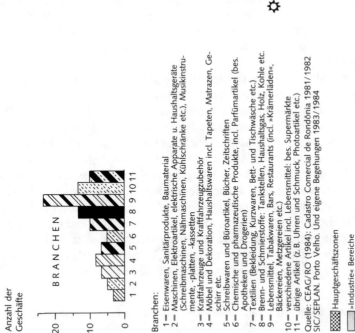

Dienstleistungen:
Öffentliche Dienstleistungen
Staatl. Institutionen
1 — Präfektur
2 — Polizei
3 — INCRA (Landesbehörde)
4 — Dienststelle der SEAG/RO
5 — Landw. Beratung EMATER-RO
6 — TELERON (Telephonposten)
7 — Post

Schulen
Staatl. Krankenhaus
F. SESP-Krankenstation

Private Dienstleistungen
Privatkrankenhäuser
Banken
Tankstellen

Werkstätten, Zwischenhandel, Industrie:
Sektor der Kfz.-Werkstätten
Sektor der Reismühlen und landwirtschaftl. Zwischenhändler
Sektor der Sägereien

Staatl. Landw. Zwischenhandel, Agroindustrien u. Sägereien:
8 — Lagerhaus der CIBRAZEM
9 — Kooperative CIRA/PICOP
9 — Sägereien der CIRA/PICOP

Städtische Entwicklung:
bis 1980/81
1981 bis 1984

Karte 18/Legende

Kakaoaufkäufer Rondônias sein[1]. Außerhalb der Stadt (BR 364/Linha 81) hat INDECA inzwischen die größte Kakaotrocknungs- und aufbereitungsanlage Rondônias errichtet.

Das Beispiel der drei *agroindustriellen Großbetriebe* Ouro Pretos zeigt erneut die überregionale Verflechtung und das direkte Interesse des wirtschaftlichen Zentrums an der *Peripherieproduktion*, besonders im Bereich der weltmarktorientierten *cash–crop–*Produktion. Dabei spielen nicht die Interessen der Region, die sich in diesem Bereich in keiner Weise artikulieren können, sondern ausschließlich ökonomische Rationalität und direktes Extraktionsinteresse des *Zentrums* die entscheidende Rolle. Entscheidungsfunktionen sind ausschließlich direkt dem *Zentrum* zugeordnet. Diesen Teil der Wirtschaft der Pionierstadt kann man insofern durch seine ausschließliche *Brückenkopffunktion* charakterisieren.

Die übrigen 12 agroindustriellen Betriebe Ouro Pretos teilen sich auf in Kleinbetriebe zur Versorgung des lokalen Marktes und als *Zulieferer* größerer Aufkäufer, mittlere Betriebe, die z.B. über eigene Lastwagen verfügen und überregional (besonders nach Manaus, Paraná, Minas Gerais und São Paulo) Agrarprodukte vermarkten.

Die Einzugsbereiche der *Agroindustrien* Ouro Pretos sind im Fall der drei großen Betriebe die gesamte Region, besonders jedoch der Bereich zwischen Ariquemes und Ji–Paraná[2], im Fall der kleineren und mittleren Betriebe das eigentliche *Hinterland* Ouro Pretos und Teile des ländlichen Einzugsgebietes von Jaru (Erhebungsergebnisse des Autors, Oktober 1984). Nach Auskunft einiger Zwischenhändler dürfte ein recht bedeutender Teil der landwirtschaftlichen Produktion des *Hinterlandes* von Ouro Preto über den Zwischenhandel von Ji–Paraná vermarktet werden (bis zu 30 %), der über längere *Markttradition* verfügt und oft auch attraktivere Preise anbieten kann (Erhebung Ouro Preto do Oeste, Oktober 1984). Also ist auch in diesem Bereich eine *Hierarchie* der neuen Pionierstädte Rondônias bereits zu beobachten.

Am Beispiel der Stadt Ouro Preto do Oeste lassen sich Interdependenzen zwischen den verschiedenen Aktionsbereichen der neuen, *modernen* städtischen Mittelschicht beobachten. Hier ist es vor allem die Verbindung von Beamtenschaft und wirtschaftlichen Interessen sowie die Verbindung von Beamtenschaft und lokal- und regionalpolitischen Interessen, die auffällig sind. So ist ein großer Teil der Beamten mittlerer und höherer Positionen in irgendeine andere ökonomische Aktivität (städt. Geschäftsbereich, Zwischenhandel, *Industrien*, besonders aber Landbesitz im Hinterland) eingebunden. Einige der heutigen Händler der Stadt kamen als Beamte irgendeiner Institution in die Region. Z.T. verdanken sie ihre heutige Tätigkeit und ihren heutigen wirtschaftlichen Erfolg überhaupt erst dieser ehemaligen Funktion. Außerdem sind in vielen politischen Positionen auf lokaler und regionaler Ebene viele ehemalige Beamte staatlicher Institutionen zu finden[3]. Sie hatten alle aufgrund ihrer ehemaligen beruflichen Tätigkeit, ihres Bekanntheitsgrades und ihres Ansehens als *Autorität* bei den Kolonisten und durch die infrastrukturelle und politische

---

1) Mdl. Inf. Dr. S. Rudgard, CEPLAC/Ouro Preto do Oeste, der den Anteil der INDECA auf 70–80 % der direkten und indirekten Vermarktung rondonensischen Kakaos 1984 schätzt.
2) Bes. durch Konzentration des rondonensischen Kakaoanbaus in Ariquemes, Jaru und Ouro Preto.
3) So ist der heutige Präfekt von Ouro Preto do Oeste der ehemalige INCRA–Chef des PIC Ouro Preto, ehemalige Mitarbeiter staatlicher Institutionen finden sich heute als Stadtverordnete (vereadores), als Abgeordnete in Porto Velho (deputados estaduais) und in Brasília (deputados federais) wieder.

Unterstützung ihrer jeweiligen Institution besonders im ländlichen Raum erhebliche Vorteile bei den Wahlen.

Zusammenfassend kann die Stadt an der Pionierfront Rondônia als der wesentliche Mittler und als *Drehscheibe* zwischen *Zentrum* und *Peripherie* gekennzeichnet werden. Sie ist weniger *Produktionsort*, dies nur in lokalem Maßstab, als vielmehr *Handels- und Austauschort*. Die Pionierstadt lebt im wesentlichen von der Produktion des ländlichen Hinterlandes. Sie lebt aber auch von den Bedürfnissen der Bevölkerung dieses ländlichen Hinterlandes, das somit eigentliche Quelle städtische Reichtums wird. Die Pionierstadt ist ebenso Standort der wichtigsten staatlichen und privaten Dienstleistungen. Die *wirtschaftliche Prosperität* der Pionierfront dokumentiert sich am ehesten in der Stadt, denn diejenigen, die von wachsender Produktion und vom *boom* der Pionierfront profitieren, sind die neuen städtischen Mittelschichten, die zunehmend neue lokale und regionale Eliten bilden (vgl. MILLER 1983, 1985). Jedoch stellen sie nur einen kleinen Teil der Stadtbevölkerung. Das *gros* der städtischen Bevölkerung und das *gros* des zu erwartenden Städtewachstums wird von Migranten gebildet, deren eigentliches Ziel der Landerwerb an der Pionierfront ist, was im Zeichen der Verknappung der Landreserven und der Erschöpfung der Reserven staatlicher Kolonisationsprojekte immer schwerer realisierbar wird. Diese Migranten versuchen deshalb sich in den Städten – sei es auf dem Land oder in der Stadt nach Arbeit suchend – zu etablieren. Sie bilden die neuen, städtischen Unterschichten. Die Pionierstadt beinhaltet also wirtschaftliche Prosperität und sozialen Aufstieg für die Einen, sie bedeutet aber gleichzeitig *Überlebensstrategie* für die Anderen.

Wie für die Beispiele Ji–Paraná und Ouro Preto do Oeste angedeutet, kristallisieren sich im neuen Städtesystem Rondônias Ansätze zentralörtlicher Hierarchien heraus, die sich herleiten insbesondere aus dem *Alter* – und damit der *Konsolidierung* – der jungen Städte, dem Entwicklungsstand ihres kommerziellen Sektors, des Dienstleistungsbereiches und der staatlichen infrastrukturellen Ausstattung. Neben der Hauptstadt Porto Velho mit überregionaler Bedeutung kann man in Hinblick auf die Pionierstädte unterscheiden zwischen (vgl. Karte 6):

- dem Regionalzentrum Ji–Paraná,
- Städten mit regionaler Bedeutung (Ariquemes, Cacoal, Vilhena)
- und Städten lokaler Bedeutung (Jaru, Ouro Preto do Oeste, Presidente Médici, Pimenta Bueno, Espigão do Oeste und Colorado do Oeste).

Wie allerdings die jüngsten Tendenzen der Urbanisierung Rondônias mit dem Auftreten der *dritten Städtegeneration* (s.o.) zeigt, ist das regionale Städtesystem noch keineswegs als konsolidiert zu betrachten und kann in Zukunft noch erheblichen Modifikationen unterworfen sein. Jedoch scheint die Entwicklungsperspektive, die THERY (1976, S. 242) für Ji–Paraná als die einer *verschlafenen Kleinstadt des Interior*, falls der Kolonisationsboom zu Ende gehen sollte, noch für durchaus möglich hielt, inzwischen für die Pionierstädte Rondônias heute kaum noch realistisch.

III.4.8. Zwischenergebnisse

Kolonisation

In wechselseitiger Beziehung mit der Zuwanderung nach Rondônia ist die staatlich gelenkte Agrarkolonisation mit der Anlage kleinbäuerlicher Siedlungsprojekte durch die

Landbehörde INCRA entscheidender Bestimmungsfaktor der jungen Regionalentwicklung Rondônias seit 1970.

Die gelenkte Agrarkolonisation ist dabei zu verstehen als typische Form staatlicher Raumgestaltung, wie sie in Brasilien schon ab dem 19. Jhdt. kennzeichnend war und zusätzlich durch eine Reihe gesetzlicher Maßnahmen gefördert wurde. Besondere Bedeutung kommt dabei auch heute noch den sog. *terras devolutas* zu, die — bei den enormen Flächenausdehnungen Brasiliens — als *Land ohne Herren* für staatliche Landverteilung zur Verfügung standen und stehen.

Vor allem unter der 21jährigen Militärherrschaft (1964–1985) wurde staatlich gelenkte Agrarkolonisation als eine *Alternative* zur Agrarreform, die zur Beilegung der agrarsozialen Disparitäten in den Altsiedelgebieten Brasiliens dringend notwendig wäre, angesehen. Dies drückte sich insbesondere in den verschiedenen staatlichen Programmen zur *Integration* Amazoniens aus.

Im Rahmen dieser Politik wurden in Rondônia während der 70er Jahre sieben Kolonisationsprojekte angelegt sowie verschiedene andere Ansiedlungsmaßnahmen durchgeführt. Weitere neue Projekte folgten in den 80er Jahren. Die sukzessive Einrichtung neuer Projekte war durch die ständig steigende Landnachfrage der Zuwanderer bei immer größeren Ansiedlungsengpässen in den bereits existierenden Projekten notwendig geworden. Bis Mitte der 80er Jahre konnten so ca. 44.000 Familien in Rondônia durch staatliche Zuteilung Land erhalten. Damit ist Rondônia zum wichtigsten Gebiet staatlicher Kolonisation in Brasilien geworden. Jedoch konnte bei weitem die Nachfage nach Land nicht befriedigt werden, was die große Zahl der registrierten Ansiedlungswilligen beweist.

Im Verlauf der 70er Jahre konnte eine mehrfache Modifizierung der Ansiedlungsstrategien beobachtet werden. Sie drückt sich v.a. in einer Rücknahme staatlicher Vorleistungen (Infrastrukturmaßnahmen, Assistenz etc.) und in einer Reduzierung der verteilten Flächen (von ursprünglich 100 ha auf 50 ha und weniger) aus. Für die Kolonisten kam dies einer erheblichen Verschlechterung der anfänglichen Lebenssituation gleich.

Im Rahmen der gelenkten Erschließung und der damit verbundenen stärkeren Präsenz des Staates an der Peripherie können tiefgreifende Veränderungen der institutionellen und gesellschaftlichen Struktur sowie der administrativen Raumgliederung beobachtet werden. Dies drückt sich in der Gründung neuer Munizipien in den Kolonisationsgebieten, der Bildung neuer regionaler Institutionen und schließlich besonders im Übergang Rondônias vom Status eines Bundesterritoriums zu dem eines Bundesstaates aus. Von zentraler Bedeutung hierbei ist zweifellos die Entstehung neuer gesellschaftlicher und politischer Strukturen, wie sie sich z.B. in der Entstehung neuer regionaler *Eliten*, die sich z.B. aus der Beamtenschaft der mit der Kolonisation verbundenen Behörden rekrutieren, gebildet haben.

Agrarproduktion

In ökonomischer Hinsicht manifestiert sich der Einfluß der Agrarkolonisation v.a. in den Tendenzen der regionalen Agrarproduktion. Die 70er Jahre sind durch starke Ausdehnung der landwirtschaftlichen Nutzfläche und starken Anstieg der Agrarproduktion gekennzeichnet. War noch 1970 die traditionelle Extraktionswirtschaft dominierend, so änderte sich dies mit der Agrarkolonisation grundlegend.

Typisch für die Pionierfront–Landwirtschaft Rondônias ist nun sowohl der dominierende Anbau von Grundnahrungsmitteln (Reis, Mais, Bohnen) zur Eigenversorgung und zur Überschußvermarktung als auch der zunächst durch den Staat besonders geförderte Anbau von Dauerkulturen als *cash crops*.

Bei den letzteren ist besonders interessant, daß trotz staatlicher Förderung v.a. des Kakao– und Kautschukanbaus der von den Siedlern in Rondônia eingeführte Anbau von Kaffee bis heute vorherrscht. Dies kann als Persistenz von Herkunftsmerkmalen und Anbauerfahrungen der aus den Hauptkaffeegebieten Brasiliens nach Rondônia kommenden Siedler gewertet werden.

Auch wenn derzeit eine Ausweitung der *cash crop*–Produktion (u.a. durch Eintritt vieler Pflanzungen ins Produktionsalter) zu beobachten ist, könnten auf die Dauer eine Reihe von regionsspezifischen und regionsexternen Problemen des Dauerkulturanbaus die Tendenzen der Landnutzung in Rondônia nachteilig beeinflussen. Dies sind einmal durch Pflanzenkrankheiten gegebene Anbauprobleme bei Kakao und Kautschuk. Dies sind zum anderen Markteinflüsse, wie z.B. die Instabilität des vom Weltmarkt abhängigen Kakao.

Eine generelle Tendenz der Landnutzung Rondônias ist in der zunehmenden Umwandlung von Ackerland und Waldflächen in Kunstweiden und in der sukzessiven Ausweitung der Rinderhaltung zu sehen. Dies gilt sowohl für die Großbetriebe der Region als auch für die kleinbäuerlichen Kolonisten–Betriebe der Siedlungsprojekte.

Pionierstadt

Seit Beginn der Agrarkolonisation kann in Rondônia Entstehung und rapides Wachstum von neuen Pionierstädten in den Siedlungsgebieten beobachtet werden. Dies hat zu einer grundlegenden Modifizierung des regionalen Städtesystems, das vorher durch die eindeutige Dominanz der *amazonischen* Städte Porto Velho und Guajará–Mirim geprägt war, geführt.

Die Funktion der Pionierstädte kann vor allem durch zwei Bereiche gekennzeichnet werden. Einerseits sind sie Markt– und Versorgungsorte für die ländliche Siedler–Bevölkerung. Die ökonomische Prosperität der Pionierstädte ist v.a. auf die Inwertsetzung des ländlichen Raumes der Pionierfront gegründet. Der oft zitierte *Boom* der Pionierfronten läßt sich am ehesten noch in den Pionierstädten erkennen. Dies besonders auch am Aufstieg einer neuen urbanen Mittelschicht, die aus Händlern, Angehörigen der Dienstleistungsberufe und der lokalen Beamtenschaft gebildet wird.

Die andere Funktion der Pionierstädte ist in sozialer Hinsicht in der Funktion eines *Wartesaals* für viele Neuzuwanderer, die hoffen, zukünftig eigenes Land erwerben zu können, zu sehen.

Neben dem privaten und öffentlichen Dienstleistungssektor dominieren in ökonomischer Hinsicht in den Pionierstädten der Einzelhandel zur Versorgung der städtischen und ländlichen Bevölkerung sowie die für alle Pionierfronten typischen Bereiche der Holzverarbeitung (Sägereien etc.) und der Vermarktung und ersten Aufbereitung der landwirtschaftlichen Produktion (Zwischenhändler, Reismühlen, Kaffeeschälmaschinen etc.).

Insgesamt sind jedoch die Pionierstädte weniger *Orte der Produktion* als vielmehr Handels– und *Austauschorte*. Sie werden zu den *Drehscheiben* zwischen Zentrum und Peripherie.

IV. Zu den Lebens- und Produktionsbedingungen sowie zum Prozeß sozio-ökonomischer Differenzierung der Kolonistenbevölkerung am Beispiel der Untersuchungen im PIC Ouro Preto

Nachdem in den letzten Abschnitten die Grundzüge der jungen Erschließung Rondônias im Rahmen der Agrarkolonisation seit 1970, die Lenkung dieser Agrarkolonisation durch den Staat sowie die Tendenzen der Landnutzung und Agrarproduktion der Pionierfront-Landwirtschaft auf regionaler Ebene dargestellt wurden, sollen im Folgenden anhand von Befragungsergebnissen aus den drei engeren Untersuchungsbereichen im PIC *Ouro Preto*, den ländlichen Einzugsgebieten der NUARs *Teixeirópolis*, *Nova Colina* und *Nova União*, der kleinräumige Gang der Kolonisation in den unterschiedlichen Formen der Landaneignung, in unterschiedlichen agrarsozialen Verhältnissen, die Differenzierung einzelbetrieblicher Landnutzung und Agrarproduktion und somit letztendlich die sozio-ökonomische Differenzierung und Stratifizierung der Kolonistenbevölkerung, deren Lebenssituation auf den ersten Blick aufgrund meist ähnlicher Ausgangsbedingungen in ökonomischer und sozialer Hinsicht als relativ homogen erscheinen mag, am Fallbeispiel eingehender analysiert werden.

IV.1. Die engere Untersuchungsregion

IV.1.1. Einige allgemeine Bemerkungen zur Raumorganisation des Kolonisationsprojektes PIC *Ouro Preto* und angrenzender Raumeinheiten

Das 1970 gegründete PIC *Ouro Preto* ist das älteste und mit insgesamt 5.162 offiziell angesiedelten Familien (siehe Tab. 34) auch heute noch das größte der Siedlungsprojekte des INCRA in Rondônia. Die Ansiedlung dieser Kolonisten erfolgte in verschiedenen Etappen, die, in Abhängigkeit von der ständig steigenden Nachfrage nach Siedlungsland in den 70er Jahren, einer sukzessiven räumlichen Erweiterung des ursprünglich geplanten Projektes entsprach (vgl. Karte 19). So wurde das ursprüngliche Projektgebiet in einem schmalen Streifen zu beiden Seiten der BR 364, der 1970 begonnene sog. Sektor *POP 1* mit insgesamt 681 Siedlungsparzellen von jeweils 100 ha[1], noch im gleichen Jahr 1970 um den Sektor *POP 2* (mit insgesamt 952 100 ha-Parzellen) erweitert (vgl. Karte 19). In diesem bis 1973/74 aufgeteilten Sektor liegt mit dem Einzugsbereich des NUAR *Teixeirópolis* (von

---

[1] Einige Parzellen am nordwestlichen Rand des POP 1 nach Jaru zu sind 200 ha groß und waren besonders für größere, Viehzucht betreibende Kolonistenbetriebe vorgesehen — sog. Setor Pecuária, vgl. Karte 20.

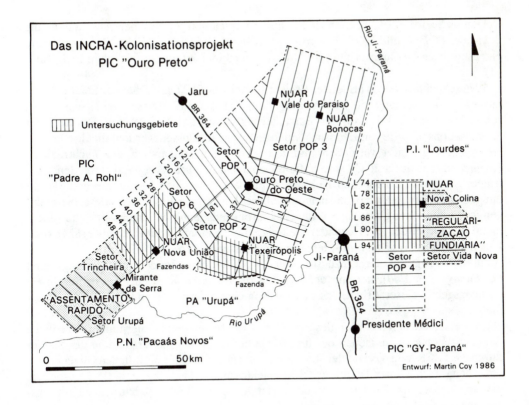

Karte 19

der *linha 16* bis zur *linha 32* der *linha 31*[1]) eines der Untersuchungsgebiete dieser Arbeit, das somit zu den älteren Sektoren des Projekts zählt.

Ab 1973/74 wurde auf der anderen Seite der BR 364 mit der Erschließung und Verteilung von 100 ha–Parzellen im sog. Sektor *POP 3* begonnen (vgl. Karte 19), der insgesamt 1.934 *lotes* umfaßt und damit der größte Teilbereich des PIC *Ouro Preto* ist[2].

1974 wurde, räumlich getrennt von den ersten drei Projektsektoren, der Sektor *POP 4* (genannt *Setor Riachuelo*) östlich von Ji–Paraná begonnen. Dieser Sektor umfaßt 937 100 ha–Parzellen und geht nach Süden in das Siedlungsprojekt PIC *Gy–Paraná* über (vgl. Karte 19). Das zweite Untersuchungsgebiet dieser Arbeit, der Einzugsbereich des NUAR *Nova Colina* (an der *linha 82*) zwischen den *linhas 74* und *94*, liegt in diesem Projektbereich.

---

1) Die Benennung der Stichstraßen (linhas) entspricht ihrer km–Entfernung von der BR 364, die linha 31 ist die höherrangige Erschließungsstraße.
2) Die beiden NUARs in diesem Sektor Vale do Paraíso und Bonocas gehören zur Gruppe der erst 1983/84 zuletzt eingerichteten NUARs, sie befanden sich zum Untersuchungszeitpunkt erst im Bau.

Der als Sektor *POP 5* begonnene Siedlungsbereich im nordöstlichen Anschluß an die Sektoren *POP 1* und *POP 3* wurde 1975 als PIC *Padre Adolpho Rohl* zu einem eigenständigen Siedlungsprojekt im Umkreis der Pionierstadt Jaru erhoben (vgl. Karte 11).

1976 schließlich wurde als letzter Projektbereich des PIC *Ouro Preto* der Sektor *POP 6* ausgewiesen (insgesamt 650 100 ha– Parzellen) (vgl. Karte 19). Dieses Gebiet war jedoch schon im gleichen Jahr vor der Parzellierung durch das INCRA mit Duldung der Kolonisationsbehörde von Landsuchenden spontan erschlossen worden, die ihre Parzellen selbst organisiert vermaßen und absteckten, um sodann auf die nachträgliche Regularisierung durch INCRA zu hoffen. Dabei kam es nach Aussage verschiedener befragter Siedler zu erheblichen Konflikten mit den ehemaligen Eigentümern sowie mit einigen Großgrundbesitzern, die in unmittelbarer Umgebung dieses Siedlungsgebietes ungenutzte Ländereien ehemaliger Kautschukbarone aufgekauft hatten und sich nun zunehmend dem Druck der vordringenden kleinbäuerlichen Pionierfront gegenüber sahen (bes. Fazenda *Aninga* und *Dínamo* – letztere heute Fazenda *Citrosuco* vgl. Karte 19).

Im *POP 6* liegt mit dem Einzugsbereich des NUAR *Nova União* (am Kreuzungspunkt der *linhas 81* und *40*), der von der *linha 28* bis zur *linha 48* reicht, das dritte Untersuchungsgebiet dieser Arbeit, das sich somit in einem der jüngeren Projektbereiche befindet.

Die verschiedenen Sektoren des PIC *Ouro Preto* bieten den Siedlern unterschiedliche Ausgangsbedingungen. Neben der unterschiedlichen Anfangsunterstützung der Siedler durch das INCRA im Verlauf der 70er Jahre[1] sind besonders die natürlichen Gegebenheiten in den verschiedenen Teilräumen des Projektes unterschiedlich. So sind z. B. besonders die Böden des *Setor Riachuelo* von insgesamt geringerer landwirtschaftlicher Nutzungseignung als die der übrigen Sektoren[2].

Dies hat auch insofern für den Kolonisten erhebliche sozio–ökonomische Konsequenzen, als z.B. die Kakaobehörde CEPLAC Kreditvergabe und Anbauberatung – und damit den gesamten staatlich geförderten Kakaoanbau – im PIC *Ouro Preto* mit dem Argument der nicht ausreichenden Nutzungseignung mancher Teilräume v.a. auf die Sektoren *POP 1*, *POP 2* und *POP 3* in Bereichen relativ nahe der BR 364 beschränkt (mdl. Inf. Sr. Silveira, CEPLAC, Ouro Preto do Oeste, 18.6.1984).

Zusätzlich bieten die später eingerichteten Sektoren des PIC *Ouro Preto* den Siedlern durch die größere Entfernung von der BR 364 – und damit von den beiden einzigen Städten im oder in der Nähe des immerhin ca. 5.130 km^2 großen Projektgebietes[3], Ji-Paraná und Ouro Preto do Oeste, in denen alle infrastrukturellen Einrichtungen konzentriert sind – ungleich schwierigere Lebensbedingungen als die älteren Bereiche des *POP 1* entlang der BR 364.

Auch wenn sich seit Ende der 70er Jahre mit dem Bau der *linhas* auch in diesem Bereich die Lebenssituation erheblich verbessert hat, so ist doch der entwicklungshemmende

---

1) Nur die Siedler des POP 1 erhielten umfangreiche materielle Anfangshilfe der Landbehörde.
2) Vgl. auf Karte 4 die E Ji-Paraná liegenden Gebiete, zu den Böden des PIC Ouro Preto insgesamt SILVA et al. 1973 und BARBOSA 1983.
3) Das entspricht mehr als der doppelten Fläche des Saarlandes.

Einfluß des Distanzfaktors auf die dauerhafte landwirtschaftliche Erschließung, auf Vermarktungsmöglichkeiten und besonders auf die Versorgungssituation der Landbevölkerung in manchen Teilräumen des PIC *Ouro Preto*, dessen längste zentrale Erschließungsstraße, die *linha 81*, sich immerhin ca. 85 km von der BR 364 aus ins Hinterland erstreckt, nicht zu übersehen.

Die Gesamtfläche des PIC *Ouro Preto* mit seinen 5 Sektoren beträgt 512.585 ha. Auf den über 5.000 Siedlungsparzellen dürften nach Schätzungen von INCRA-Beamten heute neben den 5.162 offiziell angesiedelten Familien mindestens nochmal so viele Familien[1] leben (mdl. Inf. INCRA-executor des PIC *Ouro Preto*, Ouro Preto do Oeste, 11.6.1984).

Da die Landnachfrage in der Region Ouro Preto/Ji-Paraná auch nach Abschluß der Ansiedlung im PIC *Ouro Preto* in der zweiten Hälfte der 70er Jahre unvermindert groß war, wurden 1981 im Rahmen des *Assentamento Rápido* zwei sich an den Sektor *POP 6* südwestlich anschließende Siedlungsbereiche ausgewiesen, der *Setor Trincheira* mit 866 Parzellen und der *Setor Urupá* mit 384 Parzellen deren Größe i.d.R. jetzt nur noch 50 ha, in den Gebieten besonders ungünstiger Böden jedoch auch 100 ha bis zu 500 ha betrug (vgl. Karte 19 und 20).

In diesem Gebiet hat sich bei km 58 der *linha 81* eine kleine Spontansiedlung, *Mirante da Serra*, die nach ursprünglichen Plänen ebenfalls zum NUAR ausgebaut werden sollte, gebildet (vgl. Karte 19). Viele der Parzellen der Sektoren *Trincheira* und *Urupá* sind bis heute, trotz restloser Verteilung aller *lotes* durch INCRA bis 1982, aufgrund der fehlenden Erschließungsstraßen und der dadurch besonders schwierigen Lebenssituation, auch aufgrund der in manchen Teilen besonders ungünstigen Böden, nicht bewohnt bzw. z.T. wieder verlassen[2].

Schließlich wurde im Rahmen des 1981 beschlossenen POLONOROESTE-Programms als Reaktion auf die unvermindert fortbestehende Landnachfrage der in zunehmender Zahl nach Rondônia kommenden Migranten das neue Kolonisationsprojekt *Urupá* im südwestlichen Anschluß an den Sektor *POP 2* eingerichtet (vgl. Karte 20). Das PA *Urupá*, das in seiner bisher realisierten ersten Stufe mit einer Kapazität von ca. 1.200 Parzellen ein relativ kleines Projekt ist (Gesamtfläche ca. 75.500 ha), verfolgt bereits als Reaktion auf die Erfahrungen der 70er Jahre ein modifiziertes Siedlungsmuster. Wesentlichstes Kennzeichen sind erheblich kleinere Nutzungsparzellen für die einzelnen Siedler (im Durchschnitt ca. 30 ha, siehe auch Karte 20), die von der Kolonisationsbehörde mit der relativ günstigen Nutzungseignung der hier dominierenden Böden (*red-yellow-podzolic-soils*, eutrophe Latosole) begründet werden. Eine weitere Modifikation ist mit der Ausweisung von sog. *Block-Waldreserven* (*reservas em bloco*) gegeben, die als größere zu schützende Waldgebiete innerhalb des Kolonisationsareals die einzelbetriebliche Waldreserve von 50 % der Gesamtparzelle (nach dem *Côdigo Florestal* s.o.) ablösen sollen. Schließlich muß als wesentliche Veränderung — besonders gegenüber dem Assentamento Rápido — die Erstellung der *linhas* vor der Ansiedlung sowie die Ausweisung von kleineren *núcleos* (sog. *núcleos secundários* mit Schule und Gesundheitsposten) für einzelne

---

1) Als agregados, als Pächter oder Eigentümer von Parzellenteilen.
2) Nach Angaben des INCRA-executors des PIC Ouro Preto dürfte der Anteil der verlassenen lotes 1984 in diesen Sektoren bei ca. 30 % gelegen haben — mdl. Inf. Ouro Preto do Oeste, 11.6.84.

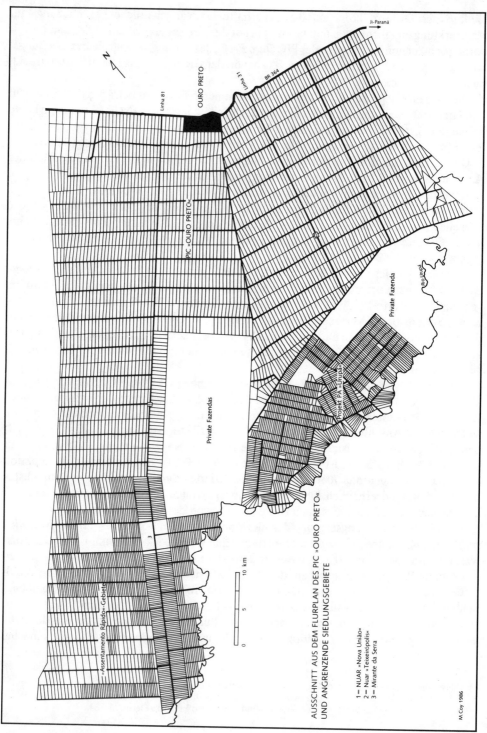

Karte 20

AUSSCHNITT AUS DEM FLURPLAN DES PIC »OURO PRETO«
UND ANGRENZENDE SIEDLUNGSGEBIETE

1 — NUAR »Nova União«
2 — Nuar »Teixeirópolis«
3 — Mirante da Serra

Nachbarschaften und eines zentralen *núcleos* (sog. *núcleo principal*) mit Schule, Gesundheitsposten, Projektverwaltung, Posten der verschiedenen bundesstaatlichen Dienste etc. angesehen werden (vgl. zum PA *Urupá* auch Kap. V.5.).

Mit dem Sektor *Vida Nova* finden wir schließlich im östlichen Anschluß an den *Setor Riachuelo* (vgl. Karte 19) neben den verschiedenen beschriebenen Formen der offiziellen Ansiedlung in der Region Ji–Paraná/Ouro Preto do Oeste ein Gebiet ursprünglich spontaner Landnahme durch *posseiros*, das später im Rahmen der *regularização fundiária* durch INCRA eigentumsrechtlich regularisiert wurde. Nach Abschluß der Ansiedlung im *Setor Riachuelo* 1975/76 wurde dieses Gebiet, das zum damaligen Zeitpunkt der Jurisdiktion der Indianerbehörde FUNAI als Teil des Indianerreservats *Lourdes* (vgl. Karte 11) unterstand, von Landsuchenden spontan durch selbstorganisierte Verlängerung der *linhas* und selbstorganisiertes Abstecken von 100 ha–Parzellen besetzt. Nachdem so durch die *posseiros* ein *fait accompli* geschaffen worden war, wurde das ca. 53.000 ha große Areal dem INCRA transferiert, was u.a. die zum damaligen Zeitpunkt besonders deutliche Unterordnung der Interessen der indianischen Bevölkerung unter die der Agrarkolonisation und die institutionelle Schwäche der Indianerbehörde FUNAI im Vergleich zur Kolonisationsbehörde INCRA belegt. 1977 begann schließlich im Rahmen der *regularização fundiária* die offizielle Vermessung der Parzellen, der Vortrieb der *linhas* in das ehemalige Invasionsgebiet und schließlich die Landtitelvergabe. Der Sektor *Vida Nova* umfaßt insgesamt 563 Parzellen von zumeist 100 ha, deren größter Teil heute mit einem *Título definitivo* ausgestattet ist (mdl. Inf. Sr. Lourival, INCRA, PF Jaru–Ouro Preto, Ji–Paraná, 15.6.1984)[1].

Naturräumlich ist der Sektor *Vida Nova* durch S–N verlaufende Gebirgsriegel, aufgebaut v.a. durch die hier anstehenden Granite der *Serra da Providência* (vgl. Karte 3), in weiten Bereichen vom *Setor Riachuelo* abgetrennt. Diese Riegel, über die die Erschließungsstraßen geführt werden mußten, sind besonders in der Regenzeit aufgrund ihres starken Gefälles nur schwer zu überwinden. Der Straßenzustand ist zumeist so schlecht, daß jeder Transport[2] erheblich behindert, z.T. sogar unmöglich gemacht wird, was zu einer deutlichen Beeinträchtigung der Lebenssituation der Siedler des Sektor *Vida Nova* führt (Interviews mit Siedlern des Sektor *Vida Nova* Oktober 1983).

Somit liegen im Untersuchungsgebiet Ji–Paraná/Ouro Preto do Oeste Beispiele für alle in Rondônia zu beobachtenden Formen spontaner und gelenkter kleinbäuerlicher Landnahme im Rahmen der Agrarkolonisation sowie Beispiele für die in der zeitlichen Abfolge der 70er Jahre unterschiedlichen Siedlungsmuster und Erschließungshindernisse der Pionierfront Rondônia vor.

Zusätzlich zur kleinbäuerlichen Pionierfront existieren im Untersuchungsgebiet mit einer Reihe großer Fazendas für amazonische Pionierfronten typische Formen des ländlichen Großgrundbesitzes, geprägt durch unterschiedliche Nutzungs–, bzw. Spekulationsinteressen sowie unterschiedliche Formen der Produktionsorganisation in jeweils unterschiedlicher rechtlicher Situation.

---

1) Inzwischen ist das spontane Vordringen der Pionierfront über die Grenzen dieses Gebiets hinaus bereits in den benachbarten Bundesstaat Mato Grosso fortgeschritten.
2) Sowohl der Omnibusverkehr als auch der Abtransport der landwirtschaftlichen Produktion.

Beispielhaft zu nennen sind v.a. die beiden Fazendas *Aninga* (ca. 12.000 ha) und *Citrosuco* (ca. 9.000 ha) im südöstlichen Anschluß an den Sektor *POP 6* des PIC *Ouro Preto* (vgl. Karten 19, 20). Beide Betriebe wurden erst Mitte der 70er Jahre durch den Kauf der Eigentumsansprüche ehemaliger Kautschukbarone durch finanzstarke Firmen mit Sitz außerhalb Rondônias gebildet. Beide Fazendas gehören heute zur Firmengruppe *Fischer* mit Sitz in Rio de Janeiro, deren bedeutendste Unternehmen die Großreederei *Navegação Aliança S. A.* sowie mehrere große Orangenplantagen im Bundesstaat São Paulo mit Verarbeitungsanlagen (Orangensaft–Konzentrat) sind (mdl. Inf. Herr Carl Fischer, Rio de Janeiro 26.4.1983). Die Fazenda *Citrosuco* wurde erst 1984 durch Fischer von dem Vorbesitzer, der *Grupo Dínamo* mit Sitz in Belém[1], erworben. Beide Fazendas sind mit Eigentumstiteln ausgestattet. Eine landwirtschaftliche Nutzung ist bisher hauptsächlich auf die Fazenda *Aninga* beschränkt, wo in der zweiten Hälfte der 70er Jahre, nach anfänglichen Versuchen mit dem Kaffeeanbau, ca. 200 ha Kakao– und ca. 100 ha Kautschuk–Pflanzungen angelegt wurden. Nach insgesamt nur teilweise zufriedenstellendem Erfolg mit diesen Kulturen (hohe Arbeitsintensität, Problem der *vassoura–de–bruxa* bei Kakao) wird seit 1983 der Schwerpunkt auf die extensive Rinderweidewirtschaft gelegt. 1983 wurden ca. 500 ha, 1984 weitere 1.000 ha Neurodungen in Kunstweide umgewandelt. Der Rinderbestand betrug im Juni 1984 ca. 500 Nelore–Rinder mit stark ansteigender Tendenz (mdl. Inf. Sr. Gabriel Escudero, Aninga/FRICOM, Ouro Preto do Oeste, 15.6.1984).

Der größte Betrieb des Untersuchungsgebietes ist die Fazenda *Rio Candeias*, die 1984 ca. 33.000 ha Land zwischen dem Sektor *POP 2* und dem Projekt PA *Urupá* beanspruchte (vgl. Karten 19, 20). Eigner dieses Gebiets ist die Firmengruppe *Grupo De Zorzi* mit Sitz in Caxias do Sul/Rio Grande do Sul, die ihren Tätigkeitsschwerpunkt v.a. in der Holzverarbeitung und Möbelproduktion hat. Die Besitztitel der Firma für das beanspruchte Gebiet werden von INCRA jedoch nicht anerkannt. Es handelt sich hier also um einen Fall von *grilagem*, d.h. der widerrechtlichen Landaneignung im großen Stil durch dubiose oder falsche Eigentumstitel. Wesentlichstes ökonomisches Interesse der Firma ist die Holzextraktion im Gebiet der Fazenda *Rio Candeias* zur Weiterbearbeitung des Rohholzes in der ebenfalls zur *Grupo De Zorzi* gehörenden Großsägerei *Madereira Urupá* in Ji–Paraná (s.o.) und schließlich zur Weiterverarbeitung in den firmeneigenen Betrieben in Südbrasilien. Daneben existieren im Rahmen extensiver Rinderweidewirtschaft auf der Fazenda ca. 2.700 ha Kunstweideflächen (Stand 1984) mit maximaler Viehbestockung von ca. 2.300 Nelore–Rindern (mdl. Inf. des Verwalters der Fazenda *Rio Candeias*, Ji–Paraná, 5.7.1984).

Bereits diese wenigen Beispiele zeigen, daß im Untersuchungsgebiet trotz der Dominanz der kleinbäuerlichen Pionierfront als raumgestaltendem Faktor auch der für die meisten Pionierregionen Amazoniens typische Gegensatz und Konflikt zwischen klein– und großbetrieblicher Nutzung, zwischen Reproduktions– und Überlebensinteressen einer bäuerlichen Bevölkerung und ökonomischen *Gewinnmaximierungs*– bzw. Spekulationsinteressen großer Firmen, d.h. letztendlich der Gegensatz zwischen verschiedenen *Produktionsweisen* als Kennzeichen verschiedener Pionierfront–Formen, mit denen sich auf lokaler Ebene die generellen sozio–ökonomischen Disparitäten der brasilianischen Gesellschaft auch an der Pionierfront reproduzieren, beobachtbar ist.

---

1) Diese Firma ist besonders in der Holzextraktion in Rondônia im großen Stil engagiert.

Schließlich sind im Untersuchungsgebiet Ji–Paraná/Ouro Preto do Oeste mit dem Indianerreservat *Parque Indígena Lourdes* NE des *Setor Riachuelo* und dem Nationalpark *Parque Nacional do Pacaás Novos*, der seit 1985 weitgehend von dem ca. 1,8 Mio. ha Indianerreservat der *Uru–Eu–Wau–Wau*–Indianer räumlich überdeckt wird, zwei weitere wichtige Faktoren der sozialen und räumlichen Organisation der Pionierfront Rondônia vertreten (vgl. Karte 11) (zur Problematik der Landkonflikte mit der kleinbäuerlichen Pionierfront in diesen Gebieten vgl. Kap. III.1.).

IV.1.2. Die Befragungsgebiete:
Die Einzugsbereiche der 3 NUARs *Teixeirópolis*, *Nova Colina* und *Nova União*

Allein schon aufgrund der enormen räumlichen Ausdehnung der Siedlungsgebiete in Rondônia insgesamt und der Größe des PIC *Ouro Preto* schien es notwendig, die eigenen Befragungen von Kolonisten auf ausgewählte Teilbereiche des Projektes zu beschränken. Da ein wichtiger Aspekt der empirischen Arbeit, neben der Analyse der Lebenssituation und Produktionsbedingungen der ländlichen Bevölkerung, die Problematik der aktuellen Umsetzung staatlicher Planung am Beispiel des POLONOROESTE–Programms sein sollte, erschien die Beschränkung der Befragung auf die Einzugsbereiche der drei 1983 bereits eingerichteten NUARs des PIC *Ouro Preto*, auf die sich die Einzelmaßnahmen von POLONOROESTE zur Integrierten Ländlichen Entwicklung konzentrieren, sinnvoll. Zusätzlich stellen diese drei Gebiete durch ihre Zugehörigkeit zu unterschiedlichen Projektsektoren mit jeweils unterschiedlichem Siedlungsbeginn gewissermaßen einen *Querschnitt* durch die unterschiedlichen Situationen des PIC *Ouro Preto* dar. Außerdem liegen zu den älteren Sektoren des Projekts bereits einige, wenn auch meist weniger umfangreiche Analysen vor (z.B. VALVERDE 1979, S. 92 ff., THERY 1976, PACHECO 1979, LOPES 1983, LENA 1982, FURLEY, LEITE 1985).

Gleichzeitig konnte jedoch der Autor durch zahlreiche Besuche und informelle Interviews mit Kolonisten anderer Teilbereiche des PIC *Ouro Preto* sowie der übrigen Kolonisationsprojekte Rondônias, besonders in den Regionen Cacoal und Ariquemes, vergleichende Beobachtungen zur eigenen Befragung machen. Schließlich konnten durch viele Interviews mit den Vertretern der verschiedensten, in den Siedlungsgebieten agierenden Institutionen[1] sowie durch Begleitung dieser Vertreter bei ihrer Arbeit vor Ort unzählige Zusatzinformationen gewonnen werden.

Die Verwendung des Begriffs *Einzugsbereich der NUARs*[2] muß hier insofern einschränkend erläutert werden, als es sich hierbei nicht um einen durch die tatsächliche Reichweite der in den NUARs existierenden zentralen Dienste öffentlicher und privater Natur definierten Raumausschnitt handelt, sondern um durch die entsprechenden Planungsinstitutionen festgelegte Aktionsbereiche der in den NUARs installierten öffentlichen Dienste. Das tatsächliche Einzugsgebiet eines jeden NUAR kann hiervon

---

1) V.a. INCRA, EMATER–RO, SEAG–RO, SETRAPS–RO, munizipale Behörden, Vertreter der Kirchen etc.
2) Abgeleitet von der im lokalen Sprachgebrauch üblichen Benennung área de abrangência dos NUAR.

naturgemäß, in Abhängigkeit von Lokalisierung und Attraktivität des NUAR, erheblich abweichen. Es ließe sich jedoch derzeit in allen Fällen aufgrund der noch sehr kurzen Existenz der *núcleos* und der deshalb noch im Anfangsstadium befindlichen Differenzierung ihrer zentralen Funktionen auch nur unzureichend abgrenzen (vgl. hierzu auch Kap. V.4.1.).

Die definierten Einzugsbereiche der 3 NUARs erstrecken sich auf jeweils 6 *linhas* (im Falle des NUAR *Teixeirópolis* auf 5 *linhas*). Die Gesamtzahl der *lotes* in den 3 Einzugsbereichen beträgt 1.117, das entspricht ca. 22 % der Gesamtzahl der Siedlungsparzellen des PIC *Ouro Preto*. Die Parzellenzahl der drei definierten Einzugsbereiche ist mit 379 Parzellen an den *linhas 16, 20, 24, 28* und *32* im Falle des NUAR *Teixeirópolis*, 371 *lotes* an den *linhas 74, 78, 82, 86, 90* und *94* im Fall des NUAR *Nova Colina* und 367 *lotes* an den *linhas 28, 32, 36, 40, 44* und *48* im Falle des NUAR *Nova União* fast gleichverteilt.

Mit jeweils 30 Befragungen konnten für die Gebiete der NUARs *Teixeirópolis* und *Nova União* 7,9 % bzw. 8,2 % der *lote*–Gesamtzahl in den Einzugsbereichen erfaßt werden. Im Fall *Nova Colina* wurden durch 19 Befragungen ca. 5 % aller Siedlungsparzellen des Einzugsgebietes erreicht.

Jedoch muß hierbei berücksichtigt werden, daß die tatsächliche Zahl der in den Einzugsbereichen der NUARs lebenden Familien, wie im gesamten PIC *Ouro Preto*, erheblich höher liegt, als die Summe der Siedlungsparzellen vermuten lassen könnte. Dies ergibt sich durch die große Anzahl von Halbpächtern (*meeiros*), *agregados* und Eigentümern von Parzellenteilen, die in allen Gebieten festzustellen sind. Hierzu gibt es jedoch keinerlei verläßliche, offizielle Datengrundlage, zumal die Ergebnisse der Volkszählung von 1980 bei der enorm hohen Dynamik und Fluktuation der Bevölkerung in den Kolonisationsgebieten durch Zu- und Abwanderung als überholt angesehen werden müssen.

Die Annahme von mindestens zwei Familien pro Siedlungsparzelle erscheint auch aufgrund der Befragungsergebnisse, die insgesamt ein Verhältnis von 2,2 Familien/pro *lote*[1] ergaben, für die Untersuchungsgebiete nicht zu hoch, sodaß sich eine Gesamt–Familienzahl pro definiertem NUAR–Einzugsbereich von mindestens ca. 800 Familien[2] ergeben würde[3].

Die räumliche Dimension der jeweiligen Einzugsbereiche wird deutlich, wenn wir die Länge der einzelnen Stichstraßen, an denen die Siedlungsparzellen liegen, und der sie verbindenden Erschliessungsstraße in ihrem Verlauf im NUAR–Einzugsbereich addieren, wobei sich jeweils für *Teixeirópolis* ca. 115 km, für *Nova Colina* ca. 112 km und für *Nova União* ca. 110 km errechnen. Die Entfernung zwischen den weitest auseinanderliegenden *linhas* eines jeweiligen Einzugsbereiches beträgt zwischen 16 und 20 km, die Länge der einzelnen Stichstraßen zwischen ca. 14 und ca. 24 km.

---

1) 2 Fam/lote für den Einzugsbereich des NUAR Nova União, 2,3 Fam/lote für Nova Colina und 2,4 Fam/lote für Teixeirópolis.
2) Bei einer üblicherweise angenommenen Familiengröße von ca. 6 Personen einer Einwohnerzahl von ca. 4.800 pro Einzugsbereich entsprechend.
3) Zuzüglich der in den NUARs selbst lebenden Familien – siehe hierzu Kap. V.4.2.

Die einzelnen *linhas* sind meist nur über eine Erschließungsstraße (ebenfalls *linha* genannt) verbunden. Über diese zentrale Erschließungsstraße werden die Einzugsbereiche der NUARs an die BR 364 bzw. im Falle *Nova Colina* an das munizipale Straßennetz von Ji–Paraná angebunden. Für *Teixirópolis* ist dies die *linha 31*, über die auch ein Großteil des Transports in das weiter entfernte PA *Urupá* läuft, für *Nova União* die *linha 81*, über die ebenso die Siedlung *Mirante da Serra* und die umliegenden Kolonisationsgebiete erschlossen werden (vgl. Karte 19). *Linha 31* und *linha 81* sind die beiden Straßen mit dem höchsten Fahrzeug– und Transportaufkommen[1] im PIC *Ouro Preto*. Für das Gebiet *Nova Colina* fungiert als Erschließungsstraße die *linha 128*, die alle Stichstraßen des *Setor Riachuelo* miteinander verbindet (vgl. Karte 19).

Die Entfernung vom nächsten zentralen Ort[2] ist je nach Lage der Siedlungsparzelle im Einzugsbereich des NUAR unterschiedlich. Sie beträgt bei *Teixeirópolis* zwischen 25 km und ca. 55 km, bei *Nova União* zwischen 32 km und 67 km und bei *Nova Colina* zwischen ca. 25 km und ca. 60 km.

IV.2. Landeigentumsverhältnisse und ihre Veränderungstendenzen

Grundlage für die folgenden Ausführungen ist die These, daß sich selbst in Gebieten, die aufgrund ihrer Strukturierung als geplante Siedlungsgebiete gleiche oder zumindest ähnliche Ausgangsbedingungen für Kolonisten mit ähnlichem sozio–ökonomischem und kulturellem Hintergrund zu bieten scheinen, innerhalb von nur relativ kurzer Zeit durch interne und externe Faktoren verursachte Differenzierungsprozesse dieser Kolonistenbevölkerung feststellen lassen.

Diese Differenzierungsprozesse sind einmal Ausdruck unterschiedlicher Überlebensstrategien der ländlichen Bevölkerung, wie sie sich z.B. in unterschiedlichen landwirtschaftlichen Nutzungsformen, in unterschiedlicher Setzung der Produktionsschwerpunkte, im unterschiedlichen Grad der Marktintegration, in unterschiedlicher Nutzung von Vorleistungen (z.B. staatlicher Kreditangebote etc.), d.h. letztlich in unterschiedlichem Anpassungsvermögen an sich verändernde Rahmenbedingungen und regionale Situationen — wobei dies sowohl in ökonomischer als auch in ökologischer Hinsicht verstanden werden kann — manifestieren.

In größerem Rahmen sind diese Differenzierungsprozesse zu sehen als Teil der Reproduktion sozio–ökonomischer Ungleichheiten an der Peripherie durch den prozeßsteuernden Einfluß sozialer, ökonomischer und politischer Regelungsmechanismen, wie sie *Produktionsweisen* und *sozialen Wandel* der disparitär strukturierten brasilianischen Gesellschaft insgesamt kennzeichnen.

Diese Reproduktion von Ungleichheiten kann interpretiert werden als Ausdruck einer Polarisierung regionaler, gesellschaftlicher Strukuren, mithin als gesellschaftliche *Peripherisierung* der räumlichen Peripherie. Differenzierung und Stratifizierung der Kolonistenbevölkerung sind v.a. Ausdruck sozialräumlicher Wandlungsprozesse seit

---

1) Und damit auch mit der höchsten Belastung und während der Regenzeit immer wiederkehrenden Beschädigung, denn alle linhas sind einfache, meist unbefestigte Erdstraßen.
2) Ouro Preto do Oeste für Teixeirópolis und Nova União, Ji–Paraná für Nova Colina (vgl. Karte 19).

Beginn der Pionierfrontentwicklung Anfang der 70er Jahre. Die Analyse sozio-ökonomischer Strukturmerkmale und ihres Wandels im jeweiligen räumlichen Kontext stellt aber auch gleichzeitig die grundlegende Basis für die Beurteilung von Möglichkeiten und Grenzen staatlicher Planung und Regionalentwicklung — wie sie in einem späteren Abschnitt folgt — dar.

IV.2.1. Zu den verschiedenen Formen des Landzugangs der im PIC *Ouro Preto* befragten Kolonisten

Ein erster wesentlicher Faktor zu beobachtender Differenzierungsprozesse im ländlichen Raum der Pionierfront Rondônia ist im unterschiedlichen Zugang zum Landeigentum im Verlauf der Kolonisation seit Anfang der 70er Jahre zu sehen, wie bereits an dem kleinen Ausschnitt der 79 im PIC *Ouro Preto* befragten Kolonisten zu erkennen ist (vgl. zum Nachfolgenden Tab. 48).

Nur 20 der 79 befragten Kolonisten (d.h. 25 %) haben ihr heute bewirtschaftetes Land in der für die staatlich gelenkte Ansiedlung in den rondonensischen Kolonisationsgebieten typischen Form des Landerwerbs, nämlich durch Landzuteilung der Kolonisationsbehörde INCRA, erhalten (vgl. Tab. 48). Zu diesen 20 durch INCRA direkt Angesiedelten können die 14 ehemaligen *posseiros* im Einzugsgebiet des NUAR *Nova União*, die mit Duldung der Landbehörde und in Erwartung der Regulierung ihrer Landeigentumsrechte durch INCRA die Parzellen selbst organisiert in Besitz genommen haben, sowie die 5 ehemaligen *posseiros* in den übrigen Befragungsgebieten hinzugerechnet werden. D.h. es ergibt sich mit 39 Befragten ein Prozentsatz von 49 % der befragten Siedler, die ihr heutiges Land als ungerodetes Neuland erhalten bzw. in Besitz genommen und erschlossen haben. Der weitaus größte Teil dieser 39 Siedler, nämlich 29 (das entspricht 75 %), haben entsprechend in der frühesten Erschließungsphase der jeweiligen Befragungsgebiete[1] mit der Inwertsetzung ihres Landes begonnen.

Insgesamt 32 Befragte (das sind 41 %) haben ihren heutigen Betrieb durch den Kauf von Siedlungsland, das von vorher durch INCRA angesiedelten Kolonisten bereits partiell erschlossen war, erworben. Zeitlich gesehen liegt dabei nur bei wenigen der Kauf des Landes bereits in der ersten Zeitphase der Erschließung der jeweiligen Befragungsgebiete. In den meisten Fällen erfolgte der Landkauf mit einem Abstand von einigen Jahren zum Ansiedlungs- und Erschließungsbeginn der einzelnen Teilregionen (bei immerhin 13 Befragten, d.h. 41 der befragten Landkäufer, lag er erst 1980 und später) (vgl. Tab. 48). Bei den im Befragungsgebiet *Nova União* zahlreicher festzustellenden Landkäufern in der anfänglichen Erschließungsphase (vgl. Tab. 48) handelt es sich i.d.R. um Kolonisten, die die Besitzrechte ehemaliger *posseiros* erworben haben, die lediglich an einer anfänglichen Landnahme, nicht jedoch an dauerhafter Erschließung des Landes interessiert waren. Ähnliches gilt für die Landkäufer während der ersten Erschließungsphase der übrigen Befragungsgebiete.

Daß es sich bei diesem zu beobachtenden Kauf von bereits inwertgesetztem Land nicht nur um eine Veränderung der Formen der Landnahme im Zeitablauf durch Verknappung

---

1) Bei Teixeirópolis und Nova Colina bis 1975, bei Nova União bis 1979, v.a. 1976 und 1977.

des Landangebots durch INCRA, sondern auch um einen sozio-ökonomischen Wandel der Kolonistenbevölkerung handelt, wird daran deutlich, daß 20 der 32 insgesamt befragten Landkäufer (d.h. 63 %) schon in ihren Herkunftsgebieten Landeigentümer waren, während dieses Verhältnis bei den übrigen Befragten (also den durch INCRA Angesiedelten, den ehemaligen *posseiros* und den Landlosen) nur 13 ehemalige Landeigentümer bei 47 Befragten (d.h. 28 %) betrug (vgl. auch Tab. 12).

Das heißt also, daß sich — wie ja auch bei der Analyse der Migrationsabsichten im Zeitverlauf von 1970 bis 1984 festgestellt werden konnte (vgl. Tab. 16) — bereits an den unterschiedlichen Formen des Zugangs zum Siedlungsland eine Differenzierung der Kolonistenbevölkerung in den eigentlich homogen strukturierten, ländlichen Siedlungsgebieten erkennen läßt. Migranten, die durch Landverkauf in ihren Herkunftsräumen über eine größere Kapitalausstattung verfügen als die eigentliche Klientel der INCRA-Projekte in Rondônia[1], *überspringen* mit dem Kauf bereits gerodeten Siedlungslandes die durch fehlende Infrastrukturen, fehlende akzeptable Behausung etc. besonders schwierige anfängliche Rodungsphase. Sie können z.T. Land kaufen, das beispielsweise durch Anlage von Dauerkulturflächen durch den Vorbesitzer bereits zum Zeitpunkt des Kaufs — oder zumindest in naher Zukunft — Gewinn verspricht. Bereits inwertgesetztes Land wird besonders durch bestimmte *Standortvorteile* im Vergleich zu Neulandgebieten als attraktiver bewertet[2]. Je nach den finanziellen Möglichkeiten des Käufers richtet sich das Kaufinteresse v.a. auf solche Gebiete.

Die Tatsache des in den letzten Jahren immer schwieriger werdenden Landzugangs durch Neulandverteilung des INCRA infolge der Verknappung des Landangebots in den Kolonisationsprojekten bei steigender Landnachfrage ist ein weiterer wesentlicher Hintergrund für den beobachteten Kauf inwertgesetzten Landes.

Wie bereits an anderer Stelle erwähnt, ist der im vorliegenden Fallbeispiel konstatierte Landkauf durch kapitalkräftigere Migranten kein Sonderfall. Auch wenn zu diesem Komplex keine offiziellen Daten vorliegen, zumal ein großer Teil der Landverkäufe in den INCRA-Siedlungsgebieten eigentlich illegal war und ist[3] und der Kauf höchstens durch notarielle Beglaubigung im sog. *cartório*, nicht jedoch durch rechtlich einwandfreie Eigentumstransferierung bei der Landbehörde abgesichert wird, geben Beamte des INCRA den Prozentsatz der bereits mindestens einmal verkauften *lotes* in den Siedlungsprojekten für Anfang der 80er Jahre mit ca. 50 % an[4].

Voraussetzung für die beschriebene Differenzierung der Kolonistenbevölkerung in durch INCRA Angesiedelte und Landkäufer ist die Bereitschaft zum Landverkauf durch die Vorbesitzer.

31 der 32 befragten Kolonisten, die ihre heutige Siedlungsparzelle durch Kauf erworben haben, geben nur einen Vorbesitzer, in fast allen Fällen einen durch INCRA ange-

---

1) Ehemals landlose Halbpächter, Tagelöhner und Minifundisten.
2) Z.B. Nähe zur BR 364, zu den Pionierstädten und damit zu den Märkten, vorhandene infrastrukturelle Erschließung der Parzellen durch Straße, Schulen in der Nachbarschaft etc.
3) Verpflichtung der durch INCRA Angesiedelten, ihr Land mindestens 5 Jahre nach Erhalt des Título definitivo nicht zu veräußern.
4) Z.B. für PIC Ouro Preto oder für das PAD Marechal Dutra und das PAD Burareiro — mdl. Inf. INCRA-Beamte Ouro Preto do Oeste, Juni 1984 und Ariquemes Juli 1983.

siedelten Kolonisten oder, im Fall des Befragungsgebietes *Nova União*, einen ursprünglichen *posseiro* an.

Häufig genannte Verkaufsgründe sind Verschuldung des Vorbesitzers v.a. durch den Abschluß von Investititonskrediten für Dauerkulturen oder landwirtschaftliches Gerät, wobei durch unzureichende Ernteerlöse, Abschluß zu hoher Kreditsummen, hohe laufende Ausgaben für Familienunterhalt, unvorhergesehene finanzielle Belastungen etc. den Kredit-Fälligkeiten nicht mehr anders als durch den Verkauf des Landes nachgekommen werden konnte (vgl. Tab. 49). Andere Gründe sind die schwierigen Lebensbedingungen auf dem Land, worunter die besonders harten Lebensbedingungen der anfänglichen Erschließungsphase, aber auch die nach wie vor bestehenden Schwierigkeiten des täglichen Lebens durch fehlende Basisinfrastrukturen, durch die natürlichen Gegebenheiten der Region und durch die körperlichen Strapazen des Kolonisten-Lebens, die hohe Arbeitsbelastung der landwirtschaftlichen Erschließung oder auch durch die primitive Wohnsituation auf den *lotes* etc. zu subsumieren sind. Im Zusammenhang der schwierigen Lebensbedingungen ist auch Krankheit als Verkaufsgrund zu sehen, v.a. regionsspezifische Krankheiten wie Malaria und andere tropische Infektionskrankheiten[1] sowie ein allgemein schlechter Gesundheitszustand durch die hygienische Situation auf dem Lande (ungefiltertes Wasser, fehlende sanitäre Einrichtungen etc.)[2]. Als weitere Verkaufsgründe werden Abwanderungswünsche des Vorbesitzers sowohl in ländliche und besonders städtische Zielgebiete Rondônias als auch in andere Regionen genannt. Schließlich wird von heutigen Besitzern der Fall angeführt, daß die Vorbesitzer das *lote* nur in Besitz genommen hätten, um es anschließend sofort wieder zu verkaufen (vgl. Tab. 49).

Als heutiger Wohnort der Vorbesitzer ihres Landes werden von den befragten Landkäufern v.a. andere ländliche Gebiete in Rondônia genannt, wo die Vorbesitzer mit dem Erlös aus dem Verkauf ihres Landes ein anderes Landstück[3] haben erwerben können oder als landlose Halbpächter auf dem *lote* eines anderen Kolonisten leben. Auch haben sich ehemalige INCRA-Kolonisten heute z.T. in den neuen NUARs niedergelassen, wo sie einen Krämerladen betreiben etc. Weiterhin sind als Wohnorte der Vorbesitzer des gekauften Landes — und damit als Ziel der Abwanderung aus dem ländlichen Raum — die Pionierstädte Rondônias zu nennen, ebenfalls um dort ein Geschäft zu betreiben, in anderen städtischen Bereichen zu arbeiten oder vorerst nur um den Erlös des Landverkaufs zu verleben. Schließlich werden auch Regionen außerhalb Rondônias als heutige Wohnorte der Vorbesitzer angeführt, Hinweis auf die — an anderer Stelle bereits

---

1) Als häufig sind zu nennen parasitäre Erkrankungen, Hepatitis, Leishmaniose, Kinderkrankheiten.
2) SMITH 1982, S. 93 ff. analysiert am Beispiel der vergleichbaren Transamazônica-Kolonisation die dominierende Bedeutung des Gesundheitsproblems für den Erschließungsgang und die Lebenssituation des einzelnen Kolonisten und zeigt ebenso die — auch in Rondônia in gleichem Maße beobachtbaren — Defizite staatlicher Gesundheitsvorsorge und medizinischer Versorgung während der Kolonisationsphase.
3) Meist entweder kleiner oder weiter von der BR 364 zur jeweils aktuellen Rodungsfront hin entfernt und deshalb weniger hoch bewertet.

analysierte — neuerliche Abwanderung aus Rondônia im Rahmen des Verlagerungsprozesses der Pionierfronten.

8 befragte Siedler in den Einzugsbereichen der 3 NUARs des PIC *Ouro Preto* gehören zur zahlenmäßig immer bedeutender werdenden Gruppe der Landlosen, die als Halbpächter (*meeiros*), als *agregados* oder als *formador*[1] auf dem Lande Anderer leben. Bei den hier befragten Fällen wohnt der Eigentümer nur in einem Fall, nämlich dem eines *agregado* (Schwiegersohn des *lote*–Eigentümers), auf dem gleichen Land, in 4 Fällen lebt der Landeigentümer in der Stadt, in zwei Fällen auf einem anderen, ihm ebenso gehörenden *lote*. In einem Fall waren die Landeigentümer nach Roraima abgewandert, kurze Zeit nach der Befragung des Halbpächters war das Land von dem alten Eigentümer verkauft worden, der Pächter hatte die Gegend verlassen.

In den meisten Fällen war bei den befragten Pächtern und *agregados* hinsichtlich der allgemeinen Lebenssituation zunächst kaum ein Unterschied zu den übrigen Siedlern, die als Eigentümer normalerweise in der Region als *parceleiros* bezeichnet werden, festzustellen[2]. Auch sie haben meist ein ganzes *lote* bewirtschaftet[3]. Ihre äußere Lebens– und Wohnsituation unterschied sich z.B. ebenso wie ihr materieller Besitz kaum von den übrigen Kolonisten. Der entscheidende Unterschied ist jedoch ihre rechtlich abhängige Lage, die Gefahr nach einigen Jahren oder — wie in zwei beobachteten Fällen — beim Wechsel des Eigentümers das Land verlassen zu müssen.

Bei den Halbpächtern, die in der Regel Dauerkulturflächen (v.a. Kaffee und Kakao) bewirtschaften, beträgt der abzugebende Ernteanteil für die Dauerkulturen meist 50 %. Daneben können sie auf anderen Flächen oder innerhalb noch junger Dauerkulturbestände *lavoura branca* (d.h. Reis, Mais, Bohnen und zusätzlich Maniok) ohne Abgabeverpflichtung anbauen sowie ein wenig Viehhaltung (meist nur Geflügel oder ein Schwein etc.) betreiben.

In einem der befragten Fälle handelte es sich um den Verwalter einer durch den sukzessiven Aufkauf von 12 *lotes* in einer *linha* gebildeten kleinen Fazenda. Der Eigentümer lebt in Ji–Paraná. Der Verwalter, der für die Umwandlung der verbliebenen Restwaldflächen auf den 1.200 ha[4] in Kunstweiden und für die Versorgung des bereits existierenden Viehbestands zuständig ist, erhält als Gegenleistung, ähnlich einem Teilpachtsystem, die Hälfte der geborenen Kälber. Außerdem kann er die Milchproduktion eigenverantwortlich ohne Abgabeverpflichtung verarbeiten bzw. vermarkten.

7 der 8 befragten Landlosen lebten erst seit 1982 (d.h. zum Befragungstermin 1 oder 2 Jahre) auf dem *lote*. Die Tatsache, daß 7 der befragten Pächter und *agregados* als eigentliche Absicht ihrer Wanderung nach Rondônia jedoch den Erhalt einer eigenen

---

1) Im Falle der agrarsozialen Kategorie des formador vergibt der Eigentümer sein Land zeitweise mit der Auflage, dieses innerhalb eines bestimmten Zeitraumes zu roden und z.B. in Kunstweiden umzuwandeln oder Dauerkulturen anzulegen. Während der vereinbarten Zeit kann der formador Subsistenzkulturen, evtl. auch zur Überschußvermarktung, meist vollständig auf eigene Rechnung auf dem Lande anbauen.
2) Aus diesem Grunde wurden sie auch in die Befragung, die sich v.a. jedoch auf die parceleiros konzentrierte, mit aufgenommen.
3) Obwohl dies bei der Großzahl der Halbpächter und agregados in der Region jedoch anders ist: sie erhalten normalerweise nur einen kleinen Parzellenteil zur Bewirtschaftung.
4) Nach seinen Angaben waren bereits zum Befragungszeitpunkt zwischen 80 und 90 % der 12 Parzellen gerodet.

Siedlungsparzelle durch INCRA angeben und 5 von ihnen bereits seit geraumer Zeit von INCRA zur Ansiedlung ausgewählt sind (also über eine *seleção* verfügen), muß im Zusammenhang des immer größeren Auseinanderklaffens zwischen knappem Landangebot und großer Landnachfrage gesehen werden.

Die Differenzierung der mit der gleichen Absicht des Landerwerbs als Mittel zum sozialen Aufstieg nach Rondônia kommenden Kolonistenbevölkerung drückt sich also hinsichtlich des Landzugangs zunehmend in der Weise aus, daß neben denen, die ein Landstück durch INCRA erhalten konnten, heute die einen ihre Migrationsabsicht ad hoc nach Ankunft in Rondônia durch den Kauf bereits inwertgesetzten Landes realisieren können, während die anderen, die aufgrund ihrer finanziellen Situation hierzu nicht in der Lage sind, vorerst in der sozialen Position der abhängigen Landlosen verbleiben (vgl. hierzu auch nachfolgenden Abschnitt).

IV.2.2. Ein Beispiel agrarsozialer Differenzierung im PIC *Ouro Preto*

Die bereits im vorangegangenen Abschnitt beschriebene Differenzierung der Kolonisten-Bevölkerung in Rondônia durch unterschiedlichen Zugang zum Landeigentum in den letzten Jahren soll nachfolgend an der Detailkartierung einer *linha* im Untersuchungsgebiet verdeutlicht werden (vgl. Karte 21). Es handelt sich um eine ca. 18 km lange Erschließungsstraße im Sektor *POP 2* des Projektes *Ouro Preto*. Die Entfernung zur Stadt Ouro Preto do Oeste beträgt ca. 30 km. 1972/73 wurden an dieser *linha* 72 100 ha–Parzellen von der Landbehörde INCRA an Siedler verteilt (vgl. Karte 21, Situation 1972/73).

Die eigene Kartierung der agrarsozialen Situation im Jahr 1984, also 12 Jahre nach der Erstansiedlung, zeigt die tiefgreifenden strukturellen Veränderungsprozesse, die innerhalb dieses kleinen Raumausschnitts zu verzeichnen sind, der jedoch die für alle Kolonisationsregionen Rondônias typischen Wandlungstendenzen in ihrer räumlichen Gestalt wiedergibt (vgl. Karte 21).

Von den 72 ursprünglich angesiedelten Familien leben heute nur noch 28 (39 %) auf ihrem Land. Das bedeutet gleichzeitig, daß 61 % der ursprünglichen Siedler ihre Parzellen im Verlauf von nur 12 Jahren bereits weiterverkauft haben.

Die wichtigsten Gründe sind auch hier – neben in der persönlichen Situation begründeten Motiven – vor allem in den harten Lebensbedingungen der ersten Jahre im ländlichen Raum (mangelhafte Infrastrukturen etc.), in Krankheit (Malaria), mangelndem ökonomischem Erfolg, Verschuldung etc. zu suchen. Als wichtigste Weiterwanderungsziele der ehemaligen Siedler konnten auch bei diesem Fallbeispiel v.a. vier Zielrichtungen festgestellt werden:
• andere ländliche Regionen Rondônias, meist näher an der Rodungsfront,
• die Pionierstädte der Region,
• die neu eingerichteten NUARs,
• v.a. aber die jüngste Pionierfront Amazoniens, das Bundesterritorium Roraima[1].

---

1) So waren allein zum Erhebungszeitraum 4 in diesem kleinen Teilraum lebende Familien im Begriff dorthin weiterzuwandern.

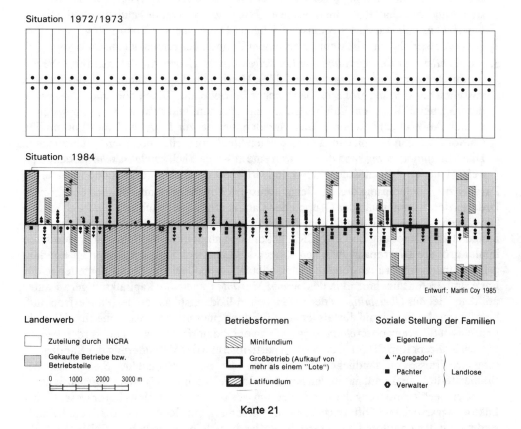

Karte 21

Von den 28 durch INCRA Angesiedelten, die noch in dieser *linha* leben, bewirtschaften allerdings nur noch 13 Siedler (das entspricht insgesamt nur 18 % der ursprünglichen Kolonisten) ein vollständiges 100 ha–*lote*.

Die heutigen, durch Landkauf veränderten Landeigentumsverhältnisse zeigen hauptsächlich drei unterschiedliche Tendenzen:

1. Den *Kauf jeweils einer ganzen ursprünglichen 100 ha–Parzelle* durch neuzugewanderte Migranten (insgesamt 17 Fälle), wobei dies in vielen Fällen unter dem Gesichtspunkt der betrieblichen Produktionsstruktur und der agrarsozialen Stellung lediglich einem *Austausch* der Kolonisten entspricht. Diese Neuzuwanderer unterscheiden sich meist in ihrer *Produktionsweise* zunächst nicht wesentlich von den ursprünglichen Siedlern, auch wenn — wie weiter unten zu zeigen sein wird — andererseits beobachtet werden kann, daß Landkäufer oftmals eher einem *modernisierten* Kolonisten–Typus (Marktorientierung, Dauerkulturanbau) entsprechen.

2. Eine *Tendenz zur Besitzzersplitterung*, also zur *Minifundisierung*. 23 der heute in dieser *linha* lebenden Landeigentümer (das sind 32 % aller Landeigentümer) verfügen über

weniger als die Hälfte eines 100 ha–*lotes*, die meisten über weniger als 10 ha. Unter den derzeit gegebenen Bedingungen der extensiven Landnutzungssysteme in der Kolonisten–Landwirtschaft Rondônias (siehe nachfolgende Abschnitte) muß die ökonomische Überlebensfähigkeit dieser Kleinstbetriebe auf Dauer skeptisch beurteilt werden. Ihre Größe entspricht zumeist weniger als einem Zehntel des regionalen *módulo rural*.

3. Eine *Tendenz zur Konzentration von Landeigentum* durch den Aufkauf mehrerer Parzellen durch einen Käufer (insgesamt 6 Fälle). Hierbei muß jedoch unterschieden werden zwischen der Bildung größerer, bäuerlicher Betriebe, die jedoch der *Produktionsweise* der üblichen Kolonisten–Landwirtschaft entsprechen, und dem sukzessiven, systematischen Aufkauf zahlreicher Siedlerparzellen, der bis zur Bildung kleiner Latifundien (im vorliegenden Beispiel aus 12 ehemaligen Siedlerparzellen bestehend) führen kann. Diese *Latifundisierung* kann dabei durch eine ausschließlich *kapitalistische Produktionsweise*[1] von der übrigen Kolonisten–Landwirtschaft deutlich unterschieden werden.

Parallel zur Veränderung der Landeigentumsverhältnisse ist demnach auch eine soziale Differenzierung innerhalb der Gruppe der Landkäufer zu beobachten:

Während die ehemals Landlosen, die in der letzten Zeit nach Rondônia mit der Hoffnung auf Landzuteilung durch INCRA gekommen sind, diese Hoffnung aber durch die immer größere Diskrepanz zwischen steigender Landnachfrage und knappem Landangebot immer seltener realisieren können, allenfalls zum Kauf von Kleinstparzellen in der Lage sind, treten zunehmend in der *zweiten Migrantengeneration* kapitalkräftigere Käufer mit dem Ziel des *Überspringens* der anfänglichen Rodungsphase an der Pionierfront auf. Sie können als Hinweis auf die tatsächliche Existenz einer in sozio–ökonomischer Hinsicht phasenhaft differenzierten *chain–migration* an die Pionierfront angesehen werden (vgl. zu diesem Konzept Kap. III.3.1.). Zusätzlich partizipiert an der Veränderung der Landeigentumsverhältnisse im ländlichen Raum auch die neu entstandene *Bourgeoisie* der Pionierstädte[2], die Landkauf in den Kolonisationsgebieten v.a. als *Wertreserve* ansieht.

Neben der Veränderung der Landeigentumsverhältnisse kann als weiterer wesentlicher Faktor agrarsozialer Differenzierung der Pionierfront Rondônia die zunehmende Bedeutung der Landlosen als agrarsoziale Klasse auch im untersuchten Beispielsfall abgelesen werden. Auf den ehemals 72 *lotes* der Beispiels–*linha* lebten zum Untersuchungszeitpunkt 193 Familien (d.h. im Durchschnitt 2,7 Familien). Von diesen gehörten bereits 63 % zur Klasse der Landlosen, 36 % davon zur Gruppe der Halbpächter (*meeiros*), die v.a. Dauerkulturflächen anderer Siedler bewirtschaften. Die übrigen Landlosen können als *agregados* angesehen werden, d.h. als Familienmitglieder, Bekannte etc., die in eigenem Haushalt auf dem *lote* eines Kolonisten leben, von diesem ein Landstück zur selbständigen Bearbeitung erhalten und im Gegenzug meist Arbeitsleistungen auf der *roça* des Eigentümers – aber ohne formale Regelung – erbringen[3]. Auch wenn, wie bereits an anderer Stelle ausgeführt, dies zunächst nichts Neues in der Pionierfront–Gesellschaft Rondônias

---

1) Hier gekennzeichnet durch Absentismus des Eigentümers, ausschließlichen Einsatz von Lohnarbeit, marktorientierte, allerdings extensive Rinderweidewirtschaft als einziges Produktionsziel etc.
2) Im vorliegenden Fall ist z.B. der Eigentümer des neugebildeten kleinen Latifundiums ein Zwischenhändler landwirtschaftlicher Produkte aus der Pionierstadt Ji–Paraná.
3) Vgl. hierzu und zu den spezifischen Verhältnissen zwischen agregado und landbesitzendem Kolonisten im PIC Ouro Preto LOPES 1983.

ist, so wird doch für viele der Landlosen ihre derzeitige soziale Position nicht mehr nur eine kurzfristige Übergangssituation wie in früheren Jahren, sondern aufgrund der Landverknappung in den INCRA-Projekten bei steigender Zuwanderung nach Rondônia einen länger andauernden Zustand darstellen.

Das Fallbeispiel zeigt also deutlich die unterschiedlichen Entwicklungslinien des sozialräumlichen Wandels in den Kolonisationsregionen an der Pionierfront. Dieser sozialräumliche Wandel, der für die Siedlungsgebiete in Rondônia als typisch angesehen werden kann, führt besonders zu einer Reproduktion ungleicher Agrarsozialstrukturen in diesen ursprünglich in sozialer Hinsicht *homogen* konzipierten Kolonisationsprojekten.

Das Fallbeispiel zeigt die Reproduktion von Strukturen, wie sie aus den Herkunftsräumen der Siedler Rondônias bekannt sind, wo diese Strukturen letztendlich eine der wesentlichen Voraussetzungen für die Verdrängung der sozial Schwachen waren. Die Reproduktion disparitärer Strukturen ist ein Prozeß, der für die *Konsolidierung* der Pionierfronten in Brasilien im Gesamtrahmen einer disparitären Gesellschaftsstruktur immer kennzeichnend war. Dieser nun auch für Rondônia zu beschreibende sozialräumliche Wandel zeigt für das Beispiel einer staatlich *induzierten* Pionierfrontentwicklung, daß der Slogan *Agrarkolonisation statt Agrarreform*, unter dem kleinbäuerliche Erschließung der amazonischen Peripherie betrieben wurde, in der Realität bei zwar sicherlich zu konstatierender langfristiger Verbesserung der Lebenssituation vieler Siedler, aber auch gleichzeitiger Verdrängung ebenso zahlreicher Kolonisten und sozialer Benachteiligung der neuen Landlosen im Rahmen der ja auch unter sozialpolitischen Aspekten betriebenen Pionierfrontentwicklung, in Rondônia nicht umgesetzt werden konnte.

IV.3. Der Erschließungsgang: Von der Naturlandschaft zur Agrarlandschaft

IV.3.1. Zur Problematik und zum Stand der Rodungen durch die Kolonisten im PIC *Ouro Preto*

Rodung, d.h. die Umwandlung von Wald in Acker- und Weideland, ist implizit das Ziel jeder Agrarkolonisation in Waldgebieten. Der Siedler in den Kolonisationsprojekten Rondônias nimmt den tropischen Regenwald, ein ihm i.d.R. fremdes Naturmilieu, vor allem als Landreserve für zukünftig erschließbares Nutzland wahr. Der Erfolg eines Kolonisten wird entsprechend von diesem selbst, z.T. auch — zumindest in vergangenen Jahren — von den staatlichen Behörden, im Ausmaß des gerodeten und in irgendeiner Form erschlossenen Landes *gemessen*[1].

Das Ausmaß der Waldrodung ist also einerseits v.a. in der Sicht der Kolonisten — und auch in der Sicht des die Kolonisation fördernden Staates — Ausdruck der *Entwicklung* der Pionierfront durch Umwandlung von *unproduktiver* Naturlandschaft in eine *produktive* Agrarlandschaft, wobei die Rodungsentwicklung sowohl von der permanenten Ausweitung der Kolonisationsgebiete durch ansteigende Zuwanderung an die Pionierfront als auch von der fortschreitenden Neulanderschließung im Einzelbetrieb abhängt.

---

1) Nicht umsonst wird das gerodete Land von den Siedlern als área aberta — geöffnete Fläche — bezeichnet.

Andererseits stellt das Ausmaß der Waldrodung die offensichtlichste Form anthropogener Ökosystem–Umwandlung durch Zerstörung der natürlichen Vegetation und damit Unterbrechung natürlicher Stoffkreisläufe und Schaffung neuer, auf Dauer — zumindest unter den gegebenen Bedingungen — fragiler Agroökosysteme, die in keiner Weise z.B. dem Anpassungsgrad traditioneller indianischer Nutzungsformen[1] vergleichbar sind, dar[2].

Daß die Rodung tropischer Regenwaldgebiete nicht nur von regionalem, sondern auch von globalem Interesse ist, zeigen z.B. die nach wie vor kontroversen Diskussionen zum Problemkreis der Auswirkungen dieser Rodungen auf den globalen Kohlenstoff-Kreislauf (vgl. z.B. HAMPICKE 1984, FEARNSIDE 1985b, 1986).

Eines der Grundprobleme ist jedoch die Ermittlung der tatsächlich gerodeten Flächen, die im brasilianischen Rahmen seit einigen Jahren über die Interpretation von Landsat–Satellitenbildern von der Forstbehörde IBDF für den brasilianischen Anteil am Amazonasgebiet vorgenommen wird[3]. Nach diesen Ermittlungen des IBDF wurden bis 1980 mindestens 2,5 % der Fläche des brasilianischen Amazonien[4] entwaldet (vgl. IBDF 1983, S. 16). Für Rondônia wird die Entwaldungsrate für 1983 mit ca. 5,74 % der Gesamtfläche angegeben (Inf. IBDF 1985, vgl. auch FEARNSIDE 1985a, S. 245, siehe auch Tab. 50). Nach DOUROJEANNI (1985) soll sich der Anteil der entwaldeten Flächen in Rondônia bis 1985 bereits auf ca. 3 Mio. ha, das entspricht 12 % der Fläche des Bundesstaates, innerhalb von nur zwei Jahren verdoppelt haben.

Nicht so sehr der bereits zu konstatierende Stand der Entwaldung bietet jedoch Anlaß zur Beunruhigung als vielmehr die enorm hohen Zuwachsraten der Rodungen (vgl. hierzu bes. FEARNSIDE 1984). Für Rondônia, wo die Rodungen zum allergrößten Teil auf das Konto der kleinbäuerlichen Agrarkolonisation gehen, zeigt Tab. 50 die Entwicklung. Für das Untersuchungsgebiet PIC *Ouro Preto* macht Karte 22 im Zeitvergleich der Jahre 1973, 1975 und 1983 die Problematik der Entwaldungszunahme durch Ausweitung der Kolonisationsgebiete einerseits und Zunahme der gerodeten Flächen im Einzelbetrieb andererseits deutlich.

Bei den 79 im PIC *Ouro Preto* befragten Kolonistenbetrieben betrug die bereits gerodete Fläche 1983/84 in den Befragungsgebieten *Teixeirópolis* und *Nova Colina* durchschnittlich ca. 40 ha pro Betrieb (hier hatte die Rodung 1972 bzw. 1974 begonnen), für das Befragungsgebiet *Nova União* (mit Rodungsbeginn 1976) durchschnittlich 31 ha pro befragtem Betrieb. Zur jeweiligen Betriebsfläche in Beziehung gesetzt, zeigt sich jedoch, daß 7 Jahre

---

1) Vgl. z.B. POSEY 1983, 1984 am Beispiel der Kayapó-Indianer Ost–Amazoniens.
2) Vgl. zur ökologischen Problematik der Rodung tropischer Regenwälder, die hier nur angesprochen werden kann, z.B. MYERS 1980, 1985 S. 109 ff., verschiedene Beiträge in ENGELHARDT, FITTKAU 1984, für Amazonien z.B. SIOLI 1984c, FEARNSIDE 1982, 1984, 1985a sowie verschiedene Beiträge in LOVEJOY, PRANCE 1985.
3) Vgl. hierzu IBDF 1980, RIBEIRO 1983, zu Ergebnissen des Entwaldungskatasters IBDF 1983, für Rondônia IBDF 1982, 1984.
4) Wobei jedoch die noch fehlenden Angaben für die Staaten (bzw. Territorien) Amazonas, Roraima und Amapá noch nicht berücksichtigt sind.

217

Entwaldung im PIC "Ouro Preto"

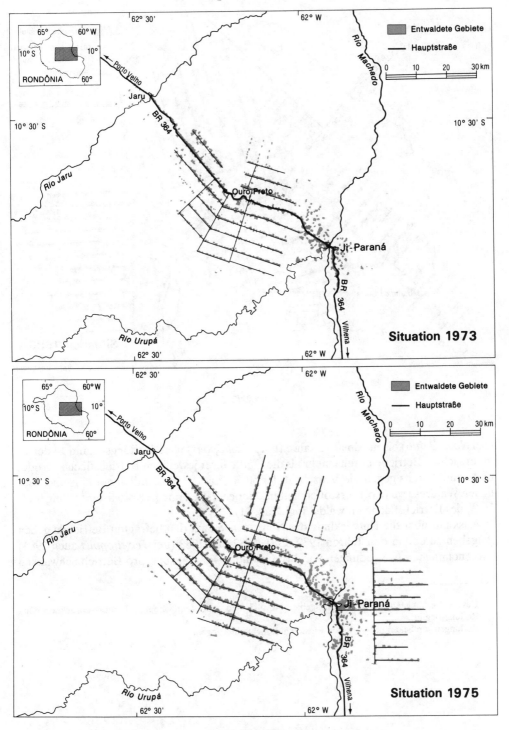

Karte 22

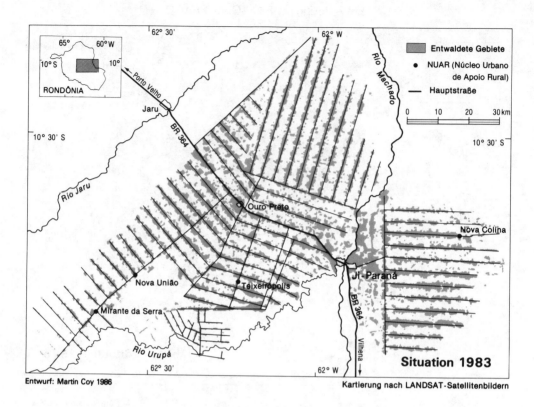

Karte 22/2

(bei *Nova União*) bis maximal 11 Jahre (bei *Teixeirópolis*) nach Rodungsbeginn 14 der 79 untersuchten Betriebe bereits mehr als die Hälfte ihrer jeweiligen Betriebsfläche gerodet und damit bereits gegen die Vorschrift der 50 %–Klausel hinsichtlich der einzelbetrieblichen Waldreserve (s.o.) verstoßen hatten. Jedoch hatten nur 12 Kolonisten[1] weniger als 20 % der Betriebsfläche entwaldet (vgl. Tab. 51).

Auskunft über die Entwicklung der Neurodungen auf den befragten Betrieben geben Angaben zu den in den Jahren 1980, 1981, 1982 und 1983 (bei *Teixeirópolis* auch 1984) vorgenommenen Neurodungen von Primärwald[2]. Die Angaben pro Betrieb schwanken

---

1) Davon die meisten im Befragungsgebiet Nova União, mit dem ohnehin kürzest zurückliegenden Rodungsbeginn.
2) Rodungen von Sekundärvegetation wurden hier nicht einbezogen.

beträchtlich, jedoch haben nur 6 Befragte[1] in dem genannten Zeitraum, der bei allen Befragungsgebieten mehr als 4 bis 5 Jahre vom jeweiligen Rodungsbeginn entfernt ist, überhaupt keine Rodungen mehr vorgenommen. Bei einigen Betrieben konnten für den genannten Zeitraum Neurodungen alle 2–3 Jahre, dann aber in größerem Ausmaß (62 % der Befragten), bei anderen Betrieben fast jedes Jahr (38 % der Befragten) festgestellt werden. Im Durchschnitt sind die für die 80er Jahre ermittelten, jährlichen Neurodungen in den länger erschlossenen Befragungsgebieten geringer[2] als bei den jünger erschlossenen Gebieten[3] (vgl. Tab. 52).

Es zeigt sich also insgesamt, daß selbst 8–10 Jahre nach dem Rodungs- und Inwertsetzungsbeginn die Umwandlung von Waldland in Kulturfläche auf den einzelnen Betrieben noch keineswegs abgeschlossen ist. Jedoch läßt sich auch erkennen, daß die Rodungswerte inzwischen geringer sind als zu Beginn der Rodungsphase. Dies ergibt sich, wenn wir unterstellen, daß bei 40 ha Rodung pro Betrieb für die Gebiete *Teixeirópolis* und *Nova Colina* während den jeweiligen bisherigen Rodungsphasen von 11 bzw. 9 Jahren durchschnittlich ca. 3,6 ha bzw. 4,4 ha pro Jahr, bei *Nova União* mit 31 ha pro Betrieb in 7jähriger Rodungsphase ebenso ca. 4,4 ha pro Jahr gerodet wurden. Tab. 52 zeigt jedoch, daß inzwischen, 1980–1983/84, die jährlichen Werte bes. bei *Teixeirópolis*, auch bei *Nova Colina* mit Ausnahme des Jahres 1980 meist unter dem genannten Durchschnittswert für die gesamte bisherige Rodungsphase liegen[4].

Wir können also feststellen, daß der Rodungsprozeß in den ersten Jahren der Erschließung einen relativ hohen Wert (von vielleicht ca. 5 ha pro Betrieb/Jahr und mehr) erreicht, in den späteren Jahren der Erschließung dann zwar abflacht, aber keineswegs schon kurzfristig zum Stillstand kommt — dies hängt mit den vorherrschenden extensiven Nutzungssystemen der Pionierfront–Landwirtschaft zusammen.

Interessant ist allerdings die Tatsache, daß die durchschnittlichen Neurodungen der Jahre 1980 bis 1983/84 bei den durch Kauf erworbenen Betrieben fast immer deutlich höher liegen als der Durchschnitt für alle befragten Betriebe (vgl. Tab. 52). Dies zeigt, daß die zumeist erst in den letzten Jahren auftretenden Landkäufer heute offensichtlich in erheblich größerem Umfang und schneller den verbliebenen Primärwald auf ihrem *lote* in Nutzland umwandeln — ungefähr so wie die INCRA–Kolonisten in den ersten Jahren — als die schon früher durch die Landbehörde Angesiedelten[5]. Dies mag daran liegen, daß auch für die Käufer von zuvor schon genutzten Landparzellen die ersten Jahre v.a. Rodungsjahre sind. Es wird v.a. aber daran liegen, daß die Landkäufer stärker an großflächiger Nutzung — sei es am Anbau oder an Weidenutzung — interessiert sind und zusätzlich über die hierfür nötigen Kapitalmittel verfügen.

---

1) Darunter 3 befragte Halbpächter, die ohnehin weniger an Neurodungen auf dem gepachteten Betrieb bzw. Betriebsteil interessiert sind als der Eigentümer.
2) Für Teixeirópolis zwischen 0,6 und 2,6 ha pro Betrieb zwischen 1980 und 1984.
3) Für Nova União zwischen 3,9 und 3,1 ha pro Betrieb zwischen 1980 und 1983.
4) Auf ähnliche Zusammenhänge weist im übrigen auch FEARNSIDE 1984, S. 49 hin.
5) Hierauf weist auch FEARNSIDE 1984, S. 49 anhand von Untersuchungen im PIC Ouro Preto und an der Transamazônica hin.

Die Differenzierung der Kolonistenbevölkerung drückt sich also nicht nur im unterschiedlichen Zugang zum Landeigentum, sondern darüber hinaus in Unterschieden bei Erschließung, Erschließungsgeschwindigkeit und Inwertsetzung dieses Landes aus.

IV.3.2. Bemerkungen zum Nutzungssystem und zum Agrarkalender der Kolonisten im PIC *Ouro Preto*

Das Ausmaß der Entwaldung in den Kolonisationsgebieten sowie die zeitliche Folge von Neurodungen im einzelnen Betrieb hängen v.a. mit den vorherrschenden extensiven Nutzungssystemen, die als Brandrodungsfeldbau mit partiellem Landwechsel bezeichnet werden können, zusammen.

Insgesamt hat der Anbau einjähriger Acker- und mehrjähriger Baum- und Strauchkulturen trotz stark zunehmender Ausdehnung der Weideflächen immer noch den Vorrang vor der in den letzten Jahren mit der Rinderweidewirtschaft an Bedeutung allerdings gewinnenden Tierhaltung.

Grundlage des Anbausystems ist die Brandrodung des Primärwaldes. Die Rodungsarbeiten erfolgen in der Hauptphase der Trockenzeit, v.a. im Juli und August (vgl. Abb. 2), beginnend mit der Ausschlagung des Unterholzes (*roçar*) und dem anschließenden Fällen der Bäume. Nach Angaben der Siedler benötigt ein Mann bei 1 *alqueire paulista* (= 2,42 ha) Primärwald für das Ausschlagen des Unterholzes ca. 12 bis 15 Tage, für das Fällen der Bäume bei Benutzung der Axt 20 Tage und mehr, bei inzwischen weit häufigerer Benutzung einer Motorsäge nur 2 bis 4 Tage.

Immerhin 41 der 79 befragten Kolonisten (das sind 52 %) besaßen eine eigene Motorsäge (oft durch Kredit finanziert), in fast allen Fällen einzige Form der Mechanisierung landwirtschaftlicher Arbeit. Durch Benutzung der Motorsäge wird die Rodungsarbeit zwar erheblich verkürzt, aber auch die ökologische Degradierung der Naturlandschaft dadurch entscheidend erleichtert.

Nach Austrocknen der gerodeten Vegetation während bis zu 4 Wochen wird Ende August (das entspricht i.A. dem Ende der Trockenzeit) mit dem Brennen begonnen. Die Wahl des richtigen Zeitpunktes ist von entscheidender Bedeutung. Einerseits muß der Termin spät genug gewählt werden, damit die Vegetation vollständig getrocknet ist, andererseits muß gewährleistet sein, daß der Beginn der Regenzeit nicht das völlige mehrtägige Brennen und Ausglühen der Rodung vorzeitig abbricht. Als Erfahrungswert wird i. d. R. ein Termin um den 20. August bis Anfang September genannt.

Räumung der verkohlten Vegetationsreste von den Rodungsfeldern oder Stubbenrodung finden in der regionalen Kolonisten-Landwirtschaft, besonders in den ersten Anbaujahren, nicht statt (u.a. wegen der *Aschendüngung* des Bodens).

Gleichzeitig mit dem Brennen der Neurodungen werden in der Regel auch die existierenden Weideflächen hauptsächlich zur Unkrautvernichtung etc. abgebrannt. Die alljährlichen Brände richten durch ungenügende Brandüberwachung, fehlende Brandschneisen etc. erhebliche Schäden an landwirtschaftlichen Nutzflächen, Häusern etc. an. So gaben 13 der befragten Kolonisten an, im jeweiligen Befragungsjahr durch Rodungs- oder Weidebrände, eigene oder die der Nachbarn, Verluste erlitten zu haben. So brannten mehrere größere Kaffeepflanzungen, Kautschuk- und Kakaobestände, Maniokfelder, Bananenbestände etc. ab.

Ende September/Anfang Oktober beginnt mit Einsetzen der Regenzeit die wichtigste Pflanzperiode, v.a. die Aussaat der wichtigsten Subsistenzkulturen Reis und Mais, das Setzen des Maniok sowie die Anlage von Dauerkultur- und Weideflächen (letzteres jedoch meist erst im zweiten oder dritten Anbaujahr) (vgl. Abb. 2).

In der Regel ist der Reis (Oryza sativa) die erste Frucht auf der neuen Rodung. Gleichzeitig mit ihm wird z.T. Mais (Zea mays) ausgesät, entweder auf separierter Fläche oder in Reihen ca. alle 6 Meter im gemischten Anbau innerhalb des Reisfeldes. Mais wird jedoch verstärkt ab dem zweiten Anbaujahr sowie als Mischkultur in bereits bestehenden, jungen Dauerkulturbeständen (v.a. in jungen Kaffeepflanzungen bis zum 3./4. Jahr) angebaut.

Die Aussaat des Reises und des Maises erfolgt direkt in die gebrannte Rodung zwischen die verkohlten Stämmme und Stubben ohne weitere Bodenvorbereitung oder -bearbeitung. Einziges mechanisches Hilfsmittel bei der Aussaat ist ein einfaches Saatgerät[1], mit dem der Kolonist Löcher in die Erde stößt und dabei jeweils das Saatgut ausbringt.

Die Reifezeit des Reises beträgt je nach Sorte 90 bis 120 Tage, d.h. daß die Reisernte je nach Aussaattermin bereits Ende Dezember beginnen und sich bis Ende März hinziehen kann. Haupterntezeiten sind die Monate Januar und Februar. Einziges mechanisches Hilfsmittel bei der Reisernte ist meist eine einfache, nicht-motorisierte Dreschmaschine (*trilhadeira*). Nur 8 der 79 befragten Kolonisten (d.h. ca. 10 %) besitzen eine solche Dreschmaschine, die meisten haben sie bereits aus ihren Herkunftsgebieten mit nach Rondônia gebracht. In der Erntezeit stellen sie i.d.R. diese Maschine gegen Bezahlung für die gedroschene Menge anderen Kolonisten zur Verfügung. Die Maschine ist somit für ihren Besitzer eine z.T. nicht unerhebliche zusätzliche Einkommensquelle. Die Maschinen sind auch zum Drusch anderer Jahreskulturen (Mais und Bohnen) verwendbar.

Die Reifezeit des Maises beträgt i.d.R. 150 Tage. Damit fällt die eigentliche Erntereife, je nach Aussaattermin, in die Haupt- und Schlußphase der Regenzeit. Üblicherweise wird jedoch, besonders aufgrund meist fehlender Lagerungsmöglichkeiten[2], der gereifte Mais umgebrochen auf dem Feld stehengelassen und sukzessive in der Trockenzeit geerntet. Hierdurch sind jedoch hohe Verluste bei Mais durch Tiere, Schädlinge etc. sowie eine generell niedrige Qualität des Produkts besonders verbreitet.

Nach der Reisernte folgt in der zweiten Hälfte der Regenzeit, v.a. in den Monaten März und April (vgl. Abb. 2), die Aussaat der schwarzen Bohnen, des *feijão* (vorwiegend Phaseolus vulgaris, zurücktretend auch Vigna sinensis). Sie werden im allgemeinen als Fruchtfolgekultur in die abgeernteten Reisfelder eingesät. Daneben werden Bohnen auch im Mischanbau in jungen Dauerkulturbeständen verwandt. In agroökologischer Hinsicht ist dabei die Stickstoffabsorption der zu den Leguminosen zählenden Bohnen besonders wichtig. Die Bohnenernte erfolgt zu Beginn der Trockenzeit, v.a. in den Monaten Juni und Juli (vgl. Abb. 2). Einzige mechanische Erntehilfe ist auch hier allenfalls die Verwendung der Dreschmaschine. Die Bohnen, die als Folgekultur des Reises im gleichen Wirtschaftsjahr angebaut werden, nennt man wegen ihres Erntetermins in der Trockenzeit *feijão das secas*. Eine regional weit weniger übliche Anbauoption ist die Bohnenaussaat im Oktober/November zu Beginn der Regenzeit, die dann, des Erntetermins zur Regenzeit wegen,

---

1) Plantadeira — wie ein verbesserter, mechanischer Pflanzstock funktionierend.
2) Nur wenige Kolonisten haben ausreichende Schuppen und einfache Speicher.

feijão das águas genannt werden. Nachteilig wirkt sich hier jedoch die hohe Humidität der Anbauperiode in stärkerem Pilzbefall der Bohnen (v.a. sog. *mela* verursacht durch Thanatephorus cucumeris) aus (vgl. CEPA–RO 1985b, S. 55).

Die Anbaufrequenz der genannten vorherrschenden einjährigen Anbaufrüchte auf der gleichen *roça*, u.U. über mehrere Jahre hinweg hängt von verschiedenen Faktoren, besonders von der Perzeption der Anbaueignung des entsprechenden Bodens durch den Kolonisten, von seinen bisherigen Anbaugewohnheiten (z.B. Mischanbau etc.), von den Anbaugewohnheiten bereits erfahrener Siedler in der Region und besonders von der gesamten langfristigen *Anbaustrategie* des Kolonisten, so z.B. davon, ob er die jeweilige *roça* zukünftig in Subsistenzkulturen (z.B. Maniok), in Dauerkulturen oder in Weide nutzen möchte, ab (vgl. Abb. 11). Hinsichtlich des auf ihrem eigenen *lote* üblichen Anbauverfahrens gaben ca. 42 % der befragten Kleinbauern die Fruchtfolge Reis (bzw. Reis/Mais) – Bohnen während nur eines Anbaujahres auf der gleichen *roça* an. Danach werden v.a. Weidegräser (z.T. in nochmaligem Mischanbau mit Mais) eingesät, evtl. Dauerkulturen angelegt, in denen während der ersten 3 Jahre (bes. bei Kaffee) weiterhin Mais und Bohnen als Mischkultur eingesät werden, oder es wird eine ein– bis zweijährige Brache vor neuerlichem Anbau einjähriger Kulturen zwischengeschaltet[1]. 36 % der Befragten wenden die genannte Fruchtfolge während 2 Anbaujahren auf der gleichen *roça* an (also Reis/(Mais) – Bohnen – Reis/(Mais) – Bohnen), im zweiten Jahr jedoch anstelle des Reises oft nur Mais. 14 % nennen drei mögliche Anbaujahre der regional üblichen Fruchtfolge, nur 8 % der Befragten mehr als 3 Jahre. Die Folgenutzung nach dem zweiten oder dritten Jahr des Anbaus einjähriger Kulturen entspricht der oben erwähnten.

Die beschriebene Anbaufrequenz einjähriger Kulturen weist auf eine deutliche Flächenextensität der Pionierfront–Landwirtschaft hin. Der Landwechsel bzw. die Anlage neuer *roças* wird dabei einerseits durch den Wunsch des Kolonisten bestimmt, Dauerkulturen bzw. Weideflächen auf den vorher mit Jahreskulturen genutzten Landstücken anzulegen. Andererseits spielt besonders bei mehrjähriger Anbaufrequenz ein von den Kolonisten beobachteter Ertragsabfall, besonders bei Reis, eine entscheidende Rolle. Nicht zuletzt beeinflußt die flächenextensive Nutzung jedoch auch – wie sich bei den Befragungen zeigte – die Meinung des Kolonisten, mit durchschnittlich 100 ha enorm viel Land zu besitzen und ebenso der Wunsch möglichst schnell den Wald in Ackerland umzuwandeln.

Für den flächenextensiven Charakter der Pionierfront–Landwirtschaft spricht zusätzlich die Beobachtung, daß neuerlicher Brandrodung eines Stückes Primärwald bei noch vorhandener Waldreserve fast immer der Vorzug vor Stubbenrodung und Ausräumung der Vegetationsreste aus der *roça* zur Vorbereitung intensiverer Nutzung z.B. durch Einfachst–Mechanisierung gegeben wird. Die meisten Kolonisten besitzen jedoch hierfür im Moment auch noch nicht die nötigen Voraussetzungen. Nur 12 Befragte (das sind 15 %) besitzen einen einscharigen, für ein Zugtier geeigneten Pflug, nur 3 der befragten Kolonisten verfügten auch bereits über ein kleines, mit dem Pflug bearbeitbares Feld. Jedoch

---

1) Die Nennung des nur einjährigen Anbaus von Jahreskulturen war bes. bei den Kolonisten des Befragungsgebietes Nova Colina (hier 67 % der Befragten) häufig, was als Hinweis auf die großenteils ungünstigeren Bodenverhältnisse des Setor Riachuelo angesehen werden kann.

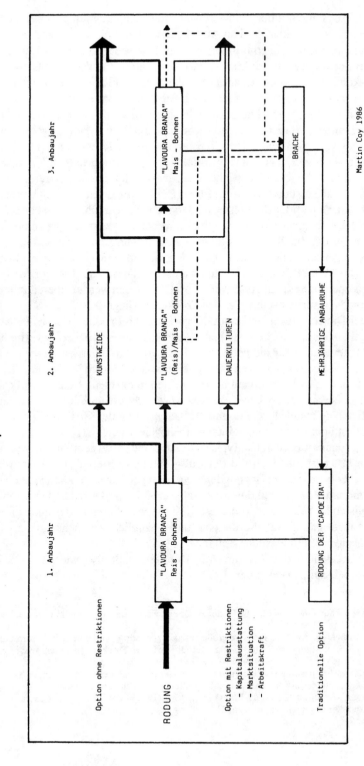

Abbildung 11

soll andererseits nicht übersehen werden, daß der Beginn der Mechanisierung im kleinbäuerlichen Umfeld auch dem Auftakt zu größeren Strukturwandlungen, z.B. durch Besitzkonzentration, Rationalisierung landwirtschaftlicher Produktion, gezielte Marktorientierung der Produktion durch innovations*freudigere* Betriebsleiter, gleichkommen könnte, wie dies in anderen ehemaligen Pionierfront-Regionen Brasiliens beobachtet werden konnte (vgl. z.B. LÜCKER 1982, 1986, KARP 1986).

Besonders die Anlage von Dauerkulturflächen auf den Kolonistenbetrieben soll zu einer intensiveren und v.a. dauerhafteren Flächennutzung in der Pionierfront–Landwirtschaft und damit zu einer *Fixierung* des Kolonisten an sein Land beitragen. Die Dauerkulturen stellen einen wichtigen Faktor im Agrarkalender der Siedler in Rondônia dar.

Pflanzzeitpunkt für die drei wichtigsten, marktorientiert angebauten Dauerkulturen (Kaffee, Kakao, Kautschuk) wie auch für i.d.R. in geringerem Umfang hauptsächlich zum Eigenverbrauch angepflanzte Kulturen (Bananen, Zuckerrohr etc.) ist ebenfalls die erste Hälfte der Regenzeit, v.a. die Monate November und Dezember (vgl. Abb. 2).

Die Ernte erfolgt bei Kaffee in den Monaten Mai und Juni. Die Kakaofrüchte können während des ganzen Jahres geerntet werden, die Spitzenzeiten liegen in den Trockenmonaten (vgl. Abb. 2)[1]. Für gepflanzten Kautschuk liegen zum Latexertrag im Jahresverlauf derzeit noch keine Erfahrungswerte vor. Die Spitzen werden aber, ähnlich wie bei der Extraktion des Naturkautschuks, in der Trockenzeit liegen.

Ernte der Dauerkulturen und erste Bearbeitung des Produkts durch den Kolonisten erfolgen in rein manueller Arbeit. Viele der Kaffee anbauenden Siedler verfügen nicht über eigene Trockentennen für die geernteten Kaffeefrüchte. Dies geschieht meist auf freien Plätzen vor dem Haus, auf großen Plastik–Planen o.ä. Ähnlich bei Kakao. Die meisten der kleineren Kakao–Produzenten haben keine eigenen Fermentations– und Trocknungseinrichtungen auf dem Betrieb. Die Kakao–Produzenten, die mithilfe eines Agrarkredits ihre Kakao–Pflanzung angelegt haben und Anbauberatung der CEPLAC erhalten, verfügen dagegen meist über diese relativ einfachen Einrichtungen[2].

Maniok (Manihot esculenta), typischste amazonische Anbaukultur, von den Kolonisten jedoch fast ausschließlich mit der Süß–Maniok–Varietät[3] zum Eigenverbrauch angebaut[4], wird ebenso v.a. zu Beginn der Regenzeit gepflanzt. Er kann je nach Bedarf nach 12– bis 18monatiger Reifezeit das ganze Jahr über geerntet werden. Der Maniok wird von den Kolonisten als relativ anspruchslose Kultur angesehen und deshalb auf Böden geringerer Nutzungseignung, auf älteren *roças* und – ähnlich wie auch Banane – als Begrenzung der übrigen Kulturflächen gepflanzt.

Der Agrarkalender der Kolonisten in Rondônia läßt also, wie Abb. 2 zeigt, deutlich mehrere Arbeitsspitzen erkennen:

---

1) Von März bis September werden 80 % der rondonensischen Kakaoproduktion geerntet, vgl. CEPA–RO 1985b, S. 49.
2) Für die Fermentation werden mehrere große Holzkübel benötigt, in die der frischgeerntete Kakao jeweils umschichtig in bestimmten Zeitabständen gefüllt wird; zur Trocknung werden große, mit Holzbohlen gebaute Flächen benötigt, die bei Bedarf – z.B. zu hohe Sonneneinstrahlung, Regenfälle etc. – mit Holzdächern abgeschirmt werden können (sog. barcaças), um den mehrere Tage dauernden Trocknungsvorgang ohne Qualitätsminderung des Produkts auf dem Betrieb vornehmen zu können.
3) Macaxeira im Gegensatz zum stark Blausäure–haltigen Bitter–Maniok mandioca brava.
4) Sowohl zum Direktverzehr als auch zur Herstellung des Maniokmehls farinha.

- In der Trockenzeit die besonders arbeitsintensive Phase der Rodung und des anschließenden Brennens von Rodung und Weiden,
- zu Beginn der Regenzeit Aussaat bzw. Anpflanzung der wichtigsten Anbaukulturen,
- in der Mitte der Regenzeit Reisernte und Bohnenaussaat,
- zu Ende der Regenzeit/Beginn der Trockenzeit Kaffee– und Bohnenernte sowie das Einbringen des auf der *roça* verbliebenen reifen Maises.

Unkrautbeseitigung, Freihalten der Pflanzungen, Pflege der Weideflächen etc. sind Arbeiten, die das ganze Jahr über anfallen.

Mit Ausnahme der Verwendung der für den Brandrodungsfeldbau der Pionierfront– Landwirtschaft revolutionierenden Motorsäge ist der landwirtschaftliche Mechanisierungsgrad bei den rondonensischen Kolonisten extrem gering. Wichtigste Arbeitsgeräte sind Hacke, Haumesser (*facão*) und eine einfache Sense (*foice*). Der Einsatz tierischer Arbeitskraft bei der landwirtschaftlichen Arbeit (außer beim Transport) ist äußerst selten, wird durch das System des Brandrodungsfeldbaus ohne Stubbenrodung und Ausräumung der *roça* auch entscheidend behindert.

Basis der landwirtschaftlichen Arbeit der rondonensischen Siedler sind die Familienarbeitskräfte (außer dem Siedler selbst v.a. seine heranwachsenden Söhne, in vielen Fällen auch die Ehefrau und die Töchter), deren Zahl je nach Familiengröße zwischen 1 und 10 bei den befragten Kolonisten schwankt, jedoch im Durchschnitt 3,7 Familien–AK (inklusive des Betriebsleiters) pro befragtem Kolonistenbetrieb beträgt. 40 der 79 Befragten (das sind 51 %) geben an, zusätzlich zur Familienarbeitskraft von Zeit zu Zeit betriebsfremde Arbeitskräfte[1] tageweise für verschiedene Arbeiten (v.a. für die Rodung, während der Ernte, z.T. während der Pflanzzeit) zu beschäftigen. Oftmals geschieht dies auch auf der Basis gegenseitiger – aber i.d.R. bezahlter – Hilfe zwischen Nachbarn (*troca de dias*)[2].

IV.3.3. Die räumliche Organisation der Siedlungsparzelle und die Nutzungseignung des Landes in der Wahrnehmung der befragten Siedler

Für die räumliche Organisation der Nutzung auf der einzelnen Siedlungsparzelle, für die Ausbreitungsrichtung der Rodungen, Anlage der Kolonisten–Hütte, Anlage der *roças* und Auswahl der verschiedenen Rodungsteile hinsichtlich der unterschiedlichen landwirtschaftlichen Nutzungsformen sind eine Reihe von Faktoren von Bedeutung.

Entscheidend ist zunächst der rechteckige Flurplan der offiziellen Kolonisationsgebiete mit der Orientierung jeweils einer 500 m breiten Frontseite der 100 ha–Parzelle am Verlauf der *linhas* (vgl. Karte 20). Zu Beginn der Besiedelung wird deshalb auch in fast allen Fällen diese zur *linha* liegende Frontseite des *lote* gerodet und eine erste, vorläufige Behausung direkt an der Erschließungsstraße errichtet (vgl. Abb. 12). Diese Phase der Parzellen-

---

1) I.d.R. Landlose oder auch andere Siedler von den lotes der Nachbarschaft, meist der gleichen linha.
2) Vergleiche insgesamt zu Nutzungssystemen und zum Gang der landwirtschaftlichen Arbeit anderer, vergleichbarer Kolonisationsregionen Amazoniens z.B. SMITH 1982, S. 62 ff. und MORAN 1981, S. 114 ff, der auch mehr Details zum Rodungsprozeß, Auswahl der zu rodenden Flächen etc. am Beispiel der Transamazônica–Kolonisation anführt.

226

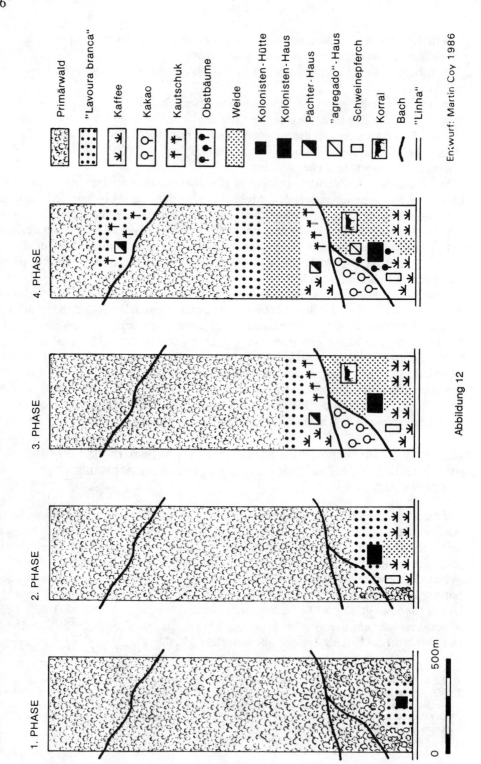

Abbildung 12

erschließung konnte z.B. in den neuen Kolonisationsprojekten *Urupá* und *Machadinho* beobachtet werden.

In den folgenden Jahren werden, je nach der Rodungsgeschwindigkeit, i.A. zunächst die Frontseite des *lote* und sodann, von dieser ausgehend, die inneren Teile der Parzelle in die Rodungsfelder einbezogen. Die endgültige Wahl des Hausplatzes wird in den meisten Fällen in Sichtweite von der *linha* gewählt. Wichtig ist hierbei — neben der Geländeform — besonders das Vorkommen von Wasserläufen (sog. *igarapés* oder *córregos*) oder Quellen in unmittelbarer Nähe des Hausplatzes (vgl. Abb. 12).

In den späteren Jahren werden die Neurodungen immer weiter von der *linha* entfernt an den Waldrand im Inneren des *lote* verlegt. Die älteren Rodungsflächen in *linha*-Nähe und in Nähe der Kolonisten-Hütte, auf denen zunächst die einjährigen Subsistenzkulturen angebaut worden waren, werden nun meist entweder in Dauerkulturfläche[1] oder in Weideflächen umgewandelt (vgl. Abb. 12). Die Anbauflächen der Jahreskulturen dagegen werden mit den Fortschreiten der Neurodung auch ins Innere des *lotes* verlegt, es sei denn, der Kolonist hat auf den älter gerodeten Flächen eine mehrjährige Brache eingeschaltet und kann nun diese an der Frontseite liegenden Parzellenteile nach Rodung der Sekundärvegetation (*capoeira* oder *quisaça*) erneut mit Jahreskulturen nutzen.

In den meisten Fällen konnte jedoch in den bereits seit 7–11 Jahren im Rodungsprozeß stehenden Befragungsgebieten beobachtet werden, daß der Hausplatz heute entweder innerhalb der Dauerkulturflächen oder, noch häufiger, innerhalb der Weideflächen liegt (vgl. Abb. 12). Bei letzterem Fall ist natürlich ein wichtiger Grund, daß Vieh, welches ja nur auf Weiden gehalten wird, nicht zu weit vom Haus des Kolonisten entfernt stehen soll.

Mit der sukzessiven Inwertsetzung der Siedlungsparzelle ist im Verlauf der Jahre auch in vielen Fällen eine Verbesserung der Wohnsituation der Kolonisten verbunden[2]. Das bei weitem wichtigste Baumaterial ist Holz. 79 % der Befragten wohnten in Holzhütten. Jedoch verfügt auch heute noch nur ein Teil der Kolonisten über aus gesägten Bohlen relativ solide gebaute Häuser. Viele Siedler leben nach wie vor in den einfachen Hütten der ersten Jahre. Die Häuser von 13 Befragten waren aus Lehm gebaut (*taipa*), nur 3 Kolonisten hatten ein aus Ziegeln erbautes Haus. Das Material, aus dem das Dach in den Anfangsjahren konstruiert wird, ist meist Palmstroh (oft wird dieses Material bereits durch große Plastik-Planen ersetzt). In späteren Jahren wird es durch Dächer aus Holzschindeln, oder — Zeichen relativen *Wohlstandes*, auch wenn als Baumaterial für die Region nur wenig geeignet — Dächer aus *Brasilit* (Eternit) ersetzt. 41 % der Befragten hatten in ihren Häusern nur einfachste Fußböden aus gestampfter Erde, 37 % hatten bereits einen Holzfußboden eingezogen, 22 % hatten inzwischen sogar einen Zementfußboden.

Die Behausungen der Kolonisten sind typische Formen der Pionierfront. Sie haben kaum etwas mit regionalen, amazonischen Wohnformen gemein. Im Gegenteil, die Siedler übertragen weit eher Bauformen und Lebensformen aus ihren Herkunftsgebieten oder für ihre jeweilige ethno-soziale Gruppe typische Gewohnheiten nach Amazonien.

---

1) Zunächst v.a. in Kaffee, der oft in einem Teilbereich der Frontseite des lote angelegt wird.
2) In den Befragungsgebieten haben die Kolonisten, anders als im POP 1 unmittelbar an der BR 364, keine Beihilfen des INCRA zum Hausbau etc. erhalten.

6 Kolonisten hatten ihr heutiges Haus mit Hilfe eines Bankkredits erbaut. So sieht besonders der staatlich subventionierte Kredit für die Anlage von Kautschuk–Pflanzungen einen Teil der Kreditsumme, je nach Option des Kolonisten, für den Bau eines neuen, größeren Hauses vor.

In vielen Fällen liegen die Kolonisten–Hütten in den älteren Siedlungsgebieten innerhalb von kleinen, angepflanzten Fruchthainen[1] (vgl. Abb. 12), jedoch finden sich nur in den wenigsten Fällen geregelt angepflanzte Hausgärten mit Gemüse etc. So hatten nur 24 der 79 Befragten (= 30 %) regelmäßig einen kleinen Hausgarten (*horta*), 17 weitere Befragte bauen unregelmäßig Gemüse etc. in der *roça* zwischen den übrigen Anbaukulturen an. Das heißt aber, daß ungefähr die Hälfte der Befragten überhaupt keinen Gemüseanbau für den Eigenverbrauch betreiben. Dies zeigt einerseits das elementare Stadium, in dem sich die Pionierfront–Landwirtschaft Rondônias zumeist noch befindet, wirft andererseits auch ein bezeichnendes Licht auf die einseitigen, zumeist nur auf Reis, Bohnen, selten etwas Fleisch (Jagd, Schweine– oder Hühnerfleisch) etc. basierenden Ernährungsgewohnheiten der Siedler.

Wahl der Anbaustrategie und räumliche Anordnung der verschiedenen Kulturen auf der Rodung hängen, außer von dominierenden sozio–ökonomischen Aspekten wie der Notwendigkeit der Subsistenzsicherung, Marktkenntnis des Kolonisten, Zugang zu staatlicher Agrarberatung und –finanzierung, besonders vom jeweiligen kleinräumigen ökologischen Potential in der Wahrnehmung der Kolonisten ab.

MORAN (1981, S. 97 ff.) beschreibt für Teilgebiete der Kolonisationsregion an der Transamazônica aus ethnoökologischer Sicht die unterschiedliche Umweltwahrnehmung von amazonischen *caboclos* und aus dem südlichen Brasilien an die Transamazônica zugewanderten Siedlern am Beispiel unterschiedlicher Nutzung natürlicher Ressourcen (Jagd und Fischfang, Sammelwirtschaft etc.) und besonders am Beispiel der unterschiedlichen Auswahl von Siedlungsland. Hierbei zeigten die *caboclos* durch ihre Detailkenntnis der natürlichen Vegetation[2] einen ungleich höheren Anpassungsgrad durch die Auswahl günstigen Nutzlandes als die Neusiedler, die sich v.a. nach der Biomassenproduktion richteten, d.h. nach nicht–differenzierten physiognomischen Kriterien, dabei aber oft gerade Parzellen mit ungünstigeren Böden auswählten.

Ähnlich wie POSEY (z.B. 1984) dies für die — natürlich völlig andere — Umweltwahrnehmung, –taxonomie und –nutzung der Kayapó–Indianer beschreibt, gibt es zweifellos auch bei der kleinbäuerlichen Kolonistenbevölkerung — allerdings völlig anders geartete und durch gänzlich andere Faktoren bestimmte — *folk classifications* und volkstümliche Erklärungen geofaktorieller Zusammenhänge in Rondônia.

Der entscheidende Unterschied zur Umweltwahrnehmung von Indianern und *caboclos* ist jedoch, daß die *folk classifications* der Kolonisten keine aus langjährigem *Zusammenleben* mit amazonischen Ökosystemen heraus gemachten Erfahrungen (wie im Falle der *caboclos* und Indianer) sind, sondern weit eher einer Übertragung von landwirtschaftlichen Kenntnissen aus anderen Regionen nach Amazonien entsprechen sowie durch die, meist über verschiedene Generationen tradierte Kenntnis einer einfachen, zumeist auf

---

1) Meist verschiedene Zitrusfrüchte, Kokospalmen etc.
2) Z.B. Zeigerpflanzen für die Auswahl von Nutzland — vgl. Auflistung bei MORAN 1981, S. 109.

Subsistenzsicherung basierenden, kleinbäuerlichen Rodungslandwirtschaft geprägt werden. Die *folk classifications* der Kolonisten sind deshalb weit weniger regionsgebunden als vielmehr an Erfahrungswerte aus dem typischen Erschließungsgang der Pionierfronten gekoppelt, erweisen sich somit aber i.d.R. als weit weniger den regionalen Gegebenheiten adaptiert. Zusätzlich spielt sicher auch hier eine gewisse soziale Überheblichkeit der bäuerlichen Siedler gegenüber der *caboclo*-Bevölkerung und deren weit detaillierteren regionalen Kenntnissen eine Rolle.

So konnte z.B. bei einer Fahrt mit Neusiedlern zur Parzellenverteilung im neuen Projekt *Machadinho* im Jahr 1984 die Beobachtung gemacht werden, daß die Neusiedler, die alle die Region nicht kannten, bereits aufgrund der Bodenfarbe, der Vegetationsbedeckung und der Topographie ad hoc Einschätzungen der Nutzungseignung dieses Neulandes für verschiedene, ihnen vertraute Kulturen vornahmen (z.B. "*...isso é terra do café...*" – "...dies ist Kaffeeland..." usw.).

Diese auf traditionellen Kolonisten-Erfahrungen und Kenntnissen beruhenden Einschätzungen, die unter dem Gesichtspunkt agroökologischer Nutzungsoptimierung im regionalen Kontext jedoch falsch sein können, bestimmen spätere Nutzungsentscheidungen sicher ebenso, wenn nicht weit mehr als staatliche Anbauberatung oder eigene, in der Neusiedlungsregion im Laufe der Zeit gemachte Erfahrungen. Dies zeigt z.B. die heute vorrangige Bedeutung des von den Kolonisten nach Rondônia mitgebrachten Kaffeeanbaus.

Hinsichtlich der Nutzungseignung ihres eigenen *lotes* hielten 56 Befragte (das sind 72 %) ihr gesamtes Land für landwirtschaftlich problemlos nutzbar, 17 Befragte (22 %) mehr als 80 % des *lotes* und 5 Befragte (6 %) zwischen 50 und 80 % des *lotes* für die landwirtschaftliche Nutzung geeignet.

Dies hängt zwar einerseits sicherlich mit der relativ hohen landwirtschaftlichen Nutzungseignung der Böden des PIC *Ouro Preto* im Vergleich zum restlichen Rondônia zusammen, sagt jedoch ebenso viel über die z.T. wohl übertrieben positive Einschätzung – z.T. sogar *Euphorie* – der neuen Landeigentümer aus, was sicher auch mit einer Art *Zweckoptimismus* zu tun hat.

Als wesentlichste Nutzungshindernisse werden extreme Steillagen[1], anstehendes Gestein, stark steinige Böden, Böden mit extrem hoher Sandfraktion sowie extrem nasse Standorte angesehen. Für die Einschätzung der Nutzungsqualität der einzelnen Standorte durch die Kolonisten haben vorrangige Bedeutung:
- die Bodenfarbe[2],
- die Vegetationsbedeckung[3],
- und der Wasserhaushalt des jeweiligen Standortes[4].

---

1) Hanglagen werden ansonsten auch landwirtschaftlich genutzt, i.d.R. ohne bodenschützende Maßnahmen.
2) Rote, tonhaltige Böden werden bevorzugt.
3) Hochwüchsiger Wald gilt bei vielen Neusiedlern als Anzeiger eines guten Standortes, obwohl gerade die Böden an solchen Standorten oft geringere Fruchtbarkeit haben, ist doch die hohe Biomassenproduktion v.a. darauf zurückzuführen, daß das Ökosystem in kurzgeschlossenen Kreisläufen aus sich selbst, nicht jedoch aus dem Boden die notwendigen Nährstoffe bezieht, vgl. MORAN 1981, S. 111 f. und WEISCHET 1977.
4) Einzelne Kolonisten bevorzugen feuchte Standorte für den Reisanbau, z.B. in Nähe von Bächen und in sumpfigen Arealen, auch wenn das Anbausystem des Reis immer der Trockenfeldbau ist.

Was die Anbaumöglichkeiten der verschiedenen Kulturen anbetrifft, so zeigt Tab. 53, daß über die Hälfte der Siedler ihr Land für jede Kultur als geeignet ansehen. Daneben wird einschränkend eine besondere Anbaueignung für Kaffee, für *lavoura branca* und schließlich für Weidenutzung genannt, wobei diese jeweils angeführten Kulturen jedoch auch deutlich die Präferenzen der Siedler zeigen (vgl. Tab. 53).

Die Tatsache, daß umfassende Anbaueignung v.a. in den Befragungsgebieten *Teixeirópolis* (87 % der Nennungen) und *Nova União* (71 % der Nennungen) genannt wurden, weniger jedoch in *Nova Colina* (nur 10 % der Nennungen), wo weit eher die Einschränkung der Nutzungseignung auf spezifische Kulturen (Kaffee und *lavoura branca*) sowie Weidenutzung zu beobachten war, kann besonders als Indiz für die geringeren Bodenqualitäten im letztgenannten Gebiet[1] auch in der Perzeption der Kolonisten gewertet werden.

IV.4. Landnutzung, Agrarproduktion, Vermarktung und ihre Veränderungen

IV.4.1. Betriebsgrößen und Flächennutzung

IV.4.1.1. Betriebsgrößen

Wie in Abb. A1 zu erkennen, entspricht die Betriebsfläche des größten Teils der untersuchten Betriebe dem regionalen *módulo rural* von 100 ha. 67 (d.h. 85 %) der befragten Kolonisten[2] leben entsprechend auf einer zwischen 80 und 120 ha großen Siedlungsparzelle. 8 befragte Kolonisten (das sind ca. 10 %) verfügen über Parzellen von ca. 35–70 ha Gesamtfläche (vgl. Abb. A1), was ungefähr nur der Hälfte des regionalen *módulo rural* entspricht. 5 Kolonisten aus dieser Gruppe haben dieses kleinere Landstück durch Kauf erworben, zumeist den Kauf eines halben, ehemals 100 ha großen Landstückes. 2 Befragte dieser Gruppe haben bei der Landverteilung durch INCRA nur die Hälfte des üblichen *módulo rural* erhalten[3]. Ein *agregado* bewirtschaftet die gekaufte Hälfte eines größeren *lote*, der Eigentümer lebt in diesem Fall in der Stadt. In 3 Fällen (d.h. 4 %) verfügten befragte Landeigentümer über mehr als einen regional üblichen *módulo rural*. Dies ist einmal der bereits angesprochene Fall eines in Ji-Paraná lebenden Zwischenhändlers, der im Verlauf der letzten Jahre in einer *linha* 12 100 ha–Parzellen aufgekauft und dieses 1.200 ha große Land bereits zu ca. 90 % in Kunstweide umgewandelt hat mit einem Rinderbestand

---

1) Geringeres Auftreten von sog. terra roxa und red–yellow–podzolic–soils, stärkere Verbreitung von gelben und gelb–roten Latosolen, vgl. Karte 4.
2) Darin sind auch 3 Halbpächter, die ein ganzes lote in Halbpacht bewirtschaften, und ein agregado, der selbst zwar nur ein kleineres Landstück bewirtschaftet, aber zusammen mit seinem Schwiegervater — dem Eigentümer des lote — auch auf anderen Betriebsteilen arbeitet, enthalten.
3) In einem Fall wegen Landstreitigkeiten mit einer benachbarten Fazenda, im anderen Fall aus topographischen Gründen.

von ca. 700 Stück[1] zum Zeitpunkt der Befragung 1984 (Betrieb Nr. 9 des Gebietes *Teixeirópolis*). Der Betrieb wird von einem Verwalter bewirtschaftet, der für den eigenen Bedarf in geringem Umfang Subsistenzanbau betreibt[2]. Beim zweiten der größeren Betriebe (Nr. 24 des Befragungsgebietes *Nova União*) wurden Anfang der 80er Jahre von einem Landkäufer zwei benachbarte 100 ha–Parzellen erworben und zu einem jetzt 200 ha großen Betrieb zusammengelegt, ein Fall, der in allen Kolonisationsregionen Rondônias immer häufiger beobachtet werden kann. Hier lebt jedoch der Eigentümer auf dem Land, das zu ca. 40 % in landwirtschaftliche Nutzfläche umgewandelt ist. Dieser Betrieb unterscheidet sich – auch wenn er eher zur Gruppe der marktorientierten Betriebe zu rechnen ist (s.u.) – in seiner *Produktionsweise* nicht von den übrigen Kolonistenbetrieben. Einen Sonderfall stellt schließlich der dritte der größeren untersuchten Betriebe dar (Betrieb Nr. 12 des Befragungsgebietes *Teixeirópolis*). Hierbei handelt es sich eigentlich um einen durch Kauf von drei benachbarten Parzellen zusammengelegten 300 ha Betrieb. Auf diesem Land waren von den Eigentümern größere Kaffeepflanzungen angelegt sowie ein Teil der Betriebsfläche im mechanisierten Verfahren (Traktoreinsatz) zum Anbau einjähriger Kulturen (v.a. Reis und Bohnen) genutzt worden. Zum Befragungszeitpunkt (1984) hatten jedoch die Eigentümer das Land bereits seit mehreren Monaten verlassen und waren zur Inwertsetzung eines anderen, von ihnen damals gekauften Landstücks nach Roraima weitergezogen. Von dort aus sollte das Land in Rondônia später verkauft werden. Auf der gesamten 300 ha–Parzelle lebte zum Befragungszeitpunkt lediglich ein Halbpächter, der jedoch die Dauerkulturbestände, die inzwischen stark verunkrautet waren, und die ehemals mechanisierten Flächen nicht bewirtschaftete, sondern nur Anbau zur eigenen Subsistenz betrieb[3].

Schließlich fällt auch der Betrieb Nr. 6 im Befragungsgebiet *Nova União* (vgl. Abb. A1) aus dem Rahmen. Es handelt sich hierbei um einen Halbpächter, der von einem Kolonisten 7 ha zur Bearbeitung, davon eine 2 ha große Kaffeefläche und eine 5 ha große *roça* zum Anbau einjähriger Kulturen, zur Bearbeitung erhalten hat. Dieser Halbpächter unterscheidet sich insofern von den übrigen befragten *meeiros*, als er nur dieses kleine Landstück bewirtschaftet, während die übrigen[4] jeweils eine gesamte Parzelle in Pacht bearbeiten. Er stellt jedoch keineswegs einen Sonderfall dar, sondern repräsentiert eine regional inzwischen übliche Lebens– und Produktionsform.

IV.4.1.2. Flächennutzung

In Abb. A1 sind für die einzelnen untersuchten Betriebe die Gesamtflächen sowie die bereits gerodeten Flächen dargestellt, wobei letztere nach ihrer Nutzung in Anbaufläche,

---

1) Vorwiegend Nelore–Rinder als Schlachtvieh.
2) Dieser Betrieb wird in der weiteren Betrachtung wegen seines deutlichen größen– und produktionsbedingten Unterschieds zu den übrigen Betrieben aus der Analyse der Kolonisten–Landwirtschaft in den Befragungsgebieten weitgehend ausgeklammert.
3) Im folgenden wird deshalb hinsichtlich dieses Betriebes nur auf die Angaben des Pächters zu seiner eigenen Produktion Bezug genommen.
4) Nr. 6 Nova Colina, Nr. 11 Nova União, Nr. 5 Teixeirópolis sowie der agregado Nr. 28 Teixeirópolis.

Brache (*capoeira*) und Kunstweidefläche untergliedert werden. Zusätzlich werden die verschiedenen Landerwerbsformen (Zuteilung durch INCRA, ehemalige *posse* und Landkauf) bzw. die soziale und rechtliche Position der befragten Nicht–Landeigentümer (Halbpächter bzw. *agregado*) sowie das jeweilige Ankunftsjahr auf dem Land angegeben. In Tab. 54 sind die Angaben der Einzelbetriebe zur Landnutzung nach den drei Befragungsgebieten zusammengefaßt. Die Grundstrukturen in den drei Gebieten sind insgesamt ähnlich.

Die Unterschiede der durchschnittlichen Anbauflächen pro Betrieb in den einzelnen Befragungsgebieten können — außer möglichen stichprobenbedingten Ursachen — einmal mit dem unterschiedlichen Inwertsetzungsbeginn der verschiedenen Gebiete[1], zum anderen mit dem Anteil der Dauerkulturen[2] sowie mit der unterschiedlichen Flächenproduktivität in den drei Gebieten (vgl. Tab. 58) zusammenhängen, wobei besonders für *Teixeirópolis* bei einjährigen Kulturen überdurchschnittliche Werte zu verzeichnen sind, was Rückschlüsse auch auf die unterschiedliche Anbaueignung in den Befragungsgebieten zuläßt.

Interessant ist, daß keineswegs bei allen befragten Kolonisten Brachflächen (*capoeira*) auf dem *lote* zu verzeichnen waren (siehe Abb. A1 und Tab. 54). Dies hängt besonders damit zusammen, daß in vielen Fällen nach mehrmaligem Anbau mit Subsistenzkulturen v.a. Weidegräser in ältere Anbauflächen eingesät werden, wobei in gewisser Weise Weide die Brachflächen immer mehr substituiert, zumal die Kunstweiden von den Kolonisten — selbst wenn diese kein Vieh besitzen — sehr viel höher bewertet werden als *capoeira*, deren ökologischer Sinn der Nutzungsruhe vor erneutem Anbau in der Wahrnehmung vieler Siedler von untergeordneter Bedeutung ist, besonders bei noch vorhandenem Primärwald als *Nutzlandreserve*. Der zu beobachtende Landwechsel in der Nutzungssukzession wird somit v.a. auf die noch verbliebenen Waldreserven beschränkt, was besonders unter ökologischen Gesichtspunkten sowohl hinsichtlich der sich ausdehnenden, irreversiblen Entwaldung, aber auch unter dem Gesichtspunkt der agroökologischen Problematik der Weidenutzung in Amazonien (vgl. zu diesem Komplex z.B. FEARNSIDE 1979, HECHT 1983) langfristig von negativer Wirkung sein dürfte.

Die große Bedeutung der Kunstweiden in der Landnutzung der Kolonisten zeigt sich in allen drei Befragungsgebieten, v.a. in den beiden länger inwertgesetzten Gebieten *Teixeirópolis* und *Nova Colina*, wo die Gesamtweidefläche der untersuchten Betriebe die Gesamtanbaufläche bereits übersteigt (vgl. Tab. 54). Entsprechend beträgt der Anteil der Weideflächen an der gerodeten Gesamtfläche der untersuchten Betriebe im frühest inwertgesetzten Befragungsgebiet *Teixeirópolis* bereits 49 %, in *Nova Colina* 48 % und in *Nova União* 44 %[3] (vgl. Einzelheiten zur Anlage von Kunstweiden Kap. IV.4.4.).

Der Anteil der Anbauflächen (für einjährige Kulturen und Dauerkulturen) beträgt demgegenüber bei den befragten Betrieben im Gebiet *Teixeirópolis* 39 %, bei *Nova Colina*

---

1) Frühere Inwertsetzung bei Nova Colina, deshalb z.B. höhere Anbauflächen.
2) Höherer Dauerkulturanteil bes. bei Teixeirópolis, deshalb geringere Bedeutung der einjährigen Kulturen und insgesamt geringere durchschnittliche Anbaufläche.
3) Diese Werte entsprechen Angaben, die FEARNSIDE 1985c, S. 396 in Anlehnung an andere Arbeiten zu rondonensischen Kolonisationsgebieten anführt.

42 %, bei *Nova União* jedoch 50 %. Jeweils nur 12 %, 10 % bzw. 5 % der gerodeten Gesamtfläche entfallen in den jeweiligen Gebieten auf *capoeira*.

Tab. 54 zeigt, daß bei den durch Kauf erworbenen untersuchten Betrieben die durchschnittliche Anbaufläche in den Befragungsgebieten *Nova Colina* und *Nova União* sowie die durchschnittliche Weidefläche in den Befragungsgebieten *Nova União* und *Teixeirópolis* deutlich über dem Gesamtdurchschnitt liegen. Umgekehrt ist die durchschnittliche Weidefläche in *Nova Colina* und die durchschnittliche Anbaufläche in *Teixeirópolis* bei diesen Betrieben geringer als im Gesamtdurchschnitt, was den Schwerpunkt der gekauften Betriebe auf dem landwirtschaftlichen Anbau im ersten Gebiet, aber auf Rinderweidewirtschaft im zweiten Gebiet anzeigen kann. Somit könnten sich auch im Bereich der Landnutzung Ansätze der Differenzierung zwischen den durch INCRA zugeteilten Betrieben einerseits und den später aufgekauften Betrieben andererseits abzeichnen.

Jedoch gibt es hinsichtlich der Landnutzung, wie Abb. A1 zeigt, auch erhebliche Unterschiede innerhalb der Gruppe der gekauften Betriebe[1]. Ähnliches gilt für die Kolonisten, die ihr Land durch INCRA-Zuteilung erhalten haben.

Die z.T. sehr unterschiedliche Struktur der einzelbetrieblichen Landnutzung wird im Strukturdreieck bei Berücksichtigung der drei dominierenden landwirtschaftlichen Nutzungsarten Subsistenzkulturen (*lavoura branca* sowie Maniok, Banane, Zuckerrohr etc.), marktorientierte Dauerkulturen (Kaffee, Kakao, Kautschuk) und Kunstweide deutlich (vgl. Abb. A2). Dabei zeigt sich, daß sowohl im Gebiet *Nova Colina*, als auch im Gebiet *Teixeirópolis* bei ca. 50 % der Betriebe der Schwerpunkt der Nutzung im landwirtschaftlichen Anbau (>50 % der LN) und bei ebenso 50 % der Betriebe in Weidenutzung (>50 % der LN) liegt. Bei dem jünger inwertgesetzten Gebiet *Nova União* ist diese Relation ca. 65 % zu 35 % der Betriebe.

Bei *Nova Colina* liegt der relative Nutzungsschwerpunkt der gekauften Betriebe auf dem landwirtschaftlichen Anbau ebenso wie im Gebiet *Nova União* (6 von 7, bzw. 8 von 11 Betrieben), bei *Teixeirópolis* dagegen auf der Weidenutzung (8 von 12 Betrieben) (vgl. Abb. A2).

Nur bei insgesamt 4 Betrieben ist flächenmäßig der Anbau von Dauerkulturen dominierend (>50 % der LN). Dagegen ist der Anbau von Subsistenzkulturen bei 23 der untersuchten Betriebe vorherrschend[2] (vgl. Abb. A2). 19 der hier berücksichtigten Betriebe haben überhaupt keine Dauerkulturflächen[3], jedoch nur 5 Betriebe keine Weideflächen (vgl. Abb. A2).

Es läßt sich also feststellen, daß nur wenige Betriebe den Hauptanteil ihrer landwirtschaftlichen Nutzfläche mit Dauerkulturen nutzen, die jedoch von staatlichen

---

1) Vgl. z.B. Betriebe Nr. 1 und 3 gegenüber 14 und 15 im Gebiet Nova Colina, 8 und 24 gegenüber 21 und 30 in Nova União, 2 und 13 gegenüber 6 und 25 im Gebiet Teixeirópolis etc.
2) >50 % der LN – 7 von 29 Betrieben, d.h. 24 % im Gebiet Teixeirópolis, 5 von 19, d.h. 26 % in Nova Colina und 11 von 29, d.h. 38 %, im Gebiet Nova União.
3) 6 von 19, d.h. 32 %, im Gebiet Nova Colina, 7 von 29, d.h. 24 %, in Teixeirópolis und 6 von 29, d.h. 21 % in Nova União.

Behörden und Planern i.d.R. als das Rückgrat der Kolonisation Rondônias angesehen und als wichtigstes Instrument der *Fixierung* der Kolonisten an ihr Land sowie der *Modernisierung* der Siedler durch Marktorientierung propagiert wurden. Gründe hierfür sind zu suchen:

- in der fehlenden Anbauerfahrung der Kolonisten aus ihren Herkunftsgebieten (bes. hinsichtlich der Dauerkulturen Kakao und Kautschuk),
- besonders in meist fehlendem Investitionskapital bei gleichzeitig abnehmenden Möglichkeiten der Fremdfinanzierung durch staatliche Agrarkredite[1],
- in mit Fremdfinanzierung zusammenhängender Angst vor Verschuldung,
- in mit den Dauerkulturen verbundener hoher Arbeitsbelastung,
- in spezifischen Restriktionen des Anbaus (Pflanzenkrankheiten etc.),
- in den stark wechselnden Marktperspektiven der Kulturen (z.B. bei Kakao).

Die wirtschaftliche Basis bleibt für viele Betriebe der Anbau von Subsistenzkulturen, wie sich bereits an den einzelbetrieblichen Relationen der Flächennutzung ablesen läßt (vgl. Abb. A2).

Bereits die geschilderten unterschiedlichen Relationen der Flächennutzung weisen, außer auf im Folgenden näher zu analysierende Differenzierungsphänomene in der Kolonisten–Landwirtschaft durch unterschiedliche Nutzungsstrukturen, auch auf unterschiedliche Nutzungs– und Anbaustrategien der kleinbäuerlichen Kolonisten hin, die unterschiedlichen *Überlebensstrategien* der Pionierfront–Bevölkerung in Abhängigkeit von unterschiedlichen sozio–ökonomischen Ausgangsbedingungen der einzelnen Kolonisten und ihrer jeweiligen Wahrnehmung lokaler Probleme und Potentiale entsprechen.

IV.4.2. Der Anbau von Grundnahrungsmitteln und marktorientierten Dauerkulturen

In Abb. A3 sind die jeweiligen Anbauflächen eines Wirtschaftsjahres für alle Kulturen pro befragtem Betrieb aggregiert aufgeführt[2]. Die erheblichen Unterschiede der Anbauflächen zwischen den zumeist gleichgroßen und innerhalb eines jeden Befragungsgebietes auch mit ähnlichem zeitlichen Beginn inwertgesetzten Betrieben sind deutlich zu erkennen. Dabei ist zu berücksichtigen, daß die Anbauflächen einjähriger Kulturen in Abhängigkeit von verschiedenen Faktoren von Wirtschaftsjahr zu Wirtschaftsjahr erheblich schwanken können.

Die Mindestflächen des Anbaus von Grundnahrungsmitteln werden zunächst von den Subsistenzbedürfnissen der Kolonisten bestimmt. In engem Zusammenhang stehen diese jährlichen Anbauflächen darüber hinaus mit den Neurodungen des jeweiligen

---

1) Für Kakao hat die Finanzierungsmöglichkeit im Befragungsgebiet Nova Colina und in Teilen der Gebiete Nova União und Teixeirópolis durch die Beschränkung des Aktionsradius der CEPLAC auf von der BR 364 weniger weit entfernte Gebiete ohnehin nie bestanden.
2) Daß die Summe der Anbauflächen der einzelnen Kulturen pro Betrieb in dieser Darstellung i.d.R. die Werte, die in Abb. A1 für die entsprechenden Betriebe als Gesamtanbaufläche angegeben werden, übersteigt, liegt einerseits an der mehrmaligen Nutzung der roças während des gleichen Wirtschaftsjahres in der Fruchtfolge Reis - Bohnen (s.o.), andererseits am üblichen Mischanbau bes. von jungen Dauerkulturbeständen mit einjährigen Kulturen (v.a. Mais und Bohnen). Für die Trennung der jeweiligen Flächenanteile wurden die diesbezüglichen Angaben der Kolonisten zugrundegelegt.

Wirtschaftsjahres, werden doch diese Neurodungen zunächst immer in einjährigen Kulturen genutzt. Ein weiterer Faktor ist das Alter der Dauerkulturbestände, weil v.a. in junge Kaffeepflanzungen einjährige Kulturen im Mischanbau eingesät werden können. Schließlich beeinflußt die jeweils letzte Marktsituation der entsprechenden Kulturen zweifellos die Anbauentscheidungen des Kolonisten für das kommende Jahr.

Die Anbauflächen von Dauerkulturen sind dagegen weit weniger *flexibel*. Aber auch hier ist besonders die jeweilige Marktsituation, die bei diesen Kulturen infolge ihrer regionsexternen Bestimmung starken Schwankungen unterliegen kann, entscheidend für Anbauentscheidungen, aber auch für den Arbeitseinsatz des Kolonisten und damit die Produktivität der Kultur.

Die Anlage von Dauerkulturen im Kolonistenbetrieb hängt v.a. mit den folgenden Faktoren zusammen:

- Kapitalausstattung zum Kauf des Pflanzgutes, Kauf von Dünger, Pestiziden und sonstigen *input*–Leistungen, Bau von Aufbereitungseinrichtungen, Bezahlung nicht–familiärer Arbeitskraft etc.;
- Innovationsbereitschaft des Kolonisten, der (außer bei Kaffee) bei den regionsüblichen Dauerkulturen Kakao und Kautschuk i.d.R. über keinerlei Anbauerfahrung verfügt;
- Zugang zu Krediten, die als staatlich subventionierte Agrarkredite in den 70er Jahren für verschiedene Kulturen (bes. Kakao und Kautschuk) vorhanden waren, seit 1982/83 jedoch aufgrund der wirtschaftlichen Krisensituation Gesamtbrasiliens und entsprechender Veränderungen der nationalen Agrarpolitik für den kleinbäuerlichen Bereich immer weniger zur Verfügung stehen, bzw. aufgrund von veränderten Rückzahlungsmodalitäten an Attraktivität verloren haben;
- neben der Verfügbarkeit von Krediten spielt letztendlich auch die Bereitschaft des Kolonisten, die mit der Kreditaufnahme verbundenen Risiken (Verschuldungsgefahr etc.) zu tragen, für die Anlage von Dauerkulturen eine wichtige Rolle;
- schließlich ist im gleichen Zusammenhang die Tätigkeit der Agrarberatungsdienste (EMATER, CEPLAC) von Bedeutung, weil sie dem Kolonisten die Anlage von Dauerkulturen empfehlen, Anbauberatung leisten, bei Bereitstellung des Pflanzguts etc. helfen und besonders die Chancen der Kreditvergabe beurteilen können, für dessen Überwachung sie ohnehin (durch regelmäßige Inspektion der finanzierten Flächen, entsprechende Beratung etc.) zuständig sind; die Funktion dieser Institutionen ist besonders bei der Propagierung von Kulturen, die den Kolonisten aus ihrer bisherigen Anbauerfahrung nicht bekannt sind, wichtig.

Die entscheidenden Unterschiede zwischen dem Anbau einjähriger Nahrungsfrüchte und dem Dauerkulturanbau sind in ihrer vorherrschenden ökonomischen Zielrichtung zu sehen. Ersterer dient v.a. der eigenen Subsistenzsicherung, z.T. der Veredelung (bes. bei Mais), aber erst in zweiter Linie der Vermarktung, wobei allerdings bei vielen Betrieben diese eigentliche *Überschußvermarktung* Haupteinkommensquelle ist (s.u.). Dies gilt v.a. für die ersten Jahre der landwirtschaftlichen Erschließung. Allerdings können auch Beispiele für den marktorientierten Anbau von Grundnahrungsmitteln bei den untersuchten

Kolonistenbetrieben konstatiert werden[1], wobei dann in vielen Fällen höherbewerteten Produkten, wie z.B. den schwarzen Bohnen, der Vorzug gegeben wird. Die regionsüblichen Dauerkulturen sind demgegenüber ausschließlich als *cash crops* anzusehen.

In der Regel wird die Produktionsausrichtung zu auf den Agrarmärkten hochbewerteten Dauerkulturen als Zeichen für den Übergang von einer auf Subsistenzproduktion und Überschußvermarktung ausgerichteten *bäuerlichen Produktionsweise* (vgl. hierzu z.B. WOLF 1966) zu dominierender Marktintegration des Produzenten angesehen. Gemeinhin wird unterstellt, daß sich durch diese Marktorientierung der Produktion die Einkommenslage — und damit die Lebenssituation — erheblich verbessern kann. Gleichzeitig wird angeführt, daß durch Dauerkulturanbau — und damit der Schaffung einer langjährigen Einkommensquelle — eine Stabilisierung der Pionierfront–Landwirtschaft durch stärkere Fixierung der Kolonisten an ihr Land erreicht werden kann. Insgesamt wird also der Anbau von *cash–crops* zumeist als entscheidender Faktor der *Modernisierung* der kleinbäuerlichen Kolonisten angesehen[2]. Dabei sollte jedoch nicht übersehen werden, daß der *cash crop*-Anbau auch ein erhebliches Maß an Abhängigkeit des Produzenten von der jeweiligen Marktsituation in sich birgt. Diese kann besonders bei den regionsüblichen Dauerkulturen Kaffee und Kakao (für Kautschuk liegen bisher noch keine Markterfahrungen vor) in Abhängigkeit von regionsexternen Faktoren[3] erheblich schwanken. Preisschwankungen schlagen sich bei fehlenden staatlichen Stützungsmaßnahmen direkt beim Produzenten nieder. Bei fehlender Streuung der Produktionszweige, die durch die hohe Arbeitsbelastung, die Dauerkulturen meist beinhalten, für den Familienbetrieb bei den oft festzustellenden relativ großen Anbauflächen (besonders bei mit Krediten finanzierten Dauerkulturbeständen) schwierig zu erreichen ist, kann sich diese Marktabhängigkeit außer in der Möglichkeit der Einkommensverbesserung bei günstiger Situation also auch als Existenzrisiko darstellen.

Im gleichen Zusammenhang kann die Strategie der Dauerkultur–Förderung des Staates auch unter anderen Vorzeichen interpretiert werden. Durch den Anbau von exportorientierten (in Rondônia Kakao), bzw. in den industriellen Zentren Brasiliens nachgefragten Produkten (in Rondônia Kautschuk) soll der Beitrag der bisher, mit Ausnahme der lukrativen Kassiterit–Exploration, *unproduktiven* ländlichen Peripherie Rondônias zur gesamtwirtschaftlichen Wertschöpfung Brasiliens erhöht werden. D.h. für den Staat ist eine, unter dem Gesichtspunkt der sozio–ökonomischen Reproduktionsbedürfnisse der bäuerlichen Kolonistenbevölkerung mindestens ebenso denkbare Strategie der Subsistenzsicherung weniger interessant als die für den einzelnen Siedler wesentlich risikoreichere Marktintegration, im Falle der Dauerkulturen nämlich die Integration in einen Markt, der

---

1) Vgl. z.B. Betrieb Nr. 3 im Gebiet Nova Colina, Betrieb Nr. 24 Nova União.
2) Daß dies nicht nur für den hier im Vordergrund stehenden Großraum gilt, zeigen z.B. die Arbeiten von SCHOLZ 1977 und STEIN 1972 für Neusiedelgebiete in Südsumatra, bzw. traditionelle Bevölkerungsgruppen im Nordteil derselben Insel.
3) Weltmarktsituation, Erntesituationen in anderen Anbaugebieten, regionsexterne Nachfrageänderungen etc.

nicht im regionalen Kontext, sondern in nationalen, bzw. internationalen Zusammenhängen zu sehen ist. Die Gestaltungsmöglichkeiten der Peripherie–Bevölkerung erschöpfen sich dabei auf reaktives Handeln im Gefolge zentrumsbestimmter Entwicklungen[1]. Man kann somit die Dauerkulturstrategie als eine Fortsetzung der Peripherie–Ausbeutung im Rahmen der Extraktion pflanzlicher und mineralischer Rohstoffe ansehen, denn auch bei den Dauerkulturen[2] steht die Agrarproduktion der Peripherie unter dem *Diktat* der Zentrumsnachfrage (in diesem Sinne argumentiert z.B. BUNKER 1985).

IV.4.2.1. Der Anbau auf den untersuchten Betrieben

Insgesamt 9 Betriebe[3] stechen durch sehr hohe Anbauflächen für die verschiedenen Kulturen gegenüber dem *gros* der Betriebe hervor (vgl. Abb. A3). Bei 7 dieser Betriebe ist dabei der Anbau von Dauerkulturen[4] von besonderer Bedeutung. Zwei der genanten 9 Betriebe haben dagegen ihren Anbauschwerpunkt im Bereich der einjährigen Kulturen. Demgegenüber hatten 21 der untersuchten Betriebe (das entspricht 27 %) im entsprechenden Wirtschaftsjahr eine aggregierte Gesamtanbaufläche von weniger als 10 ha, was unter Berücksichtigung des mehrmaligen Anbaus bzw. des Mischanbaus als relativ wenig angesehen werden muß (vgl. durchschnittliche Anbauflächen in Tab. 55). 19 der untersuchten Betriebe hatten keine Dauerkulturen, sondern beschränken sich allein auf den Anbau einjähriger Nahrungsfrüchte. Bei 42 Kolonistenbetrieben konnte der Anbau ausschließlich einer Dauerkultur festgestellt werden, meistens (nämlich in 33 Fällen) der Anbau von Kaffee, wobei jedoch 17 dieser 33 Betriebe über eine Kaffeefläche von weniger als 4 ha verfügen. 16 der untersuchten Betriebe hatten auf ihrem *lote* bereits zwei oder mehr Dauerkulturen – allerdings von z.T. sehr unterschiedlicher Größe – angelegt. Eine dieser Dauerkulturen ist dabei immer der Kaffee (vgl. Abb. A3).

In Tab. 55 werden die Befragungsergebnisse zum landwirtschaftlichen Anbau für die drei Untersuchungsgebiete zusammengefaßt. Sowohl an den errechneten Gesamtanbauflächen, als auch an der Zahl der anbauenden Kolonisten ist die dominante Bedeutung der einjährigen *lavoura branca* (Reis, Mais, Bohnen) und zusätzlich der Dauerkultur Kaffee erkennbar. Demgegenüber sind es bei Kakao und Kautschuk, den beiden háuptsächlich vom Staat in Rondônia propagierten Dauerkulturen, nur zwischen jeweils 10 und 20 % der Befragten, die diese Kultur anbauen. Ausschließlich zum Eigenverbrauch wird Maniok von einem Großteil der Kolonisten, jedoch auf geringer, Fläche angebaut. Bei den Angaben zu Banane und Zuckerrohr handelt es sich hier um Kolonisten, die diese beiden Kulturen in zusammenhängender Fläche[5] anbauen. Daneben wird von praktisch allen

---

1) Z.B. Vernachlässigung der Pflege von Kakao–Pflanzungen bei schlechter Preissituation, dadurch z.B. starke Ausbreitung von Pflanzenkrankheiten – vassoura de bruxa, Reaktivierung der Pflege bei günstigerer Situation etc.
2) Mit Ausnahme jedoch des zu einem großen Teil in der Region selbst verbrauchten Kaffees.
3) Nr. 1 und 3 im Gebiet Nova Colina, Nr. 7, 8 und 24 im Gebiet Nova União und Nr. 2, 11, 18 und 30 im Gebiet Teixeirópolis.
4) Meist zwei (in einem Fall sogar drei) verschiedene Kulturen (Kaffee und Kakao, bzw. Kaffee und Kautschuk).
5) Banane hauptsächlich als Schattenpflanze für Kakao.

Kolonisten Banane, Zuckerrohr, z.T. Süßkartoffel, z.T. Erdnuß und andere Kulturen zum ausschließlichen Eigenverbrauch unregelmäßig auf dem *lote* gepflanzt.

Die Schwankungsbereiche zwischen minimaler und maximaler Anbaufläche sind bei den meisten Kulturen erheblich (vgl. Tab. 55). Für Dauerkulturen trifft dies dann weniger zu, wenn es sich um finanzierte Bestände handelt (vgl. z.B. Kautschuk im Gebiet *Nova Colina* – Tab. 55), denn i.d.R. wurden in Rondônia nur festgesetzte Flächen pro Kultur mit staatlich subventionierten Agrarkrediten finanziert. Dies sind bei Kakao und Kautschuk in den meisten Fällen 10 ha pro Betrieb, in manchen Fällen auch die Hälfte. So haben drei der vier Kautschuk anbauenden Kolonisten im Gebiet *Nova Colina* ihren jeweils 10 ha großen Bestand mit einem staatlichen Kredit (PROBOR–Programm) finanziert. Im Gebiet *Nova União* trifft dies für alle sechs Kautschuk anbauenden Kolonisten sowie für drei Kakao anbauende Betriebe (mit jeweils 10 ha) zu, von denen zwei auch einen Kautschuk–Kredit haben (Nr. 7, 8). Im Gebiet *Teixeirópolis* haben zwei der Befragten (Nr. 11, 30) ihre Kakao–Kultur mit einem Kredit finanziert. Das heißt, von den insgesamt 13 Kautschuk–Pflanzungen sind 9 mit staatlichem Kredit finanziert, von den insgesamt 14 Kakao–Pflanzungen 5, wobei diese zu den 6 mehr als 6 ha großen Kakao–Pflanzungen zählen. Die übrigen kleineren Kakaoflächen (vgl. Abb. A3) sind eigenfinanziert.

Demgegenüber haben aber nur 5 der 51 Kaffee anbauenden Kolonisten ihren Bestand mit Hilfe eines Kredits angelegt (diese Kredite werden außerhalb staatlich subventionierter Programme von den Geschäftsbanken bereitgestellt). Bei den einjährigen Kulturen verfügen jedoch nur 10 Kolonisten über einen Kredit. Insgesamt hatten nur 25 der befragten Kolonisten (32 %) bisher überhaupt einen Kredit zur Anbaufinanzierung abgeschlossen, 9 Kolonisten bereits mehrere (z.T. gleichzeitig). Die relativ untergeordnete Bedeutung der Anbaufinanzierung trifft also vor allem für die wichtigsten Kulturen der Pionierfront–Landwirtschaft zu. Nur die vom Staat besonders geförderten, jedoch von den Kolonisten bisher nur z.T. akzeptierten Dauerkulturen Kakao und Kautschuk hängen eng mit dem staatlich subventionierten Agrarkredit zusammen.

Tab. 56 gibt die Verteilung der Anbauflächen für Grundnahrungsmittel und marktorientierte Dauerkulturen bei den untersuchten Kolonistenbetrieben nach Größenklassen wieder. Dabei wird deutlich, daß bei den Grundnahrungsmitteln insgesamt kleine Anbauflächen bis 5 ha dominieren, daneben bei einigen Betrieben aber auch größere Anbauflächen, v.a. bei Reis und z.T. bei Bohnen, zu verzeichnen sind. Maniok ist die einzige Kultur, bei der ausschließlich geringe Anbauflächen vorliegen. Die größte Gruppe der Kaffee anbauenden Betriebe verfügt über Flächen bis zu 5 ha, allerdings gibt es immerhin 6 Betriebe die über eine mindestens doppelt so große Kaffeefläche (also mehr als 10 ha) verfügen. Die wenigen Kakao anbauenden Betriebe teilen sich in zwei Gruppen, eine mit kleinen, selbstfinanzierten Flächen, eine andere mit 5 ha bzw. 10 ha (in einem Fall 24 ha) großen finanzierten Kakaofläche. Bei Kautschuk liegt das *gros* deutlich in der Größenklasse bis zu 10 ha, d.h. der üblicherweise durch Kredit finanzierten Fläche.

Zusammenfassend läßt sich also hinsichtlich des gesamten landwirtschaftlichen Anbaus eine deutliche Differenzierung der untersuchten Kolonistenbetriebe in:
- Betriebe mit sehr großer Anbaufläche (9 Betriebe),
- Betriebe mit relativ geringer Anbaufläche (21 Betriebe),

und hinsichtlich des Anbaus von Dauerkulturen in:
- Betriebe ohne Dauerkulturflächen (19 Betriebe),
- Betriebe mit einer Dauerkultur – v.a. Kaffee – (42 Betriebe),

• Betriebe mit mehreren Dauerkulturen (16 Betriebe), feststellen (vgl. Abb. A3).

Daß diese Differenzierungen nicht unbedingt zeitabhängig sind, wird dadurch unterstrichen, daß der Erschließungsbeginn der einzelnen Betriebe innerhalb der drei Befragungsgebiete jeweils in einem durch die INCRA-Landverteilung definierten Zeitraum lag.

Interessant ist es, diese beschriebenen Differenzierungen im Zusammenhang der unterschiedlichen Landerwerbsformen zu betrachten. Dabei zeigt sich zunächst, daß es in allen bisher angesprochenen Betriebskategorien solche Kolonisten gibt, die ihr Land durch INCRA erhalten und andererseits solche, die das Land durch Kauf erworben haben. Der Anteil der gekauften Betriebe an den 9 Betrieben mit besonders hoher Anbaufläche ist jedoch mit 5 Betrieben (56 %) weit höher, als auf der anderen Seite der Anteil der gekauften Betriebe bei denen mit geringer Anbaufläche (6 von 21, d.h. 29 %), bzw. der Anteil der gekauften Betriebe bei denen ohne Dauerkulturen (5 von 19, d.h. 26 %). Dies bedeutet, daß Neusiedler, die Land kaufen möchten, prozentual stärker in der kleinen Gruppe von bereits stark diversifizierten und auf marktorientierten Anbau ausgerichteten Betrieben zu finden sind. Andererseits weist aber die Tatsache, daß auch in der Gruppe der nur wenig inwertgesetzten Betriebe Landkäufer zu finden sind, auf die interne Differenzierung auch dieser Landkäufer-Gruppe in Abhängigkeit von den jeweiligen finanziellen Ressourcen hin.

IV.4.3. Agrarproduktion und Vermarktung

IV.4.3.1. Produktion

Wie bei der Betrachtung der landwirtschaftlichen Anbauflächen können wir daraus folgend auch hinsichtlich der Agrarproduktion erhebliche Unterschiede zwischen den einzelnen untersuchten Kolonistenbetrieben feststellen (vgl. Abb. A4). In Tab. 57 sind die einzelbetrieblichen Ergebnisse nach den drei Befragungsgebieten zusammengefaßt. Deutlich werden in allen Befragungsgebieten die großen Schwankungsbereiche zwischen minimaler und maximaler einzelbetrieblicher Produktionsmenge bei allen Kulturen[1]. In allen Befragungsgebieten und bei allen hier in Frage kommenden Kulturen wiesen 60 – 75 % der untersuchten Kolonistenbetriebe im Verhältnis niedrige Produktionsmengen[2], 25 % bis maximal 40 % dagegen relativ hohe Produktionsmengen[3] auf.

---

1) Daß die Daten zum Anbau und zur Produktion nicht immer deckungsgleich sind, liegt daran, daß einige Pflanzungen bei Kaffee — besonders aber bei Kakao sowie bei allen Kautschukflächen — noch nicht im Produktionsalter stehen.
2) Gemessen als negative Abweichung vom für jedes Befragungsgebiet errechneten Mittelwert.
3) Positive Abweichung vom jeweiligen Mittelwert.

Bei den Betrieben mit überdurchschnittlich hohen Produktionsmengen sind einerseits solche festzustellen, die bei allen wichtigen Anbaukulturen relativ hohe Produktionswerte erzielen[1]. Andererseits finden sich Betriebe, die nur im Bereich der Subsistenzkulturen überdurchschnittliche Produktionswerte erzielen[2], ebenso wie solche Betriebe, die ausschließlich im Bereich der Dauerkulturen (v.a. Kaffee, in einem Fall Kakao) überdurchschnittliche Produktionsmengen erwirtschaften[3].

Dies bedeutet also, daß bei den Kolonistenbetrieben, die zumindest partiell überdurchschnittliche Produktionsmengen bei den verschiedenen Anbaufrüchten aufweisen, drei verschiedene Gruppen ausgegliedert werden können:
- Betriebe mit ausgewogener, relativ breit gestreuter Produktionsstruktur mit hohen Produktionsmengen sowohl bei Subsistenz– als auch bei Dauerkulturen,
- Betriebe mit derzeitigem Produktionsschwerpunkt im Bereich der einjährigen Subsistenzkulturen,
- Betriebe mit derzeitigem Produktionsschwerpunkt im Bereich der Dauerkulturen (im Moment in allen Fällen nur einer Dauerkultur, fast immer Kaffee, in einem Fall Kakao).

Andererseits erwirtschaften im unteren Bereich hinsichtlich der Agrarproduktion 30 der 79 untersuchten Betriebe (das sind 38 %) bei allen Kulturen, die von ihnen angebaut werden, nur Produktionsmengen, die unter dem Durchschnitt der jeweiligen Befragungsgebiete liegen[4].

IV.4.3.2. Produktivität

Die Agrarproduktion der untersuchten Kolonistenbetriebe wird einschätzbar über den Vergleich der Flächenproduktivitäten bei den verschiedenen Kulturen (vgl. Tab. 58). Dabei zeigt sich, daß die errechneten Produktivitätsziffern für die untersuchten Betriebe in den jeweiligen Gebieten nicht erheblich von den in offiziellen Unterlagen angegebenen Werten für die jeweiligen Munizipien abweichen[5]. Im Vergleich zum gesamtbrasilianischen Durchschnitt liegen die Produktivitätszahlen in den Befragungsgebieten — wie

---

1) Z.B. Betriebe Nr. 3, 16 im Gebiet Nova Colina, Nr. 8, 24 im Gebiet Nova União, Nr. 4, 11 im Gebiet Teixeirópolis — vgl. Abb. A4.
2) Z.B. Nr. 1, 6, 17 im Gebiet Nova Colina, Nr. 15, 16, 19, 27 im Gebiet Nova União, Nr. 21 im Gebiet Teixeirópolis — vgl. Abb. A4.
3) Betrieb Nr. 15 im Gebiet Nova Colina, Nr. 3, 13 und besonders Nr. 20 im Gebiet Nova União, Betriebe Nr. 2 und 30 im Gebiet Teixeirópolis — vgl. Abb. A4.
4) Z.B. Betriebe Nr. 2, 4, 5, 9, 13 im Gebiet Nova Colina, Betriebe Nr. 1, 2, 10, 12, 14, 18, 23, 30 im Gebiet Nova União, Betriebe Nr. 6, 7, 13, 15, 17, 20, 27 im Gebiet Teixeirópolis — siehe Abb. A4.
5) Mit Ausnahme des Kaffees im Gebiet Nova Colina: hier könnten die relativ niedrigen Produktivitätsziffern, neben dem Einfluß der in diesem Gebiet vorherrschenden Böden geringerer Nutzungseignung, mit dem relativ jungen Alter vieler Bestände zusammenhängen.

auch in Rondônia insgesamt — mit Ausnahme der Bohnen jedoch unter den nationalen Werten (besonders bei Kaffee) (vgl. Tab. 58).

Dies ist einmal durch die relativ geringe Flächenintensität des Anbaus in der Rodungslandwirtschaft bedingt, liegt ebenso andererseits — besonders bei *lavoura branca* und Kaffee — an den relativ geringen *input*–Leistungen der Kolonisten z.B. in Form von Dünger etc. So gaben nur insgesamt 12 der 79 befragten Kolonisten an, mit Düngerzufuhr zu arbeiten, wobei in 9 Fällen Kautschuk Kunstdünger–Gaben erhielt[1], jedoch nur in jeweils einem Fall Kakao, Kaffee und *lavoura branca* künstlich gedüngt wurde.

Weiter verbreitet ist in der Kolonisten–Landwirtschaft bereits die Verwendung von Pestiziden, die — wie selbst von Agrarberatern der EMATER immer wieder angeführt — aufgrund der mangelhaften Erfahrung der Kolonisten beim Umgang mit diesen Agrochemikalien oftmals in unkontrollierter Weise erfolgt. So gaben immerhin 37 Kolonisten an, bei einer oder mehreren Kulturen Pestizide zum Einsatz zu bringen. Dabei wurde auch hier wieder in 9 Fällen v.a. der Kautschuk genannt[2]. In 14 Fällen konnte der Einsatz von Pestiziden bei Kaffee festgestellt werden, in 7 Fällen bei Kakao. 15 Kolonisten wenden Pestizide zeitweise auch bei *lavoura branca* an, hier vor allem Herbizide und Fungizide, letztere besonders zur Bekämpfung der sog. *mela* (verursacht durch den Pilz Thanatephorus cucumeris) bei schwarzen Bohnen.

Insgesamt zeigt sich also, daß diese verschiedenen *input*–Leistungen, deren allgemeines Niveau in der Kolonisten–Landwirtschaft als gering zu bezeichnen ist, sich vor allem auf den Anbau und die Pflege von Dauerkulturen beziehen. Damit werden sie zu einem wesentlichen Moment der höheren Kapitalintensität dieses Produktionszweiges, der auch deshalb nur bei *fortgeschritteneren*, kapitalkräftigeren oder bei mit Agrarkrediten arbeitenden Kolonisten festgestellt werden kann.

Die im Falle der Befragungsgebiete im PIC *Ouro Preto* für die Wirtschaftsjahre 1982/83 und 1983/84 festgestellten Flächenproduktivitäten bei den wichtigsten Subsistenzkulturen (vgl. Tab. 58) entsprechen in etwa denen, die SMITH (1982, S. 64, 74, 77) für Reis (1.454 kg/ha), Mais (1.320 kg/ha) und Bohnen (506 kg/ha) für das Jahr 1978 im ostamazonischen Kolonisationsgebiet an der Transamazônica ermittelt hat. MORAN (1981, S. 137, 139, 140) gibt allerdings für die von ihm untersuchten Betriebe an der Transamazônica erheblich geringere Werte an (im Jahr 1973/74 bei Reis: 597 kg/ha, 1972–1974 bei Mais: 400 kg/ha, 1973 bei Bohnen: 144 kg/ha). Beide Autoren weisen jedoch zurecht darauf hin, daß die Produktivitätsziffern einmal von Jahr zu Jahr, hauptsächlich infolge klimatischer Einflüsse, und andererseits innerhalb eines Jahres von Betrieb zu Betrieb, z.B. aufgrund unterschiedlicher edaphischer Bedingungen etc., erheblich schwanken können[3].

---

1) Bei den finanzierten Kautschukbeständen gehört Kunstdüngerzufuhr und Schädlingsbekämpfung durch Pestizide zum Finanzierungsrahmen und wird durch die Anbauberatung der EMATER begleitet.
2) Neben der Unkrautbekämpfung sind hier v.a. Präventivmaßnahmen gegen die durch Microcyclus ulei verursachte South American Leaf Blight wichtig; auch der Pestizid–Einsatz gehört zu Finanzierung und Anbauberatung bei dieser Kultur.
3) Siehe hierzu z.B. die von SMITH 1982, S. 192–194 angegebenen Produktivitätsziffern für Reis in Abhängigkeit von unterschiedlichen Bodentypen und in Abhängigkeit davon, ob es sich bei der Anbaufläche vorher um Primärwald oder Sekundärvegetation gehandelt hat.

Auch bei den im PIC *Ouro Preto* untersuchten Betrieben wurden – unter allen Vorbehalten der Datenverläßlichkeit — erhebliche Unterschiede bei den Flächenproduktivitäten festgestellt. So schwanken allein bei Reis die einzelbetrieblichen Produktivitäten im Befragungsgebiet *Nova Colina* zwischen 360 kg/ha und 3.000 kg/ha, im Gebiet *Nova União* zwischen 400 kg/ha und ebenfalls 3.000 kg/ha, in *Teixeirópolis* zwischen 514 kg/ha und 3.600 kg/ha.

Neben den kleinräumlichen, geofaktoriellen Differenzierungen zwischen den Untersuchungsgebieten und innerhalb der Untersuchungsgebiete ist hierbei besonders wichtig, ob es sich bei den entsprechenden Flächen um junggerodete *roças* (hohe Produktivität), zweites oder drittes Anbaujahr der jeweiligen *roça* (niedrigere Produktivität), oder um eine *roça* auf neuerlich gerodeter Sekundärvegetation (*capoeira*) (ebenfalls geringere Produktivität) handelt.

Der hohe derzeitige Flächenverbrauch der Rodungslandwirtschaft der Kolonisten in Rondônia wird bei dem zu verzeichnenden geringen *input* v.a. durch diese stark unterschiedlichen und im Zeitablauf sinkenden Produktivitätsziffern bestimmt. Ohne Meliorationsmaßnahmen, Intensivierung der Anbausysteme und Propagierung ökologisch adaptierter Kulturen, die unter kostengünstigen Rahmenbedingungen dem Kolonisten attraktive Erlöse bzw. ein verbessertes Subsistenzniveau versprechen müßten, wird aus diesen Gründen dieser unter dem Gesichtspunkt der langfristigen Degradierung des Ökosystems negative hohe Flächenverbrauch durch den vorherrschenden Anbau einjähriger Subsistenzkulturen auch in Zukunft sowohl in den bereits existierenden Betrieben als auch in neuen Kolonisationsgebieten weiter voranschreiten. Die negativen Langzeitfolgen dieser Gegebenheiten können in älteren Kolonisationsgebieten v.a. Ostamazoniens (bes. in der sog. *Zona Bragantina*) beobachtet werden (vgl. PENTEADO 1967).

IV.4.3.3. Vermarktung

Abb. A4 zeigt neben den Gesamterntemengen der einzelnen Kulturen die jeweiligen vermarkteten Mengen (Abbildungsteil A.). Dabei sind naturgemäß zwischen den Vermarktungsanteilen bei Grundnahrungsmitteln und denen bei Dauerkulturen, aber auch zwischen den verschiedenen einjährigen Anbaufrüchten erhebliche Unterschiede festzustellen.

Bei den einjährigen Subsistenzkulturen werden die jeweiligen Vermarktungsanteile durch folgende Faktoren bestimmt:
- Gesamtproduktionsmenge,
- Subsistenzbedürfnisse der Kolonistenfamilie,
- Zurückhaltung von Saatgut für die nächste Anbauperiode[1],
- Lagerungsmöglichkeiten von Produktionsteilen auf dem Betrieb z.B. zur Vermarktung in der Zwischenerntezeit mit relativ höheren Preisen,

---

1) In praktisch allen Fällen wird bei Reis, Mais und Bohnen eigenes Saatgut, nur in sehr geringem Umfang spezielles, von den staatlichen Agrarbehörden erstelltes, verbessertes Saatgut verwandt.

- Finanzsituation der Kolonistenfamilie in der Erntezeit,
- Weiterverwendung des jeweiligen Produkts auf dem Betrieb (besonders bei Mais als Hühner- und Schweinefutter etc.),
- einzelbetriebliche Vermarktungsmöglichkeiten anderer Anbaukulturen (sowohl einjähriger als auch Dauerkulturen) und deren Preissituation.

Entsprechend zeigen sich bei den verschiedenen einjährigen Kulturen Unterschiede hinsichtlich ihrer Bedeutung für die Vermarktung[1]. So gaben 64 % der Kolonisten, die Reis anbauen, an, diesen in Teilen zu verkaufen. 24 % der Reisproduzenten nannten dagegen keinen Verkauf, sondern produzierten ausschließlich zum Eigenverbrauch (12 % machten keine Angaben). Beim Mais ist dieses Verhältnis praktisch umgekehrt. Nur 31 % der Maisproduzenten haben Ernteanteile vermarktet, 51 % vermarkten ihre Maisproduktion nicht (18 % machten keine Angaben). Bei Bohnen wiederum spielt die Vermarktung eine größere Rolle. 60 % der Bohnenproduzenten gaben Vermarktung, jedoch nur 40 % keine Vermarktung an.

Ungefähr ein Drittel der Produzenten von Grundnahrungsmitteln mit Vermarktung verkaufen jedoch — zumindest im untersuchten Wirtschaftsjahr — weniger als 50 % der jeweiligen Erntemenge[2]. Zusätzlich zu den Kolonisten, die bei diesen Produkten überhaupt keine Vermarktung betreiben, benötigen also auch diese Siedler den größten Teil der Produktion der jeweiligen Kultur für ihren Eigenbedarf. Sie betreiben mithin ausschließlich *Überschußvermarktung*.

Zwei Drittel der Kolonisten verkaufen dagegen auch bei den Grundnahrungsmitteln mehr als 50 % der Erntemenge[3]. Sie sind also schon entweder aufgrund ihrer hohen erzielten Produktionsmengen, aufgrund ihrer ausschließlichen Produktion von Grundnahrungsmitteln oder aber auch allein durch die Notwendigkeit, Gelderlöse (z.B. zur Schuldentilgung, Kosten für Arzt, Medikamente etc.) zu erzielen[4], sehr viel stärker in den Markt integriert, damit aber auch vom Markt abhängig.

Bei den Dauerkulturen ist insgesamt die Kommerzialisierung der Produktion, besonders auch aufgrund der sehr geringen Mengen zum Eigenverbrauch (ohnehin nur bei Kaffee), vorherrschend. 82 % der Kaffeeproduzenten betrieben Produktvermarktung, jedoch nur 5 % keine Vermarktung (7 % keine Angaben). Bei Kakao geben alle Produzenten Vermarktung an. Hier sind die Vermarktungsanteile an den Erntemengen durchweg höher. Bei den wenigen Kakaoproduzenten betragen sie immer 100 %. Bei den Kaffeeproduzenten vermarkten nur 14 % weniger als die Hälfte der Erntemengen, 22 % zwischen 50 und 90 % der Erntemenge. Dies macht die praktisch ausschließliche Marktausrichtung des Dauerkulturanbaus im Gegensatz zum Grundnahrungsmittelanbau deutlich.

Abb. A4 (Abbildungsteil B.) zeigt weiterhin, daß 25 der hier dargestellten 68 Betriebe (das sind 37 %) jeweils nur ein Produkt verkaufen, wobei dies für 12 Betriebe der Reis,

---

1) Die nachfolgenden Angaben beziehen sich nur auf die Betriebe, die zu der entsprechenden Anbaukultur Produktion erzielt haben und relativ exakte Angaben zur Produktionsmenge und zum jeweiligen Vermarktungsanteil machen konnten.
2) Bei Reis 36 %, bei Mais 32 %, bei Bohnen 42 % der Produzenten.
3) Bei Reis 64 %, bei Mais 68 %, bei Bohnen 58 %.
4) Denn es gibt durchaus Fälle von Kolonisten mit zwar sehr geringen Produktionsmengen, aber sehr hohem Vermarktungsanteil (z.B. Betrieb Nr. 18 im Gebiet Teixeirópolis — siehe Abb. A4).

für 10 Betriebe Kaffee und für jeweils einen Betrieb Mais, Bohnen oder Kakao ist. Ihre Vermarktung ist also zumindest im untersuchten Wirtschaftsjahr gänzlich monostrukturiert.

Demgegenüber verkauften 8 Betriebe Ernteanteile aus 4 Anbauprodukten, 10 Betriebe aus 3, 20 Betriebe zumindest aus 2 Produkten. Bei diesen Betrieben ist also der Verkauf — und damit auch das Risiko — breiter gestreut. Zusätzlich können diese Betriebe zu verschiedenen Zeitpunkten des Jahres (aufgrund der unterschiedlichen Ernteperioden) einen Gelderlös aus ihrer Agrarproduktion erwirtschaften, wenn man davon ausgeht, daß der überwiegende Teil der Vermarktung direkt in der Erntesaison vorgenommen wird.

Nur sehr wenige Kolonisten haben — bei vorhandener Agrarproduktion — überhaupt keine Ernteanteile verkauft. Dies waren insgesamt 5 Befragte: 2 im Befragungsgebiet *Nova Colina* lebende Kolonisten, die im entsprechenden Jahr nur sehr geringe Erntemengen erwirtschaften konnten (vgl. Abb. A4, Betriebe Nr. 9 und 13), 2 Halbpächter im Befragungsgebiet *Nova União* sowie ein Kolonist im Gebiet *Teixeirópolis* mit ebenfalls sehr geringer Agrarproduktion[1].

Auch hinsichtlich der Vermarktungsstruktur der befragten Kolonistenbetriebe ist also die nachfolgende Differenzierung möglich:
- Betriebe, die zwar aus ihrem Anbau Erträge erzielen konnten, aber keine Kommerzialisierung betreiben (5 Betriebe),
- Betriebe, die nur ein Anbauprodukt vermarktet haben (25 Betriebe),
- Betriebe, die mehrere Anbauprodukte vermarkten (38 Betriebe).

Nach den von ihnen verkauften Produkten ist eine Unterteilung dieser Betriebe möglich in:
- Betriebe, die ausschließlich Grundnahrungsmittel verkaufen (26 Betriebe),
- Betriebe, die ausschließlich Dauerkulturen vermarkten (11 Betriebe),
- Betriebe, die sowohl Grundnahrungsmittel als auch Dauerkulturen vermarkten (26 Betriebe).

Insgesamt zeigt sich also, daß verschiedene Formen und Grade der Marktorientierung der landwirtschaftlichen Produktion bei den untersuchten Kolonistenbetrieben festzustellen sind. Diese werden bestimmt durch die unterschiedlichen Produktionsmengen der einzelnen Kulturen, durch die Streuung der vermarkteten Produktion und durch die jeweiligen Anteile des Verkaufs an den Erntemengen. Dabei ist die Produktion von Dauerkulturen durch die ausschließliche *cash crop*–Funktion dieser Kulturen bei vernachlässigbar geringem Eigenverbrauch der Kolonisten immer einem hohen Grad der Marktorientierung gleichzusetzen. Aber auch Anbau und Produktion von Grundnahrungsmitteln können marktorientiert erfolgen, wie die hohen Erntemengen in einigen Beispielsfällen zeigen[2].

---

1) Bei vielen der Befragten in diesem Gebiet war wegen des frühen Befragungszeitpunktes noch kein Überblick über die Kommerzialisierung der Produktion möglich.
2) Vgl. z.B. Betriebe Nr. 1, 17 im Gebiet Nova Colina, 16, 22, 21 im Gebiet Nova União und 21 im Gebiet Teixeirópolis — siehe Abb. A4.

IV.4.3.4. Verkaufserlös

Auch bei den Gesamterlösen aus dem Verkauf landwirtschaftlicher Produkte läßt sich in Abhängigkeit von den jeweils verkauften Mengen und besonders in Abhängigkeit von der Zusammensetzung der verschiedenen Verkaufsprodukte die Differenzierung der untersuchten Kolonistenbetriebe weiterverfolgen (vgl. Abb. A4 Abbildungsteil C.).

Für die Interpretation der errechneten Erlöse muß einschränkend berücksichtigt werden, daß es sich bei den hier verwendeten Wertangaben um nicht–deflationierte Werte handelt. Dies ist insofern von Bedeutung, als einerseits die verschiedenen Produkte nicht in derselben Zeit des Jahres verkauft werden, also die tatsächlich sehr unterschiedlichen Wertrelationen zwischen diesen Produkten (z.B. zwischen Reis und Bohnen oder Kaffee etc.) durch die Inflation, die für die Jahre 1983 und 1984 in Brasilien jeweils mehr als 200 % betrug, zusätzlich verzerrt werden. Andererseits verkaufen die Kolonisten z.B. ihre Reisproduktion nicht alle zur gleichen Zeit, sodaß selbst für das gleiche Produkt unterschiedliche Erlöse erzielt werden — und dies sowohl in laufenden als auch in realen Preisen, weil die realen Preise besonders bei Verkauf auf dem freien Markt in der Erntezeit bei großem Angebot niedriger liegen als in der Zwischenernte–Periode mit knapperem Angebot. Aus den genannten Gründen wäre deshalb ein direkter wertmäßiger Vergleich zwischen den in den Gebieten *Nova Colina* und *Nova União* im Jahr 1983 festgestellten Erlösen und den im Gebiet *Teixeirópolis* 1984 erhobenen Wertangaben auch nur nach Deflationierung der Daten möglich.

Trotz aller Einschränkungen läßt sich jedoch sehr deutlich die unterschiedliche Bewertung der wichtigsten regionaltypischen Anbauprodukte an den jeweils erzielten Preisen ablesen.

Die niedrigsten Preise der gängigen Vermarktungsprodukte der Kolonisten–Landwirtschaft — d.h. auch die real niedrigsten — werden mit Mais erzielt. So erhielten die Kolonisten im Jahr 1983 i.d.R. zwischen 1.500 und 2.500 Cruz./Sack (à 60 kg). Für den im Vergleich zum Mais i.d.R. im Jahresablauf früher verkauften Reis erzielten die Kolonisten 1983 Erzeugerpreise von 2.500 Cruz./Sack (à 60 kg), 4.000 Cruz./Sack bis zu 7.500 Cruz./Sack[1]. 1984 lagen die Reispreise, die den befragten Kolonisten gezahlt wurden, zwischen 8.000 und 9.500 Cruz./Sack in der Haupterntezeit. Für schwarze Bohnen, die ab Juni[2] verkauft werden, zahlten die Händler 1983 13.000 bis 20.000 Cruz./Sack (à 60 kg), in der zweiten Jahreshälfte 1983 sogar bis 30.000 Cruz./Sack. Für 1984 lag nur ein Wert (40.000 Cruz./Sack) vor[3].

---

1) Letzteren zu einem späteren, in der Zwischenernte–Periode liegenden Termin.
2) D.h. 4–6 Monate später als der Hauptteil der Reisernte.
3) Wechselkurse: am 16.3.1983 — also nach der Reisernte — betrug der Wechselkurs für den US–$ 1 US–$ = 403 Cruz., am 14.7.1983 — also nach der Bohnen– und Kaffeeernte: 1 US–$ = 566 Cruz; im Jahr 1984 beliefen sich die Wechselkurse am 15.3.1984 auf: 1 US–$ = 1.261 Cruz., am 13.7.1984 auf: 1 US–$ = 1.800 Cruz. — Inf. Banco do Brasil, Frankfurt am Main, November 1986.

An den Preisrelationen zwischen Mais, Reis und Bohnen wird, selbst bei unterschiedlichen Verkaufsperioden, die sehr viel höhere Marktbewertung der Bohnen gegenüber den anderen Subsistenzkulturen deutlich.

Für die tatsächliche Einschätzung der Wertrelationen zwischen den einzelnen Grundnahrungsmitteln kann der errechnete Erlös aus 1 ha Anbau[1] herangezogen werden. Dieser beträgt im Jahr 1983 nach den Daten der befragten Kolonisten bei Mais ca. 40.000 Cruz., bei Reis bereits ca. 90.000 Cruz., bei Bohnen jedoch ca. 170.000 Cruz. Der geringe Anteil des Mais an der Kommerzialisierung erklärt sich neben dem hohen Eigenverbrauch also auch durch seine geringe Marktbewertung, wohingegen Bohnen trotz ihrer produktspezifischen, geringen Flächenproduktivität als Vermarktungsprodukt – zumindest in den betrachteten Jahren – aufgrund ihrer relativ hohen Erlöse von größerer Bedeutung sind.

Bei Kaffee gaben die befragten Kolonisten Preise zwischen 4.000 und 8.000 Cruz./Sack (à 40 kg) einerseits und zwischen 12.000 und 14.000 Cruz./Sack andererseits für 1983 an. Für diese sehr unterschiedlichen Preise ist weniger der Verkaufstermin als vielmehr die Qualitätseinstufung des Kaffees (sog. *renda*) durch den Händler sowie die Kaffeesorte (Coffea arabica oder Coffea robusta) entscheidend. Dabei wurden den Kolonisten in den letzten Jahren alternierend höhere Preise für arabica oder robusta gezahlt (vgl. CEPA–RO versch. Jahre: *Acompanhamento conjuntural*). Für Kakao lagen 1983 die Preise in der Haupterntezeit zwischen 700 und 800 Cruz./kg, 1984 zwischen 2.500 und 3.500 Cruz./kg. Die für Dauerkulturen gezahlten Preise liegen in Rondônia i.d.R. erheblich unter denen für gleiche Produkte in anderen Regionen Brasiliens gezahlten. So war z.B. der Kakao–Preis in Rondônia im Februar 1984 um ca. 30 % niedriger als im Hauptanbaugebiet Bahia (vgl. CEPA–RO: *Acompanhamento Conjuntural*, Februar 1984).

Unter Zugrundelegung einer mittleren Produktivität bei den befragten Betrieben[2] und eines mittleren Preises für 1983 (10.000 Cruz./Sack bei Kaffee und 800 Cruz./kg bei Kakao) läßt sich ein Hektarerlös für Kaffee von ca. 180.000 Cruz./ha und für Kakao von 240.000 Cruz./ha errechnen, was die deutliche Höherwertigkeit der Dauerkulturen bei der Vermarktung selbst im extensiven Anbau der Kolonisten in Rondônia gegenüber den Grundnahrungsmitteln aufzeigt.

IV.4.3.5. Vermarktungswege

Die Preise, zu denen die Kolonisten ihre Produktion verkaufen, hängen neben der Marktsituation in der Region, besonders aber im nationalen und bei Kakao im internationalen Rahmen, vor allem mit den unterschiedlichen Vermarktungswegen in Rondônia zusammen (vgl. Tab. 59). Dabei sind zwei Hauptwege zu unterscheiden:

Einerseits der Verkauf von Grundnahrungsmitteln an die staatliche Vermarktungsinstitution CFP (*Comissão do Financiamento da Produção*), der in der Region in den

---

1) Unter Zugrundelegung einer mittleren Produktivität – vgl. Tab. 58 – und eines mittleren Preises für das jeweilige Produkt.
2) Ca. 700 kg/ha bei Kaffee und ca. 300 kg/ha bei Kakao, wobei letzterer als relativ gering anzusehen ist, zumal in der Region maximale Produktivitäten von 900 kg/ha erzielt werden.

verschiedenen Lagerhäusern der staatlichen Lagergesellschaft CIBRAZEM (*Companhia Brasileira de Armazenamento*) erfolgt. Im Fall des Verkaufs an die CFP werden den Produzenten die jeweiligen auf nationaler Ebene festgesetzten Mindestpreise gezahlt[1]. Durch diese Preisfestsetzung auf nationaler Ebene können jedoch dem Produzenten aufgrund der Nichtberücksichtigung regionaler Besonderheiten erhebliche Nachteile entstehen. Als besonders negativ erweist sich — zumindest zur Zeit der Untersuchung — der sehr späte Beginn des Aufkaufs der Produktion durch die CFP in Rondônia im Jahresablauf. So wurden für Reis die Läger im Jahr 1984 erst im April, z.T. noch später geöffnet. Dieser Termin liegt jedoch zeitlich schon erheblich nach dem Haupterntetermin des Produkts, d.h. der Kolonist, der an die CFP verkaufen wollte, mußte seine Produktion auf dem Betrieb lagern, was die meisten Siedler ohne erhebliche Qualitätsverluste (z.B. durch zu hohe Feuchtigkeit) mangels ausreichender betrieblicher Lagerungseinrichtungen nicht können. Zusätzlich ist der Bedarf der Kolonisten an Barmitteln besonders in der Erntezeit groß, sowohl durch den langen Zeitraum vor der Ernte ohne Gelderlöse als auch durch Kosten, die bei der Ernte entstehen (Arbeitslöhne, Kosten für das Dreschen etc.). Darüber hinaus ist der Verkauf an die CFP für den Kolonisten relativ unattraktiv durch die hohen Qualitätsanforderungen der CFP an das Produkt[2], durch zusätzliche Kosten für Säcke etc., durch hohen bürokratischen Aufwand[3]. Der eigentliche Sinn des Aufkaufs durch die CFP, nämlich der Schutz der Kleinbauern vor der Marktmacht der Zwischenhändler, wird also durch die bürokratische Schwerfälligkeit der Transaktion erheblich behindert[4]. Entsprechend wurden bei den im PIC *Ouro Preto* befragten Kolonisten von insgesamt 146 Verkaufstransaktionen nur 6 (4 %) bei der CFP/CIBRAZEM getätigt (vgl. Tab. 59).

Von vorrangiger Bedeutung bei den Befragten — zumindest während des Untersuchungszeitraums 1983/84 — waren Verkäufe der Produktion an private Zwischenhändler (insgesamt 85 % aller Verkaufstransaktionen — vgl. Tab. 59). Dies sind v.a. Besitzer von Reis- und Kaffeemühlen in den Pionierstädten Rondônias, die das Rohprodukt der Kolonisten einer ersten Bearbeitung unterziehen und sodann auf den regionalen Märkten (v.a. in den Pionierstädten) an Weiterverarbeiter (z.B. bei Kaffee) oder an Groß- und Einzelhändler sowie z.T. an den Endverbraucher abgeben, bzw. zum sehr viel größeren Teil das in erster Stufe bearbeitete Produkt in die Hauptabnehmergebiete im Süden und Südosten Brasiliens (z.T. im Norden, hier v.a. Manaus) verkaufen.

---

1) Vgl. zum brasilianischen Agrarpreissystem FOX o.J., als Überblick auch LÜCKER 1986.
2) Z.B. bei Reis geringer Feuchtigkeitsgehalt, der erst durch künstliche Trocknung vor dem Verkauf erreicht werden kann; die Trocknung wird in den Lagerhäusern vorgenommen, wobei dem Kolonisten aber erhebliche Wartezeiten entstehen können.
3) So wird der Kolonist nicht in bar bei Ablieferung des Produkts ausbezahlt, sondern erhält das Geld erst auf der Bank in der Stadt; d.h. wenn das Lagerhaus sich z.B. in einem der NUARs befindet, entstehen Zusatzkosten durch die Fahrt in die Stadt usw.
4) Für ein ähnlich gelagertes Beispiel aus dem Kolonisationsgebiet an der Transamazônica rechnet BUNKER (1985, S. 170) die für den Kolonisten ungünstigen Erlös–Kosten–Relationen bei Verkauf der Produktion an die CFP/CIBRAZEM (am Beispiel Reis) vor.

Diese sog. *donos da máquina*[1] sind v.a. an Reis, Bohnen und Kaffee interessiert, z.T. auch an Kakao, der jedoch zum größten Teil von spezialisierten Zwischenhändlern aufgekauft wird[2]. Neben diesen *donos da máquina* die meist das Produkt bei den Kolonisten mit eigenen Lastwagen abholen[3], gibt es die sog. *marreteiros*, das sind Lastwagenbesitzer, die zur Erntezeit durch die *linhas* fahren und die Produktion der Kolonisten, sozusagen an der Haustür, zu entsprechend niedrigen Preisen abkaufen, um es dann ihrerseits in der Stadt an die *donos da máquina* weiterzuverkaufen.

Der Verkauf an die privaten Zwischenhändler hat für den Kolonisten den erheblichen Vorteil schneller unbürokratischer Abwicklung und besonders den Vorteil des direkten Erhalts von Bargeld.

Nachteilig wirkt sich sehr oft die wissentlich falsche Bewertung der Produktqualität durch den Händler[4] aus. Die vom privaten Zwischenhandel gezahlten Preise richten sich nach der jeweiligen Marktsituation. Sie können erheblich von den staatlichen Mindestpreisen divergieren. Oftmals liegen sie unter diesen Mindestpreisen. So zahlten die privaten Händler in Ouro Preto do Oeste 1984 in der Erntezeit (März) für Reis im Durchschnitt zwischen 8.000 und 9.000 Cruz./Sack (à 60 kg) (s.o. und Ergebnisse der Zwischenhändler-Befragung, Ouro Preto do Oeste, Oktober 1984). Der festgesetzte Mindestpreis für Reis lag in dieser Zeit dagegen bei 11.120 Cruz./Sack, d.h. um 20 % höher (mdl. Inf. CIBRAZEM, Ouro Preto do Oeste, Oktober 1984). Umgekehrt war jedoch die Situation 1983 als die Preise des privaten Handels i.d.R. über den staatlich festgesetzten lagen.

Daß es bei diesen unterschiedlichen Vermarktungswegen zwischen staatlicher und privater Vermarktung und ihren unterschiedlichen Preisniveaus zu Pervertierungen des Gesamtsystems kommt, zeigt das folgende Beispiel. Im Jahr 1984 haben viele private Zwischenhändler, die die Agrarproduktion der Kolonisten zu *dumping*-Preisen gekauft hatten, ihrerseits über Strohmänner die Produktion illegal an die staatliche CFP/CIBRAZEM verkauft, um bei geringstmöglichem Aufwand in den Genuß der höheren Mindestpreise zu gelangen (vgl. versch. Berichte in den regionalen Tageszeitungen 1984 und mdl. Inf. CIBRAZEM, Ouro Preto do Oeste, Oktober 1984).

Die Benachteiligten sind allemal die in diesem System *Schwächsten*, nämlich die Kolonisten, die meist keinen Überblick über die Marktsituation haben, an schnellem und unbürokratischem Verkauf ihrer Produktion interessiert sind und zur Bestreitung ihrer laufenden Kosten auf den direkten Bargelderhalt angewiesen sind.

---

1) Vgl. zu ihrer Bedeutung für die Wirtschaft der Pionierstädte Kap. III.4.7.
2) Vgl. Kap. III.4.6. und Kap. III.4.7.
3) Z.T. muß der Kolonist aber auch für die Anlieferung mittels an Lastwagenfahrer bezahlter Fracht sorgen.
4) Besonders bei Kaffee, wo dies für den Kolonisten meist nicht nachvollziehbar ist.

IV.4.3.6. Die Bedeutung der Kooperativen

Wie Tab. 59 zeigt, spielen zumindest bei den befragten Kolonisten Verkäufe an die Kooperativen der Region[1] keine bedeutende Rolle. Dies liegt u.a. an der nicht sehr großen Reputation der Arbeit der Kooperativen bei den Kolonisten, was sich z.T. aus negativen Erfahrungen in den Herkunftsgebieten herleitet, wo die Kooperativen oftmals eher die Großbauern begünstigt haben. So waren auch nur 2 der 79 befragten Kolonisten Mitglieder der regionalen Kooperative[2].

Insgesamt hatte die CIRA/PICOP 1984 ca. 840 Mitglieder (Stand März 84) bei einem offiziell definierten Einzugsbereich, der das PIC *Ouro Preto*, das PIC *Padre Adolpho Rohl*, die Kolonisationsgebiete um Ji–Paraná/Presidente Médici und das PIC *Gy–Paraná* bei Cacoal umfaßt. Das heißt, die Mitgliederzahl der Kooperative erreicht noch nicht einmal 5 % der von INCRA in dieser Region offiziell angesiedelten Kolonisten. LOPES (1985, S. 44) gibt bereits die Zahl der Gründungsmitglieder der CIRA/PICOP mit 800 Kolonisten an, sodaß auch im Zeitablauf keine Entwicklung der genossenschaftlichen Organisation zu beobachten ist. Der gleiche Autor schätzt zusätzlich die Zahl der aktiven Genossenschaftsmitglieder auf maximal 30 % (LOPES 1985, S. 44).

Andererseits ist jedoch die Infrastruktur der CIRA/PICOP durch massive Unterstützung des INCRA, das sich dabei aber auch erhebliche Mitspracherechte gesichert hat, relativ diversifiziert. Sie besteht aus zwei Kakao–Aufbereitungsanlagen in Ouro Preto, die jedoch aufgrund der geringen Verbreitung des Kooperativen-Gedankens und wegen administrativer Probleme im Jahr 1984 noch zu 80 % nicht ausgelastet waren. Weiterhin existiert eine Kaffee–Schälmaschine (1984 nur zu 50 % ausgelastet), eine Reismühle, Trocknungsanlagen, ein Sägewerk in Ouro Preto sowie ein größerer Fuhrpark. Außerdem existiert seit 1982 mit einem Supermarkt auch eine Konsumabteilung der CIRA in Ouro Preto. Trotz dieser guten Ausstattung ist die Akzeptanz der Kooperative bei den Siedlern sehr gering, wozu, nach Meinung des Präsidenten der CIRA, nicht zuletzt die permanente Intervention des INCRA in die Angelegenheiten der Kooperative sowie die Einflußnahme politischer Kreise erheblich beiträgt, durch die die Genossenschaft bei den Siedlern weit mehr den Eindruck einer Organisation *von oben*, als den einer Angelegenheit *von unten* erweckt (mdl. Inf. Sr. Delfino Nonato, Präsident CIRA/PICOP, Ouro Preto do Oeste, Juni 1984)[3].

Die Entstehung der in Abb. A4 (Abbildungsteil C.) dargestellten einzelbetrieblichen Gesamterlöse aus dem landwirtschaftlichen Anbau ist unter den analysierten Bedingungen und Unterschieden der jeweiligen Agrarpreise, ihrer realen Verhältnisse zueinander, der jeweiligen Vermarktungswege, jedoch auch unter der Einschränkung der Veränderlich-

---

1) Hier besonders die bereits 1972 für das PIC Ouro Preto mit beträchtlicher Unterstützung des INCRA gegründete CIRA/PICOP (Cooperativa Integrada de Reforma Agrária) mit Sitz in Ouro Preto do Oeste.
2) Dabei handelte es sich in beiden Fällen um Kakaoproduzenten im Gebiet Teixeirópolis, die v.a. wegen der bei der CIRA bestehenden Aufbereitungsmöglichkeiten für Kakao Kooperativenmitglieder waren.
3) Zu ähnlichen Erfahrungen mit Kooperativen im Siedlungsgebiet an der Transamazônica vgl. SMITH 1982, S. 88 ff.

keit der Erlöse und ihrer Relationen von Jahr zu Jahr aufgrund betrieblicher und externer Faktoren zu sehen. Die analysierten Gesamterlöse hängen somit insgesamt ab von:
- den vermarkteten Mengen,
- den jeweils erzielten Preisen der Vermarktungsprodukte,
- den Vermarktungswegen,
- den Vermarktungszeiträumen,
- der Zusammensetzung der Vermarktungsprodukte im Einzelbetrieb.

Unter den oben genannten interpretativen Einschränkungen lassen sich die untersuchten Betriebe differenzieren in:
- Betriebe mit verhältnismäßig sehr hohen Vermarktungserlösen — positive Abweichung vom Mittelwert des entsprechenden Einzugsgebietes um mehr als 100 % (7 Betriebe = 11 %),
- Betriebe mit mittleren bis hohen Erlösen — positive Abweichung vom Mittelwert bis zu 100 % (13 Betriebe = 20 %),
- Betriebe mit mittleren bis geringen Erlösen — negative Abweichung vom Mittelwert bis 50 % (14 Betriebe = 21 %),
- Betriebe mit relativ sehr geringen Erlösen — negative Abweichung vom Mittelwert zwischen 50 und 100 % (32 Betriebe = 48 %).

Insgesamt erzielen dabei 67 % der untersuchten Betriebe mehr als die Hälfte ihres Erlöses aus dem Anbau von Grundnahrungsmitteln, dagegen nur 33 % aller in die oben genannte Differenzierung eingehenden Betriebe aus Dauerkulturen. Bei den Betrieben mit relativ hohen Erlösen sind es allerdings 55 % der entsprechenden Betriebe mit überwiegendem Anteil der Grundnahrungsmittel am Gesamterlös und immerhin 45 % mit überwiegendem Anteil der Dauerkulturen. Bei den Betrieben mit relativ geringen Erlösen dagegen 73 % zu 27 %. Es wird also deutlich, daß zwar bei noch relativ wenigen Betrieben in den Befragungsgebieten der größte Teil des Erlöses mit dem Verkauf von Dauerkulturen erwirtschaftet wird[1], daß aber die Bedeutung der Vermarktung von Dauerkulturen bei den wirtschaftlich stärker prosperierenden Betrieben für die Erzielung hoher Verkaufserlöse bereits relativ größer ist als die der Grundnahrungsmittel.

Wenn wir auch hinsichtlich der Erlöse aus dem landwirtschaftlichen Anbau eine Differenzierung in gekaufte Betriebe und durch INCRA zugeteilte Betriebe vornehmen, ist festzustellen, daß der Anteil der gekauften Betriebe an den Betrieben mit relativ hohen Erlösen größer ist (55 %) als der Anteil der gekauften Betriebe an denen mit relativ niedrigen Erlösen (45 %).

Daß jedoch dieses Differenzierungsmerkmal bei den Erlösen nicht so ausgeprägt ist wie z.B. beim Anbau, dürfte einmal daran liegen, daß viele gekaufte Betriebe erst seit relativ kurzer Zeit — infolge des oft kurz zurückliegenden Kaufdatums — z.B. über Dauerkulturen[2] verfügen, andererseits viele der Landkäufer den Nutzungsschwerpunkt auf die Rinderweidewirtschaft legen und deshalb aus dem landwirtschaftlichen Anbau nur relativ geringe Erlöse erwirtschaften.

---

1) Was sich jedoch in den kommenden Jahren bei Erreichen des produktiven Alters vieler junger Bestände — bes. Kautschuk und Kakao — ändern wird.
2) Deshalb auch noch ohne Produktion zum Befragungszeitpunkt.

IV.4.4. Zur Bedeutung der Umwandlung von *roças* in Kunstweiden und zur Bedeutung der Viehhaltung in der Kolonisten–Landwirtschaft des PIC *Ouro Preto*

Bereits im Kapitel zur Flächennutzung (vgl. Kap. IV.4.1.) wurde die zunehmende Bedeutung der Kunstweidenutzung im Rahmen der gesamten landwirtschaftlichen Nutzungsstrukturen und ihrer Veränderungstendenzen angesprochen. Dabei wurde besonders auf die Bedeutung der Weideanlage in der mehrjährigen Flächennutzungssukzession und auf die in diesem Zusammenhang zu beobachtende Funktion der Kunstweiden als Substitut für Brache hingewiesen.

Wie aus Tab. 60 zu ersehen, verfügen fast alle befragten Kolonisten über Weideflächen, die jedoch in ihrer Größe von Betrieb zu Betrieb sehr unterschiedlich sind. Insgesamt wiesen 56 % der untersuchten Betriebe im Verhältnis mittlere bis geringe Weideflächen (negative Abweichung vom jeweiligen Mittelwert – vgl. Tab. 60), 32 der Kolonistenbetriebe hohe (positive Abweichung vom Mittelwert bis zu 100 %) und 12 % der Betriebe über im Verhältnis sehr hohe Weideflächen (positive Abweichung vom Mittelwert > 100 %) auf (vgl. auch Abb. A1).

Das Ausmaß der jeweiligen Weideflächen pro Betrieb hängt infolge der sukzessiven Umwandlung von Kultur– in Weideland entscheidend vom jeweiligen Beginn der Weideaussaat ab. Daß die Umwandlung des gerodeten Landes in Kunstweiden eine relativ junge Tendenz ist, wird daran sichtbar, daß 40 % der befragten Kolonisten erst nach 1980, d.h. erst 4 bis 8 Jahre nach Erschließungsbeginn der einzelnen Befragungsgebiete, mit der Aussaat von Weidegräsern begonnen haben.

Wie in den südamerikanischen Tropen üblich, werden für die Anlage der Kunstweiden auch den Kolonisten ursprünglich afrikanische, meist relativ widerständige Weidegräser ausgesät[1]. Tab. 61 zeigt jedoch, daß die Befragten in der großen Mehrzahl nur zwei Grassorten, nämlich Brachiaria decumbens und das auf amazonischen Rodungsweiden besonders verbreitete Büschelgras Panicum maximum (*colonião*) aussäen. Nur in sehr geringem Umfang werden andere Gräser, darunter das von der Agrarberatungsbehörde EMATER–RO wegen seiner besseren Adaption propagierte sog. *kikuiu da Amazônia* (Brachiaria humidicola), angewandt[2]. Ebenso zeigt Tab. 61, daß die Verwendung von Leguminosen bei der Anlage von Kunstweiden zum Zweck der Stickstoffixierung im Boden bei den befragten Kolonisten praktisch unbekannt ist.

Insgesamt ist Kunstweide in der Kolonisten–Landwirtschaft eine extrem extensive Nutzungsform. Dies gilt sowohl für Anlage als auch für Nutzung der Weiden. So war bei praktisch keinem Betrieb eine geregelte Weiderotation zu beobachten. Besonders in der Trockenzeit sind deshalb bereits vielfach Probleme der Weidedegradierung festzustellen.

---

1) Vgl. zur generellen Problematik der Kunstweiden aus afrikanischen Gräsern in Südamerika v.a. PARSONS 1970.
2) Vgl. zur umfangreichen Diskussion über die ökologischen Implikationen der Anlage von Rodungsweiden in Amazonien, u.a. hinsichtlich ihrer ökologischen Auswirkungen auf Bodenfruchtbarkeit, aber auch hinsichtlich ihrer sozio–ökonomischen Auswirkungen z.B. FALESI 1976 als Vertreter der die Weidenutzung positiv beurteilenden Gruppe, für die gegenteilige Position z.B. FEARNSIDE 1979, 1985c, S. 396 ff. und HECHT 1983.

Eine der Hauptrestriktionen der Weidenutzung ist die extrem schnelle Invasion von Unkräutern, wobei in Rondônia das gegen Feuer relativ resistente *assapeixe-do-Pará* (Vernonia ferruginea Less.) besonders häufig ist, durch das Weideflächen z.T. für die Viehbestockung wertlos werden. Nicht zuletzt wegen der großen Verunkrautung werden die Weiden i.d.R. alljährlich gebrannt. Die meisten der befragten Kolonisten halten das Brennen für die *Gesunderhaltung* der Weiden und für einen besseren Weideaustrieb für erforderlich. Unter agroökologischen Gesichtspunkten ist demgegenüber die langfristig nachteilige Wirkung der Brände (z.B. durch Zerstörung der Bodenfauna) gegen kurzfristige Meliorationen (Erhöhung des Phosphorgehalts im Boden durch die *Aschendüngung*) abzuwägen (vgl. hierzu z.B. FEARNSIDE 1979).

86 % der Befragten — also die überwiegende Mehrheit — geben an, in Zukunft noch mehr Weideflächen auf ihrem *lote* anlegen zu wollen. Als Gründe hierfür werden besonders die Vergrößerung des bisherigen Viehbestandes durch Zucht auf dem Betrieb, aber auch der Wunsch nach weiterem (oder erstmaligem) Viehkauf angegeben. Rinderhaltung wird als besonders lohnend — auch im Sinne einer *Kapitalanlage* — angesehen. Ebenso spielt jedoch eine Rolle, daß Weidenutzung oftmals günstiger eingeschätzt wird als landwirtschaftlicher Anbau, der als sehr arbeitsintensiv und infolge der Marktabhängigkeit als risikoreich beurteilt wird. Bei einigen Betrieben besteht jedoch bereits die Notwendigkeit zur Weideausdehnung aufgrund des sich vergrößernden Viehbestandes, bzw. wegen bereits erschöpfter Weideflächen. Schließlich bietet Weidenutzung durch die Möglichkeit der *Vermietung* (*alugar pasto*) besonders in der Trockenzeit Aussicht auf ein zusätzliches Einkommen selbst bei noch nicht vorhandenem eigenem Rinderbestand (vgl. Tab. 62).

Anlage von Kunstweiden wird von den Kolonisten auch unter übergeordneten ökonomischen Gesichtspunkten als günstig wahrgenommen, weil Weideflächen zu einer Wertsteigerung des *lotes* bei relativ geringem *input* beitragen.

Der Wunsch nach Rinderhaltung muß ebenso besonders unter ökonomischen Prämissen gesehen werden, denn das Eigentum von Rindern verspricht nicht nur ein besseres direktes Subsistenzniveau (Milch und Milchprodukte, Fleisch etc.), sondern ist auch als wertbeständige *Kapitalreserve* für die materielle Absicherung des Kolonisten (Möglichkeit des Rinderverkaufs) von großer Bedeutung. Zusätzlich erhoffen sich die Siedler von der Rinderhaltung für die Zukunft eine wichtige Einkommensquelle[1], auch wenn dies bei den meisten Kolonisten im Moment noch von untergeordneter Bedeutung ist.

Letztendlich kommt als Begründungsfaktor für die Tendenz zur Weidenutzung und den Wunsch nach Rinderhaltung (bzw. Ausdehnung der Rinderhaltung) noch ein weiteres, eher psychologisch zu sehendes Moment hinzu. Rinderhaltung hat in Brasilien insgesamt ein relativ hohes Sozialprestige und wird von der Landbevölkerung als sichtbarer Ausdruck des materiellen Erfolgs angesehen, denn Eigentum von Großvieh ist i.d.R. dem Landeigentümer, dem *fazendeiro*, vorbehalten. Dies ist an der Pionierfront von besonderer Bedeutung, weil die Siedler, die ja in ihrem größten Teil ehemals zur Klasse der Landarmen und Landlosen gehörten, durch Rinderhaltung ihren sozialen Aufstieg und die Konsolidierung ihrer materiellen Situation besonders zu dokumentieren meinen. Dieses eher irrationale

---

1) Verkauf von Schlachtvieh bes. für die wachsenden städtischen Absatzmärkte in der Region.

Moment erklärt die Tendenz zur Weidenutzung und Viehhaltung, selbst bei ökologischer *Unangepaßtheit* dieser Nutzungsform unter den amazonischen Bedingungen[1], sicherlich ebenso wie die Probleme des landwirtschaftlichen Anbaus sowohl von einjährigen als auch von Dauerkulturen in der Perzeption der Kolonisten (Preisproblematik, agroökologische Restriktionen durch Pflanzenkrankheiten, relativ hohe Investitionen bei Dauerkulturen bei gleichzeitigem Finanzierungsrisiko, andererseits im Moment fehlende günstige Agrarkredite etc.)[2].

Durchschnittlich zwei Drittel der befragten Kolonisten verfügten bereits über einen eigenen Rinderbestand (vgl. Tab. 60), wobei 60 % dieser Kolonisten weniger als den jeweils durchschnittlichen Rinderbestand der Befragungsgebiete, 40 % dagegen bereits einen höheren Rinderbestand besaßen[3].

Bei den Rindern handelt es sich jedoch i.d.R. nicht um leistungsstarke Zuchtrinder, sondern um regionsübliche Kreuzungen (sog. *Pé–duro*–Rinder), z.T. um besonders zur Mast verwendetes Nelore–Vieh, z.T. um Gir–Rinder (ebenfalls Zebu–Arten, jedoch mit höherem Milchertrag) sowie um Kreuzungen zwischen Zebu–Rindern und europäischen Rassen (z.B. sog. *girolanda*). Die meisten befragten Kolonisten verfügten über gemischte Bestände, wobei der Jungvieh-Anteil zum Befragungszeitpunkt meist noch besonders hoch war. In allen Fällen ist entsprechend derzeitiges Hauptziel der Siedler die Vergrößerung des jeweiligen Rinderbestandes durch Zukauf und besonders durch Aufzucht. So hatte sich bei 62 % der Rinder haltenden Kolonisten der Bestand durch Zucht im Jahr vor der Befragung erhöht.

Die Rinderhaltung auf den Kolonisten–Betrieben erfolgt in extensivster Form. Die Rinder erhalten meist kein Zufutter, höchstens in Form der Gabe von Mineralsalzen. Besonders in der Trockenzeit sind deshalb — je nach Situation der Weiden — erhebliche Gewichtsverluste bei den Rindern zu beobachten.

Die Rinderbestockungsdichten lagen bei 57 % der untersuchten Betriebe unter 1 GVE/ha, bei 23 % zwischen 1 und 2 GVE/ha, bei 19 % der Betriebe jedoch bereits über 2 GVE/ha. Die in der Region möglichen, maximalen Bestockungsdichten hängen natürlich entscheidend von Ertrag der Weideflächen, dem Weidemanagement etc. ab[4], jedoch müssen für die extensive Rinderhaltung in Rondônia niedrige Werte angesetzt werden. Die festgestellten hohen Bestockungsdichten können deshalb bereits als Anzeichen einer partiellen *Überstockung* auf einem Teil der Kolonistenbetriebe angesehen werden. Zu beachten ist außerdem, daß bei vielen Kolonisten die tatsächlichen Bestockungsdichten

---

1) Hierauf weist bes. FEARNSIDE 1979 und 1985c hin.
2) SMITH (1982, S. 84 ff.) kommt am Beispiel seiner Untersuchungen an der Transamazônica zu ähnlichen Ergebnissen und legt ebenso besonderes Gewicht auf die sozialpsychologische Bedeutung der Rinderhaltung bei den Siedlern.
3) So ein Kolonist mit bereits mehr als 70 Rindern (Betrieb Nr. 1 Nova União), ein anderer mit sogar mehr als 100 Rindern (Betrieb Nr. 2 Teixeirópolis).
4) Die entsprechenden Angaben zu Amazonien sind in der Literatur sehr unterschiedlich, vgl. zusammenfassend FEARNSIDE 1979, nach Inf. durch Herrn Prof. Kohlhepp liegen auf der Fazenda Vale do Cristalino (VW do Brasil) trotz eines hohen inputs die Bestockungsdichten nicht über 1,5 GVE/ha, zu anderen amazonischen Rinderhaltungsgebieten siehe z.B. BRÜCHER 1970.

erheblich höher liegen als die hier errechneten, weil aus Finanzmangel oft ein erheblicher Teil der bereits angelegten Weideflächen noch nicht eingezäunt werden konnte.

Schon aus diesen wenigen Angaben heraus ist die Fortsetzung der Ausdehnung der Weideflächen auf den Kolonistenbetrieben absehbar. So mußten 7 von den Betrieben mit hohen Bestockungsdichten in der Trockenzeit Weideflächen *zumieten*. 11 Betriebe — davon 5 Betriebe mit Weide aber ohne Rinder — haben Weiden an solche Betriebe *vermietet* und dadurch ein kleines Zusatzeinkommen erwirtschaftet.

Bei den meisten Rinder haltenden Betrieben ist die marktorientierte Rindermast und der Verkauf von Schlachtvieh noch nicht die Regel. Die gelegentlichen Rinderverkäufe[1] gelten meist dem *Ausgleich* finanzieller Knappheit, bzw. dem *Ausgleich* ungenügender Einnahmen aus der Haupterwerbsquelle, dem landwirtschaftlichen Anbau.

Es sei hier angemerkt, daß nach wie vor der Großteil der Fleischversorgung der rondonensischen Städte von den größeren Rinderweidewirtschafts–Betrieben der Region (z.B. in der *Gleba Corumbiara*, in der Region Porto Velho etc.) sowie z.T. von größeren Fazendas in Nord–Mato Grosso gestellt wird[2].

Die gelegentliche Vermarktung von Milch oder Milcherzeugnissen konnte nur bei 8 der 50 Rinder haltenden Kolonisten festgestellt werden. Dies waren meist Siedler, die z.B. Käse oder den sog. *requeijão* herstellen und auf den Wochenmärkten in Ouro Preto do Oeste oder Ji–Paraná verkaufen. Andere Kolonisten geben z.T. Milch an ihre Nachbarn — z.T. unentgeltlich — ab oder stellen nur für den Eigenbedarf Milchprodukte her. Diese völlig untergeordnete Bedeutung der Milchwirtschaft in den Befragungsgebieten erklärt sich einmal durch ihre große Marktferne[3]. Sie erklärt sich weiterhin aus der sehr geringen Milchleistung, die von den meisten Kolonisten für die Regenzeit auf ca. 5 bis maximal 10 l/Kuh/Tag, für die Trockenzeit auf erheblich weniger, z.T. überhaupt keine Milchleistung, geschätzt wird.

Ein weiterer Hemmfaktor für die Entwicklung einer regionalen Milchwirtschaft — bei allerdings in den Pionierstädten vorhandenem relativ großem Markt — ist das weitgehende Fehlen von Milchverarbeitungsbetrieben in der Region. 1984 wurde in Ouro Preto do Oeste als erster Schritt vom Staat eine Kühlkammer für Milch zur Vorbereitung für den Weitertransport in die einzige Molkerei Rondônias im ca. 350 km entfernten Porto Velho eingerichtet.

Auch die übrige Tierhaltung (Schweine– und Hühnerhaltung) gilt bei den befragten Kolonisten derzeit v.a. der Deckung des eigenen Bedarfs (vgl. zu Bestandsangaben Tab. 60). Nur 15 der 69 Kolonisten, die Schweinehaltung betrieben (das sind 22 %), gaben gelegentlichen Verkauf von Schweinen an. Bei Hühnern waren es immerhin 29 von 77

---

1) 40 % der befragten Kolonisten hatten im vor dem Befragungstermin liegenden Jahr Rinder, in allerdings sehr unterschiedlicher Zahl, zur Schlachtung verkauft.
2) In Nord-Rondônia haben daneben die Rinderweidewirtschafts–Gebiete in der Region des Alto Rio Beni im bolivianischen Amazonien traditionelle Bedeutung für die Fleischversorgung, v.a. von Guajará–Mirim und Porto Velho.
3) Die Städte sind z.T. mehr als 50 km entfernt, deshalb bietet sich ohnehin nur der Verkauf bereits verarbeiteter Milch an.

Kolonisten (38 %), die einen zusätzlichen Erlös aus dem Verkauf von Hühnern, v.a. auf den Wochenmärkten in den Pionierstädten, erwirtschafteten. Schweine- und Hühnerhaltung erfolgt ebenso wie die Rinderhaltung in extensivster Form. Z.B. werden Schweine meistens, Hühner immer, nur frei gehalten, dadurch jedoch auch mit z.T. erheblichen Verlusten etc. Z.T. wird Schweinemast (v.a. auf der Basis von Mais und Maniok) auch zur Herstellung von Schweineschmalz, jedoch i.d.R. nur zum Eigenverbrauch betrieben[1].

Daß sich auch hinsichtlich der Viehhaltung (v.a. der Rinderhaltung) die Differenzierung zwischen durch INCRA zugeteilten und später aufgekauften Betrieben bemerkbar macht, zeigt sich daran, daß der Anteil der gekauften Betriebe in der Gruppe der über einen überdurchschnittlichen Rinderbestand verfügenden Kolonisten mit 60 % relativ groß ist. Aber auch in der Gruppe der Kolonisten, die bisher noch keine Rinder besitzen, finden sich solche Siedler, die ihr Land durch Kauf erworben haben. In diesem Bereich ist also erneut eine Differenzierung auch innerhalb der Gruppe der Landkäufer hinsichtlich ihrer heutigen sozio-ökonomischen Position festzustellen, wenn wir davon ausgehen, daß der Besitz von Rindern einem höheren Niveau an materiellem *Wohlstand* entspricht.

Auch wenn in der Sicht der Kolonisten Weidenutzung und Rinderhaltung zunächst v.a. die Verbesserung des Subsistenzniveaus und die Absicherung ihrer materiellen Existenz bedeuten, so sehen doch viele Siedler gleichzeitig in der Tendenz zur Umwandlung der Rodungen in Weideflächen eine Gefahr für die langfristige Persistenz der kleinbäuerlichen Kolonisten-Landwirtschaft. Bei der zu beobachtenden Tendenz zum Verkauf der Siedlungsparzellen sehen sie die Gefahr der Konzentration des Landeigentums in den Händen neuer *fazendeiros*[2], deren einziges wirtschaftliches Interesse die an schnellem Profit ausgerichtete, jedoch weder kapital- noch arbeitsintensive Rinderweidewirtschaft ist. Durch die Ausdehnung der Weideflächen bereits auf den Kolonistenbetrieben wird in dieser Sicht das Feld für diesen Strukturwandel im ländlichen Raum an der Pionierfront bereits geebnet. Daß dies nicht von der Hand zu weisen ist, zeigt der inzwischen 1.200 ha große, aus ehemaligen Siedler-Parzellen von einem Zwischenhändler aus Ji-Paraná zusammengekaufte Betrieb im Befragungsgebiet *Teixeirópolis* (Betrieb Nr. 9). Extensive Rinderweidewirtschaft ist hier ausschließliches Betriebsziel. Ein Teil der Weideflächen, die heute bereits 90 % der Gesamtbetriebsfläche ausmachen, war bereits von den Vorbesitzern, den kleinbäuerlichen Siedlern, angelegt worden. Dies ist jedoch kein Einzelfall. Auch im Befragungsgebiet *Nova Colina* z.B. konnten ähnliche Fälle (so ein Großbetrieb aus 11 ehemaligen Siedler-*lotes*, heute in der Hand eines Lokalpolitikers aus Ji-Paraná) konstatiert werden.

An diesen Beispielen wird deutlich, daß sozialräumlicher Wandel im ländlichen Raum Rondônias eng mit den Produktionsverhältnissen der Kolonisten-Landwirtschaft, mit den ökologischen, besonders aber den ökonomischen und sozialen Problemen und Restriktionen des Anbaus und der Vermarktung von Grundnahrungsmitteln und Dauerkulturen

---

1) Vgl. Schweinemast und Schmalzproduktion als typische Produkte der Kolonisationsphase in den südbrasilianischen Herkunftsräumen vieler der heutigen Siedler in Rondônia — siehe hierzu z.B. LÜCKER 1986.
2) Z.B. aus der Klasse der neuen, regionalen Bourgeoisie der Pionierstädte, Neuzuwanderer mit besserer Kapitalausstattung etc.

und den daraus folgenden Konsequenzen für das Überleben der Kolonisten in ökonomischer (Landnutzung) und sozialer (Landverkauf) Hinsicht zusammenhängt.

Die *Überlebensstrategien* der kleinbäuerlichen Siedler dokumentieren sich in den ökonomischen Strukturen der Pionierfront–Landwirtschaft und in ihrem jeweiligen Wandel. Dieser Wandel wird, wie das Beispiel der agrarischen Nutzungsmuster und ihrer Dynamik zeigt, weniger von der *freien Entscheidung* der Betroffenen als vielmehr von den gesellschaftlichen und ökonomischen Abhängigkeitsverhältnissen, die die Reaktionen und Entscheidungen der Kolonisten – d.h. der gesellschaftlichen *Peripherie* – an der Pionierfront – d.h. der räumlichen *Peripherie* – determinieren, bestimmt. Denn nichtkompensatorische und schwankende Preise, fehlende Agrarkredite, Abhängigkeit vom landwirtschaftlichen Zwischenhandel, unzureichende staatliche Vermarktungsorganisation etc., d.h. fehlende Unterstützung und fehlender Schutz der Kolonisten–Landwirtschaft, sind Ausdruck der *Peripherisierung* dieses Teils der brasilianischen Gesellschaft, sind Ausdruck der Dominanz zentrumsbestimmter und zentrumsorientierter Entwicklung der räumlichen Peripherie in einer disparitär–strukturierten Gesellschaft.

IV.5. Versuch einer Typisierung der untersuchten Kolonistenbetriebe

Sowohl in der agrarwissenschaftlichen Betriebslehre als auch in der Agrargeographie stehen seit langer Zeit Ansätze zu einer Typisierung landwirtschaftlicher *Betriebsformen* (ANDREAE 1972) oder landwirtschaftlicher *Betriebssysteme* (ANDREAE 1977, S. 105 ff., RUTHENBERG 1980, RUTHENBERG, ANDREAE 1982), in agrargeographischer Sicht eine entsprechende Regionalisierung dieser Betriebs– oder Bodennutzungssysteme (MANSHARD 1968) auf den unterschiedlichen Maßstabsebenen im Vordergrund des Interesses, so für den gesamten Agrarraum der Erde (vgl. z.B. *Agrarsysteme* bei ARNOLD 1985, S. 146 ff.) oder für die Agrarräume tropischer Regionen (vgl. MANSHARD 1968). Diese Ansätze konzentrieren sich unter Zugrundelegung sowohl der ökologischen Nutzungsvoraussetzungen und Beschränkungen als auch der jeweiligen ökonomischen, demographischen und sozio–kulturellen Gegebenheiten und ihres wechselseitigen Wirkungsgefüges auf Typisierungen zunächst nach den grundlegenden unterschiedlichen Nutzungsformen in:

- Sammelwirtschaften,
- Systeme mit vorherrschendem Pflanzenbau,
- Systeme mit Vorherrschen der Tierhaltung.

Die letzteren Formen können weiter unterteilt werden in:

- Ackerbausysteme,
- Dauerkultursysteme,
- Graslandsysteme (oder Viehwirtschaftssysteme),

die weiterhin nach ihrer Intensität (Flächen–, Arbeits– und Kapitalintensität), nach ihren ökonomischen Betriebszielen (Selbstversorgung, Marktorientierung), nach typischen Nutzungskombinationen (in Abhängigkeit von vorherrschenden Kulturarten oder Formen der Tierhaltung), im Zusammenhang mit der Nutzungsintensität besonders auch nach ihrer räumlichen Organisation (Flächenwechsel mit Verlagerung der Siedlungen – z.B. Brandrodungswanderfeldbau, bzw. Weidenomadismus – gegenüber solchem ohne Verlagerung der Siedlungen) sowie nach ihrer Nutzung der natürlichen (v.a. klimatischen)

Voraussetzungen, bzw. ihrer Beschränkung durch diese Faktoren (bes. Regenfeldbau vs. Bewässerungsfeldbau) zu gliedern sind[1].

Für die Charakterisierung der hier im Vordergrund stehenden kleinbäuerlichen Kolonisten–Landwirtschaft sind die gemeinhin als extensivst angesehenen Betriebssysteme der *Urwechselwirtschaft* (vgl. RUTHENBERG, ANDREAE 1982, S. 127 ff.), allerdings bereits in ihrer intensiveren Form der *Landwechselwirtschaft* (vgl. MANSHARD 1968, S. 89 ff.), bei der (im Gegensatz zum Brandrodungswanderfeldbau) ein Flächenwechsel der landwirtschaftlichen Nutzung ohne Verlagerung der Siedlungen erfolgt (vgl. auch ARNOLD 1985, S. 193 ff.), von besonderer Bedeutung. Der Flächenwechsel betrifft im System der Kolonisten–Landwirtschaft Rondônias dabei insbesondere den Anbau einjähriger Nahrungsfrüchte. Diese einfache Landwechselwirtschaft besonders der anfänglichen Jahre der Kolonisten ist jedoch, wie in den vorangegangenen Kapiteln analysiert, besonders durch zwei unterschiedliche Modifikationen gekennzeichnet. Die Ausweitung der Weidenutzung im Gefolge der Landwechselwirtschaft der Siedler kommt einer weitgehenden Ersetzung der Wald– oder Buschbrache gleich. Dadurch ergibt sich sozusagen ein spontaner Übergang zu ungeregelten Formen der *Feld–Gras–Wirtschaft* mit gleichzeitiger – bzw. sukzessiver – Bedeutungszunahme der Großviehhaltung[2]. Die zweite Modifikation der Landwechselwirtschaft der Kolonisten ist durch die spontane und gelenkte Einführung der Dauerkulturnutzung, die im allgemeinen als wesentlicher Intensivierungsfortschritt gewertet wird, gegeben[3]. Insofern sind die vorherrschenden Betriebssysteme der Kolonisten–Landwirtschaft in Rondônia charakterisiert durch eine unterschiedlich gewichtete Kombination verschiedener Nutzungsformen mit jeweils unterschiedlichen Intensitätsstufen, unterschiedlicher Gewichtung der ökonomischen Ausrichtung, unterschiedlichem Arbeitskrafteinsatz etc., wie sie sich in den an späterer Stelle zu charakterisierenden Grundbetriebstypen der befragten Siedler im PIC *Ouro Preto* dokumentieren.

Neben diesen agrarwissenschaftlichen und agrargeographischen Klassifikationsansätzen können im Kontext der sozialwissenschaftlichen Beschäftigung mit Lateinamerika schon seit jeher Versuche beobachtet werden, durch Typisierungen verschiedener gesellschaftlicher Gruppen ein differenzierteres Bild von der sozialen und ökonomischen Struktur einer Gesellschaft, bzw. eines Ausschnitts einer Gesellschaft, von unterschiedlichen sozialen und ökonomischen Verhaltensweisen verschiedener Gruppen, den zwischen ihnen herrschenden Machtverhältnissen sowie letztendlich dem aus internen und externen Faktoren resultierenden Entwicklungspotential dieser verschiedenen Gruppen oder Typen im Rahmen des *sozialen Wandels* zu erhalten. So versuchen z.B. WAGLEY, HARRIS (1955) anhand der Ausgliederung von neun lateinamerikanischen *Subkulturen*

---

1) Es würde hier zu weit führen, im Detail auf solche Typisierungsversuche einzugehen, vgl. hierzu entsprechende Ausführungen bei ANDREAE 1972, 1977, RUTHENBERG 1980, RUTHENBERG, ANDREAE 1982, MANSHARD 1968, SICK 1983, ARNOLD 1985, bei denen auch Hinweise zu älteren Typisierungsversuchen und regionalen Fallbeispielen zu finden sind.
2) Vgl. zu diesen, eigentlich unter anderen klimatischen Gegebenheiten typischen Betriebssystemen RUTHENBERG, ANDREAE 1982, S. 132 ff., zu ihrer Problematik in den Tropen ARNOLD 1985, S. 200 ff.
3) Vgl. zu Dauerkultursystemen RUTHENBERG, ANDREAE 1982, S. 151.

ein solch differenzierteres Bild lateinamerikanischer Gesellschaften unter Berücksichtigung verschiedener Lebensräume (Stadt–Land), verschiedener ethno–kultureller Zugehörigkeiten (indianische Gruppen, verschiedene europäische Einwanderergruppen), verschiedener sozio–ökonomischer Positionen innerhalb eines Lebensraumes (unterschiedliche sozio–ökonomische *Typen* innerhalb des ländlichen und innerhalb des städtischen Raumes) zu zeichnen.

Bereits WOLF (1955) unternimmt dabei den Versuch, den Teilausschnitt der bäuerlichen Gesellschaft (*peasantry*) stärker zu differenzieren. Eine wichtige Unterscheidung ist für ihn zunächst die Differenzierung in *peasants* und *farmers*, wobei für erstere Subsistenzproduktion, für letztere v.a. Marktproduktion und Reinvestition von Gewinnen (landwirtschaftliche *Unternehmer*) als kennzeichnend angesehen werden (WOLF 1955, S. 454). Bei den bäuerlichen Kulturen unterscheidet der gleiche Autor weiterhin zwischen *korporativen Gemeinschaften* (*corporate communities*), die eine stärkere Abschottung gegen die *Außenwelt* (z.B. Vorherrschaft interner Tauschbeziehungen etc.), und *offenen Gemeinschaften* (*open communities*), die demgegenüber eine stärkere Integration in die *Außenwelt* (z.B. durch stärkere Marktorientierung) aufweisen (WOLF 1955, S. 461, 462).

Insgesamt steht bei diesen aus dem anthropologischen Umfeld stammenden Typisierungsversuchen die Verbindung sozialer, ökonomischer und besonders kultureller Bestimmungsfaktoren im Vordergrund. So auch allgemein bei REDFIELD (1956, S. 27), der z.B. bäuerliche Produktion nicht nur als wirtschaftliche Kategorie, sondern vielmehr als einen *way of life*, d.h. als Verknüpfung sozialer, ökonomischer und kultureller Elemente ansieht.

Auch in der geographischen Literatur liegen zahlreiche Typisierungsansätze der Agrargesellschaften Lateinamerikas unter Berücksichtigung verschiedener agrarwirtschaftlicher Produktionssysteme und agrarsozialer Abhängigkeitsverhältnisse in jeweiliger räumlicher Differenzierung und Interdependenz vor (vgl. z.B. SANDNER, STEGER 1973, S. 90 ff. oder KOHLHEPP 1982, S. 39 f.).

In jüngerer Zeit wird zunehmend Gewicht auf die Veränderungen der verschiedenen sozio–ökonomischen *Typen* innerhalb der ländlichen Gesellschaften infolge gesamtgesellschaftlicher Entwicklungen sowie externer ökonomischer Interessen gelegt, die sich in der Veränderung von Produktionssystemen und agrarsozialen Beziehungsmustern dokumentieren[1].

So kommt auch DE JANVRY (1981, S. 109 ff.) zu einer komplexen Typisierung der lateinamerikanischen Agrargesellschaften und ihrer Dynamik aufbauend auf der Zuordnung verschiedener ländlicher Sozialklassen zu drei, sich aus der marxistischen Sichtweise ableitenden, unterschiedlichen *Produktionsweisen* (*primitive community*, *semifeudal* und *capitalist*), die ihrerseits ein jeweils typisches ökonomisches, soziales und kulturelles Beziehungs– und Abhängigkeitsgeflecht darstellen. Jeder dieser sozial definierten Einheiten ist ein spezifisches Produktionssystem, ein spezifischer politischer Aktionsradius, ein spezifisches Arbeitsverhältnis und eine jeweils unterschiedliche Dynamik im Rahmen der Ausweitung der kapitalistischen Produktion auf dem Lande im

---

[1] Vgl. z.B. zu den Folgen der Eingliederung des ländlichen Sektors in die kapitalistisch orientierte Gesamtwirtschaft für die bäuerliche Produktion PEARSE 1973, 1975.

Lateinamerika der letzten Jahrzehnte zuzuordnen (vgl. besonders DE JANVRY 1981, S. 110).

Ziel all dieser Typisierungsversuche ist es mithin, die Struktur und besonders die sozio-ökonomische Differenzierung der ländlichen Gesellschaften Lateinamerikas als Teil des gesamtgesellschaftlichen *sozialen Wandels* sichtbar zu machen.

Auch für die Teilgruppe der Kolonisten in staatlichen Siedlungsprojekten in Amazonien wurde bereits der Versuch einer sozialen und ökonomischen Typisierung unternommen. So versucht MORAN (1981, S. 90 ff.) die Kolonisten–Bevölkerung an der Transamazônica in verschiedene sozio–ökonomische Teilgruppen zu untergliedern. Grundlage sind für ihn v.a. sozio–kultureller Hintergrund, Migrationsgeschichte und ökonomische Ausgangsbasis der Siedler. Für ihn sind also v.a. diese unterschiedliche Ausgangssituation und unterschiedliche Erfahrungen in früheren Lebensabschnitten verantwortlich für die heutige sozio–ökonomische Position des Siedlers an der Pionierfront. MORAN unterscheidet zunächst in zwei Kolonistengruppen, die er *brokers* und *clients* nennt, wobei sich erstere – die ökonomisch fortgeschrittenere – weiter in *entrepreneurs* (Unternehmer) und *independent farmers* (unabhängige Farmer), letztere – die ökonomisch weniger erfolgreiche – in *artisan farmers* (Handwerker–Farmer) und *laborer farmers* (Arbeiter–Farmer) gliedern. Kriterien wie Häufigkeit der Migrationsetappen, Landeigentum vor der Wanderung nach Amazonien, Erfahrung im städtischen Raum und Eigentum dauerhafter Konsumgüter werden dabei für die Kolonisten–Typisierung herangezogen (vgl. MORAN 1981, S. 92).

In der nachfolgend beschriebenen, eigenen Typisierung der im PIC *Ouro Preto* befragten Kolonisten soll demgegenüber ein etwas anderer Weg eingeschlagen werden. Ausgangspunkt für diesen Typisierungsversuch ist die zum Befragungszeitpunkt vorgefundene Produktionssituation des jeweiligen Kolonistenbetriebes. Erst in einem zweiten Schritt soll dann gefragt werden, inwieweit diese aktuelle Produktionssituation mit unterschiedlicher sozio–kultureller Herkunft oder aber mit anderen Faktoren zusammenhängt.

Zu diesem eigenen Typisierungsversuch der untersuchten Kolonistenbetriebe wurden 16 den Bereichen Flächennutzung, landwirtschaftlicher Anbau, Rinderhaltung, Agrarkredit, Agrarproduktion und –vermarktung sowie Arbeitskraft zuzuordnende Kriterien herangezogen. Die einzelnen Kriterien sowie ihre jeweiligen Bewertungsverfahren für die vorliegende Typisierung werden in Abb. A5 erläutert. Die Typisierung der einzelnen Betriebe orientiert sich dabei nicht an *gesetzten Werten*, sondern an den in den drei Befragungsgebieten jeweils analysierten Relationen der Merkmalsausprägung der einzelnen Typisierungskriterien. Diese 16 Kriterien wurden ausgewählt, weil sie als besonders aussagefähig hinsichtlich der jeweils unterschiedlichen sozio–ökonomischen Situation und – damit zusammenhängend – ebenso hinsichtlich der jeweils unterschiedlichen ökonomischen Strategien der Siedler angesehen werden können.

Zusätzlich sind diese verschiedenen Kriterien sehr viel besser von Betrieb zu Betrieb vergleichbar als die weit eher von persönlicher Einschätzung und von Faktoren im jeweilig unterschiedlichen regionalen und gesellschaftlichen Umfeld abhängenden Angaben zu sozio–kulturellen Herkunftsmerkmalen und damit zur Ausgangssituation der Siedler.

Diese 16 ausgewählten Kriterien schienen insgesamt am ehesten geeignet, das Hauptziel dieses Typisierungsversuchs zu erreichen, nämlich zu zeigen, daß sich bereits innerhalb kurzer Zeit nach Beginn der Pionierfrontentwicklung die Kolonistenbevölkerung nicht nur hinsichtlich ihrer sozialen Stellung (siehe Kap. IV.2.2.), sondern auch hinsichtlich ihrer ökonomischen Zielrichtungen unter zunächst ähnlichen lokalen Ausgangsbedingungen deutlich differenziert.

Aus der Vielzahl der unterschiedlichen Merkmale und ihrer von Betrieb zu Betrieb stark wechselnden Ausprägung konnten zunächst vier *Grundtypen* der analysierten Kolonistenbetriebe herausgefiltert werden, deren jeweils typische Kombination von Merkmalsausprägungen in Abb. A5 dargestellt ist.

Wie im weiteren Verlauf zu zeigen sein wird, entspricht jedoch eine große Zahl der untersuchten Betriebe nicht der *Reinform* eines dieser Grundtypen. Sie stellen vielmehr *Misch-* oder *Übergangstypen* dar, sodaß sich die Zahl der tatsächlich vorgefundenen Betriebstypen zumindest im analysierten Fall auf neun Betriebstypen erweitern läßt (vgl. Abb. A6). Die Zuordnung der einzelnen Betriebe zu den ausgegliederten Betriebstypen wurde durch die jeweilige einzelbetriebliche Kombination von Merkmalsausprägungen bestimmt.

Dabei ist jedoch einschränkend zu beachten[1], daß einmal schon aufgrund der spezifischen Erhebungssituation[2], andererseits aber besonders aufgrund der oftmals noch unkonsolidierten einzelbetrieblichen Entwicklung der Siedler-Betriebe die hier vorgestellte Typisierung als Versuch und entsprechend als vorläufig angesehen und unter Vorbehalt betrachtet werden sollte. Auch deshalb wurde darauf verzichtet, das Befragungsmaterial komplexeren statistischen Bewertungsverfahren hinsichtlich einer, somit notgedrungenermaßen vorläufigen, Typisierung zu unterziehen.

Der erste Standard–Betriebstyp (Typ A) ist dabei in den jeweiligen Relationen gekennzeichnet durch:

- geringe Rodungsfläche,
- geringe Gesamtanbaufläche,
- kein Dauerkulturanbau,
- keine Rinderhaltung,
- keine Kreditfinanzierung des landwirtschaftlichen Anbaus,
- geringe Produktionsmengen bei Grundnahrungsmitteln,
- geringe Verkaufserlöse,
- geringe Verkaufsmengen,
- ausschließlicher Überschußverkauf von Subsistenzprodukten,
- ausschließlicher Einsatz von Familien–Arbeitskraft,
- gelegentliche Arbeit des Kolonisten (oder anderer Familienmitglieder) bei anderen Siedlern gegen Entlohnung (vgl. Abb. A5 Typ A).

Es handelt sich also um einen in seiner Produktionsstruktur relativ wenig diversifizierten Betriebstyp. Der landwirtschaftliche Anbau richtet sich v.a. nach den Subsistenzbedürfnissen des Siedlers, vermarktet wird nur der jeweils wechselnde Überschußanteil der Produktion. Wirtschaftlicher Schwerpunkt ist der Anbau von Grundnahrungsmitteln. Je nach Alter des Betriebs kann jedoch der Anteil der Weiden — durch die Umwandlung

---

1) Und deshalb wird auch weitgehend auf eine Benennung der Misch- und Übergangstypen neben den vier Grundtypen verzichtet.
2) Z.B. aufgrund der Begrenzung der möglichen Aussagen auf ein, maximal zwei Wirtschaftsjahre, aber auch aufgrund der Unvollständigkeit bzw. z.T. auch des zweifelhaften Wahrheitsgehalts mancher Angaben.

ehemaliger *roças* in Kunstweiden — bereits relativ groß sein. Lohnarbeit auf anderen Betrieben stellt oftmals eine wichtige zusätzliche Einkommensquelle dar. Man kann diesen Betriebstyp als *subsistenzorientierten Kolonistenbetrieb* bezeichnen.

Der zweite Standard-Betriebstyp (Typ B) ist demgegenüber als stärker diversifiziert anzusehen. Er kann charakterisiert werden durch:
- mittlere Rodungsflächen,
- mittlere Anbauflächen,
- sowohl Anbau von Grundnahrungsmitteln als auch von Dauerkulturen,
- beginnende Rinderhaltung, meist jedoch von noch geringer Bedeutung,
- z.T. Finanzierung des Dauerkulturanbaus mit Agrarkredit,
- hohe Produktionsmengen bei Grundnahrungsmitteln,
- meist noch geringe Produktionsmengen bei Dauerkulturen[1],
- mittlere Verkaufserlöse,
- mittlere Verkaufsmengen,
- i.d.R. höherer Beitrag der Subsistenzkulturen als der Dauerkulturen zum Verkaufserlös,
- oftmals nicht ausschließlicher Einsatz von Familien-Arbeitskraft, sondern besonders Verpachtung von Teilen der Dauerkulturflächen an Halbpächter sowie geringe Beschäftigung von Tagelöhnern (vgl. Abb. A5 Typ B).

Dieser Betriebstyp ist gegenüber dem ersten in seiner Produktionsstruktur stärker gegliedert. Subsistenzsicherung ist nicht mehr ausschließliches Betriebsziel. Die Anlage von Dauerkulturen weist auf eine deutlichere Marktorientierung dieses Betriebstyps hin. Damit verbunden ist auch meist der Einsatz familienfremder Arbeitskraft, v.a. als Pächter bei Dauerkulturen. Man kann diesen Betriebstyp deshalb als durch *beginnende Diversifizierung und Marktorientierung* charakterisiert bezeichnen.

Der dritte Standard-Betriebstyp (Typ C) weist gegenüber den beiden ersten einen anderen Schwerpunkt auf. Er ist besonders durch überdurchschnittlich große Weideflächen und großen Rinderbestand gekennzeichnet. Insgesamt wird dieser Typ in Relation zu den anderen Betrieben charakterisiert durch:
- große Rodungsfläche,
- aber relativ geringe Anbaufläche,
- geringe Dauerkulturfläche,
- sehr große Weideflächen,
- großen bis sehr großen Rinderbestand,
- falls Dauerkulturen vorhanden sind, haben diese relativ untergeordnete Bedeutung und sind meist eigenfinanziert,
- Produktionsmengen, Verkaufserlöse und Verkaufsmengen bewegen sich meist in einem mittleren Bereich,
- der Anteil der Subsistenz- bzw. der Dauerkulturen am Verkaufserlös kann hier je nach Bedeutung unterschiedlich sein, insgesamt stellt bei diesen Betrieben der Erlös aus Rinderhaltung (der allerdings schwer zu quantifizieren ist) einen dem

---

1) Entweder wegen kleiner Anbauflächen oder wegen des jungen Produktionsalters der Kulturen.

Erlös aus landwirtschaftlichem Anbau vergleichbaren, wenn nicht bereits wichtigeren Faktor dar,
- Basis der landwirtschaftlichen Arbeit ist die Familien–Arbeitskraft, jedoch werden zu bestimmten Arbeiten[1] von Zeit zu Zeit Lohnarbeiter beschäftigt (vgl. Abb. A5 Typ C).

Auch wenn bei den meisten dieser Betriebe der landwirtschaftliche Anbau sowohl zur Eigenversorgung als auch zur teilweisen Vermarktung (v.a. bei Dauerkulturen) nach wie vor eine wichtige Rolle spielt, so ist doch dieser Betriebstyp durch bereits festzustellende Dominanz und weitere Ausdehnung der Weidenutzung bei vorrangigem Betriebsziel der Vergrößerung des Rinderbestands als *Rinderweidewirtschafts–orientierter Kolonistenbetrieb* zu bezeichnen.

Der vierte Standard–Betriebstyp (Typ D) schließlich unterscheidet sich gegenüber den drei vorgenannten v.a. durch sehr viel deutlichere Marktorientierung seiner landwirtschaftlichen Produktion. Er ist im Verhältnis zu den übrigen Betrieben gekennzeichnet durch:
- große Rodungsfläche,
- sehr große Gesamtanbaufläche,
- große bis sehr große Dauerkulturflächen, worin sich z.B. seine starke Marktorientierung dokumentiert,
- aber nur mittlere Weidefläche und mittlerer Rinderbestand, der meist keine größere Bedeutung bei der Einkommenserwirtschaftung spielt,
- bei diesem Betriebstyp sind oft mehrere Dauerkulturen durch Kredite finanziert; jedoch gibt es andererseits auch Kolonisten in dieser Kategorie, die aufgrund größerer Anfangskapitalausstattung selbst große Dauerkulturflächen mit eigenen Mitteln finanzieren konnten,
- hohe Produktionsmengen sowohl bei Grundnahrungsmitteln als auch bei Dauerkulturen,
- ebenso sehr hohe Verkaufserlöse und hohe Verkaufsmengen,
- der Beitrag der Dauerkulturen zum Verkaufserlös ist aufgrund ihres höheren Marktwertes meist größer als der der Grundnahrungsmittel, jedoch gibt es auch Betriebe dieses Typs mit vorrangiger ökonomischer Bedeutung der Subsistenzkulturen,
- außer der Familien–Arbeitskraft werden bei diesem Betriebstyp meist sowohl Pächter zur Bearbeitung von Dauerkulturflächen als auch Tagelöhner in meist größerer Zahl als bei den übrigen Betriebstypen eingesetzt (vgl. Abb. A5 Typ D).

Dieser vierte Betriebstyp ist also gegenüber den drei vorher beschriebenen der weitest fortgeschrittene hinsichtlich der landwirtschaftlichen Erschließung. Seine Produktionsstruktur ist im Vergleich meist stärker diversifiziert, wobei der landwirtschaftliche Anbau vor allem marktorientiert erfolgt. Dabei kann dies entweder für Grundnahrungsmittel oder, wie in den meisten Fällen, für Dauerkulturen, jedoch auch für beide Produktionsbereiche gleichzeitig gelten. Dieser Betriebstyp entspricht am ehesten dem Bild eines *modernisierten* bäuerlichen Betriebs. Er kann als *marktorientierter Kolonistenbetrieb* bezeichnet werden.

---

1) Z.B. zur Unkrautbeseitigung in den Weiden, zu Arbeiten an der Weideumzäunung etc.

Wie die Kartierung von vier den verschiedenen Typen zuzurechnenden Kolonistenbetrieben mit gleichem zeitlichem Rodungsbeginn deutlich zeigt, lassen sich die unterschiedlichen Charakteristika der Betriebstypen deutlich an der unterschiedlichen Erschließung und Inwertsetzung der *lotes* und ihrer jeweiligen räumlichen und auch sozialen Organisation[1] ablesen (vgl. Karte 23).

Die Entfernung zum Markt — hier der Pionierstadt Ouro Preto do Oeste — beträgt bei den kartierten Betrieben 35 km (Betrieb Typ C), 50 km (Betriebe Typ B und Typ D) und 60 km (Typ A), es ist also zumindest in diesem Beispiel kein direkter Zusammenhang zwischen den verschiedenen Typen und ihrer jeweiligen räumlichen Anordnung in Abhängigkeit von der Marktentfernung festzustellen (siehe auch weiter unten).

Wichtig ist insgesamt, daß die beschriebenen verschiedenen Betriebstypen innerhalb der drei Befragungsgebiete, deren Erschließungsbeginn ja jeweils durch die Landverteilung des INCRA in einem definierten Zeitraum lag (s.o.), heute sowohl zeitlich als auch räumlich *gleichzeitig* beobachtbar sind. Das bedeutet, daß die vier beschriebenen Typen weder notwendigerweise eine *Entwicklungsreihe* darstellen, deren vorläufiger Endpunkt z.B. durch den diversifiziertesten Betriebstyp (Typ D) gebildet sein könnte, noch in deutlicher räumlicher Abhängigkeit z.B. von der Marktentfernung innerhalb der einzelnen Befragungsgebiete angeordnet sind.

Auch wenn sich das Betriebsprofil der Kolonistenbetriebe über die Jahre hin natürlich ändern und im vorgenannten Sinne *weiterentwickeln* kann und ebenso in stadtnäheren *linhas*, die nicht in dieser Untersuchung berücksichtigt werden, vielleicht eine stärkere Marktorientierung zu beobachten sein dürfte, repräsentieren diese heute gleichzeitig zu beobachtenden unterschiedlichen Betriebstypen mindestens ebenso unterschiedliche *Strategien* der Kolonisten. Sie können interpretiert werden als unterschiedliche *Überlebensstrategien* an der Pionierfront in sozialer und ökonomischer Hinsicht[2].

Die Existenz — und die Persistenz — verschiedener Typen von Kolonistenbetrieben und somit die Existenz mehrerer *Überlebensstrategien* der ländlichen Bevölkerung steht auch in engem Zusammenhang mit der *Gleichzeitigkeit* unterschiedlicher *Produktionsweisen* innerhalb der Kolonisten–Landwirtschaft Rondônias[3]. Während der *subsistenzorientierte Kolonistenbetrieb* noch am ehesten dem Umfeld entspricht, das mit dem Begriff der *bäuerlichen Produktionsweise* belegt wird, deren Hauptdeterminanten ökonomische Subsistenz- und soziale Reproduktionsbedürfnisse der bäuerlichen Familie sind[4],

---

1) Vgl. Vorhandensein von Pächtern etc.
2) Vgl. z.B. zu der mit dieser Aussage zusammenhängenden Debatte über den Begriff der Überlebensökonomie besonders ELWERT 1985.
3) Vgl. zur Gleichzeitigkeit verschiedener Produktionsweisen an der amazonischen Pionierfront insgesamt WOOD 1983; in der geographischen Literatur wurde die Produktionsweisen–Debatte in jüngster Zeit am Beispiel Indiens bes. von BOHLE 1986 aufgegriffen; allgemein zur Bedeutung unterschiedlicher Produktionsweisen im ländlichen Raum siehe z.B. GILBERT 1982, für Lateinamerika DE JANVRY 1981, S. 94 ff.
4) Vgl. hierzu besonders CHAYANOV 1966, der diesen Begriff geprägt hat, zusammenfassend auch WOLF 1966, S. 14 f. und WORSLEY 1981.

Landnutzung von 4 "Lotes" im PIC "Ouro Preto" 1983

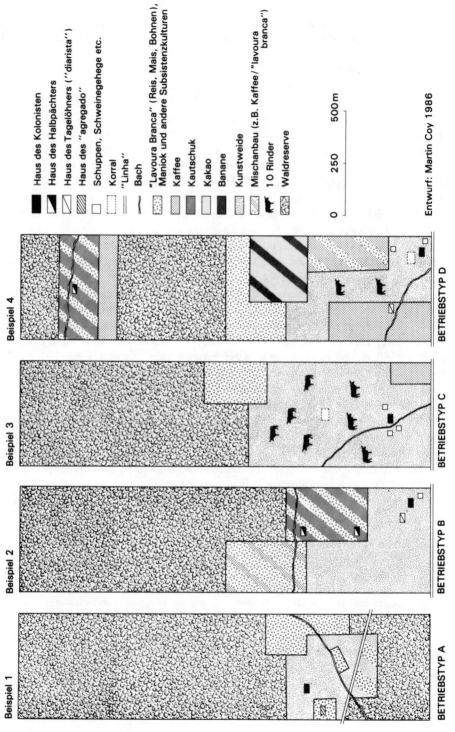

Karte 23

erscheint der *marktorientierte Kolonistenbetrieb* mit seiner deutlichen Ausrichtung auf Markt-, z.T. Weltmarktproduktion, stärkerem Einsatz von Kapital, Einsatz von Lohnarbeit etc. durch typische Kennzeichen eines Übergangs zur *kapitalistischen Produktionsweise* — natürlich in einem bäuerlichen Gesamtrahmen — geprägt.

Innerhalb der Siedler–Gesellschaft an der Pionierfront ist also nach wie vor das Nebeneinander von nicht–kapitalistischer, *bäuerlicher* Produktion[1] und Elementen einer Transformation zu *kapitalistischer* Produktion zu konstatieren.

Für diesen Transformationsprozeß spielt nicht zuletzt die staatliche Politik der *Modernisierung* der Kolonisten–Landwirtschaft durch Förderung des Dauerkultur–Anbaus, spezifische Formen der Kreditvergabe, mit dieser Strategie verbundenes Entstehen neuer Arbeitsverhältnisse, bzw. Reproduktion ungleicher agrarsozialer Beziehungen (Pacht, Lohnarbeit), eine wichtige Rolle. Den Rahmen für diese *Gleichzeitigkeit* von — zumindest in der Theorie — *ungleichzeitigen* Produktionsweisen an der Pionierfront bildet das brasilianische Gesamtsystem wirtschaftlicher Produktion und sozialer Reproduktion, das, infolge dieses entscheidenden Einflusses staatlicher sektoraler und regionaler Entwicklungsstrategien in gesellschaftlicher und räumlicher Betrachtung — besonders für die Erschließung der Peripherie — als Form eines *autoritären Kapitalismus* zu kennzeichnen ist[2].

Auf die empirische Umsetzung des Typisierungsversuchs der im PIC *Ouro Preto* untersuchten Kolonistenbetriebe zurückkommend, muß festgestellt werden, daß in einer ganzen Reihe von Fällen eine eindeutige Zuordnung zu einem der vier ausgegliederten Grund–Betriebstypen nicht möglich ist (vgl. Abb. A6). Es handelt sich in solchen Fällen oftmals um *Übergangs–* bzw. *Mischtypen* zwischen den beschriebenen Formen, z.B. durch zeitlich kurz zurückliegende Anlage von meist kleinen Dauerkulturflächen in bisher vorwiegend subsistenzorientierten Betrieben, die allerdings noch ohne Produktion sind und deshalb bisher das Betriebsprofil noch nicht entscheidend verändert haben (Typ A/B), oder durch starke Ausweitung der Weideflächen im subsistenzorientierten Betrieb, bisher jedoch sehr geringem — bzw. überhaupt keinem — Rinderbestand (Typ A/C) etc.

Der größte Teil (nämlich 53 %) der untersuchten Betriebe[3] kann dem vorwiegend an Subsistenzsicherung orientierten Betriebstyp A zugeordnet werden, wobei fast die Hälfte dieser Kolonistenbetriebe jedoch Übergangs– bzw. Mischtypen (Typen A/C und A/B) darstellen. 20 Betriebe, d.h. ungefähr ein Viertel, weisen v.a. Charakteristika des Typs B, also des sich bereits mehr an Marktproduktion orientierenden Betriebstyps, auf. 11 Betriebe (d.h. 14 %) hatten bereits eindeutig ihren Schwerpunkt im Bereich der Weidenutzung und Rinderhaltung (Typ C), wobei in Zukunft aufgrund der beschriebenen Tendenz zur Ausweitung von Kunstweiden und Rinderhaltung weit mehr Kolonistenbetriebe dieser Kategorie zuzuordnen sein werden, wie die Häufigkeit der Mischtypen A/C und B/C zeigt.

---

1) Dem Begriff nicht–kapitalistisch wird hier der Vorzug vor dem Terminus prä–kapitalistisch, wie er in der orthodox–marxistischen Sicht vorherrscht, gegeben, weil letzterer implizit eine evolutionistische Komponente, nämlich den gleichsam gesetzmäßigen Übergang zu kapitalistischer Produktion enthält — vgl. hierzu für die Debatte der bäuerlichen Produktion in brasilianischen Pionierregionen besonders VELHO 1982.
2) Vgl. zu diesem Konzept und seiner Bedeutung für die Pionierfrontentwicklung besonders VELHO 1979, zum Einfluß des autoritären Staates auf die sozio–ökonomische Entwicklung der Peripherie am Beispiel Amazoniens besonders BUNKER 1983, 1985.
3) Aus der Typisierung wurde der Großbetrieb Nr. 9 im Gebiet Teixeirópolis, der ausschließlich Rinderweidewirtschaft betreibt, ausgeklammert.

Nur 6 Betriebe konnten zum Befragungszeitpunkt ausschließlich dem Betriebstyp D, also dem vor allem auf Marktproduktion ausgerichteten Kolonistenbetrieb zugeordnet werden (vgl. zu dieser Zuordnung der untersuchten Betriebe Abb. A6).

Bei der räumlichen Anordnung der verschiedenen Betriebstypen innerhalb der einzelnen Befragungsgebiete ist keine deutliche Differenzierung − z.B. in Abhängigkeit von ihrer jeweiligen Marktferne, d.h. in diesen Fällen der Entfernung zur nächsten Pionierstadt − festzustellen. Diese Marktentfernung beträgt z.B. im Befragungsgebiet Nova Colina bei den dem Typ A (bzw. Mischtypen mit A) zuzuordnenden Betrieben durchschnittlich 35 km, bei Typ D (bzw. Mischtypen) 30 km, im Befragungsgebiet *Teixeirópolis* 37 km bzw. 35 km, im Befragungsgebiet *Nova União* 50 km bzw. 51 km.

Auch die ähnliche Verteilung der verschiedenen Betriebstypen auf die drei Befragungsgebiete mit ihrer jeweils unterschiedlichen Marktferne zeigt, daß in diesen bereits peripherer gelegenen Siedlungsgebieten der Kolonisationsregion Marktdistanz zunächst kein eindeutiges Differenzierungskriterium ist, zumal als sehr viel wichtiger die Zugänglichkeit des entsprechenden Gebiets, d.h. der Zustand der Erschließungsstraßen, angesehen werden muß. D.h. geringe Stadtentfernung, aber schlechte Straßenerschließung können unter Umständen zu ähnlichen Situationen führen wie in isolierteren, peripheren Gebieten.

Wenn trotzdem z.T. in − allerdings in diese Untersuchung nicht eingehenden − stadtnäheren Gebieten z.B. eine höhere Konzentration des Dauerkulturanbaus festzustellen ist, so hat dies meist weniger etwas mit Marktdistanz und räumlicher Differenzierung der Nutzungsintensitäten etc. zu tun (zumal es sich bei den regionsüblichen Dauerkulturen um relativ transportunabhängige und lagerfähige Produkte handelt) als vielmehr mit der Beschränkung des Aktionsradius der verschiedensten als *Innovatoren* fungierenden Institutionen (v.a. der CEPLAC) auf diese stadtnäheren Gebiete.

Entgegen der von MORAN (1981) für das Siedlungsgebiet an der Transamazônica vorgenommenen Kolonistentypisierung nach bestimmten Herkunftsmerkmalen (Landeigentum vor der Wanderung an die Pionierfront, Anzahl der Wanderungen etc.), konnte bei der hier unternommenen Siedler−Typisierung nach der gegenwärtigen Produktionssituation zunächst keine eindeutige Abhängigkeit von solchen generellen Herkunftsmerkmalen festgestellt werden (vgl. Abb. A7).

Dies soll jedoch nicht heißen, daß bestimmte Herkunftsmerkmale wie z.B. Übertragung von Erfahrungen mit spezifischen landwirtschaftlichen Anbauformen und Kulturen (z.B. Kaffeeanbau bei den aus Paraná kommenden Siedlern, Kakaoanbau bei einigen Siedlern aus Bahia etc.), die z.B. bereits einen gewissen *know-how*−Vorsprung beinhalten und deshalb − Gangbarkeit dieses Kolonisten−*know-hows* unter den spezifischen regionalen Gegebenheiten vorausgesetzt − zu schnellerem Erfolg im Neusiedlungsgebiet beitragen können, überhaupt keine Rolle spielen. Solche Merkmale und ihre Differenzierung sind im allgemeinen − über generelle Aussagen hinausgehend − relativ schwer empirisch erfaßbar. Soweit sie erfaßbar waren, erwiesen sie sich jedoch hinsichtlich des vorliegenden − sicherlich sehr begrenzten − Befragungsmaterials nicht als signifikante Differenzierungskriterien für die Typsisierung der heutigen sozio−ökonomischen Situation der Siedler an der Pionierfront Rondônia.

So ist z.B. die Zahl der Wanderungen bei den heute ökonomisch *fortgeschrittensten* Kolonisten (Typ D oder C/D, B/D) sogar mit durchschnittlich 3,2 Wanderungen höher als bei den eher subsistenzorientiert wirtschaftenden Siedlern, den Betrieben des Typs A (oder

Mischtypen), wo sie durchschnittlich nur 2,6 Wanderungen beträgt (der Gesamtdurchschnitt für alle befragten Kolonisten liegt bei drei Wanderungen) (vgl. Abb. A7).

Auch ist — vielleicht entgegen den Erwartungen — keine deutliche Abhängigkeit der heutigen sozio–ökonomischen Situation von der früheren agrarsozialen Position als Landeigentümer oder Landloser feststellbar. Sowohl bei den Kolonisten, deren Betriebssituation heute dem Typ A zugerechnet werden kann, als auch bei den dem Typ D zuzuordnenden Siedlern waren jeweils 45 % (das entspricht auch dem Gesamtdurchschnitt) bereits Landeigentümer im Herkunftsgebiet. Jedoch wurde ja bereits an früherer Stelle ausgeführt, daß es sich bei diesen ehemaligen Landeigentümern in den meisten Fällen um *Minifundisten* gehandelt hat.

Eine deutlichere Unterscheidung wird anhand des Kriteriums des unterschiedlichen Zugangs zum Siedlungsland, das bereits weiter oben als Differenzierungsmerkmal herangezogen wurde, möglich. Während im Gesamtdurchschnitt 41 % der befragten Kolonisten ihr heutiges Land durch Kauf erworben haben, ist dies bei 55 % der dem Typ D (oder entsprechenden Mischtypen) zuzurechnenden Betriebe, aber nur bei 29 % der dem Typ A (oder entsprechenden Mischtypen) zuzurechnenden Betriebe der Fall. Das bedeutet, daß zumindest ein Teil der ja in ihrer Mehrheit erst in jüngeren Jahren nach Rondônia gekommenen Landkäufer ihre bessere Kapitalausstattung nicht nur zum Kauf von Land, sondern auch zur raschen *Modernisierung* ihres Betriebs durch Anlage oder Erweiterung von Dauerkulturen[1] als *cash crops* genutzt hat. Für die meisten dieser Landkäufer scheint also Marktproduktion, bzw. in manchen Fällen auch Rinderweidewirtschaft vorrangiges Betriebsziel. Sie gliedern sich also eher einer *kapitalistischen Produktionsweise* ein, was sich auch schon durch den Landkauf, d.h. die Perzeption des Produktionsfaktors *Boden* als einer *Ware*, dokumentiert.

Es zeigt sich also, zumindest in diesem Beispielsfall, daß heutige sozio–ökonomische Differenzierung der Kolonistenbevölkerung vielleicht weniger mit generellen Herkunftsmerkmalen als vielmehr mit zeitlicher Sukzession in der Pionierfrontentwicklung zu tun hat. Denn die Tatsache, daß die meisten der Landkäufer erst in relativ kurz zurückliegender Zeit, d.h. bereits in einer *zweiten* Phase der Pionierfrontentwicklung Rondônias, in die Untersuchungsgebiete kamen, aber schon einen großen Prozentsatz der *fortgeschritteneren* Kolonisten repräsentieren, kann als Hinweis auf die Bedeutung einer *chain–migration* nach Rondônia gewertet werden, wie sie bereits an anderer Stelle angesprochen wurde.

Daß aber auch die Migrantengruppen der letzten Jahre in sich sozio–ökonomisch immer stärker differenziert sind, zeigt die bereits beschriebene Reproduktion der Landlosigkeit im ländlichen Raum. Dies zeigt daneben besonders die beschriebene zunehmende Urbanisierung an der Pionierfront, und dies wird im weiteren Verlauf auch am Beispiel der Siedlungsentwicklung und der sozio-ökonomischen Situation der neuen NUARs zu zeigen sein.

---

1) Denn z.T. hatten bereits die Vorbesitzer solche Dauerkulturen angelegt, ihr Land dann aber — in manchen Fällen gerade auch wegen Verschuldung durch Dauerkulturanbau — verkauft.

IV.6. Soziale Organisation der Kolonisten

Auch in anderen Arbeiten zu staatlich gelenkter Agrarkolonisation im brasilianischen Amazonien werden die spezifischen Restriktionen und Kennzeichen der Bildung neuer Organisationsmuster in diesen zunächst als *soziales Vakuum* erscheinenden Räumen sowie die Herausbildung sozialer *Führerschaften* problematisiert (vgl. z.B. MORAN 1981, S. 171 ff., SMITH 1982, S. 88 ff.). Daß verwandtschaftliche und bekanntschaftliche Beziehungen bei der Migrationsentscheidung und der Wahl des Siedlungsgebiets — und damit auch bei der Neubildung sozialer Verbände an der Pionierfront — eine ganz wesentliche Rolle spielen, wurde bereits an anderer Stelle ausgeführt (vgl. Kap. III.4.5; vgl. auch VELHO 1984). Nicht umsonst sind auch heute noch in den Siedlungsgebieten Rondônias einzelne *linhas* durch Kolonisten gleicher Herkunftsräume geprägt. Auch in den Befragungsgebieten im PIC *Ouro Preto* konnten z.T. solche speziellen Situationen beobachtet werden. So z.B. im Gebiet *Nova União*, das ja ursprünglich noch vor der INCRA-Landvergabe von den Siedlern besetzt worden war. In einer *linha* war diese Landinvasion von einem älteren Kolonisten, dessen Bruder, Schwager und den Söhnen organisiert worden. Heute leben sie alle auf benachbarten *lotes* und bilden nach wie vor einen festen sozialen Verband in der lokalen Gemeinschaft.

In den meisten Fällen ist jedoch in den Kolonisationsgebieten eine Durchmischung der Siedler nach regionaler und sozio–kultureller Herkunft zu beobachten. Dadurch wird zunächst die Entstehung sozialer Verbände auf der untersten Ebene erheblich erschwert. Die Durchmischung kann sogar zu *Ressentiments* in der lokalen Gemeinschaft führen[1]. Auch führt die disperse Siedlungsweise in den rondonensischen Projekten (Streifeneinödfluren), wobei die Kolonistenhütten i.d.R. 500 m und mehr voneinander entfernt liegen können, nicht zu einer raschen Herausbildung lokaler Gemeinschaften.

Weiterhin ist sicherlich die *paternalistische* Konzeption der staatlichen Siedlungsprojekte für die Herausbildung sozialer Interaktionsnetze auf nachbarschaftlicher Ebene nicht förderlich. Diese *paternalistische Struktur* drückt sich ja nicht zuletzt darin aus, daß die Beamten der Landbehörde INCRA besonders in der Anfangszeit der Besiedelung in vielen Fällen den traditionellen *patrão* ersetzen. Sie übernehmen schnell gesellschaftliche und politische Führungsrollen in der Neusiedlungsregion (vgl. zur Bildung der neuen regionalen Eliten Kap. III.4.5. und III.4.7.)[2].

Schließlich ist im gleichen Zusammenhang des *Paternalismus* wichtig, daß die nachbarschaftlichen Basisinfrastrukturen (z.B. Erschließungsstraßen, Schulen etc.) besonders in der Anfangszeit der Ansiedlung (in den PIC) immer von den staatlichen Institutionen, in der Regel jedoch ohne Beteiligung der betroffenen Anwohner, erstellt wurden. Demgegenüber konnte die Beobachtung gemacht werden, daß es in ehemaligen und aktuellen

---

1) Z.B. deutschstämmige Siedler, die auf die ursprünglichen nordestinos hinabblicken usw.
2) Auch MORAN 1981, S. 159 ff. weist auf die Führungsrolle des Beamten in den gelenkten Siedlungsprojekten hin.

Invasionsgebieten[1] oder in Gebieten, in denen diese Basisinfrastrukturen immer gefehlt haben (*Assentamento Rápido*–Gebiete etc.), durch die Notlage der Gemeinschaft sehr viel schneller zu nachbarschaftlicher Interaktion, zur Herausbildung gemeinschaftlicher Arbeit (Bau von Schulen, Straßen, Brücken etc.) kommt. Jedoch kann in jüngerer Zeit, nicht zuletzt durch die Verschlechterung der infrastrukturellen Versorgung vieler Siedlungsgebiete[2], auch in ehemals eher *paternalistisch* orientierten Gebieten eine stärkere Organisierung der Siedler in ihren Nachbarschaften — meist infolge der Initiative einzelner Kolonisten, die so lokale *leader*–Funktionen übernehmen — zur Behebung der schwerwiegendsten Mängel in Eigenarbeit und zur Vertretung der Interessen der *linha* gegenüber den staatlichen Institutionen beobachtet werden.

Allerdings waren die meisten Kolonisten, befragt nach dem sozialen Zusammenhalt in den Nachbarschaften, nach wie vor skeptisch. Dies zeigt sich z.B. bei der Nachbarschaftshilfe in Hinblick auf die landwirtschaftliche Arbeit. So gaben nur 26 % der Befragten an, mit ihren Nachbarn öfters Arbeits– und Hilfeleistungen auszutauschen, 35 % taten dies nur selten, 40 % gaben an, daß es in ihrer Nachbarschaft keine gegenseitige Hilfe gibt, es sei denn — dies wurde auch von den übrigen als Regel betont — auf der Basis der Bezahlung.

Ein besonders wichtiger Faktor für die Herausbildung sozialer Interaktionen in den Nachbarschaften ist die Religionszugehörigkeit mit der Bildung lokaler Kirchengemeinden. Hierzu trägt z.B. die Tatsache bei, daß die kleinen Kirchen und Bethäuser, die in allen *linhas* gleich zu Anfang der Erschließung entstehen, immer von den Siedlern in Eigenarbeit erstellt werden.

Nach den Zensusergebnissen von 1980 bekennen sich ca. 78 % der Bevölkerung Rondônias zum katholischen Glauben, 8 % zum protestantischen[3] und ca. 10 % zu den verschiedensten Pfingstkirchen[4]. Dabei ist besonders die Bedeutung der Pfingstkirchen in den Kolonisationsgebieten deutlich höher als im *traditionellen* Rondônia. Sie stellen im Munizip Ji–Paraná immerhin 13 % der Religionszugehörigkeit, im Munizip Porto Velho aber nur 3 % (vgl. IBGE 1982, S. 25, 26). Dies kann sicherlich mit der besonders starken emotionalen Ansprache dieser Pfingstkirchen und dem engen Zusammenleben in der Gemeinde erklärt werden, das für die Kolonisten die Defizite des *sozialen Vakuums* der Pionierfront auszugleichen und ebenso die Möglichkeit der Kompensation der schwierigen Lebenssituation durch ein besonders *gottgefälliges* Leben (kein Alkohol, keinerlei Vergnügungen etc.) und die Hoffnung auf ein besseres Leben nach dem Tod zu bieten scheint. Diese Bedeutung der Pfingstkirchen konnte in allen Siedlungsgebieten beobachtet werden. Sie haben z.T. lokale Schwerpunkte in manchen *linhas*. Dabei fällt immer wieder, dies wird besonders von den andersgläubigen Kolonisten betont, die soziale *Abkapselung* dieser sogenannten *crentes* gegenüber ihrer Umwelt auf. Wie auch SMITH (1982, S. 92) herausstellt, können sogar Konkurrenz und Konflikt in der sozialen

---

1) Z.B. bei den posseiros im P.I. Lourdes — siehe weiter unten.
2) Bes. durch die fehlende Instandsetzung der in der Regenzeit regelmäßig stark beschädigten Erschließungsstraßen, Brücken etc. durch die Behörden, die bes. nach Rückzug des INCRA aus diesen Diensten von den bundesstaatlichen und munizipalen Institutionen nicht mehr geleistet werden konnte.
3) Traditionelle protestantische Kirchen wie Lutheraner, Methodisten etc.
4) V.a. Sieben–Tages–Adventisten, Assembleia de Deus, Congregação Cristã do Brasil usw.

Interaktion zwischen diesen verschiedenen Religionsgruppen beobachtet werden. Zwar beschreibt MORAN (1981, S. 176) für die Transamazônica eine höhere Akzeptanz z.B. von Kooperativen bei diesen Mitgliedern von Pfingstkirchen, jedoch konnte dies in den Siedlungsgebieten Rondônias nicht festgestellt werden. Im Gegenteil: Initiativen zur Bildung von Kooperativen oder Kleinbauernassoziationen, die besonders die katholische und die lutheranische Kirche unterstützen (s.u.), werden deshalb von den *crentes* grundsätzlich boykottiert. Allerdings zeigen vor allem die Adventisten untereinander starken Zusammenhalt auch in weltlichen Dingen. So wurde z.B. in den letzten Jahren im ländlichen Raum von Ouro Preto (im Bereich des *Setor Trincheira* vgl. Karte 19) mit finanzieller Unterstützung der nordamerikanischen Mutterkirche eine landwirtschaftliche Schule für Söhne von Sektenmitgliedern gegründet.

Neben der Herausbildung neuer politischer Strukturen an der Pionierfront, die besonders von der Beamtenschaft, der neuen städtischen Mittelschicht, z.T. auch von auf dem Lande lebenden Siedlern, geprägt werden, und neben der vorrangigen Bedeutung der Kirchen für die Entstehung eines sozialen Lebens in den Neusiedlungsgebieten sind es vor allem die drängendsten sozio-ökonomischen Probleme der Kolonisten[1] sowie die generelle Perzeption der gesellschaftlichen Ohnmacht der Siedler hinsichtlich der Lösung ihrer drängendsten Lebensprobleme, die besonders seit Anfang der 80er Jahre zur Entstehung neuer Organisationsformen der ländlichen Bevölkerung Rondônias geführt haben. Gemeint ist die Gründung von Kleinbauernassoziationen (sog. *Associações dos Pequenos Produtores*) inzwischen in allen rondonensischen Munizipien. Diese Organisationen sind seit 1981 auf Eigeninitiative der Kolonisten mit Unterstützung der katholischen und der lutheranischen Kirche (bes. ihrer Landkommission CPT *Comissão Pastoral da Terra*) sowie der Kirche nahestehender Beamter entstanden. LOPES (1985, S. 76 ff.) gibt die Mitgliederzahl aller Bauernorganisationen dieser Art mit ca. 5000 an. Ihre Grundidee ist durchaus mit dem Genossenschafts-Gedanken zu vergleichen. Daß die offiziellen Genossenschaften (vgl. Kap. IV.4.3.6.) demgegenüber nur eine sehr geringe Bedeutung für die Kolonisten haben, liegt sicher zu einem wesentlichen Teil gerade an ihrer Beeinflussung *von oben* durch INCRA und politische Interessengruppen. Hinzu kommt die geringe eigene Erfahrung der Kolonisten mit der Genossenschaftsarbeit. So waren vor der Wanderung nach Rondônia nur 18 % der Befragten bereits einmal Mitglied einer Kooperative. Bei den meisten überwiegt aus den Herkunftsgebieten die Meinung, daß Kooperativen in der Regel nur die Großbauern, nicht jedoch die sozial Schwachen begünstigen.

Die grundsätzliche Einstellung der Befragten zur Gründung von Selbsthilfe-Gruppen und ihren Möglichkeiten, die eigene Lage zu verbessern, ist dagegen fast ausschließlich positiv (81 % der Befragten). Als wichtigster Punkt wurde die Erreichung einer stärkeren Marktmacht durch die Gemeinschaft genannt, d.h. die Möglichkeit bessere Preise sowohl beim Verkauf als auch beim Einkauf zu erzielen (vgl. Tab. 63).

Nur 9 der befragten Kolonisten (11 %) waren aber bereits zum Befragungszeitpunkt Mitglied in einer solchen Kleinbauernassoziation. Dies sind jedoch im Verhältnis schon

---

1) V.a. die Abhängigkeit vom meist als ausbeuterisch empfundenen Zwischenhandel und vom sein Versorgungsmonopol ausnutzenden Einzelhandel der Pionierstädte.

weit mehr als die nur zwei Mitglieder der sehr viel älteren und etablierteren Kooperative CIRA/PICOP. Viele der Interessierten verhalten sich jedoch in der Anfangsphase der Selbsthilfe-Gruppen, nicht zuletzt auch wegen politischer Bedenken, bzw. aus Angst sich zu *exponieren*, noch abwartend.

Die erste dieser lokalen Selbsthilfe-Initiativen in Rondônia, ARCOPAM (*Associação Rural Cacoalense para Ajuda Mútua*), entstand 1981 im ländlichen Raum des PIC *Gy-Paraná*. Wesentliche Unterstützung erhielten die Siedler bei ihrer Gründung von einzelnen Funktionären der Agrarberatungsbehörde EMATER-RO, die ebenso wie die Betroffenen erkannten, daß die partizipative Arbeit der Behörden aus verschiedenen Gründen — nicht zuletzt politischen — sich in einem *development from above* erschöpfte und nicht zu der erhofften Mobilisierung der Kleinbauern führte (bzw. evtl. gar nicht führen sollte). Ziel der ARCOPAM war es, hauptsächlich durch gemeinsame Vermarktung der Agrarprodukte möglichst direkt in den Absatzregionen des Südostens bessere Erzeugerpreise zu erzielen und so die Abhängigkeit von den *intermediários* in den Pionierstädten Rondônias zu beseitigen. Weiteres Ziel war es, durch den gemeinsamen Einkauf von lebenswichtigen Waren im Südosten die für die ländliche Bevölkerung besonders negativen Preisverzerrungen des Einzelhandels in Rondônia zu mindern. Die Hauptziele waren also auf die Verringerung der ökonomischen Abhängigkeit der Kolonisten und damit auf eine unmittelbare Verbesserung ihrer Lebenssituation gerichtet. Die erste Aktion der ARCOPAM bestand im Kauf von mehreren hundert Keramikfiltern in São Paulo, die sie ihren *associados* damals zum Preis von 750 Cruz.-$ anbieten konnte. Der Preis im lokalen Einzelhandel Cacoals betrug für die gleichen Filter 2.200 Cruz.-$. Dieser erste deutliche Erfolg der ARCOPAM erhöhte schnell das Interesse vieler Betroffener, die der Gruppe bis dahin eher abwartend gegenüberstanden. Durch ähnliche gemeinsame Kaufaktionen sah sich in einzelnen Fällen sogar der Einzelhandel von Cacoal, der in der ARCOPAM immer mehr einen ernstzunehmenden Konkurrenten sah, zur Überprüfung seiner Preiskalkulation genötigt[1].

Einen gewissen *Vertrauensverlust* brachte der ARCOPAM bei vielen Kolonisten ihre eindeutige Parteinahme für die Linkspartei PT bei den allgemeinen Wahlen im November 1982. Die lokale Parteigruppe der PT war aus der Arbeit in der ARCOPAM heraus entstanden. Viele Mitglieder, die andere politische Meinungen vertraten, sahen sich dadurch übergangen und stellten ihre Mitarbeit ein.

Dieses Beispiel wirft ein bezeichnendes Licht auf die permanente *Gratwanderung* der Selbsthilfe-Gruppen zwischen von vielen Mitgliedern oder Interessierten geforderter politischer Unabhängigkeit einerseits und der Notwendigkeit des politischen Engagements zur Durchsetzung der gesetzten Ziele andererseits, damit aber auch gleichzeitig der Gefahr, durch den Einfluß bestimmter Personengruppen meist ungewollt schnell in das Fahrwasser politischer Parteien zu geraten. Hierdurch bieten aber die Initiativen plötzlich, besonders für die Mächtigen und die Regierungsvertreter, sehr viel mehr Angriffsfläche.

---

1) Mdl. Inf. ARCOPAM-Mitglied beim Treffen aller Kleinbauerassoziationen Rondônias am 1. und 2.10.1983, Ji-Paraná.

Denn von offizieller Seite stand den Gruppen – v.a. bis zum Regierungswechsel 1985 – immer größte Skepsis, in vielen Fällen offene Feindschaft entgegen. So versuchten von Anbeginn der Selbsthilfe–Bewegung der rondonensischen Kleinbauern die Behörden z.B. die Legalisierung der Gruppen zu boykottieren oder ihnen in anderen Fällen *Konkurrenz–Initiativen* unter Regierungseinfluß entgegenzustellen[1].

Die Gegnerschaft staatlicher Stellen erklärt sich besonders durch den starken Einfluß, den die katholische, z.T. auch die lutheranische Kirche auf die Selbsthilfe–Gruppen (besonders über die CPT) ausüben. Dadurch, daß sich breite Kreise des Klerus auf lokaler Ebene, aber auch bis in die Kirchenleitung auf regionaler und nationaler Ebene[2] – v.a. im Gefolge der sog. *Theologie der Befreiung* – zur wichtigsten Interessenvertretung der Marginalisierten[3] gemacht, deren Organisierung unterstützt und auch finanziell mitgetragen haben, gleichzeitig aber die Kirche zu einem der wichtigsten politischen Gegner der brasilianischen Militärherrschaft geworden war, bedeutete kirchliche Unterstützung in Brasilien in den meisten Fällen – zumindest bis zum Regierungswechsel 1985 – gleichzeitig Bekämpfung nicht nur durch den unmittelbaren gesellschaftlichen *Gegner*[4], sondern auch durch die staatliche Administration auf allen Ebenen, die hinter den Selbsthilfe–Gruppen voreilig meist die Gefahr eines undefinierten *Kommunismus* vermutete[5].

Nach den Wahlen von 1982 begann eine Neustrukturierung der Selbsthilfe–Gruppen in Rondônia. Über einmalige Beitritts– und monatliche Mitgliedzahlungen sowie z.T. über die finanzielle Hilfe von außen (z.B. über *Brot für die Welt* und ähnliche *non-governmental-organizations*) konnten inzwischen die Aktivitäten erweitert werden. So mietete z.B. die ARCOPAM in Cacoal zunächst eine Kaffeeschälmaschine, die sie ihren Mitgliedern zu günstigeren Bedingungen als im lokalen Zwischenhandel zur Verfügung stellen konnte. Inzwischen wurden zwei weitere, eigene Kaffeeschälmaschinen von der ARCOPAM installiert. Neben günstigerem Zugang zur Produktaufbereitung und neben gemeinsamer Vermarktung bietet z.B. die ARCOPAM ihren Mitgliedern die Möglichkeit, dreimal im Jahr an gemeinsamen Einkaufsaktionen[6] teilzunehmen. Darüber hinaus hat die ARCOPAM bereits einige sog. *convênios* (Vereinbarungen) mit Apotheken, Krankenhäusern, Dentisten und einigen Einzelhändlern mit günstigeren Konditionen für Mitglieder abgeschlossen.

Bis 1983 hatten sich nach dem Vorbild der ARCOPAM in allen Munizipien Rondônias ähnliche Selbsthilfe–Gruppen gebildet. Im engeren Untersuchungsgebiet sind dies die ARJOPAM (*Associação Ji–Paranaense Organizada para Ajuda Mútua*) im Munizip Ji–Paraná

---

1) Wie im Jahr 1983 mit der Gründung einer Kleinbauerassoziation im Setor Riachuelo des PIC Ouro Preto mit starker Unterstützung der EMATER–RO gegen die bereits existierende ARJOPAM, die Selbsthilfe–Initiative von Kolonisten des Munizips Ji–Paraná, s.u.
2) So geben z.B. die drei katholischen Bischöfe Rondônias den Kolonisten ihre volle Unterstützung.
3) Der städtischen und ländlichen Unterschichten – vgl. die sog. comunidades eclesiais de base – wie auch der indianischen Bevölkerung.
4) Z.B. Großgrundbesitzer, städtische Bodenspekulanten etc.
5) Vgl. zur Bedeutung der Kirche als Interessenvertreter der Kleinbauern und Landlosen in Brasilien: CPT 1983, CPT 1985 und PAIVA 1985, zum Konflikt zwischen Kirche und Staat in der Landfrage z.B. MARTINS 1984, S. 75 ff.
6) Neben den bereits erwähnten Filtern, Waren des Grundbedarfs wie Zucker, Salz, Kerosin, landwirtschaftliches Gerät, Werkzeug etc.

seit Januar 1983 und die AROPAM seit Ende 1983 im Munizip Ouro Preto do Oeste. Im Juli 1983 – also ein halbes Jahr nach ihrer Gründung – hatte die ARJOPAM bereits über 150 Mitglieder. Der AROPAM gehörten im Oktober 1984 ca. 120 Kolonisten aktiv an. Auch in Ouro Preto do Oeste besitzt die Selbsthilfe-Gruppe inzwischen eine eigenfinanzierte Kaffeeschälmaschine, die den Mitgliedern gegen eine einmalige, höhere Beitragszahlung zu günstigen Konditionen zur Verfügung steht, eine Reisschälmaschine soll folgen. Die ARJOPAM konnte dieses Ziel mit Hilfe einer italienischen Hilfsorganisation ebenfalls erreichen. Bei beiden Gruppen gibt der lokale Klerus entscheidende Hilfestellung.

Jedoch stellt die Gründung einer solchen Selbsthilfe-Gruppe besonders in der Anfangszeit eine erhebliche Belastung für die interessierten Kolonisten dar. Dies konnte direkt z.B. im Juli 1983 bei der Gründung der ARAOPAM, der Selbsthilfe-Initiative im Munizip Ariquemes, beobachtet werden. Hier ging die Initiative besonders von einigen Nachbarschaften des PAD *Marechal Dutra* aus. Für die in administrativen Dingen unerfahrenen Kolonisten bedeutete die Gruppenorganisation, das Verfassen der Statuten, die rechtliche Regularisierung der Gruppe, die Mitgliederwerbung etc. eine erhebliche zusätzliche Arbeitsbelastung durch die notwendigen Zusammenkünfte in der Stadt usw. Einige der Gruppenmitglieder mußten für mehrere Wochen die landwirtschaftliche Arbeit vernachlässigen. Auch deshalb ist die Unterstützung und z.T. Koordinierung der Selbsthilfe durch Kirche etc. beinahe unerläßlich. In Ariquemes ging diese Unterstützung, außer von der lutheranischen Kirchengemeinde, besonders von zwei kirchlich engagierten Angestellten der staatlichen Sozialbehörde (SETRAPS) aus, die z.B. ihre berufliche Tätigkeit[1] mit der Verbreitung der Idee der ARAOPAM verbunden haben, wodurch sie in erhebliche Konflikte mit ihren Vorgesetzten (zeitweilige Entlassung der einen Sozialarbeiterin) gerieten[2]. Für die Kolonisten war jedoch diese Unterstützung besonders zur Lösung der administrativen Fragen von größter Bedeutung. Daß die Gründung der Selbsthilfe-Gruppen jedoch nicht konfliktfrei verläuft, zeigte sich auch in Ariquemes, wo bereits nach kurzer Zeit einige der *Gründer* ihr Interesse verloren hatten, andere Repressionen durch Politiker und Beamte fürchteten und deshalb ihre Mitarbeit einstellten oder wieder andere die Selbsthilfe-Gruppe zur eigenen Profilierung oder eigenen Bevorteilung mißbrauchen wollten.

Auch wenn einige der jungen Selbsthilfe-Gruppen noch sehr klein und ihre Aktivitäten deshalb sehr begrenzt sind, so sind sie insofern doch besonders interessant, als mit ihnen die Betroffenen in Rondônia erstmals ihre Interessen selbst artikulieren, die in ihrer Wahrnehmung wichtigsten Probleme selbst zu lösen versuchen und damit auf der lokalen Ebene das in Gang setzen könnten, was in der wissenschaftlichen Literatur zur Entwicklungsproblematik der letzten Jahre als *development from below* bezeichnet wird (vgl. hierzu z.B. STÖHR, TAYLOR 1981).

Eine wichtige Rolle bei der Vertretung der Interessen der kleinbäuerlichen Kolonisten spielen in Rondônia daneben, ebenso wie in anderen Teilen Brasiliens, die

---

1) Bildung von Siedler-Kommissionen im ländlichen Raum im Rahmen des POLONOROESTE-Programms
— s.u.
2) Mdl. Inf. durch zahlreiche Gespräche mit Sra. A. M. Alves de Avelar, SETRAPS-RO, Ariquemes 1983, 1984.

gewerkschaftsähnlichen *sindicatos*. Ein für die soziale Organisation in Kolonisationsregionen interessantes Problem ergibt sich dabei aus der Tatsache, daß es in Brasilien verschiedene Standesvertretungen der in der Landwirtschaft Arbeitenden gibt, so bes. die Vertretungen der Landeigentümer (sog. *Sindicatos Patronais* SP), die z.Zt. der Militärherrschaft relativ eng mit den politisch Mächtigen verbunden waren, und die Vertretung der Landarbeiter, Pächter, Minifundisten etc. (die sog. *Sindicatos dos Trabalhadores Rurais* STR). Letztere sind im nationalen Dachverband der CONTAG (*Confederação Nacional dos Trabalhadores na Agricultura*) zusammengefaßt, der sich in den letzten Jahren — ebenfalls durch zunehmenden Einfluß kirchlicher Kreise und linker politischer Gruppierungen (v.a. PT) — immer mehr zum politischen Sprachrohr der Marginalisierten auf dem Lande gemacht hat. In Rondônia werben nun beide, politisch sehr gegensätzlichen Vertretungen um die gleiche Klientel, die kleinbäuerlichen Siedler. Die einen mit dem Argument, daß diese jetzt Landeigentümer, z.T. auch *Arbeitgeber* für Tagelöhner etc. geworden seien, die anderen mit dem Argument, daß die Kolonisten zwar Land besäßen, aber innerhalb der nationalen und auch der regionalen Gesellschaft nach wie vor zu den Ohnmächtigen und von Marginalisierung Bedrohten gehörten. So kommt es letztendlich bei der Beitrittsentscheidung der Siedler auf politische Einstellung, *Klassenbewußtsein* und besonders auf die Perzeption der eigenen agrarsozialen Situation an[1]. 17 der befragten 79 Kolonisten gehörten entsprechend dem STR (in Ji–Paraná oder Ouro Preto do Oeste), aber nur 4 einem SP an.

Als jüngste institutionalisierte Form sozialer Organisation der ländlichen Pionierfront–Bevölkerung ist schließlich 1983 — ebenfalls mit besonderer Unterstützung der kirchlichen CPT — in allen Kolonisationsgebieten Rondônias das sog. *Movimento dos Sem–Terra* (MST – Bewegung der Landlosen) als Interessenvertretung der immer zahlreicheren landlosen Pächter und Tagelöhner und der Migranten, die inzwischen in den offiziellen Siedlungsprojekten kein Land mehr erhalten konnten, gegründet worden[2]. So nahmen z.B. allein an der Gründungsversammlung des lokalen MST in Ouro Preto do Oeste im Jahr 1984 mehr als 300 Betroffene teil.

Das MST ist als Interessenvertretung der gesellschaftlich ohnmächtigsten ländlichen Sozialschichten schon vor mehreren Jahren — v.a. im Gefolge größerer Landkonflikte (z.B. in Ronda Alta / RS) — als Reaktion auf die zunehmende Verdrängung der Landlosen durch die kapitalistisch orientierte, *moderne* Landwirtschaft und die Nicht-Berücksichtigung dieser sozialen Gruppen im brasilianischen Entwicklungsmodell in vielen Regionen Brasiliens entstanden[3].

In Rondônia kann die Gründung des regionalen MST als Indikator für die beschriebene zunehmende sozio–ökonomische Differenzierung und Stratifizierung — im geographischen Sinne also als Indikator für den sozialräumlichen Wandel — in den Kolonisationsgebieten angesehen werden. Das MST ist somit als Reaktion auf die Reproduktion

---

1) Mdl. Inf. verschiedener Siedler sowie mdl. Inf. von Vertretern der beiden sindicatos in Ouro Preto do Oeste 1984.
2) Vgl. hierzu versch. unveröff. Inf. CPT–RO, Porto Velho 1983, 1984, mdl. Inf. Sr. Olavo Nienow, CPT–RO, Porto Velho und STR–Ouro Preto do Oeste 1984.
3) Vgl. hierzu z.B. CPT 1983, 1985, MARTINS 1984, S. 98 ff. sowie besonders verschiedene Ausgaben des Jornal do Movimento dos Sem–Terra 1983, 1984.

disparitärer Agrarsozialstrukturen an der Pionierfront und die Verschärfung sozio-ökonomischer Interessenkonflikte, die sich immer mehr in zunehmender Raumnutzungskonkurrenz darstellen, zu verstehen.

Dieser kursorische Überblick über verschiedene soziale Organisationsformen der Kolonisten in Rondônia zeigt, daß sich auch in Räumen, die aufgrund ihrer spezifischen Genese im Rahmen staatlich gelenkter Besiedelung zunächst als *soziales Vakuum* erscheinen mögen, innerhalb kurzer Zeit soziale Strukturen und Interaktionsnetze, *local leaderships* etc. bilden. Eine zentrale Rolle im gesellschaftlichen Leben spielen neben der spontanen Bildung sozialer Interaktionsfelder auf nachbarschaftlicher Ebene und neben der, durch die Dominanz staatlicher Raumgestaltung, stark von den staatlichen Institutionen dominierten Bildung politischer Strukturen vor allem die Kirchen, die nicht nur für die soziale Organisation von Nachbarschaften von großer Bedeutung sind, sondern auch zunehmend durch Initiierung von Selbsthilfe, Organisierung von Basisgemeinden, von Basisgesundheitsdiensten etc. und nicht zuletzt durch die Förderung politischer Artikulation der Betroffenen an Bedeutung im Sinne einer *Entwicklung von unten* der gesellschaftlichen und räumlichen Peripherie gewinnen. Dadurch sind in den letzten Jahren zunehmend Konflikte mit der Staatsmacht und ihren Organen entstanden, die in solchen eher *ungelenkten* Entwicklungen eine wachsende *Konkurrenz* für die im Rahmen von Entwicklungsprogrammen *von oben* betriebenen Bemühungen zur gesellschaftlichen und ökonomischen Integration — in der Realität vielleicht eher der Subordination — der Peripherie sehen.

IV.7. Räumliche Distanzen: Versorgung und Bedeutung der Stadt in der Wahrnehmung der Kolonisten

Bereits in Kap. III.4.7. wurde am Beispiel von Ji-Paraná und Ouro Preto do Oeste ausführlich die Bedeutung der neuen Städte an der BR 364 für die Pionierfrontentwicklung behandelt. Dabei wurde die *Drehscheibenfunktion* der Pionierstädte für die Waren- und Dienstleistungsflüsse zwischen ländlicher Peripherie und den regionalen sowie nationalen städtischen Zentren hervorgehoben. Nachfolgend nun einige Anmerkungen zur Funktion und zur Bedeutung der Pionierstadt aus der Sicht der befragten Kolonisten.

Zunächst fällt auf, daß die meisten der Befragten nur in relativ seltener Frequenz Fahrten in die nächste Stadt angeben (61 % der Befragten einmal im Monat oder seltener; vgl. Tab. 64). Die wichtigsten Gründe hierfür dürften in der relativ peripheren Lage der Befragungsgebiete (Entfernung zur nächsten Stadt zwischen 20 und 60 km), in der verkehrsmäßigen Anbindung und schließlich — durch die beiden vorgenannten Gründe bedingt — im relativ großen zeitlichen Aufwand, der mit einem Besuch in der Stadt verbunden ist, zu suchen sein.

Hinsichtlich des Transportmittels sind fast alle Befragten, wie Tab. 64 zeigt, auf den öffentlichen Omnibusverkehr angewiesen. Der Personenverkehr im ländlichen Raum der Kolonisationsgebiete wird heute ausschließlich von den privaten Omnibusgesellschaften, die von den munizipalen Behörden Streckenkonzessionen erhalten, durchgeführt. Die Tarifgestaltung ist diesen Firmen weitgehend überlassen. Von den Kolonisten werden entsprechend oft die hohen Beförderungstarife, die allerdings in jüngerer Zeit zunehmend durch die Munizipverwaltungen kontrolliert werden, als viel zu hoch und *ausbeuterisch* beklagt. Dies ist sicherlich ein wichtiger Grund für die relativ seltenen Stadtbesuche der Befragten.

Die Bedienung der einzelnen *linhas* durch den privaten Busverkehr über das Jahr hin ist in den meisten Siedlungsgebieten Rondônias schon immer ein zentrales Problem gewesen. In den drei Befragungsgebieten ist dabei die Situation vergleichsweise günstig, weil zumindest auf den drei wichtigsten Erschließungsstraßen[1], die die NUARs an die jeweils nächste Stadt anbinden, inzwischen das ganze Jahr hindurch mehrmals pro Tag Busse verkehren. Auch die Stichstraßen, an denen die Siedler leben, werden in diesen drei Gebieten heute im Gegensatz zu früheren Jahren von den privaten Busgesellschaften in allerdings unterschiedlicher Frequenz[2] mit der nächsten Stadt verbunden. Allerdings ist die Situation zwischen Trocken- und Regenzeit sehr unterschiedlich. In den meisten Stichstraßen wird der Busverkehr während der Hauptphase der Regenzeit (meist 4–5 Monate) wegen der Unbefahrbarkeit der *linhas* stillgelegt. In diesen Zeiten müssen die Kolonisten bis zur nächsten Erschließungsstraße laufen (d.h. z.T. bis zu 15 km), um evtl. einen Bus zur Stadt erreichen zu können. Jedoch werfen die Siedler den Busgesellschaften z.T. vor, das Argument des schlechten Straßenzustandes auch als Vorwand für die Reduzierung des Verkehrs auf weniger lukrativen Linien zu mißbrauchen. Auch durch die relativ seltenen Busverbindungen zwischen *linhas* und nächstem zentralen Ort wird der Stadtbesuch in vielen Fällen sehr zeitaufwendig. Oftmals kann der Kolonist erst am nächsten oder übernächsten Tag auf sein *lote* zurückkehren.

Diese verschiedenen Faktoren der Verkehrserschließung und -anbindung des ländlichen Raumes bestimmen entscheidend die Distanzwahrnehmung der Kolonisten. Der Besuch in der Stadt ist nach wie vor nichts Alltägliches, sondern erhält die Dimension des Außergewöhnlichen, wobei typisch ist, daß verschiedene Anlässe und Erledigungen für eine Fahrt in die Stadt *gebündelt* werden.

Als wichtigste Aktivitäten in der Stadt werden von den Befragten v.a. der Einkauf, Erledigungen bei der Bank sowie der Arzt- bzw. Hospitalbesuch genannt (vgl. Tab. 64). Damit sind die wichtigsten zentralen Versorgungsfunktionen der Städte aus der Sicht der ländlichen Bevölkerung erkenntlich.

Die relativ häufige Nennung des Bankbesuchs als Anlaß für die Fahrt in die Stadt erklärt sich neben normalen finanziellen Transaktionen v.a. durch die Abwicklung der staatlichen Agrarkredite über die Geschäftsbanken.

Die unter den regionalen Bedingungen besonders häufigen Krankheiten[3] sowie häufige Verletzungen z.B. bei der landwirtschaftlichen Arbeit machen den für die meisten Siedler auch ein finanzielles Problem darstellenden Besuch bei privaten Ärzten oder in den öffentlichen Krankenhäusern, die zwar kostenlose Behandlung, allerdings mit oft mehrtägigen Wartezeiten, anbieten, zu einem besonders wichtigen Motiv des Stadtbesuchs. Hierzu trägt besonders auch die völlig unzureichende Situation des staatlichen Gesundheitsdienstes auf dem Lande bei (s.u.).

---

1) Linhas coletoras 81 für das Gebiet Nova União, 31 für Teixeirópolis und 128/82 für Nova Colina.
2) Zwischen 2–3 mal pro Woche und maximal einmal pro Tag.
3) V.a. tropische Infektionskrankheiten wie Malaria, Hepatitis, Leishmaniose, durch die hygienischen Bedingungen mitverursachte parasitäre Erkrankungen von Magen und Darm etc. — vgl. hierzu für das ähnliche Beispiel der Transamazônica–Kolonisation SMITH 1982, S. 93 ff.

Daß der Verkauf der landwirtschaftlichen Produktion von den Befragten nur relativ selten als Motiv für den Stadtbesuch genannt wurde, mag darin begründet sein, daß in den meisten Fällen die landwirtschaftlichen Zwischenhändler oder die sog. *marreteiros* (vgl. Kap. IV.4.3.5.) die Produktion bei den Siedlern direkt auf dem *lote* abholen. Außerdem ist der Verkauf der Produktion meist auf die jeweilige Erntezeit beschränkt und spielt deshalb als Motiv für Fahrten in die Stadt während des restlichen Jahres eine untergeordnete Rolle. Jedoch kann auch in der zwischen den Ernten liegenden Zeit häufiger beobachtet werden, daß Kolonisten den Stadtbesuch zum Verkauf von einem Sack Reis oder Bohnen oder z.B. von auf ihrem *lote* gewonnenem Naturkautschuk — d.h. Dinge, die sie per Bus transportieren können — nutzen, nicht zuletzt, weil sie das dadurch erhaltene Bargeld direkt zum Wareneinkauf benötigen.

Der Verkauf von Anbauprodukten auf den Wochenmärkten der Städte oder der Verkauf von Milchprodukten etc. spielt bei den befragten Kolonisten, v.a. wegen der relativ großen Marktentfernung, keine bedeutende Rolle, sodaß Marktbesuch als Motiv für die Fahrt in die Stadt in diesen peripheren ländlichen Teilregionen im Gegensatz zu stadtnäheren Gebieten kaum von Bedeutung ist.

Die höhere Zentralität von Ji–Paraná im Vergleich zu Ouro Preto do Oeste hinsichtlich der Versorgungsfunktionen für den ländlichen Raum der Untersuchungsregion zeigte sich bei der Befragung insofern, als — neben den zum direkten Hinterland von Ji–Paraná gehörenden Kolonisten des Befragungsgebietes *Nova Colina* — immerhin 22 (37 %) der Befragten in den beiden übrigen Gebieten, die eigentlich zum Einzugsgebiet von Ouro Preto do Oeste gehören, angaben, vorwiegend oder ausschließlich nach Ji–Paraná zu städtischen Erledigungen zu fahren. Ji–Paraná hat also trotz längerer Fahrtzeiten, höherer Fahrtkosten etc. eine größere *Attraktivität*, die von den Siedlern v.a. mit einem besseren Dienstleistungsangebot und besonders mit besseren Preisen sowohl des Einzelhandels als auch des landwirtschaftlichen Zwischenhandels begründet wird. Zusätzlich sind in Ji–Paraná — nicht jedoch in Ouro Preto do Oeste — mit der Banco do Brasil und der Banco da Amazônia (BASA) die beiden für den staatlich subventionierten Agrarkredit zuständigen Banken lokalisiert, sodaß die Kolonisten, die über einen solchen Kredit (v.a. für Kakao und Kautschuk) verfügen, meist schon deshalb mehr nach Ji–Paraná orientiert sind.

Die höhere *Attraktivität* Ji–Paranás für die Kolonisten zeigt sich entsprechend bei der Vermarktung der landwirtschaftlichen Produktion. So dürften nach Schätzung der Zwischenhändler in Ouro Preto do Oeste bis zu 30 % der Produktion des Hinterlandes dieser Stadt in Ji–Paraná vermarktet werden. Von insgesamt 107 bei den Befragten in den im Munizip Ouro Preto do Oeste liegenden Gebieten *Nova União* und *Teixeirópolis* erhobenen Verkaufstransaktionen landwirtschaftlicher Produkte wurden immerhin 21 (d.h. ca. 20 %) in Ji–Paraná getätigt. Dabei ist die Orientierung nach Ji–Paraná besonders unter den Siedlern des Gebiets *Teixeirópolis*, nicht zuletzt wegen einiger direkter Busverbindungen in das Regionalzentrum, deutlicher ausgeprägt als bei den Siedlern in *Nova União*.

Die von den Befragten angegebenen Waren, die sie vorwiegend im Einzelhandel der Pionierstädte kaufen, sind insgesamt Artikel des Grundbedarfs (vgl. Tab. 64). Sie stehen für das nach wie vor an der Befriedigung der Grundbedürfnisse orientierte Anspruchsniveau der Siedler. Jedoch stellt bereits der Kauf dieser Grundbedarfsartikel für die Meisten eine — wenn auch quantitativ kaum zu erfassende — erhebliche finanzielle Belastung dar. Dies trifft besonders für relativ teure Produkte (wie z.B. Arzneimittel) zu, die somit für die Kolonisten den Rang von Luxusartikeln erhalten. Die in Tab. 64 angeführten Waren können zweifellos nicht als repräsentative, nach Prioritäten geordnete Produktepalette des regelmäßigen Einkaufs der Siedler angesehen werden. Es sind vielmehr Waren, die — in unterschiedlicher Frequenz — entweder ausschließlich über den Einzelhandel in der Stadt bezogen werden können (wie Salz, Kleidung, Arzneimittel, Kerosin, Haushaltsartikel etc.) oder die für die Kolonisten als besondere *Luxusartikel* mit dem Besuch in der Stadt verbunden sind wie z.B. Brot oder besonders Fleisch[1].

Interessanterweise werden von den Befragten eine Reihe von Produkten als Einkaufswaren genannt, die eigentlich durch Eigenproduktion substituierbar wären. Dies gilt v.a. für Zucker, Maniokmehl, Öl, Schweinefett, z.T. Seife[2]. So wird besonders Zucker durchweg als teuer empfunden, obwohl er — wie dies einige Kolonisten bereits tun — über den Anbau von Zuckerrohr und Herstellung von Sirup etc. (sog. *melado* bzw. in fester Form als *rapadura*) durch Eigenproduktion substituierbar wäre. Dies gilt ebenso für Öl, das aus verschiedenen Palmfrüchten oder aus den Früchten der *castanha do Pará* hergestellt werden kann. Die Agrarberatungsbehörde EMATER–RO versucht deshalb zunehmend solche Einfachsttechniken unter den Kolonisten zu verbreiten und damit ihre Konsumkosten zu senken.

Diese wenigen Beispiele zeigen, daß trotz des insgesamt sehr geringen Anspruchsniveaus die Kauf- und Konsumgewohnheiten der Kolonisten z.T. bereits stärker von den Möglichkeiten des städtischen Marktes bestimmt werden als von eigenem Produktionspotential, das somit oftmals nicht in ausreichender Breite zur Selbstversorgung der Familie ausgeschöpft wird.

Der Stadtbesuch hat neben den genannten Hauptaktivitäten vor allem aber auch soziale Funktion. So ist die Stadt Treffpunkt und *Nachrichtenbörse* für die Kolonisten, Verwandten- und Bekanntenbesuche werden mit der Fahrt in die Stadt verbunden, die Verbindungen in andere Regionen laufen über die Pionierstadt (Telephon und Post). Treffpunkte sind neben den Geschäften, den Banken und den vielen *barzinhos* und *buteques* auch die Dienststellen der verschiedenen Behörden (INCRA, EMATER, Präfektur etc.) sowie die Kirchengemeinden. Für die meisten Siedler bietet somit die Fahrt in die Stadt die — wenn auch seltene — Möglichkeit der Kompensation *sozialer Isolation* auf dem Lande. Insofern ist der Besuch in der Pionierstadt, auch wenn er z.T. nur in großen zeitlichen Intervallen erfolgt, neben dem eigentlichen ländlichen Nachbarschaftsraum integrativer Bestandteil der *aktionsräumlichen Verhaltensmuster* der ländlichen Siedlerbevölkerung[3].

---

1) Gemeint ist Rindfleisch, denn über Schweine- und Hühnerfleisch sowie über Wild verfügen die Siedler aus eigener Schlachtung bzw. Jagd.
2) Die wenigen Nennungen von Reis, Bohnen und Kaffee beziehen sich auf Kolonisten, die die entsprechenden Produkte nicht in für den Familienunterhalt ausreichender Menge geerntet haben; i.d.R. werden jedoch solche landwirtschaftlichen Produkte — ebenso wie Maniokmehl — bei knapper Eigenversorgung weit häufiger von den Nachbarn der linha als im städtischen Einzelhandel erworben.
3) Vgl. zum Konzept des Aktionsraums in der Geographie z.B. KLINGBEIL 1978 sowie WIRTH 1980 zur Notwendigkeit, aber auch Problematik einer ethnomethodologischen Betrachtungsweise gruppenspezifischer, räumlicher Verhaltensweisen.

IV.8. Die Probleme des Lebens im ländlichen Raum aus der Sicht der Kolonisten

Bevor im nachfolgenden Abschnitt der Arbeit am Beispiel des POLONOROESTE-Programms Ziele, Konzeptionen und Umsetzungsprobleme staatlicher Regionalentwicklungsplanung behandelt und ihr Beitrag zur Lösung der drängendsten Probleme des ländlichen Raumes an der Pionierfront beurteilt werden, sollen an dieser Stelle die wichtigsten Problembereiche des Lebens in den ländlichen Siedlungsgebieten aus der Sicht der befragten Kolonisten in den Vordergrund gestellt werden (vgl. Tab. 65). Diese Problembereiche ergeben sich aus der Wechselwirkung von regionsspezifischen Elementen (z.B. Krankheitsproblematik) und Defiziten infrastruktureller Versorgung der Pionierregionen, die v.a. durch das Auseinanderklaffen von rapider, spontaner Regionalentwicklung durch hohe Zuwanderung, Ausweitung der Siedlungsgebiete etc. einerseits und begrenzter Versorgungskapazität staatlicher Organe in der Region andererseits verursacht werden (z.B. in den Bereichen Straßenbau, Gesundheitsdienst, Schulen etc.), mit auf übergeordneter Ebene begründeten Problembereichen wie Agrarpreisproblematik, Abhängigkeit von den Zwischenhändlern, hohes Zinsniveau, hohe Verbraucherpreise etc., die ihrerseits v.a. durch die unzureichende Berücksichtigung der kleinbäuerlichen Interessen im brasilianischen Modell einer *assoziativ–kapitalistischen* Entwicklung — d.h. durch Disparitäten zwischen Zentrum und Peripherie in gesellschaftlichem und räumlichem Sinne — begründet werden können.

So werden von den Kolonisten an erster Stelle der Problemskala die aus ihrer Sicht zu niedrigen, nicht–kompensatorischen oder stark schwankenden Agrarpreise, oft in Verbindung mit sonstigen Vermarktungsproblemen (mangelhafte staatliche Vermarktungsorganisation etc.) und der Abhängigkeit vom privaten Zwischenhandel, genannt (vgl. Tab. 65). Daß dieser Bereich tatsächlich zu den drängendsten Problemen der ländlichen Bevölkerung gehört, zeigt nicht zuletzt die Konzentration der jungen Selbsthilfe-Gruppen auf den Komplex gemeinsamen und, wie dadurch erhofft, gerechteren Marktzugangs. An zweiter Stelle sind aus der Sicht der Befragten die Mängel infrastruktureller Erschließung und Versorgung als wesentliche, die Lebensbedingungen im ländlichen Raum beeinflussende Probleme zu nennen. Dies wird v.a. wahrgenommen im schlechten Zustand der *linhas*, im fehlenden oder unzureichenden staatlichen Gesundheitsdienst auf dem Lande, in schlechter Verkehrsanbindung, weniger jedoch im Landschulbereich (vgl. Tab. 65). Einige der Befragten leiten aus diesen wahrgenommenen Versorgungsdefiziten in Verbindung mit den oben beschriebenen, auf übergeordneter Ebene verursachten Preis-, Vermarktungs- und Kreditproblemen eine insgesamt fehlende Regierungsunterstützung für die ländliche Bevölkerung als entscheidendes Problem der Lebensbedingungen der Kolonisten in Rondônia ab (vgl. Tab. 65). Dies wird aus der Kolonisten-Perzeption interpretiert als mangelndes Interesse der gesellschaftlich Mächtigen an den Überlebensbedürfnissen der Armen, der gesellschaftlichen Peripherie. An dritter Stelle werden schließlich regionsspezifische Probleme, v.a. Krankheit, als wesentlicher, die Lebensbedingungen der Siedler beeinflussender Faktor genannt (vgl. Tab. 65).

Die hohe Priorität, die der Krankheitsproblematik von den Kolonisten gegeben wird, ist vor dem Hintergrund zu sehen, daß z.B. bei 97 % der Befragten Wurmkrankheiten und andere parasitäre Erkrankungen von Magen und Darm (z.B. Amöbenruhr), bei 51 % der Befragten die Malaria (sowohl die leichtere durch Plasmodium vivax verursachte als auch die gefährlichere durch Plasmodium falciparum verursachte Form) in mindestens einem, meist jedoch in wiederholtem Falle, bei 20 % Leishmaniose und bei 15 % Hepatitis in der Familie bereits zu verzeichnen waren, um nur die wichtigsten regionsspezifischen tropischen Infektionskrankheiten zu berücksichtigen. Daß Krankheit dabei auch zum ökonomischen Problem werden kann, zeigt sich u.a. bei der Analyse der höchsten Ausgabenbereiche während des vor der Befragung liegenden Jahres (vgl. Tab. 66). So stehen Kosten für Krankenhaus, Arzt und Medikamente bereits an zweiter Stelle nach den allgemeinen Lebenshaltungskosten. An dritter Stelle – und auch dies gehört zu den Hauptproblembereichen des Lebens auf dem Lande in der Sicht der Kolonisten – werden Zinsen und Rückzahlungen zur Tilgung von Bankschulden als drückendste Kostenbereiche genannt.

Insgesamt werden damit von den Siedlern nach wie vor die Bereiche als für ihre aktuelle Lebenssituation von vorrangiger Bedeutung herausgestellt, die auch schon in den vorangegangenen Jahren für die beschriebene Tendenz zum Verkauf der Parzellen und zu den beobachteten Prozessen sozio–ökonomischer Differenzierung an der Pionierfront geführt haben (vgl. Kap. IV.2.1. und IV.2.2.).

Zusammen mit den geschilderten Kennzeichen, Problemen und Veränderungstendenzen der landwirtschaftlichen Produktionsbedingungen und -strukturen sind es die genannten Hauptproblembereiche der Lebensbedingungen im ländlichen Raum Rondônias, die zum Ausgangspunkt des sozial- und wirtschaftsräumlichen Wandels werden.

Dabei ist die Verknüpfung von *endogener* und *exogener* Verursachung dieses Wandels entscheidend. Während unter den *endogenen* Faktoren einmal die regionsspezifischen Probleme der Lebens- und Produktionsbedingungen, der sozio–kulturelle und ökonomische Hintergrund der Migranten und Siedler sowie die völlig unzureichenden administrativen und infrastrukturellen Strukturen auf regionaler Ebene verstanden werden sollen, sind die *exogenen* Verursachungsfaktoren außerhalb der Region auf übergeordneter Ebene und in größeren, gesamtgesellschaftlichen Zusammenhängen zu suchen.

Hierzu gehört v.a. die in den Kernregionen Brasiliens nach wie vor bestehende Tendenz der Verdrängung der sozial schwächeren Gruppen, die sich u.a. eben als Verdrängungsmigration an die räumliche Peripherie nach Rondônia und – wie beschrieben – von hier ausgehend in noch peripherere Gebiete dokumentiert. Diese zunehmende Migration ist einer der wesentlichsten, exogenen Verursachungsfaktoren für die beschriebenen agrarsozialen Differenzierungsprozesse. So sehen sogar einige der ja insgesamt zu den *Erfolgreicheren* zählenden Befragten – denn sie gehören in ihrer großen Mehrheit zu den Landeigentümern – in der zunehmenden Landknappheit, die v.a. durch die ansteigende Migration begründet ist, eines der Hauptprobleme des ländlichen Raumes (vgl. Tab. 65).

Als übergeordneter *exogener* Verursachungsfaktor für den Sozialraumwandel an der Peripherie muß schließlich besonders die unzureichende Berücksichtigung der Interessen der sozial Schwachen, hier also der Kleinbauern und landlosen Migranten, im brasilianischen Entwicklungsmodell angesehen werden. So erschöpft sich die staatliche Politik zugunsten dieser Gruppen v.a. auf den Produktionsfaktor *Boden*, nämlich die Verteilung von Neuland, das vorher *ungenutzt* war und nun – wenn auch *nur* durch kleinbäuerliche Produktion – inwertgesetzt und in nationale Wirtschaftskreisläufe integriert werden soll. Dabei wird nur ein Minimum an Vorleistungen gegeben, wie sich in den immer noch mangelhaften Infrastrukturen v.a. im sozialen Bereich zeigt. Hinsichtlich des Produktionsfaktors *Kapital* erschöpfte sich staatliche Kleinbauernpolitik auf die Vergabe günstiger

Kredite, vorrangig zur Finanzierung exportorientierter (Kakao) oder importsubstituierender (Kautschuk) Kulturen zum Zweck stärkerer Marktorientierung und *Modernisierung* bäuerlicher Strukturen mit dem übergeordneten Ziel der Erhöhung des Beitrags der Peripherie zur nationalen Wertschöpfung, nicht jedoch notwendigerweise zur dauerhaften Verbesserung des kleinbäuerlichen Subsistenzniveaus, ihrer Fixierung an das zugeteilte Land oder gar zur Propagierung ökologisch *angepaßterer* Nutzungssysteme[1]. Die Vergabe von günstigen Agrarkrediten beschränkte sich dabei auf Situationen ökonomisch günstiger Gesamtlage. Im Rahmen der Krise Brasiliens seit der zweiten Hälfte der 70er Jahre werden nun vor allem auch diese verteilungspolitisch zugunsten der sozial Schwachen einsetzbaren Instrumente im Sinne eines *Subventionsabbaus* weitgehend zurückgenommen, bzw. der Gesamtlage z.B. durch höhere Zinsen etc. — aber ohne Berücksichtigung der sozio-ökonomischen Situation der Betroffenen — *angepaßt*.

Insgesamt reproduzieren sich die für den Gesamtrahmen des brasilianischen Gesellschafts- und Entwicklungsmodells typischen Disparitäten an der Pionierfront Rondônia v.a. in der Raumnutzungskonkurrenz zwischen traditionellen, *nicht-kapitalistischen* Produktionsweisen einerseits und der vordringenden *kapitalistischen* Produktionsweise andererseits. Dies zeigt sich nicht nur im grundlegenden Konflikt zwischen den angestammten, indianischen Bewohnern Rondônias und ihren Überlebensinteressen und der Pionierfront, nicht nur im Interessenkonflikt zwischen großbetrieblich, kapitalistischer und kleinbäuerlicher Nutzung, im Interessenkonflikt zwischen v.a. profitorientiertem Handels- und Dienstleistungssektor der Pionierstädte und der ländlichen Bevölkerung, sondern auch in der beschriebenen zunehmenden Differenzierung innerhalb der Kolonisten-Bevölkerung.

IV.9. Zwischenergebnisse

In diesem Kapitel stand die Auswertung, Analyse und Einordnung der Befragungsergebnisse von 79 kleinbäuerlichen Kolonistenbetrieben in den Einzugsbereichen der drei NUARs des PIC *Ouro Preto* im Vordergrund. Die Lebens- und Produktionsbedingungen der Siedler an der Pionierfront wurden durch die Analyse der agrarsozialen Verhältnisse und ihrer bereits zu beobachtenden Veränderungen, durch die Analyse des landwirtschaftlichen Inwertsetzungsprozesses, die Charakterisierung der kleinbäuerlichen Agrarproduktion, ihrer Bedingungen und limitierenden Faktoren veranschaulicht. Aufgrund dieser Analyse der Befragungsergebnisse war es möglich, eine Typisierung der untersuchten Betriebe vorzunehmen, wobei die rasche sozio-ökonomische Differenzierung der Pionierfront-Bevölkerung in diesem ursprünglich in der Konzeption staatlich gelenkter Agrarkolonisation als sozial relativ *homogen* angesehenen Raum offensichtlich wird.

Weiterhin wurden Formen der sozialen Organisation der Kolonisten, wie sie besonders mit den jungen Kleinbauernassoziationen in der Region zu beobachten sind, dargestellt und in ihrer Funktion analysiert.

---

1) Z.B. ecofarming, agroforestry etc.; vgl. zu ihrer potentiellen Anwendbarkeit in Amazonien und zu bereits existierenden Erfahrungen HECHT 1982, BISHOP 1982.

Als weiterer Themenkomplex wurden die funktionalen Verflechtungen zwischen ländlichem Raum und der Stadt an der Pionierfront, hier nun aus der Sicht der befragten ländlichen Siedler, behandelt.

Schließlich wurden die wesentlichsten Problembereiche des ländlichen Raumes in der Perzeption seiner Bewohner anhand der Befragungsergebnisse dargestellt.

Ein wesentliches agrarsoziales Differenzierungsmerkmal der ländlichen Siedler ergibt sich im zeitlichen Ablauf der Pionierfrontentwicklung durch den unterschiedlichen Zugang zum Siedlungsland. Neben der für ein staatlich gelenktes Siedlungsgebiet typischen Landzuteilung durch INCRA konnte beobachtet werden, daß ein erheblicher Teil der Befragten ihr Land bereits durch Kauf in späteren Jahren erworben hatten.

Dies wurde besonders deutlich in den Stratifizierungsprozessen am Fallbeispiel einer *linha*, die — auf der Basis einer generell zu beobachtenden Tendenz zum Verkauf des Siedlungslandes aus den verschiedensten Gründen und einer hiermit zusammenhängenden Abwanderung — v.a. gekennzeichnet werden konnten durch gegensätzliche Entwicklungsrichtungen wie Besitzkonzentration einerseits und gleichzeitiger Minifundisierung andererseits. Auch konnte bereits eine deutliche Reproduktion von Landlosigkeit in den kleinbäuerlichen Siedlungsgebieten konstatiert werden. Als Grund hierfür wurden Differenzierungsprozesse in der Gruppe der Zuwanderer nach Rondônia herausgestellt. Ein Teil der Migranten kommt in den letzten Jahren aufgrund besserer Kapitalausstattung bereits mit dem Ziel des Landkaufs an die Pionierfront. Andererseits bestehen für die traditionelle Klientel der staatlichen Landzuteilung durch die Ansiedlungsengpässe in den existierenden Siedlungsgebieten immer weniger Möglichkeiten des Landerwerbs. Ebenso führt das Engagement der neuen regionalen Eliten als Landkäufer zu einer Verschärfung der Landkonzentration. Diese Wandlungsprozesse entsprechen somit einer Tendenz zur Reproduktion agrarsozialer Disparitäten auch an der Pionierfront.

Aber auch in ökonomischer Hinsicht lassen sich anhand der unterschiedlichen einzelbetrieblichen Inwertsetzung und Produktionsausrichtung Differenzierungen der Kolonistenbevölkerung erkennen. Zunächst wurde die Kolonisten–Landwirtschaft generell als Landwechselwirtschaft auf der Basis der Brandrodung dargestellt. Auf dieser gemeinsamen Basis können jedoch im Zeitablauf deutliche Unterschiede zwischen den Betrieben hinsichtlich des Ausmaßes und der Struktur ihres Anbaus, der Agrarproduktion und der Vermarktung festgestellt werden. Eine wesentliche Unterscheidung ergibt sich dabei durch die unterschiedliche Setzung des betrieblichen Schwergewichtes auf die Bereiche des Anbaus einjähriger Nahrungsfrüchte einerseits, die v.a. der eigenen Subsistenzsicherung, erst in zweiter Linie der *Überschußvermarktung* dienen, den Anbau von generell marktorientierten Dauerkulturen andererseits. Nach diesen Kriterien konnten auf den i.d.R. gleichgroßen und in ähnlichen Zeiträumen erschlossenen Betrieben erhebliche Anbau–, Produktions–, Vermarktungs– und entsprechende Erlösunterschiede festgestellt werden. Diese Unterschiede richten sich nach unterschiedlichen betrieblichen Entwicklungspotentialen (Kapitalausstattung etc.), nach unterschiedlicher — auch zeitlich bedingter — Nutzung staatlicher Produktionsförderung (Agrarkredite), aber auch nach unterschiedlichen Entwicklungs– und Anpassungsstrategien der einzelnen Betriebe. Dabei war zu beobachten, daß gekaufte Betriebe i.d.R. eine stärkere einzelbetriebliche *Entwicklung* aufwiesen. Eine generelle Tendenz konnte mit der Ausweitung der Umwandlung von Wald– und Ackerflächen in Kunstweiden konstatiert werden. Dabei ist dies eine relativ junge Tendenz. Sie ist sowohl im Rahmen der Modifizierung des

Flächenumtriebs in der Landwechselwirtschaft zu sehen als auch als Reaktion auf verschiedene zunehmende Probleme mit dem übrigen landwirtschaftlichen Anbau. Außerdem kann Weidenutzung zunehmend als *Betriebsstrategie* eines Teils der kleinbäuerlichen Siedler gewertet werden.

Aufgrund der konstatierten heterogenen Strukturierung der Kolonisten-Landwirtschaft wurde der Versuch einer einfachen Betriebstypisierung anhand der analysierten sozio-ökonomischen Betriebssituation vorgenommen. Dabei wurden v.a. vier Grundtypen sowie verschiedene Misch- und Übergangstypen herausgestellt. Die Grundtypen wurden charakterisiert als:
- subsistenzorientierter Kolonistenbetrieb,
- durch beginnende Diversifizierung und Marktorientierung gekennzeichneter Kolonistenbetrieb,
- Rinderweidewirtschafts-orientierter Kolonistenbetrieb,
- marktorientierter Kolonistenbetrieb.

Diese Unterschiede können zunächst als *Gleichzeitigkeit* verschiedener *Produktionsweisen* aufgrund unterschiedlicher *Überlebensstrategien* der Kolonistenbevölkerung interpretiert werden. Sie sind jedoch ebenso Teil eines Transformationsprozesses der Pionierfront, der durch den z.T. geförderten Übergang von einer vorrangig *bäuerlichen Produktionsweise* zu *modernisierteren* Betriebstypen mit Anzeichen einer *kapitalistischen Produktionsweise* zu kennzeichnen ist. Auch bei diesem Transformationsprozess konnte — zumindest partiell — die Bedeutung der Kolonisten-Differenzierung durch das in den letzten Jahren verstärkte Auftreten *modernisierter* Landkäufer beobachtet werden.

Bei alldem ist die ländliche Pionierfront und ihre Entwicklung aber insgesamt nicht nur durch eine räumliche, sondern auch durch eine ökonomische und gesellschaftliche *Peripherie*-Situation gekennzeichnet. Diese drückt sich aus in den verschiedensten Formen der Nicht-Berücksichtigung kleinbäuerlicher Interessen, in der zunehmenden Abhängigkeit von landwirtschaftlichem Zwischenhandel und städtischem kommerziellem Sektor, in der Beeinflussung der Lebens- und Produktiossituation durch externe Faktoren (Weltmarktbedingungen, nationale agrarpolitische Rahmenbedingungen etc.). Die *Peripherisierung* der Siedler manifestiert sich in ihrer Ohnmacht angesichts dieser Einflüsse und angesichts mangelnder staatlicher Unterstützung — zumindest in der Wahrnehmung der Kolonisten — als soziale, ökonomische und auch politische Peripherisierung.

Als Reaktion hierauf sind in jüngeren Jahren verschiedene Versuche sozialer Organisation der Siedlerbevölkerung, die spontan bzw. mit Unterstützung kirchlicher Kreise in der Region entstanden sind, zu verzeichnen. Dies gilt besonders für die zahlreichen Kleinbauernassoziationen, deren Ziel es ist, in Selbsthilfe und Gemeinschaftsaktion die Lebenssituation der Siedler zu verbessern und ihre ökonomische und auch politische Stellung zu stärken. Diese Organisierungsversuche der Peripherie können somit als Ansätze eines spontanen *development from below* gewertet werden.

Daneben ist jedoch v.a. seit Beginn der 80er Jahre das zunehmende staatliche Bestreben zu beobachten, die Regionalentwicklung Rondônias durch *development from above* stärker zu lenken. Seine nachfolgend zu analysierenden Maßnahmen müssen vor dem Hintergrund der analysierten Lebens- und Produktionsbedingungen der ländlichen Bevölkerung, ihrer Differenzierungs- und Wandlungsprozesse sowie vor dem Hintergrund der Problemwahrnehmung der Betroffenen beurteilt werden.

V. Regionale Entwicklungsplanung in Rondônia am Beispiel des POLONOROESTE–Programms

V.1. Allgemeines: Zu neueren Ansätzen regionaler Entwicklungsplanung in ländlichen Räumen der Dritten Welt und ihrem entwicklungspolitischen Hintergrund

Nachdem während der 50er und 60er Jahre unter dem Primat modernisierungstheoretischer Entwicklungsansätze v.a. die Förderung und Entwicklung von industrieller Struktur, tertiärem Sektor und *modernisierter*, v.a. exportorientierter Landwirtschaft — und damit im räumlichen Sinne v.a. der städtische und nur Teilsegmente des ländlichen Raumes — in internationaler Entwicklungszusammenarbeit und in den nationalen Entwicklungsstrategien der Länder in der Dritten Welt dominiert hatten, trat mit der sogenannten *Zweiten Entwicklungsdekade* ab den 70er Jahren die Bekämpfung der *absoluten Armut*, die sich in den meisten Ländern v.a. auf dem Lande bei der großen sozialen Gruppe der Landlosen und Kleinbauern, aber auch zunehmend an der städtischen Peripherie, feststellen ließ, in den Vordergrund des Interesses.

In der vorangegangenen Phase hatte man gemeint, mit v.a. an wirtschaftlichem Wachstum orientierten Maßnahmenbündeln und der Förderung der *dynamischeren* Segmente einer Wirtschaft und Gesellschaft entscheidende Entwicklungsimpulse geben zu können. Die sich durch diese ausschnitthafte, *polarisierte* Förderung von Wirtschafts–, Gesellschafts– und Raumsegmenten notwendigerweise verschärfenden Disparitäten hielt man für vorübergehend, sollte sich doch — praktisch automatisch — durch die erwarteten gesellschaftlichen und räumlichen Ausbreitungs– und Verteilungseffekte im Rahmen des sog. *trickle down* die Entwicklung der sozio–ökonomischen und räumlichen Peripherie ebenfalls einstellen und somit auch die Lebenssituation der zunächst Vernachlässigten verbessern. Jedoch blieb in der Realität diese Breitenwirkung wachstums– und modernisierungsorientierter Entwicklung allenthalben aus. Im Gegenteil: die Reichen wurden reicher, die Armen aber ärmer, die gesellschaftlichen und räumlichen Zentren bauten ihre dominante Stellung aus, die Peripherie wurde zunehmender *Peripherisierung* unterworfen[1]. Für den landwirtschaftlichen Sektor ist mit dieser Phase vor allem *Glanz und Elend* der *Grünen Revolution* verbunden[2]. Im Bereich der regionalen Entwicklungsplanung erlangte besonders das ursprünglich auf dem Gedankengut von François PERROUX aufbauende *Wachstumspolkonzept* vorrangige Bedeutung[3], das u.a. in Brasilien bei der Konzeption nationaler und regionaler Entwicklungsprogramme (z.B. POLAMAZONIA-Programm etc.) Pate stand (vgl. MAHAR 1979, KOHLHEPP 1979, 1983).

---

1) Vgl. für das brasilianische Beispiel z.B. KOHLHEPP 1978; als Überblick über modernisierungstheoretische Ansätze und Entwicklungsstrategien siehe FLORA 1974, GRIMM 1979, S. 23 ff., BOHNET 1974, 1982, zum Scheitern dieser Ansätze vgl. v.a. NUSCHELER 1974.
2) Vgl. hierzu als Überblick HAUSER 1972.
3) Vgl. hierzu besonders SCHILLING–KALETSCH 1976, SCHÄTZL 1983, zur Bedeutung dieses Konzepts im lateinamerikanischen Zusammenhang SANDNER 1975.

Nachdem nun durch diese ausschließlich an ökonomischem Wachstum und *nachholender Entwicklung* orientierten Strategien der *Modernisierung* die Unterentwicklung nicht überwunden werden konnte, sollte dies in den 70er Jahren v.a. durch sozio–ökonomisch breitenwirksame Entwicklungsmaßnahmen erreicht werden. *Armutsorientierung, Grundbedürfnisbefriedigung, Partizipation* waren die neuen entwicklungspolitischen Schlagworte. Im Bereich der Entwicklungsplanung im ländlichen Raum wurde vor diesem Hintergrund das Konzept der *Integrierten Ländlichen Entwicklung* zum neuen *Paradigma*.

Dabei ging diese *Strategiewende* der 70er Jahre stark von der Diskussion in internationalen Entwicklungsagenturen, v.a. der Weltbank, der ILO, der FAO etc. aus. Die neue *Entwicklungsphilosophie* wurde auf verschiedenen Konferenzen propagiert: so z.B. 1973 vom damaligen Weltbank-Präsidenten Robert McNamara in einer Rede in Nairobi, in der er sich und die Weltbank zum *Anwalt der Armen* machte, in der sog. *Cocoyoc-Erklärung* (UNEP/UNCTAD) aus dem Jahr 1974, in der erstmals ein alternativer Entwicklungsweg und das Primat der Befriedigung der Grundbedürfnisse auf internationaler Ebene beschlossen (vgl. NOHLEN 1985, S. 129) und eine radikalere Umorientierung der Entwicklung gefordert wurde, als sie z.B. die Weltbank vertrat (vgl. WALLER 1985, S. 395), 1976 bei der Weltbeschäftigungskonferenz in Genf usw.

In der Ersten Welt ist das neue Entwicklungsziel der Bekämpfung der *absoluten Armut* großenteils in die nationalen Leitlinien der Zusammenarbeit eingegangen, so auch in der BRD (vgl. BMZ 1986). Auch in den meisten Drittwelt-Ländern sind die genannten neuen Schlagworte inzwischen zu integrativen Bestandteilen von Entwicklungsplänen geworden, in vielen Fällen jedoch mehr als allgemeine Floskel denn als realisierungsfähiger alternativer Entwicklungsansatz.

Jedoch wird gerade von Vertretern der Dritten Welt die Propagierung der Bekämpfung *absoluter Armut* oft als *Ablenkungsmanöver* der Entwicklungsagenturen kritisiert, als Ablenkung v.a. von der Forderung der Dritten Welt nach einer *Neuen Weltwirtschaftsordnung* (vgl. NOHLEN 1985, S. 245, 428 ff.), die vielen als einziges Mittel zur langfristigen Strukturveränderung geeignet erscheint, werden doch in exogenen Verursachungsfaktoren die wichtigsten Begründungselemente für Armut und Elend in der Dritten Welt gesehen.

Grundbedürfnisse und ihre Befriedigung

Hauptangelpunkt einer Strategie zur Bekämpfung absoluter Armut müssen Maßnahmen zur Befriedigung der menschlichen Grundbedürfnisse sein, denn absolute Armut stellt sich nicht ausschließlich in niedrigen Einkommensziffern (dies wäre eher relative Armut) als vielmehr in Hunger und Elend, Krankheit, unzureichender Behausung etc., also in der unzureichenden Befriedigung existenzieller Bedürfnisse der breiten Massen in der Dritten Welt dar.

Dabei stellt sich das Problem diese Grundbedürfnisse zu definieren[1], nämlich inwieweit sie als objektiv, universell gültig angesehen werden können oder aber vorrangig als

---

1) Vgl. hierzu v.a. SCHWEFEL 1978, STREETEN, BURKI 1978, LEDERER 1980, STREETEN et al. 1981, NUSCHELER 1982.

subjektiv, durch unterschiedliche historische und sozio–kulturelle Gegebenheiten beeinflußt definiert werden müssen (siehe z.B. LEDERER 1980, S. 3).

Unzweifelhaft hängen individuelle Bedürfnisstrukturen von den jeweiligen gesellschaftlichen Zusammenhängen ab, und es ist wohl kaum möglich, universelle Bedürfnishierarchien, und besonders universelle Standards für diese einzelnen Bedürfnisse, zu konstruieren. Sinnvoller ist es, bestimmte Bedürfnisklassen herauszufiltern, die universell gültig, aber im jeweiligen kulturellen Kontext zu definieren sind. GALTUNG (1980, S. 59) nennt entsprechend *security needs*, *welfare needs*, *identity needs* und *freedom needs* als Beispiele für solche Bedürfnisklassen. NUSCHELER (1982, S. 335, 336) unterscheidet nach *basic needs* oder auch *first floor needs*, worunter er die Bereiche Nahrung, Kleidung, Unterkunft, Trinkwasser, ein Minimum an sanitären Einrichtungen subsumiert – Bereiche also, die zu einem *objektivierbaren Existenzminimum* zählen – und *basic human needs* oder *second floor needs*, zu denen Bereiche wie Bildung, soziale Sicherheit, sinnvolle Arbeit, soziale Fürsorge, gesunde Umwelt, kulturelle Identität, politische Partizipation zu zählen sind.

Entsprechend dokumentiert sich die veränderte Zielrichtung von Entwicklung in internationalen Verlautbarungen:

> »Our first concern is to redefine the whole purpose of development. This should not be to develop things but to develop man. Human beings have basic needs: food, shelter, clothing, health, education. Any process of growth that does not lead to their fulfillment – or, even worse, disrupts them, is a travesty of the idea of development... Development should not be limited to the satisfaction of basic needs. Development includes freedom of expression and impression, the right to give and to receive ideas and stimulus.«
> (*Cocoyoc–Deklaration*, UNEP/UNCTAD 1974, zitiert nach GHAI 1977, S. 6).

Eine weitere Schwierigkeit neben der Definition dessen, was unter Grundbedürfnissen zu verstehen ist, stellt die Frage der Messung von Bedürfnisbefriedigung dar. Besondere Bedeutung kommt in diesem Zusammenhang den sog. *sozialen Indikatoren*[1] zu, die nun zunehmend neben den rein ökonomischen Indikatoren[2] an Bedeutung gewannen (vgl. hierzu v.a. NOHLEN/NUSCHELER 1974, S. 251 ff., NOHLEN/NUSCHELER 1982, S. 414 ff.).

Jedoch bedeutete die Neuorientierung der Entwicklungspolitik in der Realität nicht unbedingt eine Kehrtwendung bisheriger wirtschafts– und gesellschaftspolitischer Leitziele. So wurde z.B. keine Abkehr vom Leitziel des wirtschaftlichen Wachstums gefordert, sondern im Gegenteil sollte Grundbedürfnisbefriedigung auf der Basis wirtschaftlichen Wachstums erfolgen, wobei jedoch der Schwerpunkt auf dem Verteilungsaspekt liegen sollte. In diesem Sinne ist z.B. die bereits Anfang der 70er Jahre, v.a. im Rahmen der

---

1) Demographische Indikatoren wie Kindersterblichkeitsrate, Indikatoren zur Ernährungslage wie Protein– und Kalorienversorgung, Bildungsindikatoren wie Alphabetisierungsrate etc.
2) Wie bes. der vielbenutzte, aber zur Einschätzung der tatsächlichen Einkommens– und Lebenssituation relativ untaugliche Indikator des Pro–Kopf–Einkommens.

Weltbank verfolgte Strategie des *redistribution with growth* (vgl. CHENERY 1980) zu verstehen[1].

Für die Realisierung gerechterer Verteilung entscheidend ist die Bestimmung von *Zielgruppen* der Entwicklung und die Orientierung der unterschiedlichen Maßnahmen an diesen Zielgruppen (vgl. hierzu MEYER 1984, S. 24 ff.). Im ländlichen Raum sind diese Zielgruppen grundbedürfnisorientierter Politik insbesondere die Landlosen und Kleinbauern.

Grundbedürfnisbefriedigung soll dabei jedoch nicht verstanden werden als eine neue Form von Sozialhilfe, sondern sie soll im wesentlichen erreicht werden über stärkere Eigenanstrengungen der Betroffenen, v.a. über eine Verbesserung der Produktivität der Zielgruppen. Im ländlichen Raum würden hierzu z.B. neben grundlegenden Infrastrukturmaßnahmen Produktionsanreize über Kredit- und Preispolitik gehören (vgl. z.B. TENDLER 1982). Ziel ist es also, ein zielgruppenorientiertes Wachstum anzustreben. Grundbedürfnisorientierung wurde in dieser Sicht als *Investition in menschliche Ressourcen* verstanden (vgl. STREETEN 1979, S. 29).

Bei aller unterschiedlichen Nuancierung, z.T. auch Gegensätzlichkeit der Grundbedürfnisstrategie in Theorie und entwicklungspolitischer Praxis der verschiedenen nationalen und internationalen Entwicklungsagenturen stellt WALLER (1985, S. 396) vier Grundelemente der *Strategiewende* der 70er Jahre heraus:

- Bedürfnisorientierung,
- Zielgruppenorientierung,
- Produktionsorientierung,
- Partizipation.

Dabei bezeichnet er die beiden ersten Elemente als *Zielkategorien*, das dritte als *instrumentelles Element* und Partiziation als *strukturelles Element*.

Partizipation

Wesentliches Element des Grundbedürfniskonzepts ist die Erreichung des gesetzten Entwicklungsziels über verstärkte Eigenleistung und wirtschaftliche Aktivität der Zielgruppen. Dies kann sinnvoll nur dann erfolgen, wenn ein adäquater gesellschaftlicher Rahmen für Selbstbestimmung der Zielgruppen und selbstbestimmte Entwicklung besteht. Entsprechend ist die Forderung nach Partizipation als integrativer Bestandteil einer Strategie der Grundbedürfnisbefriedigung zu verstehen:

»Partizipation kann ... zunächst einmal nichts anderes bedeuten, als daß die Armen selbst entscheiden, was ihnen lebenswichtig und lebenswert ist, auch auf die Gefahr hin, daß die "Rationalität" des Bedarfsprofils darunter leidet; daß sie die Chance erhalten, überhaupt eigenverantwortlich entscheiden und handeln zu können.« (NUSCHELER 1982, S. 337).

Partizipation ist jedoch als mehrschichtiger Begriff zu interpretieren:

---

1) Vgl. zum Verhältnis zwischen Wachstum und basic needs aus dieser Sicht z.B. STREETEN et al. 1981, S. 96 ff.

Er beinhaltet allgemein eine stärkere Teilhabe der i.d.R. zu den Unterprivilegierten gehörenden Zielgruppen an gesellschaftlicher und wirtschaftlicher Entwicklung. Dies ist aber nur über eine stärkere politische Beteiligung der Zielgruppen in der Gesellschaft möglich, was — an der Realität der meisten Drittwelt–Länder gemessen — einer radikalen Veränderung der Machtverhältnisse zugunsten der Armen gleichkäme. Schließlich bedeutet Partizipation bei konkreten Entwicklungsmaßnahmen eine stärkere Beteiligung der Betroffenen an den Entscheidungsprozessen[1].

In diesem Sinne ist die Verwirklichung von Partizipation für jede grundbedürfnis- und zielgruppenorientierte Entwicklungsstrategie essentiell. Denn sie ist nicht nur für die genannten *second floor needs* oder die von GALTUNG postulierten Bedürfnisklassen der *identity needs* und der *freedom needs*, sondern auch für eine zielgruppengerechte Definition und Realisierungsstrategie der existenziellen *first floor needs* entscheidend. Partizipation heißt vor allem Abkehr von einer Entwicklung *von oben* hin zu einer verstärkten Entwicklung *von unten*.

Jedoch ist Partizipation sicherlich der Bereich, der in der gesellschaftlichen Realität der meisten Drittwelt–Länder am schwierigsten und ohne grundlegende Strukturveränderungen wohl überhaupt nicht zu erreichen ist. Die allenthalben in internationalen und nationalen Verlautbarungen festzustellenden Bekenntnisse zu mehr Partizipation der Unterprivilegierten[2] bleiben deshalb aufgrund der durch die gesellschaftlichen Disparitäten bedingten Interessenkonflikte und ungleichen Machtstrukturen zwischen Mächtigen und Ohnmächtigen zumeist Lippenbekenntnisse der Mächtigen.

An den gleichen Grenzen politischer und gesellschaftlicher Partizipation macht deshalb auch das von den Entwicklungsagenturen geforderte Ziel der *Hilfe zur Selbsthilfe* halt (vgl. z.B. BMZ 1986, S. 22).

Die z.B. von GALTUNG auch im Zusammenhang einer im Vordergrund stehenden Grundbedürfnisbefriedigung propagierte Entwicklungsstrategie der *self–reliance* (vgl. GALTUNG 1983) bleibt deshalb, ebenso wie die im folgenden vorzustellenden Konzepte alternativer Regionalentwicklung, wegen der fehlenden Selbstbestimmung und Partizipation der Betroffenen ohne grundlegende Veränderungen auf lokaler, regionaler, nationaler und internationaler Ebene — denn das Phänomen fehlender Partizipation ist weder im gesellschaftlichen Kontext noch institutionell auf nationale Ebenen beschränkt[3] — bloßes theoretisches Konstrukt.

Denjenigen, die v.a. verbal die Bekämpfung der *absoluten Armut* durch Grundbedürfnisbefriedigung auf ihre Fahnen geschrieben haben (insbesondere die Weltbank), andererseits jedoch nicht für die notwendigen Veränderungen der Rahmenbedingungen gesorgt haben, ja im Gegenteil gar nicht an ihnen interessiert waren, wurde entsprechend von

---

1) Vgl. NOHLEN 1985, S. 473, WALLER 1985, S. 396, 397, siehe zum Problem der Partizipation auch TRAPPE 1976.
2) Vgl. z.B. im brasilianischen Zusammenhang MINTER 1979.
3) Man denke nur an Richtlinienkompetenz und Stimmenverhältnisse in internationalen Entwicklungsagenturen wie der Weltbank etc. — vgl. NOHLEN 1985, S. 601.

zahlreichen Kritikern Halbherzigkeit und im Grunde genommen der Verbleib bei einer an modernisierungstheoretischen Zielen orientierten Entwicklungspolitik vorgeworfen[1].

Regionale Entwicklungsstrategien und Integrierte Ländliche Entwicklung

Während unter dem Paradigma der Modernisierungstheorien in der raumwissenschaftlichen Diskussion im wesentlichen polarisationstheoretische Ansätze (Wachstumspolkonzept) zur Raumentwicklung in der Dritten Welt im Vordergrund standen, hat sich dies in den 70er Jahren parallel zur beschriebenen gesamten Strategiediskussion gewandelt. Das auf intensiven interregionalen und intraregionalen Austauschbeziehungen beruhende Polkonzept hat sich in der Praxis der Raumentwicklung in den meisten Fällen als zentrumsorientiert und zentralisierend erwiesen und dadurch zu einer Verstärkung regionaler Disparitäten beigetragen[2]. Der von den Verfechtern polarisierter Entwicklung für eine spätere Phase vorausgesehene Disparitätenabbau im Rahmen des sog. *polarization reversal* (vgl. SCHÄTZL 1983) konnte in den meisten Fällen nicht beobachtet werden[3].

In den 70er Jahren traten gegenüber den früheren integrations–, damit aber auch zentrumsorientierten Konzepten zunehmend peripheriebezogene Ansätze, die bis zur Forderung selektiver Abkoppelung gingen, in den Vordergrund[4]. Zu nennen sind hier vor allem Friedmann's Konzept eines *agropolitan development* (vgl. FRIEDMANN, WEAVER 1979) sowie Stöhr's Vorschlag einer selektiven regionalen Abkoppelung (*selective closure*) und einer *von unten* ausgehenden, in der Peripherie, nicht jedoch im Zentrum ansetzenden Raumentwicklung (*bottom–up* und *periphery–inward*–Strategie, vgl. STÖHR, TAYLOR 1981). Den Hintergrund solcher alternativer Raumentwicklungsvorstellungen bildet v.a. die sich im Gefolge der entwicklungstheoretischen Diskussion und besonders der Rezeption dependenztheoretischer Ansätze durchsetzende Erkenntnis, daß der notwendige soziale und räumliche Disparitätenabbau nicht durch zentrumsorientierte Integration – Integration in den Weltmarkt wie auch Integration peripherer Räume in nationale Märkte – sondern allenfalls durch direkt in der Peripherie einsetzende Maßnahmen erreicht werden kann[5]. Friedmann spricht in diesem Zusammenhang von der Notwendigkeit einer stärkeren Betonung des *territorialen* (sich auf die regionalen Ressourcen beziehenden) gegenüber dem *funktionalen* (sich auf Integration und interregionalen Austausch zwischen Zentrum und Peripherie beziehenden) Aspekt der Raumstruktur und –entwicklung (vgl. FRIEDMANN, WEAVER 1979, zusammenfassend auch WALLER 1985, S. 397 ff.).

---

1) Vgl. besonders die Kritik an der Weltbankpolitik z.B. von TETZLAFF 1980, BENHOLDT–THOMSEN 1980, FEDER 1980.
2) Vgl. z.B. Entwicklung des Wachstumspols Manaus und seine sozio-ökonomischen und räumlichen Konsequenzen KOHLHEPP 1984, S. 144 ff.
3) Vgl. WALLER 1985, S. 398, zu gegenteiligen Beispielen z.B. im Falle Malaysias vgl. jedoch KOSCHATZKY 1986.
4) Vgl. z.B. SENGHAAS' Strategievorschlag der Dissoziation und autozentrierten Entwicklung, SENGHAAS 1977.
5) Vgl. hierzu SENGHAAS 1972, 1974, 1979, BOECKH 1982, NITSCH 1986 sowie Kap. II.1.2.

Diese hier kurz angedeuteten theoretischen Vorstellungen, die im übrigen alle eine sehr viel stärkere *Eigenbestimmung* der Peripherie – also mehr Partizipation – zur Voraussetzung haben, sind in ihrer Reinform bisher jedoch nicht über das theoretische Stadium hinausgelangt.

Am ehesten sind solche Ansätze noch im Konzept der *Integrierten Ländlichen Entwicklung* (ILE) wiederzufinden, das – ebenfalls seit den 70er Jahren – die Planung für den ländlichen Raum – v.a. den peripheren ländlichen Raum – in der Dritten Welt im Kontext internationaler Zusammenarbeit und nationaler Entwicklungsbemühungen beherrscht[1].

Die zunehmende Bedeutung der ILE im Rahmen der Entwicklungsplanung ist nicht zuletzt infolge der auch ihr zugrundeliegenden sektorübergreifenden Grundbedürfnisstrategie Ausdruck stärkerer Betonung einer Regional– gegenüber früher vorherrschender Sektorpolitik. So betont z.B. WESEL (1983, S. 3) den Übergang vom *landwirtschaftlichen* zum *ländlichen Entwicklungskonzept* bei der ILE. Ebenso schreibt LEUPOLT (1976, S. 7) zur ILE:

> » ... der Begriff geht als Planungskonzept weit über den Rahmen landwirtschaftlicher Produktionsförderung hinaus. Auch die Einbeziehung nichtlandwirtschaftlicher Aktivitäten, wie z.B. Infrastrukturmaßnahmen oder Verarbeitungsbetriebe erfüllt unter den sozialökonomischen Bedingungen in den meisten Entwicklungsländern noch nicht den Inhalt des Begriffs des *integrated rural development*. Dafür ist erforderlich, daß neben Maßnahmen zur landwirtschaftlichen Produktionsförderung und Maßnahmen zur wirtschaftlichen Expansion des Hinterlandes auch *human ressource development and institutional change* im weitesten Sinne betrieben wird. Nur auf diese Weise lassen sich die Bedingungen für ein echtes, langfristiges und konsolidiertes Wachstum der ländlichen Wirtschaft schaffen und die Vergrößerung der sozialen und ökonomischen Disparitäten verhindern.«

Das Adjektiv *integriert* bezieht sich nach WESEL (1983, S. 3) vor allem auf zwei Aspekte: Auf die Integration der Zielgruppen, der ländlichen Armutsbevölkerung, in den gesamtgesellschaftlichen Entwicklungsprozeß, aus dem sie zuvor – Folge ihrer Marginalisierung – weitgehend ausgeschlossen waren. Entscheidend muß dabei vor allem die Befriedigung der Grundbedürfnisse dieser Bevölkerung sein, denn Grundbedürfnisstrategie und *Integrierte Ländliche Entwicklung* sind nicht voneinander zu trennen, sie sind Ausdruck der gleichen Entwicklungsphilosophie. Dieser Bedeutungsinhalt von Integration umfaßt jedoch auch das Ziel einer Erhöhung des Beitrags der ländlichen Zielgruppen zur nationalen Wertschöpfung durch verstärkte Integration dieser Bevölkerung in den Produktionsprozeß und Ausweitung ihres Produktionsvolumens. Der andere Aspekt von *integriert* bezieht sich auf Planungsorganisation und –umsetzung. Denn Kennzeichen der ILE ist weniger, daß neue, ILE–typische Maßnahmen zum Einsatz kommen, als vielmehr,

---

1) Vgl. als Überblick bei äußerst breitgestreuter Literaturlage v.a. LEUPOLT 1976, DAMS 1980, WESEL 1982, 1983, WALLER 1983, MEYER 1984 und MANIG 1985, zur Bedeutung der ILE im brasilianischen Zusammenhang siehe z.B. für Nordostbrasilien RÖNICK 1983, LEITE 1982, BURSZTYN 1984.

daß durchaus traditionelle Maßnahmen (verschiedene sektorale Infrastrukturmaßnahmen, agrarpolitische Maßnahmen wie Kredit- und Preispolitik, Vermarktungsorganisation, Beratung etc.) als Maßnahmenbündel konzeptionell aufeinander abgestimmt und koordiniert — d.h. *integriert* — zum Einsatz kommen. Aber auch hier beinhaltet Integration v.a. die Partizipation der Betroffenen, d.h. konkret die Beteiligung der ländlichen Bevölkerung im Zielformulierungs- und Planungsprozeß sowie ebenso bei der Planungsumsetzung.

Darin liegt jedoch auch einer der wesentlichen Problempunkte. Während administrative Koordination und Integration im Sinne einer Entwicklung *von oben* trotz aller Kompetenzprobleme noch durchaus vorstellbar sind, ist die Beteiligung der Betroffenen im Sinne einer Entwicklung *von unten* unter den gegebenen Rahmenbedingungen kaum vorstellbar. Sie bleibt deshalb in den meisten Fällen völlig unkonkret. Die Realisierungschancen einer ILE hängen — ebenso wie jede andere Planungs- und Entwicklungsstrategie auch — in besonderem Maße vom tatsächlichen Interesse der politisch Mächtigen an ihrer konzeptionsgerechten Realisierung ab. ILE impliziert dabei durch die geforderte Mitwirkung der Betroffenen zumindest eine partielle Übertragung von Entscheidungskompetenzen auf die *Peripherie*, was aufgrund der typischen Konfliktkonstellationen in disparitären Gesellschaften nicht im Interesse der dem Zentrum zuzurechnenden politischen Entscheidungsträger liegen dürfte.

Integrierte Ländliche Entwicklung gehört wie *Grundbedürfnisbefriedigung* zu den entwicklungspolitischen Schlagworten, mit denen — zumindest in der Rhetorik — der verstärkte Wille zur direkten Lösung der in der *absoluten Armut* sichtbarsten Formen der Unterentwicklung dokumentiert werden sollte. Sie sollte als konkretes Planungskonzept auf kleinräumiger Ebene hierzu die Grundlagen liefern. Dabei kann als ihr Hauptwesensmerkmal die Kombination, Integration und Koordination verschiedener sektoraler Maßnahmen auf regionaler Ebene angesehen werden. Die Stärkung der lokalen und regionalen Ebene im Verhältnis zur zentralen Administration ist entscheidende Voraussetzung für die angestrebte Integration (vgl. SCHAEFER–KEHNERT 1983, S. 8).

ILE ist ebenso im Zusammenhang zu sehen mit einer *Reduktion* der Einzelmaßnahmen auf ein an jeweilige regionale Gegebenheiten *angepaßtes* Niveau. Nicht von ungefähr wurde als weiteres Schlagwort im Rahmen der *Strategiewende* der 70er Jahre die sog. *Angepaßte Technologie* zum obligatorischen Bestandteil des entwicklungspolitischen Diskurses[1] und damit ebenso zum wesentlichen Bestandteil einer ILE. Im gleichen Rahmen sind z.B. *Kleingewerbe-* und *Kleinindustrieförderung* zu sehen.

Hinsichtlich der Raumorganisation in peripheren, unterversorgten ländlichen Regionen erhielt — gerade auch als Teil einer ILE — die Einrichtung von *ländlichen Versorgungszentren*, die praktisch als kleinste Zentrale Orte, als Standorte von Basisinfrastrukturen, Dienstleistungs- und Handelsfunktionen, Vermarktung, Kleingewerbe und Kleinindustrie zum Disparitätenabbau zwischen Stadt und Land durch Dezentralisierung beitragen sollten, hohe Priorität. Theoretische Raumentwicklungskonzepte wie das Friedmannsche *agropolitan development* sind in ähnlichem Zusammenhang zu sehen (vgl. WALLER 1985, S. 401 ff.).

---

1) Vgl. hierzu z.B. BALKENHOL 1977.

Jedoch ist ein entscheidender Problembereich, daß sich auch diese neuen Planungskonzepte für den ländlichen Raum in der Realität meist in einer Entwicklung *von oben* erschöpfen. Partizipation wird zwar als grundlegend propagiert, sie bleibt jedoch konzeptionell meist *schwammig*, unter den gegebenen Rahmenbedingungen kaum operationalisierbar und deshalb in der Umsetzung meist unberücksichtigt (vgl. WESEL 1983, S. 6). Entwicklung *von unten* kann eben nicht ohne die Gefahr der Herbeiführung grundsätzlicher Interessenkonflikte *von oben* initiiert werden.

Der Anspruch der *Integration*, der sozio–ökonomischen und der planungsbezogenen Integration der Betroffenen wie auch der institutionell–administrativen Integration, stellt sich unter den realen Rahmenbedingungen der meisten Drittwelt–Länder als Hauptschwachpunkt des ILE–Konzeptes dar (vgl. auch nachfolgende Ausführungen zum POLONOROESTE–Programm). Nicht zuletzt deshalb werden z.B. in der Entwicklungszusammenarbeit der BRD in letzter Zeit Konzepte mit reduziertem Anspruch, wie z.B. die sog. *Ländliche Regionalentwicklung* vertreten (vgl. KROPP 1983, DRECHSLER 1983).

Ebenso weist WALLER (1986, S. 130, 131) auf eine neue entwicklungspolitische *Wende* der 80er Jahre – wohl nicht zuletzt aufgrund der Erfahrung mit dem armutsorientierten Ansatz und seiner regionalpolitischen Komponente – hin, die sich als *Renaissance der Wachstumskonzepte* mit erneut stärkerer Betonung der Sektor– gegenüber der Regionalpolitik, v.a. auch im Rahmen der internationalen Entwicklungsagenturen (Weltbank), in eine entgegengesetzte Richtung zu bewegen scheint.

Das im Nachfolgenden zu analysierende POLONOROESTE–Programm ist besonders in seinen auf ländliche Entwicklung in den Kolonisationsgebieten Rondônias gerichteten Komponenten vor dem geschilderten Hintergrund der entwicklungspolitischen *Strategiewende* der 70er Jahre – auch durch den Einfluß der Weltbank als Finanzierungsorgan – zu sehen. Die Analyse seiner Konzeption und Umsetzung bietet daher die Möglichkeit, neben seinem Beitrag zur Lösung regionaler Probleme auch allgemein die Umsetzbarkeit armutsorientierter Programme *von oben* an der Peripherie unter den gegebenen gesellschaftlichen und politischen Rahmenbedingungen kritisch zu beleuchten.

V.2. Das POLONOROESTE–Programm

V.2.1. Ursachen, Hintergründe, Vorläuferprogramme

Die Hintergründe für die Verkündung des POLONOROESTE-Programms im Jahr 1981, des bisher größten Regionalentwicklungsprogramms für den brasilianischen Nordwesten, reichen in die zweite Hälfte der 70er Jahre zurück. Sowohl auf nationaler Ebene in Brasília (v.a. im Innenministerium und der für die Region zuständigen Regionalentwicklungsbehörde SUDECO *Superintendência do Desenvolvimento do Centro–Oeste*) als auch auf der damals allerdings aufgrund des Territoriumsstatus Rondônias noch direkt dem Innenministerium in Brasília untergeordneten regionalen Ebene in Porto Velho (vor allem im Planungsstaatssekretariat SEPLAN–RO und im Landwirtschaftsstaatssekretariat SEAG–RO) wurden zur damaligen Zeit Überlegungen angestellt, wie die, v.a. aufgrund der stark steigenden Zuwanderung in die Region, immer mehr der staatlichen Kontrolle entgleitende *spontane* Regionalentwicklung Rondônias in geregelte Bahnen gelenkt werden könne und auf welche Weise das durch den absehbaren Rückzug des INCRA aus den älteren Kolonisationsgebieten zu erwartende institutionell–administrative *Vakuum* im ländlichen Raum bei der völlig unzureichenden administrativen und personellen Infrastruktur der Territorialbehörden auszufüllen sei.

Es ging also darum, Ziele der Regionalentwicklung zu formulieren, Planungskonzeptionen für die Umsetzung dieser Ziele zu erarbeiten, die administrativen und institutionellen Voraussetzungen für eine Planumsetzung zu schaffen, eine entsprechende Arbeitsmethodik zu entwickeln und besonders die finanziellen Grundvoraussetzungen für eine solche stärkere staatliche Lenkung der Regionalentwicklung zu schaffen.

Dabei waren Zielgruppen und Hauptaktionsbereiche einer verstärkten staatlichen Aktivität klar umrissen. Hauptzielgruppen der staatlichen Entwicklungsplanung mußten die Hauptträger der rondonensischen Pionierfrontentwicklung, die kleinbäuerlichen Siedler in den Projekten des INCRA und die zunehmend in die Region strömenden landsuchenden Migranten sein. Daneben war aber auch damals schon nicht zu übersehen, daß sich in den neuen Pionierstädten an der BR 364 ein immer wichtigeres Aktionsfeld staatlicher Entwicklungsmaßnahmen herausbildete.

Die Hauptaktionsbereiche staatlicher Entwicklungsplanung mußten an den wichtigsten Problemen dieser Zielgruppen — d.h. an der Befriedigung ihrer Grundbedürfnisse — orientiert werden. Den vier Bereichen Verkehrserschließung, Gesundheit, Erziehungswesen und landwirtschaftliche Produktion kam dabei besondere Bedeutung zu. Es war klar, daß die Verbesserung der infrastrukturellen Versorgung des ländlichen Raumes, die Verbesserung der kleinbäuerlichen Produktionsbedingungen durch agrarpolitische Maßnahmen, Verbesserung der Vermarktungsorganisation und Verstärkung der Agrarberatung im Vordergrund stehen mußten. Ebenso war es von fundamentaler Bedeutung, Lösungswege und Kanalisierungsmöglichkeiten für den nach wie vor ansteigenden Druck von landsuchenden Neuzuwanderern auf die Neulandreserven der Region zu finden. Wichtig mußte es in diesem Zusammenhang sein, zur Begrenzung von Interessenkonflikten durch ansteigende Raumnutzungskonkurrenz beizutragen.

Eine grundsätzliche, systemimmanente Schwierigkeit für die regionale Entwicklungsplanung bestand dabei jedoch im Ausgleich zwischen übergeordneten politischen Interessen einer stärkeren *Integration* — d.h. einer stärkeren zentrumsorientierten Integration — der Peripherie Rondônia, der *Sicherheitsventil*-Funktion der Peripherie und einer stärkeren Berücksichtigung regionaler Interessen — sowohl der Interessen der regionalen *Eliten* als besonders auch der Interessen der eigentlichen Betroffenen. Insofern ist regionale Entwicklungsplanung an der Peripherie und ihre Umsetzung von vielschichtigen politischen Interessenkonstellationen auf regionaler und besonders auf nationaler Ebene abhängig.

Auf der regionalen Ebene hatte das POLONOROESTE–Programm hauptsächlich im sog. *Sistema Agrícola de Rondônia para o Pequeno Produtor* (SEAG–RO 1980), das 1979/80 besonders unter dem Einfluß des damaligen rondonensischen Landwirtschaftsministers William Cury erarbeitet worden war, ein wichtiges *Vorläuferprogramm*, das konzeptionell bereits wesentliche Teile der ländlichen Entwicklungsmaßnahmen von POLONOROESTE vorwegnahm, bzw. das in einer verkürzten oder *abgeschwächten* Form in das später zu analysierende PDRI–RO integriert wurde (vgl. hierzu SEAG–RO 1980, CEPA–RO 1983c, LOPES 1984).

Aufgrund der Analyse der Lebenssituation der ländlichen Bevölkerung, die in vier Hauptpunkten als

- physische Isolation der Kleinbauern,

- Fehlen eines Gemeinschaftslebens im ländlichen Raum,
- Fehlen von Basisinfrastrukturen sowohl zur Versorgung der Bevölkerung als auch zur Produktionsvermarktung,
- unzureichende politische Vertretung und Einflußmöglichkeiten der ländlichen Bevölkerung

zusammengefaßt werden können (vgl. SEAG–RO 1980, S. 46), wurde in fünf verschiedenen *Subsystemen* ein Maßnahmenkatalog zur Verbesserung der Lebenssituation der ländlichen Bevölkerung erstellt. Die wichtigsten Grundzüge sind (vgl. SEAG–RO 1980, S. 71):

1. Subsystem Kommerzialisierung

- Bau von ländlichen Erschließungsstraßen,
- Einrichtung staatlicher Lagerhäuser der CIBRAZEM,
- Einrichtung staatlicher Versorgungsposten der Konsumorganisation COBAL.

2. Subsystem Ländliche Sozialorganisation

- Einrichtung von sog. NUARs als Versorgungszentren im ländlichen Raum,
- Gründung von Gemeinschaftsorganisationen.

3. Subsystem Agrarorganisation

- Landtitelvergabe.

4. Subsystem Produktionsunterstützung

- Förderung der pflanzlichen und tierischen Produktion,
- Agrarberatung,
- Agrarforschung,
- Bereitstellung von Betriebsmitteln.

5. Subsystem Natürliche Ressourcen.

Aktionsraum des Programms sollte Rondônia insgesamt sein. Als Implementierungszeitraum waren fünf Jahre vorgesehen.

Die Orientierung des Programms an den zuvor beschriebenen, neuen entwicklungspolitischen Konzeptionen der 70er Jahre kann nicht übersehen werden. Das *Sistema Agrícola* stellte den ersten Versuch einer *Integrierten Ländlichen Entwicklung* in Rondônia dar. Zentralpunkt des Programms — wie danach auch des PDRI–RO (s.u.) — war die Einrichtung des *Núcleo Urbano de Apoio Rural* (NUAR), die Einrichtung also von ländlichen Versorgungszentren. Dabei war dies keine neue Idee. In anderen Kolonisationsregionen, v.a. an der Transamazônica, hatte man ja versucht, die Versorgung der ländliche Bevölkerung durch die Anlage eines zentralörtlich hierarchisierten Siedlungssystems sicherzustellen[1]. In Rondônia war die Idee der NUARs bereits vor dem *Sistema Agrícola* im Rahmen von Überlegungen zur Neuorganisation der regionalen Raumstrukturen im Planungsstaatssekretariat geboren worden (vgl. hierzu LOPES 1984, S. 5 f.). Dabei war man von der Anlage der wichtigsten Basisinfrastrukturen an *strategischen Punkten* (z.B. dem Kreuzungspunkt zentralgelegener *linhas*) ausgegangen. Die technischen Infrastrukturen sollten mit einfachsten Mitteln erstellt werden (ausschließlich Holzbauten) und den Bedürfnissen der Lokalbevölkerung angepaßt sein. Mit diesen *núcleos* wollte man zukünftige, spontane Siedlungsentwicklungen initiieren[2].

Im Rahmen des *Sistema Agrícola* sollten diese *núcleos* mehr mit dem partizipativen Aspekt des Programms, der Bildung von Kommissionen und Siedlergemeinschaften in ihrem Einzugsbereich − Keimzellen späterer Kooperativen − verbunden sein. Der NUAR sollte v.a. als Gemeinschaftseinrichtung der Siedler in seinem direkten Umland verstanden werden. Man verstand diesen partizipativen Teil des Programms als Versuch eines *development from below* (vgl. LOPES 1984, S. 9). Insgesamt waren ca. 70 solcher *núcleos* vorgesehen[3], die in drei *zentralörtliche Stufen* nach ihren Ausstattungsmerkmalen unterteilt werden sollten.

Besonderes Gewicht sollte im Rahmen des *Sistema Agrícola* auf Gemeinschaftsorganisation und besonders auf die Selbsthilfe der Betroffenen (z.B. bei Straßenbau, Bau der *núcleos* etc.) im Rahmen des sog. *Projeto Mutirão* gelegt werden.

Wichtigstes institutionelles Ergebnis des *Sistema Agrícola* war die Gründung einer zentralen Koordinierungs- und Durchführungsbehörde, der *Companhia de Desenvolvimento Agrícola de Rondônia* (CODARON). Die CODARON hat sich zeitweise, v.a. unter der Leitung ihres Gründers William Cury, zur *Superbehörde* Rondônias mit z.T. größerer Machtstellung als die Staatsministerien entwickelt. Von besonderer Bedeutung war hierfür die Streuung gut ausgestatteter lokaler Dienststellen der Behörde in Gesamt-Rondônia unter der Zentralleitung Porto Velhos.

Auch im Planungsstaatssekretariat SEPLAN-RO wurden − gleichzeitig mit dem anlaufenden POLONOROESTE-Programm − grundsätzliche Überlegungen zur weiteren Regionalentwicklung und zur Regionalplanung Rondônias angestellt, die v.a. in den sog. *Diretrizes Básicas I Plano de Desenvolvimento Territorial de Rondônia e Programa de Investimentos Urbanos* im Jahr 1981 niedergelegt wurden (vgl. SEPLAN-RO/GTZ 1981). Dieser u.a. mit Unterstützung der GTZ ausgearbeitete Plan stellt auf der Grundlage einer Prognose der weiteren Regionalentwicklung vier unterschiedliche räumliche Planungs- und Entwicklungsszenarios vor, die insofern von Interesse sind, als sie bereits die unterschiedlichen Alternativen zur Absorption der zu erwartenden Neuzuwanderer, wie sie später partiell auch im POLONOROESTE-Programm realisiert werden sollten[4], vorstellt[5]:

---

1) Vgl. zum System Agrovila − Agrópolis − Rurópolis an der Transamazônica KOHLHEPP 1978c.
2) Mdl. Inf. Sr. Sîlvio Savaia, São Paulo, Juli 1984; vgl. auch ANTONIAZZI 1980.
3) Mdl. Inf. Sr. Kasinori Maebara, CODARON, Porto Velho Juli 1983.
4) Z.T. auch in durch andere Programme finanzierten Kolonisationsmaßnahmen.
5) Vgl. hierzu und zur Diskussion dieser Alternativen SEPLAN-RO/GTZ 1981, S. 25 ff.

1. Verdichtung der Raumnutzung in den bestehenden Kolonisationsgebieten, z.B. durch Vergabe kleinerer Parzellen, Verkaufsfreigabe der einzelbetrieblichen Waldreserven von 50 ha etc.;
2. Ausweitung der bestehenden Siedlungsgebiete an ihren Peripherien;
3. Öffnung einer neuen Kolonisationsregion zwischen Vilhena und Pimenta Bueno (v.a. in der sog. *Gleba Corumbiara* s.o. und Karte 11);
4. Öffnung einer neuen Kolonisationsregion zwischen Alvorada do Oeste und Costa Marques (Rio Guaporé) in West–Rondônia.

Favorisiert wurden die Alternativen 1 und 2. Vor allem die zweite Alternative ist dabei in das POLONOROESTE–Programm mit der Anlage neuer Kolonisationsprojekte an der Peripherie der bestehenden Siedlungsgebiete eingegangen (vgl. Karte 11).

Auf nationaler Ebene war bereits seit Mitte der 70er Jahre die Asphaltierung der als Zugang zum brasilianischen Nordwesten immer wichtiger werdenden ca. 1.500 km langen Bundesstraße Cuiabá – Porto Velho diskutiert worden, besonders weil der schlechte Zustand der Naturstraße aufgrund der zunehmenden Verkehrsströme in diesen Raum sich immer mehr als ein essentielles Problem für weitere Erschließung, Versorgung, aber auch für den Abtransport der regionalen Produktion in die Zentren des brasilianischen Südostens darstellte.

1979 wurde eine interministerielle Kommission aus Vertretern des Innen–, Landwirtschafts– und Transportministeriums gebildet, die, vom zentralen Anliegen der Asphaltierung der BR 364 ausgehend, die Leitlinien eines Integrierten Entwicklungsprogramms für den ca. 410.000 km^2 großen Einflußbereich der Straße Cuiabá – Porto Velho im nordwestlichen Teil des Bundesstaates Mato Grosso und dem gesamten Territorium und späteren Bundesstaat Rondônia erarbeitete.

Diese Leitlinien waren Grundlage für Finanzierungsverhandlungen mit der Weltbank, für die eine Weltbankkommission unter Leitung des Ökonomen Dennis J. Mahar, der sich bereits vorher intensiv mit Regionalplanung in Amazonien auseinandergesetzt hatte (vgl. MAHAR 1979), im Jahr 1979 bereits einen grundlegenden Regionalreport erstellt hatte (vgl. WORLD BANK 1981).

Dies waren die Voraussetzungen für die Verkündung des POLONOROESTE–Programms im Mai 1981 durch den letzten brasilianischen Militärpräsidenten General João Figueiredo.

V.2.2. Das POLONOROESTE–Programm und seine Einzelmaßnahmen

Das Dekret Nr. 86.029 vom 27. Mai 1981, mit dem das *Programa Integrado de Desenvolvimento do Noroeste do Brasil* POLONOROESTE (Integriertes Entwicklungsprojekt für Nordwest–Brasilien) verkündet wurde, nennt die folgenden fünf Hauptziele des Programms[1]:

1. Verstärkung der nationalen Integration;

---

[1] Vgl. PRESIDENCIA DA REPUBLICA: Decreto n° 86.029, 27.5.1981.

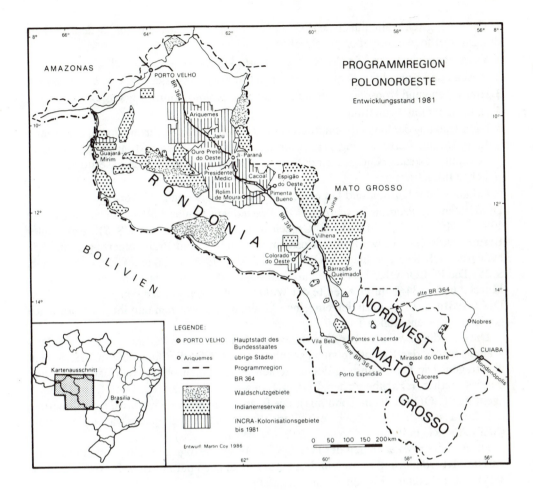

Karte 24

2. Förderung einer adäquaten Besiedlung und Erschließung der Programmregion zur Absorption ökonomisch marginalisierter Bevölkerungskreise aus anderen Regionen des Landes und zur Schaffung von Beschäftigungsmöglichkeiten;
3. Steigerung der regionalen Produktion und des Einkommens der regionalen Bevölkerung;
4. Beitrag zum Disparitätenabbau auf interregionaler und intraregionaler Ebene;
5. Sicherstellung des Einklangs der angestrebten Produktionssteigerung und Regionalentwicklung mit der Erhaltung des regionalen Ökosystems und dem Schutz der indianischen Bevölkerung.

Als Programmregion wurde der Einflußbereich der BR 364, bestehend aus den 14 nordwestlichen Munizipien des Bundesstaates Mato Grosso sowie dem gesamten Rondônia, einer Gesamtfläche von ca. 410.000 km^2 (ca. 5 % der Staatsfläche Brasiliens) entsprechend, definiert (vgl. Karte 24). Die Laufzeit des Programms wird auf zunächst fünf Jahre (1981 bis 1985) ausgelegt.

Die wichtigsten Maßnahmen des POLONOROESTE-Programms sind in dem Verkündungsdekret folgendermaßen beschrieben[1]:
1. Wiederherstellung und Asphaltierung der Straße Cuiabá − Porto Velho;
2. Ausbau und Konsolidierung des ländlichen Straßennetzes (der sog. *estradas vicinais*);
3. Einrichtung und Konsolidierung neuer und alter Kolonisationsprojekte;
4. Landeigentumsregulierung;
5. Unterstützung der landwirtschaftlichen Produktion (durch Agrarforschung, Agrarberatung, Kredit, Verbesserung der Lagerkapazitäten und Vermarktungsmöglichkeiten), Ausweitung sozialer Dienste (Erziehung und Gesundheit) sowie Verbesserung der ländlichen Infrastruktur;
6. Erhaltung der Umwelt und Unterstützung der indianischen Bevölkerung.

Die Kosten des Programms werden − in Preisen von Januar 1981 − für den Zeitraum 1981−1985 auf 77,3 Milliarden Cruzeiros (ca. 1,1 Milliarden US-$), bzw. unter Berücksichtigung zu erwartender Kostenausdehnungen und Preissteigerungen auf 1,55 Milliarden US-$ veranschlagt (vgl. WORLD BANK 1981, S. 5, 6 und CEPA−RO 1983b, S. 25). Die POLONOROESTE-Finanzierung sollte dabei zu ca. 66 % aus brasilianischen Mitteln[2] und zu 34 % durch Kredite der Weltbank getragen werden (vgl. BANCO MUNDIAL 1981a, S. 10) (vgl. zu den einzelnen Maßnahmenbereichen und ihren ursprünglich geplanten Kostenanteilen Tab. 67).

Die Koordinierung des über zwei Bundesstaaten greifenden POLONOROESTE-Programms wurde der Regionalplanungsbehörde SUDECO, die ihren Sitz in Brasília hat, übertragen. Die Durchführung der einzelnen Maßnahmen obliegt den nationalen und bundesstaatlichen Fachbehörden, bzw. in Teilen neuen bundesstaatlichen Entwicklungsagenturen (CODARON in Rondônia). Die finanzielle und administrative Koordinierung auf bundesstaatlicher Ebene erhielten die jeweiligen Planungsstaatssekretariate (SEPLAN−RO in Porto Velho und SEPLAN−MT in Cuiabá).

Die einzelnen Maßnahmen des POLONOROESTE-Programms, ihr zeitlicher Ablauf und ihre Koordinierung werden in drei unterschiedlichen parallelen, z.T. erst später einsetzenden Programm-Phasen zusammengefaßt[3]:

PHASE I:

- Straßenprojekt (*Projeto de Estradas*) bestehend aus:
    1. Asphaltierung der BR 364 auf einer Strecke von 1.084 km,
    2. Reorganisation und Verstärkung der rondonensischen Straßenbaubehörde DER−RO,
    3. Bau ländlicher Erschließungsstraßen höherer Ordnung (sog. *estradas coletoras*);

---

1) Vgl. PRESIDENCIA DA REPUBLICA: Decreto nº 86.029, 27.5.1981
2) D.h. 43 % der Gesamtkosten aus den Haushalten der einzelnen, in das Programm involvierten Organe und 23 % der Gesamtkosten aus speziellen, nationalen Entwicklungsfonds wie den Programmen PIN und PROTERRA.
3) Vgl. BANCO MUNDIAL 1981a, 1981b, 1981c, 1982, WORLD BANK 1983.

- Projekt zur Agrarentwicklung und zum Umweltschutz (*Projeto de Desenvolvimento Agrícola e Proteção Ambiental*), das sich v.a. auf Ländliche Entwicklung in Rondônia bezieht;
- Gesundheitsprojekt Rondônia (*Projeto de Saúde*), das sich besonders auf die Malaria–Bekämpfung in Rondônia erstreckt;

PHASE II:

- Integriertes Ländliches Entwicklungsprojekt Mato Grosso (*PDRI–MT*);

PHASE III:

- Projekt Neue Siedlungsgebiete, v.a. Einrichtung neuer Kolonisationsprojekte in Rondônia.

Für jede der Phasen wurde ein Implementierungszeitraum von ca. fünf Jahren vorgesehen.

Wir werden uns in der nachfolgenden Analyse — nicht zuletzt wegen der Beschränkung der empirischen Arbeit auf einen Teilraum Rondônias — vor allem mit der Phase I des Programms sowie in Überblicksform mit der Phase III beschäftigen, zumal diese Teile neben der Asphaltierung der BR 364 ohnehin den größten Raum einnehmen und bisher noch am weitestgehenden realisiert wurden, wodurch zumindest eine partielle Wirkungsanalyse möglich wird.

Die genannten Globalziele und Maßnahmenbündel von POLONOROESTE zeigen bereits die unterschiedlichen, z.T. gegensätzlichen *Stoßrichtungen* des Programms, die die Widersprüchlichkeit der staatlichen Regionalentwicklungskonzeption für die brasilianische Peripherie offenlegen.

Einerseits herrscht das Ziel der *Integration der Peripherie* und der weiteren Fortsetzung der regionalen Erschließung und v.a. kleinbäuerlichen Inwertsetzung vor. Hierfür steht besonders die zentrale Programm–Maßnahme, die Asphaltierung der BR 364 sowie die Anlage neuer Kolonisationsprojekte. Daß es sich hierbei um *zentrumsorientierte* Maßnahmen handelt, zeigt einerseits die Bedeutung des Straßenbaus für Anbindung (Warenströme von der Peripherie ins Zentrum) und Attraktivitätssteigerung der Peripherie für das Zentrum unter dem Schlagwort der *nationalen Integration*, andererseits die Betonung der *Sicherheitsventil*–Funktion der Peripherie mit dem expliziten Ziel der Förderung der Pionierfrontentwicklung in Rondônia durch *marginalisierte Bevölkerungsgruppen* anderer brasilianischer Regionen. Auch hierfür ist neben der Fortsetzung staatlich gelenkter Kolonisation die Erleichterung des Zugangs zur Region durch den Straßenbau wesentliche Voraussetzung.

Dagegen stehen jedoch Konsolidierung der bisherigen Regionalentwicklung durch Maßnahmen zur ländlichen Entwicklung in den bestehenden Siedlungsgebieten sowie besonders die Erhaltung der Umwelt und der Schutz der indianischen Bevölkerung unter den Zielen des Disparitätenabbaus, der Verbesserung der regionalen Lebens– und Produktionssituation und des Interessenausgleichs zwischen Pionierfrontentwicklung, dem Überleben der traditionellen Lebensformen und der Ressourcenerhaltung als *peripherieorientierte* Zielsetzungen und Maßnahmen des Programms.

Die zu erwartenden destabilisierenden Auswirkungen der *zentrumsorientierten* Ziele und Maßnahmen (z.B. Verschärfung der Raumnutzungskonkurrenzen durch ansteigende Migration etc.) sollen praktisch durch die *peripherieorientierten* ausgeglichen werden.

Die Konzeption von POLONOROESTE als *integriertes Entwicklungsprogramm* mit der Kombination von *zentrumsorientierten* und *peripherieorientierten* Zielen und Maßnahmen wurde entsprechend immer wieder als das Neue im Vergleich zu älteren, meist ausschließlich *zentrumsorientierten* Entwicklungsprogrammen in Amazonien (v.a. POLAMAZONIA-Programm) herausgestellt.

Besonders die Weltbank rechtfertigte mit diesem Argument ihr Engagement in einem so sensiblen Bereich wie der Regionalentwicklung Amazoniens:

> » ... the integrated nature of the (POLONOROESTE) program, its concentration in an area with a rapidly growing rural labor force and considerable agricultural potential, and its explicit concern for the natural environment and the indigenous population, represent a vast improvement over previous road–building programs in the Amazon region in which such factors were generally absent.« (WORLD BANK 1981, S. 7).

Wie sich an diesem Zitat zeigt, war auch für die Weltbankkommission die positive Einschätzung der natürlichen Gegebenheiten und des landwirtschaftlichen Nutzungspotentials Rondônias — wie dies ja auch für die verstärkte Aktivität des INCRA in den 70er Jahren der Fall war — wichtige Voraussetzung für die Förderung des Programms. Dabei blieb jedoch unberücksichtigt, daß die noch ungenutzten Regionsteile, die im Rahmen des Programms z.B. durch neue Siedlungsprojekte erschlossen werden sollten, zu den Gebieten mit deutlich geringerer Nutzungseignung gehörten[1].

POLONOROESTE war, abgesehen von einer Beteiligung am Kolonisationsprojekt *Alto Turi* in West–Maranhão, das erste Engagement der Weltbank im Bereich der Regionalentwicklung Amazoniens (vgl. MAHAR 1982). Die konzeptionelle Auslegung der *peripherieorientierten* Teile von POLONOROESTE an zielgruppen– und bedürfnisorientierter Entwicklung stimmte mit der Weltbank–Strategie der 70er Jahre für den ländlichen Raum überein[2]. Gleichzeitig sah sich die Weltbank durch ihr Engagement bei POLONOROESTE quasi als *Garant* für die Durchführung der *konservierenden* Maßnahmen (Indianerschutz und Umwelterhaltung), die bisher in amazonischen Entwicklungsprogrammen immer vernachlässigt worden waren[3].

Daß jedoch die *peripherieorientierten* Maßnahmen innerhalb des Programms eindeutig hinter den *zentrumsorientierten* zurückstanden, zeigt deutlich die finanzielle Auslegung (vgl. Tab. 67). So dominiert die Asphaltierung der BR 364 bereits in der Kostenplanung

---

1) Vgl. Karten 11 und 4 sowie besonders FEARNSIDE 1986b, der dies für die geplanten Projektgebiete nachweist.
2) Siehe Kap. V.1 und vgl. als grundlegendes Weltbank–Dokument WORLD BANK 1975 sowie als Hintergrundanalyse TENDLER 1982.
3) Vgl. hierzu entsprechende Publikationen von Weltbank–Vertretern zur Regionalentwicklung Amazoniens und ihrer Neuorientierung durch POLONOROESTE z.B. MAHAR 1982, 1983, SKILLINGS 1985, GOODLAND 1985, 1986 sowie als grundlegendes Positionspapier der Weltbank zur Integration traditioneller Lebensformen in den Entwicklungsprozeß WORLD BANK 1982.

mit ca. 42 % deutlich. Zusammen mit dem Ausbau des ländlichen Straßennetzes und der Anlage neuer Kolonisationsprojekte sind somit praktisch zwei Drittel der Projektmittel für erschließungsfördernde Maßnahmen, aber nur 2,5 % für den Indianerschutz und sogar nur 1 % für Umwelterhaltungsmaßnahmen in der anfänglichen Finanzplanung vorgesehen (vgl. Tab. 67). Es läßt sich also nicht übersehen, daß auch bei POLONOROESTE Indianerschutz und Umwelterhaltung eher Alibifunktion hatten.

Entsprechend richtet sich die nationale und v.a. internationale Kritik an POLONOROESTE seit Anbeginn besonders gegen die unzureichende Berücksichtigung der Überlebensinteressen der indianischen Bevölkerung und die andauernde Umwandlung tropischer Regenwaldgebiete durch den Straßenbau und die Fortsetzung — ja Beschleunigung — der Erschließung durch Siedlungsprojekte[1].

Bei der Umsetzung von POLONOROESTE stand also die bereits 1981 in verschiedenen Teilabschnitten begonnene Rekonstruktion und Asphaltierung der Straße im Vordergrund. Insgesamt waren Arbeiten auf einer Strecke von 1.084 km notwendig, wobei in NW–Mato Grosso die Straßenführung nicht mehr über die alte, die Chapada dos Parecis überquerende östliche Trasse, sondern über eine in Teilen ganz neu zu bauende westliche Straße im Vale do Guaporé von Cáceres nach Pontes e Lacerda, Baracão Queimado und nach Vilhena gelegt wurde (vgl. Karte 24) (vgl. zum Straßenbau auch BANCO MUNDIAL 1981b, S. 32 ff.). Die Bauarbeiten wurden von privaten Kontraktnehmern, unter ihnen die großen brasilianischen Baukonzerne wie *Mendes Junior, Andrade Gutierrez, Camargo Corrêa, Queiroz Galvão* etc., unter der Aufsicht des DNER (*Departamento Nacional de Estradas e Rodagem*) ausgeführt. Im September 1984 wurde die fertiggestellte Straße noch von Präsident Figueiredo dem Verkehr übergeben.

Die politische und propagandistische Bedeutung des Straßenbaus wie auch des gesamten POLONOROESTE–Programms — und damit der *raumwirksamen Staatstätigkeit* an der Peripherie — kann nicht hoch genug eingeschätzt werden. So stellen POLONOROESTE und die Asphaltierung der BR 364 neben der Fertigstellung des Staudammprojektes Itaipu in West-Paraná und neben dem Bau des Staudamms Tucuruí sowie dem an Rohstoffextraktion orientierten Carajás–Projekt und seinen infrastrukturellen Begleitprojekten[2] in Ostamazonien eines der bedeutendsten Regionalentwicklungsprojekte Brasiliens in der Endphase der Militärherrschaft dar. Besonders die *Breitenwirksamkeit* von POLONOROESTE (durch erleichterten Zugang zur Region, Landverteilung und Ländliche Entwicklung), die Förderung der regionalen Erschließung und *nationalen*

---

1) Vgl. z.B. zu Situation der Nambiquara–Indianer in Nordwest–Mato Grosso im Einflußbereich der BR 364 PRICE 1982, zur Gefährdung indianischen Lebensraums durch POLONOROESTE–Maßnahmen CULTURAL SURVIVAL NEWSLETTER 1980, MINDLIN 1984 sowie CEDI 1982, 1983, 1984 siehe auch zu einzelnen Landkonflikten und ihrem Zusammenhang mit POLONOROESTE Kap. VI.3.; zur Kritik und zu Modifizierungen des Programms nach der sog. midterm–evaluation KOHLHEPP, COY 1985.
2) V.a. Eisenbahnbau von Carajás nach São Luis/MA.

Integration wurden dabei vor dem Hintergrund des brasilianischen *Pionierfront-Mythos* hervorgehoben[1]. Die auf den ersten Blick erstaunliche Entwicklungsdynamik der Peripherie übernahm in diesem Zusammenhang die Funktion, von der zunehmenden und sich sozial verschärfenden Krise des Zentrums in Brasilien abzulenken.

Daß jedoch auch bei POLONOROESTE Plan und Realität nicht immer übereinstimmen — ja z.T. weit auseinanderklaffen — soll nachfolgend bei der Analyse von Plan, Umsetzung und Einfluß der Rahmenbedingungen am Beispiel der Maßnahmen zur ländlichen Entwicklung in Rondônia gezeigt werden.

V.2.3. Ländliche Entwicklung in Rondônia. Das PDRI–RO

Die im Zusammenhang der Planung in Amazonien neben Indianerschutz und Umwelterhaltung neuen konzeptionellen Ansätze des POLONOROESTE-Programms, wie Abgehen vom Konzept der *Wachstumspole*, an den Bedürfnissen der Kleinbauern ausgerichtete, zielgruppenorientierte Planung, Ansätze zur Partizipation der Betroffenen etc., sind v.a. im *Integrierten Ländlichen Entwicklungsprojekt Rondônia* PDRI–RO (*Projeto de Desenvolvimento Rural Integrado*) enthalten, das dem Subprojekt *Konsolidierung der bestehenden Siedlungsgebiete in Rondônia*, einem Teil des Projektes zu Agrarentwicklung und Umweltschutz der Phase I von POLONOROESTE entspricht (vgl. BANCO MUNDIAL 1981a). Der Aktionsraum des PDRI–RO umfaßt die Munizipien Ariquemes, Jaru, Ouro Preto do Oeste, Ji–Paraná, Presidente Médici, Cacoal, Rolim de Moura und Espigão do Oeste (vgl. Karte 25), also den *Kolonisationskorridor* in Zentral–Rondônia entlang der BR 364. Die Durchführungskompetenz der einzelnen Maßnahmen liegt bei den entsprechenden bundesstaatlichen Fachbehörden. Die Koordinierung hat die Planungsbehörde SEPLAN–RO inne. Begleitung und *monitoring* des PDRI werden durch die rondonensische Agrarplanungsbehörde CEPA–RO geleistet. Das PDRI–RO besteht vor allem aus zwei Maßnahmenkomplexen[2]:

1. Einrichtung von sog. Núcleos Urbanos de Apoio Rural NUAR.

Dies sind ländliche Versorgungszentren, die in durch ihre Entfernung zur BR 364 relativ unterversorgten ländlichen Teilregionen Basisinfrastrukturen für ein definiertes ländliches Einzugsgebiet, in der Regel zwischen 800 und 1.000 *lotes* in meist sechs *linhas* von 15 bis 30 km Länge, zur Verfügung stellen sollen (vgl. zur Lokalisierung Karte 25). In jedem NUAR sollen eingerichtet werden:

- ein Verwaltungszentrum (*centro técnico administrativo*) mit Dienstellen der im NUAR und seinem Einzugsgebiet agierenden Behörden;

---

1) Vgl. viele Artikel in überregionalen Zeitungen und Zeitschriften, z.B. Veja, August 1982, Sonderbeilagen in O Globo und Jornal do Brasil, Frühjahr 1983, Artikelserie in Jornal do Brasil im September 1984 aus Anlaß der Einweihung der BR 364 unter dem Titel "A fronteira que deu certo" (die gelungene Pionierfront), zahlreiche Artikel über POLONOROESTE und die regionale Entwicklungsdynamik in der regierungsoffiziellen Zeitschrift Interior in den Jahren 1982, 1983, 1984 sowie Werbespots verschiedener staatlicher Organe zur Entwicklung v.a. Rondônias in den verschiedenen nationalen Fernsehnetzen etc.

2) Vgl. hierzu besonders CEPA–RO 1983b, S. 24 ff. und CEPA–RO 1983c sowie BANCO MUNDIAL 1981a.

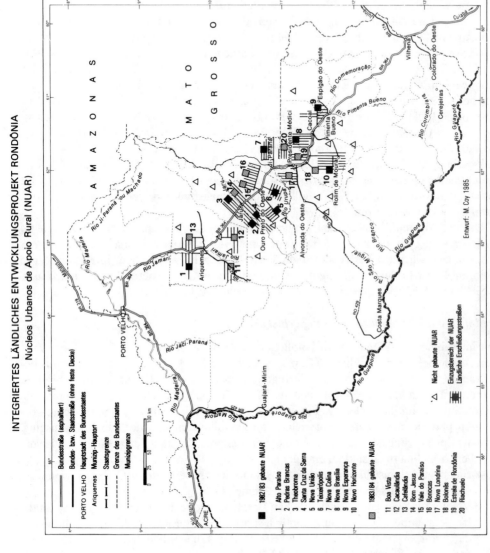

Karte 25

- eine Mittelpunktschule, in der Unterricht bis zum achten Schuljahr vorgesehen ist[1];
- ein höherrangiger Gesundheitsposten (*posto de saúde* PS II);
- ein Lagerhaus der staatlichen Lagergesellschaft CIBRAZEM zu Aufkauf und Lagerung landwirtschaftlicher Produktion aus dem Einzugsgebiet des NUAR;
- ein Wohnhaus für die im NUAR arbeitenden Beamten.

Für diese Einrichtungen soll jeweils von den zuständigen bundesstaatlichen bzw. munizipalen Stellen Personal ausgebildet und permanent im NUAR beschäftigt werden.

Neben der Lokalisierung der genannten staatlichen Dienste werden in jedem NUAR ca. 200 (z.T. auch mehr) *städtische* Parzellen für kommerzielle Zwecke und Wohnfunktion ausgewiesen, wodurch sich der NUAR zum Siedlungskern eines zentralen Ortes unterster Ebene im ländlichen Raum entwickeln soll. Für dieses städtische Gebiet des NUAR ist eine lokale Elektrizitäts- und Wasserversorgung vorgesehen. Der NUAR soll – dies als Teil des partizipativen Aspekts des Programms – von einem aus dem Kreis der Kolonisten zu wählenden Verwalter (*administrador*) geleitet werden.

Zuständigkeit für Bau und Einrichtung der NUARs obliegt der CODARON. Die einzurichtenden Dienste unterliegen der Zuständigkeit der Fachbehörden. Ein Beamter der Planungsbehörde SEPLAN–RO soll Koordinierungsfunktion übernehmen und den *administrador* unterstützen.

Die NUARs entsprechen den geplanten *núcleos* des Vorläuferprogramms *Sistema Agrícola*, wobei jedoch nun nicht mehr von einer Hierarchisierung verschiedener *núcleos* ausgegangen wird. IM PDRI waren zunächst 39 NUARs vorgesehen. Ihre Zahl wurde 1985, im Rahmen der sog. *midterm-evaluation*, auf die 20 existierenden, in den Jahren 1982/83 und 1983/84 eingerichteten NUARs beschränkt (vgl. Karte 25).

2. *Maßnahmen im ländlichen Einzugsgebiet der NUARs.*

Die im Rahmen des PDRI–RO im ländlichen Raum direkt ansetzenden Maßnahmen wurden auf die definierten ländlichen Einzugsgebiete der NUARs von meist sechs *linhas* beschränkt, weil aufgrund der zur Verfügung stehenden Mittel eine regional breitere Streuung der Maßnahmen im Rahmen des PDRI nicht möglich schien. Auch hielt man die Beschränkung auf diese Gebiete für sinnvoll, weil die NUARs ja in besonders unterversorgten, peripheren Gebieten eingerichtet werden sollten und man deshalb davon ausging, daß die Bevölkerung gerade dieser Gebiete besonderer Unterstützung bedurfte. Die vorgesehenen Maßnahmen sind im einzelnen:

- Bau bzw. Rekonstruktion von ca. 2.900 km Stichstraßen unterer Ordnung, womit die *linhas*, an denen die Siedler leben, gemeint sind[2];
- Verstärkung der landwirtschaftlichen Beratung und technischen Hilfe für die Siedler – über die Überwachung staatlich subventionierter Kredite hinaus – durch die Agrarberatungsbehörde EMATER–RO; hierzu wurde in jedem NUAR eine permanente Dienststelle der EMATER mit vier Agrartechnikern, die von hier aus jeweils bestimmte Teilgebiete betreuen, eingerichtet;

---

1) Die einklassigen Schulen in den linhas unterrichten nur bis zur vierten Klasse.
2) Die verbindenden Erschließungsstraßen sollten im Rahmen des Straßenprojektes durch die rondonensische Straßenbehörde DER–RO bzw. deren Kontraktnehmer gebaut werden.

- Verstärkung der auf die Bedürfnisse der Kleinbauern ausgerichteten Agrarforschung (z.B. Saatgutauswahl etc.) durch die Agrarforschungsbehörde EMBRAPA;
- Ländliche Sozialorganisation, worunter v.a. die Bildung sog. ländlicher Entwicklungskommissionen (*Comissões de Desenvolvimento Rural* CDR), deren Aufgabe am Anfang v.a. in der bereits im *Sistema Agrícola* vorgesehenen Organisation der Selbsthilfe der Siedler bei Bau und Erhaltung der *linhas* (sog. *Projeto Mutirão*), später mehr in der Formulierung der Bedürfnisse der Gemeinschaft, ihrer Vertretung gegenüber Behörden, Organisierung von Gemeinschaftsaktionen in den Nachbarschaften, insgesamt also im Sinne der Herausbildung sozialer *leaderships* gesehen wurde. Zuständig für diesen *partizipativen* Aspekt des PDRI–RO ist die Sozialbehörde SETRAPS–RO, die ebenfalls eine permanente Dienststelle in den NUARs einrichtete, in Zusammenarbeit mit CODARON und EMATER.

In Koordination mit dem PDRI–RO sollte die Verbesserung der Versorgung des ländlichen Raumes mit einklassigen Schulen (pro Einzugsgebiet sind ca. 10 solcher Schulen vorgesehen) erfolgen.

Aus dem Gesundheits–Teilprojekt der Phase I von POLONOROESTE sollte ebenfalls in Koordination mit dem PDRI in jeder *linha* der NUAR–Einzugsgebiete mindestens ein Basisgesundheitsposten (sog. PS I) eingerichtet werden, der von freiwilligen, speziell geschulten Siedlern (sog. *agentes de saúde*) bedient werden sollte.

Als wesentliche Begleitmaßnahme des PDRI wurde die nicht aus POLONOROESTE, sondern aus nationalen Spezialprogrammen wie PROCACAU und PROBOR (s.o.) finanzierte Bereitstellung subventionierter Kredite für die Kolonisten vorgesehen.

Mit der Umsetzung des PDRI wurde noch 1981 mit Baubeginn für die ersten 10 NUARs (unter ihnen auch die drei im Vordergrund dieser Arbeit stehenden NUARs des PIC *Ouro Preto*) und der Aufnahme der Arbeit v.a. durch EMATER im ländlichen Raum begonnen.

Die Konzeption des PDRI–RO kann durchaus als bedürfnis– und zielgruppenorientiert bezeichnet werden, sollten doch einige der wesentlichsten Probleme der Lebensbedingungen im ländlichen Raum (v.a. Straßenbau, infrastrukturelle Versorgung, Produktionsverbesserung durch Agrarberatung) durch das Projekt in Angriff genommen werden. Auch ist, zumindest in der Konzeption, explizit eine Beteiligung der Betroffenen — wenn auch *von oben* organisiert — enthalten. Jedoch können neben einer Reihe von technischen Problemen, die wohl bei allen Entwicklungsprogrammen vorkommen (wie z.B. zeitliche Verzögerungen usw.), und neben den konkreten Umsetzungsproblemen, auf die nachfolgend am Beispiel der Beobachtungen im PIC *Ouro Preto* einzugehen sein wird, bereits von der Konzeption her deutliche Schwachstellen des PDRI-RO festgestellt werden.

Der räumlich selektive Arbeitsansatz durch Beschränkung der Maßnahmen auf die Einzugsbereiche der NUARs gibt der Lokalisierung dieser *núcleos* besonderes Gewicht. Diese Lokalisierung erfolgte nicht aufgrund einer eingehenden empirischen Regionalanalyse und auch in den wenigsten Fällen in enger Koordination mit lokalen Institutionen oder gar mit der lokalen Siedlerbevölkerung. Zwar wurden in den meisten Fällen relativ weit von der BR 364 entfernte Teilgebiete ausgesucht (vgl. Karte 25), auch wurden die meisten NUARs an zentralen Verbindungs–*linhas* angelegt, jedoch kann nicht von einer generellen Auswahl der *wenigst versorgten* Gebiete die Rede sein. So wurden z.B. keine NUARs in *Assentamento Rápido*–Gebieten mit extrem geringer infrastruktureller Ausstattung und nur wenige NUARs in ehemaligen Invasionsgebieten oder Gebieten der *regularização fundiária* mit ebenfalls geringem Versorgungsniveau angelegt (vgl. Karten 11 und 25).

Auch bestanden in einigen Fällen keine Verbindungen von Teilen des NUAR-Einzugsgebietes zum ausgewählten NUAR-Standort. So können z.B. die Kolonisten eines NUARs im Munizip Cacoal diesen nur über die Stadt Cacoal selbst erreichen. Sie sind von daher natürlich überhaupt nicht an dieser Entwicklungsmaßnahme interessiert. In sehr vielen Fällen ist die Anbindung weiter Teile des NUAR-Einzugsgebietes an die nächste Pionierstadt weit besser als an den NUAR, sodaß die ländliche Bevölkerung kein Interesse an der Nutzung der im NUAR neu eingerichteten Infrastrukturen zeigt. Andererseits wurden Gebiete, für deren Bevölkerung NUAR-Standorte interessant sind, weil der NUAR einfacher erreichbar ist als die Pionierstadt, nicht als Einzugsgebiete definiert, mit der Folge, daß die mit der NUAR-Einrichtung verbundenen Dienste z.B. für den ländlichen Raum diese sehr viel interessiertere Bevölkerung nicht erreichen etc.

Insgesamt kann der räumlich selektive Arbeitsansatz[1] — bei einer zunächst einmal unterstellten *Wirksamkeit* des PDRI — die Gefahr einer Verstärkung intraregionaler Disparitäten durch Schaffung besser-versorgter Räume gegenüber dem *gros* der unterversorgten Räume in sich bergen und damit dem POLONOROESTE-Globalziel des Disparitätenabbaus zuwiderlaufen.

Nicht zuletzt spielten auch politische Motive bei der — z.T. überstürzten — Einrichtung der NUARs im Wahljahr (!) 1982 und ihrer Lokalisierung eine wichtige Rolle. So führten z.B. politische Rivalitäten zwischen Vertretern von INCRA und der für die NUAR-Einrichtung verantwortlichen CODARON[2] zu entsprechenden Verzerrungen, wie im PIC *Ouro Preto*, wo bereits existierende, spontane Siedlungskerne bei der NUAR-Lokalisierung nicht berücksichtigt wurden, weil sie eher mit dem INCRA im Zusammenhang standen, nicht jedoch mit der für die NUARs zuständigen CODARON[3].

Ebenso politische Gründe hatte sicherlich auch die Überbetonung der Einrichtung *technischer* Infrastrukturen im Wahljahr. So beschränkte sich bei einer ganzen Reihe von NUARs noch 1983 die Umsetzung des PDRI v.a. auf die relativ *pompösen* offiziellen Gebäude des NUAR[4], die keineswegs als *angepaßt*, z.B. mit lokalen Materialien erstellt oder von lokalen Firmen erbaut[5], bezeichnet werden können. Durch diesen behördlichen *Aktionismus* wurde jedoch den Politikern die Möglichkeit der Selbstdarstellung gegeben.

Im gleichen Zusammenhang erweist sich auch die Tatsache, daß sich die Weltbankfinanzierung lediglich auf die Erstellung der technischen Infrastrukturen, nicht aber auf Personalkontraktierung oder Verbrauchsmaterial[6], die dem brasilianischen *counterpart*

---

1) Unter der — in der Realität meist zutreffenden — Voraussetzung, daß für nicht in das PDRI integrierte Gebiete keine vergleichbaren Mittel und entsprechend keine vergleichbaren infrastrukturellen Maßnahmen (Agrarberatung etc.) zur Verfügung stehen.
2) In vielen Fällen waren die politisch rivalisierenden Kandidaten der Wahl auf lokaler Ebene Angehörige dieser beiden Behörden.
3) Vgl. Gegensatz NUAR Nova União und nur 18 km entfernte Spontansiedlung Mirante da Serra in einem weniger versorgten Gebiet, siehe Karte 19.
4) Verwaltungszentrum, Schule, Gesundheitsposten, Technikerhaus.
5) So stammen z.B. im Gegenteil die Einrichtungsgegenstände nicht von lokalen Möbelschreinern, sondern von brasilianischen Großfirmen aus Rio Grande do Sul etc.
6) Worunter z.B. auch Arzneimittel in den Gesundheitsposten fallen.

überlassen bleiben, erstreckt, als grundsätzliche Schwierigkeit der Projektumsetzung und -kontinuität.

Eine weitere generelle Problematik des PDRI ist in seiner mangelnden institutionell-administrativen *Integration* zu sehen. Zwar war zunächst die CODARON als neue Entwicklungsagentur für den konzeptionellen Teil des PDRI und die technische Durchführung verantwortlich, jedoch nahm ihre Bedeutung aufgrund politischer Konstellationen auf regionaler Ebene zugunsten der SEPLAN-RO schnell ab. Die CODARON behielt nur noch die technische Durchführung des NUAR-Programms. Sie wurde praktisch zur *Bauträgerfirma* zurückgestuft, bis sie schließlich 1984 angeblich aufgrund interner Unregelmäßigkeiten liquidiert wurde (vgl. entsprechende Zeitungsartikel in *O Estadão de Rondônia*, Porto Velho 1984). Die Planungsbehörde SEPLAN übernahm nun zwar die Programm-Koordination, jedoch vor allem auf regionaler Ebene, während auf der lokalen Umsetzungsebene ihre Präsenz relativ gering ist, wodurch eine sinnvolle Koordination sektoraler Behördentätigkeit bei der Umsetzung des PDRI auch oft zu wünschen übrig läßt.

Ein weiteres, besonders von den Munizipverwaltungen beklagtes Problem ist die weitgehende Ausklammerung dieser lokalen institutionellen Ebene aus Konzeption, Planung und Umsetzung des bundesstaatlich verwalteten PDRI-RO (versch. mdl. Inf. Sr. Horácio Careli, Planungsdezernent Ouro Preto do Oeste, 1983, 1984).

Insgesamt wird an diesen wenigen Hinweisen bereits deutlich, daß, trotz im Sinne einer zielgruppenorientierten Planung sicherlich positiver konzeptioneller Ansätze des PDRI, schon von der grundlegenden räumlichen Anlage des Projektes her gesehen (räumliche Selektivität, Lokalisierung der NUARs), von der Überordnung des *technischen Aspekts* und von der institutionell-administrativen Seite her erste Zweifel an der *Angepaßtheit*, der *Integration* bzw. der integrativen Wirkung dieses *Integrierten Ländlichen Entwicklungsprojektes* angebracht sind. Besonders zeigt sich bereits jetzt die überragende Bedeutung der politischen Rahmenbedingungen, hier am Beispiel politischer Konstellationen und Konflikte auf regionaler Ebene, die somit, als politische Interessenkonflikte zu interpretieren, *kontraproduktiv* auf die zielgerechte Umsetzung von Entwicklungsprogrammen wirken können.

V.3. Zur Umsetzung Integrierter Ländlicher Entwicklung am Beispiel der 3 NUARs im PIC Ouro Preto

V.3.1. Maßnahmen des PDRI-RO im ländlichen Einzugsbereich der NUARs

Die nachfolgenden Ausführungen stützen sich v.a. auf die systematischen Erhebungen des Autors in den Einzugsbereichen der drei NUARs *Nova Colina*, *Nova União* und *Teixeirópolis*, auf zahlreiche Beobachtungen bei der Begleitung der Arbeit z.B. von Agrarberatern und der für die ländliche Sozialorganisation zuständigen Beamten, auf Beobachtungen bei der Teilnahme an zahlreichen Siedlerversammlungen der verschiedenen Organe im Rahmen des PDRI in den drei Gebieten, auf Intensivinterviews mit den Beamten der verschiedenen Institutionen in den NUARs etc. Daneben waren Erhebungen und Interviews bei den verschiedenen Behörden auf der regionalen Koordinierungsebene in Porto Velho, die Konsultation interner Berichte sowie Interviews und die Konsultation verschiedener Berichte auf der nationalen Koordinierungsebene und der nationalen

Evaluierungsstudie aus dem Jahr 1984 zum PDRI (vgl. CARVALHO FILHO et al. 1984) von Bedeutung[1].

An dieser Stelle sollen einige Beobachtungen zu den direkt in den Einzugsbereichen der NUARs ansetzenden Maßnahmen des PDRI folgen, wobei besonderes Gewicht auf die Bereiche Straßenbau, Agrarberatung, ländliche Sozialorganisation und Partizipation der Betroffenen in der Programmumsetzung, die sich als die drei zentralen Maßnahmenbereiche darstellen, gelegt wird.

Straßenbau

Wie bereits in Kap. IV.8. festgestellt, wird der Zustand der Erschließungsstraßen von den meisten Kolonisten als zentrales Problem des ländlichen Raumes herausgestellt. Insofern kommt den Maßnahmen zur Wiederherstellung und zum Ausbau der *linhas* grundlegende Bedeutung im Rahmen des PDRI–RO zu. In den Vorläuferprogrammen und in der Anfangsphase von POLONOROESTE (bes. in den Jahren 1980/81) sah man in der Selbsthilfe der Kolonisten (*Projeto Mutirão*) mit Unterstützung und technischer Hilfe der CODARON den zentralen Arbeitsansatz in diesem Programmbereich. Jedoch stellten sich, nach Aussage verschiedener Siedler und verschiedener lokaler CODARON-Funktionäre, bald eine Reihe von Problemen ein. Die allseitige Frustration war insgesamt so groß, daß man ab 1982 — auch durch die besseren finanziellen Möglichkeiten des PDRI verursacht — dazu überging, die Straßenbauarbeiten von privaten Firmen ausführen zu lassen. Die Aufträge sollten laut Plan aus Gründen regionaler *Wirtschaftsförderung* v.a. an kleinere lokale oder regionale Firmen vergeben werden (vgl. BANCO MUNDIAL 1981b, S. 31). Jedoch haben sich, u.a. aufgrund einer allgemein verschlechterten Auftragslage, zunehmend auch die brasilianischen Großfirmen, die ja mit der Asphaltierung der BR 364 ohnehin in der Region präsent waren, um diese Projekte bemüht und damit die Konkurrenz kleinerer Firmen ausgestochen. So erhielt z.B. die Firma *Andrade Gutierrez* den Zuschlag für über 400 km *linha*-Ausbau in den Munizipien Cacoal und Ji–Paraná.

Die Straßenbaumaßnahmen erstreckten sich insbesondere auf die Verbreiterung der vorher zumeist nur als *Feldwege* zu bezeichnenden *linhas* auf ca. 4 m, Kompaktierung des Untergrundes, Planierarbeiten, z.T. Schotterauflage, Drainagemaßnahmen und Holzbrückenbau.

Eine permanente Schwierigkeit stellen die kleinen Gebirgszüge, über die die *linhas* durch die orthogonale Parzellenvermessung geführt worden waren, dar. Da nach Angaben der Baufirmen die Finanzmittel nicht für Arbeiten in Festgestein ausreichten, wurden in diesen Bereichen z.T. überhaupt keine Baumaßnahmen durchgeführt, was natürlich viele Kolonisten erheblich benachteiligte, oder es wurden *Umleitungen* empfohlen, was zur Voraussetzung hatte, daß einzelne Kolonisten zur Landabtretung bereit waren, wobei es in Einzelfällen zu erheblichen Konflikten kam[2].

---

1) Z.B. Berichte über die Umsetzung des PDRI im Rahmen des monitoring durch CEPA–RO, Rechenschaftsberichte der EMATER–Dienststellen über die Arbeit im PDRI etc. sowie verschiedene monitoring-Berichte der SUDECO — vgl. SUDECO 1984a, b, c, 1985a.
2) Entsprechende Beobachtungen konnten im Gebiet Nova Colina gemacht werden.

Ein erheblicher Negativpunkt im Bereich des Straßenbaus war dadurch gegeben, daß zunächst nur Mittel für den Bau, nicht jedoch für die regelmäßige Wiederherstellung der Straßen, die in der Regenzeit alljährlich z.T. erheblich beschädigt werden, zur Verfügung standen. So waren bereits nach einem oder zwei Jahren einige *linhas* in den drei Gebieten wieder in relativ schlechtem Zustand. 1985 sollte dies nach der sog. *midterm–evaluation* in Übereinstimmung mit der Weltbank zugunsten regelmäßiger Erhaltung der *linhas* geändert werden (mdl. Inf. Sr. F. Melo, SEPLAN–RO, Juli 1985).

Der Ausbau der Erschließungsstraßen höherer Ordnung (*estradas coletoras*) durch DER–RO erfolgte in den seltensten Fällen in zeitlicher Koordination mit dem *linha*–Ausbau. So war z.B. im Bereich des NUAR *Nova Colina* noch fast zwei Jahre nach Verbesserung der meisten *linhas* des Einzugsgebietes die Erschließungsstraße (*linha* 82), an der der NUAR liegt und die an sich zentrale Verbindungsfunktion übernehmen soll, in sehr schlechtem, z.T. kaum passierbarem Zustand.

Trotz mangelnder Koordination, technischer Probleme und z.T. fehlender Straßenerhaltung wird der Straßenbau im Rahmen des PDRI von den Betroffenen als großer Fortschritt angesehen, wurden doch in manchen Gebieten erst durch ihn die Möglichkeiten für Omnibusverkehr etc. – und damit die Verbindung der Siedler zur *Außenwelt* – sichergestellt. Allerdings hätte von vornherein der Schwerpunkt des Programms mehr auf der Schaffung einer funktionsfähigen, lokalen Infrastruktur (Maschinen, Personal) und weniger auf aufwendigen, nur den privaten Baufirmen zugutekommenden Baumaßnahmen liegen müssen.

Der Straßenbau im Rahmen des PDRI ist typisches Beispiel – sicherlich wichtiger – behördlicher Entwicklungsmaßnahmen *von oben* ohne, nach anfänglich fehlgeschlagenen Ansätzen, Beteiligung der Betroffenen. Die Selbsthilfe der Siedler scheint dagegen gerade in Gebieten außerhalb des Aktionsbereichs des PDRI, wo sehr viel weniger technische Mittel und behördliche Präsenz zu verzeichnen sind, aus der *Not eine Tugend machend* besser zu funktionieren.

Agrarberatung

Der Verstärkung der Agrarberatung durch EMATER–RO (*Empresa de Assistência Técnica e Extensão Rural* – vor 1984 ASTER–RO) kommt im Rahmen des PDRI–RO besondere Bedeutung zu. Sie ist zweifellos die wichtigste direkt auf die landwirtschaftlichen Produktionsbedingungen zielende Maßnahme des Programms. Die Beratungsmaßnahmen sollen im Aktionsraum des PDRI rund 18.000 Familien direkt erreichen, was ungefähr 470 Kolonisten pro NUAR Gebiet[1] entspräche. Ziel soll es sein, zur Verbesserung landwirtschaftlicher Techniken, angepaßter Nutzung natürlicher Ressourcen (z.B. angepaßter Nutzung von natürlichen Ressourcen des Regenwaldes), zu verstärktem Bodenschutz – besonders Erosionsschutz – und Erhaltung der Wälder sowie zur Propagierung angepaßter Dauerkulturnutzung auf den Kolonistenbetrieben beizutragen (vgl. BANCO MUNDIAL 1981a, S. 20). Neben der Verbesserung der technischen und

---

1) D.h. zwischen ca. 25 und 50 % der lokalen Bevölkerung.

personellen Infrastruktur der EMATER und neben entsprechender Schulung der Agrarberater soll dies v.a. durch direkte Beratung einzelner Siedler, durch Informationsveranstaltungen für lokale Nachbarschaften, durch spezielle Trainingskurse für einen Teil der Siedler und durch die Anlage von Demonstrationsfeldern erfolgen[1].

In jedem NUAR ist die EMATER mit 4 Agrartechnikern als Beratern vertreten, die von hier aus jeweils einzelne *linhas* des Einzugsbereichs betreuen. Die Tätigkeit der EMATER-Berater ist im Rahmen des PDRI, sicherlich auch aus der Sicht der Betroffenen, noch am ehesten als bedürfnis- und zielgruppenorientiert zu bezeichnen. Jedoch sind eine ganze Reihe von Faktoren zu beobachten, die die Umsetzung der genannten Ziele z.T. negativ beeinflussen.

Zunächst reicht die personelle Kapazität bei der großen räumlichen Ausdehnung der Gebiete kaum aus, um die gesetzten Ziele der direkten Beratung zu erreichen. So hatten zum Befragungszeitpunkt (d.h. 2 bis 3 Jahre nach Beginn des PDRI) 57 % der befragten Kolonisten bisher noch nie direkte Beratung durch EMATER erhalten. 43 % erhielten in unterschiedlicher Frequenz direkte Beratung. Von denjenigen, die Beratung angaben, hatten allerdings 46 % einen Kredit über Kaffee oder Kautschuk bzw. Kakao abgeschlossen, sodaß hier die landwirtschaftliche Beratung v.a. mit der Überwachung dieser Kredite in Verbindung stand. Auch kann nur bei einem Teil der Kolonisten, die Beratung angeben, von einer regelmäßigen Betreuung ausgegangen werden, denn bei 30 % kam der Berater seltener als einmal im halben Jahr, manchmal war er überhaupt nur ein- oder zweimal da. Immerhin 38 % gaben häufige Besuche (einmal im Monat oder häufiger) an.

Die Erfahrungen der Siedler mit der Beratung scheinen nach ihren – allerdings in ihrem Wahrheitsgehalt nicht überzubewertenden – Angaben überwiegend positiv zu sein (vgl. Tab. 68). Jedoch werden auch einige Negativpunkte, die als symptomatisch angesehen werden können, genannt (vgl. Tab. 68).

Ein wichtiger Problembereich ist im personellen Sektor zu sehen. Fast alle Agrarberater stammen ebenso wie die Kolonisten nicht aus Rondônia und sind deshalb – auch bei entsprechender Schulung – nur zum Teil in der Lage, dem Ziel der Propagierung angepaßter Nutzungssysteme oder dem Ziel der Verbreitung von Einfachst-Techniken zur angepaßten Nutzung natürlicher, regionaler Ressourcen (z.B. Verwendung nutzbarer Pflanzen des tropischen Regenwaldes) gerecht zu werden. Ein anderes Problem – im übrigen nicht nur der Agrarberatung, sondern der gesamten Behördenaktivität – ist in der Tatsache zu sehen, daß ein Großteil der erst vor kurzem kontraktierten Mitarbeiter noch sehr jung ist und deshalb über meist geringe praktische Erfahrung verfügt, was die Akzeptanz der Beratungsarbeit bei den Siedlern erheblich beeinflussen dürfte.

Daneben sind zum Teil Zweifel am Erfolg der Beratung in Form von Informationsversammlungen in den *linhas* angebracht. Zwar werden unter anderem Exkursionen zu besonders innovativen Kolonisten, die beispielsweise über Wasserräder oder Biogaserzeugung betriebliche Energiegewinnung betreiben oder mit Einfachst-Technologie Zucker

---

1) Vgl. generell zur Bedeutung der Agrarberatung bei der Entwicklung der kleinbäuerlichen Landwirtschaft in den Tropen und zu entsprechender Arbeitsmethodik BLANCKENBURG 1982, S. 348 ff.

oder andere Grundbedarfsprodukte herstellen, sowie praktische Demonstrationen zu bestimmten Fragestellungen durchgeführt, doch scheinen viele der Informationsveranstaltungen von ihrem didaktischen Konzept nur unzureichend auf die Bedürfnisse der Siedler abgestimmt[1].

Andere Aktionen wie z.B. Informationen über die Anlage von Hausgärten, über produktgerechte Lagerung von Mais etc. sind dagegen direkt auf Bedürfnisse und Umfeld der Kolonisten abgestimmt. Auch sollen sinnvolle Aktionen gegen ökologisch schädliche Gewohnheiten der Kolonisten, wie Kampagnen gegen das zu häufige Abbrennen von Weideflächen etc. oder der Versuch, bei den Kolonisten die Anlage von Fischteichen und die Aufzucht amazonischer Fische (z.B. *tucunaré* etc.) zu fördern und damit die Ernährungsbasis zu verbessern, nicht unerwähnt bleiben.

Insgesamt ist es derzeit noch kaum möglich, die langfristige Wirkung der Agrarberatung unter den regionalen Bedingungen abzuschätzen. Dies gilt besonders auch für die eingesetzte Methodik der Informationsverbreitung — und letztendlich der Innovationsdiffusion — über *Multiplikatoren* (sog. *líderes multiplicadores*). Dies sind Kolonisten, die in den einzelnen Nachbarschaften von der Gemeinschaft ausgewählt werden, intensivere Betreuung durch EMATER erhalten, an Schulungskursen teilnehmen, um dann letztendlich die gewonnenen Informationen selbst anzuwenden und besonders an die Gemeinschaft weiterzugeben. Die Erfahrungen sind dabei, wie auch eigene Gespräche mit verschiedenen Multiplikatoren zeigten, sehr unterschiedlich und hängen entscheidend vom sozialen Verhalten und der sozialen Stellung des Multiplikators in der Gemeinschaft ab.

Schließlich kann nicht übersehen werden, daß die agrarpolitischen Rahmenbedingungen, die sich besonders seit Beginn der 80er Jahre in der Rücknahme der subventionierten Agrarkredite bzw. der Verschlechterung der Kreditkonditionen und in der Preispolitik negativ für das kleinbäuerliche Umfeld darstellen, den Zielen regionaler Agrarberatung entgegenstehen. So bestanden zum Untersuchungszeitpunkt praktisch keine Möglichkeiten, Dauerkulturen überhaupt — geschweige denn ökologisch angepaßte Nutzungssysteme — über günstige Kredite zu finanzieren. In diesem Zusammenhang müssen auch Überlegungen zur Propagierung und Implementierung von alternativen Nutzungsformen wie *agroforestry*-Systeme[2] bei den Siedlern in Rondônia, neben spezifischen Problemen wie Marktsituation entsprechender Kulturen und Akzeptanz solcher Systeme durch die Kleinbauern, schon wegen der übergeordneten agrarpolitischen Restriktionen eher skeptisch beurteilt werden. Neuere Ansätze in Rondônia gehen deshalb auch dazu über zu versuchen, diese ungünstigen Rahmenbedingungen zu umgehen und solche sinnvollen alternativen Nutzungssysteme ausschließlich auf regionaler Ebene durch großangelegte Produktion von Setzlingen amazonischer bzw. angepaßter Kulturen und deren kostengünstige Verteilung an die Siedler zu fördern (mdl. Mitt. Sr. Gabriel de Lima Ferreira, SEAG–RO, Porto Velho Juli 1985).Zu nennen sind hier z.B. *guaraná* (Paullinia cupana), *tucumã* (Astrocaryum vulgare), *pupunha* (Bactris gasipaes), *açaí* (Euterpe

---

1) So macht es wenig Sinn, zum Thema Erosionsschutz, wie wiederholt beobachtet, den auf der Basis des Brandrodungsfelbaus wirtschaftenden Siedlern in Rondônia Tonbildschauen über Konturpflügen und ähnliches mehr aus hochmechanisierten Agrarlandschaften Südbrasiliens zu zeigen.
2) Vgl. zu ihrem Potential in Amazonien besonders HECHT 1982, zu bisherigen Erfahrungen z.B. BISHOP 1982.

oleracea) etc. (vgl. auch Kap. III.1.4. und Tab. 1). Spezielle durch POLONOROESTE finanzierte Pilotprojekte des INPA (Manaus) zu dieser Thematik existieren in der Region bereits seit 1983/84.

Ländliche Sozialorganisation

Dieser in der Kompetenz der Sozialbehörde SETRAPS–RO (*Secretaria de Estado de Trabalho e Promoção Social*) und der CODARON liegende Teilaspekt des PDRI umfaßt insbesondere die Bildung der ländlichen Entwicklungskommissionen CDR (*Comissão de Desenvolvimento Rural*). Sie sollten ursprünglich der Organisierung der Selbsthilfe der Kolonisten in den verschiedensten Bereichen, der Förderung eines Gemeinschaftslebens sowie der Förderung der Artikulation von Gemeinschaftsinteressen etc. dienen und sollten ebenso Ansatzpunkte für die spätere Entstehung von Kleinbauernassoziationen oder Kleinkooperativen sein (vgl. BANCO MUNDIAL 1981a, S. 22). Zu diesem Bereich sollten daneben Information und Sensibilisierung der Zielgruppe für die Ziele von POLONOROESTE und PDRI sowie — soweit dies in einem Entwicklungsprogramm *from above* enthalten sein kann — Bewußtseinsbildung der Betroffenen gehören.

Nach den Beobachtungen im PIC *Ouro Preto* und in anderen Kolonisationsgebieten kann jedoch festgestellt werden, daß dieser Teilaspekt des PDRI–RO zu den wenigst realisierten und schwächsten Komponenten des Programms gehört.

So erschöpft sich die Bildung der CDR, wie in allen drei Untersuchungsgebieten bei der Teilnahme an entsprechenden Kolonistenversammlungen beobachtet werden konnte, in einem rein administrativen Prozeß. Es wird ein Präsident, Vizepräsident, Erster Beisitzer, Zweiter Beisitzer usw. gewählt, ohne daß auch nur annähernd klar würde, was die eigentlichen Aufgaben dieser Kommissionen nun eigentlich sind oder zumindest sein könnten. Entsprechend geht auch von den Kolonisten in der Regel keine Initiative zur Aktivierung der CDR aus. Die Bildung solcher Kommissionen wird von ihnen meist — nicht zuletzt wegen negativer Erfahrungen mit staatlich verordneter Selbsthilfe im *Projeto Mutirão* — als notwendiges, wenn auch unnützes Übel angesehen. Typisch ist die Antwort des Präsidenten einer solchen CDR auf die Frage, welche Funktion und Aufgabe er zu erfüllen hätte, er sei *Präsident der Kommission der Sozialbehörde*, was deutlich zeigt, daß diese Form der Sozialorganisation nicht als Eigenangelegenheit der Kolonisten, sondern als *von oben verordnet* angesehen wird. Dies hängt zweifellos eng mit der meist unzureichenden Arbeitsmethodik der Funktionäre zusammen. Entsprechend unzureichend sind auch die Informationen der Siedler über POLONOROESTE, seine Absichten und die Integration der Zielgruppen in das Programm. Schon mit dem Namen des Programms können nur die Allerwenigsten etwas verbinden. In dieser Form ist *Partizipation* und Integration der Zielgruppen zweifellos nicht zu verwirklichen.

Allerdings sind abgesehen von den genannten — oftmals auch personellen — Unzulänglichkeiten der Umsetzung dieses Programmaspekts auch Zweifel daran angebracht, ob jemals ein tatsächliches Interesse der Verantwortlichen an der Partizipation der Zielgruppen bestanden hat. Von den lokalen und regionalen Politikern wurde die Bildung der CDR sehr viel mehr im Sinne der positiven und wahlwirksamen Darstellung von Regierungsaktivität — also unter politischen Aspekten — und sicherlich sehr viel weniger unter dem Gesichtspunkt der Interessenartikulation der Betroffenen gesehen. So wird von den Siedlern und von Funktionären anderer Behörden berichtet, daß im Wahljahr 1982 die Bildung der CDR offen zur politischen Manipulation mißbraucht wurde. Dies ist insgesamt auch nicht erstaunlich, denn Partizipation im Sinne Nuschelers kann in einem autoritären System, als das Brasilien zumindest bis zum Regierungswechsel im Frühjahr 1985 zu bezeichnen war, dann nicht verwirklicht werden, wenn die Interessen der Betroffenen — hier also der Kleinbauern — nicht mit denen der Mächtigen übereinstimmen. Tatsächliche Partizipation würde in den meisten Fällen folgerichtig nur in Opposition, wie zum Beispiel im Falle der rondonensischen selbstorganisierten Kleinbauernassoziationen, zu fordern sein. Die *von oben* verordnete Partizipation im Rahmen des PDRI–RO hat in der Realität — zumindest in der Zeit vor dem Regierungswechsel 1985 — kaum etwas mit Bewußtseinsbildung, Stärkung politischer Beteiligung oder Stärkung sozialer und ökonomischer Eigenartikulation der Betroffenen zu tun. Auch die Integration der Zielgruppen in die Programmumsetzung findet in der Realität nicht statt. Die Bildung der ländlichen Entwicklungskommissionen scheint vielmehr den Anschein *demokratischer Legitimation* der ländlichen Entwicklung *von oben* liefern zu sollen. Bei den Siedlern wird mit der Bildung der CDRs der Anschein erweckt, als seien sie, die Betroffenen, die *Schmiede ihres eigenen Glücks* und als könnten sie die lokale Entwicklung entscheidend beeinflussen. Dies aber nur solange sich potentielle Eigeninitiative in den engen Grenzen politischer Opportunität und staatlicher Kontrolle bewegt und sich nicht gegen die Interessen der regionalen — und letztendlich auch überregionalen — Eliten richtet. Das heißt: Selbsthilfe z.B. beim Straßenbau ja, aber Kleinbauernassoziationen unter anderen politischen Vorzeichen als denen der Regierenden nein (vgl. zur Bildung der CDRs und ihrer politischen Einordnung auch LOPES 1985).

In der Zusammenschau der verschiedenen direkt im ländlichen Raum ansetzenden Maßnahmen des PDRI–RO stellt sich selbst der wohl noch am ehesten zu realisierende Aspekt von *Integration*, nämlich der eines *integrierten Handelns* der verschiedenen staatlichen Institutionen, als großenteils unrealisiert dar. So konnte noch 1983 und 1984 beobachtet werden, daß z.B. in den drei Untersuchungsgebieten die Aktivitäten von EMATER und SETRAPS in vielen Fällen völlig unkoordiniert waren. Beide Institutionen führten eigene Siedlerversammlungen durch, in denen entweder die *líderes multiplicadores* (EMATER) oder im anderen Fall die *lideranças* der CDRs (SETRAPS) gewählt wurden. Dabei sind dies Arbeiten, die sehr wohl — besonders auch im Interesse der Betroffenen — koordiniert durchgeführt werden könnten. Entsprechend ist bei den Siedlern ein Überdruß an Versammlungen und Informationsveranstaltungen, deren Sinn von vielen angezweifelt wird, festzustellen. So konnten Beispiele beobachtet werden, daß in Versammlungen die Zahl der Beamten größer war als die der Siedler.

Die hier an verschiedenen Einzelbeispielen dargestellten Umsetzungsprobleme des PDRI–RO im ländlichen Raum lassen sich in einigen generellen, direkten und indirekten Einflußfaktoren zusammenfassen:

- Technische und personelle Kapazität der einzelnen Institutionen beeinflussen eine zielgerechte Umsetzung der Teilkomponenten des PDRI–RO. Insgesamt konnte beobachtet werden, daß die an der direkten Umsetzung auf lokaler Ebene Beteiligten nur unzureichend über globale Ziele des Programms und seine integrative Konzeption informiert waren. Die oft mangelnde Kenntnis regionaler und lokaler Zusammenhänge der fast ausschließlich aus anderen Regionen stammenden Beamten ist ein Hindernis für die Realisierung einer angepaßten Nutzung und Entwicklung. Die meist sehr jungen Beamten stoßen z.T. bei den älteren Siedlern auf

Akzeptanzprobleme. Diese Aspekte beeinflussen bereits die sektoralen Maßnahmen des Programms.
- Auf der lokalen Umsetzungsebene findet nur zum Teil eine Koordinierung und Integration der sektoralen Maßnahmen statt. Für die Betroffenen ist deshalb dieses grundlegende Element der *Integrierten Ländlichen Entwicklung* in der Realität nur selten zu erkennen. Das PDRI–RO reduziert sich für sie mithin auf unterschiedliche sektorale Maßnahmen einzelner Behörden, denen sie unterschiedliches Interesse entgegenbringen.
- Die Ziele des PDRI–RO werden durch übergeordnete Einflüsse konterkariert. Die nationalen agrarpolitischen Rahmenbedingungen wirken durch die Kürzung staatlich subventionierter Kredite bzw. die für die Kleinbauern ungünstige Korrektur des Zinsniveaus sowie durch die nationale Agrarpreispolitik *kontraproduktiv* auf das Ziel der Konsolidierung und Verbesserung der landwirtschaftlichen Produktionsbedingungen durch regionale Entwicklungsmaßnahmen. Politische und gesellschaftliche Systemzusammenhänge verhindern die Realisierung einer tatsächlichen Integration und Partizipation der Zielgruppen. Die unzureichende Berücksichtigung der sozial Schwächeren, d.h. unter anderem der Kleinbauern, im *assoziativ–kapitalistischen* Entwicklungsmodell Brasiliens kann nicht durch regionale Entwicklungsprogramme *neutralisiert* werden.

Wenn man also Anspruch und Realität der *Integrierten Ländlichen Entwicklung* bei den Maßnahmen des PDRI im ländlichen Raum gegenüberstellt, müssen nach den lokalen Umsetzungserfahrungen im PIC *Ouro Preto* die drei Aspekte der *Integration*, nämlich
- Integration einzelner sektoraler Maßnahmen zu einem konzeptionell, methodisch und zeitlich aufeinander abgestimmten Maßnahmenbündel,
- Integration der Betroffenen in den Planungs– und Umsetzungsprozeß,
- Integration der Zielgruppen in den gesamtgesellschaftlichen Entwicklungsprozeß,

als bisher noch nicht realisiert angesehen werden.

V.3.2. Die NUARs als ländliche Versorgungszentren

Neben den direkt bei der Zielgruppe der Kolonisten im ländlichen Einzugsbereich der NUARs ansetzenden Maßnahmen war im Rahmen des PDRI vor allem die Einrichtung von vorher nicht existierenden Basisinfrastrukturen in den neuen NUARs, die sich somit zu ländlichen Versorgungszentren entwickeln sollten, als Beitrag zur Verbesserung der Lebens– und Produktionsbedingungen im ländlichen Raum vorgesehen. Jedoch auch hier müssen, wie am Beispiel der drei NUARs des PIC *Ouro Preto* zu zeigen sein wird, erhebliche Diskrepanzen zwischen Plan und Realität festgestellt werden.

Neben Problemen der technischen Ausführung und des Betriebs der verschiedenen NUAR–Installationen sind diese Diskrepanzen vor allem im Bereich der NUAR–Administration und Koordinierung der verschiedenen Dienste sowie besonders in Unzulänglichkeiten der sektoralen Maßnahmen (Schule, Gesundheitsposten, Lagerhaus der CIBRAZEM) zu beobachten.

Strom- und Wasserversorgung

In allen NUARs ist ein lokales Strom- und Wasserversorgungsnetz für die Gebäude der einzurichtenden öffentlichen Dienste wie auch für Geschäfte und Privathaushalte während mehrerer Stunden pro Tag (i.d.R. von 18 bis 22 Uhr) vorgesehen. Jedoch hat dies 1983 und 1984 — d.h. ein bis zwei Jahre nach Fertigstellung der technischen Einrichtungen — in keinem der drei hier im Vordergrund stehenden NUARs funktioniert. Grund waren, neben z.T. fehlerhaften Installationen[1], v.a. an die Region nicht angepaßte Energieträger und dadurch zu hohe Kosten der Energiererzeugung. So waren in zwei NUARs (*Nova Colina* und *Nova União*) Dieselgeneratoren installiert, über die ebenfalls die Pumpen zur Wasserversorgung betrieben werden sollten. Jedoch blieben die Tanks über Monate hinweg leer, weil die zuständigen Behörden in Porto Velho die notwendigen, relativ teuren Betriebsmittel nicht zur Verfügung stellen konnten. Durch die Koppelung von Strom- und Wasserversorgung blieben deshalb auch die installierten Wassertanks leer. Im NUAR *Teixeirópolis* hatte man versuchsweise einen mit Brennholz betriebenen Generator installiert. Man ging davon aus, daß hier aufgrund des in der Region durch die Rodung des Primärwaldes ausreichend zur Verfügung stehenden Energieträgers eine kostengünstigere und dauerhafte Stromerzeugung sichergestellt sei. Jedoch stellten sich auch hier technische Probleme, z.B. nicht geregelte Anlieferung und Lagerung des Brennmaterials, schwierige, nur von geschultem Personal durchzuführende Handhabung des Betriebs etc. als Negativfaktoren heraus, die zur Lahmlegung der Energieversorgung über lange Zeit hinweg führten.

Andere Energiequellen, wie z.B. die in der Nähe aller fraglichen NUARs existierenden perennischen Fließgewässer, wurden bei Anlage der NUARs nicht berücksichtigt, obwohl gerade zur kostengünstigen Energiegewinnung aus Wasserkraft im Kleinstmaßstab angepaßte Technologien existieren und für die amazonischen Verhältnisse z.B. im INPA (Manaus) anwendungsbezogen erprobt werden (vgl. hierzu HARWOOD 1984).

Schulen

Die *colégios*, mehrklassige Schulen, die in ihrem Endausbau den gesamten sogenannten *1º grau* (bis zur 8. Klasse) umfassen sollen, gehörten in allen drei NUARs zu den relativ schnell — wenn auch zunächst mit reduzierter Kapazität — funktionierenden, neu eingerichteten Infrastrukturen. Die Schüler kommen dabei sowohl aus dem NUAR selbst als auch aus dem ländlichen Einzugsbereich, dann allerdings auf freiwilliger Basis.

Als problematisch erwies sich in allen Fällen die Kontraktierung qualifizierten Lehrpersonals. So hatten z.B. die drei neu kontraktierten Direktoren der *colégios* vorher in keinem Fall im Schulwesen gearbeitet. Ihre Qualifikation bestand einzig in einem abgeschlossenen, oft jedoch fachfremden Hochschulstudium. Alle drei waren — wie dies für viele der im Rahmen des PDRI kontraktierten Beamten typisch ist — als arbeitslose

---

1) Falsch positionierte Pumpen, schadhafte Strommasten, reparaturanfällige Generatoren, mangelhafte Wartung.

Hochschulabgänger aus anderen Regionen nach Rondônia gekommen[1] und hier zur Leitung des *colégios* angestellt worden. Bei einem großen Teil des übrigen, nur zu einem geringen Teil über einschlägige Erfahrung und Ausbildung verfügenden Lehrpersonals waren endgültige Kontraktierung und Bezahlung durch die zuständigen munizipalen Behörden zum Teil noch über Monate nach Arbeitsaufnahme ungeregelt (mdl. Inf. mehrerer Lehrer in *Teixeirópolis* und *Nova Colina*).

Das speziell für die Landschulen in Rondônia konzipierte curriculum des sogenannten *Prorural*, das z.B. dem teilweise sehr unregelmäßigen Schulbesuch der Schüler des Einzugsbereichs durch die Möglichkeit des Heimstudiums Rechnung tragen wollte, stellte sich bald — nach Aussage von Lehrern und Eltern — als untauglich heraus, weil es innerhalb der einzelnen Jahrgänge erhebliche Niveauunterschiede fördert und deshalb bei fehlender individueller Betreuung durch den Lehrer letztendlich zur Benachteiligung eines Teils der Schüler führt. Zusätzlich werden die Schüler auf dem Lande durch *Prorural* insofern benachteiligt, als sie bei Schulwechsel in die Stadt (z.B. in weiterführende Schulen) an den normalen Lehrplan Anschluß finden müssen, dabei jedoch meist erheblich zurückgestuft werden.

Sehr positiv zu werten sind gemeinschaftliche Arbeiten von Schulen und Agrarberatern zur Anlage von Schulgärten (z.B. mit Gemüseanbau etc.) in den *colégios* der NUARs und den Landschulen, die von den Schülern unter Anleitung gepflegt werden, wovon man sich *Multiplikator-Effekte* in diesem bei den Kolonisten im allgemeinen defizitären Bereich erhofft.

Hierbei und bei der Anlage von Brunnen in den Schulen wird besonderer Wert auf die Mithilfe der Eltern gelegt, was im Sinne einer Förderung von sozialer Gemeinschaft und *Hilfe zur Selbsthilfe* als begrüßenswert anzusehen ist.

Ebenso engagierten sich in allen NUARs besonders die *colégios* — zusammen mit den Beamten der Sozialbehörde SETRAPS — für die Förderung eines lokalen Soziallebens über die Organisierung und Durchführung lokaler Feste (z.B. sog. *festas juninas* etc.).

Gesundheitsposten

Im besonders wichtigen Bereich der gesundheitlichen Versorgung der ländlichen Bevölkerung sind im Rahmen des PDRI erhebliche Defizite festzustellen.

Die ursprünglich vorgesehene Gliederung der Versorgung in Basisgesundheitsposten (PS I) in den *linhas* der Einzugsbereiche und höherrangige Gesundheitsposten im NUAR (PS II) wurde nur in den seltensten Fällen realisiert. Die meisten Posten in den *linhas* wurden nie gebaut oder funktionierten nie[2]. Auch in den PS II der drei älteren NUARs des PIC *Ouro Preto* wurde erst 1984 — also zwei Jahre nach Fertigstellung — die Arbeit aufgenommen. Wesentliche Probleme waren auch hier Kontraktierung und adäquate Schulung von Personal durch die zuständigen munizipalen Stellen. Neben dem personellen Problem war besonders die dauernde Versorgung der Gesundheitsposten mit Medikamenten völlig unzureichend. So gaben alle Verantwortlichen in den PS II an, daß innerhalb der

---

1) Zeichen einer spezifischen Form der Arbeits–Migration im Rahmen der sich verändernden Wanderung nach Rondônia.
2) So existieren nur im Einzugsbereich Nova Colina einige, allerdings geschlossene PS I.

kürzesten Zeit die wenigen kostenlos abzugebenden Medikamente nicht mehr verfügbar waren und meist über Wochen und Monate nicht mehr ersetzt werden konnten. Die Posten waren i.d.R. auch weder technisch noch personell in der Lage, die notwendigen ersten Maßnahmen bei den häufigsten Problemen in der Region (Geburten, Verletzungen, Malaria etc.) zu gewährleisten. Die NUAR-Bevölkerung und die Kolonisten der Einzugsbereiche, die insgesamt diese Defizite zu den wichtigsten funktionalen Mängeln der NUARs rechnen (vgl. Tab. 71), griffen deshalb sehr viel mehr auf die allerdings meist sehr teuren Dienstleistungen der in allen NUARs existierenden privaten Apotheken zurück.

Auch konnte in keinem der drei NUARs der in der Konzeption vorgesehene mindestens wöchentliche Besuch eines Arztes zur Abhaltung kostenloser Sprechstunden (vgl. BANCO MUNDIAL 1981c, S. 17) als realisiert festgestellt werden. Die zuständigen Munizipbehörden haben diesen Plan sehr bald auf einen monatlichen Arztbesuch reduziert, der jedoch auch zwei Jahre nach Fertigstellung der NUAR-Infrastrukturen noch in keinem Falle regelmäßig stattfand. Nur zu Sonderaktionen, wie z.B. Impfungen etc., waren sporadisch Arztbesuche festzustellen. Die Nachfrage bei der Bevölkerung war jedoch durchweg überaus groß. Hauptproblempunkt schien jedoch (nach Auskunft munizipaler Beamter in Ji-Paraná und Ouro Preto do Oeste) besonders die fehlende Kooperationsbereitschaft der lokalen Ärzteschaft gewesen zu sein.

Zum Untersuchungszeitpunkt konnte auch die in der Konzeption vorgesehene hygienische und präventiv-gesundheitliche Betreuung der Siedler-Bevölkerung in den *linhas* durch das Personal der PS II der NUARs über Hausbesuche und Informationsveranstaltungen (vgl. BANCO MUNDIAL 1981c, S. 17) nur vereinzelt beobachtet werden.

Daneben ist im regionalen Gesundheitssektor die – auch durch POLONOROESTE unterstützte (vgl. BANCO MUNDIAL 1981c, S. 16 ff.), allerdings nicht in das PDRI integrierte – Bekämpfung der Malaria durch die *paramilitärisch* organisierte Sonderbehörde SUCAM (*Superintendência de Campanhas de Saúde Pública*) von besonderer Bedeutung, die sich v.a. auf regelmäßige DDT-Applikation in allen Gebäuden im städtischen und ländlichen Raum[1], Durchführung von Malaria-Diagnosen und Verteilung von Medikamenten durch die in allen Munizip-Hauptorten existierenden SUCAM-Dienststellen erstreckt.

Staatliche Lagerhäuser der CIBRAZEM

Neben der Verstärkung der Agrarberatung war als wichtigste, direkt auf den landwirtschaftlichen Produktionssektor gerichtete PDRI-Maßnahme die Verbesserung der lokalen Agrarvermarktung durch die Dezentralisierung und Kapazitätsausweitung der staatlichen Lagerhäuser, in denen die Siedler Teile ihrer Produktion (v.a. Reis und Mais) zu den staatlich festgesetzten Mindestpreisen verkaufen können, vorgesehen.

Daß auch in diesem Bereich nach *Halbzeit* der POLONOROESTE-Umsetzung erhebliche Diskrepanzen zwischen Plan und Realität festgestellt werden müssen, zeigt die

---

1) Wobei jedoch nach Auskunft von SUCAM-Mitarbeitern in Ouro Preto do Oeste 1984 die Intervalle wegen fehlenden Insektizids z.T. schon viel zu groß geworden waren.

Tatsache, daß bisher nur in einem der drei hier betrachteten NUARs (*Nova União*) ein Lagerhaus der CIBRAZEM (Kapazität 2.500 t) eingerichtet wurde. Insgesamt befanden sich 1985 nur in 8 der bis dahin eingerichteten 20 NUARs funktionierende Lagerhäuser.

Jedoch bleibt auch insgesamt die positive Wirkung der Einrichtung von mehr staatlichen Lagerhäusern auf die kleinbäuerliche Landwirtschaft bei von Jahr zu Jahr unterschiedlichen, oft für die Bauern unattraktiven staatlichen Mindestpreisen und bei gleichzeitig hoher Qualitätsanforderung und großem bürokratischem Aufwand des Verkaufs der Produktion an die staatliche Vermarktungsbehörde im Vergleich zu den privaten Zwischenhändlern zweifelhaft.

NUAR–Administration und Koordinierung

Auch bei der Realisierung und Administration der NUARs selbst war man von einer unmittelbaren Beteiligung der lokalen Bevölkerung ausgegangen. So wurde z.B. die Rodung der jeweils 40 ha großen zukünftigen NUAR–Standorte in den meisten Fällen selbst organisiert von den Kolonisten der *linhas* in den Einzugsbereichen mit Unterstützung der CODARON durchgeführt.

Das Interesse für die NUARs wurde v.a. dadurch geweckt, daß vorgesehen war, die ca. 200 *städtischen* Parzellen in den NUARs (sog. *datas* von jeweils ca. 500 m^2) vorzugsweise an interessierte Siedler aus dem Einzugsbereich kostenlos zu verteilen. Man wollte damit für die z.T. weitab wohnende ländliche Bevölkerung die Möglichkeit schaffen, einen zweiten Wohnsitz im NUAR einzurichten, um die neuen Infrastrukturen besser nutzen zu können. Der NUAR war also konzeptionell vorrangig auf die ländliche Bevölkerung ausgerichtet und auch seine *städtische Entwicklung* sollte v.a. von dieser Zielgruppe geprägt sein. Man wollte jedoch nicht einem definitiven Wohnortswechsel vom *lote* in den NUAR Vorschub leisten, obwohl diese Gefahr bei den Härten des Lebens auf dem *lote* und den Erleichterungen, die der NUAR zu bieten schien, gesehen werden mußte.

Jedoch konnte in der Realität nur ein Teil der ländlichen Bevölkerung eine *data* erhalten, viele der Interessierten gingen leer aus. So waren nur 12 der 79 (d.h. 15 %) in den Einzugsbereichen befragten Siedler Eigentümer einer *data* im NUAR, 13 Befragte (17 %) hatten sich daneben um eine *data* bemüht, jedoch keine erhalten. 16 Befragte (20 %) waren an einer *data* interessiert, konnten jedoch die damit verbundenen Auflagen eines Hausbaus innerhalb eines vorgegebenen Zeitraums (meist drei Monate) nicht erfüllen.

Die Parzellenverteilung in den NUARs wurde somit in den meisten Fällen zu einem ersten Konfliktpunkt zwischen NUAR–Verwaltung und den Zielgruppen. Viele derjenigen, die z.B. bei der Rodung für den NUAR teilgenommen, aber nun keine *data* erhalten hatten, sahen sich *betrogen* und waren zukünftig nicht an weiterem Engagement für den NUAR interessiert.

Im Mittelpunkt dieses Konflikts standen die neuen *Verwalter* der NUARs, die sogenannten *administradores*. Sie sollten aus dem Kreis der Siedler des Einzugsbereiches über die CDRs — wie allerdings nur zum Teil erfolgt — gewählt werden. In der Realität wurden meist solche Siedler *administradores*, die über besonders intensive Beziehungen zu den Behörden verfügten und die durchweg politische Ambitionen hatten. Ein grundlegendes Problem der NUAR–Verwaltung war von Anfang an die unzureichende Definition der Aufgaben dieser *administradores* gewesen. War in der Programmkonzeption ihre Aufgabe eher die des Vertreters der Zielgruppen–Interessen in der NUAR–Administration, die sie zusammen mit einem Beamten der SEPLAN-RO, dem sog. *assessor técnico*, kollegial im Sinne der Leitlinien des PDRI durchführen sollten, so sahen sich die meisten *administradores* schon bald als die einzigen *demokratisch legitimierten* Verantwortlichen, sozusagen als *Bürgermeister* einer zukünftigen Gemeinde, die entsprechend je nach ihren Vorstellungen die Geschicke des NUARs zu lenken beabsichtigten, ohne sich dabei an — ihnen ohnehin meist unbekannten — Programmkonzeptionen des PDRI zu orientieren. Als besonderes Instrument ihrer Machtbefugnis wurde dabei von den meisten *administradores* die Verteilung der *datas* im NUAR angesehen.

In allen drei NUARs kam es von Anfang an zu erheblichen Kompetenzproblemen und Konflikten zwischen den *administradores* und den SEPLAN-Beamten, deren Aufgabenspektrum ebenso unzureichend definiert war und die in den meisten Fällen über keinerlei Vorkenntnisse, über keine Vorbereitung sowie über meist völlig unzureichende Kenntnisse der regionalen Problemstellung verfügten. Sie fungierten allenfalls als *Puffer* zwischen den lokalen Lenkungsinteressen der *administradores* und der Programmkoordinierung auf regionaler Ebene. Dabei konnten sie der ebenfalls zu ihren Aufgaben zählenden Koordinierung der einzelnen sektoralen Behördenaktivitäten auf lokaler NUAR-Ebene fast nie gerecht werden.

Ein weiteres Problem der NUAR-Verwaltung bestand darin, daß die NUARs innerhalb der administrativen Ebene der Munizipien keinerlei abgegrenzte Gebietseinheit (z.B. Distriktverwaltung mit sog. *sub-Prefeitura*) darstellten, sondern lediglich die unterste Ebene des ausschließlich in bundesstaatlicher Kompetenz liegenden PDRI repräsentierten. Von den Munizip-Verwaltungen wurden deshalb die Interessen der NUARs weitgehend ignoriert, ihre Verwaltung z.T. sogar aus politischen Gründen boykottiert. Die Lösung der NUAR-Probleme hing deshalb allenthalben von den Entscheidungen im weit entfernten Porto Velho ab.

Die genannten Problembereiche sind als Teil der bei allen PDRI-Komponenten zu beobachtenden und von vielen auf der lokalen Ebene arbeitenden Beamten beklagten, deutlichen *Distanz* zwischen regionaler Programm-Koordinierungs- und Konzeptionsebene einerseits und lokaler Umsetzungsebene andererseits zu sehen. Zwar finden regelmäßig Versammlungen und Trainingsprogramme für die lokalen PDRI-Kräfte in den Zentralen in Porto Velho ebenso wie regelmäßige Inspektionen der regionalen Programm-Koordinatoren in den einzelnen NUARs statt, jedoch wird von den lokalen PDRI-Kräften immer wieder das geringe Verständnis der Koordinatoren für lokale Probleme ebenso wie die unzureichende Information über die globalen Programmziele und die fehlende Beteiligung der lokalen Ebene an der Umsetzungskonzeption sowie die unzureichende konkrete Hilfe der regionalen Ebene bei der Lösung lokaler Problemstellungen betont.

Die hier angesprochenen Probleme der NUAR-Verwaltung und Koordinierung führten ab 1984 zu konzeptionellen Modifikationen für die 1983/84 gebauten und ab 1984 in Funktion gehenden 10 NUARs (vgl. Karte 25) sowie im Gefolge der *midterm-evaluation* auch zu einer Änderung des Verwaltungsschemas in den älteren NUARs. So sollten z.B. in den neuen NUARs keine gewählten *administradores* mehr zum Einsatz kommen, sondern die NUAR-Administration sollte zunächst ausschließlich den SEPLAN-Beamten obliegen. Dadurch wurde jedoch ein wichtiger — wenn auch sich nicht immer im Rahmen der Programmziele bewegender und z.T. konfliktträchtiger — Faktor der Partizipation der Zielgruppen aus dem PDRI eliminiert. Die Reaktion der Betroffenen ist entsprechend negativ, wie am Beispiel des neuen NUARs *Vale do Paraíso* (vgl. Karte 25) im PIC *Ouro*

Preto festgestellt werden konnte, wo im Verlauf des Jahres 1984 bereits die Wahl eines *administradors* stattgefunden hatte, der jedoch nach den neuen SEPLAN-Vorstellungen nun sein Amt nicht antreten sollte[1].

Nach Auflösung der CODARON 1984 und nach der *midterm-evaluation* sahen neue Pläne für die gesamte NUAR-Verwaltungsstruktur neben Wechseln der technischen Zuständigkeiten v.a. die Übergabe der NUARs an die Munizip-Verwaltungen vor. Der SEPLAN-Beamte soll künftig besonders für die Koordinierung der sektoralen Aktivitäten bundesstaatlicher Behörden — also für die *Integration* des *Integrierten Ländlichen Entwicklungsprojektes* — im NUAR und seinem Einzugsbereich zuständig sein (mdl. Inf. SEPLAN-RO, Porto Velho Juli 1985). Ob so eine effizientere Administration zu erreichen ist, bleibt abzuwarten. Jedenfalls wird durch die Rückführung der Zuständigkeiten an verschiedene Fachbehörden bei der vermutlich geringen *Integrations-Wirkung* des lokalen SEPLAN-Beamten und besonders durch die Zurücknahme der Beteiligung der Zielgruppen der Aspekt der mehrschichtigen *Integration* des *Integrierten Ländlichen Entwicklungsprojektes* weiter reduziert.

Daß auch von offizieller Seite die Einrichtung der NUARs als Herzstück des PDRI-RO nicht unbedingt als Erfolg betrachtet wird, läßt sich daran erkennen, daß nach der *midterm-evaluation* von POLONOROESTE im Jahr 1985 der geplante Bau von weiteren 19 NUARs zunächst — wahrscheinlich aber endgültig — gestoppt wurde (vgl. zu den geplanten Standorten Karte 25). Die Gründe liegen u.a. in der nicht realisierten *Integration* des PDRI und seiner Reduzierung auf verschiedene sektorale Maßnahmen *from above*. *Partizipation* ist auch in diesem Programm nicht verwirklicht worden, wobei fraglich bleibt, ob von den Verantwortlichen je etwas anderes erwartet worden war. Die Frage Wesel's, ob *Integrierte Ländliche Entwicklung* als *Neuansatz* oder als *Rhetorik* (vgl. WESEL 1982) anzusehen sei, muß nach den geschilderten, sicherlich kleinräumig ausschnitthaften Umsetzungserfahrungen eher in letzterem Sinne beantwortet werden. Wesentlicher Grund hierfür ist neben der Problematik technischer, konzeptioneller und koordinationsbedingter Schwachpunkte sicherlich das generell für die Peripherie in Brasilien zutreffende Phänomen, daß zielgruppenorientierte Entwicklung, die nur bei einer Stärkung der *territorialen* Seite der Gesellschafts- und Raumentwicklung (vgl. FRIEDMANN, WEAVER 1979) verwirklichbar erscheint, auch bei positiven Ansätzen auf regionaler und besonders lokaler Ebene in einem gesellschaftlichen, politischen und ökonomischen System, das wie das brasilianische v.a. auf die *funktionale* Komponente der Raumentwicklung ausgerichtet ist, nur gegen die Interessen der Mächtigen — und damit sicherlich nicht *von oben* ausgehend — realisiert werden könnte.

---

[1] Mdl. Inf. SETRAPS-Mitarbeiter Ouro Preto do Oeste, Juli, August 1984, Inf. verschiedener Siedler sowie des gewählten administradors im Bereich des neuen NUAR.

V.4. Zur aktuellen städtischen Entwicklung der NUARs im PIC Ouro Preto

In allen drei NUARs konnte bereits kurze Zeit nach ihrer Einrichtung eine spezifische Siedlungsentwicklung dieser geplanten kleinsten zentralen Orte im ländlichen Raum festgestellt werden, die durch den Bau von Wohnhütten, Eröffnung verschiedener Läden und Werkstätten gekennzeichnet war. Diese Entwicklung wurde durch Gebäude- und Nutzungskartierungen zu jeweils drei (in einem Fall zwei) verschiedenen Zeitpunkten während der ersten 12 bis 18 Monate nach Einrichtung der drei NUARs erhoben[1]. Ebenso wurden zur sozio–ökonomischen Charakterisierung der Bevölkerung in den neuen NUARs insgesamt 90 Befragungen im Jahr 1984, also ein- bis eineinhalb Jahre nach Beginn der NUAR-Entwicklung, durchgeführt[2].

Auch wenn es sich bei den NUARs um allerjüngste Siedlungskerne von nur sehr geringer Größe und geringer siedlungsgeographischer Konsolidierung handelt, sind sie doch insofern auch geographisch von besonderem Interesse, als hier innerhalb des Untersuchungszeitraums die einerseits gelenkte Planung und Entstehung, andererseits aber *spontane* Entwicklung und beginnende funktionale Differenzierung von Siedlungen an der Pionierfront beobachtet werden konnte.

In allen drei erst 1982/83 fertiggestellten NUARs konnte nach Rodung der ca. 40 ha großen NUAR-Standorte, nach Beendung der technischen Arbeiten und mit der Verteilung der *datas* durch die *administradores* bereits innerhalb des ersten Jahres ein stetiges Wachstum beobachtet werden, wobei nur im NUAR *Nova Colina* bereits vorher ca. 10 Häuser (davon eine *farmácia*, eine Sägerei und ein kleiner Krämerladen – *bolicho*) existiert hatten.

Das – z.T. recht unterschiedliche – Wachstum der NUARs ist allerdings nicht zu vergleichen mit dem der zahlreichen Spontansiedlungen an den aktuellen rondonensischen Rodungsfronten[3], bzw. dem Wachstum der Siedlungskerne in den neuen Kolonisationsprojekten PA *Urupá* und PA *Machadinho* (vgl. zur Lokalisierung Karte 11). Grund für das dynamischere Wachstum dieser Siedlungen ist zweifellos die für landsuchende Neuzuwanderer höhere Attraktivität dieser Teilregionen, in denen der Landerschließungsprozeß noch in einem anfänglichen stark expandierenden Stadium ist. Da zusätzlich diese Regionen meist noch weiter von den Pionierstädten an der BR 364 entfernt liegen, ist auch das Versorgungsdefizit dieser Teilräume größer, was die Attraktivität der beispielhaft genannten Siedlungen für Kleinhändler und Gewerbetreibende erhöht.

Jedoch hängt auch das junge Wachstum der NUARs in den bereits länger erschlossenen und weitgehend aufgesiedelten Räumen – außer mit der Entwicklung des ländlichen

---

1) Vgl. Karten 26, 27, 28 in denen die jeweils aktuellste Situation des Baubestands und der Nutzung – und damit auch evtl. Nutzungsänderungen zwischen den verschiedenen Erhebungszeiträumen – dargestellt sind.
2) Die jeweils 30 Befragungen in den NUARs Nova Colina, Nova União und Teixeirópolis entsprachen zum jeweiligen Befragungszeitpunkt ca. 35 %, 25 % bzw. 40 % der gesamten NUAR-Haushalte – zum Fragebogen vgl. Anhang.
3) Z.B. an der RO 429 die Orte Alvorada do Oeste, das heute bereits als Pionierstadt zu bezeichnen ist, und São Miguel, in der Region um Rolim de Moura die Siedlungen Santa Luzia, Alta Floresta, Brasilândia etc.

Umlandes und seines sozialräumlichen Wandels — eng mit der aktuellen Migrationsentwicklung und dem Nachdrängen von landsuchenden Neuzuwanderern in den ländlichen Raum Rondônias zusammen, wie bei der sozio-ökonomischen Analyse der NUAR–Bevölkerung gezeigt werden kann.

Die *gebremste* Entwicklung der NUARs ist zweifellos auch bedingt durch den Versuch der Behörden (v.a. der CODARON) und der *administradores*, mit der gelenkten Zuteilung der *datas* an die bereits im ländlichen Einzugsbereich der NUARs ansässige Kolonisten-Bevölkerung und der Erteilung von Auflagen (z.B. innerhalb von drei Monaten auf der zugeteilten *data* eine Hütte o.ä. zu errichten) die NUAR–Entwicklung zu kontrollieren und in bestimmte Bahnen zu lenken. Jedoch gingen alle *administradores* bereits nach kurzer Zeit dazu über, auch an Neuzuwanderer aus anderen Regionen *datas* zu verteilen, weil festzustellen war, daß viele Kolonisten, die eine solche Parzelle im NUAR erhalten hatten, entweder nicht in der Lage waren die Auflagen zu erfüllen, kein Interesse am Hausbau im NUAR hatten, die erhaltene *data* nur als Spekulationsobjekt benutzten, um sie sobald als möglich an Neuzuwanderer weiterzuverkaufen, oder aber die von ihnen im NUAR gebauten Hütten nur als zusätzliche Einkommensquelle durch Vermietung nutzten. Daneben wurden von vornherein Parzellen an Personen oder Firmen verteilt, die Interesse zeigten, ein Geschäft oder einen Gewerbebetrieb im NUAR zu eröffnen.

Ähnlich wie im ländlichen Raum mit der Tendenz zum Verkauf der *lotes* (vgl. Kap. IV.2.1. und IV.2.2.) konnte in allen drei NUARs bereits während der Initialphase eine Tendenz zum *data*-Verkauf festgestellt werden, z.T. bereits mit ersten Anzeichen einer Akkumulation von *datas* in den Händen einiger Bewohner. So besaßen zwar zwei Drittel der 90 in den NUARs Befragten nur eine *data*, jedoch fast ein Drittel verfügte bereits über zwei, einige sogar über drei oder vier *datas* (vgl. Tab. 69). Hinsichtlich der Form des *data*–Erwerbs hatten 50 % ihre Parzelle über den vorgesehenen Weg der Zuteilung durch den *administrador* bzw. die CODARON, jedoch bereits 38 % durch Kauf, einige der Befragten daneben sowohl durch Zuteilung als auch durch Kauf erworben (vgl. Tab. 69). Daß auch der Verkauf von Häusern, z.T. auch ihre Vermietung zu beobachten ist, zeigt sich ebenfalls in den drei NUARs, wobei es sich bei den Mietern meist um Neuzuwanderer handelt, die auf der zugeteilten *data* noch kein eigenes Haus errichten konnten.

Es entsteht also bei entsprechender Nachfrage *spontan* ein *städtischer Bodenmarkt* durch die Umwandlung der durch den Staat kostenlos zugeteilten Parzellen in eine *Ware* und z.T. in ein Spekulationsobjekt.

Diese in der NUAR–Konzeption nicht vorgesehene Entwicklung ist einmal durch die relativ geringe Attraktivität der NUARs für viele Bewohner des ländlichen Einzugsbereichs bedingt, die — wenn sie langfristig auf ihrem *lote* leben möchten — bei der geschilderten unzureichenden Funktionsweise öffentlicher Einrichtungen im NUAR und der noch geringen Diversifizierung von Einzelhandel und Gewerbe im NUAR keine anderen Vorteile der kostenlos zugeteilten *data* erkennen als den Verkauf der *data* oder die Vermietung.

Auf der anderen Seite ist aber Voraussetzung für diesen *data*-Verkauf die Nachfrage danach z.B. bei Neuzuwanderen, Landlosen oder Kolonisten, die ihr Land verkauft haben etc., also bei Gruppen, die bisher über keinerlei — oder nicht befriedigende — Existenzgrundlagen an der Pionierfront verfügen und nun hoffen, an der NUAR–Entwicklung zumindest zeitweise oder dauerhaft partizipieren zu können. Für diese Gruppen stellt also der NUAR eine neue *Überlebensstrategie* dar, die von vielen in der für den *Pionierfront-*

Mythos typischen Perzeption *je kleiner und neuer der Ort, desto größer die Überlebenschancen der Armen* Ausdruck findet.

V.4.1. Funktionale Gliederung und *Attraktivität* der NUARs

In keinem der untersuchten NUARs existierten verlässliche Daten zu jeweils aktueller Einwohnerzahl und zum kommerziellen Sektor der neuen Siedlungen, sodaß wir zur quantitativen Einordnung der Entwicklung auf die eigenen Kartierungen und entsprechende Einwohnerschätzungen angewiesen sind.

Zu Ende des Beobachtungszeitraums in der zweiten Jahreshälfte 1984 war die größte der drei untersuchten Siedlungen der NUAR *Nova União* mit ca. 146 Haushalten, was — unter der Annahme einer durchschnittlichen Haushaltsgröße von 6 Personen — einer Einwohnerzahl von ca. 880 Personen ca. eineinhalb Jahre nach Fertigstellung des NUAR entsprach (Stand August 1984). In *Nova União* konnten 19 kleine Läden und Gewerbebetriebe sowie 4 verschiedene Kirchen und Bethäuser kartiert werden. An zweiter Stelle folgte der im August 1983 offiziell eröffnete NUAR *Nova Colina*. Hier wurden im November 1984 (also nach 15 Monaten) 88 Haushalte — ca. 530 Einwohnern entsprechend –, 14 Kleinläden und Kleingewerbebetriebe sowie ebenfalls 4 Kirchen gezählt. Im NUAR *Teixeirópolis* konnten schließlich, ebenfalls eineinhalb Jahre nach NUAR-Einrichtung, 77 Haushalte, d.h. ca. 460 Einwohner, 12 kommerzielle Einrichtungen und 4 Kirchen kartiert werden (Stand August 1984) (vgl. Tab. 70 sowie besonders Karten 26, 27 und 28).

Der neu entstehende kommerzielle und gewerbliche Sektor in den NUARs ist zunächst hauptsächlich geprägt durch eine relativ große Zahl von für den ländlichen Raum, aber auch die Pionierstädte typischen kleinen Läden (sog. *bolichos* oder *buteques*), die durch die Kombination von Getränkeausschank (*bar*), begrenztem Lebensmittelangebot (v.a. lagerfähige Grundartikel wie Zucker, Salz, Öl, abgepackte Teigwaren etc., jedoch keine frischen Erzeugnisse) und sonstigen Artikeln des täglichen Bedarfs (Kerosin, Seife etc.) gekennzeichnet werden können. Diese *bolichos* übernehmen neben und in Kombination mit ihrer kommerziellen Bedeutung v.a. soziale Funktionen als Treffpunkte der männlichen Bevölkerung des NUARs und der umliegenden *linhas*. Sie stellen in allen drei Siedlungen den weitaus größten Teil aller kommerziellen Einrichtungen (vgl. Karten 26, 27 und 28).

Ebenfalls zur Grundausstattung — allerdings in weit geringerer Zahl — gehören die sog. *Bazare*, die v.a. Textilien, Kurzwaren, z.T. Schreibwaren für die Schulkinder etc. anbieten.

Eine Sonderstellung nehmen in den NUARs die seit Beginn existierenden privaten *Apotheken*, die sog. *farmácias*, ein. In den NUARs *Nova Colina* und *Teixeirópolis* gab es bereits zwei, in *Nova União* eine, allerdings größere *farmácia*. Sie entsprechen natürlich in keiner Weise dem, was in Städten als Apotheke bezeichnet wird. Hier in den NUARs werden in diesen Läden gängige Arzneimittel zu oft überhöhten Preisen verkauft. Daneben bieten die meist über keinerlei formale Ausbildung sondern nur über mehr oder weniger eigene Erfahrung verfügenden Apotheker gesundheitliche Betreuung an (Konsultation bei Krankheit, Erste Hilfe, Injektionen etc.). Sie erfüllen somit Funktionen, die an sich durch die — wie gezeigt jedoch nur partiell funktionsfähigen — Gesundheitsposten in den NUARs abgedeckt werden sollten.

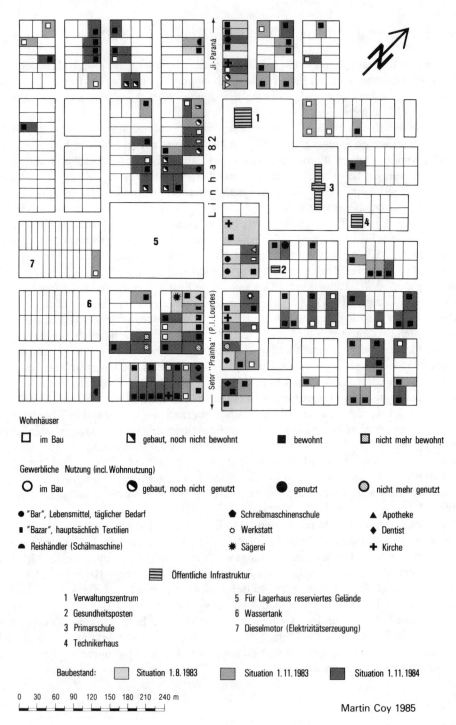

Karte 26

325

Funktionale Karte des NUAR "Nova União"

Karte 27

Auf diese genannten Geschäftstypen beschränkt sich der ausschließlich am Grundbedarf der NUAR-Bevölkerung und der Siedler des Umlandes orientierte und nur in Anfängen diversifizierte Einzelhandel.

Dabei ist die Fluktuation in diesem Bereich, wie bereits während dieser Initialphase beobachtet werden konnte, sehr groß. Einmal können die neuen Geschäfte noch kaum auf einen sicheren Käuferstamm zählen, weil ein großer Teil der Bevölkerung den Bedarf vorrangig in der Stadt deckt. Zum anderen verfügen viele der Ladenbesitzer nur über geringe oder gar keine kaufmännische Erfahrung (oft waren sie vorher in der Landwirtschaft oder anderen Sektoren tätig) und sehen sich deshalb schnell aus den verschiedensten Gründen zur Aufgabe gezwungen[1].

Die Hoffnung der NUAR-*administradores*, durch die Verteilung von *datas* an Firmen aus der Stadt den lokalen Einzelhandel verstärken und differenzieren zu können, hat sich meist noch nicht erfüllt. Zwar haben z.T. solche Firmen bereits Ladengeschäfte gebaut, warten jedoch zur längerfristigen Abschätzung der lokalen, für sie meist noch unbefriedigenden Marktsituation und wegen der Probleme mit der öffentlichen Strom- und Wasserversorgung zunächst ab[2].

Auch der kleingewerbliche Sektor der NUARs ist im Initialstadium und weist nur einen geringen Differenzierungsgrad auf. Einige Gewerbezweige, die sozusagen *Pionierfunktion* haben, sind jedoch auch in diesem Stadium bereits typisch. So existieren in allen drei NUARs kleine Sägereien bes. auch zur Lieferung von Holz für den Hausbau (vgl. Karten 26, 27 und 28). Ebenso typisch sind kleinste Reparaturbetriebe, Kfz.-Werkstätten sowie besonders die sog. *borracharias*, Reparaturwerkstätten für Autoreifen. Die Existenz von anderen Handwerks- und Gewerbebetrieben hängt von den jeweiligen Kenntnissen und *Markteinschätzungen* der neuen NUAR-Bewohner ab. So existierten in einem NUAR eine Ziegelei, ein Möbelschreiner und ein Friseur, in einem anderen eine Fahrad-Reparaturwerkstatt, im dritten schließlich ein Dentist, eine Schreibmaschinenschule etc. (vgl. Karten 26, 27 und 28).

Zu den Pionierformen des Handels- und Gewerbesektors der NUARs gehören auch die Reisschälmaschinen (*máquinas de arroz*), die von landwirtschaftlichen Zwischenhändlern betrieben werden. In allen drei NUARs existieren bereits solche meist sehr kleinen Betriebe, bzw. standen kurz vor der Betriebsaufnahme. Man hofft, daß über sie die NUARs für die ländliche Bevölkerung der Einzugsbereiche auch als Geschäfts- und Vermarktungsorte attraktiver werden können.

Innerhalb der NUARs kann insofern eine *funktionsräumliche* Differenzierung beobachtet werden, als sich praktisch der gesamte Einzelhandel und der größte Teil des Kleingewerbes an der *Hauptstraße* des NUAR, der *linha*, über die praktisch der gesamte örtliche und besonders überörtliche Verkehr läuft und an der mit dem Verwaltungszentrum auch die wichtigsten administrativen Funktionen lokalisiert sind, konzentrieren (vgl. Karten 26, 27 und 28).

Aufgrund der geringen Differenzierung des Einzelhandelsangebots der NUARs und aufgrund der im vorangegangenen Kapitel beschriebenen Unzulänglichkeiten der neuen

---

1) Vgl. z.B. in Karte 26 Beispiele für bereits aufgegebene Geschäfte.
2) Vgl. in Karten 26, 27 Beispiele für gebaute aber noch nicht genutzte Geschäfte.

Funktionale Karte des NUAR "Teixeirópolis"

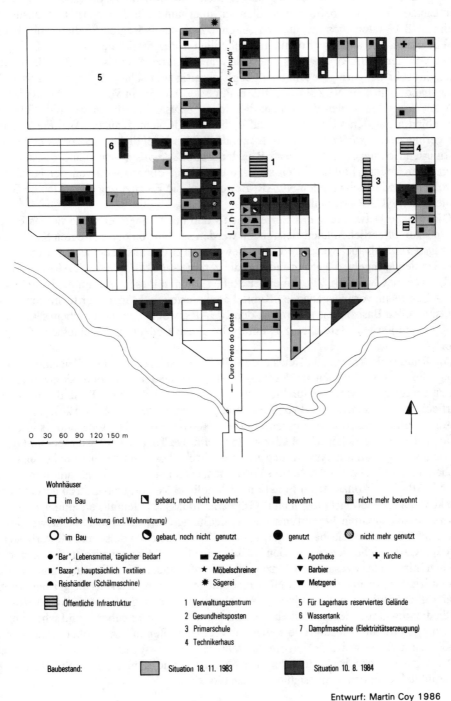

Karte 28

öffentlichen Infrastrukturen scheinen die NUARs für die Bevölkerung des ländlichen Einzugsbereichs bisher nur eine begrenzte *Attraktivität* auszuüben. So gaben 27 % der in den Einzugsbereichen befragten Siedler an, überhaupt nie den NUAR aufzusuchen. Weitere 28 % taten dies nur äußerst selten. 57 % der befragten Siedler tätigten ihre Einkäufe zum Befragungszeitpunkt ausschließlich in der Stadt, die restlichen Befragten deckten in den NUARs allenfalls einen kleinen Teil ihres Bedarfs. Als Gründe werden i.d.R. das sehr viel geringere Angebot bei gleichzeitig aber sehr viel höheren Preisen des Einzelhandels in den NUARs angeführt. Für viele Siedler in von den NUARs weiter entfernt liegenden Teilen der Einzugsbereiche ist zusätzlich die meist völlig fehlende Busanbindung an den NUAR Grund dafür, den NUAR nicht zu nutzen. Weitere Ursache der geringen *Attraktivität* ist das weitgehende Fehlen öffentlicher und privater Dienstleistungseinrichtungen. Zwar waren z.B. in den *centros administrativos* kleine Poststationen vorgesehen, jedoch funktionierten sie in keinem Fall. Ebenso wird von der ländlichen Bevölkerung wie auch von den NUAR–Bewohnern die Einrichtung einer kleinen Bankfiliale in den NUARs vermißt.

Die geringe Entwicklung des Einzelhandels und des Kleingewerbes sowie das Fehlen der meisten öffentlichen Dienstleistungen werden sowohl von den befragten Siedlern im Einzugsbereich als auch von den NUAR–Bewohnern zu den aus ihrer Sicht gravierendsten funktionalen Mängeln, die als Gründe für die geringe *Attraktivität* der NUARs anzusehen sind, gerechnet (vgl. Tab. 71). An erster Stelle stehen in diesem Zusammenhang jedoch die — bereits im vorangegangenen Kapitel analysierten — Mängel der technischen und institutionellen Basisinfrastrukturen in den NUARs, wobei dem Gesundheitssektor vorrangige, den übrigen Bereichen z.T. unterschiedliche Bedeutung zugemessen wird (vgl. Tab. 71).

Am Rande sei vermerkt, daß auch in den NUARs bereits nach kurzer Zeit eine erstaunlich große Zahl von Kirchen und Bethäusern der verschiedensten Konfessionen und Sekten zu verzeichnen war, was für die soziale Organisation der NUARs und ihre soziale Verflechtung mit dem Umland von Bedeutung ist (vgl. Karten 26, 27 und 28).

Auch wenn der Beobachtungszeitraum der NUAR–Entwicklung besonders in dieser anfänglichen Phase sicherlich zu kurz ist, um definitive Tendenzen abzulesen, und ebenso viele der genannten Ausstattungsmängel durch diese Initialsituation bedingt und deshalb von vorübergehender Natur sein können, erscheint es doch insgesamt fraglich, ob die NUARs ihrer konzipierten Funktion als ländliche Versorgungszentren gerecht werden können. Die Beobachtungen im PIC *Ouro Preto* lassen jedenfalls erkennen, daß trotz des zu verzeichnenden Wachstums dieser Siedlungen ihre *Zentralität* nicht wesentlich zunimmt. Denn einerseits hängen gering entwickelte Einzelhandels– und Gewerbestruktur der NUARs sicherlich eng mit den Unzulänglichkeiten der unangepaßten, neuen technischen Infrastruktur zusammen. Unzureichende öffentliche Dienstleistungen und gering diversifizierter privater Sektor der NUARs bedingen aber andererseits die geringe *Attraktivität* dieser Siedlungen. Wenn jedoch Annahme und Nutzung der neuen NUARs durch die Siedler des Umlandes ausbleiben, weil diese den ebenso erreichbaren und schon immer als zentrale Orte im Vordergrund stehenden Pionierstädten mit weit höherwertigem Angebot verständlicherweise als Versorgungszentren den Vorzug geben, dann wird die Diversifizierung und Attraktivitätssteigerung der NUARs — und damit die Konsolidierung ihrer Zentralitätsfunktionen — quasi automatisch blockiert.

Insofern können die staatlich gelenkt geschaffenen NUARs, die ja ausnahmslos in älteren Siedlungsgebieten eingerichtet wurden, in denen bereits vor der NUAR–Einrichtung gewachsene Land–Stadt–Beziehungen und Abhängigkeiten (in unserem Fall zu Ouro Preto do Oeste und Ji–Paraná) bestanden und weiter bestehen, nicht mit den spontan — oder auch gelenkt — entstehenden Siedlungen in neuen Kolonisationsgebieten verglichen werden, in denen sich diese Land–Stadt–Relationen erst noch herausbilden müssen, was das Zentralitäts–Potential dieser Siedlungen begünstigt.

Neben den miteinander zusammenhängenden und sich gegenseitig verstärkenden, anfänglichen Ausstattungsmängeln und der deshalb geringen zentralen Bedeutung der NUARs wird ihre künftige Entwicklung besonders von der sozio–ökonomischen Zusammensetzung der NUAR–Bevölkerung, ihrer Wirtschaftskraft und damit den von ihr ausgehenden, potentiellen Entwicklungsimpulsen abhängen.

V.4.2. Sozio–ökonomische Charakterisierung der NUAR–Bevölkerung und die Stellung der NUARs im Prozeß der sozio–ökonomischen Differenzierung der Pionierfront

Die nachfolgenden Ausführungen zur sozio–ökonomischen Situation der befragten 90 NUAR–Bewohner sind insofern als vorläufig anzusehen, als sie in den meisten Fällen Resultat einer noch unkonsolidierten Lebenssituation dieser Bevölkerungsgruppe sind, denn die Wohndauer der meisten Befragten (90 % weniger als 2 Jahre, vgl. Tab. 72) ist noch zu kurz, um beurteilen zu können, in welche Richtung längerfristige Entwicklungstrends verlaufen, zumal trotz festgestellter Wachstumstendenz auch die ersten NUAR–Bewohner schon wieder abgewandert sind oder solche Absichten äußerten[1].

Daß die NUAR–Entwicklung keineswegs von der eigentlichen Zielgruppe der staatlichen Entwicklungsplanung im Rahmen des PDRI, nämlich der Bevölkerung des ländlichen Einzugsbereichs, getragen wird, zeigt die Analyse der letzten Wohnorte vor dem Umzug in den NUAR (vgl. Tab. 72). So sind fast 70 % der Befragten aus anderen Räumen in den NUAR zugezogen. Besonders interessant ist hierbei, daß immerhin 30 % der Befragten aus Regionen außerhalb Rondônias direkt in die NUARs zugezogen sind, dabei der weitaus größte Teil von ihnen aus dem städtischen Raum, v.a. den großen städtischen Metropolen des brasilianischen Südens und Südostens. Dies ist insbesondere im Rahmen des sprunghaften Anstiegs der Zuwanderung in den letzten Jahren und der parallel beobachtbaren strukturellen Verschiebung innerhalb der Zuwanderergruppen hin zu mehr aus dem städtischen Raum Abgewanderten zu interpretieren. Auch bei dieser Gruppe ist allerdings als eigentliche Wanderungsabsicht der Erhalt eines *lotes* durch die Kolonisationsbehörde INCRA im Rahmen des Versuchs einer *Rückkehr aufs Land* dominierend (vgl. Tab. 16). Da diese eigentliche Migrationsabsicht jedoch aufgrund der immer stärkeren Ansiedlungsengpässe in INCRA–Projekten ad hoc nicht mehr realisierbar ist und andererseits die Kapitalausstattung vieler dieser Migranten nicht zum Landkauf ausreicht, stellen die NUARs — neben den Pionierstädten — einen zusätzlichen neuen, wenn auch von

---

1) Mdl. Inf. von Bewohnern des NUAR Nova Colina, Juli 1985.

den meisten nur als *Übergangslösung* angesehenen *Überlebensraum* an der Pionierfront dar.

Dies gilt ebenso für die relativ große Zahl derer, die aus den Pionierstädten Rondônias in die neuen NUARs zuwandern (vgl. Tab 72). Bei ihnen handelt es sich in den meisten Fällen um Familien, die z.T. schon seit langer Zeit in den Pionierstädten — meist in *Warteposition* mit der Hoffnung des Landerwerbs — gelebt haben, jedoch nicht an der ökonomischen Konsolidierung der Pionierstädte partizipieren konnten. Alle diese aus städtischen Gebieten zugewanderten heutigen NUAR-Bewohner geben Beschäftigungen im letzten Wohnort an, die in den meisten Fällen zu den typischen Grenzfällen zwischen *formellem* und *informellem* Sektor zu rechnen sind (vgl. Tab. 73). Denn die meisten derer, die z.B. *handwerkliche* oder kleingewerbliche Tätigkeiten angeben, verfügen über keinerlei formale Ausbildung oder Arbeitssituation, sondern haben sich und ihre Familie großenteils durch Gelegenheitsarbeiten bei oft wechselnden Auftraggebern und Tätigkeitsfeldern, oft auf der Basis der sog. *empreita* (d.h. zeitweiser, akkordähnlicher Arbeit), mehr schlecht als recht unterhalten können. Dies gilt auch für jene, die in abhängigen Arbeitsverhältnissen (z.B. als Wächter etc.) den Familienunterhalt nur unzureichend erwirtschaften konnten. Es handelt sich also insgesamt um solche Gruppen, die in ihrem städtischen Herkunftsraum — außerhalb Rondônias oder bereits in Rondônia — zunehmender Marginalisierungsgefahr ausgesetzt waren[1].

Für diese Gruppen scheint der NUAR als neuer Ort mit entsprechend leichterem Zugang zu Wohnraum[2] die Chance des *Neuanfangs* zu bieten. Einmal mit dem Versuch, an der beginnenden *städtischen* NUAR-Entwicklung zu partizipieren; dies jedoch zunächst meist in ähnlich schwer zwischen *formellem* und *informellem* Sektor einzuordnender Tätigkeit. Mit dem Wechsel in den *Überlebensraum* NUAR wird also dieselbe Hoffnung auf sozialen Aufstieg, die man vorher auch mit der Wanderung in die städtischen Metropolen oder die Pionierstädte Rondônias gehegt hatte, verbunden, nur daß man sich nun, weil man unter den wenigen *ersten* ist, größere Realisierungschancen ausrechnet. In diesem Sinne ist der häufig genannte vor dem brasilianischen *Pionierfront-Mythos* zu verstehende Zuwanderungsgrund, daß *neue Orte bessere Existenzmöglichkeiten für die Armen bieten*, zu interpretieren (vgl. Tab. 74).

Der andere Teil der aus dem städtischen Raum in die NUARs Zugewanderten verbindet hiermit den Wunsch nach Wiederaufnahme einer landwirtschaftlichen Tätigkeit, wobei der NUAR sozusagen als erste *Realisierungsstufe* angesehen wird. Diese NUAR-Bewohner sehen ebenso die genannten Vorteile des Lebensraums NUAR für die Armen und hoffen zusätzlich von hier ausgehend eher Land erhalten zu können, sei es eine *chácara* in der NUAR-Umgebung oder später ein *lote* durch INCRA-Zuteilung. Einige Kolonisten in der NUAR-Umgebung haben dies erkannt und bieten deshalb Parzellenteile zum Kauf an. So konnte in der unmittelbaren Umgebung aller drei NUARs eine verstärkte Minifundienbildung beobachtet werden, wie z.B. die Aufteilung eines dem NUAR *Nova União*

---

1) Z.B. wegen steigender Mieten, steigender Bodenpreise, d.h. insgesamt wegen zunehmender Raumnutzungskonkurrenzen um den städtischen Wohnraum, steigender Lebenshaltungskosten etc.
2) Geringen Bodenpreisen, geringen Restriktionen und Auflagen für den Hausbau, keine Steuererhebung, keine Abgaben für Strom, Wasser etc.

direkt benachbarten *lotes* in 11 *chácaras* (Kleinparzellen unter 10 ha), die von NUAR–Bewohnern bewirtschaftet werden.

Neben diesem Zustrom von ehemaligen Stadtbewohnern in die neuen NUARs ist – sozusagen in der Gegenrichtung – auch die in der Befragungs–Stichprobe dem städtischen Herkunftsraum annähernd gleichgewichtige Zuwanderung aus ländlichen Teilräumen (v.a. Rondônias) in die NUARs zu beobachten. Dies sowohl aus den definierten NUAR–Einzugsbereichen als auch aus anderen ländlichen Siedlungsräumen (vgl. Tab. 72). Dabei handelt es sich sowohl um kleinbäuerliche Kolonisten (*parceleiros*), die entweder ihr Land verkauft haben, es – z.B. mangels infrastruktureller Erschließung – nicht nutzen können, oder das *lote* vom NUAR aus weiter bewirtschaften wollen, als auch um landlose Pächter, *agregados* und Tagelöhner (vgl. Tab. 73). Zuwanderungsgründe sind für diese Gruppe, neben den bereits für die städtischen Zuwanderer genannten, die Hoffnung auf bessere Lebensbedingungen im NUAR im Vergleich zum *lote*, der Wunsch zumindest durch *data*–Erwerb im NUAR und Hausbau – nach einer relativ unsicheren Existenz als Landloser – eine gesichertere und unabhängigere Lebensgrundlage zu finden, der Wunsch nach einer *städtischen* Tätigkeit, die i.d.R. als leichter erachtet wird als Arbeit in der Kolonisten–Landwirtschaft[1] (vgl. Tab. 74).

Daneben werden – allerdings zurücktretend – v.a. von den zur eigentlichen Zielgruppe der NUAR–Einrichtung gehörenden Befragten[2] als Gründe für die Etablierung im NUAR auch die eigentlich in der Programmkonzeption vorgesehenen Bereiche genannt, nämlich Verteilung der NUAR–*datas* an die Kolonisten des Einzugsbereichs und der Wunsch, die neuen NUAR–Infrastrukturen besser nutzen zu können (vgl. Tab. 74).

Die in Tab. 75 aufgeführten Indikatoren zum Landeigentum der befragten NUAR–Bewohner zeigen ebenso, daß die NUAR–Entwicklung weniger der in der ursprünglichen Konzeption des PDRI vorgesehenen Tendenz der direkten gegenseitigen Verflechtung mit dem Einzugsbereich und der Bestimmung der NUAR–Entwicklung durch die Kolonisten dieses Einzugsbereichs zu folgen scheint, als sich vielmehr den in Kap. IV. beschriebenen Tendenzen sozio–ökonomischer Differenzierung – und damit dem sozialräumlichen Wandel der Pionierfront – zuordnen läßt.

So kann zunächst festgestellt werden, daß praktisch ein Viertel der Befragten mit dem Wohnortswechsel in den NUAR das Land (in und außerhalb des Einzugsbereiches), auf dem sie vorher als Siedler gelebt hatten, verkauft haben. Es scheint also, daß man von einem wesentlichen Ziel der NUAR–Einrichtung, nämlich zu einer Konsolidierung der älteren Siedlungsprojekte und besonders zur *Fixierung* der Siedler an ihr Land durch die Einrichtung der NUARs beizutragen, noch weit entfernt ist. Ja im Gegenteil: die als weniger beschwerlich empfundenen Lebensumstände in den NUARs könnten die agrarsozialen Umschichtungsprozesse evtl. eher noch beschleunigen, wobei gleichzeitig fraglich

---

1) Z.B. durch Geschäftseröffnung mit dem Geld des lote–Verkaufs, abhängige Tätigkeit bei einer der NUAR–Institutionen etc.
2) NUAR–Bewohner aus den Einzugsbereichen, die jedoch insgesamt nur 33 % der in den NUARs Befragten stellen, vgl. Tab. 72.

erscheint, ob die NUARs auf Dauer ihren neuen Bewohnern ausreichende Lebensgrundlagen bieten könnten.

Insgesamt verfügt nur ein Drittel der befragten NUAR-Bewohner über Landeigentum, jedoch nur die wenigsten dabei über ein *lote* im NUAR-Einzugsbereich (vgl. Tab. 75). Bei der Gruppe der Landeigentümer ist zu berücksichtigen, daß nur wenige der Eigentümer einer Parzelle außerhalb des Einzugsbereichs diese auch vom NUAR aus noch selbst bewirtschaften[1]. Sie haben dort z.T. Halbpächter eingesetzt, z.T. sind diese *lotes* inzwischen auch aufgelassen[2]. Daß von den NUAR-Bewohnern mit Landeigentum nur 7 ihr Land auch vom NUAR aus noch regelmäßig bewirtschaften, wobei nur 2 Kolonisten ihren Familienunterhalt ausschließlich durch die Arbeit auf dem *lote* bestreiten (vgl. Tab. 76), zeigt, daß neben dem genannten Landverkauf mit der Zuwanderung in die NUARs auch eine Tendenz zum *Absentismus* verbunden ist. Schließlich zeigt sich die im gesamten ländlichen Raum beobachtbare Tendenz der Besitzersplitterung durch Verkauf kleiner Parzellenteile — Folge der anhaltenden und steigenden Nachfrage nach Siedlungsland bei gleichzeitig beschränktem Parzellenangebot in neuen INCRA-Projekten (vgl. Kap. V.5.) — besonders im Umkreis der NUARs durch die beschriebene Aufteilung von Parzellen in *chácaras* (vgl. Tab. 75).

Der Großteil der befragten NUAR-Bewohner gehört jedoch zur Gruppe der Landlosen, wobei die meisten heute ohne Land in den NUARs Lebenden auch vorher nie Landeigentümer waren (vgl. Tab. 75).

Innerhalb des neuen Sozialraums NUAR lassen sich also, wie bereits der Indikator *Landeigentumsverhältnisse* zeigt, ähnliche Differenzierungs- und Stratifizierungsphänomene feststellen, wie sie an früherer Stelle für den übrigen ländlichen Raum beschrieben wurden. Dabei sind die NUARs — und über sie die staatlich gelenkte Regionalentwicklung — direkt mit diesen Differenzierungsprozessen der ländlichen Siedlungsräume gekoppelt, denn u.a. hier in den NUARs treffen die beiden vorrangigen Determinanten dieser Differenzierung, nämlich Abwanderung der bereits *Gescheiterten* aus dem ländlichen Raum und Zuwanderung der nachdrängenden Migranten in den ländlichen Raum, aufeinander.

Daß die NUARs und ihre neuen Bewohner dabei auch in die während der letzten Jahre zunehmenden Raumnutzungskonkurrenzen und Landkonflikte der Pionierfront eingebunden sind, ist unter anderem an den im NUAR *Nova Colina* lebenden *posseiros* (Landbesetzern) zu erkennen, die im nahegelegenen Indianerreservat *P.I. Lourdes* selbst Land besetzt oder solche *marcações* (illegal besetzte Landstücke) gekauft haben und diese vom NUAR aus bewirtschaften (vgl. Tab. 75). Ebenso ging die Invasion einer der beiden großen Fazendas des Untersuchungsgebietes in unmittelbarer Nachbarschaft des NUAR *Nova União* z.T. von den landlosen NUAR-Bewohnern aus (vgl. hierzu Kap. VI.3).

Ob jedoch auf der anderen Seite die NUAR-Entwicklung in Zukunft so verlaufen wird, daß ein Großteil der dort Lebenden — v.a. die Landlosen — ihren Lebensunterhalt ausschließlich im NUAR in *städtischen Tätigkeitsbereichen* erwirtschaften können, muß derzeit noch abgewartet werden. Dies wird im wesentlichen von der jeweiligen Lokalisierung

---

1) Allein schon wegen der meist großen Entfernungen (in sechs Fällen mehr als 50 km).
2) Dies traf zum Untersuchungszeitpunkt in 8 Fällen zu.

der NUARs, der Entwicklung des Hinterlandes, der *Attraktivität* der NUARs für die Bevölkerung dieses Umlandes, d.h. insgesamt der Zentralität der NUARs und damit der Konsolidierung eines eigenständigen Wirtschaftslebens in diesen neuen Siedlungen abhängen.

Zum Untersuchungszeitpunkt konnte jedenfalls festgestellt werden, daß wirtschaftliche Tätigkeit und wirtschaftlicher Aktionsraum vieler NUAR-Bewohner noch nicht als endgültig definiert und konsolidiert anzusehen ist, weil viele der Befragten noch keine dauerhafte Einkommensquelle gefunden haben.

Die befragten NUAR-Bewohner können, neben denen, die zum Untersuchungszeitpunkt keine Arbeit angeben konnten, in räumlicher Sicht ihrer vorherrschenden Tätigkeiten und Einkommensquellen in drei Gruppen unterteilt werden (vgl. Tab. 76):

- Befragte, die ausschließlich Tätigkeiten im NUAR selbst nachgehen (44 Befragte, d.h. 49 %),
- Befragte, die ausschließlich Tätigkeiten im ländlichen Einzugsbereich der NUARs nachgehen (21 Befragte, d.h. 23 %),
- Befragte, die sowohl einer Tätigkeit im NUAR als auch einer Tätigkeit im ländlichen Einzugsbereich nachgehen (17 Befragte, d.h. 19 %).

Ebenso können die Befragten nach der Streuung ihrer Einkommensquellen unterteilt werden in:

- NUAR-Bewohner, die ihr Einkommen vorwiegend aus einer Tätigkeit erzielen (53 Befragte, d.h. 59 %),
- NUAR-Bewohner, die ihr Einkommen aus mehreren Tätigkeiten erzielen (29 Befragte, d.h. 32 %) (vgl. Tab. 76).

Während für den Großteil der Befragten der NUAR selbst bereits der dominierende wirtschaftliche Aktionsraum ist[1], was besonders für Ladenbesitzer oder Angestellte staatlicher Einrichtungen (Hausmeister, Wächter, Heizer, Elektriker etc.) gilt, arbeitet doch ein Teil der NUAR-Bewohner, die ebenso vorwiegend im NUAR tätig sind, zusätzlich im landwirtschaftlichen Bereich. So z.B. diejenigen, die handwerkliche Tätigkeiten als erste Einkommensquelle angeben, wobei es sich jedoch meist um Gelegenheitsarbeiten (z.B. Mithilfe beim Hausbau, Reparaturarbeiten etc.) handelt. Für sie ist die Lohnarbeit bei Kolonisten in den *linhas*, die zusätzliche Bewirtschaftung einer *chácara* oder der Anbau von Subsistenzkulturen als *agregado* für die Sicherung des Familienunterhalts wichtig. Ebenso können bei den NUAR-Bewohnern, die vorwiegend im ländlichen Einzugsbereich tätig sind, neben denen, die ausschließlich ihr eigenes *lote*, ihre *chácara* oder ihre *marcação* bewirtschaften, oft verschiedene Tätigkeiten − in unterschiedlicher agrarsozialer Position − z.B. als Tagelöhner und Eigentümer einer *chácara* etc. beobachtet werden (vgl. Tab. 76).

Weiterhin spielt bei vielen der befragten NUAR-Bewohner die Mithilfe und besonders der zusätzliche Verdienst weiterer Familienmitglieder für die Erwirtschaftung des Familienunterhalts eine große Rolle und ist z.T. Voraussetzung für die Ausübung verschiedener Tätigkeiten durch den Haushaltsvorstand (vgl. Tab. 76). So z.B. die Mithilfe von

---

1) Die Unterscheidung in erste und zweite Einkommensquelle in Tab. 76 bezieht sich auf entsprechende Angaben der Befragten und ihre Prioritätensetzung.

Ehefrauen in den Ladengeschäften, die Mithilfe der heranwachsenden Söhne bei der landwirtschaftlichen Arbeit oder der Zuverdienst der Ehefrauen durch Näharbeiten, als Hebammen, als Köchinnen oder Wäscherinnen.

Insgesamt betrachtet haben die wirtschaftlichen Tätigkeiten der meisten befragten NUAR-Bewohner *informellen* Charakter. Sie sind meistens nicht eindeutig einem Bereich zuzuordnen. In räumlicher Hinsicht ist die Verflechtung zwischen NUAR und ländlichem Einzugsbereich und damit die Verflechtung zwischen *städtischer* und *ländlicher* Wirtschaftsaktivität zu beobachten. In sektoraler und sozialer Hinsicht können Kombinationen von selbständiger und abhängiger Tätigkeit etc. festgestellt werden. Dabei sind Fluktuation und Anpassung der jeweils ausgeübten *informellen* Tätigkeiten an die aktuellen Bedürfnisse, bzw. an die aktuelle Nachfrage[1], Ausdruck geringer Konsolidierung des wirtschafts- und sozialräumlichen Gefüges der untersuchten NUARs. Die Motivation für die verschiedenen Tätigkeiten und Tätigkeitskombinationen der NUAR-Bewohner ist dabei in den meisten Fällen nicht von Kategorien *wirtschaftlich rationalen Handelns* geprägt, sondern allein von der Notwendigkeit der Subsistenzsicherung. Die Streuung wirtschaftlicher Tätigkeiten, der Versuch, das Subsistenzniveau durch eigenen landwirtschaftlichen Anbau – wenn auch oft auf fremdem Land – zu verbessern, die Verteilung der Einkommenserwirtschaftung auf verschiedene Familienmitglieder, der – wenn auch noch so irrationale und unrealistische – Versuch, *ökonomische Nischen* aufzutun, müssen als *Überlebensstrategien* desjenigen Teils der Pionierfront-Bevölkerung angesehen werden, der an Erfolg, Dynamik und Konsolidierung der Pionierfrontentwicklung bisher nur unzureichend Anteil hatte. Dies aus verschiedenen Gründen: Einmal ist ein Teil der Betroffenen mit der jüngeren Migrationswelle ganz einfach *zu spät* gekommen, was besonders für die Neuzuwanderer gilt, die ihr Migrationsziel des Landerwerbs bei einerseits fehlender Ansiedlungsmöglichkeit in INCRA-Projekten und andererseits zu geringer Kapitalausstattung zum Landkauf nicht mehr verwirklichen können. Andererseits waren die aus dem ländlichen Raum Rondônias in die NUARs Zugewanderten zum großen Teil sowohl aus äußeren (z.B. unzureichende infrastrukturelle Erschließung des Landes etc.), als auch aus persönlichen Gründen offensichtlich nicht in der Lage, eine dauerhafte Siedler-Existenz zu begründen. Und schließlich konnten die aus den Pionierstädten Rondônias in die NUARs Zugewanderten bisher weder das auch bei ihnen vorherrschende Ziel des Landerwerbs noch das der langfristigen Etablierung im städtischen Raum realisieren.

Der staatlich induzierte Sozialraum NUAR erhält somit *Auffangfunktion* im Prozeß der sozio-ökonomischen Differenzierung der Pionierfront und dabei nicht zuletzt die Funktion eines *Überlebensraums* für die – primär oder sekundär – *Verdrängten*. Er fungiert jedoch – zumindest in der Perzeption vieler aktueller NUAR-Bewohner – als *Übergangsraum*, d.h. als erste oder weitere Etappe auf dem Weg zur Realisierung eigentlicher Etablierungswünsche der Betroffenen an der Pionierfront. So gaben beispielsweise 31 der Befragten an, in Zukunft landwirtschaftliche Tätigkeiten fortsetzen, neuaufnehmen und wenn möglich auf eine eigene Landparzelle übersiedeln zu wollen.

---

1) Z.B. relativ häufige Nennung des Hausbaus als Einkommensquelle der NUAR-Bewohner, was als typisch für die Anfangs- und Expansionsphase der NUAR-Entwicklung anzusehen ist.

Daneben bietet die NUAR-Entwicklung für einen Teil der Bevölkerung, besonders für einen Teil der Kleinhändler (Eigentümer von *bolichos*, v.a. von *Apotheken* etc.) sowie für manche Gewerbetreibende (Besitzer von Omnibussen, Lastwagen, Betreiber von Sägereien oder Eigentümer einer *máquina de arroz*) die Möglichkeit wirtschaftlichen und sozialen Erfolgs, der ihnen in anderen Lebensräumen vielleicht sonst nicht gelungen wäre. Denn sie bieten *zentrale Güter* an, die sich an den Versorgungsbedürfnissen sowohl der Bevölkerung im ländlichen Einzugsbereich als auch der *städtischen* NUAR-Bevölkerung orientieren. Sie profitieren dabei durchaus von den Defiziten staatlicher Versorgung, die eigentlich durch die Einrichtung der NUARs mit den entsprechenden staatlichen Basisinfrastrukturen ausgeglichen werden sollten und die nicht zuletzt die Abhängigkeit der ländlichen Siedler von z.T. ausbeuterischem privatem Handels- und Dienstleistungssektor — die sich ja nun im kleinsten Stil in den NUARs erneut reproduzieren kann — abbauen sollte[1].

Auch hier bilden sich, wenn auch in bescheidenstem kleinräumigem Rahmen, neue lokale Eliten. So strebten z.B. in zwei Fällen die Eigentümer von lokalen *farmácias* aufgrund ihres wirtschaftlichen und *lokal-gesellschaftlichen* Erfolgs politische Funktionen im NUAR an, in einem anderen Fall sah sich der Eigentümer mehrerer ländlicher *lotes*, einer Sägerei und eines *bolicho* im NUAR sowie einer lokalen Omnibuslinie bereits selbst in der Position des in der lokalen Gesellschaft dominierenden *patrão*.

Der erst kurze Zeit existierende Lebensraum NUAR ist also bereits Bestandteil des sozialräumlichen Wandels der Pionierfront in Rondônia. Er steht, wie die sozio-ökonomische Analyse seiner Bewohner zeigt, in engem Zusammenhang zu den sozio-ökonomischen Differenzierungsprozessen sowohl der ländlichen als auch der städtischen Pionierfront-Gesellschaft. Daneben wird er durch die regionsextern begründete Zunahme und Differenzierung der Migration nach Rondônia entscheidend geprägt.

Damit verläuft die Entwicklung der NUARs offensichtlich nicht vorwiegend in den Bahnen, die in der ursprünglichen NUAR-Konzeption als staatlich gelenkte und durch die Zielgruppen des PDRI mitbestimmte und sozial geprägte ländliche Versorgungszentren vorgezeichnet waren. Das Beispiel der NUARs zeigt außerdem, daß staatlich gelenkte Siedlungsentwicklung, als was die Einrichtung der NUARs zu bezeichnen ist, sehr bald durch *spontane* Siedlungsentwicklung überprägt wird. Auch diese *spontane* Entwicklung läßt sich neben dem Einfluß kleinräumiger, lokaler Konstellationen und spezifischer Bedingungen (z.B. NUAR-Lokalisierung) auf im räumlichen und gesellschaftlichen Sinne disparitäre Rahmenbedingungen zurückführen, deren Auswirkungen an der Peripherie in sozio-ökonomischer Differenzierung und sozialräumlichem Wandel Ausdruck finden.

Auch in der lokalen Struktur der NUARs läßt sich bereits soziale Differenzierung und Stratifizierung in ihrem anfänglichen Entwicklungsstadium erkennen.

Wie die Entwicklungsrichtung der NUARs in Zukunft sein wird, ob sie eine eigenständige *urbane* Entwicklung einschlagen oder durch Stagnation geprägt sein wird, bleibt abzuwarten. Aber noch verbindet sich mit dem NUAR für die meisten der Bewohner, die die Existenzmöglichkeiten für die Armen in diesen neuen Orten als besser wahrnehmen (... *lugar novo é melhor para o pobre* ...), die Hoffnung auf Entwicklung und sozialen

---

1) Dies gilt v.a. für die Betreiber von Apotheken oder für die landwirtschaftlichen Zwischenhändler.

Aufstieg. So hat sich in der Perzeption von ca. 56 % der in den NUARs Befragten durch die NUAR-Entwicklung (v.a. durch die beginnende Herausbildung *städtischen* Gewerbes, z.T. durch die staatlichen Infrastrukturen — v.a. Schule) die Lebenssituation insgesamt verbessert. Daneben sehen 73 % der Befragten für die Zukunft, v.a. wegen des anhaltend zu verzeichnenden Zustroms neuer Bewohner, eine dynamische Entwicklung der NUARs voraus.

V.5. Die Einrichtung neuer Kolonisationsprojekte durch POLONOROESTE und ihre Einordnung in die Pionierfrontentwicklung

In der Phase III des POLONOROESTE-Programms war die Einrichtung neuer Kolonisationsgebiete in Rondônia mit einer bis 1989 geplanten Ansiedlungskapazität von ca. 15.000 Siedlern sowie in einer späteren Phase die Ansiedlung weiterer 5.000 Kolonisten in neuen Projekten in Nordwest-Mato Grosso vorgesehen (vgl. WORLD BANK 1983, S. 6, 8).

Von INCRA, der für Planung und Einrichtung der neuen Projekte zuständigen Landbehörde, wurden zunächst 4 verschiedene Siedlungsgebiete ausgewiesen (vgl. zur Lokalisierung Karte 11), wobei das geplante Projektgebiet *Marmelo* (im NW Rondônias an der Grenze zu Acre — vgl. Karte 11) aufgrund der in diesem Gebiet besonders ungünstigen Bodeneignung ab 1984 nicht mehr zur Ansiedlung vorgesehen wurde.

Die vier POLONOROESTE-Kolonisationsprojekte, ihre Ansiedlungskapazität und ihre Umsetzung (Stand Juli 1985) stellen sich wie folgt dar (vgl. Karte 11 und Tab. 34)[1]:

- PA *Machadinho*: mit einer geplanten Kapazität von ca. 5.500 Kolonisten das größte der Projekte. Bis Juli 1985 waren ca. 2.900 Parzellen verteilt. Die Ansiedlung soll bis 1988 abgeschlossen sein. Die durchschnittliche — allerdings sehr stark variierende — Parzellengröße beträgt ca. 40 ha.
- PA *Capitão Sílvio*: die geplante Ansiedlungskapazität dieses Projektes in Nordwest-Rondônia soll ca. 5.300 Siedler betragen. 1985 befand sich dieses Projekt noch in der Planungsphase.
- PA *Cujubim*: die Projektkapazität soll ca. 3.800 Siedler betragen. Erste Ansiedlung war für 1986 vorgesehen. Das Projekt soll bis 1988 abgeschlossen sein.
- PA *Urupá* (Munizip Ouro Preto do Oeste): das älteste und kleinste der Projekte mit einer Kapazität von ca. 1.200 Siedlern und einer durchschnittlichen Parzellengröße von ca. 30 ha. Bereits 1982/83 wurde hier die Ansiedlung durchgeführt, die nach einer partiellen Neuverteilung 1984 inzwischen als endgültig abgeschlossen angesehen werden kann.

---

1) Vgl. WORLD BANK 1983, MEAF-INCRA-CEER 1984 sowie mdl. Inf. MIRAD-INCRA-DR/RO, Porto Velho Juli 1985 und MIRAD-INCRA-DPO, Brasília Juli 1985.

Mit der Ausweisung dieser Projekte sollte dem ab Ende der 70er Jahre beobachtbaren und mit der Asphaltierung der BR 364 sich voraussichtlich weiter verschärfenden Anstieg der Migration nach Rondônia und dem daraus resultierenden Druck auf die regionalen Neulandreserven im Sinne einer staatlichen Lenkung der Raumentwicklung und einer Begrenzung spontaner Landnahme Rechnung getragen werden.

Dabei war man sich darüber im klaren, daß die agrarischen *Gunsträume* Rondônias weitestgehend aufgesiedelt sind und daß deshalb die Neusiedler in den geplanten Projekten mit ungünstigeren Nutzungsbedingungen konfrontiert sein würden als die Kolonisten in den älteren Projekten[1]. Dies sollte in einer aufwendigeren Projektplanung[2], in der Projektanlage[3] und in der integrierten Konzeption der Projektumsetzung[4] berücksichtigt werden. So umfaßt das von der Weltbank mitgetragene Projekt der Anlage neuer Siedlungsgebiete folgende Einzelkomponenten[5]:

- Projekt- und Landnutzungsplanung,
- Bau von Erschließungsstraßen und ihre Erhaltung,
- Bau von 7 größeren (NUAR-ähnlichen) und 71 kleineren ländlichen Versorgungszentren,
- Agrarberatung und -forschung,
- Schaffung von Lagerkapazitäten,
- ein Sägerei-Pilotprojekt, Formulierung und Organisation von forstwirtschaftlichen Aktivitäten in den Gemeinschafts-Waldreserven (*reservas em bloco*),
- Infrastruktur im Gesundheits- und Erziehungssektor,
- Projektmanagement, Koordination und *monitoring*,
- Spezialstudien.

Das Landnutzungsmodell in den neuen Projekten sollte neben dem Anbau der Grundnahrungsmittel v.a. durch die Förderung des Dauerkulturanbaus als *cash crops* bestimmt sein. Dabei dachte man besonders an Kautschuk, dessen Marktsituation als langfristig positiv eingeschätzt wurde, sowie den Anbau anderer, angepaßter Kulturen wie *guaraná, castanha do Brasil* (eine schnellwüchsige Neuzüchtung der Bertholletia excelsa), evtl. Ölpalme etc. (vgl. WORLD BANK 1983, S. 28). Kaffeeanbau sollte nicht gefördert werden, obwohl nach den Erfahrungen in den älteren Projekten zu erwarten war, daß die Neusiedler v.a.

---

1) Vgl. WORLD BANK 1983, S. 4 sowie Karte 4, die die Dominanz von gelben und gelbroten Latosolen für die meisten der geplanten Projektgebiete anzeigt; FEARNSIDE 1986b analysiert kritisch die Lokalisierung der neuen Kolonisationsgebiete Rondônias in Abhängigkeit von den agroökologischen Gegebenheiten und kommt zu pessimistischen Zukunftsprognosen.
2) Aufnahme der natürlichen Ressourcen, Einsatz von Remote Sensing etc.
3) Abgehen vom orthogonalen Siedlungsschema, Orientierung des Parzellenplans an der oro-hydrographischen Situation, Anlage der Erschließungsstraßen an den lokalen Wasserscheiden, flexible Parzellengröße etc.
4) Fertigstellung der Infrastrukturen vor Ansiedlungsbeginn, jede Neulandparzelle mit Straßenanschluß, Arbeitsaufnahme der verschiedenen bundesstaatlichen Behörden — Gesundheitsdienst, Schule, Agrarberatung etc. — mit Ansiedlungsbeginn, Anlage von NUAR-ähnlichen Versorgungszentren schon in der anfänglichen Phase etc.
5) Vgl. WORLD BANK 1983, S. 9.

an ihm interessiert sein würden. Ebenso dachte die CEPLAC nicht an eine Ausdehnung des finanzierten und betreuten Kakaoanbaus auf die neuen Projekte (mdl. Mitt. Dr. F. Alvares–Afonso, CEPLAC, Juni 1983).

Eine wesentliche Veränderung im Vergleich zur Konzeption früherer Siedlungsprojekte ist im Abgehen von der sog. 50 %–Klausel[1], die in der Realität ohnehin kaum beachtet wurde, zu sehen. Stattdessen wurden sog. Block–Waldreserven (*reservas em bloco*) v.a. in Gebieten ohnehin ungünstigerer Nutzungseignung angelegt, in die jeder Siedler ein ebenso großes Areal wie das seiner nun vollständig erschließbaren Nutzungsparzelle einbringt. Seine individuellen Nutzungsansprüche beschränken sich jedoch ausschließlich auf die nun nur noch zwischen 25 und 40 ha große Nutzungsparzelle. Die Ressourcen der Blockreserven sollten zusätzlich in gemeinschaftlicher Form von den beteiligten Siedlern bei Erhaltung und Pflege der natürlichen Vegetation begrenzt genutzt werden können. So wurden allein im PA *Machadinho* ca. 20 solcher Blockreserven in unterschiedlicher Größe ausgewiesen.

Aufgrund der erheblich aufwendigeren Projektplanung und –umsetzung werden die Kosten der Ansiedlung in den neuen Projekten auf ca. 7.000 US–$ pro Familie geschätzt[2].

Wie Beobachtungen in den Projekten *Urupá* und *Machadinho* 1983, 1984 und 1985 zeigen, müssen jedoch auch in diesem POLONOROESTE–Bereich erhebliche Umsetzungsprobleme sowie der konterkarierende Einfluß übergeordneter Rahmenbedingungen festgestellt werden.

Ein grundlegendes Problem ist darin zu sehen, daß in den neuen Projekten zunächst nur diejenigen Landsuchenden angesiedelt werden können, die ohnehin schon seit mehreren Jahren in Rondônia leben und auf Landzuteilung warten. So erfüllten bei der letzten von INCRA durchgeführten Siedlerauswahl im Jahr 1982 bereits ca. 20.000 schon in Rondônia lebende Familien die Ansiedlungskriterien des INCRA (mdl. Mitt. Sr. MELO, MEAF–INCRA–CEER, Porto Velho Februar 1984, siehe auch MEAF–INCRA–CEER 1984, S. 27)[3]. Jedoch konnte die Kapazität aller neuen POLONOROESTE–Projekte noch nicht einmal ausreichen, um diese bereits vor mehreren Jahren ausgewählten Familien zu berücksichtigen. Schon deshalb mußte das Ziel der neuen Projekte, zur Absorption der neuen Migrationswelle besonders auch im Gefolge der Straßenasphaltierung beizutragen, bereits von Ansiedlungsbeginn in diesen Projekten an, angesichts der zeitgleichen Migrationsentwicklung, illusionär erscheinen. Denn auch wenn man bei der Neuansiedlung nur die jeweiligen Neuzuwanderer berücksichtigt hätte, wäre in den 4 Projekten bei dieser Migrationsentwicklung allenfalls ein kleiner Bruchteil der Landlosen berücksichtigt worden. Insofern scheint der Beitrag dieser POLONOROESTE–Maßnahme zur staatlichen Steuerung der Regionalentwicklung generell von nur beschränkter Wirkung sein zu können.

Andererseits stellte sich die vorrangige Berücksichtigung der bereits länger in Rondônia Lebenden und zur Ansiedlung Ausgewählten auch aus anderen Gründen als problematisch

---

1) D.h. der Vorschrift, die Hälfte der zugeteilten Parzelle als Waldreserve zu erhalten.
2) Mdl. Inf. Sr. Martini, MIRAD–INCRA/DR/RO, Porto Velho Juli 1985; Vergleichswerte für die älteren Projekte siehe Kap. III.4.2.
3) Natürlich muß die Zahl der zum damaligen Zeitpunkt – und noch mehr die der heutigen – landlosen Familien erheblich höher angesetzt werden.

heraus, weil ein Teil von ihnen schon in den vergangenen Jahren eine Existenz in Rondônia — sei es in der Stadt, sei es auf dem Lande durch Parzellenkauf etc. — aufbauen konnte und deshalb nur noch ein begrenztes Interesse an tatsächlicher Inwertsetzung des nun zugeteilten Landes hatte. So waren z.B. im PA *Urupá* ca. 2 Jahre nach Parzellenverteilung nur 30 % des verteilten Landes auch tatsächlich genutzt. Daneben war es bereits zu Landverkäufen in größerem Umfang auch in diesem neuen Projekt gekommen. Als Konsequenz hieraus wurden von INCRA 1984 Erschließungsfristen gesetzt, die Überprüfung der Landnutzung verstärkt und Teile des nicht inwertgesetzten Landes neu verteilt. Im Juli 1985 konnte entsprechend der Prozentsatz des bewohnten Landes bereits mit 95 % des Projektes angegeben werden (mdl. Inf. Projektleitung PA *Urupá*, Juli 1985).

Ebenso kam es in dem noch jüngeren PA *Machadinho* aufgrund des mangelnden Nutzungsinteresses eines Teils der Ausgewählten und besonders aufgrund der, u.a. wegen der enormen Malaria-Häufigkeit, hier besonders schwierigen anfänglichen Lebensbedingungen nach kürzester Zeit zu Landverkäufen[1] und ersten Anzeichen von Landspekulation und Besitzkonzentration. Denn gleichzeitig ist die Landnachfrage in den neuen Projekten unter den Neuzuwanderern und den Landlosen der älteren Siedlungsgebiete unvermindert groß. Zum Teil ging INCRA deshalb auch dazu über, diese sich direkt in den von den Städten bis zu mehr als 100 km entfernten Siedlungsgebieten einfindenden Landsuchenden anstelle der vor längerer Zeit Ausgewählten anzusiedeln.

Aufgrund dieses nach wie vor starken Ungleichgewichts zwischen Landnachfrage und -angebot ist auch in den neuen Projekten die für ältere Siedlungsgebiete beschriebene agrarsoziale Differenzierung bereits festzustellen. So wird von den INCRA-Beamten des PA *Urupá* geschätzt, daß 1985 auf ca. 30 % der Parzellen schon mehr als nur eine Siedlerfamilie leben, dabei auf ca. 50 % dieser Parzellen als Halbpächter eingesetzte Landlose (mdl. Inf. Projektleitung PA *Urupá*, Juli 1985).

Also zeigt sich auch hier, daß unter den Rahmenbedingungen einer Fortsetzung und Verstärkung der *Verdrängung* in den Kernräumen Brasiliens und dadurch steigender Migration an die Siedlungsgrenze *Agrarkolonisation statt Agrarreform* als Grundgedanke staatlicher Entwicklungsplanung an der Peripherie keinen Lösungsansatz bietet, sondern im Gegenteil zur Fortsetzung und Beschleunigung sozio-ökonomischer Differenzierung und der Reproduktion disparitärer Agrarsozialstrukturen führt.

Auch zeigt sich unter den Rahmenbedingungen eines verstärkten Drucks auf die Landreserven, daß die neue, im Sinne der ökologischen Erhaltung sicher begrüßenswerte Konzeption des Schutzes der Block-Waldreserven ohne erheblichen Mehraufwand, für den jedoch im Rahmen des Projektes zunächst keine entsprechenden Mittel zur Verfügung standen, nicht realisierbar ist. So kam es in allen neuen Projektgebieten zu Invasionen dieser Waldreserven. Allein in der größten Blockreserve des PA *Urupá* war 1984/85 die Invasion von ca. 300 Familien, die hier ihre *marcações* (besetzte Landstücke) abgesteckt hatten, zu verzeichnen. Der Schutz dieser Waldreserven scheint auch durch die nach der *midterm-evaluation* und nach Rückverhandlungen zwischen Weltbank und brasilianischen Stellen im Jahr 1985 geschaffene *Waldschutz-Polizei*, deren personelle Kapazität bei den

---

1) Nach INCRA-Schätzungen im Juli 1985 bereits 10 % der bis dahin verteilten Parzellen.

enormen Flächenausdehnungen für effektive Kontrollen viel zu gering sein wird, nicht gewährleistet zu sein.

Ebenso muß im gleichen Zusammenhang als nachteilig angesehen werden, daß die Neusiedler viel zu wenig für die Erhaltung des Waldes und den Sinn der Blockreserven sensibilisiert wurden. Viele Kolonisten betrachten diese Waldreserven − wie in den älteren Projekten auch − vor allem als Landreserven für zukünftige Nutzfläche. Hierzu trägt auch bei, daß von der für dieses Problem zuständigen Forstbehörde IBDF nicht von Anfang an ein gangbares und für die Neusiedler attraktives Konzept der gemeinschaftlichen Nutzung der Reserven erarbeitet und umgesetzt wurde.

Auch im Bereich der Flächennutzung erscheint unter den gegenwärtigen Rahmenbedingungen und bei dem spezifischen Erfahrungshintergrund der Neusiedler die Realisierung der ambitiösen Pläne angepaßter *cash crop* − Förderung fraglich. So stehen zur Finanzierung von Dauerkulturen schon seit Beginn der Ansiedlung in den neuen Projekten keine günstigen Agrarkredite mehr zur Verfügung. Gleichzeitig würde jedoch die Eigenfinanzierung vieler dieser angepaßten Dauerkulturen für die Siedler eine erhebliche Belastung darstellen[1]. So scheinen nach ersten Erfahrungen die Neusiedler neben den üblichen Subsistenzkulturen eher am Anbau der traditionellen *cash crop* Kaffee und des zu Anfang der 80er Jahre durch günstige Preisentwicklung attraktiv erscheinenden Kakao interessiert zu sein.

Der Erfolg von Versuchen der bundesstaatlichen Landwirtschaftsbehörden durch Anlage von Demonstrationsfeldern angepaßter Dauerkulturen sowie durch Propagierung und Verbreitung von *agroforestry*-Systemen unter Anwendung eines günstigen Verteilungsschemas des Pflanzgutes (z.B. bei Rückzahlung in künftigen Ernteanteilen) eine angepaßte Nutzung auch bei ungünstigen Rahmenbedingungen zu fördern, kann derzeitig noch nicht beurteilt werden.

Neben den bisher genannten Problembereichen müssen jedoch − ähnlich wie bei der Umsetzung des PDRI−RO − auch bei der Realisierung der neuen Siedlungsprojekte durch POLONOROESTE Diskrepanzen zwischen Plan und Ausführung, fehlende Koordination behördlicher Tätigkeit und insgesamt ein unzureichendes Maß an *Integration* festgestellt werden.

So konnte z.B. eine der grundlegenden Forderungen der neuen Projektstrategie, nämlich die Fertigstellung der Infrastrukturen vor der Ansiedlung, in der Realität nicht erfüllt werden. Im PA *Urupá* waren noch 2 Jahre nach Ansiedlungsbeginn manche Projektteile ohne Straßenanschluß. Auch im PA *Machadinho* konnte z.B. im August 1984 die Parzellenverteilung an Landlose, die zuvor meist einige Jahre im PIC *Ouro Preto* gelebt hatten, in Projektteilen ohne Straßen, z.T. auch ohne Zugang zu Wasserläufen auf den einzelnen Parzellen festgestellt werden. Viele der Betroffenen haben deshalb auch nicht unmittelbar mit der Erschließung des *lotes* begonnen. Auch äußerten einige bereits bei der Landverteilung Verkaufsabsichten.

---

1) So würde sich z.B. zur Anlage eines Hektar guaraná bei einem Preis von ca. 5.000 Cruz. pro Setzling (Preise vom Juli 1985) bereits eine anfängliche Kostenbelastung von ca. 3,1 Mio. Cruz./ha (ca. 521 US−$ entsprechend) ergeben, die − bei einem wegen der völlig fehlenden Erfahrung der Neusiedler mit diesen Kulturen und bei unklarer Vermarktungssituation ohnehin großen Risiko − die Anlage solcher Kulturen zunächst unattraktiv macht (mdl. Inf. EMATER−Agrarberater, PA Machadinho Juli 1985).

Staatliche Infrastrukturen (Schulen und besonders die gesundheitliche Versorgung der Siedler) sind erst mit erheblicher Zeitverzögerung eingerichtet worden und waren in der ersten Zeit nur in den *núcleos principais* lokalisiert. Diese sind größeren NUARs vergleichbar, in denen nach der Verteilung *städtischer datas* sehr rasch eine spontane Siedlungsentwicklung und die Herausbildung eines privaten Handels- und z.T. Dienstleistungssektors beobachtet werden konnte. So waren im PA *Urupá* im Juli 1985 bereits über 400 der städtischen *datas* zum Teil an Neusiedler des Projektes, zum Teil an Händler, Gewerbetreibende etc. von außerhalb verteilt worden. Ebenso im *núcleo principal* des PA *Machadinho*, wo zum gleichen Zeitpunkt — d.h. hier nur ein Jahr nach eigentlichem Projektbeginn — bereits 600 *datas* verteilt worden waren. Diese *núcleos principais* werden sich zweifellos schneller als die NUARs in den älteren Kolonisationsgebieten zu zentralen Orten der neuen Siedlungsregionen entwickeln können, nicht zuletzt weil hier die Entfernungen zu den nächsten Pionierstädten an der BR 364[1] bereits erheblich größer sind und sich von daher leichter neue kleinräumige Stadt-Land-Strukturen herausbilden können.

Besonders im Gesundheitsbereich wirkte sich die schon zu Anfang der Projekte unzureichende Versorgung der Neusiedler erschwerend auf die Lebens- und Produktionsbedingungen aus. Hauptproblem ist hierbei die hohe Malaria-Häufigkeit bei den Siedlern in *Urupá* und *Machadinho*. So wurden z.B. allein in den drei Monaten Mai, Juni und Juli 1984 in *Urupá* ca. 1.250 Malariafälle[2] — das entspricht, bei einer maximal anzunehmenden Siedlerzahl in *Urupá* von 1.200, einem Fall pro Familie — und im Projekt *Machadinho* bei sehr viel geringerer Bevölkerungszahl im Jahr 1985 (ebenfalls von Mai bis Juli) 740 Malaria-Fälle[3] registriert (mdl. Inf. SUCAM-Mitarbeiter PA *Urupá* August 1984, SEPLAN-RO-Mitarbeiter PA *Machadinho* Juli 1985). Dabei war die Ausstattung der lokalen Gesundheitsdienste in den neuen Projekten völlig unzureichend[4].

Nicht zuletzt aus diesen Gründen und wegen der fehlenden Straßenerschließung mancher Projektteile lebten beispielsweise im Juli 1985 im PA *Machadinho* erst ca. 260 der ca. 2.900 Familien, die 1984 und 1985 eine Parzelle erhalten hatten, dauernd auf ihrem Land (mdl. Inf. EMATER-Mitarbeiter PA *Machadinho* Juli 1985). Weitere Familien kampierten in äußerst prekärer Situation in der Nähe des Projektsitzes, um von hier aus ihr Land sukzessive zu erschließen.

Insgesamt mußten also bereits in der Anfangsphase der neuen Kolonisationsprojekte generelle Schwierigkeiten der Lebensbedingungen für die Siedler und konkrete Problem- und Konfliktsituationen festgestellt werden, die an sich durch eine verbesserte Projektauslegung und eine *integrierte* Umsetzungskonzeption hatten verhindert werden sollen[5].

---

1) Ca. 70 km nach Ouro Preto do Oeste im Falle des PA Urupá und über 100 km nach Jaru im Fall des PA Machadinho.
2) Davon 38 % in der leichteren, durch Plasmodium vivax und 62 % in der schwereren, durch Plasmodium falciparum verursachten Form.
3) 53 % Plasmodium vivax, 47 % Plasmodium falciparum.
4) I.d.R. kleines Hospital mit ca. 10 Betten, Krankenpflegepersonal, aber ohne permanent anwesenden Arzt.
5) Diese offensichtlichen Diskrepanzen führten u.a. im Juni 1983 zur Blockierung des Projektsitzes des PA Urupá durch Neusiedler, die aus ihrer Notsituation heraus ultimativ von den Verantwortlichen die Verbesserung infrastruktureller Versorgung, staatlicher Dienste und die Fertigstellung der Erschließungsstraßen — und damit eine stärkere Berücksichtigung ihrer Überlebensinteressen durch die Regierenden — forderten.

Generell muß also festgestellt werden, daß trotz erheblichen Mehraufwandes bei der Ansiedlung durch POLONOROESTE die elementarsten Grundbedürfnisse vieler Neusiedler auch hier als nicht befriedigt angesehen werden müssen. Daß es sich dabei nur um vorübergehende anfängliche Schwierigkeiten handelt, ist nach den Erfahrungen in den älteren Siedlungsgebieten Rondônias nicht zu erwarten.

Da mit den neuen POLONOROESTE–Kolonisationsprojekten allein die Zuwanderung von Landsuchenden, wie sich schnell herausstellte, nicht zu absorbieren war, wurden ab 1984 parallel zusätzliche Kolonisationsareale von INCRA in anderen Regionen Rondônias, durch das nationale Entwicklungsprogramm FINSOCIAL finanziert, ausgewiesen. Es handelt sich hierbei v.a. um Gebiete entlang der seit Anfang der 80er Jahre im Bau befindlichen Ost–West–Straßenverbindung RO 429 Presidente Médici – Costa Marques (vgl. Karte 11). Mit dem Bau dieser Straße, für die an sich – außer dem ambivalenten Ziel der Akzeleration der Raumerschließung – keine Notwendigkeit bestand[1], schuf der Staat eine weitere neue Expansionsrichtung der Pionierfrontentwicklung. Gleichzeitig wurde aber durch diese staatliche *Entwicklungsmaßnahme* auch ein neuer brisanter Konfliktherd geschaffen. Denn das mit dem Straßenbau praktisch automatisch zu verzeichnende Vordringen landsuchender Siedler wird zweifellos zu einem nur schwer kontrollierbaren Rodungsanstieg in diesen bisher unerschlossenen Primärwaldarealen sowie besonders zu Konflikten mit der in diesem Raum lebenden Indianerbevölkerung führen (besonders im Siedlungsgebiet der *Uru–Eu–Wau–Wau*–Indianer).

Auch an diesem Beispiel zeigt sich besonders die Inkonsequenz staatlicher Entwicklungsplanung an der Peripherie hinsichtlich der im POLONOROESTE–Programm ausdrücklich genannten Ziele des Indianerschutzes und der Umwelterhaltung. Während einerseits durch POLONOROESTE Abgrenzung und Schutz der Indianerreservate und der Waldreserven gewährleistet werden sollten, was bei den geringen Mitteln in diesem Bereich bisher[2] ohnehin in konkret–sichtbarer Weise kaum realisiert wurde, konterkariert derselbe Staat durch die konträr wirkende Maßnahme des Straßenbaus dieses Erhaltungsziel und leistet im Gegenteil weiterer Umweltzerstörung und weiterer Verdrängung der indianischen Bevölkerung zum Zweck der Verwirklichung eines auf Besiedlung und Peripherie–Integration aufbauenden Entwicklungsziels geradezu Vorschub.

Auch durch die Anlage der neuen Siedlungsprojekte in dieser aktuellsten Expansionsrichtung der rondonensischen Pionierfront[3] kann die *Kanalisierung* der spontanen Landnahme bei der starken Zuwanderung nach Rondônia nicht gewährleistet werden. Zwar sollen in weiteren geplanten Siedlungsprojekten mehr als 5.000 Siedler Land erhalten[4], jedoch wird auch dies nicht zu einer wesentlichen Verminderung des Erschließungsdruckes führen. Zusätzlich sind diese Regionen, wie FEARNSIDE 1986b, S. 233 ff.

---

1) Bes. weil die kleine Siedlung Costa Marques, traditionell über den Flußverkehr des Rio Guaporé nach Guajará–Mirim orientiert, bisher Teil des noch verbliebenen amazonisch geprägten Rondônia war.
2) Außer durch administrativ–institutionelle Verbesserungen der zuständigen Behörden FUNAI und IBDF und der rechtlichen Regularisierung bestehender Schutzgebiete und der Ausweisung einiger neuer, ohne jedoch gleichzeitig für einen langfristigen Schutz der definierten Gebiete sorgen zu können.
3) Das erste Projekt PA Bom Princípio ist mit einer Kapazität von 1.200 Siedlern bereits 1984/85 aufgesiedelt worden, vgl. Karte 11 und Tab. 34.
4) Gleba Terra Firme I, II,Gleba Conceição, siehe Karte 11 – vgl. MEAF–INCRA–CEER 1984, S. 29.

nachweist, für die kleinbäuerliche Nutzung weitestgehend ungeeignet, sodaß auch unter dem Aspekt der Bedürfnisbefriedigung der landsuchenden Migrantengruppen – d.h. besonders der dauerhaften Gewährleistung einer kleinbäuerlichen Existenz – diese jüngste Expansionstendenz der Pionierfront in Rondônia skeptisch beurteilt werden muß.

V.6. POLONOROESTE. Neubeginn peripherieorientierter Planung oder Fortsetzung zentrumsorientierter Integration?

Die Regionalentwicklung Rondônias war seit Beginn der gelenkten Agrarkolonisation in den 70er Jahren stark durch *raumwirksame Staatstätigkeit* geprägt. Die vorherrschenden Ziele staatlicher Raumgestaltung an der Peripherie sind im Falle Rondônias – ebenso wie für die übrige brasilianische Amazonasregion – im Rahmen einer zentrumsorientierten Integration der Peripherie zu sehen. Neben dem in Rondônia wie im übrigen Amazonien beobachtbaren ökonomischen Ziel der Extraktion regionaler Ressourcen[1], lag der wirtschaftliche Schwerpunkt der Erschließung auf der Förderung der regionalen Agrarproduktion durch Anlage kleinbäuerlicher Siedlungsprojekte. Die Zentrumsorientierung der rondonensischen Raumentwicklung durch Agrarkolonisation wird dabei besonders im Ziel der Umlenkung agrarsozialer Pobleme zentrumsnaher Regionen an die Peripherie, d.h. in der Funktion Rondônias als agrarsoziales und politisches *Sicherheitsventil*, offensichtlich. Ebenso kann Zentrumsorientierung auch im Ziel der Erhöhung des Beitrags der Peripherie zur nationalen Wertschöpfung durch Förderung exportorientierter *cash crops* und *Modernisierung* kleinbäuerlicher Strukturen gesehen werden. Die durch *raumwirksame Staatstätigkeit* an der Peripherie (v.a. durch Straßenbau und staatliche Siedlungspolitik) und durch agrarstrukturelle Wandlungen im Zentrum induzierte und verstärkte *spontane* Verdrängungsmigration nach Rondônia erreichte jedoch bald schon Ausmaße, die die Möglichkeiten staatlicher Kontrolle der Pionierfrontentwicklung durch Raumordnung und *Kanalisierung* regionaler Entwicklungsprozesse überstiegen. Die *gelenkte* Entwicklung wurde immer mehr durch *spontane* Entwicklung überlagert. Staatliche Regionalpolitik reduzierte sich in der Folge[2] von *Gestaltung* auf *Anpassungsplanung* und *Kontrollversuch* der Raumentwicklung[3]. Regionalspezifische Lebens- und Produktionsbedingungen (Krankheit, natürliche Gegebenheiten etc.), unzureichende staatliche Versorgung (Infrastrukturdefizite) und regionsexterne Einflüsse eines die Überlebensinteressen der kleinbäuerlichen Pionierfrontbevölkerung nur unzureichend berücksichtigenden, zentrumsorientierten Entwicklungsmodells (z.B. agrarpolitische Rahmenbedingungen etc.) führten bei einer ständig ansteigenden, sich gleichzeitig aber auch sozial differenzierenden Zuwanderung zu Veränderungsprozessen der rondonensischen Pionierfront, wie sie mit den sozio–ökonomischen Differenzierungsprozessen, dem sozialräumlichen Wandel

---

1) V.a. durch große kapitalistische Privatkonzerne (Kassiterit–Abbau), daneben aber auch durch eine eher überlebensorientierte Extraktionspionierfront (Goldwäscherei im Rio Madeira–Gebiet durch garimpeiros).
2) Auch aufgrund mangelnder institutionell–administrativer und finanzieller Kapazitäten in der Region und veränderter globaler Prioritäten für die amazonische Peripherieentwicklung (Strategiewende in der Mitte der 70er Jahre).
3) Vgl. INCRA–Siedlungspolitik der zweiten Hälfte der 70er Jahre.

in den ländlichen Siedlungsregionen, spezifischen Veränderungen der Landnutzungsstrukturen (v.a. Ausdehnung der Weidenutzung) und nicht zuletzt einer verstärkten, sozial heterogenen Urbanisierungstendenz beschrieben wurden. Die Zunahme vielschichtiger Interessenkonflikte, die in räumlicher Hinsicht als zunehmende Raumnutzungskonkurrenz in offenen Landkonflikten manifest werden, sind ebenso Kennzeichen *spontan* überlagerter Pionierfrontentwicklung.

Mit dem POLONOROESTE–Programm versuchte der Staat, die Initiative der Raumentwicklung in Rondônia wieder zu übernehmen und eine bessere Kontrolle *spontaner* Prozesse zu erlangen. Hierzu sollten die verschiedenen *peripherieorientierten* Komponenten des Programms (*Integrierte Ländliche Entwicklung*, Indianerschutz, Umwelterhaltung etc.) und eine zielgruppenorientierte Programmkonzeption dienen. Trotz dieser zweifellos begrüßenswerten – zumindest konzeptionellen – Neuorientierung regionaler Entwicklungsplanung an der Peripherie, die nur vor dem Hintergrund einer veränderten entwicklungspolitischen Strategiedebatte und dem Einfluß, den die Weltbank in diesem Zusammenhang ausübte, zu verstehen ist, muß im Ausbleiben einer begleitenden Veränderung regionsexterner Bedingungen und Einflußfaktoren der rondonensischen Regionalentwicklung ein entscheidender Negativfaktor gesehen werden. Regionsexterne Einflußfaktoren wurden nicht nur durch keinerlei flankierende Maßnahmen auf übergeordneter Ebene kontrolliert, im Gegenteil: durch die Hauptmaßnahme von POLONOROESTE, die Asphaltierung der BR 364, die zweifellos für die rondonensische Bevölkerung erhebliche Erleichterungen brachte und für die Entwicklung der regionalen Wirtschaft von größter Bedeutung ist, wird die Wirkung regionsexterner Einflußfaktoren verstärkt[1]. Der Versuch der *Konsolidierung* der Regionalentwicklung wird somit durch die Verstärkung des Erschließungsdrucks, der sich zusätzlich in sozialer und wirtschaftlicher Hinsicht in Zukunft stärker *polarisiert* darstellen kann, konterkariert. Die Verstärkung der *Integration* der Peripherie kann somit zu einer Verstärkung der *Desintegration* und Verdrängung eines Teils der alten und neuen Peripherie–Bevölkerung[2] führen. Die Ambivalenz regionaler Entwicklungsplanung an der Peripherie wird somit im Konflikt und Ungleichgewicht zwischen dominierender Zentrumsorientierung und notwendiger Peripherieorientierung staatlicher Politik offensichtlich (vgl. zu POLONOROESTE und dem Einfluß regionaler und externer Einflußfaktoren Abb. 13).

Neue konzeptionelle Ansätze, die wie *Integrierte Ländliche Entwicklung* den zielgruppenorientierten Abbau von sozio–ökonomischen und räumlichen Disparitäten auf regionaler Ebene zum Ziel haben, können – wie das Beispiel des PDRI–RO zeigt – aufgrund spezifischer Umsetzungsprobleme, Mangel an *Integration* auf den verschiedensten Ebenen und wegen der *kontraproduktiv* wirkenden Rahmenbedingungen auf regionaler Ebene allein nicht verwirklicht werden.

Der *territoriale Aspekt* der regionalen Raumentwicklung könnte in einem räumlich *funktional* orientierten nationalen Entwicklungsmodell wie dem brasilianischen nur durch –

---

1) V.a. ansteigende Migration an die Peripherie bei sich fortsetzender Verdrängung durch Krisensituation des Zentrums, gleichzeitig aber auch verstärktem Interesse der Zentrums–Brückenköpfe an der nun leichter zugänglichen Peripherie.

2) Indianer, garimpeiros, seringueiros einerseits, Teile der kleinbäuerlichen Bevölkerung, Landlose, städtische Unterschichten etc. andererseits.

POLONOROESTE UND DER EINFLUSS REGIONALER UND EXTERNER PROZESSE

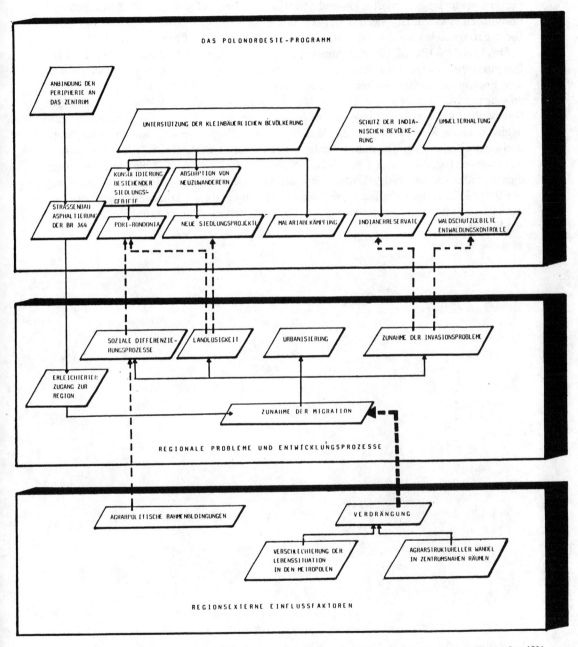

Abbildung 13

zumindest teilweise — *Abkoppelung* stärker betont werden. Dies ist aber unter dem nach wie vor dominierenden Globalziel brasilianischer Amazonaspolitik der *Integration der Peripherie* nicht vorstellbar. Denn eine der wesentlichsten Voraussetzungen *territorial* orientierter Entwicklung, Partizipation und Selbstbestimmung auf allen gesellschaftlichen und räumlichen Ebenen, ist, wie das Beispiel des PDRI–RO gezeigt hat, noch nicht einmal (oder gerade nicht) auf der lokalen, d.h. der konkret gelebten Ebene verwirklichbar.

Das POLONOROESTE–Programm reduziert sich im Endeffekt vor allem auf ein Infrastrukturprogramm *from above*. Die Lebenssituation der Bevölkerung wird sich durch das Programm partiell sicherlich verbessern können. Die Dominanz der *zentrumsorientierten* Maßnahmen und das Ausbleiben von entscheidenden Veränderungen der Rahmenbedingungen[1] wird jedoch eine *peripherieorientierte* Harmonisierung der Regionalentwicklung Rondônias entscheidend behindern. Programmteile wie Indianerschutz und Umwelterhaltung, die immer wieder als das *Neue* an POLONOROESTE herausgestellt wurden (vgl. MAHAR 1983, SKILLINGS 1985, GOODLAND 1986), erhalten unter diesen Prämissen allenfalls Alibifunktion, denn die gleichzeitig dominierende Förderung der Erschließung der Peripherie wird, wie Interessen– und Landkonflikte zeigen, zu einer verstärkten Raumnutzungskonkurrenz und letztendlich zur Verdrängung der Schwächeren führen.

---

1) Wohl auch nicht im Zuge der Demokratisierung Brasiliens ab 1985.

VI. Interessenkonflikte an der Pionierfront. Landkonflikte als Raumnutzungskonkurrenz verschiedener sozialer Gruppen

VI.1. Allgemeines: Konflikt und Gewalt als Grundkategorien gesellschaftlicher Auseinandersetzung — ihre Einbeziehung in die geographische Analyse gesellschaftlich und räumlich disparitärer Systeme

Besonders im Gefolge der Bedeutungszunahme von *Friedens- und Konfliktforschung* im gesellschaftswissenschaftlichen Kontext während der letzten 20 Jahre wurden *Konflikt* und *Gewalt* nicht nur in der offensichtlichsten Form kriegerischer Auseinandersetzungen, wie sie durch die gesamte Menschheitsgeschichte hindurch beobachtbar sind, sondern auch als grundlegende Kategorien des sozialen Lebens und als überall nachvollziehbare Regelmechanismen gesellschaftlicher Systeme in den Vordergrund des Interesses gerückt (vgl. z.B. SENGHAAS 1971, GALTUNG 1975, MÜNKLER 1986). Sie können, nach unserem Verständnis, mehr zur Erklärung von gesellschaftlichen Phänomenen und Entwicklungsprozessen beitragen als auf *Gleichgewicht* basierende theoretische Vorstellungen, in denen *Ungleichheit* und *Disparität* eher als vorübergehende Zustände im Rahmen eines systemimmanenten *Interessenausgleichs* im Prozeß der *Nutzenoptimierung* von Individuen, gesellschaftlichen Gruppen oder auch räumlichen Subsystemen angesehen werden. GALTUNG (1975, S. 110) definiert *Konflikt* als:

»Inkompatibilität zwischen Zielsetzungen oder Wertvorstellungen von Akteuren in einem Gesellschaftssystem.«

Die Nichterfüllung von Zielsetzungen — von Individuen, Gruppen oder auch Nationen — kann zu Frustrationen bei diesen Akteuren und letztendlich zu Aggression führen. Ebenso hat im Gegenzug die Durchsetzung von Zielen oder Wertvorstellungen durch einige Akteure in einem System konfligierender Interessen mit Formen direkter und indirekter Aggression im Rahmen ungleicher Zielrealisierungschancen, d.h. letztendlich ungleicher Machtverhältnisse (vgl. z.B. *Strukturelle Gewalt* — siehe hierzu weiter unten), zu tun.
 Dabei unterscheidet GALTUNG (1975, S. 111) drei verschiedene Konfliktebenen: Person, Gruppe und Nation. Ebenso muß grundsätzlich zwischen Konflikten im *Inneren von Akteuren* (sog. *intra-actor-conflicts*) und solchen zwischen verschiedenen Akteuren (sog. *inter-actor-conflicts*) differenziert werden.
 Konfliktsituationen lösen ein spezifisches *Konfliktverhalten* der beteiligten Akteure aus. Im sozialen Kontext ist dabei festzustellen, daß jedes Gesellschaftssystem Formen der *Konfliktbewältigung* — d.h. des *Konfliktmanagements* — entwickeln muß. Dabei unterscheidet GALTUNG (1975, S. 113, 114) zwischen den *Konfliktbewältigern* und den *vom Konflikt Überwältigten*, wobei die *Konfliktbewältiger* in der Regel dem *Zentrum* eines Gesellschaftssystems zuzuordnen sind. Vor allem zwei Formen des *Konfliktmanagements* lassen sich nach GALTUNG (1975, S. 114) unterscheiden:
- *Konfliktkontrolle*, worunter der Lenkungsversuch von Konfliktverhalten, nicht aber die Beseitigung der Konfliktursachen zu verstehen ist und

● *Konfliktlösung,* womit die Beseitigung der dem Konflikt zugrundeliegenden Interesseninkompatibilitäten gemeint ist.

Grundsätzlich stellt sich natürlich auch bei der Behandlung von Konflikten zwischen verschiedenen individuellen oder Gruppeninteressen das hier allerdings nicht näher zu behandelnde Definitionsproblem dessen, was als *Interesse* und als *Interessenkonflikt* zu verstehen ist und von welchen sozialen, ökonomischen oder kulturellen Faktoren sie beeinflußt werden (vgl. hierzu z.B. SENGHAAS 1971, S. 12 ff., GALTUNG 1972, S. 31 ff.).

Wenn wir nun akzeptieren, daß Interessenkonflikte zu den Grundkategorien des Lebens in einer Gesellschaft zu rechnen sind, so müssen *Konflikt* und *Konfliktverhalten* auch als wesentliche Determinanten des räumlichen Verhaltens von Individuen und sozialen Gruppen angesehen werden, d.h. geographisch von hoher Relevanz sein. Denn Nutzungskonkurrenzen um die i.d.R. *knappe Ressource* Raum stehen seit jeher an zentraler Stelle konfliktiver gesellschaftlicher Auseinandersetzungen zwischen verschiedenen, unterschiedlich mächtigen — und deshalb mit unterschiedlichem Zielverwirklichungspotential ausgestatteten — sozialen Gruppen (vgl. z.B. KLEINPENNING 1986, S. 11 ff.).

Entsprechend setzt sich in der Geographie des Menschen während der letzten Jahre immer mehr die Erkenntnis durch, daß die Untersuchung räumlicher Manifestationen gesellschaftlicher Konflikte ein wesentliches Forschungsanliegen sein sollte. Denn, wie BUTZIN (1982, S. 101) schreibt:

» ... von vielen Standortsystemen ist zu vermuten, daß sie zwar auf der Entscheidung einiger Entscheidungsträger beruhen, aber auch entgegen den Entscheidungen anderer Entscheidungsträger existieren und damit prinzipiell konfliktträchtig sind.«

Besonders in der angelsächsischen Humangeographie ging man ab der zweiten Hälfte der 70er Jahre immer mehr dazu über, räumliches Verhalten nicht mehr nur als Ausdruck rationaler, nutzenorientierter Standortentscheidungen von Individuen oder Gruppen zu interpretieren, sondern v. a. den restriktiven Einfluß unterschiedlicher sozio–ökonomischer Positionen und politischer Machtverhältnisse auf Raumstruktur und räumliches Verhalten in den Vordergrund zu stellen. Zentrale Bedeutung erhielt hierbei die Analyse räumlicher Konflikte, die als Ausdruck der vor allem einer *kapitalistischen Produktionsweise* inhärenten Interessenkonflikte und sozio–ökonomischen Disparitäten angesehen wurden. Ebenso wurde nun dem politischen Aspekt räumlicher Konflikte sowie der Funktionszuweisung politischer Entscheidungen hinsichtlich Konfliktverursachung, -kontrolle und Konfliktlösung besondere Bedeutung zugemessen[1].

Solche Analysen konzentrierten sich zunächst v.a. auf räumliche Konflikte im städtischen Milieu komplexer Industriegesellschaften (vgl. als Beispiel bes. COX 1978, COX, JOHNSTON 1982). Jedoch gilt auch für die geographische Analyse, daß der Konfliktbezug auf verschiedenen Maßstabsebenen herzustellen ist. Neben konkreten lokalen Standortkonflikten als Ausdruck unterschiedlicher Interessen der beteiligten Akteure oder neben dem Konfliktgehalt kleinräumiger, sozialräumlicher Wandlungsprozesse können

---

1) Vgl. als Überblick für solche Ansätze einer konfliktorientierten — politischen — Geographie besonders OSSENBRÜGGE 1983, 1984.

auf interregionaler Ebene ökonomisch, sozial und kulturell bedingte raumrelevante Konflikte festgestellt werden, wobei besonders der Zentrum–Peripherie–Aspekt interregionaler Disparitäten zum Tragen kommt. Solche interregionalen raumrelevanten Konflikte haben in den letzten Jahren z.B. im Rahmen der wiederbelebten *Regionalismus*–Debatte (vgl. STIENS 1980, MÜLLER–DALLACH 1980) ihren Niederschlag gefunden. Im nationalen und internationalen Kontext wird eine *konfliktorientierte* Geographie sich nicht nur mit direkten militärischen Auseinandersetzungen, sondern besonders auch mit den Interessenkonflikten im Rahmen internationaler Beziehungen, wie z.B. im Rahmen der vielschichtigen und in vieler Hinsicht raumrelevanten Abhängigkeitsverhältnisse zwischen *Nord* und *Süd*, zu beschäftigen haben.

Auch nach den neueren geographischen Ansätzen, die die räumlichen Manifestationen gesellschaftlicher und ökonomischer Ungleichheit, Ungleichwertigkeit – d.h. die Analyse räumlicher Disparitäten – als ein zentrales Objekt geographischer Forschung ansehen[1], muß die Analyse der sich aus ungleichen Strukturen ergebenden raumrelevanten Konflikte zwischen verschiedenen im Raum agierenden Gruppen vorrangig sein.

Eine in unserer Sicht auch für die geographische Konfliktanalyse relevante grundlegende Begriffskategorie ist in einem v.a. von Galtung sehr umfassend definierten Gewaltbegriff zu sehen (vgl. GALTUNG 1975, S. 9):

»Gewalt liegt dann vor, wenn Menschen so beeinflußt werden, daß ihre aktuelle somatische und geistige Verwirklichung geringer ist als ihre potentielle Verwirklichung.«

Neben der *direkten, personalen Gewalt* spricht derselbe Autor auch von einer *indirekten, strukturellen Gewalt*, deren Wesen so charakterisiert wird:

» ... die Gewalt ist in das System eingebaut und äußert sich in ungleichen Machtverhältnissen und folglich in ungleichen Lebenschancen.« (GALTUNG 1975, S. 12).

Ungleich verteilte Entscheidungs– und Verfügungsgewalt über die verschiedensten Ressourcen – und damit auch über den Raum –, die sich in ungleichen, disparitären Strukturen und Prozessen dokumentieren, fallen somit unter den Begriff der *strukturellen Gewalt*.

Gesellschaftliche Realität, Formen der sozialen Auseinandersetzung, disparitäre Raumentwicklung, Interessen– und Raumkonflikte in den Ländern der Dritten Welt können in der Regel als durch systemimmanente *strukturelle Gewalt* gekennzeichnet angesehen werden.

In geographischer Hinsicht drückt sich *strukturelle Gewalt* v.a. im Konflikt um den Zugang zur knappen, zumindest jedoch begrenzten Ressource *Boden*, d.h. in den verschiedensten Formen von Raumnutzungskonkurrenzen aus (vgl. z.B. KLEINPENNING 1986).

---

1) Vgl. Kap. II.1.1. und besonders BARTELS 1978, im angelsächsischen Bereich z.B. Ansätze der sog. welfare–geography – vgl. hierzu als Überblick SCHMIDT–WULFFEN 1980.

Dies trifft in der Dritten Welt sowohl für Nutzungskonflikte im städtischen Raum[1] als auch im ländlichen Raum zu.

Die in dieser Arbeit beschriebene Verdrängungsmigration ländlicher Unterschichten an die Peripherie infolge des Modernisierungsprozesses in zentrumsnahen Räumen Brasiliens kann als typisches Beispiel für durch *strukturelle Gewalt* gekennzeichnete Raumnutzungskonkurrenz angesehen werden. Daß sich dabei *strukturelle Gewalt* auch an der Peripherie fortsetzt, zeigen die analysierten Beispiele *spontaner* sozialer Differenzierung und Stratifizierung in den Kolonisationsgebieten Rondônias sowie die Fortsetzung bzw. sogar Verstärkung dieser Prozesse durch staatliche Raumordnungspolitik.

Systemimmanente *strukturelle Gewalt* ist neben diesen verdeckteren Prozessen im Rahmen des sozialräumlichen Wandels besonders aber auch Auslöser von direkten Raumnutzungskonkurrenzen an der Peripherie in Form von offenen Landkonflikten, bei denen das *Konfliktverhalten* der beteiligten sozialen Akteure zumeist mit *direkter, personaler Gewalt* verbunden ist. Auch in diesem Zusammenhang kommt, wie das Beispiel der amazonischen Peripherie Brasiliens in den letzten Jahren besonders deutlich zeigt, neben den direkt am Konflikt beteiligten sozialen Akteuren, jedoch auch über deren entsprechende politisch–gesellschaftliche Repräsentanz, dem Staat, seiner spezifischen Entwicklungspolitik und -planung, seinen gesetzlichen Grundlagen und generell seinem sozio–ökonomischen Entwicklungsmodell und der hier für die Peripherie vorgesehenen Funktion besondere Bedeutung zu.

VI.2. Landkonflikte als konstitutiver Bestandteil der Pionierfrontentwicklung

VI.2.1. Die Einordnung in den brasilianischen Gesamtzusammenhang

In Brasilien sind verdeckte und offene gewaltsame Konflikte um den Zugang zum Land im ruralen Milieu so alt wie koloniale und nachkoloniale Erschließung und Inbesitznahme der verschiedenen Teilregionen des Landes. Kennzeichnend für die Struktur dieser Inbesitznahme war der für verschiedene soziale Gruppen ungleiche Zugang zum Land und die Entstehung einer disparitären Agrarsozialstruktur, charakterisiert durch den Gegensatz Latifundium − Minifundium/Landlosigkeit besonders infolge der spezifischen Formen der Landvergabe (*sesmaria*–System, vgl. Kap. III.4.2.).

Der Klassengegensatz zwischen der zahlenmäßig begrenzten Gruppe der gesellschaftlich, ökonomisch und politisch dominierenden, ihr Land zur profitorientierten Produktion tropischer Monokulturen für den Export nutzenden Großgrundbesitzer[2] und der großen Gruppe der unfreien Arbeitssklaven sowie in jüngerer Zeit der Tagelöhner einerseits, der

---

1) Hier am deutlichsten im Zugang städtischer Unterschichten zu Wohnraum (vgl. z.B. MERTINS 1984, im Zusammenhang Brasiliens für das diesbezügliche Konfliktpotential im metropolitanen São Paulo z.B. KRISCHKE 1984).

2) Der senhores de engenho der Zuckerrohrregionen des brasilianischen Nordostens wie auch später der Kaffee–Fazendeiros des brasilianischen Südostens.

landlosen Pächter, *agregados* und kleinbäuerlichen *minifundistas*, deren Wirtschaftsziel — neben ihrer partiellen Einbindung in die Exportproduktion — v.a. die Grundnahrungsmittelproduktion zur Sicherung der eigenen Subsistenz und allenfalls zur Vermarktung erzielter Überschüsse ist, mußte trotz aller spezifischen wirtschaftlichen und sozialen Abhängigkeitsverhältnisse, die sich zwischen diesen verschiedenen agrarsozialen Gruppen gebildet hatten[1], zu einer Perpetuierung des Konflikts um Zugang und entsprechend unterschiedliche Nutzung des Landes kommen. Für die einen Grundlage der Profitsteigerung durch die Inkorporierung immer größerer Ländereien in die Produktion tropischer Monokulturen (Zuckerrohr, Kaffee etc.), stellte das Land für die anderen Grundlage ihres physischen Überlebens dar.

Auch wenn letzten Endes die Verdrängung der Ohnmächtigen aufgrund ihrer fehlenden politischen und gesellschaftlichen Artikulation zur Regelform der *Konfliktkontrolle* im ländlichen Raum Brasiliens wurde, können dennoch eine ganze Reihe von Versuchen der Interessenrealisierung der Unterprivilegierten konstatiert werden, die in den verschiedensten Formen des Protests und in sozialen Bewegungen der kleinbäuerlichen und landlosen agrarsozialen Gruppen — des sog. *campesinato brasileiro* — v.a. von konkreten Landkonflikten ausgehend immer wieder Ausdruck fanden. Hierzu gehören die verschiedenen *messianischen* Bewegungen des 19. und frühen 20. Jhdts., die teilweise wie im Falle der durch Euclides da Cunha bekanntgewordenen *Guerra de Canudos* im *sertão* von Bahia 1896/97 (CUNHA 1982) oder im brasilianischen Süden in der *Guerra do Contestado* (1912–1916) zu regelrechten Bauernkriegen eskalierten, wozu das Eingreifen des an den Interessen der gesellschaftlich Mächtigen orientierten Staates und die Anwendung direkter Gewalt durch diesen Staat als Mittel der *Konfliktkontrolle* wesentlich beitrug (vgl. zu diesen Beispielen MARTINS 1983). Daneben ist die Entstehung des ländlichen Banditenwesens vor allem des Nordostens (sog. *cangaço*) ebenfalls im Zusammenhang des Konflikts um den Zugang zu Land und der fehlenden Artikulationsmöglichkeiten der Unterprivilegierten zu sehen[2].

Ab den 50er Jahren übernahmen zunehmend die sog. *ligas camponesas* die Funktion der Interessenvertretung der ländlichen Unterprivilegierten. Sie wurden besonders in den Interessenkonflikten im ländlichen Raum des Nordostens mit der Forderung nach grundlegender Veränderung der agrarsozialen Strukturen aktiv. Durch ihre Alliierung mit den politischen Linksparteien wurden sie zusätzlich zu einem wichtigen Faktor im politischen Kräftespiel[3]. Daß sich aber auch durch sie an der ungleichen Interessenrealisierung der agrarsozialen Gruppen nichts ändern würde, wurde durch den Militärputsch von 1964, der seine Legitimation nicht zuletzt in den zunehmenden sozialen Konflikten im ländlichen Raum suchte, endgültig besiegelt.

Landkonflikte gehören bis heute als Ausdruck disparitärer Agrarsozialstrukturen und ungleicher Interessenrealisierungschancen der verschiedenen Akteure zum Alltag des

---

1) Vgl. z.B. MARTINS 1983, S. 21 ff. sowie QUEIROZ 1976, S. 7 ff. für die spezifische soziale und ökonomische Funktion des brasilianischen Bauerntums.
2) Vgl. ebenso MARTINS 1983 sowie zu den verschiedenen Formen der Bauernbewegungen auch FORMAN 1979, S. 267 ff.
3) Vgl. zu den ligas camponesas MARTINS 1983, S. 67 ff.

ländlichen Raumes in Brasilien. Wenn man — sozusagen in einer *Geographie der Gewalt* (vgl. SANTOS FILHO, PORTO 1984) — versucht, die Konfliktherde in den verschiedenen ländlichen Gebieten anhand der in den letzten Jahren zunehmenden (vgl. CPT 1983, 1984, 1985) Konflikte zu lokalisieren (vgl. Karten 29 und 30), so lassen sich — bei Auftreten von Konfliktfällen in allen brasilianischen Agrarräumen — besonders zwei Regionen und *Raumtypen* ausgliedern[1]:

- die ländlichen Altsiedelgebiete des Nordostens und nordöstlichen Südostens[2], d.h. Regionen, die aufgrund ihrer Agrargeschichte traditionell durch starke soziale Gegensätze auf dem Lande geprägt sind;
- die älteren und besonders die neueren Pionierfronten[3], d.h. Regionen, deren wesentliche Funktion von jeher die Absorption der *Überschußbevölkerung* aus den ländlichen Altsiedelgebieten zur Reduzierung der dortigen Konflikte und Probleme war. Andererseits entstehen aber auch an diesen Pionierfronten binnen kurzer Zeit trotz des vermeintlich unerschöpflichen Landreservoirs an der Siedlungsgrenze neue Landkonflikte, die sich in der Raumnutzungskonkurrenz zwischen Pionierfront und traditionellen Lebensformen, in der Konkurrenz zwischen verschieden strukturierten Pionierfronten, bes. kleinbäuerlicher versus großbetrieblicher, kapitalistisch bzw. spekulativ orientierter Pionierfront und schließlich in der Diskrepanz zwischen *spontaner* Pionierfrontentwicklung und dem Lenkungsversuch durch staatliche Entwicklungsplanung, die meist nur zugunsten bestimmter Akteure an der Pionierfront angelegt ist, erklären.

VI.2.2. Landkonflikte und die Pionierfronten in Amazonien

Seit Ende der 60er, Anfang der 70er Jahre sind es besonders diese immer mehr eskalierenden, gewaltsamen Landkonflikte der neuen Pionierfronten Amazoniens, die in den Mittelpunkt des Interesses einer engagierten nationalen und internationalen Öffentlichkeit wie auch der gesellschaftswissenschaftlichen Diskussion um die sich reproduzierenden Klassengegensätze an der Siedlungsgrenze treten[4].

Ohne an dieser Stelle auf Einzelheiten der in den genannten Publikationen in ihrem Ablauf z.T. detailliert dargestellten zahlreichen Landkonflikte eingehen zu können, soll dennoch der Versuch unternommen werden, einige Leitlinien und gemeinsame Kennzeichen der Konfliktproblematik in Amazonien herauszustellen.

Zunächst kann hinsichtlich einer Regionalisierung der Konfliktproblematik innnerhalb Amazoniens festgestellt werden, daß die größten Konfliktherde im Südosten, Osten, v.a. in Südost–Pará, Nord–Goiás und Nord–Mato Grosso sowie im Westen des als Übergangs-

---

1) Vgl. auch generell für Lateinamerika KLEINPENNING 1986, S. 16 f.
2) Minas Gerais, Bahia, Pernambuco, Teile von Maranhão.
3) V.a. das gesamte Amazonien, bes. Nord–Goiás, Nord–Mato Grosso, Südost–Pará, West–Maranhão als aktuelle Pionierfronten sowie Mato Grosso do Sul und vor allem Paraná als ältere, konsolidierte Pionierfronten.
4) Vgl. für die immer umfangreicher werdende Literatur zur Landkonfliktproblematik in Amazonien DAVIS 1978, IANNI 1979, 1981, SENNA 1979, CARVALHO 1980, PINTO 1980, FOWERAKER 1982, POELHEKKE 1982, SCHMINK 1982, MARTINS 1982, 1983, 1984, MARTINS, E. 1982a, 1982b, KOTSCHO 1982, BRANFORD, GLOCK 1985 etc.

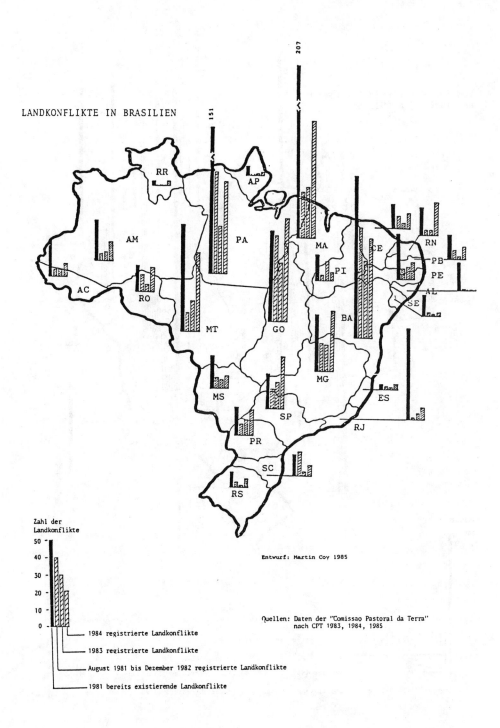

Karte 29

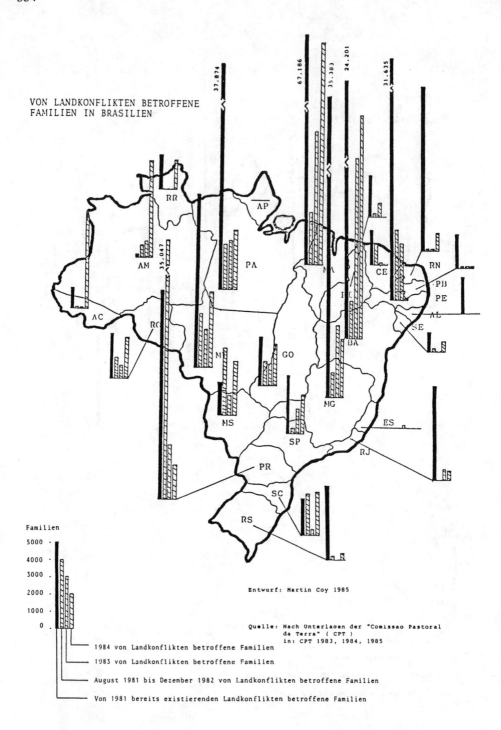

Karte 30

raum bereits partiell zu Amazonien zählenden Maranhão zu finden sind (vgl. auch für die erste Hälfte der 80er Jahre Karten 29 und 30). Besonders in diesen Regionen kann das Aufeinandertreffen verschiedener gesellschaftlicher Formationen im Gegeneinander verschiedener, gegensätzliche Interessen verfolgender Konfliktakteure beobachtet werden. Diese Formationen und ihre Akteure sind:

1. *Traditionelle amazonische Lebensformen*, wozu v.a. die indianische Bevölkerung Amazoniens sowie die seit mehreren Generationen in der Region lebende *caboclo*–Bevölkerung und die in die traditionellen Formen der Extraktion eingebundenen *seringueiros* zu rechnen sind.
2. *Die kleinbäuerliche Pionierfront*, worunter sowohl die im Rahmen staatlicher – z.T. auch privater – Erschließungspolitik angesiedelten Kleinbauern gelenkter Siedlungsprojekte fallen, als auch die sehr viel größere Zahl der seit den 60er Jahren im Rahmen der durch staatliche Integrationspolitik ermöglichten *Öffnung* Amazoniens *spontan* an die Siedlungsgrenze vordringenden Landsuchenden, die sich hier vor allem als *posseiros* niederlassen und für die, aus ihren Herkunftsregionen verdrängt, Amazonien die Funktion eines *Überlebensraums* einnimmt.
3. *Die großbetriebliche Pionierfront*, deren Interessen sowohl auf kapitalistisch orientierte Agrarproduktion besonders in der Form der seit Ende der 60er Jahre steuerlich geförderten Rinderweidewirtschaft, die sich wesentlich auf Südostamazonien konzentriert (vgl. z.B. KOHLHEPP 1978b, 1979), als auch vorwiegend auf spekulative Ziele gerichtet sein kann.
4. *Die kleinbetriebliche Extraktions–Pionierfront*, worunter wir hier die an der Extraktion der verschiedenen mineralischen Rohstoffe (v.a. Gold, Diamanten) interessierten *garimpeiros* subsumieren, für die die Extraktionswirtschaft v.a. eine *Überlebensstrategie* darstellt[1].
5. *Die großbetriebliche Extraktions–Pionierfront*, wozu insbesondere die in den letzten Jahren immer mehr in den Vordergrund tretenden Bergbaugroßprojekte zur exportorientierten Extraktion der regionalen Rohstoffvorkommen durch private und staatliche Firmen gerechnet werden sollen[2].
6. *Der Staat*, der zum einen mit seinen verschiedenen konkreten Erschließungs– und Entwicklungsmaßnahmen in der Region zum direkten Konfliktakteur wird[3], der daneben aber mit seiner in das nationale Entwicklungsmodell eingebauten regionalen Entwicklungsstrategie, mit spezifischen sektoralen Maßnahmen (Steuervergünstigung etc.) und mit einer an den Interessen der gesellschaftlich Mächtigen orientierten Gesetzgebung, Rechtsprechung und Politikumsetzung durch die verschiedensten staatlichen

---

1) Vgl. besonders ROCHA 1984, für das spezifische Beispiel der Serra Pelada in Südost–Pará KOTSCHO 1984, zur sozialwissenschaftlichen Einordnung dieser spezifischen Überlebensform am Beispiel des peruanischen Amazonien MAENNLING 1986.
2) Vgl. für das Beispiel des Großprojektes Grande Carajás z.B. PINTO 1982; IBASE 1983, ALMEIDA 1986, zur Auseinandersetzung mit der kleinbäuerlichen Pionierfront in diesem Beispiel HEBETTE 1986.
3) Dies gilt besonders für das Beispiel des Straßenbaus, vgl. hierzu beispielsweise KOHLHEPP 1977 für Rondônia FEARNSIDE, FERREIRA 1984, aber auch für andere Infrastrukturmaßnahmen staatlicher Firmen wie z.B. Bau von Wasserkraftwerken und damit verbundene Umsiedlungsmaßnahmen, vgl. am Beispiel des Tucuruí–Staudamms MOUGEOT 1986.

Agenturen v.a. zum indirekten Verursacher von Interessenkonflikten anderer Akteure wird und aufgrund seiner einseitigen Interessenallianz nicht die Funktion einer Konflikt-*Schiedstelle* durch Ausgleich der Interesseninkompatibilitäten, sondern allenfalls die eines Konflikt-*Kontrolleurs* einnimmt.

Die Konflikte zwischen den genannten Akteuren können verschiedenen Ebenen zugeordnet werden (vgl. Abb. 14 und Kap. VI.3.4.).

Der Konflikt zwischen Indianern und den verschiedenen Pionierfront-Formationen sowie dem Staat als direktem Konflikt-Akteur entspricht der zunehmenden Verdrängung nicht-integrierter Lebensformen durch die nationale Gesellschaft im Rahmen der *Integration der Peripherie* in diese nationale Gesellschaft. Der Schutz der Überlebensinteressen dieser nicht-integrierten Lebensformen (z.B. durch Reservatpolitik) gilt nur, solange er nicht in Konflikt mit dem Erschließungs- und Integrationsziel bzw. dem privatkapitalistischen Extraktionsinteresse gerät[1].

Der Konflikt zwischen kleinbäuerlicher Pionierfront (und kleinbetrieblicher Extraktions-Pionierfront) und großbetrieblicher Pionierfront steht vor allem für die wachsenden Klassengegensätze zwischen Mächtigen und Ohnmächtigen innerhalb der nationalen Gesellschaft (vgl. SCHMINK 1982) und für die ungleiche Konkurrenz zwischen *Überlebensökonomie* der verschiedenen Kleinbauerngruppen (und der *garimpeiros*) und der auch die Peripherie sukzessive *erobernden* kapitalistischen Produktionsweise (vgl. hierzu besonders WOOD 1983). Dieser Konflikt zeigt sich in besonderer Deutlichkeit in den gewaltsamen Auseinandersetzungen zwischen Rinderweidewirtschaft betreibenden oder sich aus reinem Spekulationsinteresse in Amazonien engagierenden Großgrundbesitzern und *posseiros* in der Region Araguaia-Tocantins[2], entlang der Straße Belém-Brasília in SE-Pará und in West-Maranhão[3].

Diese Landkonflikte erhalten insofern in vielen Fällen eine besondere Dimension, als auch die Eigentumsansprüche vieler Großgrundbesitzer jeder rechtlichen Grundlage entbehren. Die unrechtmäßige Landaneignung in großem Stil meist zu Spekulationszwecken (durch gefälschte Landtitel etc.), die sog. *grilagem*, hat in Amazonien durch die Attraktivitätssteigerung der Peripherie für in- und ausländische Investoren infolge der staatlichen Erschließungsmaßnahmen und Integrationsbemühungen eher zugenommen[4].

Das *Konfliktverhalten* der beteiligten Akteure in der Auseinandersetzung zwischen Kleinbauern, *posseiros* und Großgrundbesitzern äußert sich i.d.R. in verschiedenen Stufen und auf verschiedenen Ebenen. Zunächst im Versuch der Einschüchterung der *posseiros* durch die *jagunços* oder *pistoleiros*[5] des rechtmäßigen oder vorgetäuschten Landeigentümers. Gleichzeitig wird vom Großgrundbesitzer meist der Versuch unternommen,

---

1) Vgl. für konkrete Beispiele im brasilianischen Amazonien MARTINS, E. 1982a, DAVIS 1978, S. 105 ff., CEDI 1982, 1983, 1984, zur Reaktion der Betroffenen z.B. SOUZA et al. 1981, S. 33 ff., generell zur Entwicklung eines neuen indianischen Bewußtseins in Lateinamerika und zur Artikulation der Indianer angesichts zunehmender existentieller Bedrohung durch die moderne Zivilisation MÜNZEL 1978, INDIANER IN LATEINAMERIKA 1982.
2) Vgl. hierzu CARVALHO 1980, S. 9 ff., KOTSCHO 1982, BRANFORD, GLOCK 1985, S. 225 ff.
3) Vgl. hierfür als Bericht aus der Sicht der Betroffenen CONCEIÇÃO 1982.
4) Vgl. ausführliche Fallstudien zu Praktiken der sog. grileiros am Beispiel besonders West-Maranhãos ASSELIN 1982.
5) Vom Fazendeiro zur Räumung und Freihaltung des Landes bezahlte und bewaffnete Individuen.

die *posseiros* per Gerichtsbeschluß auf *legalem* Wege — bei einer in vielen Fällen jedoch nicht unparteiischen Justiz — von dem Land zu entfernen. Falls dies nichts fruchtet, z.T. auch vor irgendwelchen Entscheidungen, werden die *posseiros* meist mit Gewalt (Abbrennen der Hütten, Zerstören der *roças* etc.) durch die *jagunços* vertrieben. Die *posseiros* haben dem meist nur ihren persönlichen, von den *jagunços* leicht zu brechenden Widerstand entgegenzusetzen.

Jedoch ist auch eine verstärkte Organisierung der Ohnmächtigen in konkreten Konfliktfällen — meist mit Unterstützung kirchlicher Stellen (CPT etc.) — und der kollektive Widerstand gegen Vertreibungsversuche festzustellen (vgl. für entsprechende Beispiele MARTINS 1983, S. 125 ff.), wie auch die Invasion ungenutzter Ländereien durch landlose *posseiros* in vielen Fällen nicht nur durch einzelne Individuen, sondern auch durch organisierte Gruppen erfolgen kann.

Die Interessenkonfliktproblematik in Amazonien und die durch sie bedingte Raumnutzungskonkurrenz beschränkt sich jedoch nicht nur auf regionale Akteure. Durch die staatliche Strategie der Peripherie–Erschließung durch Förderung des regionalen Wirtschaftswachstums und der Peripherie–Integration in nationale Wirtschaftskreisläufe durch Investitionsanreize (Förderung der Rinderweidewirtschaft, Steuerbegünstigung etc.) engagierten sich nationale Wirtschafts– und Finanzgruppen und das nationale *agrobusiness* aus den brasilianischen Zentren (sie werden in der Region oftmals stellvertretend *paulistas* genannt) zunehmend an der amazonischen Peripherie und wurden so zu wichtigen Akteuren der Landkonfliktkonstellationen Amazoniens[1].

Dies gilt auch für die internationale Ebene durch das aus den gleichen Gründen staatlich begünstigte Engagement ausländischen Kapitals und des internationalen *agrobusiness* an der amazonischen Peripherie, sowohl im Sektor der extensiven Rinderweidewirtschaft[2] als auch in multisektoralen Großprojekten[3] sowie im Bergbau (vgl. z.B. GUERREIRO 1982).

Landkonflikte, auf regionaler Ebene mit *direkter, personaler Gewalt* verbunden, hängen also ebenso eng mit der Ausübung *struktureller Gewalt* zusammen, die sich in ungleichen Interessenrealisierungschancen zwischen gesellschaftlichem — und räumlichem — Zentrum und der Peripherie auf regionaler, nationaler und internationaler Ebene äußert (vgl. hierzu Abb. 15 und Kapitel VI.3.4.).

Konkrete Landkonflikte in Amazonien sind also im Rahmen disparitärer gesellschaftlicher Strukturen, dadurch bedingter ungleicher Entscheidungsgewalten der verschiedenen Akteure und im Rahmen einer staatlichen Politik, die durch ein Interesseninkompatibilitäten zwischen Mächtigen und Ohnmächtigen förderndes Entwicklungsmodell

---

1) Vgl. hierzu KOHLHEPP 1978b, IANNI 1979, S. 55 ff., CARDOSO, MÜLLER 1978, S. 153 ff., BRANFORD, GLOCK 1985, S. 33 ff.
2) Beispiele sind VW do Brasil in Südost–Pará, die italienische Liquifarm in Nord–Mato Grosso, der US–amerikanische Konzern King Ranch, der kanadische Swift Armour etc., vgl. IANNI 1979, S. 99 ff. insbes. S. 124, 125.
3) Hier ist vor allem das ehemals von dem nordamerikanischen Unternehmer D.K. Ludwig dominierte, inzwischen durch nationale Finanzkreise übernommene Jari–Projekt zu nennen, vgl. SAUTCHUK et al. 1981, SILVEIRA 1981 zum aktuellen Stand des Projektes FEARNSIDE 1987.

geprägt ist und durch die Förderung einer zentrumsorientierten und zentrumsbestimmten Regionalentwicklung konfliktfördernd wirkt, zu sehen.

VI.3. Landkonflikte in Rondônia

Auch in Rondônia sind seit Beginn der Erschließung der Region Landkonflikte zwischen verschiedenen sozialen Gruppen mit unterschiedlichen Nutzungsansprüchen (aber auch innerhalb derselben Gruppen) zu verzeichnen. Besonders seit Beginn der Agrarkolonisation 1970 und durch die ständig steigende Zuwanderung landsuchender Migranten sind Landkonflikte als eine der wesentlichsten Folgen der rondonensischen Pionierfrontentwicklung anzusehen. Zwar ist die Zahl der Konflikte in Rondônia nicht mit der für das südöstliche Amazonien zu vergleichen (siehe für den Beginn der 80er Jahre Karten 29 und 30), jedoch wäre es verfehlt, hieraus den Schluß zu ziehen, daß die Pionierfrontentwicklung Rondônias *harmonischer* verlaufen wäre als die anderer amazonischer Pionierregionen[1]. Auch in Rondônia lassen sich die Landkonflikte nach den beteiligten Akteuren und verschiedenen sozialen Ebenen unterteilen.

VI.3.1. Der Konflikt zwischen Pionierfront und indianischer Bevölkerung

Schon die ersten Erschließungsansätze im Rahmen des Eisenbahnbaus am Rio Madeira führten zu Landkonflikten mit den in dieser Region ansässigen *Karipuna*–Indianern (vgl. FERREIRA 1982, S. 240 ff.). Auch die traditionelle Kautschuk–Extraktion war immer wieder durch die direkte Auseinandersetzung zwischen *seringalistas/seringueiros* und indianischen Bewohnern gekennzeichnet. Dasselbe gilt für die in den 50er Jahren verstärkt einsetzende Extraktion der regionalen Mineralvorkommen durch Zinn–, Diamant– und Goldwäscher (*garimpeiros*). In diesen direkten Auseinandersetzungen wurden die Indianer immer mehr in Rückzugsgebiete verdrängt, ihre Zahl durch den Kontakt mit der *Zivilisation* erheblich dezimiert (Krankheitsübertragungen etc.)[2].

Auch die Ausweisung von Reservaten, die ohnehin bereits einer erheblichen Reduzierung des indianischen Siedlungsraums entsprach, schützte die indianische Bevölkerung Rondônias nicht vor einer mit der beginnenden Agrarkolonisation immer stärker zunehmenden Nutzungskonkurrenz um ihre Siedlungsgebiete.

Heute (Stand: Juli 1985) existieren in Rondônia 16 durch die nationale Indianerbehörde FUNAI[3] kontrollierte Siedlungsgebiete in allerdings unterschiedlicher rechtlicher Situation mit einer geschätzten Bevölkerung von ca. 6.700 Individuen (vgl. Tab. 78, zur

---

1) Auch wenn dies oftmals von offizieller Seite behauptet wurde. — vgl. versch. Artikel der regierungsamtlichen Zeitschrift Interior 1983, 1984.
2) Vgl. zum Prozeß der Eroberung indianischen Siedlungsraums, der Akkulturation bzw. Verdrängung der Indianer aus historischer Perspektive HEMMING 1978, zur ethnographischen Charakterisierung der südwestamazonischen Indianer LEVI–STRAUSS 1978, ROQUETTE–PINTO 1954, NIMUENDAJU 1981.
3) Die u.a. Mittel durch POLONOROESTE zur Legalisierung der Reservate und der Betreuung der Indianer erhält.

Lokalisierung Karte 11)[1]. Diese Gebiete umfassen ca. 5,7 Mio ha., das entspricht ca. 23,5 % der Fläche Rondônias, wodurch Rondônia zu dem brasilianischen Bundesstaat mit dem höchsten Anteil geschützter Gebiete wird (vgl. DOUROJEANNI 1985, S. 71). Jedoch hat der — i.d.R. nur auf dem Papier bestehende — Schutz der Gebiete nicht zur Verhinderung von Landkonflikten geführt.

Eine der konfliktreichsten Regionen Rondônias ist im Südosten das Reservatsgebiet des P.I. *Aripuanã* und angrenzender Siedlungsräume (vgl. Karte 11). DAVIS (1978, S. 105 ff.) beschreibt die bereits seit den 60er Jahren festzustellenden Versuche, das Siedlungsgebiet der hier lebenden *Suruí* und *Cinta Larga*–Indianer zunehmend zu beschränken bzw. einer anderen Nutzung zuzuführen. Zunächst interessierten sich Immobilien– und Kautschukfirmen für das Gebiet. 1963 kam es dabei zu grausamen Massakern unten den *Cinta Larga*–Indianern (DAVIS 1978, S. 107). Anfang der 70er Jahre waren es v.a. an der Extraktion von Kassiterit interessierte Bergbauunternehmen, die im P.I. *Aripuanã* Explorationen vornahmen und versuchten, sich widerrechtlich im Gebiet zum Abbau der Vorkommen zu etablieren (DAVIS 1978, S. 115). Um die Mitte der 70er Jahre kam es zu einer neuen Konfliktsituation, nämlich zur Nutzungskonkurrenz zwischen Indianern und kleinbäuerlichen Siedlern, die in der Region Espigão do Oeste von der privaten Kolonisationsfirma *Itaporanga S. A.* der Brüder Melhorança aus São Paulo Siedlungsland erhalten wollten. Weite Teile der von den Melhoranças aufgeteilten und verkauften Ländereien lagen in Indianer–Siedlungsgebieten des P.I. *Aripuanã*. Die Melhoranças hatten für diese Gebiete keine Landtitel. Es handelte sich also um *grilagem*[2]. Auch durch Eingreifen des INCRA konnten die gewaltsamen Konflikte nicht endgültig beigelegt werden. Viele derer, die von den Melhoranças Land gekauft hatten, fühlten sich um ihren vermeintlich rechtmäßigen Besitz betrogen[3]. Außer der Kolonisationsfirma *Itaporanga* sind aber auch andere Fazendeiros und Sägereien in die Gebiete der *Suruí* und *Cinta Larga*–Indianer eingedrungen. MARTINS, E. (1982a, S. 104) berichtet für 1976 über verschiedene Landepisten solcher Gruppen im Reservatsgebiet *Roosevelt* (vgl. Karte 11). Weitere schwere Konflikte zwischen *posseiros* und Indianern sind 1976 in den Reservatsgebieten *Sete de Setembro* und *Aripuanã* zu verzeichnen gewesen, wobei nach MARTINS, E. (1982a, S. 143 ff., S. 145 ff.) zeitweise über 1.000 landsuchende Siedlerfamilien in Indianergebiet vorgedrungen waren. Diese spontane Landnahme wurde durch das nahegelegene Kolonisationsprojekt *Gy–Paraná* geradezu herausgefordert. Es kam zur Legalisierung der *posseiros*, die Indianer verloren also Teile ihres Landes, was allerdings durch Vergrößerung des Reservats in anderen Gebieten ausgeglichen werden sollte (vgl. ZWETSCH, ALTMANN 1982, S. 33). Aber auch in den folgenden Jahren kam es zu weiteren Invasionen der Ländereien der *Suruí* und *Cinta Larga*-Indianer durch Landsuchende und zur Anwendung direkter Gewalt (vgl. ZWETSCH, ALTMANN 1982).

Auch in anderen Gebieten Rondônias kam es immer wieder zu Auseinandersetzungen um Indianergebiete. So Ende der 70er Jahre in der Region Ariquemes durch Vordringen

---

1) Vgl. zu anderen Schätzungen der rondonensischen Indianerbevölkerung CEDI 1984, S. 165, 166.
2) Nach ZWETSCH, ALTMANN 1982, S. 34 ca. 1,2 Mio. ha.
3) Vgl. zu diesen Konflikten bes. GALL 1978 IV, ZWETSCH, ALTMANN 1982, MARTINS, E. 1982a, S. 103 ff.

von landsuchenden Siedlern entlang der nur in Teilen gebauten BR 421 (in Richtung Guajará–Mirim) in Siedlungsgebiete der erst kurz zuvor kontaktierten *Uru–Eu–Wau–Wau*–Indianer, mit gewaltsamen Reaktionen auf beiden Seiten (vgl. zur Lokalisierung dieser Konfliktregion Karte 11). In den 80er Jahren setzten sich diese Konflikte fort. Es kam z.B. zu Invasionen des Siedlungsgebietes der *Mequens*–Indianer im Vale do Guaporé durch Holzextraktionsfirmen etc. (vgl. *O Estadão de Rondônia* Porto Velho 28.7.1984), zur erneuten Invasion des Gebietes *Roosevelt* durch *posseiros* und Fazendeiros (mdl. Inf. Sr. A. Vieira, FUNAI Porto Velho Sept. 1984)[1].

VI.3.1.1. Ein Beispiel aus dem Untersuchungsgebiet: Die Invasion der A.I. *Lourdes*

Auch im engeren Untersuchungsgebiet des PIC *Ouro Preto* konnte die Raumnutzungskonkurrenz zwischen traditioneller indianischer Lebensform und kleinbäuerlicher Pionierfront im Landkonflikt um das Reservatsgebiet *Lourdes* beobachtet werden (vgl. Karte 31). Das ca. 186.000 ha große Gebiet wird von zwei Indianergruppen bewohnt, den *Gavião*–Indianern (ca. 380 Individuen) und den *Arara*–Indianern (ca. 80 Individuen), die jeweils in einer Dorfgemeinschaft leben (mdl. Inf. Sr. A. Vieira, FUNAI, Porto Velho September 1984). Bereits in den 70er Jahren war es nach Aufteilung des unmittelbar benachbarten *Setor Riachuelo* des PIC *Ouro Preto* zur spontanen Landnahme von *posseiros* im damals noch größeren Gebiet *Lourdes* gekommen. Die besetzten Gebiete wurden der FUNAI–Zuständigkeit entzogen und die Situation der *posseiros* durch INCRA legalisiert (heute *Setor Vida Nova*). Heute müßte die Situation insofern anders sein, als es sich bei *Lourdes* um ein rechtlich abgesichertes und vermessenes Indianergebiet (*área demarcada*) handelt. Bereits zu Beginn der 80er Jahre kam es dennoch vom Einzugsbereich des NUAR *Nova Colina* ausgehend (vgl. Karte 31) zur erneuten illegalen Landnahme im südlichen Teil des Indianergebietes (sog. *Setor Prainha*) durch landsuchende *posseiros*. Die Angaben über ihre Zahl sind sehr widersprüchlich. Nach INCRA dürften 1984 zwischen 200 und 250 Landbesetzer im Gebiet *Lourdes* Land bewirtschaftet haben (mdl. Inf. Sr. Lourival, INCRA, Ji–Paraná Juni 1984). Nach Zeitungsberichten wurden ebenfalls für 1984 allerdings Zahlen zwischen 400 (*O Estadão de Rondônia*, Porto Velho 25.7.1984) und 600 *posseiros* (*O Estadão de Rondônia*, Porto Velho 20.9.1984) genannt. Diese *posseiros* lebten nur z.T. permanent im Invasionsgebiet, einige wohnten im nahegelegenen NUAR *Nova Colina*, der zentrale Versorgungsfunktionen für das Invasionsgebiet übernahm. Im *Setor Prainha* existierten bereits Straßen und andere Infrastrukturen, die *posseiros* hatten Rodungen angelegt etc. (eigene Begehung des Gebietes September 1983).

Es existierte auch bereits ein schwunghafter Handel mit dem besetzten Land (sog. *marcações*), das in vielen Fällen von semi-professionellen Landnehmern an z.B. im NUAR *Nova Colina* lebende Neuzuwanderer mit dem Hinweis weiterverkauft wurde, daß es sich um Gebiete handele, die durch INCRA regularisiert werden würden (mdl. Inf. verschiedener Bewohner des NUAR *Nova Colina* 1984).

---

1) Vgl. zu den Konflikten mit Indianergruppen während der letzten Jahre in Rondônia besonders CEDI 1982, S. 19 ff., CEDI 1983, S. 30 ff., CEDI 1984, S. 164 ff.

Kolonisation, Planung und aktuelle Landkonflikte im PIC Ouro Preto

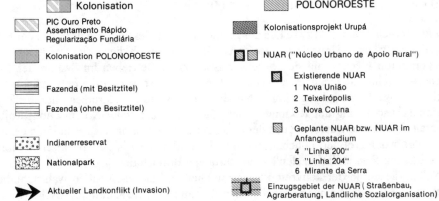

Karte 31

Nachdem die Entscheidung über eine von FUNAI bei den Gerichten beantragte Ausweisung der *posseiros* immer weiter hinausgeschoben wurde (u.a. wegen angeblicher Unklarheiten über tatsächliche Gebietsabgrenzungen), kam es im August 1984 zur direkten Konfrontation. Die nur wenige km von den Invasionsgebieten entfernt lebenden Indianer nahmen mehrere Geiseln unter den *posseiros* (zunächst 13, später 9 Landbesetzer), um die Behörden zum Handeln zu zwingen (vgl. Berichte in den Tageszeitungen von Porto

Velho im August 1984). Der Ausweisungsbeschluß wurde erlassen, jedoch schob man die tatsächliche Ausweisung der *posseiros* erneut auf. Denn einerseits stellte sich das Problem, daß INCRA jede Mitverantwortung für das Invasionsproblem ablehnte und zunächst nicht zu einer Sonderaktion zur Umsiedlung der *posseiros* bereit war. Außerdem hatten viele Landbesetzer bereits ihr Saatgut für die nächste Anbauperiode ausgebracht. Ihnen wurde schließlich ein Verbleib im Gebiet bis zum Abschluß der Ernte im Frühjahr 1985 zugesichert. Viele der *posseiros* verließen jedoch schon vorher das Gebiet ohne jede Hoffnung auf den Erhalt irgendeines anderen Landstücks und mit dem Gefühl, von den Behörden, die ihrer Meinung nach Mitverantwortung trugen, verlassen worden zu sein. Denn viele gaben dem INCRA, anderen Behörden und besonders den lokalen Politikern eine Mitschuld an der Eskalation des Konflikts, einmal, weil INCRA den Landsuchenden keine Alternativen geboten hatte[1], angeblich z.T. die Invasion sogar gefördert hatte (Straßenbau bis ins Invasionsgebiet), andererseits weil viele lokale Politiker (u.a. der *administrador* des NUAR *Nova Colina*) die Invasion des Gebietes aus politischen Gründen unterstützt (bes. im Wahljahr 1982), z.T. sogar den Landbesetzern eine Regularisierung ihrer Situation in Aussicht gestellt hatten (mdl. Inf. *posseiros* im NUAR *Nova Colina* August 1984).

Nur 60 der mehreren hundert *posseiro*–Familien haben 1985 von INCRA im neuen Kolonisationsprojekt PA *Machadinho* im Rahmen einer Parzellenneuverteilung Land erhalten (mdl. Inf. INCRA–Projektleitung PA *Machadinho* Juli 1985). Die übrigen ausgewiesenen *posseiros* haben lediglich das *Heer der Landlosen* in Rondônia weiter vergrößert.

VI.3.2. Der Konflikt zwischen Pionierfront und der Erhaltung der natürlichen Umwelt

Der wesentlichste Konflikt zwischen der Pionierfrontentwicklung und dem Ziel der Erhaltung der natürlichen Umwelt Rondônias ist einerseits durch die sukzessive Ausdehnung der gerodeten Flächen auf den bereits existierenden Betrieben im System der Landwechselwirtschaft, der Einbeziehung von Primärwaldreserven in die betriebliche Nutzfläche und die Umwandlung älteren Nutzlandes in Weide, andererseits durch die permanente Ausdehnung der Rodungsgebiete durch Anlage neuer Kolonisationsprojekte, spontane Landnahme etc. im Zuge der ansteigenden Migration nach Rondônia gegeben. Dies gilt für den großbetrieblichen Bereich[2], besonders aber in der spezifischen Pionierfrontsituation Rondônias für den kleinbäuerlichen Bereich der Siedler[3].

Neben diesem in der konkreten Situation eher indirekt als Konflikt wahrnehmbaren Problem der Rodungszunahme ergeben sich aber auch direkte Konflikte zwischen Pionierfront und Umwelterhaltung durch illegale Ressourcenextraktion und illegale Landnahme in geschützten Gebieten. So wurde z.B. das Problem der Invasion der Block–Waldreserven in den neuen Kolonisationsprojekten *Urupá* (hier ca. 300 *posseiro*–Familien 1984/85) und *Machadinho* durch Landsuchende bereits in Kap. V.5. angeführt. Dies kann als eines

---

1) Höchstens Abwarten einer Ansiedlung in neuen Projekten, bei den Wartelisten für viele eher aussichtslos.
2) Z.B. Neurodungen auf den Fazendas der Grupo Fischer im Untersuchungsgebiet im Jahr 1983 von 500 ha, 1984 von 1.000 ha, mdl. Inf. Sr. G. Escudero, Ouro Preto do Oeste 15.6.84.
3) Vgl. Kap. IV.3.1. und zur Rodungsentwicklung in Amazonien insgesamt FEARNSIDE 1984b.

der Beispiele direkter Involvierung staatlicher Planung und Planumsetzung in die Konfliktproblematik um den Schutz und die Erhaltung des tropischen Regenwaldes in Kolonisationsgebieten Rondônias angesehen werden.

Bis 1985 waren in Rondônia fünf Gebiete als Waldschutzareale bereits ausgewiesen worden[1]. Weitere Gebiete sollen (auch durch POLONOROESTE mitfinanziert) ebenso abgegrenzt, als schutzwürdig deklariert und so einer Nutzung und Zerstörung weitgehend entzogen werden (vgl. Tab. 79, zur Lokalisierung Karte 11).

Obwohl diese Schutzgebiete z.T. in peripheren schwer zugänglichen Regionen liegen, sind auch hier bereits Invasionskonflikte festzustellen gewesen. So in vergangenen Jahren im Nationalpark P.N. *Pakaas Novos*, der aus dem PIC *Ouro Preto* über die *linha 81* erreichbar ist (vgl. Karte 31). Von hier ausgehend haben Landsuchende wiederholt eine illegale Landnahme in diesem Gebiet versucht, wobei jedoch der Rio Urupá ein natürliches Hindernis darstellt. Ähnliche Konflikte sind besonders für die Zukunft am Südrand des Nationalparks durch die Ausweitung der Landnahme entlang der RO 429 zu erwarten (vgl. Karte 11). Einziger Schutz des ca. 765.000 ha großen Areals waren 1985 sechs Wächter. Auch die im Rahmen von POLONOROESTE geplante Waldschutzpolizei wird bei der geringen personellen Ausstattung und bei der enormen Ausdehnung der Gebiete keine effektivere Kontrolle gewährleisten können (vgl. KOHLHEPP, COY 1985 S. 25 ff.).

Aber nicht nur die kleinbäuerliche Pionierfront steht im Konflikt mit dem Ziel der Umwelterhaltung. Dies gilt insbesondere für die privatkapitalistischen Extraktionsinteressen in der Region[2]. Besonders die Edelholzextraktion durch private Sägewerke steht im Konflikt mit der Umwelterhaltung. Auch hier können konkrete Konfliktfälle konstatiert werden, wie z.B. die illegale Edelholzextraktion im Waldschutzgebiet R.B. *Guaporé* durch Sägereien, die v.a. in Rolim de Moura, z.T. in Cerejeiras lokalisiert sind und die neue Erschließungschneisen in dieses Gebiet schlagen und damit auch die Möglichkeit einer immer weiträumigeren Ausdehnung der Rodungsfront in die Schutzgebiete schaffen (mdl. Inf. J. Browder, Porto Velho August 1984, Juli 1985).

VI.3.3. Konflikte innerhalb der Pionierfront bzw. zwischen verschieden strukturierten Pionierfronten

Bevor in diesem Abschnitt in der Hauptsache auf die auch in den Untersuchungsgebieten beobachtbaren Konflikte zwischen kleinbäuerlicher Pionierfront und großbetrieblicher Agrarproduktion und Landspekulation einzugehen sein wird, zunächst einige Anmerkungen zu Konflikten innerhalb der Extraktionspionierfront Rondônias und zu innerstädtischen Raumnutzungskonkurrenzen der Pionierstädte.

---

1) Z.T. auch mit finanziellen Mitteln des POLONOROESTE-Programms.
2) Wie z.B. beim Landverbrauch durch den Kassiterit-Abbau etc.

VI.3.3.1. Zur Wiederbelebung des Konflikts zwischen
garimpeiros und kapitalistischer Rohstoffextraktion

Bereits in Kap. III.2.3. waren die wesentlichen Grundzüge der Kassiterit–Extraktion Rondônias und der Übergang vom manuellen zum mechanisierten Abbauverfahren und damit der Entzug der Lebensgrundlage für mehrere Tausend Zinnsteinwäscher in Rondônia zu Beginn der 70er Jahre dargestellt worden (vgl. auch VALVERDE 1979). Dieser Konflikt, der auch im Kassiterit–Abbau durch die illegale Fortsetzung der Tätigkeit vieler *garimpeiros* nach 1971 nicht zum Stillstand gekommen war, könnte eine Wiederholung im anderen wichtigen Bereich der mineralischen Extraktionswirtschaft, der Goldextraktion im Rio Madeira–Gebiet, erfahren.

Bisher war hier *garimpagem* vorherrschend. Der Goldabbau erfolgt hauptsächlich in fünf Goldwäscher–Camps auf einer Flußstrecke von ca. 180 km zwischen Porto Velho und der *Cachoeira do Paredão* (bei Abunã). Die Erzseifen werden von Booten aus durch Taucher aus dem Flußbett und anschließendem Auswaschen des geborgenen Materials ausgebeutet. Diese Arbeitsverfahren erfordert durch seine Teilmechanisierung bereits ein gewisses Investititonskapital, was von den meisten *garimpeiros* nicht aufgebracht werden kann. Deshalb ist auch in der Goldextraktion eine *soziale Differenzierung* in die meist in der Stadt lebenden und in anderen Bereichen arbeitenden, kapitalkräftigeren Bootseigner und –ausrüster (*dono da balsa*) und die im *garimpo* auf Ertragsanteilsbasis (meist 50 %) arbeitenden *garimpeiros*[1] zu beobachten. Die Zahl der *garimpeiros* wird für 1984/85 für das Madeira–Gebiet auf ca. 5.000 sowie ca. 4.000 indirekt von der Goldextraktion Abhängige geschätzt (mdl. Inf. DNPM, Porto Velho Juli 1985). Der sozialen Differenzierung entsprechend sind Konflikte um Ertragsanteile, Arbeitsbedingungen, Ausrüstung der Boote etc. an der Tagesordnung.

In den letzten Jahren wurden daneben staatliche Konzessionen auch für die mechanisierte Goldextraktion auf der Flußstrecke zwischen Guajará–Mirim und der *Cachoeira do Paredão* an große Firmen (v.a. *C.R. Almeida Mineração S.A.*) vergeben. Weil aber die Ausbeute in den der *garimpagem* reservierten Gebieten abnimmt, sind besonders 1984/85 zunehmend die um ihr wirtschaftliches Überleben fürchtenden *garimpeiros* in diese Gebiete der mechanisierten Ausbeute eingedrungen und fordern die Öffnung auch dieser Gebiete für die *garimpagem*. Besonders im Gebiet *Periquitos* kam es dabei zu schweren Auseinandersetzungen zwischen den *garimpeiros*[2] und der Konzessionsfirma[3]. Es kam also zur existentiellen Raumnutzungskonkurrenz zwischen der *Überlebensökonomie* der *garimpeiros* und der kapitalistischen Extraktion der Großfirmen.

Im Zinnabbau haben sich in den 80er Jahren durch die zunehmende Zahl der *garimpeiros* und die saisonale Begrenzung des manuellen Goldabbaus auf die Trockenzeit die Konflikte ebenfalls erneut verschärft. Nach Informationen des DNPM (Porto Velho Juli 1985) dürften in den 80er Jahren während der Regenzeit bis zu 3.000 *garimpeiros* heimlich

---

1) Meist fünf Personen pro balsa, davon zwei Taucher.
2) Im Juli 1985 waren fast alle garimpeiros des Madeira–Gebietes in diese Abbauregion eingedrungen.
3) Mdl. Inf. DNPM, Port Velho Juli 1985 sowie Berichte in den Tageszeitungen, Porto Velho Juli 1985.

in der Kassiterit–Extraktion tätig gewesen sein. 1983 und 1984 kam es wiederholt zu scharfen Auseinandersetzungen zwischen den Zinnwäschern und den großen ihr Extraktionsmonopol überwachenden Bergbaukonzernen, die andererseits das Schwergewicht des Abbaus bereits in andere Regionen verlagert haben. Dabei kamen auch wiederholt *garimpeiros* durch die *jagunços* der Firmen ums Leben[1]. Auch in diesem Bereich kann jedoch die zunehmende Organisierung der *Ohnmächtigen* (hier der *garimpeiros*) beobachtet werden, deren Hauptforderung, die Wiederzulassung der manuellen Zinnwäscherei[2], von vielen Politikern mit dem Ziel der Vermeidung noch stärkerer sozialer Spannungen in diesem Bereich unterstützt wird.

VI.3.3.2. Zu innerstädtischen Konflikten in Rondônia

In Kap. III.4.7. wurden einige Beispiele für Interessenkonflikte und Raumnutzungskonkurrenzen im städtischen Milieu der Pionierfront genannt.

Stark zunehmende Migration, fehlende Absorption ländlicher Siedlungsgebiete und geringe Kapazität der munizipalen Verwaltungen zur Koordinierung der städtischen Entwicklung führen zur Zunahme innerstädtischer Invasionsprobleme. Hinzu kommt eine stärker werdende Segregation der städtischen Bevölkerung auch in räumlichem Sinne, ein zunehmender Raumbedarf von Gewerbe, Handel etc. und der Beginn einer städtischen Bodenspekulation auch in den erst wenige Jahre alten Pionierstädten. Verschiedene Fälle aus der Hauptstadt Porto Velho sind von dem ehemaligen Parlamentsabgeordneten J. Santana im Bundesparlament in Brasília vorgetragen worden (vgl. SANTANA 1982).

Auch in jüngerer Zeit kam es wiederholt zu Invasionen städtischer und privater Areale durch zunehmender Marginalisierung ausgesetzte Stadtbewohner, die z.T. wieder aus den Invasionsarealen vertrieben wurden, z.T. konnte ihre Situation rechtlich auch abgesichert werden[3].

VI.3.3.3. Konflikte zwischen kleinbäuerlichem Überleben und der kapitalistischen Expansion an der Pionierfront

Die rondonensische Pionierfrontentwicklung ist seit ihrem Beginn Ende der 60er, Anfang der 70er Jahre von konkreten, gewaltsamen Konflikten zwischen landsuchenden Migranten bzw. kleinbäuerlicher Siedlerbevölkerung und kapitalistisch orientierten Unternehmern und Großgrundbesitzern gekennzeichnet.

So können für den Anfang der Entwicklung zunächst Konflikte zwischen den privaten, profitorientierten Kolonisationsfirmen und den ansiedlungswilligen Siedlern verzeichnet werden. Dies gilt besonders für den bereits beschriebenen Fall der Firma *Itaporanga S.A.*

---

1) Vgl. Berichte in den Tageszeitungen Porto Velho Juni 1984, Oktober 1984, November 1984.
2) Vorgetragen vom Sindicato dos Garimpeiros do Estado de Rondônia.
3) Vgl. z.B. Invasionen im Stadtteil Eldorado in Porto Velho 1984, CPT–RO 1984b, S. 14, für die Bodenspekulation in Porto Velho insgesamt CPT–RO 1984a, Invasion des sog. Setor 5 in Ariquemes etc.

in Espigão do Oeste[1] sowie für die in der Region Ji–Paraná tätige Firma *Calama S.A.*[2]. Nachdem durch *Calama* bis ca. 1973 Land an Siedler v.a. aus Paraná (der Stammsitz der Firma befand sich in Londrina/PR) verkauft worden war, stellte die Firma die Ansiedlung in späterer Zeit ein, obwohl sie noch im Besitz von Landarealen[3] war. Dieses verbliebene Land lag unmitelbar in der Nähe der wachsenden Stadt Ji–Paraná. Die Firma erhoffte sich aus diesem Standortvorteil Spekulationsgewinne. Im Zuge des durch die steigende Zuwanderung ebenso ansteigenden Drucks auf die Landreserven kam es um die Mitte der 70er Jahre bis Ende der 70er Jahre zu Invasionen durch *posseiros* in diesen ungenutzten Ländereien und zu gewaltsamen Auseinandersetzungen mit den *jagunços* der *Calama*. Die heftigen Konflikte zogen sich bis Anfang der 80er Jahre hin und wurden erst durch Enteignung der Areale durch INCRA und Regularisierung der Landtitel der *posseiros* der *Gleba G* ab 1982 beigelegt (mdl. Inf. Sr. Lourival, INCRA–Ji–Paraná, 15.6.1984, vgl. auch Tab. 34).

In vielen Randgebieten der INCRA–Kolonisationsprojekte kam es durch spontane Landnahme zu Konflikten zwischen Kleinbauern und ehemaligen *Kautschukbaronen*, die ihre immensen Ländereien nicht nutzten und mehr als Spekulationsobjekte betrachteten[4]. Ebenso kam es schon in der Anfangszeit zu Konflikten zwischen landsuchenden Kolonisten und regionsfremden, kapitalistisch orientierten Agrarunternehmern bzw. Holzextraktionsfirmen, die von den traditionellen *seringalistas* legale Landeigentumsrechte, sehr viel mehr aber illusionäre Besitzansprüche übernommen oder auch durch staatlichen Verkauf (z.B. *Gleba Corumbiara*) Land erworben hatten.

Diese letzteren Konfliktkonstellationen sind es auch, die sich in der jüngeren Pionierfrontentwicklung zunehmend verschärfen. So wird in den letzten Jahren über gewaltsame Konflikte zwischen kleinbäuerlichen *posseiros* und den Fazendeiros und ihren *jagunços* z.B. in folgenden Regionen berichtet (vgl. zur Lokalisierung Karte 11):

- *Gleba Corumbiara* (Fall der Fazenda *São Felipe*, Fazenda *Camapuã* mit 50 bzw. ca. 40 *posseiro*–Familien, Inf. CPT-RO, Porto Velho 1984),
- Region Presidente Médici (Ermordung eines *posseiros* durch *jagunços* bei einem Invasionskonflikt, Inf. Diözese Ji–Paraná 1985),
- Region Colorado do Oeste (Konflikt um die Fazenda *Cabixi* seit 1982, bei dem mehrere *posseiros* ums Leben kamen, andere inhaftiert wurden etc., Inf. CPT–RO, Porto Velho 1984),
- Region Cerejeiras (Invasionskonflikte in verschiedenen Fazendas und Unterdrückung von mehreren Hundert Lohnarbeitern, die zu illegalen Rodungsarbeiten auf diesen Fazendas eingesetzt wurden, z.B. Fazendas *Gauchinho*, *Vilela*, *Guarajus*, *Verde Seringal* etc., im Frühjahr 1986, vgl. verschiedene Berichte in den Tageszeitungen von Porto Velho Februar, März, April 1986 sowie Inf. CPT–RO, Porto Velho Frühjahr 1986 und verschiedene Zeugenaussagen Cerejeiras Frühjahr 1986),

---

1) Vgl. besonders GALL 1978 IV.
2) Vgl. hierzu THERY 1976, S. 186, WESCHE 1979, besonders SENNA 1979, S. 110 ff.
3) Insgesamt ca. 36.000 bis 40.000 ha, sog. Gleba G und Setor Remanescente.
4) Beispiele im Setor 6 des PIC Ouro Preto: Konflikte zwischen jagunços des seringalista Pantoja und Kolonisten oder im Gebiet des Seringal 70 bei Jaru oder des Seringal Nova Vida zwischen Jaru und Ariquemes.

- Region Porto Velho (Invasion und spätere Vertreibung von ca. 400 *posseiros* aus der Fazenda *Santa Júlia* im Juni 1985, vgl. Inf. CPT–RO, Porto Velho Juli 1985, Inf. MIRAD–INCRA-DR/RO, Porto Velho Juli 1985, Schriftsatz Advokat Pereira Porto Velho März 1985, Protestschreiben der *posseiros*),
- Region Cacoal (Invasionskonflikt in der Fazenda *Catuva*, bei dem im Juli 1985 ein italienischer Priester von den *jagunços* der Fazenda erschossen wurde, vgl. Berichte in der regionalen und nationalen Presse Juli 1985).

Allein für den Monat Mai 1985 nennt die CPT (Gruppe der Diözese Ji–Paraná) 15 aktuelle Landkonflikte in acht Munizipien Rondônias, in die ca. 2.500 *posseiro*–Familien involviert und von der Vertreibung durch die entsprechenden, legitimen oder illegitimen Landeigentümer bedroht waren (Inf. CPT–RO, Pressemitteilung der Diözesangruppe Ji–Paraná, 18.5.1985).

Bei allen genannten Landkonflikten steht die Raumnutzungskonkurrenz zwischen kleinbäuerlichen Überlebensinteressen, die durch die beschriebenen Schwierigkeiten des Landerwerbs in neuen INCRA–Projekten bei ansteigender Zuwanderung Landsuchender und zunehmender agrarsozialer Differenzierung in den existierenden Siedlungsgebieten auf *legalem* Wege kaum mehr zu verwirklichen sind, und der ungehinderten Expansion des Großgrundbesitzes, der kapitalistischen Produktion und Extraktion und der Landspekulation an der Pionierfront im Vordergrund.

Dies gilt auch für die beiden nachfolgend zu beschreibenden Landkonflikte zwischen *posseiros* und Fazendeiros im Untersuchungsgebiet des PIC *Ouro Preto*.

Zwei Beispiele aus dem Untersuchungsgebiet:
Invasion der Fazenda Citrosuco, Invasion der Fazenda Candeias

Das erste Beispiel betrifft die Invasion der Fazenda *Citrosuco* in unmittelbarer Nachbarschaft des NUAR *Nova União* und seines ländlichen Einzugsbereiches durch landlose *posseiros* im Jahr 1984 (vgl. zur Lokalisierung Karte 31). Die ca. 9.000 ha große Fazenda, ehemals im Besitz eines lokalen *Kautschukbarons* war bis 1983/84 Eigentum des v.a. in der Holzextraktion tätigen Unternehmens *Grupo Dínamo* mit Sitz in Belém. Für das Areal existieren rechtmäßige Besitztitel noch aus der Zeit vor Agrarkolonisation und Anlage des PIC *Ouro Preto*. Von den Eigentümern war bis 1984 das Land praktisch überhaupt nicht genutzt[1], es hatte allenfalls die Funktion der Kapitalanlage.

Durch die zunehmende Landverknappung in den umliegenden Siedlungsgebieten, die Zunahme der landlosen Pächter und *agregados* und nicht zuletzt durch die Konzentration vieler landloser Siedler im neuen NUAR *Nova União* war es immer mehr zur Forderung nach Enteignung und Parzellierung der ungenutzten Fazenda gekommen. Diese Forderung wurde — zumindest verbal — auch von Politikern unterstützt[2].

1984 wurde das 9.000 ha große Areal von den Eignern der benachbarten 12.000 ha grossen Fazenda *Aninga*, der in Rio de Janeiro ansässigen *Grupo Fischer* (vgl. Kap. IV.1.1.),

---

1) Angeblich existierten einige Rodungsweiden aber ohne Viehhaltung.
2) So z.B. auch von Gouverneur Cel. Teixeira, der — nach Auskunft einiger NUAR–Bewohner — bei einem Besuch in Nova União das Problem der Landlosigkeit unter Bezugnahme auf die benachbarte Fazenda hervorhob.

erworben. Ziel sollte die Anlage von Kunstweiden und Ausweitung der Rinderweidewirtschaft sein.

Die landsuchenden Siedler der Umgebung sahen ihre Forderungen nicht verwirklicht und versuchten nun durch Ergreifung eigener Initiativen zu einer Lösung im Sinne ihrer Interessen zu kommen.

Im Juli/August 1984 kam es zur Invasion der Fazenda durch mehrere hundert *posseiros*, die von verschiedenen Punkten ausgehend in das Gebiet eindrangen und Landstücke absteckten und markierten. Wichtige Funktion bei der Organisierung der Invasion übernahm dabei der NUAR *Nova União* als Treffpunkt und soziales Zentrum. Die Zahl der *posseiros* wird sehr unterschiedlich angegeben. Während der Verwalter der Fazenda von ca. 200 Landbesetzern ausging, die jedoch meist nur Parzellen abgesteckt, diese jedoch nicht sofort bewohnt hatten, ist in Zeitungsberichten von 500 (*A Tribuna*, Porto Velho 27.8.1984) bis 600 Landnehmern (*O Estadão de Rondônia*, Porto Velho 6.9.1984) die Rede. CPT (Ji-Paraná) gibt im Mai 1985 ca. 450 *posseiros* an.

Der Landeigentümer beantragte die Ausweisung der *posseiros* per Gerichtsbeschluß, ergriff aber schon vorher eigene Initiative zur Vertreibung durch Kontraktierung von *jagunços*, die mit direkter Gewalt die im Fazenda-Gebiet lebenden Landnehmer zu vertreiben suchten und weitere Invasionen durch Gewaltandrohung verhindern sollten. Da die Fazenda über Landtitel verfügt, wurde von den Gerichten die Ausweisung beschlossen. Es kam zu Einsätzen der Polizei. Jedoch auch in der Folge kam es zu erneuten Invasionsversuchen, weil die grundlegende lokale Raumnutzungskonkurrenz durch die unmittelbare Nachbarschaft von nur marginal bzw. allenfalls extensivst genutzten Ländereien und einer sich vergrößernden Klasse landloser Pächter, *agregados* und NUAR-Bewohner im kleinbäuerlichen Siedlungsgebiet nicht z.B. durch Alternativansiedlungen durch INCRA in neuen Projektgebieten gemindert wurde, sondern sich im Gegenteil eher weiter verschärft hat.

Der zweite Fall betrifft den schon seit mehreren Jahren immer wieder auflebenden Landkonflikt um die Fazenda *Rio Candeias* im Anschluß an den Einzugsbereich des NUAR *Teixeirópolis* im *Setor POP 2* des PIC *Ouro Preto* und in unmittelbarer Nachbarschaft des POLONOROESTE-Projektes PA *Urupá* (vgl. zur Lokalisierung Karte 31).

Bereits für das Jahr 1975 berichtet SENNA (1979, S. 112) über gewaltsame Konflikte zwischen *posseiros* und den vermeintlichen Landeigentümern der Fazenda *Rio Candeias*. Es kam schon damals zur Vertreibung von ca. 300 *posseiros* durch *jagunços* der Fazenda, die die Hütten der Landbesetzer niederbrannten, ihre *roças* zerstörten und auch Gewalt gegen Personen anwendeten (dies wurde auch von Befragten in den *linhas* 28 und 32 des Befragungsgebietes *Teixeirópolis* berichtet).

Im Unterschied zum oben geschilderten Fall verfügt der *Eigner* der *Rio Candeias*, die Firmengruppe *De Zorzi* mit Sitz in Caxias do Sul /Rio Grande do Sul, über keinen rechtmäßigen Landtitel für das Gebiet, das zuvor in der lokalen Kautschukwirtschaft als *seringal* genutzt worden war. Es handelt sich also um einen Fall von *grilagem*. Noch in einer notariellen Urkunde aus dem Jahr 1980 wird die von der *Rio Candeias* beanspruchte *posse* mit zwischen 100.000 und 150.000 ha angegeben[1].

---

1) Escrituras Públicas nº 5.148 und nº 5.429 des 1º Tabelionato in Caxias do Sul /RS vom 3.10. und 13.11.1980.

Dieses Gebiet wurde von den Eignern praktisch ausschließlich zur Extraktion von Holz genutzt, das in dem ebenfalls zur Gruppe *De Zorzi* gehörenden Sägewerk *Madeireira Urupá* in Ji-Paraná und danach in den Möbelfabriken der Firma in Rio Grande do Sul weiterverarbeitet wird. Anfang der 80er Jahre wurden ca. 70.000 ha enteignet und dem INCRA zur Umsetzung des PA *Urupá* überlassen. Die auch heute noch dem Eigner verbleibenden ca. 33.000 ha, die er zusätzlich z.T. in extensiver Rinderweidewirtschaft nutzt, waren ebenso für spätere Enteignung und eine zweite Phase des *Urupá*-Projektes vorgesehen. Jedoch war — zumindest bis Juli 1985 — ein langwieriger Prozeß zwischen INCRA und *De Zorzi* um die exorbitante Höhe der geforderten Entschädigungssumme (für privaten Straßenbau, Rodungen, Weiden etc.) anhängig. In der Zwischenzeit wurde die Holzextraktion fortgesetzt.

1984 und bis 1985 kam es zu erneuten Invasionen des Gebiets der Fazenda *Rio Candeias* durch landlose *posseiros*, die entweder als Neuzuwanderer kein Land mehr erhalten konnten, als Pächter oder *agregados* im PIC *Ouro Preto* (z.B. im Befragungsgebiet *Teixeirópolis*) lebten oder im neuen PA *Urupá* vergeblich auf Landzuteilung gehofft hatten. Die ersten Invasionen wurden durch die *jagunços* der Fazenda gegen Geldzahlung der *posseiros* geduldet. Die Zahl der Landbesetzer wird sehr unterschiedlich angegeben. Der Verwalter der *Rio Candeias* nannte im Juli 1984 ca. 250 *posseiros* mit *marcações* im Fazenda-Gebiet und wies ausdrücklich darauf hin, daß die *jagunços* Anweisung hatten, neugebaute Hütten der *posseiros* niederzubrennen (mdl. Inf. Verwalter Fazenda *Rio Candeias*, 5.7.1984). In Zeitungsberichten vom Januar 1985 ist von mehr als 1.000 Familien die Rede (vgl. *A Tribuna*, Porto Velho 8.1.1985, *O Estadão de Rondônia*, Porto Velho 8.1.1985). Für Mai 1985 nennt CPT (Ji-Paraná) immer noch ca. 700 Familien, die in den Konflikt involviert waren.

Weihnachten 1984 kam es zur gewaltsamen Konfrontation. *Posseiro*-Hütten wurden von den *jagunços* verbrannt, die Ernte der Landbesetzer vernichtet etc. (vgl. genannte Zeitungsmeldungen).

Auf diesem Höhepunkt des Konflikts versuchten die *posseiros*, sich — mit Unterstützung kirchlicher Kreise, des STR etc. — stärker zu organisieren und *Verhaltensregeln* für die Besetzung zu formulieren, die eine stärkere Zusammenarbeit (*mutirão*) z.B. beim Wiederaufbau der Hütten, Verbot des Verkaufs oder Handels mit *marcações* und das Recht jeden *posseiros* auf nur eine *marcação* vorsahen (vgl. *Regulamento dos posseiros da Rio Candeias* vom 29.12.1984).

In der Folgezeit kam es jedoch zu weiteren gewaltsamen Auseinandersetzungen. Es gab Tote und Verletzte — darunter auch Unbeteiligte (durch Verwechslungen). Auch wenn in der Folge ein Großteil der *posseiros* zunächst mit Gewalt aus dem Gebiet vertrieben wurde, war noch im Juli 1985 der Konflikt nicht als beendet anzusehen. Allerdings zeichnete sich zum damaligen Zeitpunkt die Möglichkeit ab, daß sich der *Eigner* wegen des Rechtsstreits mit INCRA längerfristig aus dem Gebiet zurückziehen würde. Aber auch dann muß dies nicht bedeuten, daß die *posseiros* den *Sieg davongetragen* hätten und ihr besetztes Land auf Dauer behalten können, denn es könnte ebenso zu neuen Konflikten zwischen INCRA und den *posseiros* unter dem Vorwand einer *geregelten Landvergabe* kommen.

VI.3.4. Zur Einordnung der Konflikte und zu ihrem Zusammenhang mit der disparitären Gesellschafts- und Raumstruktur Brasiliens

Wie in den vorangegangenen Abschnitten dargestellt, ist das Konfliktpotential der Pionierfront Rondônia, das sich in konkreter Raumnutzungskonkurrenz verschiedener sozialer Akteure darstellt, äußerst vielschichtig. Im zeitlich-räumlichen Ablauf der Regionalentwicklung haben sich die Konfliktkonstellationen verändert und erweitert, räumliche Konfliktherde haben sich mit der Ausweitung der Pionierfront verlagert.

Man kann die regionalen Interessenkonflikte in zeitlicher Hinsicht, nach wirtschafts- und sozialräumlichen Kriterien und besonders nach ihren gesellschaftlich-sozialen Ebenen im regionalen und überregionalen Kontext gliedern (vgl. hierzu Abb. 14).

In räumlicher Hinsicht soll an dieser Stelle nicht der *konkrete Raumausschnitt* im Vordergrund stehen, sondern es soll von einem abstrakteren Begriff des durch spezifische ökonomische und soziale Interdependenzen geprägten Wirtschafts- und Sozialraums — bzw. bestimmter Raumtypen — ausgegangen werden, wobei im regionalen Zusammenhang v.a. zwischen einem *Extraktionsraum*, einem *Agrarraum* und dem *urbanen Raum* der Pionierstädte unterschieden werden soll (vgl. Abb. 14). Natürlich bestehen in der Realität wirtschaftliche und soziale Beziehungen zwischen diesen — abstrakten — Räumen (v.a. zwischen dem Agrarraum und den Pionierstädten, s.o.). Ihre Trennung in der vorliegenden Betrachtung dient insbesondere der Verdeutlichung von ungleichzeitigen, i.d.R. aber gleichzeitigen unterschiedlichen Konfliktsphären in unterschiedlichen Lebens- und Wirtschaftsformen an der Peripherie, die jedoch letztendlich in gesellschaftlicher Sicht auf ähnliche Abhängigkeitsverhältnisse zurückgeführt werden können.

In historischer Betrachtung steht am Anfang die ungleiche Konkurrenz zwischen indianischer Lebensform und der Expansion der traditionellen Extraktionswirtschaft. Mit dem Beginn der mineralischen Rohstoffextraktion kamen neue Raumnutzungskonkurrenzen hinzu. Jedoch beschränken sich diese Konfliktsituationen nicht nur auf die Nutzungskonkurrenz zwischen expandierendem Extraktionsraum und indianischem *Überlebensraum* sowie zwischen Extraktions- und Naturraum, sondern es können ebenso Interessenkonflikte innerhalb des Extraktionsraums zwischen den verschiedenen sozialen Akteuren in Abhängigkeit von ihrer jeweiligen sozio-ökonomischen Position und ihrer gesellschaftlich-politischen Repräsentanz festgestellt werden[1].

Mit dem Beginn der gelenkten Agrarkolonisation ist die Expansion einer neuen Raumkategorie, des *Agrarraums*, mit anderen Produktionszielen und damit verbundenen Lebensformen, die vorher in Rondônia nur ansatzweise beobachtbar waren, festzustellen. Bildung und Expansion des Agrarraums sind verbunden mit neuen Raumnutzungskonkurrenzen (vgl. Abb. 14). Zwar kommt es hier — besonders in einer anfänglichen Phase — auch zu Konflikten mit Akteuren des Extraktionsraums[2], jedoch sind dabei auch Formen sozio-ökonomischer Integration durch einen sukzessiven Wandel der Lebens- und Wirtschaftsformen besonders des traditionellen Extraktionsraums im Kontakt mit dem

---

1) Seringalista versus seringueiro, mineradora versus garimpeiro — vgl. in diesem Zusammenhang auch Ausführungen zum traditionellen aviamento-System Kap. II.2.2.
2) Seringalista/seringueiro versus posseiro/parceleiro.

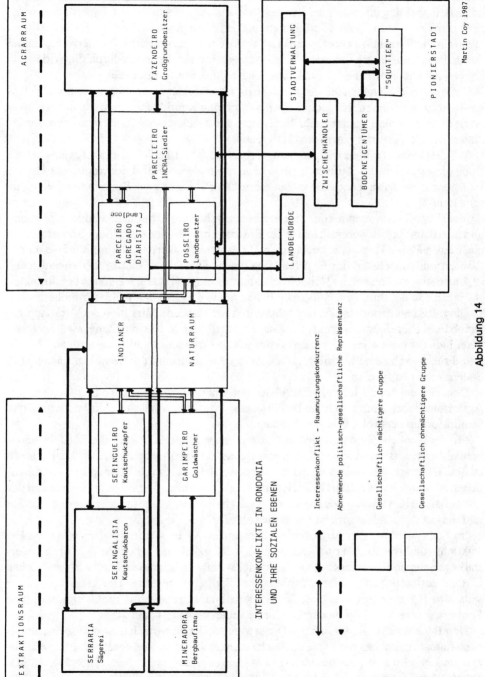

Abbildung 14

nun dominanten Agrarraum der Pionierfront zu beobachten. *Seringalistas* werden – z.T. unter Beibehaltung ihrer dominanten gesellschaftlichen Position – zu Fazendeiros, *seringueiros* zu Kolonisten – dies allerdings nur partiell. Dagegen bestehen zwischen dem durch mineralische Extraktion geprägten Raum und dem Agrarraum der Pionierfront, einmal durch die Lokalisierung der mineralischen Lagerstätten, aber auch durch die beiderseits dominante wirtschaftliche Position, deutlichere Funktionstrennungen.

Die wesentlichen neuen mit der Pionierfrontentwicklung verbundenen Raumnutzungskonkurrenzen beziehen sich jedoch ebenfalls auf den Konflikt zwischen expandierendem Agrarraum und dem immer mehr bedrohten und reduzierten Überlebensraum der indianischen Bevölkerung sowie dem Naturraum.

Mit der Pionierfrontentwicklung eng verbunden ist zusätzlich mit der Expansion der Edelholzextraktion das Auftreten eines neuen *Akteurs* im Extraktionsraum, der ebenso v.a. mit dem Naturraum und dem indianischen Überlebensraum in Raumnutzungskonkurrenz steht.

Innerhalb des Agrarraums der Pionierfront bestehen die zu beobachtenden Interessen- und Landkonflikte im wesentlichen in der Konkurrenz zwischen den Überlebensstrategien einer aus anderen Regionen verdrängten Migrantenbevölkerung, deren Interesse an der Pionierfront zunächst in der Reproduktion einer *bäuerlichen Produktionsweise* zu sehen ist, und der – wenn auch im Vergleich zu anderen amazonischen Regionen beschränkten – Expansion des durch *kapitalistische Produktionsweise* geprägten Großgrundbesitzes.

Diese Raumnutzungskonkurrenz wird durch zunehmende Migration bei Verknappung kleinbäuerlichen Siedlungslandes verschärft. In diesem Zusammenhang wird auch der Staat indirekt über seine migrationsfördernde Strukturpolitik auf überregionaler Ebene und direkt durch seine Siedlungspolitik an der Pionierfront zum *Konfliktakteur* im rondonensischen Agrarraum.

Daneben entstehen Interessenkonflikte innerhalb des sozialräumlichen Gefüges des Agrarraums aber auch durch die beschriebene sozio-ökonomische Differenzierung und Stratifizierung der Kolonistenbevölkerung.

Mit der ländlichen Pionierfrontentwicklung eng verbunden ist auch die Entstehung der neuen wirtschafts- und sozialräumlichen Kategorie der Pionierstadt. Die Beziehungen zwischen Agrarraum und Pionierstadt werden dabei v.a. durch Formen der wirtschaftlichen Abhängigkeit und durch die Bestimmung des sozialen Versorgungsniveaus und der territorialen Entwicklung des Agrarraums durch die in den Städten lokalisierten Dienste und die mit der Stadt assoziierte Staatsgewalt geprägt.

Im Zuge zunehmender Migration und abnehmender Bevölkerungsabsorption von Extraktions- und Agrarraum sind auch innerhalb des sozialräumlichen Gefüges der Pionierstädte zunehmende Interessenkonflikte zwischen Lebensraumbedarf und wirtschaftlichen Überlebensinteressen zunehmender Marginalisierung ausgesetzter Unterschichten einerseits, den Raumansprüchen bzw. den Spekulationsinteressen der Etablierten und dem Lenkungsinteresse städtischer Institutionen andererseits feststellbar.

Den Interessenkonflikten innerhalb der verschiedenen wirtschafts- und sozialräumlichen Kategorien ist insgesamt die ungleiche Konkurrenz zwischen gesellschaftlich mächtigen und gesellschaftlich ohnmächtigen Akteuren gemeinsam (vgl. Abb. 14). Raumnutzungskonkurrenzen und Landkonflikte werden somit durch die ungleiche soziale, ökonomische und politische Repräsentanz der beteiligten Gruppen zur konkreten Manifestation struktureller Disparitäten an der Pionierfront. Jedoch ist dabei zu beachten, daß neben dem Konflikt zwischen Mächtigen und Ohnmächtigen die spezifische Konfliktkonstellation der kleinbäuerlichen Pionierfront ganz wesentlich auch von Konkurrenzen innerhalb der Gruppe der gesellschaftlich Ohnmächtigen, sowohl innerhalb als auch besonders zwischen den verschiedenen wirtschafts- und sozialräumlichen Kategorien und ihren Nutzungsansprüchen geprägt ist (vgl. Abb. 14). Dies wird besonders deutlich im Konflikt zwischen aus anderen Regionen verdrängten an der Pionierfront landsuchenden Siedlern und den hier in ihrem angestammten Siedlungsraum nun zunehmender Verdrängung ausgesetzten Indianern (s.o.).

Im übergeordneten Zusammenhang entsprechen Interessenkonflikte, die im regionalen Kontext Rondônias konkret sichtbar werden, dem disparitären Wirkungsgefüge zwischen Zentrum und Peripherie in der brasilianischen Gesellschaft (vgl. Abb. 15). Unter Übertragung des von GALTUNG (1972, S. 35 ff.) im Rahmen seiner Imperialismus-Theorie für das Verhältnis zwischen Zentrums-Nationen und Peripherie-Nationen formulierten Abhängigkeitsmodells auf die inneren strukturellen Disparitäten der Peripherie-Nation Brasilien kann man einerseits die Ausübung *struktureller Gewalt* zwischen Zentrum und Peripherie (z.B. durch eine zentrumsbestimmte und zentrumsorientierte Regionalentwicklung der Peripherie, durch Verdrängungsmigration aus dem Zentrum an die Peripherien etc.) feststellen. Andererseits gilt dies jedoch auch innerhalb der Peripherie für die Relationen zwischen den *Zentrums-Brückenköpfen*[1] und den verschiedenen am unteren Ende der sozialen Rangskala stehenden Pionierfront-Akteuren, deren Verhältnis untereinander wiederum weit mehr durch Interessendisharmonie gekennzeichnet ist als das der verschiedenen gesellschaftlichen *Brückenköpfe* (vgl. Abb. 15).

Dem brasilianischen Gesellschaftssystem immanente *strukturelle Gewalt* führt an der Pionierfront in den beschriebenen Landkonflikten zu direkter, personaler Gewalt. Aber auch die Strukturmerkmale des ländlichen (und städtischen) Raumes, der sozialräumliche Wandel der Pionierfront — konkret: Abhängigkeit von den Zwischenhändlern, unzureichende Versorgung, Verkauf der *lotes*, Abwanderung, Besitzkonzentration, Besitzersplitterung etc. — können als Formen oder Folgen *struktureller Gewalt* angesehen werden.

Dabei nehmen der Staat und seine Institutionen durch ihre weitgehende Interessenallianz mit dem Zentrum eine ambivalente Position ein. Sein Konfliktmanagement beschränkt sich auf *Konfliktkontrolle*, d.h. darauf, in konkrete, eskalierende Konflikte einzugreifen und das Konfliktverhalten der Beteiligten zu lenken. Es findet jedoch keine *Konfliktlösung*, d.h. Beilegung der grundlegenden Interesseninkompatibilitäten, statt. Dies wäre wohl nur durch grundlegende Veränderungen gesellschaftlicher Strukturen und politischer Entscheidungsmuster möglich. Die Interessenkonflikte an der Pionerfront lassen sich hier allein ohnehin nicht lösen. Sie müssen wegen der Determinierung der Peripherie-Entwicklung durch das Zentrum (Verdrängungsmigration einerseits, Ressourcenextraktion andererseits) besonders in einem übergeordneten Zusammenhang struktureller Disparitäten und struktureller Wandlungsprozesse gesehen werden.

---

1) Denn sowohl die in ihrem Ziel-Mittel-System durch die zentrale Staatsbürokratie entscheidend geprägte regionale Bürokratie als auch die entweder direkt in den wirtschaftlichen Zentren Brasiliens lokalisierten wirtschaftlich mächtigen Akteure der Pionierfront (Bergbaufirmen, Sägereien, Großgrundbesitzer) oder mit den Zentrumsinteressen weitgehend alliierten regionalen Eliten können als Brückenköpfe angesehen werden.

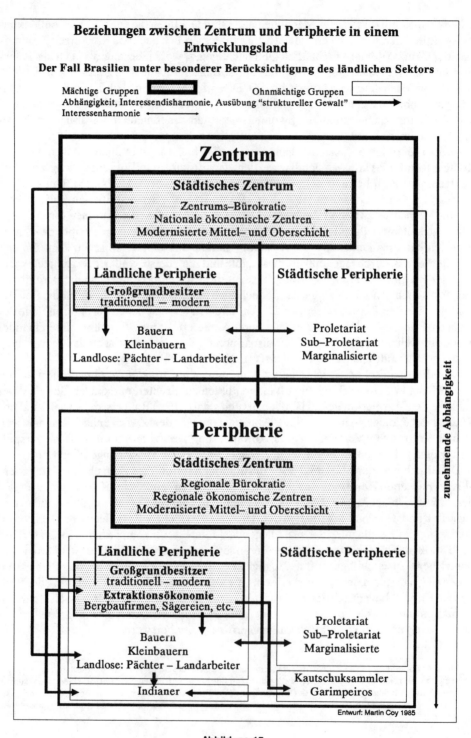

Abbildung 15

Die ambivalente Funktion des Staates zeigt sich auch bei der Reaktion der Herrschenden auf die Versuche der Betroffenen, der Ausübung *struktureller Gewalt* durch stärkere Interessenartikulation, soziale Organisierung und Selbsthilfe zu begegnen. Dies soll abschließend am Konflikt zwischen *development from above* und *development from below* und seinen ideologischen Hintergründen dargestellt werden.

VI.3.5. Zum Konflikt zwischen *development from above* und *development from below*

Wie bereits in den vorangegangenen Abschnitten betont, kommt dem Staat bei der Auslösung, Artikulationsform, Lösung bzw. eher Kontrolle, z.T. auch Unterdrückung von Interessenkonflikten zwischen den verschiedenen sozialen Akteuren an der Pionierfront besondere Bedeutung zu.

Das Aufbrechen sozialer Konflikte durch die Versuche der Betroffenen, Formen stärkerer politischer Artikulation zu finden und sich gegen soziale Ungerechtigkeiten, Unterdrückung und Repression zu wehren, hatte in Brasilien immer Reaktionen des Staates zur Folge. So in der *Revolution* von 1964, dem Militärputsch, durch den eine relativ demokratische Ära von einem autoritären, auf politischer und sozialer Repression aufbauenden Regime abgelöst wurde. Legitimationshintergrund bildeten hier u.a. die zunehmenden sozialen Unruhen in ländlichen Räumen, die durch die Forderung nach einer grundlegenden Agrarreform z.B. seitens der *ligas camponesas* zu einer Bedrohung für die auf Ungleichheit aufbauenden sozialen Verhältnisse geworden waren.

Die eindeutige Interessenallianz der nun bis 1985 herrschenden Militärs mit den gesellschaftlich und ökonomisch dominierenden Kreisen führte in der Folge zur weitgehenden Unterdrückung neuerlicher Artikulationsversuche der Unterprivilegierten. Phasen einer zeitweisen Liberalisierung des Regimes (z.B. in der zweiten Hälfte der 60er Jahre) folgten — nach Zunahme politischer Opposition und der Formierung sozialer Bewegungen, die sich Kritik an den herrschenden politischen und gesellschaftlichen Verhältnissen zu eigen machten — Phasen einer zunehmenden Verhärtung des Regimes (vgl. zu dieser Abfolge besonders ALVES 1984).

Die ideologische Grundlage des autoritären Systems bildete die von den Militärs zur Staatsdoktrin erhobene Idee der *segurança nacional*, der *nationalen Sicherheit*[1]. *Segurança nacional* wurde auch zu einer wesentlichen Voraussetzung und zur wesentlichen Begründung der vorrangig am Ziel des wirtschaftlichen Wachstums orientierten und durch staatliches Engagement und staatliche Lenkung gekennzeichneten Entwicklungsstrategie Brasiliens nach 1964.

---

1) Vgl. ALVES 1984, S. 33 ff.; vgl. aus der Sicht eines der wichtigsten Ideologen des Militärregimes besonders COUTO E SILVA 1981.

Die Doktrin der *segurança nacional* wurde schließlich damit auch zum wesentlichen Kennzeichen und zum Motor *raumwirksamer Staatstätigkeit*, denn nicht umsonst erhielt die räumliche Komponente der Entwicklung durch die Betonung des *geopolitischen* Aspekts (vgl. COUTO E SILVA 1981) vorrangige Bedeutung. Dies zeigte sich besonders in den Bestrebungen der verschiedenen Militärregierungen zur *Integration* der amazonischen Peripherie[1].

Die junge Regionalentwicklung Amazoniens – und damit auch der Pionierfront Rondônia – stand also besonders unter dem Ziel der *nationalen Integration*[2]. Die Entwicklung der Peripherie wird entsprechend als *nationale Aufgabe* deklariert und deshalb besonders durch zentralstaatliche Entwicklungstätigkeit gekennzeichnet[3].

Die zentralisierte und zentrumsorientierte Peripherie–Entwicklung ist damit aber auch ein ausschließliches *development from above*. Ansätze eines regional entstehenden *development from below* sind in der Staatsdoktrin der Militärs nicht mit den Oberzielen der *nationalen Integration* und der *nationalen Sicherheit* zu vereinbaren.

Dies zeigt sich besonders an der Konfliktproblematik der Pionierfronten in Amazonien. Angesichts der zunehmenden sozio–ökonomischen Disparitäten an der Pionierfront hatten Konflikteskalationen durch die zunehmende Interessenartikulation der *posseiros* und durch das zunehmende Engagement kirchlich–oppositioneller Kreise zur Verteidigung der Überlebensinteressen der Armen eine Verstärkung zentralstaatlicher Aktivität, die Einschränkung lokaler und regionaler Autonomien und die Erhöhung der Präsenz der regimetragenden Militärs in tatsächlichen und potentiellen Konfliktregionen zur Folge. Besonders deutlich wird dies in der bereits an früherer Stelle erwähnten *Militarisierung der Agrarfrage* (vgl. MARTINS 1984, S. 19 ff. und S. 28 ff.) durch die Gründung des MEAF und der Sonderbehörde GETAT für die südostamazonische Konfliktregion mit entsprechenden Sondervollmachten. Verstärkung der zentralstaatlichen Präsenz und der politischen Kontrolle waren hier aber auch die wesentlichen Voraussetzungen für eine neuerliche Phase des ebenfalls durch *segurança nacional* und *integração nacional* ermöglichten und begründeten *development from above* in Form der Großprojekte des Programms *Grande Carajás*.

Zentralstaatliche Präsenz und politische Kontrolle konnten jedoch auf Dauer die Entstehung oppositioneller, sozialer Bewegungen *von unten* auch an den amazonischen Pionierfronten nicht verhindern. Allerdings schuf das Militärregime zu Ende der 70er Jahre mit der Politik der Liberalisierung (sog. *abertura política*) auch einen größeren Freiraum für politische Betätigung. Interessant ist dabei, daß nicht die institutionalisierten politischen Oppositions–Parteien die Funktion der politischen Repräsentanz der Armen und der Förderung der sozialen Bewegungen übernehmen (mit Ausnahme der aus der

---

1) Vgl. hierzu aus der geopolitischen Sicht der Militärs MEIRA MATTOS 1980.
2) Vgl. hierzu die Betonung dieses Aspekts nicht nur explizit im Programa de Integração Nacional (PIN), sondern in allen regionalen Entwicklungsprogrammen Amazoniens, so auch im POLONOROESTE–Programm – vgl. Kap. II.2.5.
3) Vgl. z.B. besondere Bedeutung des INCRA, Bedeutung der dem Innenministerium direkt untergeordneten regionalen Entwicklungsbehörden SUDAM, SUDECO etc.

Gewerkschaftsbewegung in São Paulo heraus entstandenen PT), sondern vielmehr die katholische Kirche, die sich im Gefolge der *Theologie der Befreiung* zum wichtigsten Interessenvertreter der Unterprivilegierten gemacht hat.

Die Entstehung und Stärkung der kirchlichen Basisgemeinden in Stadt und Land (*comunidades eclesiais de base*), der verschiedensten Selbsthilfegruppen, der kirchlich unterstützten Gewerkschaftsbewegung und nicht zuletzt der neuen sozialen Organisationen auf dem Lande (*Movimento dos Sem Terra, Associações dos Pequenos Produtores* etc. – vgl. Kap. IV.6.) sind als Versuche der Betroffenen zu sehen, eigene Antworten und Lösungsansätze für ihre drängendsten sozio–ökonomischen Lebensprobleme zu finden[1], die sich aus der disparitären Wirtschafts– und Sozialstruktur und dem auf Wachstum ausgerichteten und daher eher Disparitäten fördernden als Disparitäten abbauenden, zentrumsbestimmten *development from above* der *nationalen Integration* ergeben, bzw. hierdurch verschärft haben. Insofern bilden diese Bewegungen neue Ansätze eines lokal und regional ansetzenden und bestimmten *development from below*.

Ein solches *development from below* kann jedoch angesichts gesellschaftlicher und räumlicher Ungleichheiten an der Peripherie unter dem Ziel der *nationalen Integration* nicht betrieben werden. Insofern steht es in deutlichem Konflikt zum zentralstaatlichen *development from above*. Ebenso waren die von der Basis ausgehenden sozialen Bewegungen der letzten Jahre als Interessenartikulationen der Unterprivilegierten diametral dem durch Interessenallianz mit den Privilegierten gekennzeichneten autoritären Regime entgegengesetzt. Sie stellten somit eine Herausforderung, ja z.T. sogar eine Bedrohung im Zusammenhang der Ideologie der *segurança nacional* dar[2].

Versuche staatlicher Institutionen und Versuche der regimetragenden politischen Kreise, diese neuen Bewegungen zu schwächen, zu neutralisieren oder gar auszuschalten sind vor dem Hintergrund dieses fundamentalen Konflikts zu sehen. So auch der Versuch der staatlichen Agrarberatungsbehörde in Rondônia, die zunehmende Bedeutung der mit der Kirche alliierten Kleinbauernassoziationen durch die Gründung und Förderung ähnlicher, aber mit den staatlichen Stellen alliierter Organisationen zu konterkarieren[3].

Es bleibt abzuwarten, ob sich unter der neuen Zivilregierung des Präsidenten Sarney an diesem fundamentalen Konflikt etwas ändern wird. Zwar wurden sofort nach Regierungswechsel im Frühjahr 1985 Agrarreform, Lebensprobleme der Unterprivilegierten, sozialer Disparitätenabbau als prioritäre Problemkreise herausgestellt. Auf regionaler Ebene in Rondônia bekundeten die neuen Regierenden z.B. ihr Interesse, mit den eigenorganisierten Basisgruppen der Kolonisten künftig zusammenzuarbeiten und nicht mehr gegenzusteuern (mdl. Inf. Sr. G. de Lima Ferrereira, SEAG–RO, Porto Velho Juli 1985). Jedoch scheinen die politischen Auseinandersetzungen z.B. um die Agrarreformpläne

---

1) Sei dies der Zugang zu städtischem Wohnraum oder zum Siedlungsland im ruralen Milieu, die Organisierung einer gerechteren Vermarktung bereits etablierter Kolonisten etc.
2) Vgl. zum Konflikt zwischen nationaler Sicherheit und neuer Opposition der Basisbewegungen in den frühen 80er Jahren z.B. ALVES 1984, S. 225 ff.
3) Konkretes Beispiel aus dem PIC Ouro Preto: Gründung der Assoziation APRUR mit Unterstützung der EMATER–RO im Setor Riachuelo im Jahr 1983 als direkte Konkurrenz – bei allerdings identischer Konzeption – zur kirchlich unterstützten ARJOPAM.

innerhalb der Regierung, ihre weitgehende Beschränkung auf die Neuauflage eines Kolonisationsprogramms, die sozialen Konsequenzen der neuen Wirtschaftspolitik[1] und viele andere Hinweise anzuzeigen, daß sich an den grundsätzlichen Widersprüchen und Interessenkonflikten innerhalb der brasilianischen Gesellschaft und innerhalb der gesellschaftlichen Machtstrukturen — und damit, auf das Problem staatlicher und *spontaner* Entwicklung übertragen, am Konflikt zwischen zentrumsbestimmtem, *funktional* ausgerichtetem *development from above* einerseits und spontan entstehendem, *territorial* orientiertem *development from below* andererseits — so schnell wohl nichts ändern wird.

---

1) Folgen und anscheinendes Scheitern des sog. cruzado–Plans — vgl. zahlreiche Artikel in der deutschen Presse u.a. nach den Wahlen vom 25.11.1986.

VII. Zusammenfassung. Rondônia — neues El Dorado in Amazonien oder Peripherie der Peripherie?

Hauptanliegen dieser Arbeit war es, am Beispiel der Pionierfront Rondônia Entwicklung, heutige Raumstrukturen und Veränderungsprozesse einer gesellschaftlich und räumlich peripheren Region sowie deren Funktion im Zusammenhang mit gesellschaftlichem System und staatlichen Raumgestaltungskonzeptionen des Drittwelt-Landes Brasilien darzustellen.

Mit den Bereichen Migration und Agrarkolonisation wurden die beiden zentralen Bestimmungsfaktoren der jungen Pionierfrontentwicklung Rondônias seit Beginn der 70er Jahre herausgestellt, durch die sich soziale, ökonomische und räumliche Strukturen der vormals amazonisch orientierten Peripherie Rondônia infolge der Zuwanderung landsuchender Siedler v.a. aus Süd-, Südost- und Zentralbrasilien sowie infolge der Gründung kleinbäuerlicher staatlicher Siedlungsprojekte durch die Landbehörde INCRA vollständig verändert haben.

Jedoch behielt Rondônia auch in dieser Pionierfront-Phase seine Stellung als Peripherie bei. Die Regionalentwicklung verlief und verläuft im wesentlichen zentrumsbestimmt (z.B. durch den dominierenden Einfluß zentralstaatlicher Aktivität) und ist in ihren Tendenzen vorrangig zentrumsorientiert.

So ist die nach wie vor zunehmende Wanderung nach Rondônia in ihrem vorrangigen Charakter als *Verdrängungsmigration* zunehmender Marginalisierung ausgesetzter sozialer Gruppen zentrumsnäherer Räume anzusehen, für die die Peripherie Rondônia die Funktion eines *Überlebensraums* einnimmt. Die staatliche Siedlungspolitik der 70er Jahre an der amazonischen Peripherie hat diese Funktion unter dem Motto *Agrarkolonisation statt Agrarreform* gefördert.

Allerdings lassen sich bereits kurze Zeit nach Beginn der zunächst infolge staatlicher Landverteilung relativ *homogen* strukturierten Pionierfrontentwicklung agrarsoziale und ökonomische Differenzierungsprozesse selbst innerhalb der Siedlerbevölkerung feststellen, die in sozial- und wirtschaftsräumlichen Wandlungsprozessen des ländlichen Raumes ihren Niederschlag finden.

Diese Differenzierungsprozesse stehen zunächst in engem Zusammenhang mit Strukturveränderungen der Migration nach Rondônia im Zeitablauf. So kommen neben den auf staatliche Landzuteilung hoffenden Migranten zunehmend auch solche an die Pionierfront, die über eine größere Kapitalausstattung (z.B. durch Landverkauf in den Herkunftsregionen) verfügen und bereits inwertgesetztes Land aufkaufen möchten. Voraussetzung für die Realisierung dieses Ziels ist die in allen rondonensischen Kolonisationsgebieten bereits nach wenigen Jahren zu beobachtende Tendenz zum Verkauf des Landes durch die zunächst Angesiedelten. Die Gründe für diese Verkaufstendenz sind, neben persönlichen Motiven (Adaptionsprobleme, familiäre Probleme etc.), insbesondere in den v.a. zu Anfang harten Lebensbedingungen an der Siedlungsgrenze (z.B. durch fehlende Infrastrukturen, durch Krankheit etc.) sowie in ökonomischen Problemen (mangelndem Erfolg, Verschuldung etc.) zu suchen.

Diese ökonomischen Probleme stehen in engem Zusammenhang mit unterschiedlichen Betriebsstrategien der Kolonisten, die sich, z.T. aufgrund spezifischer staatlicher

Förderungsmaßnahmen, zunehmend in einer ökonomischen Differenzierung zunächst gleichgroßer und in ähnlichen Zeiträumen inwertgesetzter Betriebe dokumentieren. Während die Basis aller Kolonistenbetriebe durch den Anbau der wichtigsten Nahrungsfrüchte (Reis, Mais, Bohnen) einerseits zur Sicherstellung der eigenen Subsistenz, andererseits auch für eine Überschußvermarktung gebildet wird, ist ein Teil der Betriebe durch den zusätzlichen, ausschließlich marktorientierten Anbau von Dauerkulturen (Kaffee, Kakao, Kautschuk) gekennzeichnet. Die Dominanz des meist eigenfinanzierten Kaffeeanbaus erklärt sich dabei durch die Erfahrungen der Siedler mit dieser Kultur in den Herkunftsräumen. Dies kann als Beweis für die Persistenz von Herkunftsmerkmalen und Übertragung von Erfahrungswerten auch in das Neusiedelgebiet gewertet werden, die entscheidend die Perzeption von Nutzungspotentialen und die Adaption der Siedler prägen. Die beiden anderen regionsüblichen Dauerkulturen Kakao und Kautschuk hängen weit stärker von staatlichen Förderungsstrategien über die Vergabe günstiger Agrarkredite (v.a. während der 70er Jahre) ab.

In der Strategie der Dauerkulturförderung wurde einerseits eine Möglichkeit zur *Modernisierung* der Kolonisten–Landwirtschaft über verstärkte Marktintegration sowie eine Chance der Einkommenssteigerung der kleinbäuerlichen Siedler, andererseits aber auch — und dies ist als *zentrumsorientiertes Ziel* zu werten — ein Weg zur Erhöhung des Peripheriebeitrags zur nationalen Wertschöpfung durch die Förderung exportorientierter (Kakao) oder importsubstituierender (Kautschuk) Produktion gesehen. Insofern setzt sich die vor der Pionierfrontentwicklung dominierende zentrumsorientierte Ressourcenextraktion (Naturkautschuk, Kassiterit), die durch die Pionierfront jedoch keineswegs zum Stillstand gekommen war, sondern im Gegenteil v.a. in der Edelholzextraktion geradezu gefördert wurde, auch in der kleinbäuerlichen Agrarproduktion fort. Für die Siedler ist jedoch hiermit, neben der sicherlich existierenden Möglichkeit des längerfristigen Erfolgs, aufgrund regionsinterner (Pflanzenkrankheiten etc.) und regionsexterner Faktoren (Preisschwankungen, Weltmarktabhängigkeit etc.) auch eine erhebliche Risikosteigerung bei gleichzeitig gesteigerten Input-Anforderungen (Arbeitskraft, Dünger, Pestizid etc.) und dadurch gegebener Abhängigkeit von wirtschaftlichem Erfolg verbunden.

Spezifische Modifikationen der für die Pionierfront–Landwirtschaft üblichen Landwechselwirtschaft (Substitution der Brache), aber auch die ökologischen und v.a. ökonomischen Probleme des Anbaus sowohl einjähriger Nahrungsfrüchte als auch marktorientierter Dauerkulturen sind Gründe für die allseits in Rondônia zu beobachtende Tendenz der Zunahme der Umwandlung von Wald– und Nutzflächen in Kunstweiden und — meist zeitverzögerter — Zunahme der Rinderhaltung.

Unterschiedliche Betriebsstrategien der Kolonisten sind zunächst in Abhängigkeit von unterschiedlichen ökonomischen Möglichkeiten (bes. Kapitalausstattung) zu sehen, wie z.B. die relativ stärkere Präsenz der Landkäufer in der Gruppe der diversifizierteren Betriebe zeigt. Sie sind weiterhin abhängig von der unterschiedlichen Nutzung, bzw. unterschiedlichen Zugangsmöglichkeiten zu staatlichen Vorleistungen (bes. in Form der Agrarkredite), die jedoch gleichzeitig mit einer erhöhten Risikobereitschaft verbunden sind. Daneben sind sie aber ebenso als unterschiedliche Anpassungsstrategien einer v.a. am grundlegenden Ziel dauerhafter sozio–ökonomischer Reproduktion orientierten, sozial und ökonomisch schwachen Siedlerbevölkerung zu interpretieren. Sie stellen mithin unterschiedliche *Überlebensstrategien* und nur z.T. eine Folge unterschiedlicher betrieblicher Entwicklungsstadien dar. Die *Gleichzeitigkeit* verschiedener *Überlebensstrategien* ist somit verbunden mit der *Gleichzeitigkeit* unterschiedlicher *Produktionsweisen* selbst innerhalb der Siedlerbevölkerung, die zu einem wesentlichen Differenzierungsmerkmal im ländlichen Raum werden.

Neben diesen ökonomischen Differenzierungsprozessen der Kolonistenbevölkerung lassen sich im Zuge ansteigender Migration, damit steigender Landnachfrage bei gleichzeitig immer stärkeren Ansiedlungsengpässen in den staatlichen Kolonisationsprojekten, weitere, v.a. agrarsoziale Differenzierungs- und Stratifizierungsprozesse beobachten, die einem sozialräumlichen Wandel der zunächst relativ homogen strukturierten Siedlungsgebiete gleichkommen. So ist im Zuge des Verkaufs von Siedlungsland auch eine Tendenz zur Minifundisierung durch den Verkauf kleiner Parzellenteile zu beobachten. Durch diese spontane Entwicklung kommt es zur Herausbildung deutlicher Disparitäten hinsichtlich der Betriebsgrößenstruktur auch in Rondônia. Diese werden zusätzlich verstärkt durch eine entgegengesetzte Tendenz der Besitzkonzentration mit dem Aufkauf mehrerer Parzellen durch erfolgreiche Kolonisten, kapitalkräftigere Zuwanderer und besonders durch eine neue urbane *Bourgeoisie* der wachsenden Pionierstädte, die den *Boom* der Pionierfront in persönlichen ökonomischen Erfolg (z.B. als Zwischenhändler etc.) umsetzen konnten und nun Landerwerb und -akkumulation als *Wertreserve* betreiben. Am unteren Ende der agrarsozialen *Rangskala* bildet sich, ebenfalls infolge der stark ansteigenden Zuwanderung, eine wachsende Gruppe von Landlosen, die in unterschiedlicher, abhängiger sozialer Stellung als *agregados* bzw. als Halbpächter bei Dauerkulturen anbauenden Kolonisten leben.

Insgesamt lassen sich also bereits eineinhalb Jahrzehnte nach Beginn der Pionierfrontentwicklung Wandlungsprozesse beobachten, die das sozio-ökonomische und räumliche Bild der Pionierfront verändern. Diese Veränderungen können als Reproduktion disparitärer Strukturen angesehen werden, wie sie bereits aus den Herkunftsräumen der nach Rondônia kommenden Siedler bekannt sind. Wie dort ist auch in Rondônia diese Reproduktion von Disparitäten begleitet von erneuter, wenn auch noch begrenzter, Abwanderung der *Erfolglosen*, wie die Landverkaufstendenz belegt. Zielgebiete sind einerseits andere ländliche Teilregionen Rondônias und andererseits die immer schneller wachsenden Pionierstädte, die neben ihrer ökonomischen Bedeutung in sozialer Hinsicht immer mehr die Funktion eines *Wartesaals* für Neuzuwanderer und eines *Überlebensraums* gescheiterter Siedler erfüllen, was zu deutlichen sozialen Segregationsprozessen führt. Daneben kann aber auch die Abwanderung aus Rondônia an noch jüngere Pionierfronten Amazoniens beobachtet werden.

Es zeichnet sich somit ab, daß Rondônia für viele nicht die erhoffte *Endstation* der mehrfachen Etappenmigration ist, sondern daß sich auch diese Neusiedelregion in den Verlagerungsprozeß der Pionierfronten Brasiliens einordnet, der für die sozial Schwächeren einer zunehmenden räumlichen und gesellschaftlichen *Peripherisierung* unter den Rahmenbedingungen einer strukturell heterogenen Gesellschaft entspricht. Verbunden ist dieser Prozeß in der Sicht der Betroffenen mit der permanenten Hoffnung auf eine bessere Existenz, die für viele in Rondônia v.a. durch die Möglichkeit des Landerwerbs zwar erfüllt wurde, jedoch in zunehmendem Maße für die Nachdrängenden aufgrund der zunehmenden Landverknappung und beschriebenen Differenzierungsprozesse nicht mehr so leicht verwirklichbar ist.

Die in den vorangegangenen Kapiteln beschriebenen Probleme des Lebens an der Pionierfront, die in der Perzeption der Kolonisten geringe Regierungsunterstützung und besonders die in ihrer Wahrnehmung zunehmende *Peripherisierung* der Armen durch Abhängigkeiten vom regionalen Zwischenhandel, ungerechte Erzeuger–/Verbraucher–Preisrelationen, d.h. generell die Wahrnehmung ihrer sozio–ökonomischen und politischen Ohnmacht, hat in der Region seit einigen Jahren zur Entstehung eigenorganisierter Selbsthilfegruppen, den sog. Kleinbauernassoziationen, und in der wachsenden Gruppe der Landlosen zur Entstehung des *Movimento dos Sem Terra* auf regionaler Ebene geführt. Dies wurde interpretiert als Organisierungsversuch der gesellschaftlichen Peripherie und mithin als Ansatzpunkt eines von der Basis ausgehenden, peripherieorientierten *development from below*, wie es in der entwicklungstheoretischen und auch in der regionalwissenschaftlichen Diskussion in den letzten Jahren verstärkt diskutiert wird. Die periphere Situation Rondônias dokumentiert sich hierbei jedoch auch im deutlichen Konflikt *funktional* und zentrumsorientiert ausgerichteter staatlicher Aktivität mit diesen *territorial* orientierten spontanen Entwicklungsansätzen.

Die junge Regionalentwicklung Rondônias kann aufgrund der staatlichen Lenkung der Agrarkolonisation als im wesentlichen staatlich mitinduziert betrachtet werden. Staatliche Raumgestaltung in Rondônia ist dabei zunächst vor dem Hintergrund der brasilianischen Raumgestaltungskonzeptionen für Amazonien seit Beginn der 70er Jahre zu sehen. Rondônia nimmt hier insofern eine gewisse Sonderstellung ein, als aufgrund der spontanen Dynamik der Regionalentwicklung im Vergleich zu anderen amazonischen Pionierfronten, trotz der im Verlauf der 70er Jahre stärkeren Förderung großbetrieblicher, privatkapitalistischer Initiative, die Dominanz des kleinbäuerlichen Elements in der staatlichen Entwicklungsplanung stärker erhalten blieb. Jedoch dokumentiert sich der *Umschwung* staatlicher Entwicklungsstrategien für die amazonische Peripherie auch in Rondônia, v.a. in der sukzessiven Reduktion staatlicher Vorleistungen und Unterstützung für die Siedler. Staatliche Aktivität reduzierte sich mithin v.a. im Verlauf der 70er Jahre von einer raumgestalterischen Kraft auf die Anpassung an spontane Entwicklungsprozesse und den partiellen Versuch der Kontrolle dieser Prozesse.

Dies änderte sich zu Beginn der 80er Jahre insbesondere durch die Verkündung des mithilfe der Weltbank finanzierten großangelegten Regionalentwicklungsprogramms POLONOROESTE, mit dem der Staat angesichts zunehmend unkontrollierbarer Regionalentwicklung versucht, die raumordnerische Initiative stärker zurückzugewinnen. Die zentrale, sicherlich auch für die Regionsbevölkerung wichtige Maßnahme des Programms, die Asphaltierung der Straße Cuiabá–Porto Velho, die als Anbindung ganz Westamazoniens an die metropolitanen Regionen Brasiliens fungiert, zeigt jedoch die Dominanz der zentrumsorientierten Ausrichtung auch dieses Programms. Zwar werden Versorgung und Vermarktung, gleichzeitig aber auch die verstärkte Extraktion, durch diese Maßnahme in Rondônia erleichtert, wobei im übrigen abzuwarten bleibt, ob solche Erleichterungen bis zu den weitgehend vom regionalen, als *Drehscheibe* fungierenden Zwischenhandel abhängenden Siedlern durchdringt. Andererseits wird jedoch diese unter dem Motto der *Integration* betriebene Maßnahme v.a. zur verstärkten Erschließung Rondônias durch Ansteigen der Migration bei weiterhin bestehendem Verdrängungsdruck in den Zentralregionen, aber auch durch ein verstärktes Interesse kapitalkräftigerer Kreise an der nun leichter und schneller erreichbaren Peripherie führen. Die peripherieorientierten Maßnahmen des Programms, die insbesondere vor dem Hintergrund einer sich wandelnden entwicklungspolitischen und entwicklungsplanerischen Diskussion der 70er Jahre betrachtet werden müssen, werden dabei nur in begrenztem Umfang zur Konsolidierung der

Regionalentwicklung Rondônias beitragen können. Dies gilt besonders für die in POLONOROESTE betonten Bereiche des Schutzes der indianischen Bevölkerung und der Erhaltung der natürlichen Umwelt, die sich beide schon aufgrund ihrer finanziellen Ausstattung und ihrer institutionellen Durchführung als völlig unzureichend erweisen. Dies gilt ebenso für die Einrichtung neuer Kolonisationsprojekte, die angesichts der rapiden Migrationsentwicklung und angesichts bereits zuvor existierenden *Ungleichgewichts* zwischen Landnachfrage und -angebot nur in begrenztem Ausmaß zur Absorption Landsuchender beitragen können und in denen sich, trotz verbesserter Projektkonzeption, die wesentlichen — für die älteren Siedlungsgebiete beschriebenen — Differenzierungs- und Wandlungsprozesse erneut reproduzieren. Auch die Maßnahmen zur Konsolidierung der Lebens- und Produktionsbedingungen in den älteren Siedlungsgebieten, die in Form eines *Integrierten Ländlichen Entwicklungsprojektes* zumindest in der Konzeption als *zielgruppen-* und *armutsorientiert* bezeichnet werden können, scheinen, nach den empirischen Beobachtungen im PIC *Ouro Preto*, nicht entscheidend zur Beeinflussung oder gar Modifizierung der *spontan* ablaufenden Differenzierungs- und Wandlungsprozesse der Pionierfront beizutragen. Dies liegt zunächst, wie in den vorangegangenen Abschnitten dargestellt, an den spezifischen konzeptionellen, technischen, personellen und organisatorischen Problemen der Planungsumsetzung, die insgesamt durch mangelnde Integration auf der Ebene sektoraler Aktivitäten, durch mangelnde Integration der Betroffenen in den Umsetzungsprozeß und generell durch mangelnde gesellschaftliche Integration der Betroffenen gekennzeichnet ist. Letztere wird insbesondere bedingt durch die unzureichende Berücksichtigung kleinbäuerlicher Interessen im gesamtgesellschaftlichen Rahmen. Dies drückt sich generell im assoziativ-kapitalistischen Entwicklungsmodell Brasiliens und in den letzten Jahren konkret in der Rücknahme staatlicher Förderung (z.B. Agrarpreis- und -kreditsituation) im Gefolge der gesamtwirtschaftlichen Krise aus.

Auch die zentrale Maßnahme der Konsolidierung der Lebens- und Produktionsbedingungen in den älteren Siedlungsgebieten im Rahmen von POLONOROESTE, die Einrichtung ländlicher Versorgungszentren (den sog. NUARs), scheint nach den bisherigen Beobachtungen nur teilweise zur beabsichtigten Verbesserung der Versorgungssituation des ländlichen Raumes beizutragen. Dies aufgrund technischer Probleme einerseits, mangelnder Akzeptanz seitens der Zielgruppe andererseits.

Am Beispiel der internen Entwicklung dieser NUARs zeigt sich bereits in der Initialphase ihre Einordnung in den Prozeß der sozio-ökonomischen Differenzierung im ländlichen Raum der Pionierfront, denn sie fungieren, wie das Beispiel der drei im PIC *Ouro Preto* analysierten NUARs zeigt, v.a. als *Überlebensraum* einer landlosen Bevölkerung (Neuzuwanderer, landlose Pächter etc. der Umgebung, Kolonisten, die ihr Land verkauft haben etc.), die ihre eigentlichen Reproduktionsziele schon nicht mehr oder noch nicht realisieren konnten. Die staatlich eingerichteten NUARs werden somit zu Faktoren des spontan ablaufenden wirtschafts- und sozialräumlichen Wandels der ländlichen Pionierfront.

Insgesamt zeigt sich am Beispiel des POLONOROESTE-Programms, daß eine Konsolidierung der Regionalentwicklung an der Peripherie in einem auf zentrumsbestimmte *funktionale Integration* der Peripherie gerichteten Gesamtrahmen nicht allein durch Maßnahmen auf regionaler Ebene erreichbar ist. Eine Veränderung der Rahmenbedingungen zur Beeinflussung der regionsextern bestimmten Differenzierungsfaktoren (bes. zur Beeinflussung der Migration, der agrarpolitischen Rahmenbedingungen etc.) muß als notwendige Voraussetzung zur Lenkung regionaler Entwicklungsprozesse an der Peripherie angesehen werden. Dies könnte nur durch einen, in der Realität einer disparitär strukturierten Gesellschaft jedoch unwahrscheinlichen, Abbau von Zentrum–Peripherie–Abhängigkeiten erfolgen. Bereits das ausschnitthafte Beispiel des Neben-, z.T. auch Gegeneinanders staatlich bestimmter *Partizipation* der Betroffenen an der POLONOROESTE–Umsetzung einerseits, die in der Realität jedoch weitgehend leblos bleibt, und spontan entstandenen Organisationsformen der Betroffenen andererseits zeigt, daß die Situation für eine tatsächliche Interessenartikulation der Peripherie in den verschiedensten Bereichen und auf den unterschiedlichsten Ebenen, also für ein *development from below*, unter den Bedingungen zentrumsbestimmter Entwicklung ungünstig ist. POLONOROESTE reduziert sich mithin, trotz veränderter Planungskonzeptionen, auf eine Neuauflage eines *development from above*, dessen längerfristige Wirkung zwar noch abgewartet werden muß, jedoch unter den gegebenen Rahmenbedingungen nur unzureichend zur Konsolidierung der Pionierfrontentwicklung beitragen wird.

Zentrum–Peripherie–Abhängigkeit und das begrenzte Lösungspotential staatlicher Raumgestaltung unter den Rahmenbedingungen einer disparitären Gesellschaft dokumentieren sich schließlich auch am Beispiel der die gesamte Pionierfrontentwicklung Rondônias begleitenden Interessenkonflikte. Diese manifestieren sich in räumlicher Hinsicht als Raumnutzungskonkurrenzen verschiedener sozialer Akteure und in konkreter Form als Landkonflikte. Zwar gehört Rondônia im Vergleich der amazonischen Pionierfronten sicherlich nicht zu den Regionen, die als permanente Konfliktherde im Zentrum der diesbezüglichen Diskussion stehen, jedoch konnten auch hier im zeitlichen Ablauf der Erschließung und am Beispiel der kleinräumigen Analyse des PIC *Ouro Preto* typische, verschiedenen sozialen Ebenen und lebensräumlichen Zusammenhängen zuzuordnende Fälle konstatiert werden. Dabei ist generell zu beobachten, daß das Konfliktpotential in Rondônia aufgrund aktueller, intern und extern verursachter Differenzierungsprozesse der Pionierfront zunimmt. Ebenso konnte im gleichen Zusammenhang an verschiedenen Beispielen die direkte und indirekte Involvierung staatlicher Planung und Planungsumsetzung in konkrete Landkonflikte festgestellt werden. Unterschiedliche soziale Ebenen von generellen Interessen- und konkreten Landkonflikten entsprechen unterschiedlichen *Konfliktqualitäten*. Dies zeigt sich insbesondere in Konflikten zwischen gesellschaftlich Mächtigen, seien dies Bergbaufirmen, Großgrundbesitzer, Sägereien o.ä., und gesellschaftlich Ohnmächtigen, seien dies indianische Gruppen, kleinbäuerliche *posseiros*, *garimpeiros* etc.. Diese Konflikte entsprechen der ungleichen Konkurrenz zwischen kapitalistisch orientierten Produktions-, Extraktions- oder Spekulationsinteressen und den *Überlebensinteressen* gesellschaftlich peripherer Gruppen. Daneben sind jedoch ebenso Konflikte innerhalb der Gruppe der Ohnmächtigen, d.h. Konflikte zwischen unterschiedlichen *Überlebensinteressen*, wie z.B. zwischen *posseiros* und Indianern, für die Pionierfront typisch. Diese Konflikte entsprechen, wie herausgestellt wurde, unterschiedlichen Interessenrealisierungschancen in einer disparitär strukturierten Gesellschaft. Sic sind Ausdruck der Interessendisharmonie zwischen Zentrum und Peripherie einerseits, aber auch der Interessendisharmonien innerhalb der Peripherie andererseits. Landkonflikte werden in den vorangegangenen Abschnitten als Ausdruck einer systemimmanenten, auch den beschriebenen Prozessen der Verdrängungsmigration und des sozial- und wirtschaftsräumlichen Wandels zugrundeliegenden *strukturellen Gewalt* herausgestellt. Das Konfliktlösungsvermögen des Staates ist aufgrund der systemimmanenten Begründung konkreter Konflikte entsprechend begrenzt. Es beschränkt sich allenfalls auf *Konfliktkontrolle*. Dabei kann der Staat selbst, wie die *Konkurrenz* zwischen Zentrumsorientierung und Peripherieorientierung seiner Planung zeigt, im Interesse einer Konfliktkontrolle in Zentralregionen durch Ablenkung dieses Konfliktpotentials an die Peripherie zur Verstärkung der Konflikte an der Peripherie beitragen.

Es konnte und sollte nicht Aufgabe dieser Arbeit sein, Ideallösungen für die Probleme der Pionierfront Rondônia zu geben. Dazu sind die einzelnen sektoralen Probleme, ihre Bedingungen, ihre Verflechtung und die durch sie ausgelösten Veränderungsprozesse zu komplex. Nachfolgend sollen deshalb auch nur einige wenige Fragen in Hinblick auf eine anzustrebende Harmonisierung und Konsolidierung der rondonensischen Regionalentwicklung angesprochen werden.

Hauptziel muß es sein, eine langfristige Realisierung der Überlebensinteressen der verschiedenen in Rondônia lebenden sozialen Gruppen zu erreichen.

Erstes Gebot muß es dabei sein, das selbstbestimmte Überleben der angestammten indianischen Bewohner, die durch jede Form der Erschließung bedroht sind, zu sichern. Dies kann nicht durch *Integration* erfolgen, sondern nur durch Fernhalten der Raumerschließungsrichtungen von den indianischen Siedlungsgebieten. Besondere Bedeutung hat dies im Bereich staatlicher Infrastrukturplanung (bes. im Straßenbau).

Ebenso grundlegend muß es sein, ein Überleben der verschiedenen regionalen Gruppen nicht gegen, sondern mit der natürlichen Umwelt zu erreichen. Dazu ist es notwendig, zunehmender exzessiver Entwaldung und ökologischer Degradierung — soweit noch möglich — entgegenzuwirken. Bisherige Entwaldungsrestiktionen und ihre Kontrolle haben sich als unzureichend erwiesen. Deshalb müssen effektivere Rodungsbeschränkungen, ein effektiveres Kontrollsystem und ebenso ein System von Sanktionen bei entsprechenden Verstößen geschaffen werden. Hierzu sollten auch Maßnahmen gehören, ökologisch unangepaßten Nutzungsformen, wie insbesondere einer exzessiven Ausweitung der Kunstweiden, Einhalt zu bieten. Dies gilt sowohl für den großbetrieblichen als auch für den kleinbetrieblichen Bereich.

Im kleinbäuerlichen Umfeld sind die Rodungszunahmen wesentlich als Folge extensiver Nutzungssysteme zu sehen. Ziel muß es deshalb sein, Formen der Intensivierung zu finden, die unter den agro–ökologischen Bedingungen der Region gangbar sind, den Versorgungs– und Einkommensbedürfnissen der Bevölkerung entsprechen, der Kapital– und Arbeitskapazität des bäuerlichen Familienbetriebs Rechnung tragen und langfristige Nutzungszeiträume gewährleisten. In diesem Zusammenhang wird es besonders wichtig sein, das Nutzungspotential der natürlichen Umwelt sowohl zur Verbesserung der Ernährungssituation der Siedlerbevölkerung als auch zur Einkommenserwirtschaftung stärker, jedoch nicht in degradierender Weise zu nutzen. Ebenso wird einer adaptierten Dauerkulturnutzung auch in Zukunft besondere Beachtung zu schenken sein. Jedoch sollte man von der bisherigen Praxis der Förderung großflächiger Bestände einer Kultur abgehen und einen angepaßten Mischanbau verschiedener Kulturen auf kleineren Flächen, z.B. im Sinne von *agroforestry*–Systemen, den Vorzug geben. Orientierungsschwerpunkte müssen hierbei jedoch auch die Arbeitskraft der Familie, die gegebenen Vermarktungsmöglichkeiten und eine Minimierung des erforderlichen Kapitalaufwandes (hinsichtlich notwendiger Input–Leistungen, durch Pflanzgut–Verteilung etc.) sein.

Ziel sollte es also sein, kleinbäuerliche Nutzungssysteme zu entwickeln und zu propagieren, die einer Begrenzung ökologischer und ökonomischer Risiken entsprechen.

Besondere Bedeutung kommt dabei vor dem Hintergrund der sozio-kulturellen Ausgangsbedingungen der meisten Siedler einer Verstärkung direkter und adaptierter Agrarberatung zu.

Stärkeres Augenmerk staatlicher Raumgestaltung an der Pionierfront muß in Zukunft den wachsenden Pionierstädten gelten. Es wird von grundlegender Bedeutung für einen Disparitätenabbau sein, durch gezielte Förderungsprogramme (z.B. Kleinindustrie- und Kleinhandwerkförderung auf der Basis der regionalen Produktion) die Arbeitskraftabsorption der neuen Städte für eine wachsende Bevölkerung, aber auch die wirtschaftliche Eigenentwicklung der bisher allein auf Primärproduktion basierenden Peripherie zu unterstützen.

Grundlegendste Voraussetzung für die Erreichung einer Harmonisierung der Regionalentwicklung muß jedoch in einer Veränderung der Rahmenbedingungen gesehen werden. Nur durch sie können die wesentlichsten Bestimmungsfaktoren der beobachteten Prozesse, v.a. die zunehmende Wanderung nach Rondônia, beeinflußt werden. Die Peripherie darf nicht länger die Funktion eines *sozialen Sicherheitsventils* zugewiesen bekommen, die sie ohnehin nicht erfüllen kann.

Direkte Maßnahmen in den Quellgebieten der Migranten zum Disparitätenabbau sind die einzigen Möglichkeiten zur Verhinderung einer Fortsetzung unkontrollierter Zuwanderung und damit Grundlage einer Konsolidierung der Regionalentwicklung Rondônias.

Die Rahmenbedingungen müssen sich aber auch insofern ändern, als der Interessenartikulation der Peripherie mehr Freiraum geschaffen werden sollte. Dies gilt auf den unterschiedlichsten gesellschaftlichen und räumlichen Ebenen in sozialer, ökonomischer, politischer, aber ebenso in institutionell-administrativer und finanzieller Hinsicht. Auf der lokalen Ebene heißt dies, daß Eigeninitiative und Selbsthilfe der Betroffenen, wie sie in der Region ansatzweise zu beobachten sind, weder vom Staat bekämpft noch absorbiert, sondern toleriert werden müssen. Die Betroffenen kennen ihre Bedürfnisse selbst am besten. Ihre Artikulation sollte entsprechend bei staatlicher Raumgestaltung gebührende Beachtung finden.

Neulandverteilung an der Siedlungsgrenze darf nicht länger als eine Alternative zu einer Agrarreform in Altsiedelgebieten angesehen werden. Ohne Veränderung der Rahmenbedingungen werden sich, wie die vorliegende Arbeit zu zeigen versucht hat, disparitäre Strukturen in den Kolonisationsgebieten sukzessive reproduzieren.

Brasilien steht seit der Regierungsübernahme durch eine Zivilregierung im Frühjahr 1985 an einem Wendepunkt. Erste Ansätze des Versuchs eines Disparitätenabbaus im ländlichen Raum durch eine Agrarreform sind nach anfänglichen vielversprechenden Ansätzen (vgl. Diskussion um den I PNRA im Sommer 1985) vorerst mehr oder weniger im Sande verlaufen. Auch konnten anscheinend die wirtschaftlichen Sanierungspläne im Rahmen des sog. *Cruzado-Plans* nicht zu einer dauerhaften Verbesserung der Lage der breiten Bevölkerungsschichten beitragen. Die Zeit drängt jedoch. Interne wirtschaftliche und soziale Spannungen und Konflikte nehmen zu. Auch an der Pionierfront kommt es, wie Berichte über eskalierende Landkonflikte zeigen, zu zunehmender Konfrontation zwischen den sozialen Gruppen. Eine Beilegung solcher Spannungen ist allenfalls durch grundlegende gesellschaftliche Strukturveränderungen möglich. Jedoch sind auch diese unter den gegebenen gesellschaftlichen Machtverhältnissen nicht zu erwarten. Im internationalen Zusammenhang ist eine verstärkte Artikulation der Interessen des Peripherie-Landes Brasilien zwar aktuell zu verzeichnen (Einstellung der Zinszahlungen im Februar

1987). Jedoch was würde geschehen, wenn auch die interne Peripherie ihre Interessen verstärkt *einklagen* würde? Zwar sind auf der regionalen Ebene in Rondônia erste Anzeichen eines Umdenkens im Sinne der vorstehend angesprochenen Fragenkomplexe zu beobachten, jedoch besteht insgesamt derzeit kein Anlaß für eine generell positive Einschätzung der Realisierungschancen eines Disparitätenabbaus zwischen Zentrum und Peripherie, der für die Harmonisierung und Konsolidierung der Regionalentwicklung Rondônias im Interesse seiner Bewohner grundlegende Voraussetzung ist.

Die analysierte Pionierfrontrealität Rondônias und ihre Veränderungstendenzen zeigen, daß auch dieses im Vergleich mit anderen amazonischen Pionierfronten immer noch relativ *erfolgreiche* Neusiedelgebiet aufgrund seiner ökologischen, sozialen und ökonomischen Problemstellung zweifellos nicht als das neue *El Dorado* in Amazonien bezeichnet werden kann.

Bei aller Skepsis hinsichtlich der langfristigen regionalen Entwicklungstrends darf jedoch auch nicht übersehen werden, daß die Wanderung nach Rondônia mit Hoffnung verbunden ist, mit der Hoffnung eines Teils der gesellschaftlichen Peripherie auf ein besseres Leben an der räumlichen Peripherie. Für viele, nämlich für alle diejenigen, die ihr Migrationsziel des meist erstmaligen Landerwerbs umsetzen konnten und die unter den verschiedensten *Überlebensstrategien* eine Existenz an der Pionierfront aufbauen konnten, hat sich diese Hoffnung – zumindest vorläufig – realisiert. So hat sich beispielsweise in der Sicht von über 80 % der befragten Kolonisten in den ländlichen Siedlungsgebieten des PIC *Ouro Preto* ihre Lebenssituation in Rondônia gegenüber dem Herkunftsgebiet verbessert. Einschränkend fügen allerdings fast alle dieser, aufgrund des Landerwerbs zu den *Erfolgreicheren* zu rechnenden Befragten hinzu, daß diese Verbesserung im wesentlichen eben in dieser Realisierung ihres Migrationsziels begründet ist, nicht jedoch in den konkreten alltäglichen Lebensbedingungen, die wegen der geschilderten Probleme generell weit ungünstiger eingeschätzt werden.

Befragt nach ihrer persönlichen Einschätzung der zukünftigen Entwicklung Rondônias, also der Perzeption der analysierten Wandlungsprozesse durch die Betroffenen, sahen jedoch ebenfalls über 80 % dieser *erfolgreicheren* Befragten den zunehmenden Verkauf des Landes durch die Kleinbauern, die zunehmende Besitzkonzentration in den Kolonisationsgebieten, die zunehmende Expansion großbetrieblicher Rinderweidewirtschaft und daraus folgend eine zunehmende Verdrängung der Kleinbauern, d.h. letztendlich die Reproduktion von Disparitäten, die sie, die Betroffenen, in ihren Herkunftsräumen erlebt hatten und deren Opfer sie geworden waren, auch für die Pionierfront Rondônia voraus. Sozial– und wirtschaftsräumlicher Wandel sowie die sukzessive Verlagerung der Pionierfront sind Bestandteil der Lebenswelt in der Perzeption der Betroffenen:

> »Pobre anda caçando destino, andando sempre caçando melhora. O velho meu pai parou no meio da viagem e eu continuei. A jornada do pobre é mudança. O pobre não tem sossego. Sempre a gente é tocado pela situação, procura lugar mais novo. Os mais fracos vão indo na frente, depois chegam os melhor um pouquinho de situação comprando da gente, depois chega a classe média comprando e a gente vai mais para frente de novo. Quando chega o rico mesmo, toca mais para frente. E essa jornada da gente só termina quando a gente morre. Você fica no meio da viagem, os filhos seguem a jornada.«

»Der Arme ist ständig auf der Suche nach einem Ziel, auf der Suche nach Verbesserung. Mein alter Vater hat auf der Mitte der Reise angehalten, ich habe sie fortgesetzt. Das Tagewerk des Armen heißt Weiterwandern. Der Arme findet keine Ruhe. Wir werden immer durch die Situation betroffen, suchen einen neueren Ort. Die Schwächsten gehen voran, die ein bißchen Bessergestellten kaufen von den Armen, danach folgt die Mittelklasse, kauft, und die Armen ziehen weiter. Wenn die tatsächlich Reichen kommen, wird die Wanderung fortgesetzt. Sie ist erst mit dem Tod zu Ende. Du bleibst in der Mitte der Reise, die Kinder setzen sie fort.«
(Aussage eines Kleinbauern in Ost–Amazonien, zitiert nach IANNI 1984, S. 179; Übersetzung vom Verfasser).

Literaturverzeichnis

ABRA (Associação Brasileira de Reforma Agrária) (1985): Um PNRA ao Avesso. Reforma Agrária, 15 (3).
ALBRECHT, G. (1972): Soziologie der geographischen Mobilität. Stuttgart
ALMEIDA, A. Wagner B. de (1984): A Reforma Agrária localizada e a Política regional. In: IBASE (Hrsg.): Os Donos da Terra e a Luta pela Reforma Agrária. S. 37 ff., Rio de Janeiro
ALMEIDA, A. Wagner B. de (1984): O GEBAM, as Empresas agropecuárias e a Expansão camponesa. In: IBASE (Hrsg.): Os Donos da Terra e a Luta pela Reforma Agrária. S. 55–70, Rio de Janeiro
ALMEIDA, J.M. Gonçalves de (Hrsg.) (1986): Carajás. Desafio político, Ecologia e Desenvolvimento. 633 S., São Paulo
ALVARES–AFONSO, F. Monteiro (1980): Rondônia. Dez Anos de Cacauicultura. 19 S., Belém
ALVARES–AFONSO, F. Monteiro (1984): A Cacauicultura da Amazônia. Antecedentes, Estruturas programáticas, Evolução e Resultados alcançados. 85 S., Brasília
ALVES, M.H. Moreira (1984): Estado e Oposição no Brasil (1964–1984). 361 S., Petrópolis
ANDREAE, B. (1972): Landwirtschaftliche Betriebsformen in den Tropen. Hamburg
ANDREAE, B. (1977): Agrargeographie. Strukturzonen und Betriebsformen in der Weltlandwirtschaft. 332 S., Berlin, New York
ANTONIAZZI, M. (1980): A Ocupação rural e o novo Sistema urbano nas Areas de Colonização ao longo da BR 364 em Rondônia. Rio de Janeiro (UFRJ. Tese de Mestrado)
ARNOLD, A. (1985): Agrargeographie . 280 S., Paderborn
ASSELIN, V. (1982): Grilagem. Corupção e Violência em Terras do Carajás. 164 S., Petrópolis
BADER, F.J.W. (1975): Einführung in die Geländebeobachtung. 106 S., Darmstadt
BADRA, E.J. (1983): Os Antecedentes da Criação do Território Federal do Guaporé. 18 S., Porto Velho (SECET, mimeo)
BÄHR, J. (1983): Bevölkerungsgeographie. Verteilung und Dynamik der Bevölkerung in globaler, nationaler und regionaler Sicht. 427 S., Stuttgart
BAHRIN, T.S. (1979): Development Planning: Land–Settlement–Policies and Practices in Southeast Asia. In: PRYOR, R.J. (Hrsg.): Migration and Development in Southeast Asia. A demographic Perspective. S. 295–303, Kuala Lumpur
BALICK, M.J. (1985): Useful Plants of Amazonia: A Ressource of global Importance. In: PRANCE, Gh.T., LOVEJOY, Th.E. (Hrsg.): Amazonia. Key Environments. S. 339–368, London
BALKENHOL, B. (1977): Appropriate Technology. Hebel der Entwicklungspolitik. Friedrich–Ebert–Stiftung. Materialien aus der Abt. f. Entw.forsch. Nr. 49. Bonn – Bad Godesberg
BANCO MUNDIAL (1981a): Relatório de Avaliação. Brasil. Programa Integrado de Desenvolvimento do Noroeste do Brasil. Projeto de Desenvolvimento Agrícola e Proteção Ambiental. Relatório Nº 3512b–BR, 127 S., Washington, Brasília
BANCO MUNDIAL (1981b): Relatório de Avaliação. Brasil. Programa Integrado de Desenvolvimento do Noroeste do Brasil. Projeto de Estradas. Relatório Nº 3532b–BR, 81 S., Washington, Brasília
BANCO MUNDIAL (1981c): Relatório de Avaliação. Brasil. Programa Integrado de Desenvolvimento do Noroeste do Brasil. Projeto de Saúde. Relatório Nº 3537b–BR, 41 S., Washington, Brasília
BANCO MUNDIAL (1982): Relatório de Avaliação. Brasil. Programa Integrado de Desenvolvimento do Noroeste do Brasil. Projeto de Desenvolvimento Rural Integrado de Mato Grosso. Relatório Nº 3635–BR, 84 S., Washington, Brasília
BARBOSA, R.C. Moia & NEVES, A.D. de S. (1983): Levantamento semidetalhado dos Solos da Estação experimental de Ouro Preto, RO. CEPLAC. Boletim Técnico Nr. 105. 20 S., Itabuna
BARTELS, D. (1968): Zur wissenschaftstheoretischen Grundlegung einer Geographie des Menschen. Erdkdl. Wiss. Beih. z. GZ Nr. 19. Wiesbaden
BARTELS, D. (1978): Raumwissenschaftliche Aspekte sozialer Disparitäten. Mitt. Österr. Geogr. Ges., 120 (2). S. 227–242
BECKER, B. K. (1982): Geopolítica da Amazônia. A nova Fronteira de Recursos. 233 S., Rio de Janeiro
BECKER, B. K. (1984): The Frontier at the End of the Twentieth Century – Eight Propositions for a Debate on Brazilian Amazonia. Paper presented at Symposium on Regional Development Processes/ Policies and the Changing International Division of Labour. 26 S., UNIDO, IIR. Wien (mimeo)
BECKER, B. K. (1985): Fronteira e Urbanização repensadas. Revista Brasileira de Geografia, 47 (3/4). S. 357–371

BECKER, B. K. (1985a): Strategies for Social Differenciation and Labour Mobility in Eastern Amazonia: A neglected Aspect of Regional Development Theory and Policy. In: MISRA, R.P., BECKER, B.K., DUNG, N.T. (Hrsg.): Regional Development in Brasil: The Frontier and its People. S. 223–239, UNCRD, Nagoya

BECKER, B. K. (1985b): The State and the Land Question of the Frontier — A Geopolitical Perspective. Geo-Journal, 11 (1). S. 7–14

BENHOLDT–THOMSEN, V. (1980): Investition in die Armen. Lateinamerika. Analysen und Berichte Nr. 4. S. 74–96

BIELEFELDER ENTWICKLUNGSSOZIOLOGEN (Hrsg.) (1979): Subsistenzproduktion und Akkumulation. Saarbrücken, Fort Lauderdale

BISHOP, J.P. (1982): Agroforestry Systems for the Humid Tropics East of the Andes. In: HECHT, S.B. (Hrsg.): Amazonia. Agriculture and Land Use Research. S. 403–416, Cali (CIAT)

BLANCKENBURG, P. v. (1982): Aktivierung der bäuerlichen Landwirtschaft durch Bildung und Beratung. In: BLANCKENBURG, P. v. (Hrsg.): Sozialökonomie der ländlichen Entwicklung. Handbuch der Landwirtschaft und Ernährung in den Entwicklungsländern Bd.1. S. 348–368, Stuttgart

BLENCK, J. (1979): Geographische Entwicklungsforschung. In: HOTTES, K.–H. (Hrsg.): Geographische Beiträge zur Entwicklungsländer–Forschung. DGFK-Hefte Nr. 12. S. 11–20

BLENCK, J. et al. (1985): Geographische Entwicklungsforschung und Verflechtungsanalyse. Zeitschr. f. Wirtschaftsgeographie, 29 (2). S. 65–72

BMZ (Bundesministerium für Wirtschaftliche Zusammenarbeit) (1986): Grundlinien der Entwicklungspolitik der Bundesregierung. 43 S., Bonn

BOECKH, A. (1982): Abhängigkeit, Unterentwicklung und Entwicklung: Zum Erklärungswert der Dependencia–Ansätze. In: NOHLEN, D., NUSCHELER, F. (Hrsg.), S. 133–151, Hamburg

BOECKH, A. (1985): Dependencia und kapitalistisches Weltsystem, oder: Die Grenzen globaler Entwicklungstheorien. In: NUSCHELER, F. (Hrsg.): Dritte Welt–Forschung. Politische Vierteljahresschrift Nr. 16. S. 56–74, Opladen

BOESLER, K.A. (1969): Kulturlandschaftswandel durch raumwirksame Staatstätigkeit. Abh. des I. Geogr. Inst. der FU Berlin Nr. 12. Berlin

BOHLE, H.–G. (1986): Die Debatte über Produktionsweisen in Indien. Mit Anmerkungen zur Bedeutung von Theorien mittlerer Reichweite für geographische Entwicklungsländerforschung. GZ, 74 (2). S. 106–119

BOHNET, M. (1982): Ökonomische Entwicklungstheorien und Entwicklungspolitik. In: NOHLEN, D., NUSCHELER, F. (Hrsg.), S. 292–311

BOHNET, M. (Hrsg.) (1971): Das Nord–Süd–Problem. Konflikte zwischen Industrie– und Entwicklungsländern. 305 S., München

BORCHERDT, Ch. & MAHNKE, H.–P. (1973): Das Problem der agraren Tragfähigkeit (mit Beispielen aus Venezuela). In: BORCHERDT, Ch. (Hrsg.): Geographische Untersuchungen in Venezuela. Stuttgarter Geographische Studien Nr. 85, S. 7–27, Stuttgart

BORGES, P.A. (1984): A Propriedade territorial no Brasil e os Caminhos para a Reforma Agrária. In: IBASE (Hrsg.): Os Donos da Terra e a Luta pela Reforma Agrária. S. 11–32, Rio de Janeiro

BOWMAN, I. (1931): The Pioneer Fringe. New York

BRANFORD, S. & GLOCK, O. (1985): The Last Frontier. Fighting over Land in the Amazon. London

BREMER, H. (1973): Der Formungsmechanismus im tropischen Regenwald Amazoniens. Z.f.Geomorph., N.F. Suppl. 17, S. 195–222

BRET, B. & LE GOFFREY, Y. & THERY, H. & WANIEZ, Ph. (1984): La population brésilienne: dynamique démographique et spatiale. Problèmes d'Amérique Latine. Notes et Etudes Documentaires, 73 (4764). S. 121–144

BRÜCHER, W. (1968): Die Erschließung des tropischen Regenwaldes am Ostrand der kolumbianischen Anden. Der Raum zwischen Rio Ariari und Ecuador. Tübinger Geographische Studien Nr. 28. 218 S., Tübingen

BRÜCHER, W. (1970): Rinderhaltung im amazonischen Regenwald. In: Beiträge zur Geographie der Tropen und Subtropen (Festschr. f. H. Wilhelmy). Tübinger Geographische Studien Nr. 34. S. 215–227

BRÜCHER, W. (1977): Formen und Effizienz staatlicher Agrarkolonisation in den östlichen Regenwaldgebieten der tropischen Andenländer. GZ, 65 (1). S. 3–22

BUNKER, St.G. (1979): Power Structures and Exchange between Government Agencies in the Expansion of the Agricultural Sector. Studies in Comparative International Development, 14 (1). S. 56–76

BUNKER, St.G. (1983): Policy Implementation in an Authoritarian State: A Case from Brazil. Latin American Research Review, 18 (1). S. 33–58

BUNKER, St.G. (1985): Underdeveloping the Amazon. Extraction, Unequal Exchange, and the Failure of the Modern State. 280 S., Urbana, Chicago

BURSZTYN, M. (1984): O Poder dos Donos. Planejamento e Clientelismo no Nordeste. 178 S., Petrópolis
BURTON, J. (1970): Quantitative Revolution und Theoretische Geographie. In: BARTELS, D. (Hrsg.): Wirtschafts- und Sozialgeographie. S. 95-109, Köln, Berlin
BUTTIMER, A (1984): Ideal und Wirklichkeit in der Angewandten Geographie. Münchner Geographische Hefte Nr. 51. Kallmünz, Regensburg
BUTZIN, B. (1982): Elemente eines konfliktorientierten Basisentwurfs zur Geographie des Menschen. In: SEDLACEK, P. (Hrsg.): Kultur-/Sozialgeographie. Beiträge zu ihrer wissenschaftstheoretischen Grundlegung. S. 93-124, Paderborn
CALVENTE, A.T. (1980): Formações não-capitalistas no Movimento de Ocupação da Amazônia: Colonização Agrícola em Rondônia. 184 S., Brasília (UnB. Tese de Mestrado)
CARDOSO, F.H. & MUELLER, G. (1977): Amazônia: Expansão do Capitalismo. 208 S., São Paulo
CARVALHO FILHO, J.J. et al. (1984): POLONOROESTE. Relatório de Avaliação de Meio Termo. PDRI-Rondônia. PDRI-Mato Grosso. 182 S., São Paulo
CARVALHO, M. (1980): Sangue da Terra. A Luta armada no Campo. 136 S., São Paulo, 2. Aufl.
CAVALCANTE, P.B. (1974): Frutas comestíveis da Amazônia II. Museu Paraense Emílio Goeldi. Publicações Avulsas Nr. 27. 73 S., Belém
CEAG/RO (1984): Cadastro Comercial de Rondônia 1981/1982. Porto Velho (SIC/SEPLAN)
CEDI (Centro Ecumênico de Documentação e Informação) (1982): Povos Indígenas no Brasil 1981. Aconteceu, Especial 10, 94 S., São Paulo
CEDI (Centro Ecumênico de Documentação e Informação) (1983): Povos Indígenas no Brasil 1982. Aconteceu, Especial 12, 107 S., São Paulo
CEDI (Centro Ecumênico de Documentação e Informação) (1984): Povos Indígenas no Brasil 1983. Aconteceu, Especial 14, 248 S., São Paulo
CEPA-RO (1983): Zoneamento agro-ecológico de Rondônia. 242 S., Porto Velho
CEPA-RO (1983b): Ações do Setor Público Agrícola de Rondônia voltadas ao Pequeno Produtor. 65 S., Porto Velho
CEPA-RO (1983c): Experiências de Desenvolvimento Rural em Rondônia — O Caso do Sistema Agrícola para o Pequeno Produtor e do PDRI Rondônia / POLONOROESTE. 27 S., Porto Velho
CEPA-RO (1985a): Prognóstico Agropecuário de Rondônia 1984/85. 85 S., Porto Velho
CEPA-RO (1985b): Prognóstico Agropecuário de Rondônia 1985/86. 163 S., Porto Velho
CEPA-RO (1986): I Estimativa da Safra 1985/86. 17 S., Porto Velho
CHAYANOV, A.V. (1966): The Theory of Peasant Economy. Homewood, Ill.
CHENERY, H. (1980): Armut und Fortschritt — Alternativen für die Dritte Welt. Finanzierung und Entwicklung, 17 (2). S. 12-16
COATES, B.E. & JOHNSTON, R.J. & KNOX, P.L. (1977): Geography and Inequality. Oxford, London
COCHRANE, Th.T. & SANCHEZ, P.A. (1982): Land Ressources, Soils and their Management in the Amazon Region: A State of Knowledge Report. In: HECHT, S.B. (Hrsg.): Amazonia. Agriculture and Land Use Research. S. 137-209, Cali (CIAT)
CONCEIÇÃO, M. da (1980): Essa Terra é nossa. Depoimento sobre a Vida e as Lutas de Camponeses no Estado do Maranhão. 212 S., Petrópolis
COUTINHO, E. (1968): Rondon e a Integração da Amazônia. 126 S., São Paulo
COUTO E SILVA, G. do (1981): Conjuntura Política Nacional. O Poder Executivo & Geopolítica do Brasil. 273 S., Rio de Janeiro, 3. Aufl.
COX, K.R. (Hrsg.) (1978): Urbanization and Conflict in Market Societies. London
COX, K.R. & JOHNSTON, R.J. (Hrsg.) (1982): Conflict, Politics and the Urban Scene. London
COY, M. (1980): Umsiedlung und Kolonisation in Ländern der Dritten Welt. Unter besonderer Berücksichtigung des Bevölkerungsproblems dargestellt am Beispiel der Länder des insularen Südostasien. 180 S., Frankfurt am Main (unveröff. Diplomarbeit)
COY, M. (1986): Regionalentwicklung in Rondônia. Integrierte Ländliche Entwicklung und politische Rahmenbedingungen. GZ, 74 (3). S. 177-185
CPRM (1981): Garimpos do Médio Madeira. 17 S., Rio de Janeiro
CPT (Comissão Pastoral da Terra) (1983): CPT: Pastoral e Compromisso. 105 S., Petrópolis
CPT (Comissão Pastoral da Terra) (1984): Conflitos de Terra no Brasil. Goiânia
CPT (Comissão Pastoral da Terra) (1985): Conflitos de Terra no Brasil. Cadernos do CEAS, (98). S. 16 ff.
CPT (Comissão Pastoral da Terra) (Hrsg.) (1985): Conquistar a Terra reconstruir a Vida. CPT — Dez Anos de Caminhada. 105 S., Petrópolis

CPT–RO (1984a): Os Escândalos das Terras urbanas e rurais do Município de Porto Velho – RO. 19 S., Porto Velho (mimeo)
CPT–RO (1984b): Terra é Vida. Boletim Informativo da CPT–RO, 1 (1).
CREDAL (Hrsg.) (1981): Les phénomènes de frontière dans les pays tropicaux. Travaux et Mémoires de l'IHEAL Nr. 34. 456 S., Paris
CULTURAL SURVIVAL NEWSLETTER (1980): POLONOROESTE, the BR 364 Highway and Indians in Brazil. Cultural Survival Newsletter, 4 (4). S. 1–6, Cambridge Mass. (Cultural Survival Inc.)
CUNHA, E. da (1982): Os Sertões. Campanha de Canudos. 416 S., Rio de Janeiro, 31. Aufl.
CZAJKA, W. (1953): Lebensformen und Pionierarbeit an der Siedlungsgrenze. 112 S., Hannover, Darmstadt
DAMS, Th. (Hrsg.) (1980): Integrierte Ländliche Entwicklung. Theoretische Grundlagen und praktische Erfahrungen. Entwicklung und Frieden. Materialien Nr. 8. 293 S., München
DAVIS, S.H. (1978): Vítimas do Milagre. O Desenvolvimento e os Indios do Brasil. 208 S., Rio de Janeiro
DE JANVRY, A. (1981): The Agrarian Question and Reformism in Latin America. 311 S., Baltimore, London
DIAS, R.J. (1980): Rondônia – Urbanização e Expansão da Fronteira Agrícola. 174 S., Brasília (UnB. Tese de Mestrado)
DNPM – RADAMBRASIL (1978): Folha SC.20 Porto Velho. Projeto Radambrasil Nr. 16. 663 S., Rio de Janeiro
DNPM – RADAMBRASIL (1979): Folha SD.20 Guaporé. Projeto RADAMBRASIL Nr. 19. 364 S., Rio de Janeiro
DOUROJEANNI, M. (1985): An Example of the Complexity of the Development in the Humid Tropics: The POLONOROESTE–Program in Brazil. 85 S., Toronto (mimeo)
DRECHSLER, H.–D. (1983): Die regionalen Aspekte ländlicher Entwicklung. Entwicklung und Ländlicher Raum, (4). S. 20–21
EHLERS, E. (1984): Bevölkerungswachstum – Nahrungsspielraum – Siedlungsgrenzen der Erde. 195 S., Frankfurt am Main
ELETRONORTE (o.J.): UHE Samuel. Brasília
ELWERT, G. (1985): Überlebensökonomie und Verflechtungsansatz. Zeitschr. f. Wirtschaftsgeographie, 29 (2). S. 73–84
ENGELHARDT, W. & FITTKAU, E.J. (Hrsg.) (1984): Tropische Regenwälder – eine globale Herausforderung. Spixiana, Supplement 10, 160 S., München
FALESI, I.C. (1976): Ecossistema de Pastagem cultivada na Amazônia Brasileira. Boletim Técnico do CPATU Nr. 1. Belém
FEARNSIDE, Ph.M. (1979): Cattle Yield Prediction for the Transamazon Highway. Interciencia, 4 (4). S. 220–225
FEARNSIDE, Ph.M. (1982): Deforestation in the Brazilian Amazon: How fast is it occurring? Interciencia, 7 (2). S. 82–88
FEARNSIDE, Ph.M. (1984): Brazil's Amazon Settlement Schemes. Conflicting Objectives and Human Carrying Capacity. Habitat International, 8 (1). S. 45–61
FEARNSIDE, Ph.M. (1984b): A floresta vai acabar? Ciência hoje, 2 (10). S. 43–52
FEARNSIDE, Ph.M. (1985a): Deforestation and Decision–making in the Development of Brazilian Amazonia. Interciencia, 10 (5). S. 243–247
FEARNSIDE, Ph.M. (1985b): Brazil's Amazon Forest and the Global Carbon Problem. Interciencia, 10 (4). S. 179–186
FEARNSIDE, Ph.M. (1985c): Agriculture in Amazonia. In: PRANCE, Gh.T., LOVEJOY Th.E. (Hrsg.): Amazonia. Key Environments. S. 393–418, London, New York
FEARNSIDE, Ph.M. (1986): Brazil's Amazon Forest and the Global Carbon Problem: Reply to LUGO and BROWN. Interciencia, 11 (2). S. 58–64
FEARNSIDE, Ph.M. (1986b): Settlement in Rondônia and the token Role of Science and Technology in Brazil's Amazonian Development Planning. Interciencia , 11 (5). S. 228–236
FEARNSIDE, Ph.M. (1987): Jari aos Dezoito Anos: Lições para os Planos Silviculturais em Carajás. In: KOHLHEPP, G., SCHRADER, A. (Hrsg.): Homem e Natureza na Amazônia. Tübinger Geographische Studien Nr. 95. Tübingen (im Druck)
FEARNSIDE, Ph.M. & FERREIRA, G. de L. (1984): Roads in Rondônia: Highway Construction and the Farce of Unprotected Reserves in Brazil's Amazonian Forest. Environmental Conservation, 11 (4). S. 358–360
FEDER, E. (1980): Erdbeer–Imperialismus. Studien zur Agrarstruktur Lateinamerikas. 359 S., Frankfurt am Main
FERRARINI, S.A. (1979): Transsertanismo. Sofrimento e Miséria do Norestino na Amazônia. 94 S., Petrópolis
FERREIRA, M.R. (1982): A Ferrovia do Diabo. História de uma Estrada de Ferro na Amazônia. 400 S., São Paulo, 3. Aufl.
FLORA, P. (1974): Modernisierungsforschung. Opladen

FORMAN, S. (1979): Camponeses: Sua Participação no Brasil. Col. Estudos Brasileiros Nr. 39. 340 S., Rio de Janeiro
FOWERAKER, J. (1982): A Luta pela Terra. A Economia Política da Fronteira Pioneira no Brasil de 1930 aos Dias atuais. 315 S., Rio de Janeiro
FOX, R. (o.J.): Brazil's Minimum Price Policy and the Agricultural Sector of Northeast Brazil. International Food Research Institute. Research Report Nr. 9. S. 1–115, o.O.
FRELASTRE, G. (1985): Succès et échecs du programme de developpement intégré POLONOROESTE — Brésil. Revue Tiers Monde, 26 (104). S. 899–920
FRIEDMANN, J. & WEAVER, C. (1979): Territory and Function. The Evolution of Regional Planning. 234 S., London
FRIEDRICHS, J. (1981): Methoden empirischer Sozialforschung. 430 S., Opladen
FURLEY, P.A. (1980): Development Planning in Rondônia. Based on Natural Resource Surveys. In: BARBIRA–SCAZZOCHIO, F. (Hrsg.): Land, People and Planning in Contemporary Amazonia. Centre of Latin American Studies. Occ. Publ. S. 37–45, Cambridge, U.K.
FURLEY, P.A. & LEITE, L.L. (1985): Land Development in the Brazilian Amazon with Particular Reference to Rondônia and the Ouro Preto Colonization Project. In: HEMMING, J. (Hrsg.): Change in the Amazon Basin. Vol. II: The Frontier after a Decade of Colonization. S. 119–139, Manchester
FURTADO, C. (1975): Die wirtschaftliche Entwicklung Brasiliens. Beiträge zur Soziologie und Sozialkunde Lateinamerikas Nr. 13. 198 S., München
FURTADO, C. (1983): O Mito do Desenvolvimento Econômico. 117 S., Rio de Janeiro 6. Aufl.
GALL, N. (1978): Letter from Rondônia. Part I: BR 364, 8 S., Part II: Strategic Reach, 12 S., Part III: The Settlers, 12 S., Part IV: Ridge of the West, 13 S. Part V: Resource Horizons, 13 S. American University Field Staff, (9–13). Washington
GALTUNG, J. (1972): Eine strukturelle Theorie des Imperialismus. In: SENGHAAS D. (Hrsg.): Imperialismus und Strukturelle Gewalt. Analysen über abhängige Reproduktion. S. 29–104, Frankfurt am Main
GALTUNG, J. (1975): Strukturelle Gewalt. Beiträge zur Friedens– und Konfliktforschung. 158 S., Reinbek b. Hamburg
GALTUNG, J. (1980): The Basic Needs Approach. In: LEDERER, K. (Hrsg.): Human Needs. S. 55–125, Königstein
GALTUNG, J. (1983): Self–Reliance. Beiträge zu einer alternativen Entwicklungsstrategie. 193 S., München
GARRIDO FILHA, I. (1980): O Projeto Jari e os Capitais Estrangeiros na Amazônia. 98 S., Petrópolis
GAZETA MERCANTIL (1985): Reforma Agrária. Relatório da Gazeta Mercantil. 28. 5. 1985. 12 S., São Paulo
GHAI, D.P. et al. (1977): The Basic Needs Approach to Development. Some Issues regarding Concepts and Methodology. Genf (ILO)
GILBERT, J. (1982): Rural Theory: The Groundings of Rural Sociology. Rural Sociology, 47 (4). S. 609–633
GLASER, G. (1969): Der Zinnstein–Abbau in Rondônia. Ein neuer Wirtschaftszweig im Amazonasgebiet nach der Eröffnung der Straßenverbindung São Paulo — Brasília — Porto Velho. GZ, 57 (4). S. 241–267
GOMES DA SILVA, A. (1984): No Rastro dos Pioneiros. Um pouco da História rondoniana. 232 S., Porto Velho (SEDUC)
GOODLAND, R. (1985): Brazil's Environmental Progress in Amazonian Development. In: HEMMING, J. (Hrsg.): Change in the Amazon Basin, Vol. I. S. 5–35, Manchester
GOODLAND, R. (1986): Environmental Aspects of Amazonian Development Projects in Brazil. Interciencia, 11 (1). S. 16–24
GOTTMANN, J. (Hrsg.) (1980): Centre and Periphery. Spatial Variations in Politics. 226 S., Beverly Hills, London
GOULDING, M. (1981): Man and Fishes on an Amazonian Frontier. Den Haag
GOUROU, P. (1966): The Tropical World. Its Social and Economic Conditions and its Future Status. 196 S., London, 4. Aufl.
GRABERT, H. (1971): Die Wasserfallstrecke des Rio Madeira (Territorium Rondônia Brasilien) als Rest einer vortertiären Wasserscheide zwischen dem Atlantik und dem Pazifik. Die Erde, 102 (1). S. 53–62
GRABERT, H. (1973): Das Rondônia–Zinn. Brasiliens neuer Wirtschaftsfaktor im Amazonas–Urwald. Erzmetall, 26. S. 318–322
GREENFIELD, S.M. (1983): Barbadians in the Brazilian Amazon. Luso–Brazilian Review, 20 (1). S. 44–64
GRENZEBACH, K. (1978): Potentielle agrarische Entwicklungs– und Erschließungsräume Südnigerias und Westkameruns. Tg.ber. u. wiss. Abh. 41. Dtsch. Geogr. Tag Mainz 1977 S. 311–326, Wiesbaden
GRIMM, K. (1979): Theorien der Unterentwicklung und Entwicklungsstrategien. Eine Einfünhrung. 242 S., Opladen
GUERREIRO, M.G. (1982): Desenvolvimento e Perspectiva do Setor Mineral na Amazônia. Perigo estratégico da Desnacionalização. A Amazônia Brasileira em Foco Nr. 14. S. 51–81

HAMPICKE, U. (1984): Der Wert der tropischen Regenwälder. Entwicklungsperspektiven Nr. 11. S. 43–61, Kassel (GH Kassel, Fb 6)
HANTSCHEL, R. & THARUN, E. (1980): Anthropogeographische Arbeitsweisen. 202 S., Braunschweig
HARD, G. (1973): Die Geographie. Eine wissenschaftstheoretische Einführung. 318 S., Berlin, New York
HARD, G. (1979): Die Disziplin der Weißwäscher. Über Genese und Funktion des Opportunismus in der Geographie. In: SEDLACEK, P. (Hrsg.): Zur Situation der deutschen Geographie zehn Jahre nach Kiel. Osnabrücker Studien zur Geographie Nr. 2. S. 11–44, Osnabrück
HARTKE, W. (1959): Gedanken über die Bestimmung von Räumen gleichen sozialgeographischen Verhaltens. Erdkunde, 13. S. 426–436
HARWOOD, J.H. (1984): O Cata–Agua: Energia para Pequenas Comunidades. Ciência hoje, 2 (10). S. 22–25
HAUSER, J. (1972): Die grüne Revolution. Werden, Fortschritt und Probleme. Zürich
HAUSHERR, K. (1972): Die Entwicklung der Kulturlandschaft in den Lanao–Provinzen auf Mindanao (Philippinen) unter Berücksichtigung des Kulturkontaktes zwischen Islam und Christentum. Bonn (Diss.)
HEBETTE, J. (1986): The Posseiros in the Region of the Greater Carajás Program (Brazil). In: KLEINPENNING, J.M.G. (Hrsg.): Competition for Rural and Urban Space in Latin America. Its Consequences for low Income Groups. Nederlandse Geografische Studies Nr. 25. S. 28–48, Amsterdam
HEBETTE, J. & ACEVEDO, R.E. (1982): O Estado e a Reprodução Social. Ariquemes – Rondônia. UFPa–NAEA. Série Seminários e Debates Nr. 9. S. 9–60, Belém
HECHT, S.B. (1982): Agroforestry in the Amazon Basin: Practice, Theory and Limits of a Promising Land Use. In: HECHT, S.B. (Hrsg.): Amazonia. Agriculture and Land Use Research. S. 331–371, Cali (CIAT)
HECHT, S.B.(Hrsg.) (1982): Amazonia. Agriculture and Land Use Research. 428 S., Cali (CIAT)
HECHT, S.B. (1983): Cattle Ranching in the Eastern Amazon: Environmental and Social Implications. In: MORAN, E.F. (Hrsg.): The Dilemma of Amazonian Development. S. 155–188, Boulder, Col.
HECHT, S.B. (1984): Cattle Ranching in Amazonia: Political and Ecological Considerations. In: SCHMINK, M., WOOD, Ch. (Hrsg.): Frontier Expansion in Amazonia. S. 366–398, Gainesville, Fl.
HEMMING, J. (1978): Red Gold. The conquest of the Brazilian indians. 677 S., London
HENNESSY, A. (1978): The Frontier in Latin American History. 202 S., London
HENNESSY, A. (1981): The Frontier in Latin American History. In: CREDAL (Hrsg.): Les phénomènes de frontière dans les pays tropicaux. Travaux et Mémoires de l'IHEAL Nr. 34. S. 9–23, Paris
HERRERA, R. (1985): Nutrient Cycling in Amazonian Forests. In: PRANCE, Gh.T., LOVEJOY, Th.E. (Hrsg.): Amazonia. Key Environments. S. 95–105, London, New York
HERRERA, R. & JORDAN, C.F. et al. (1978): Amazon Ecosystems. Their Structure and Functioning with particular Emphasis on Nutrients. Interciencia, 3 (4). S. 223–232
HOLLOWAY, Th.H. (1984): Imigrantes para o Café. Café e Sociedade em São Paulo, 1886–1934. 297 S., Rio de Janeiro
HOLLSTEIN, W. (1937): Eine Bonitierung der Erde auf landwirtschaftlicher Grundlage. Ergänzungsheft zu Petermanns Geographische Mitteilungen Nr. 234. Gotha
HUDSON, J.C. (1977): Theory and Methodology in Comparative Frontier Studies. In: MILLER, D.H., STEFFEN, J.O. (Hrsg.): The Frontier: Comparative Studies. S. 11–31, Norman, Okl.
HUECK, K. (1966): Die Wälder Südamerikas. Ökologie, Zusammensetzung und wirtschaftliche Bedeutung. Stuttgart
IANNI, O. (1979): Ditadura e Agricultura. O Desenvolvimento do Capitalismo na Amazônia: 1964–1978. 249 S., Rio de Janeiro
IANNI, O. (1981): A Luta pela Terra. História social da Terra e da Luta pela Terra numa Area da Amazônia. 235 S., Petrópolis, 3. Aufl.
IANNI, O. (1984): Origens agrárias do Estado Brasileiro. 255 S., São Paulo
IBASE (Instituto Brasileiro de Análises Sociais e Econômicas) (1983): Carajás: O Brasil hipoteca seu Futuro. 157 S., Rio de Janeiro
IBDF (1980): Programa de Monitoramento da Cobertura Florestal do Brasil. MA–IBDF–Depto. de Pesquisa. Série Técnica Nr. 4. 32 S., Brasília
IBDF (1982): Alteração da Cobertura Vegetal Natural do Estado de Rondônia. Relatório Técnico. MA–IBDF–DE–PMCFB. 68 S., Brasília
IBDF (1983): Inventário Florestal Nacional (Síntese dos Resultados). MA–IBDF–Depto. de Economia Florestal. 37 S., Brasília
IBDF (1984): Alteração da Cobertura Vegetal Natural do Estado de Rondônia. MA–IBDF–DE–PMCFB. Brasília
IBDF (o.J.): Código Florestal. Lei Nº 4.771. Brasília
IBGE (1975): Atlas de Rondônia. Rio de Janeiro

IBGE (1981): Atlas de Roraima. Rio de Janeiro
IBGE (1982): 9º Recenseamento Geral do Brasil — 1980. Vol. 1, T.4 Nº2, Censo Demográfico. Dados Gerais, Migração, Instrução, Fecundidade, Mortalidade. Rondônia. 167 S., Rio de Janeiro
IBGE (1983): 9º Recenseamento Geral do Brasil — 1980. Vol. 2, T.3 Nº 2. Censo Agropecuário. Rondônia. 191 S., Rio de Janeiro
IBGE (1983a): 9º Recenseamento Geral do Brasil — 1980. Vol. 1, T.5, Nº2. Censo Demográfico. Mão–de–Obra. Rondônia. 234 S., Rio de Janeiro
IBGE (1984): Anuário Estatístico do Brasil 1983. Rio de Janeiro
IBGE (1985): Anuário Estatístico do Brasil 1984. Rio de Janeiro
IBGE (o.J.): Território do Guaporé. IBGE — Conselho Nacional de Estatística. Rio de Janeiro
INDIANER IN LATEINAMERIKA (1982): Neues Bewußtsein und Strategien der Befreiung. 284 S., Wuppertal
JORDAN, C.F. (1985): Soils of the Amazon Rainforest. In: PRANCE, Gh.T., LOVEJOY Th.E. (Hrsg.): Amazonia. Key Environments. S. 83–94, London, New York
JÜLICH, V. (1975): Die Agrarkolonisation im Regenwald des mittleren Río Huallaga (Peru). Marburger Geographische Schriften Nr. 63. 236 S., Marburg/Lahn
JUNK, W. (1983): As Aguas da Região Amazônica. In: SALATI, E. et al. (Hrsg.): Amazônia: Desenvolvimento, Integração e Ecologia. S. 45–100, São Paulo
KARP, B. (1986): Migração Interna e Desenvolvimento Regional no Oeste do Paraná (Brasil). In: BENECKE, D.W. et al. (Hrsg.): Desarollo Demográfico, Migraciones y Urbanización en América Latina. Eichstätter Beiträge Nr. 17. S. 119–139, Regensburg
KATZMAN, M.T. (1975): The Brazilian Frontier in Comparative Perspective. Comparative Studies in Society and History, 17 (3). S. 266–285
KELLER–LEUZINGER, F. (1874): Vom Amazonas und Madeira. Stuttgart
KLAMMER, G. (1978): Reliefentwicklung im Amazonasbecken und plio–pleistozäne Bewegungen des Meeresspiegels. Z.f.Geomorph., N.F. 22 (4). S. 390–416
KLEINPENNING, J.M.G. (1975): The Integration and Colonisation of the Brazilian Portion of the Amazon Basin. Nijmeegse Geografische Cahiers Nr. 4. Nijmegen
KLEINPENNING, J.M.G. (1977): An Evaluation of the Brazilian Policy for the Integration of the Amazon Region. Tijdschr. v. Econ. en Soc. Geogr., 68 (5). S. 297–311
KLEINPENNING, J.M.G. (1978): A Further Evaluation of the Brazilian Policy for the Integration of the Amazon Region. Tijdschr. f. Econ. en Soc. Geogr., 69 (1/2). S. 78–85
KLEINPENNING, J.M.G. (1986): Competition for Rural and Urban Space in Latin America and its Consequences for Low Income Groups. An Introduction to the Theme. In: KLEINPENNING, J.M.G. (Hrsg.): Competition for Rural and Urban Space in Latin America. Its Consequences for Low Income Groups. Nederlandse Geografische Studies Nr. 25. S. 9–27, Amsterdam
KLINGBEIL, D. (1978): Aktionsräume im Verdichtungsraum. Münchner Geogr. Hefte Nr. 41. Kallmünz, Regensburg
KLINGBEIL, D. (1980): Zeit als Prozeß und Ressource in der sozialwissenschaftlichen Humangeographie. GZ, 68 (1). S. 1–32
KLINGE, H. (1983): Wälder und Waldökosysteme Amazoniens. Spixiana, Supplement 9. S. 87–101, München
KOHLHEPP, G. (1975): Agrarkolonisation in Nord–Paraná. Wirtschafts– und sozialgeographische Entwicklungsprozesse einer randtropischen Pionierzone Brasiliens unter dem Einfluß des Kaffeeanbaus. Heidelberger Geographische Arbeiten Nr. 41. 258 S., Wiesbaden
KOHLHEPP, G. (1976): Planung und heutige Situation staatlicher kleinbäuerlicher Kolonisationsprojekte an der Transamazônica. GZ, 64 (3). S. 171–211
KOHLHEPP, G. (1977): Zum Problem von Interessenkonflikten bei der Neulanderschließung in Ländern der Dritten Welt. Am Beispiel des brasilianischen Amazonien. In: Die Geographie und ihre Didaktik im Umbruch. Festschrift für K.E. Fick. Frankfurter Beiträge zur Didaktik der Geographie Nr. 1. S. 15–31, Frankfurt am Main
KOHLHEPP, G. (1978): Wirtschafts– und sozialgeographische Aspekte des brasilianischen Entwicklungsmodells und dessen Eingliederung in die Weltwirtschaftsordnung. Die Erde, 109. S. 353–375
KOHLHEPP, G. (1978b): Erschließung und wirtschaftliche Inwertsetzung Amazoniens. Entwicklungsstrategien brasilianischer Planungspolitik und privater Unternehmen. GR, 30 (1). S. 2–13
KOHLHEPP, G. (1978c): Siedlungsentwicklung und Siedlungsplanung im zentralen Amazonien. Gedanken zum zentralörtlichen System Agrovila — Agrópolis — Rurópolis. Frankfurter Wirtschafts– und Sozialgeographische Studien Nr. 28. S. 171–191, Frankfurt am Main

KOHLHEPP, G. (1979): Operation Amazonien. Zur Analyse der Planungskonzeption und Raumordnung der staatlichen und privaten Entwicklungsvorhaben in Nordbrasilien. In: STEGER, H.-A., SCHNEIDER, J. (Hrsg.): Aktuelle Perspektiven Brasiliens. Lateinamerika-Studien Nr. 4. S. 245–280, München

KOHLHEPP, G. (1979b): Brasiliens problematische Antithese zur Agrarreform: Agrarkolonisation in Amazonien. Evaluierung wirtschafts- und sozialgeographischer Prozeßabläufe im Lichte wechselnder agrarpolitischer Strategien. In: ELSENHANS, H. (Hrsg.): Agrarreform in der Dritten Welt. S. 471–504, Frankfurt am Main, New York

KOHLHEPP, G. (1982): Bevölkerungsentwicklung und Verstädterung in Brasilien. GR 34 (8). S. 342–351

KOHLHEPP, G. (1982b): Landwirtschaft und Agrarreformen. Der Bürger im Staat, 32 (1). S. 38–47

KOHLHEPP, G. (1983): Strategien zur Raumerschließung und Regionalentwicklung im Amazonasgebiet. Zur Analyse ihrer entwicklungspolitischen Auswirkungen. In: BUISSON, I., MOLS, M. (Hrsg.): Entwicklungsstrategien in Lateinamerika in Vergangenheit und Gegenwart. S. 175–193, Paderborn

KOHLHEPP, G. (1983b): Amazonien – Entwicklung wohin? Zur Problematik regionaler Entwicklungsstrategien und räumlicher Erschließungsprozesse. Spixiana Supplement 9. S. 179–196, München

KOHLHEPP, G. (1984a): Der tropische Regenwald als Siedlungs- und Wirtschaftsraum. Am Beispiel jüngster Entwicklungsprozesse im brasilianischen Amazonasgebiet. Spixiana, Supplement 10. S. 131–157

KOHLHEPP, G. (1984b): Räumliche Erschließung und abhängige Entwicklung in Ost-Paraguay. Lateinamerika-Studien Nr. 14. S. 203–253, München

KOHLHEPP, G. & COY, M. (1985): Regional Development in Southwestern Amazonia. The POLONOROESTE-Program and the State of Colonization in Acre (Gutachten für Deutsche Gesellschaft für Technische Zusammenarbeit GTZ). 99 S., Tübingen (unveröff.)

KOHLHEPP, G. & COY, M. (1986): Conflicts of Interests and Regional Development Planning in Colonizing the Brazilian Amazon: The Case of Rondônia. In: KLEINPENNING, J.M.G. (Hrsg.): Competition for Rural and Urban Space in Latin America. Its Consequences for Low Income Groups. Nederlandse Geografische Studies Nr. 25. S. 61–75, Amsterdam

KÖNIG, R. (1969): Soziale Gruppen. GR, 21 (1). S. 2–10

KOSCHATZKY, K. (1986): Wirtschafts- und Raumentwicklung in West-Malaysia. GZ, 74 (3). S. 143–151

KOTSCHO, R. (1982): O Massacre dos Posseiros. Conflitos de Terra no Araguaia-Tocantins. 114 S., São Paulo, 2. Aufl.

KOTSCHO, R. (1984): Serra Pelada. Uma Ferida Aberta na Selva. 106 S., São Paulo

KRISCHKE, P.J. (Hrsg.) (1984): Terra de Habitação – Terra de Espoliação. 88 S., São Paulo

KROPP, E.W. (1983): Veränderung der Konzepte und Projekte integrierter ländlicher Entwicklung: Das Konzept Ländliche Regionalentwicklung (LRE). Entwicklung und Ländlicher Raum, 1983 (4). S. 15–19

KRÜGER, H.-J. (1978): Migration, ländliche Überbevölkerung und Kolonisation im Nordosten Brasiliens. GR, 30 (1). S. 14–20

KULS, W. (1980): Bevölkerungsgeographie. Eine Einführung. 240 S., Stuttgart

LA CONDAMINE, Ch.-M. de (1981): Voyage sur l'Amazone. Choix de textes. 167 S., Paris (Nachdruck von 1745)

LANDO, A.M. (1979): Estado e Campesinato: O Processo de Ocupação de Rondônia. 126 S., Belo Horizonte (UFMG. Tese de Mestrado)

LARANJEIRA, R. (1983): Colonização e Reforma Agrária no Brasil. 203 S., Rio de Janeiro

LE COINTE, P. (1922): L'Amazonie Brésilienne. Le pays, ses habitants, ses ressources. Notes et statistiques jusqu'en 1920. Paris (2 Vol.)

LEAL, P.N. (1984): O Outro Braço da Cruz. 316 S., Porto Velho

LEDERER, K. (Hrsg.) (1980): Human Needs. A Contribution to the Current Debate. Königstein, Cambridge, Mass.

LEITE, P.S. (1982): Planejamento e Execução do Desenvolvimento Regional Rural Integrado. Rev. Econ. do Nordeste, 13 (1). S. 185–218

LENA, Ph. (1982): Expansão da Fronteira Agrícola em Rondônia: Ocupação do Espaço e Dinâmica da Estrutura Agrária. In: Expansão da Fronteira Agropecuária e Meio-Ambiente na América Latina. Anais do Seminário 1981, Vol 2. 34 S., Brasília (UnB)

LEUPOLT, M. (1976): Zum Konzept der Integrierten Ländlichen Entwicklung. Zeitschr. f. ausländ. Landwirtschaft, 1976 (1). S. 5–21

LEVI-STRAUSS, Cl. (1978): Traurige Tropen. 417 S., Frankfurt am Main

LOPES, E.S. Azevedo (1983): Colonização Agrícola em Rondônia. A Relação Parceleiro-Agregado como Manifestação de Resistência à Expropriação. 113 S., Rio de Janeiro (UFRRJ. Tese de Mestrado)

LOPES, E.S. Azevedo (1984): Considerações sobre a Ação do Estado no Processo de Ocupação Recente de Rondônia. 83 S., São Paulo (FIPE / USP)

LOPES, E.S. Azevedo (1985): Pequenos Produtores na Area de Abrangência do POLONOROESTE em Rondônia. 101 S., São Paulo (FIPE / USP)
LÜCKER, R. (1982): Agrarer Strukturwandel unter dem Einfluß des Sojaweltmarktes. Das Alto–Uruguai–Gebiet (Südbrasilien) als Beispiel. GR, 34 (8). S. 368–373
LÜCKER, R. (1986): Agrarräumliche Entwicklungsprozesse im Alto–Uruguai–Gebiet (Südbrasilien). Analyse eines randtropischen Neusiedlungsgebiets unter Berücksichtigung von Diffusionsprozessen im Rahmen modernisierender Entwicklung. Tübinger Geographische Studien Nr. 94. 278 S., Tübingen
MA–SUPLAN (1980): Aptidão Agrícola das Terras de Rondônia. Estudos Básicos para o Planejamento Agrícola Nr. 17. Brasília
MAASS, A. (1969): Entwicklung und Perspektiven der Erschließung des tropischen Waldlandes von Peru, unter besonderer Berücksichtigung der verkehrsgeographischen Problematik. Tübinger Geographische Studien Nr. 31. 262 S., Tübingen
MACEDO, S.D.T. (1972): Transamazônica. Integração, Redenção do Norte. Rio de Janeiro
MACHADO, L. Osório (1982): Urbanização e Migração na Amazônia Legal; Sugestão para uma Abordagem Geopolítica. In: Amazônia. Problemas e Impasses. Boletim Carioca de Geografia Nr. 32. S. 2–10, Rio de Janeiro
MACHADO, L. Osório (1984): Significado e Configuração de uma Fronteira Urbana na Amazônia. In: AGB (Hrsg.): Geografia, Sociedade e Estado. 4º Congresso Brasileiro de Geógrafos. Anais. Livro 2. Vol 2. S. 35–56, São Paulo
MAENNLING, Cl. (1986): Interne Formen und Folgen außenorientierter Entwicklung: Goldboom und Goldbaisse in Madre de Dios / Peru. Spektrum. Berliner Reihe zu Gesellschaft, Wirtschaft und Politik in Entwicklungsländern Nr. 12. 637 S., Saarbrücken, Fort Lauderdale
MAHAR, D.J. (1979): Frontier Development Policy in Brazil. A Study of Amazonia. New York
MAHAR, D.J. (1982): Instituições internacionais de Empréstimo Público e o Desenvolvimento da Amazônia Brasileira: a Experiência do Banco Mundial. Rev. Adm. Publ., 16 (4). S. 23–38
MAHAR, D.J. (1983): Development of the Brazilian Amazon: Prospects for the 1980s. In: MORAN, E.F. (Hrsg.): The Dilemma of Amazonian Development. S. 319–324, Boulder, Col.
MANIG, W. (1985): Integrierte rurale Entwicklung. Konzept und Versuch einer Operationalisierung komplexer Entwicklungsansätze. 192 S., Kiel
MANSHARD, W. (1968): Einführung in die Agrargeographie der Tropen. 307 S., Mannheim
MANSHARD, W. (1986): Agrarforschung, Agrargeographie und rurale Entwicklungspraxis in den Tropen. GZ, 74 (2). S. 63–73
MARGOLIS, M. (1973): The Moving Frontier: Social and Economic Change in a Southern Brazilian Community. Latin American Monograph 11, Gainesville, Fl
MARGOLIS, M. (1979): Seduced and Abandoned: Agricultural Frontiers in Brazil and the United States. In: MARGOLIS, M., CARTER, W.E. (Hrsg.): Brazil. Anthropological Perspectives. S. 160–179, New York
MARTINE, G. (1982): Expansão e Retração do Emprego na Fronteira Agrícola. Rev. de Econ. Política, (2/3). S. 53–76
MARTINS, E. (1982a): Nossos Indios, Nossos Mortos. Os Olhos da Emancipação. 310 S., Rio de Janeiro, 4. Aufl.
MARTINS, E. (1982b): Amazônia, a última Fronteira. 260 S., Rio de Janeiro
MARTINS, J. de Souza (1975): Capitalismo e Tradicionalismo. Estudos sobre as Contradições da Sociedade Agrária no Brasil. 161 S., São Paulo
MARTINS, J. de Souza (1982): Expropriação e Violência. A Questão Política no Campo. 181 S., São Paulo, 2. Aufl.
MARTINS, J. de Souza (1983): Os Camponeses e a Política no Brasil. As Lutas sociais no Campo e seu Lugar no Processo Político. 185 S., Petrópolis, 2. Aufl.
MARTINS, J. de Souza (1984): A Militarização da Questão Agrária no Brasil. Terra e Poder: o Problema da Terra na Crise política. 134 S., Petrópolis
MATZNETTER, J. (1980): Der Kakaoanbau in Brasilien. Wirtschaftsgeographische Studien, 4 (7). S. 23–48, Wien
MATZNETTER, J. (1984): Die Erschließung peripherer Binnenräume in Brasilien. Agrarkolonisation und Kakaoanbau in Rondônia. Zeitschrift für Wirtschaftsgeographie, 28 (1). S. 47–69
McANDREWS, C. (1977): Mobility and Modernization: The Federal Land Development Authority and its Role in Modernising the Rural Malay. Yogyakarta
MEAF–INCRA–CEER (1984): Diagnóstico Fundiário do Estado de Rondônia. 102 S., Porto Velho
MEIER–DALLACH, H.–P. (1980): Räumliche Identität. Regionalistische Bewegung und Politik. Inf. z. Raumentw., (5). S. 301–313
MEIRA MATTOS, C. de (1980): Uma Geopolítica Pan–Amazônica. 216 S., Rio de Janeiro

MENZEL, U. & SENGHAAS, D. (1985): Indikatoren zur Bestimmung von Schwellenländern. Ein Vorschlag zur Operationalisierung. In: NUSCHELER, F. (Hrsg.): Dritte Welt–Forschung. Politische Vierteljahresschrift Nr. 16. S. 75–96, Opladen
MENZEL, U. & SENGHAAS, D. (1986): Europas Entwicklung und die Dritte Welt. Eine Bestandsaufnahme. 295 S., Frankfurt am Main
MERTINS, G. (1984): Marginalsiedlungen in Großstädten der Dritten Welt. GR, 36 (9). S. 434–442
MEYER, W. (1984): Ländliche Entwicklung: Zielgruppenorientierte Projektansätze — Perspektive einer erfolgreichen Planungsstrategie. Friedrich–Ebert–Stiftung Forschungsinstitut. Analysen Abt. Entw.forsch. Nr. 117. 60 S., Bonn — Bad Godesberg
MIKESELL, M.W. (1960): Comparative Studies in Frontier History. Ann. Ass. Am. Geogr., 50. S. 62–74
MILLER, D. (1983): Entrepreneurs and Bureaucrats: The Rise of an Urban Middle Class. In: MORAN, E.F. (Hrsg.): The Dilemma of Amazonian Development. S. 65–96, Boulder, Col.
MILLER, D. (1985): Replacement of Traditional Elites: An Amazonian Case Study. In: HEMMING, J. (Hrsg.): Change in the Amazon Basin. Vol. 2: The Frontier after a Decade of Colonisation. S. 158–171, Manchester
MILLER, D.H. & STEFFEN, J.O. (Hrsg.) (1977): The Frontier: Comparative Studies. Norman, Okl.
MINDLIN, B. (1984): Avaliação do Programa POLONOROESTE. In: CEDI (IIrsg.): Povos Indígenas no Brasil 1983. Aconteceu, Especial Nr. 14. S. 167–170
MINTER (1979): Diretrizes e Formas de Implementação do Programa de Desenvolvimento de Comunidade. 20 S., Brasília
MODESTO, R. Galvão (1981): A Contribuição do INCRA dentro do Processo de Ocupação do Território de Rondônia. 60 S., Porto Velho (INCRA–CETR)
MONBEIG, P. (1952): Pionniers et Planteurs de São Paulo. Paris
MONHEIM, F. (1965): Junge Indianerkolonisation in den Tiefländern Ostboliviens. 135 S., Braunschweig
MONHEIM, F. (1977): 20 Jahre Indianerkolonisation in Ostbolivien. Erdkundl. Wiss. Beih. z. GZ Nr. 48. 99 S., Wiesbaden
MONHEIM, F. & KÖSTER, G. (1982): Die wirtschaftliche Erschließung des Departements Santa Cruz (Bolivien) seit der Mitte des 20. Jahrhunderts. Erdkundl. Wiss. Beih. z. GZ Nr. 56. 152 S., Wiesbaden
MOOG, V. (1974): Bandeirantes e Pioneiros. Paralelo entre duas Culturas. 320 S. Porto Alegre, 11. Aufl.
MORAN, E.F. (1981): Developing the Amazon. The Social and Ecological Consequences of Government–Directed Colonization along Brazil's Transamazon Highway. 292 S., Bloomington
MORAN, E.F. (Hrsg.) (1983): The Dilemma of Amazonian Development. Boulder, Col.
MOUGEOT, L.J.A. (1986): River Impoundment related Population Displacement in Brazilian Amazonia: The Tucuruí Resettlement Program (TRP), 1976–1984. In: KLEINPENNING, J.M.G. (Hrsg.): Competition for Rural and Urban Space in Latin America. Its Consequences for Low Income Groups. Nederlandse Geografische Studies Nr. 25. S. 43–60
MOUGEOT, L.J.A. & ARAGON, L.E. (Hrsg.) (1983): O Despovoamento do Território Amazônico: Contribuições para sua Interpretação. Série Cadernos NAEA Nr. 6. 171 S., Belém
MUELLER, Ch.C. (1980): Recent Frontier Expansion in Brazil: The Case of Rondônia. In: BARBIRA–SCAZZOCHIO, F. (Hrsg.): Land, People and Planning in Contemporary Amazonia. Occ. Publ. S. 141–153, Cambridge, U.K.
MUELLER, Ch.C. (1983): O Estado e a Expansão da Fronteira Agropecuária na Amazônia Brasileira. Estudos Econômicos, 13 (3). S. 657–679
MUELLER, Ch.W. (1975): Pioneer Roads and the Modernization of Brazilian Amazonia Ocidental. A Historical Geography of the Strategic Route through the Rainforest: Roraima to Rondônia. 343 S., Miami, Fl. (Ph.D. Thesis)
MÜLLER–WILLE, H. (1978): Gedanken zur Bonitierung und Tragfähigkeit der Erde. Westfälische Geogr. Studien Nr. 35. S. 25–56, Münster
MÜNKLER, H. (1986): Krieg und Frieden. In: FETSCHER, I., MÜNKLER, H. (Hrsg.): Politikwissenschaft. Begriffe — Analysen — Theorien. S. 279–325, Reinbek b. Hamburg
MÜNZEL, M. (1978): Die indianische Verweigerung. Lateinamerikas Ureinwohner zwischen Ausrottung und Selbstbestimmung. 239 S., Reinbek b. Hamburg
MYERS, N. (1980): Conversion of Tropical Moist Forests. Washington, D.C.
MYERS, N. (1985): Die sinkende Arche. Bedrohte Natur, gefährdete Arten. 252 S., Braunschweig
MYRDAL, G. (1974): Ökonomische Theorie und unterentwickelte Regionen. 199 S., Frankfurt am Main
NICHOLAIDES, J.J. & SANCHEZ, P.A. et al. (1983): Crop Production Systems in the Amazon Basin. In: MORAN, E.F. (Hrsg.): The Dilemma of Amazonian Development. S. 101–153, Boulder, Col
NICKEL, H.J. (1975): Marginalität und Urbanisierung in Lateinamerika. Eine thematische Herausforderung auch an die politische Geographie. GZ, 63. S. 13–30

NIEMEIER, G. (1977): Siedlungsgeographie. 207 S., Braunschweig, 4. Aufl.

NIMUENDAJU, C. (1981): Mapa Etno–Histórico. IBGE — Fundação Nacional Pró–Memória. 97 S., Rio de Janeiro

NITSCH, M. (1986): Die Fruchtbarkeit des Dependencia–Ansatzes für die Analyse von Entwicklung und Unterentwicklung. In: SIMONIS, U.E. (Hrsg.): Entwicklungstheorie, Entwicklungspraxis. Schriften des Vereins für Socialpolitik Nr. 154. S. 229–263, Berlin

NITZ, H.-J. (1973): Reihensiedlungen mit Streifeneinödfluren in Waldkolonisationsgebieten der Alten und Neuen Welt. In: Symposium Emil Meynen. Im Dienste der Geographie und Kartographie. Kölner Geographische Arbeiten Nr. 30. S. 72–93, Köln

NITZ, H.-J. (1976a): Landerschließung und Kulturlandschaftswandel an den Siedlungsgrenzen der Erde. Wege und Themen der Forschung. In: NITZ, H.-J. (Hrsg.): Landerschließung und Kulturlandschaftswandel an den Siedlungsgrenzen der Erde. Göttinger Geogr. Abh. Nr. 66. Göttingen

NITZ, H.-J. (Hrsg.) (1976): Landerschließung und Kulturlandschaftswandel an den Siedlungsgrenzen der Erde. Göttinger Geogr. Abh. Nr. 66. Göttingen

NOHLEN, D. (Hrsg.) (1985): Lexikon Dritte Welt. 638 S., Reinbek b. Hamburg

NOHLEN, D. & NUSCHELER, F. (Hrsg.) (1974): Handbuch der Dritten Welt. Band I: Theorien und Indikatoren von Unterentwicklung und Entwicklung. 395 S., Hamburg

NOHLEN, D. & NUSCHELER, F. (Hrsg.) (1982): Handbuch der Dritten Welt. Band I: Unterentwicklung und Entwicklung: Theorien — Strategien — Indikatoren. 527 S., Hamburg, 2. Aufl.

NOHLEN, D. & STURM, R. (1982): Über das Konzept der strukturellen Heterogenität. In: NOHLEN, D., NUSCHELER, F. (Hrsg.): Handbuch der Dritten Welt Band 1. S. 92–116, Hamburg

NUSCHELER, F. (1974): Bankrott der Modernisierungstheorien? In: NOHLEN, D., NUSCHELER, F. (Hrsg.), S. 195–207, Hamburg

NUSCHELER, F. (1982): Befriedigung der Grundbedürfnisse als neue entwicklungspolitische Lösungsformel. In: NOHLEN, D., NUSCHELER, F. (Hrsg.), S. 332–358

NUSCHELER, F. (Hrsg.) (1985): Dritte Welt–Forschung. Entwicklungstheorie und Entwicklungspolitik. Politische Vierteljahresschrift (Sonderheft) Nr. 16. 452 S., Opladen

OSSENBRÜGGE, J. (1983): Politische Geographie als räumliche Konfliktforschung. Konzepte zur Analyse der politischen und sozialen Organisation des Raumes auf der Grundlage anglo–amerikanischer Forschungsansätze. Hamburger Geographische Studien Nr. 40.

OSSENBRÜGGE, J. (1984): Zwischen Lokalpolitik, Regionalismus und internationalen Konflikten: Neuentwicklungen in der anglo–amerikanischen politischen Geographie. GZ, 72 (1). S. 22–33

PACHECO, L.M. Turchi (1979): Colonização Dirigida: Estratégia de Acumulação e Legitimação de um Estado Autoritário. 174 S., Brasília (UnB. Tese de Mestrado)

PADIS, P. Calil (1981): A Fronteira Agrícola. Rev. de Econ. Política, 1 (1). S. 51–75

PADIS, P. Calil (1981): Formação de uma Economia periférica: o Caso do Paraná. 235 S., São Paulo

PAIVA, V. (Hrsg.) (1985): Igreja e Questão Agrária. 279 S., São Paulo

PARSONS, J.J. (1970): The Africanization of the New World Tropical Grasslands. In: Beiträge zur Geographie der Tropen und Subtropen. Festschr. f. H. Wilhelmy. Tübinger Geogr. Studien Nr. 34. S. 141–153, Tübingen

PAVIANI, A. (Hrsg.) (1986): Brasília. Ideologia e Realidade. Espaço Urbano em Questão, 258 S., Brasília

PEARSE, A. (1973): Der soziale Kontext bäuerlichen Handelns. In: FEDER, E. (Hrsg.): Gewalt und Ausbeutung. Lateinamerikas Landwirtschaft. S. 142–161, Hamburg

PEARSE, A. (1975): The Latin American Peasant. 289 S., London

PELZER, K.J. (1945): Pioneer Settlement in the Asiatic Tropics. Studies in Land Utilization and Agricultural Colonization in Southeast Asia. New York

PENK, A. (1925): Das Hauptproblem der Physischen Anthropogeographie. In: WIRTH E. (1969) (Hrsg.): Wirtschaftsgeographie. Wege der Forschung Nr. 219. S. 157–180, Darmstadt

PENTEADO, A. Rocha (1967): Problemas de Colonização e de Uso da Terra na Região Bragantina do Estado do Pará. 479 S., Belém

PFEIFER, G. (1935a): Die Bedeutung der Frontier für die Ausbreitung der Vereinigten Staaten bis zum Mississippi. Abgedruckt in: PFEIFER, G. (1981): Beiträge zur Kulturgeographie der Neuen Welt. S. 47–68, Berlin

PFEIFER, G. (1935b): Die politisch–geographische Entwicklung der Vereinigten Staaten westlich des Mississippi. Abgedruckt in: PFEIFER, G. (1981): Beiträge zur Kulturgeographie der Neuen Welt. S. 69–88, Berlin

PFEIFER, G. (1956): Städtische und ländliche Bevölkerung in Brasilien und die Binnenwanderungsbewegungen. Geographisches Taschenbuch 1956/57 S. 392–402, Wiesbaden

PFEIFER, G. (1962): Brasília. Abgedruckt in: PFEIFER, G. (1981): Beiträge zur Kulturgeographie der Neuen Welt. S. 239–272, Berlin

PFEIFER, G. (1966): Observaciones a lo largo de las nuevas fronteras de colonización en Paraná y Mato Grosso. UGI–Conf. Reg. Lat. Am. Tomo I: La Geografia y los problemas de población S. 314–328, México

PFEIFER, G. (1967): Kontraste in Rio Grande do Sul: Campanha und Alto Uruguai. Abgedruckt in: PFEIFER, G. (1981): Beiträge zur Kulturgeographie der Neuen Welt. S. 273–309, Berlin

PFEIFER, G. (1973): Deutsche bäuerliche Kolonisation in den Vereinigten Staaten und Brasilien. Konvergenzen und Kontraste. Abgedruckt in: PFEIFER, G. (1981): Beiträge zur Kulturgeographie der Neuen Welt. S. 310–325, Berlin

PINTO, L.F. (1980): Amazônia: no Rastro do Saque. 219 S., São Paulo

PINTO, L.F. (1982): Carajás, o Ataque ao Coração da Amazônia. 140 S., Rio de Janeiro

PIRES, J. Murça, PRANCE, Gh.T. (1985): The Vegetation Types of the Brazilian Amazon. In: PRANCE, Gh.T., LOVEJOY, Th.E. (Hrsg.): Amazonia. Key Environments. S. 109–145, London, New York

PNPF (Programa Nacional de Política Fundiária) (1983): Coletânea: Legislação Agrária, Legislação de Registros Públicos, Jurisprudência. 784 S., Brasília (MEAF–PNPF)

POELHEKKE, F.G.M.N. (1982): The Struggle for Land in Brazilian Amazonia consequent on the Expansion of Cattle Raising. Boletin de Estudios Latinoamericanos y del Caribe, 33. S. 11–33

POMPERMAYER, M.J. (1979): The State and the Frontier in Brazil. A Case Study of Amazonia. 404 S., Stanford (Ph. D. Diss.)

POMPERMAYER, M.J. (1984): Strategies for Private Capital in the Brazilian Amazon. In: SCHMINK, M., WOOD, Ch. (Hrsg.): Frontier Expansion in Amazonia. S. 419–438 Gainesville, Fl.

POSEY, D.A. (1983): Indigenous Knowledge and Development. In: MORAN, E.F. (Hrsg.): The Dilemma of Amazonian Development. S. 225–258, Boulder, Col.

POSEY, D.A. (1984): Os Kayapó e a Natureza. Ciência hoje, 2 (12). S. 34–41

PRADO JR., C. (1984): História Econômica do Brasil. 364 S., São Paulo, 30. Aufl.

PRANCE, Gh.T. & LOVEJOY, Th.E. (Hrsg.) (1985): Amazonia. Key Environments. 442 S., London, New York

PRICE, D. (1982): A Reservation for the Nambiquara. In: HANSEN, A., OLIVER–SMITH, A. (Hrsg.): Involuntary Migration and Resettlement. The Problems and Response of Dislocated People. S. 179–200, Boulder, Col.

QUEIROZ, M.I. Pereira de (1976): O Campesinato Brasileiro. Ensaio sobre Civilização e Grupos Rústicos no Brasil. 242 S., Petrópolis

RAUCH, Th. (1979): Probleme der Entwicklung kleinbäuerlicher Agrarproduktion im peripheren Kapitalismus – Thesen erörtert am Beispiel Sambias. In: HOTTES, K.–H. (Hrsg.): Geographische Beiträge zur Entwicklungsländer–Forschung. DGFK–Hefte Nr. 12. S. 55–80

RAUCH, Th. (1985): Peripher–kapitalistische Wachstumsmuster und regionale Entwicklung. Ein akkumulationstheoretischer Ansatz zur Erklärung räumlicher Aspekte von Unterentwicklung. In: SCHOLZ, F. (Hrsg.): Entwicklungsländer. S. 163–194, Darmstadt

REDFIELD, R. (1956): Peasant Society and Culture. An Anthropological Approach to Civilization. 163 S., Chicago

REIS, A.C. Ferreira (1982): A Amazônia e a Cobiça Internacional. 213 S., Rio de Janeiro, 5. Aufl.

RIBEIRO, C. Marx R.C. (1983): Monitoring the Modifications in the Forest Ecosystem of the Brazilian Amazon Region. Paper presented at: Int. Conf. on Renewable Ressource Inventories for Monitoring Changes and Trends. Cornvallis, Oregon, August 1983. 19 S., Brasília (mimeo)

RIVIERE D'ARC, H. (1977): Le Nord du Mato Grosso: Colonisation et Nouveau Bandeirismo. Annales de Geographie, (475). S. 279–306

ROCHA, G.A. (Hrsg.) (1984): Em Busca do Ouro. Garimpos e Garimpeiros no Brasil. 222 S., Rio de Janeiro

ROCHE, J. (1959): La Colonisation Allemande et le Rio Grande du Sul. Travaux et Mémoires de l'IHEAL Nr. 3. 696 S., Paris

RÖNICK, V. (1983): Ländliche Regionalentwicklung in NE–Brasilien: Das Beispiel der Serra da Ibiapaba. GZ, 71 (1). S. 50–61

ROQUETTE–PINTO, E. (1954): Rondônia. Eine Reise ins Herzstück Südamerikas. 312 S., Wien, Stuttgart

RUPPERT, K. & SCHAFFER, F. (1969): Zur Konzeption der Sozialgeographie. GR, 21 (6). S. 205–214

RUTHENBERG, H. (1980): Farming Systems in the Tropics. 424 S., Oxford

RUTHENBERG, H. & ANDREAE, B. (1982): Landwirtschaftliche Betriebssysteme der Tropen und Subtropen. In: BLANCKENBURG, P. v. (Hrsg.): Handbuch der Landwirtschaft und Ernährung in den Entwicklungsländern Band I: Sozialökonomie der ländlichen Entwicklung. S. 125–172, Stuttgart

SANDNER, G. (1961): Agrarkolonisation in Costa Rica. Schr. d. Geogr. Inst. der Universität Kiel Nr. 19. Kiel

SANDNER, G. (1964): Die Erschließung der karibischen Waldregion im südlichen Zentralamerika. Die Erde, 95. S. 111–131

SANDNER, G. (1975): Wachstumspole und regionale Polarisierung der Entwicklung im Wirtschaftsraum. Ein Bericht über lateinamerikanische Erfahrungen. In: Der Wirtschaftsraum. Festschrift f. E. Otremba. Erdkundl. Wiss. Beih. z. GZ Nr. 41. S. 78–90, Wiesbaden

SANDNER, G. & STEGER, H.-A. (Hrsg.) (1973): Lateinamerika. Fischer–Länderkunde. 444 S., Frankfurt am Main

SANTANA, J. (1982): O Estado: Conquista e Vitória do Povo de Rondônia. 236 S., Brasília (Câmara dos Deputados)

SANTANA, J. (1982b): O Escândalo das Areas e a Especulação imobiliária em Porto Velho. 126 S., Brasília (Câmara dos Deputados)

SANTOS FILHO, J. dos Reis & PORTO, M.Y. (1984): A Geografia da Violência e algumas Presenças pela Posse da Terra. Reforma Agrária, 14 (1). S. 3–35

SANTOS, R. (1980): História Econômica da Amazônia (1800–1920). 358 S., São Paulo

SAUTCHUK, J. et al. (1981): Projeto Jari. A Invasão Americana. 106 S., São Paulo

SAWYER, D.R. (1983): Fluxo e Refluxo da Fronteira Agrícola no Brasil: Ensaio de Interpetação Estrutural e Espacial. SEPLAN/AM–CODEAMA. 28 S., Manaus (mimeo)

SAWYER, D.R. (1984): Frontier Expansion and Retraction in Brazil. In: SCHMINK M., WOOD, Ch. (Hrsg.): Frontier Expansion in Amazonia. S. 180–203, Gainesville Fl.

SCHACHT, S. (1980): Agrarkolonisation in der Zona da Mata Nordostbrasiliens am Beispiel der Kolonie Pindorama. GZ, 68. S. 54–76

SCHAEFER–KEHNERT, W. (1983): Ist die Ländliche Entwicklung zu viel oder zu wenig integriert? Entwicklung und Ländlicher Raum, 1983 (4). S. 7–10

SCHÄTZL, L. (1981): Wirtschaftsgeographie 1: Theorie. 174 S., Paderborn, 2. Aufl.

SCHÄTZL, L. (1983): Regionale Wachstums– und Entwicklungsstrategien. GR, 35 (7). S. 322–327

SCHILLING–KALETSCH, I. (1976): Wachstumspole und Wachstumszentren – Untersuchungen zu einer Theorie sektoral und regional polarisierter Entwicklung. Hamburg

SCHILLING–KALETSCH, I. (1979): Zentrum–Peripherie–Modelle in der geographischen Entwicklungsländerforschung – Die Ansätze von Friedmann und Lasuén. In: HOTTES K.-H. (Hrsg.): Geographische Beiträge zur Entwicklungsländer-Forschung. DGFK–Hefte Nr. 12. S. 39–53

SCHMIDT–WULFFEN, W.-D. (1980): Welfare Geography oder: Leben in einer ungleichen Welt. GZ, 68 (2). S. 107–120

SCHMINK, M. (1981): A Case Study of the Closing Frontier in Brazil. Center f. Latin American Studies. Amazon Research Papers Series Nr. 1. 36 S., Gainesville, Fl.

SCHMINK, M. (1982): Land Conflicts In Amazonia. American Ethnologist, 9 (2). S. 341–357

SCHMINK, M. & WOOD, Ch. (Hrsg.) (1984): Frontier Expansion in Amazonia. 502 S., Gainesville, Fl.

SCHÖLLER, P. (Hrsg.) (1972): Zentralitätsforschung. Wege der Forschung Nr. 301. 497 S., Darmstadt

SCHOLZ, F. (Hrsg.) (1985): Entwicklungsländer. Beiträge der Geographie zur Entwicklungsländer-Forschung. Wege der Forschung Nr. 553. 437 S., Darmstadt

SCHOLZ, U. (1977): Permanenter Trockenfeldbau in den humiden Tropen. Beispiele kleinbäuerlicher Betriebe in Lampung, Süd–Sumatra. In: Agrarwissenschaftliche Forschung in den humiden Tropen. Giessener Beiträge zur Entwicklungsforschung. Reihe I Nr. 3. S. 45–58, Giessen

SCHOOP, W. (1970): Vergleichende Untersuchungen zur Agrarkolonisation der Hochlandindianer am Andenabfall und im Tiefland Boliviens. Aachener Geographische Schriften Nr. 4. 298 S., Wiesbaden

SCHWEFEL, D. (1978): Grundbedürfnisse und Entwicklungspolitik. Baden–Baden

SEAG–RO (1980): Sistema Agrícola para o Pequeno Produtor. Vol. I: Introdução Marco Conceitual e Operativo do Programa. 205 S., Porto Velho

SECET (1983): Histórico do Real Forte Príncipe da Beira. 22 S., Porto Velho, 2. Aufl.

SEDLACEK, P. (1982a): Kulturgeographie als normative Handlungswissenschaft. In: SEDLACEK, P. (Hrsg.): Kultur/Sozialgeographie. S. 187–216, Paderborn

SEDLACEK, P. (Hrsg.) (1979): Zur Situation der deutschen Geographie zehn Jahre nach Kiel. Osnabrücker Studien zur Geographie Nr. 2. 103 S., Osnabrück

SEDLACEK, P. (Hrsg.) (1982): Kultur/Sozialgeographie. Beiträge zu ihrer wissenschaftstheoretischen Grundlegung. 277 S., Paderborn

SEIBERT, P. (1984): Die Vegetation des Tropischen Regenwaldes. Spixiana Supplement 10. S. 13–33

SEMMEL, A. (1977): Grundzüge der Bodengeographie. 119 S., Stuttgart

SENFTLEBEN, W. (1971): Neulanderschließung und raumrelevante Strukturverbesserung von Altland als zentrales Problem der Bodenpolitik in Westmalaysia. Berlin (Diss.)

SENFTLEBEN, W. (1978): Background to Agricultural Land Policy in Malaysia. Schriften des Instituts für Asienkunde Hamburg Nr. 44. Hamburg
SENGHAAS, D. (1977): Weltwirtschaftsordnung und Entwicklungspolitik. Plädoyer für Dissoziation. 358 S., Frankfurt am Main
SENGHAAS, D. (Hrsg.) (1971): Kritische Friedensforschung. 423 S., Frankfurt am Main
SENGHAAS, D. (Hrsg.) (1972): Imperialismus und Strukturelle Gewalt. Analysen über abhängige Reproduktion. 405 S., Frankfurt am Main
SENGHAAS, D. (Hrsg.) (1974): Peripherer Kapitalismus. Analysen über Abhängigkeit und Unterentwicklung. 392 S., Frankfurt am Main
SENGHAAS, D. (Hrsg.) (1979): Kapitalistische Weltökonomie. Kontroversen über ihren Ursprung und ihre Entwicklungsdynamik. 413 S., Frankfurt am Main
SENNA, O. (1979): Xana. Violência Internacional na Ocupação da Amazônia. 228 S., Rio de Janeiro
SEPLAN/RO (1984): Anuário Estatístico de Rondônia 1982. Porto Velho
SEPLAN/RO (1984): I Plano de Desenvolvimento Integrado de Rondônia 1985/1989. 4 Vol. Porto Velho
SEPLAN/RO–COPLAN (1985): Projeção Populacional. 14 S., Porto Velho
SEPLAN/RO–GTZ (1981): Diretrizes Básicas. I Plano de Desenvolvimento Territorial de Rondônia e Programa de Investimentos Urbanos. 51 S., Porto Velho
SEPLAN/RO–NURE (1984): 5 Anos de Migração em Rondônia. Porto Velho
SEPLAN/RO–NURE (1985): Boletim de Migração 1984. Porto Velho
SHOEMAKER, R. (1981): The Peasants of El Dorado. Conflict and Contradiction in a Peruvian Frontier Settlement. 265 S., Ithaca, London
SICK, W.-D. (1983): Agrargeographie. 249 S., Braunschweig
SILVA, J. Pinto da (1984): Jaru. Colonização e Campesinato. Política de Colonização e Sobrevivência da Produção Camponesa no Estado de Rondônia. 185 S., Campina Grande (UFPb. Tese de Mestrado)
SILVA, J.G. da (1982): A Modernização Dolorosa. Estrutura Agrária, Fronteira Agrícola e Trabalhadores Rurais no Brasil. 192 S., Rio de Janeiro
SILVA, J.G. da (1983): O que é a Questão Agrária. 109 S., São Paulo
SILVA, L. Ferreira da et al. (1973): Solos do Projeto Ouro Preto. CEPLAC. Boletim Técnico Nr. 23. Itabuna
SILVEIRA, M. (1981): Ludwig, Imperador do Jari. 157 S., Rio de Janeiro
SIOLI, H. (1968): Zur Ökologie des Amazonas–Gebietes. In: SIOLI, H., FITTKAU, E.J., KLINGE, H. et al. (Hrsg.): Biogeography and Ecology in South America. Vol. I. S. 137–170, Den Haag
SIOLI, H. (1969): Entwicklungen und Aussichten der Landwirtschaft im brasilianischen Amazonasgebiet. Die Erde, 1969 (2/4). S. 307–326
SIOLI, H. (1982): Tropische Flüsse in ihren Beziehungen zur terrestrischen Umgebung und in Hinblick auf menschliche Eingriffe. Archiv f. Hydrobiologie, 95 (1/4). S. 463–485
SIOLI, H. (1984): Former and Recent Utilizations of Amazonia and their Impact on the Environment. In: SIOLI, H. (Hrsg.), S. 675–706
SIOLI, H. (Hrsg.) (1984): The Amazon. Limnology and Landscape Ecology of a Mighty Tropical River and its Basin. Monographiae Biologicae Nr. 56. Dordrecht, Boston, Lancaster
SKILLINGS, R.F. (1985): Economic Development of the Brazilian Amazon: Opportunities and Constraints. The Geographical Journal, 150 (1). S. 48–54
SMITH, D. (1977): Human Geography – A Welfare Approach. London
SMITH, N.J.H. (1982): Rainforest Corridors. The Transamazon Colonization Scheme. 248 S., Berkeley, Cal.
SOUZA, I. de (1980): Migrações Internas no Brasil. 142 S., Petrópolis
SOUZA, M. et al. (1981): Os Indios vão à Luta. 73 S., Rio de Janeiro
STEIN, N. (1972): Die Tropische Landwechselwirtschaft. Problematik und moderne Strukturveränderungen dargestellt am Beispiel Nordsumatras. GZ, 60. S. 322–340
STERNBERG, H. O'Reilly (1975): The Amazon River of Brazil. Erdkundl. Wiss. Beih. z. GZ Nr. 40. 74 S., Wiesbaden
STERNBERG, H. O'Reilly (1980): Amazonien: Integration und Integrität. In: BENECKE, D., DOMITRA, M., MOLS, M. (Hrsg.): Integration in Lateinamerika. S. 293–322, München
STIENS, G. (1980): Zur Wiederkunft des Regionalismus in den Wissenschaften. Informationen zur Raumentwicklung, 1980 (5). S. 315–333
STIGLBAUER, K. (1978): Kulturgeographie und Sozialer Wandel. Mitt. Österr. Geogr. Ges., 120. S. 3–19
STÖHR, W. & TAYLOR, D.R.F. (Hrsg.) (1981): Development from Above or Below? The Dialectics of Regional Planning in Developing Countries. London
STORKEBAUM, W. (Hrsg.) (1969): Sozialgeographie. Wege der Forschung Nr. 59. 530 S., Darmstadt

STREETEN, P. & BURKI, S.J. (1981): Basic Needs: Some Issues. World Development, 6 (3). S. 411–421
STREETEN, P. et al. (1981): First Things First. Meeting Basic Needs in Developing Countries. 206 S., Oxford, New York
SUDECO (1984a): POLONOROESTE. 2° Relatório de Monitoria. Exercício Fiscal 83/84. Período Janeiro – Março. 165 S., Brasília
SUDECO (1984b): POLONOROESTE. 3° Relatório de Monitoria. Exercício Fiscal 83/84 Período Abril – Junho. Brasília
SUDECO (1984c): POLONOROESTE. 4° Relatório de Monitoria. Exercício Fiscal 1983/84. Período Julho – Setembro. 238 S., Brasília
SUDECO (1985): POLONOROESTE. 5° Relatório de Monitoria. Exercício Fiscal 84/85. Período Outubro 1984 – Março 1985. 315 S., Brasília
SUDHEVEA (o.J.a): A Produção de Folha Defumada. 5 S., Brasília
SUDHEVEA (o.J.b): Terceiro Programa de Incentivo à Produção de Borracha Natural PROBOR III. 5 S., Brasília
SZELL, G. (Hrsg.) (1972): Regionale Mobilität. München
TAVARES, V. Porto et al. (1972): Colonização Dirigida no Brasil. Suas Possibilidades na Região Amazônica. IPEA. Coleção Relatórios de Pesquisa Nr. 8. 202 S., Rio de Janeiro
TENDLER, J. (1982): Rural Projects Through Urban Eyes. An Interpretation of the World Bank's New Style Rural Development Projects. World Bank Staff Working Papers Nr. 532. 81 S., Washington, D.C.
TETZLAFF, R. (1980): Die Weltbank. Machtinstrument für die USA oder Hilfe für Entwicklungsländer? München
THERY, H. (1976): Rondônia. Mutations d'un Territoire Fédéral en Amazonie Brésilienne. 310 S., Paris (Thèse de 3ème Cycle)
THERY, H. (1981): Routes Transamazoniennes et Réorganisation de l'Espace: le Cas de Rondônia. Cahiers d'Outre–Mer, 34 (133). S. 5–22
THOMALE, E. (1978): Entwicklung und Stagnation in der Sozialgeographie. Die Erde, 109. S. 81–91
TRAPPE, P. (1976): Aspekte eines development from below und der popular participation. In: PETER, HAUSER, J. (Hrsg.): Entwicklungsprobleme – interdisziplinär. S. 189–207, Bern, Stuttgart
TURNER, F.J. (1920): The Frontier in American History. New York
UHLIG, H. (1970): Die Ablösung des Brandrodungswanderfeldbaus. Wirtschafts– und sozialgeographische Wandlungen der asiatischen Tropen am Beispiel Sabah und Sarawak (Malaysia). In: WILHELMY, H. (Hrsg.): Deutsche Geographische Forschung in der Welt von heute. Festschr. f. E. Gentz. S. 85–102, Kiel
UHLIG, H. (Hrsg.) (1984): Spontaneous and Planned Settlement in Southeast Asia. Giessener Geogr. Schriften Nr. 58. 331 S., Giessen
VALVERDE, O. (Hrsg.) (1979): A Organização do Espaço na Faixa da Transamazônica. Vol. I. 258 S., Rio de Janeiro (IBGE)
VALVERDE, O. & DIAS, C. V. (1967): A Rodovia Belém – Brasília. Estudo de Geografia Regional. 350 S., Rio de Janeiro (IBGE)
VELHO, O.G. (1979): Capitalismo Autoritário e Campesinato (Um Estudo Comparativo a partir da Fronteira em Movimento). 261 S., São Paulo, 2. Aufl.
VELHO, O.G. (1979a): The State and the Frontier. In: AGUIAR, N. (Hrsg.): The Structure of Brazilian Development. S. 17–37, New Brunswick, N.J.
VELHO, O.G. (1982): Sociedade e Agricultura. 145 S., Rio de Janeiro
VELHO, O.G. (1984): Por que se migra na Amazônia? Ciência hoje, 2 (10). S. 34–39
WAGLEY, Ch. & HARRIS, M. (1955): The Typology of Latin American Subcultures. American Anthropologist, 57 (3). S. 428–451
WAIBEL, L. (1949): Die Grundlagen der europäischen Kolonisation in Südbrasilien. In: PFEIFER, G., KOHLHEPP, G. (1984) (Hrsg.): Leo Waibel als Forscher und Planer in Brasilien. Erdkundl. Wiss. Beih. z. GZ Nr. 71. S. 33–76, Wiesbaden
WAIBEL, L. (1955): Die Pionierzonen Brasiliens. In: PFEIFER, G., KOHLHEPP, G. (1984) (Hrsg.): Leo Waibel als Forscher und Planer in Brasilien. Erdkundl. Wiss. Beih. z. GZ Nr. 71. S. 77–104, Wiesbaden
WALLER, P.P. (1983): Regionalplanung, Grundbedürfnisse und Integrierte Ländliche Entwicklung. Entwicklung und Ländlicher Raum, (4). S. 11–14
WALLER, P.P. (1985): Ansätze zu einer grundbedürfnisorientierten ländlichen Entwicklungsplanung in Entwicklungsländern. In: SCHOLZ, F. (Hrsg.): Entwicklungsländer. Beiträge zur Geographischen Entwicklungsländer–Forschung. Wege der Forschung Nr. 553. S. 392–414, Darmstadt
WALLER, P.P. (1986): Integration von Entwicklungs– und Regionalpolitik als Strategie der Raumgestaltung in Entwicklungsländern. GZ, 74 (3). S. 130–142

WALLERSTEIN, I. (1979): Aufstieg und künftiger Niedergang des kapitalistischen Weltsystems. Zur Grundlegung vergleichender Analyse. In: SENGHAAS, D. (Hrsg.): Kapitalistische Weltökonomie. S. 31–67, Frankfurt am Main

WALLERSTEIN, I. (1986): Das moderne Weltsystem – Die Anfänge kapitalistischer Landwirtschaft und die europäische Weltökonomie im 16. Jhdt. 595 S., Frankfurt am Main, New York

WALLERSTEIN, I. & HOPKINS, T. (1979): Grundzüge der Entwicklung des modernen Weltsystems. Entwurf für ein Forschungsvorhaben. In: SENHAAS, D. (Hrsg.): Kapitalistische Weltökonomie. S. 151–200, Frankfurt am Main

WALTHER, H. (1973): Vegetationszonen und Klima. Kurze Darstellung in kausaler und globaler Sicht. 253 S., Stuttgart

WAMBEKE, A. van (1978): Properties and Potentials of Soils in the Amazon Basin. Interciencia, 3 (4). S. 233–242

WEHLER, H.-U. (1975): Modernisierungstheorie und Geschichte. Göttingen

WEINSTEIN, B. (1983): The Amazon Rubber Boom 1850–1920. 375 S., Stanford

WEISCHET, W. (1977): Die ökologische Benachteiligung der Tropen. 127 S., Stuttgart

WESCHE, R. (1978): A moderna Ocupação Agrícola de Rondônia. Revista Brasileira de Geografia, 40 (3/4). S. 233–247

WESCHE, R. (1979): Modern Agricultural Settlement in Rondônia. 29 S., o.O. (mimeo)

WESCHE, R. (1983): Transporte, Organización y Logros en los Proyectos de Colonización de la Región Amazónica brasileña. Revista Geográfica, (98). S. 44–53, México

WESEL, R. (1982): Das Konzept der Integrierten Ländlichen Entwicklung: Neuansatz oder Rhetorik? Sozialwiss. Studien zu internat. Problemen Nr. 74. 246 S., Saarbrücken, Fort Lauderdale

WESEL, R. (1983): Was ist integriert in der ländlichen Entwicklung? Entwicklung und Ländlicher Raum, (4). S. 3–6

WHITE, P. & WOODS, R. (Hrsg.) (1980): The Geographical Impact of Migration. 245 S., London, New York

WILHELMY, H. (1940): Probleme der Urwaldkolonisation in Südamerika. Z. Ges. für Erdk. Berlin, 1940. S. 303–314

WILHELMY, H. (1949): Siedlung im südamerikanischen Urwald. 104 S., Hamburg

WILHELMY, H. (1970): Amazonien als Lebens- und Wirtschaftsraum. In: WILHELMY, H. (Hrsg.): Deutsche Geographische Forschung in der Welt von heute. Festschr. f. E. Gentz. S. 69–81, Kiel

WIRTH, E. (1979): Theoretische Geographie. Grundzüge einer Theoretischen Kulturgeographie. 336 S., Stuttgart

WIRTH, E. (1980): Kritische Anmerkungen zu den wahrnehmungsorientierten Forschungsansätzen in der Geographie. Umweltpsychologisch fundierter behavioural approach oder Sozialgeographie auf der Basis moderner Handlungstheorien? GZ, 69 (3). S. 161–198

WÖHLCKE, M. et al. (1977): Die neuere entwicklungstheoretische Diskussion. Einführende Darstellung und ausgewählte Bibliographie. 81 S., Frankfurt am Main

WOLF, E.R. (1955): Types of Latin American Peasantry: A Preliminary Discussion. American Anthropologist, 57 (3). S. 452–471

WOLF, E.R. (1966): Peasants. 116 S., Englewood Cliffs, N.J.

WOLF, K. (1977): Sozialraumwandel und Raumdisparität. In: Die Geographie und ihre Didaktik im Umbruch. Festschr. f. K.E. Fick. Frankfurter Beiträge zur Didaktik der Geographie Nr. 1. S. 65–69, Frankfurt am Main

WOOD, Ch. (1983): Peasant and Capitalist Production in the Brazilian Amazon: A Conceptual Framework for the Study of Frontier Expansion. In: MORAN, E.F. (Hrsg.): The Dilemma of Amazonian Development. S. 259–277, Boulder, Col.

WOOD, Ch. & SCHMINK, M. (1979): Blaming the Victim: Small Farmer Production in an Amazon Colonization Project. Studies in Third World Societies, 7. S. 77–94

WOOD, Ch. & WILSON, J. (1982): The Magnitude of Migration to the Brazilian Frontier. Paper presented at the 31st. Annual Latin American Conference. 18 S. Gainesville, Fl. (mimeo)

WORLD BANK (1975): Rural Development. Sector Policy Paper. 89 S., Washington, D.C.

WORLD BANK (1981): Brazil. Integrated Development of the Northwest Frontier. Latin American and the Carribbean Regional Office. 101 S., Washington

WORLD BANK (1982): Tribal Peoples and Economic Development. Human Ecologic Considerations. 111 S., Washington, D.C.

WORLD BANK (1983): Staff Appraisal Report. Brazil. Northwest Region Development Program. Phase III. New Settlement Project. Report Nº 4424–BR Washington, D.C.

WORSLEY, P. (1981): Paradigms of Agricultural Development. Sociologia Ruralis, 21 (3/4). S. 269–286

ZANATTA, O. (1984): A Titulação de Terra Rural no Brasil. INCRA–Documentos. Informe Técnico: Titulação de Terras. S. 10–17, Brasília

ZAPF, W. (Hrsg.) (1979): Theorien des sozialen Wandels. Königstein, Ts.
ZIMMERMANN, G.R. (1975): Transmigration in Indonesien. Eine Analyse der interinsularen Umsiedlungsaktionen zwischen 1905 und 1975. GZ, 63 (2). S. 104–122
ZINK, M. (1975): Brasilien. Crescer é concentrar. Reflektionen zu einem Entwicklungsmodell. Forschungsinstitut der Friedrich–Ebert–Stiftung. Aus den Materialien der Dokumentationsstelle Nr. 22. 33 S., Bonn–Bad Godesberg
ZWEIG, St. (1981): Brasilien. Ein Land der Zukunft. 289 S., Frankfurt am Main
ZWETSCH, R. & ALTMANN, L. (1982): Invasion des Suruí–Reservates und Widerstand der Indios. Brasilien Dialog, (2). S. 33-39

RESUMO

O tema do presente trabalho é a análise do desenvolvimento e do planejamento regional numa região periférica da Amazônia brasileira ao exemplo do Estado de Rondônia. O material apresentado é fruto de trabalhos de campo em Rondônia no período de 1983 a 1985.

Numa primeira parte do trabalho, o autor expõe uma abordagem teórica que se baseia na análise dos conceitos de *centro* e *periferia* como as duas categorias básicas para a caracterização das estruturas sócio–econômicas e espaciais de países do Terceiro Mundo em geral, como no Brasil em particular. Neste contexto, um enfoque especial é dado à análise dos diferentes conceitos de *frente pioneira*, como também à importância concreta do fenômeno das frentes pioneiras pelo desenvolvimento histórico e regional brasileiro e à discussão atual desse fenômeno esp. para o exemplo da Amazônia brasileira.

Após uma breve caracterização do espaço físico e das fases predominantes do desenvolvimento regional rondonense, são discutidas, numa segunda parte do trabalho, os dois fatores determinantes do desenvolvimento recente de Rondônia, a *migração* e a *colonização*.

Rondônia destacou–se nos últimos 15 anos como uma das regiões de maior crescimento populacional entre os Estados brasileiros, revelando–se nos anos 70 numa taxa anual de crescimento populacional de 16 %, que conduziu a um aumento da população rondonense de 100.000 habitantes em 1970 para mais de 1 milhão em 1985. Isto foi resultado de uma contínua migração para Rondônia a partir de 1970 de camponeses, pequenos proprietários, parceiros, diaristas e outros migrantes em busca de terra, oriundos, na sua grande maioria, do Centro–Sul brasileiro, especialmente dos Estados de Paraná, São Paulo, Minas Gerais, Espírito Santo, Mato Grosso do Sul e Mato Grosso.

Esta migração para a frente pioneira atual em Rondônia tem que ser visto no contexto dos processos de modernização agrícola nas regiões de procedência dos migrantes, que causaram profundas mudanças das estruturas sócio–econômicas no campo daquelas regiões, que em parte já eram frentes pioneiras antigas, e que conduziram sobretudo a uma expulsão maciça de mão–de–obra rural.

A migração para Rondônia corresponde, neste sentido, a uma *forma de sobrevivência* na *periferia* de uma parte da população rural do *centro* do Brasil, que cada vez mais se encontra marginalizada naquelas regiões.

A instalação de diversos projetos de colonização pelo INCRA a partir de 1970 ao longo da BR 364 Cuiabá–Porto Velho na parte central de Rondônia é considerado como maior *fator de atração* para os migrantes em busca de terra. Rondônia revelou–se, no decorrer dos anos 70, como o maior polo de colonização agrícola oficial na Amazônia, como em todo o país, cuja base era no início a distribuição de lotes de 100 ha, ultimamente de 25 a 50 ha. A instalação dos projetos permitiu o assentamento de 44.000 famílias de colonos em Rondônia.

Apesar de tudo, a colonização oficial nunca conseguiu satisfazer a demanda de terra cada vez maior pelos migrantes recém–chegados, que, então, tinham que procurar outras formas de sobrevivência em Rondônia. E aí por exemplo surgiu consequentemente uma das funções das novas cidades pioneiras ao longo da BR 364 que se desenvolveram desordenadamente perante o processo de colonização agrícola. Esse fato foi também, no entanto, uma das razões para os processos de diferenciação e estratificação no campo rondonense.

Numa terceira parte do trabalho são analisadas as condições de vida, formas de trabalho e utilização agrícola, como sobretudo os processos de diferenciação sócio–econômica da população camponesa em Rondônia apartir dos resultados do trabalho de campo no PIC *Ouro Preto*, o maior e mais antigo dos projetos de colonização do INCRA em Rondônia. Foram executadas pelo autor nesse projeto entrevistas com a população camponesa e mapeamentos em três áreas rurais, nos arredores dos NUAR *Nova Colina, Nova União* e *Teixeirópolis*.

Em primeiro lugar, observam–se nessas regiões de colonização, que foram, originalmente, concebidas como espaços sociais relativamente homogêneos, processos de diferenciação e estratificação da população camponesa, cujo ponto de partida é uma tendência bastante nítida à venda dos lotes distribuídos pelo INCRA. As razões para a comercialização dos lotes são originárias das condições de vida muito precárias na área rural (falta de infraestrutura, doença, esp. malária etc.), como também dos problemas de comercialização da produção agrícola (dependência dos intermediários) e do endividamento de muitos colonos. Os compradores dos lotes vendidos por parte dos colonos assentados pelo INCRA são migrantes recém–chegados que dispõem de maiores recursos financeiros, outros colonos mais sucedidos, más também intermediários, advogados, médicos, funcionários das cidades, ou seja, representantes de uma nova *burguesia regional* que interfere assim diretamente no campo. Observou–se de outro lado um número cada vez maior de famílias sem terra morando em lotes de terceiros na condição de meeiros ou agregados. Isso é também resultado da migração crescente perante uma chance cada vez mais reduzida de ganhar terra do INCRA. Como um todo, essas mudanças correspondem a uma reprodução das estruturas sócio–econômicas desiguais no campo rondonense.

Além dessas mudanças a nível social evidenciaram–se, pelas entrevistas no PIC *Ouro Preto*, no decorrer do tempo também diferenciações econômicas na agricultura camponesa nas áreas de colonização. Essas podem ser consideradas resultado de diferentes *estratégias* de exploração agrícola dos colonos. De outro lado, essas diferenciações econômicas relacionam–se diretamente à política agrícola brasileira e suas modificações nos últimos anos em função da crise geral.

Vários parâmetros, analisados no presente trabalho, evidenciam a diferenciação da exploração agrícola dos colonos no PIC *Ouro Preto*. Entre eles a utilização da terra, a relação entre culturas anuais e culturas perenes, o volume da produção e a produtividade nas unidades analisadas e os rendimentos pela commercialização da produção.

Enquanto que uma parte dos colonos trabalha somente com as culturas anuais de arroz, feijão e milho, ou seja, as culturas de subsistência, sendo que somente o excedente da produção seja comercializado, a outra parte dos colonos dá maior ênfase ao plantio de lavouras perenes esp. café, cacao e seringueira, ou seja, lavouras voltadas exclusivamente aos mercados nacionais e internacionais. Nesse último caso, a concessão de créditos agrícolas a juros subsidiados tinha maior importância nos anos 70. Observa–se, no entanto, uma tendência geral à transformação de roças em áreas de pastagem em todo o espaço rural rondonense, ou seja, uma tendência à pecuarização, cujas razões têm que ser procuradas em problemas fitossanitários do cultivo, em problemas de commercialização, falta de crédito nos últimos anos, preços não–compensadores etc.

A análise desses parâmetros permitiu a elaboração de uma *tipologia* da pequena propriedade rural em Rondônia. Destacaram–se, assim, basicamente 4 tipos: O primeiro, voltado à garantia da própria subsistência, pode–ser caracterizada como exploração camponesa. O segundo tipo, no entanto, caracteriza–se pela transição de uma exploração camponesa para uma exploração modernizada pela combinação da produção agrícola para a própria subsistência e para o mercado, o último através de culturas perenes. A base desse tipo, como do primeiro, é principalmente a mão–de–obra familiar. O terceiro tipo mostra uma clara tendência para a pecuarização pela dominância das pastagens e da criação de gado. O quarto tipo, finalmente, destaca–se pela dominância da produção de mercado, pela dominância das culturas perenes, pela utilização de insumos como créditos de financiamento e pelo emprêgo significativo de mão–de–obra assalariada. Ele pode ser caracterizado como tipo de exploração modernizada. Todos esses tipos correspondem, antes de mais nada, a diferentes *estratégias de sobrevivência* da população camponesa na frente pioneira. Mostrou–se uma diferência nítida entre os colonos assentados pelo INCRA e os compradores de terra, que chegaram na sua maioria somente nos últimos anos. Enquanto aqueles primeiros pertencem mais aos primeiros dois tipos de exploração, os últimos têm maior frequência pelos tipos mais modernizados.

O estudo das formas de organização social dos colonos no campo rondonense mostrou sobretudo o surgimento espontâneo das chamadas *Associações dos Pequenos Produtores* em todas as áreas de colonização. Essas organizações auto–determinadas podem ser interpretadas como resposta da população camponesa aos problemas da vida cotidiana: falta de força da classe camponesa perante a administração pública e sobretudo perante a concorrência de mercado. Elas poderiam representar o ponto de partida de um desenvolvimento *de baixo para cima*.

Num próximo capítulo do trabalho, conceitos, execução, problemas e consequências do planejamento regional em Rondônia são os assuntos centrais, enfocando a análise nos efeitos da atuação do Estado para a organização sócio–econômica e espacial da *periferia*.

Desde 1981, o programa POLONOROESTE representa o instrumento mais importante para a reorganização e o desenvolvimento das estruturas regionais em Rondônia. Criado, principalmente, para o financiamento da pavimentação da BR 364 Cuiabá–Porto Velho, este programa, que conta com uma participação financeira do Banco Mundial, engloba uma série de sub–programas que deveriam impedir os efeitos negativos do asfaltamento da BR 364 e um desenvolvimento descontrolado em Rondônia. Entre as medidas mais significativas destacam–se um Projeto de Desenvolvimento Rural Integrado em Rondônia (PDRI–RO), que tem por objetivo o melhoramento das condições de vida nas áreas de colonização, um novo programa de assentamento para satisfazer a demanda crescente de terra pelos migrantes, como, de outro lado, atividades conservacionistas que visam à proteção da população indígena e do meio ambiente.

No contexto do trabalho deu–se maior ênfase à análise da realização do PDRI–RO na área de estudo. A medida mais importante deste sub–programa era a instalação dos *Núcleos Urbanos de Apoio Rural* (NUAR), entre eles também os três NUAR do PIC *Ouro Preto*, analisados neste trabalho. Os NUAR foram concebidas como pequenas localidades centrais, cujo objetivo principal seria o fornecimento das infra–estruturas básicas, até então deficientes, como uma assistência melhor para a população rural. Além do acompanhamento e da crítica da realização dos diferentes segmentos do PDRI, como assistência técnica e social, melhoramento das infra–estruturas etc., deu–se maior ênfase, no âmbito deste trabalho, ao estudo da situação sócio-econômica dos seus novos moradores. Evidenciou-se que essas novas localidades no campo rondonense formam um novo *espaço de sobrevivência* para uma população carente, para migrantes recém-chegados, pessoas sem-terra, isto é, antigos meeiros ou agregados dos arredores e colonos mal-sudecidos. Foi colocado a hipótese de que essa população poderia obter, futuramente, a função de uma reserva de força de trabalho numa fase de *consolidação capitalista* da frente pioneira. De qualquer modo, evidenciou-se a inclusão dos NUAR, criados para melhorar as condições de vida no campo, nos processos de diferenciação sócio-econômica da população rural rondonense sem poder cumprir, no entanto, sua própria função de assistência. Tudo isso por causa de uma migração contínua e crescente para o campo rondonense, como também por causa de um quadro geral desfavorável para a estabilização do desenvolvimento regional na periferia e pela situação sócio-econômica e política no Brasil como um todo.

Do mesmo modo, a instalação de novos projetos de assentamento no âmbito de POLONOROESTE não conseguiu aliviar a pressão sobre as reservas de terra em Rondônia e não conseguiu, consequentemente, ordenar o desenvolvimento regional.

A última parte do trabalho é consagrado ao complexo dos conflitos de interesses no campo rondonense. Numa abordagem geográfica, a competição pela appropriação e utilização do espaço, isto é, o conflito pela terra, merece maior atenção. Embora Rondônia não seja o maior foco de tensões entre as frentes pioneiras na Amazônia brasileira, foi possível de detectar uma série de conflitos concretos, provas das relações desiguais entre os diferentes grupos sociais na frente pioneira. Destacam-se conflitos p.ex. entre a *frente pioneira capitalista* (ou seja, fazendeiros, serrarias, mineradoras etc.), a *frente pioneira camponesa* (ou seja, pequenos produtores, posseiros etc.) e a população indígena. Na estrutura centro-periférica da sociedade brasileira, estes conflitos podem ser interpretados como expressão de uma *violência estrutural* perpétua em detrimento dos interesses de reprodução dos grupos marginalizados, isto é, em detrimento da *periferia*. Do mesmo modo, o Estado, símbolo do poder do *centro*, não consegue contribuir com os seus meios de planejamento para uma solução dos conflitos. Ele exerce meramente um contrôle superficial do status quo.

Rondônia não é o novo *El Dorado* na Amazônia, não é *a fronteira que deu certo*, embora o seu desenvolvimento seja um dos mais dinâmicos entre os estados brasileiros. A frente pioneira rondonense vive um desenvolvimento periférico cujas características são o deslocamento e a reprodução subsequente de problemas, tensões e disparidades do *centro* para a *periferia*. Sem dúvida nenhuma, Rondônia ofereceu como espaço de sobrevivência para muitos migrantes a chance de melhorar de vida, pela aquisição de terra no campo ou, para alguns, pelo sucesso econômico nas cidades pioneiras. Para muitos outros, no entanto, a migração para a frente pioneira camponesa não correspondeu à fixação definitiva e à estabilização esperada. Aí o significado dos processos de diferenciação sócio-econômica da frente pioneira. Para esses últimos, mudança para a cidade ou migração *mais para frente*, para o Acre, para Roraima, permanecem as estratégias de sobrevivência. E todo esse desenvolvimento acelerado e descontrolado realiza-se em detrimento da população indígena e do meio ambiente da região. Fica a suspeita de que Rondônia em vez de ser o novo *El Dorado* na Amazônia, seja meramente mais uma etapa no processo do deslocamento das frentes pioneiras no Brasil.

SUMMARY

The theme of this study is the analysis of regional development and planning in a peripheral region of the Brazilian Amazon using the example of the state of Rondônia. The material presented is a result of fieldwork in the region, altogether totalling almost two years, during 1983, 1984 and 1985.

In the first part of this study, the author presents a theoretical approach based on the analysis of the concepts of *Core* and *Periphery*, as the two basic categories for the characterization of the socio–economic and spatial structures of Third World countries in general, and of Brazil in particular. In this context, special emphasis is given to the analysis of different concepts of *Pioneer Fronts* and to the actual importance of these fronts in the historical and regional development of Brazil, as well special discussion of this phenomenon in the Brazilian Amazon region.

Following a brief description of the physical conditions of the region, and of the most important periods of Rondônian history and regional development, the second part of the study concentrates on the two determinate factors of recent development in Rondônia, *In–migration* and *Colonization*.

During the last fifteen years Rondônia has experienced one of the highest rates of population growth of any of the Brazilian states (at an average of 16 % p.a.). In real terms, an increase of the population from 100,000 in 1970 to more than 1 million in 1985 has occurred. This is as a result of the continuous in–migration to Rondônia of peasants, smallholders, share–croppers, rural workers and others in search of land beginning mainly in 1970. The origin of migrants coming into Rondônia are mainly the rural areas of the brazilian centre–south, especially the states of Paraná, São Paulo, Minas Gerais, Espírito Santo, Mato Grosso do Sul and Mato Grosso.

This migration to the Rondônian pioneer front areas is directly related to the processes of agricultural modernization in the origin areas of the migrants. These processes resulted in major changes to the socio–economic structures of the origin regions, of which many may be considered as former (and therefore now consolidated) pioneer fronts. Such modernising changes to the agricultural systems of these source regions have resulted in the displacement of large numbers of the rural poor from the land.

In an effort to preserve a culture and lifestyle tradition to them, the response of many of the displaced is to migrate to new pioneer front areas such as Rondônia.

The initiation of various colonization schemes by the INCRA land authority along the federal BR 364 from Cuiabá to Porto Velho in central Rondônia from 1970 onwards, is considered to be the major *pull factor* for migrants in search of land. During the seventies, Rondônia became the most important area of government sponsored colonization in Amazonia. In the beginning the INCRA land authority distributed plots of 100ha., later reducing to 25 or 50ha. only. Thus, 44,000 families were settled in these Rondônian colonization areas.

However the official colonization schemes in Rondônia were insufficient to satisfy the demand for land of an increasing number of migrants. For this reason, many migrants were forced to seek alternative forms of colonization in the pioneer front regions of Rondônia.

One of the most important alternatives for the migrants became to settle in one of the new pioneer towns which arose along with agricultural colonization along the BR 364.

In a following chapter of this study, the living conditions and the organization of labour in the agricultural pioneer fronts is discussed as well as land–use systems and processes of socio–economic differentiation within the rural population of Rondônia. This is based on the authors own fieldwork in PIC *Ouro Preto*, the oldest and largest INCRA settlement scheme in Rondônia. In this project, the author interviewed settlers and other inhabitants of the three areas influenced by the so–called NUAR: *Nova Colina, Nova União*, and *Teixeirópolis*.

Above all, processes of differentiation and stratification within the rural population were observed in these areas, originally planned to be a relatively homogeneous social space. The starting point of these processes is a clear tendency by the originally settled people to sell their land, received by them from INCRA. The most important reasons for this increasing commercialization of the land plots is the very precarious living conditions of the original settlers in the rural areas (caused by such problems as a lack of infrastructure and poor health provision, for example for malaria). Problems also exist in the marketing of agricultural production (dependance on intermediaries serves to cut the profits of poor farmers), in addition many of the original settlers have debt problems. New migrants with capital, more successful original settlers and intermediaries, lawyers, doctors and government employees (representatives of an emerging *Middle Class*) predominate among the purchasers of land plots from the original settlers. On the other hand, one can observe an increasing number of families without land in the rural areas of Rondônia, who are living on the land as share–croppers or agregados, on the land of other settlers. This may also be interpreted as a consequence of increased migration into the area following the limited offer of land plots by INCRA. Taken as a whole, these structural changes in the settlement areas of Rondônia are resulting in unequal socio–economic structures similar to those which led to the displacement of the peasant labour force from the older pioneer front regions of Brazil.

Besides these structural changes on the social level, the study of the PIC *Ouro Preto* area also shows various economic differences in the peasant agricultural systems of the colonization areas. These changes may be considered mainly to be a result of differing *strategies* of agricultural exploitation by the settlers. They are also in part directly related to the national agricultural policies of Brazil as a whole, and the modification of these policies during the past few years.

Various parameters, analysed in this study, point to these changes and differentiations in peasant agriculture. The most important parameters are: the Structure of Agricultural Production; the relationship between Perennial and Annual crops; and the relationship between Agricultural Production, Productivity and the Profit earned by marketing the surplus production.

The study has shown that one group of settlers cultivates exclusively annual crops such as rice and black–beans, mainly for subsistence and selling only the surplus, a second group not only cultivates subsistence crops over and beyond their own needs, but also various perennial crops, including coffee, rubber and cocoa, exclusively directed to national and international markets. In this second case the offer of subsidised agricultural credit by the Brazilian government was a very important stimulus. Nevertheless, the transformation today of cultivated land to pasture is a reflection of general trends in the land–use structures of areas of rural Rondônia. There are various explanations for this trend including the spread of plant diseases (especially to cocoa and rubber), problems in marketing, a lack of subsidised credit over recent years and low price levels for crops.

Analysis of these parameters produced a *typology* of production systems used by the settlers. Four basic types may be distinguished: 1. Subsistence Orientated Production. This is characterised as the lowest level of peasant production. 2. Transition Form. Showing changes from a peasant (subsistence) production system to a more modern one, usually meaning a system still dominated by subsistence crops but combining also the production of some cash–crops. Labour on the farm is provided almost exclusively by the members of the settlers family. 3. Cattle Raising. The predominant position in the production system is held by pasture and cattle raising. 4. Modernised Agriculture. This final type displays a predominant market orientation of cash–crops (cocoa,rubber,coffee), large scale use of agricultural credit, entrepreneurial behaviour by the settler and the use of hired labour.

These four types show us examples of the *different approaches* by the original settler to agricultural production in the pioneer front areas, influenced by the cultural and financial resources of the settler, his perception of the regional potential and the varying national conditions (such as crop prices, credit rates etc.). A clear difference is however evident in the success of the original migrants settled by INCRA, and those who have bought land since. Despite this the original settlers belong more to types 1 and 2 while later settlers are found most often in the more commercially orientated types 3 and 4.

The spontaneous creation and diffusion of the so–called *Associações dos Pequenos Produtores* in all colonization areas of Rondônia is a new and important factor in the social organization of settlers on the pioneer front. The creation of these self–determining organizations must be interpreted as a reaction of the peasant population to the daily problems of life on the periphery: the lack of representation of the peasant population to public authorities, in regional and national politics, and finally the high dependance of the settlers on volatile capitalist market structures at regional and national level. These organizations could prove to be the starting point for a *development from below* movement in Rondônia.

The next chapter of the study deals with the concepts, execution and consequences of regional development planning in Rondônia. Special emphasis is given to the effects of government activity in the socio–economic and spatial organization of the *periphery*.

Since 1981 the POLONOROESTE programme has been the most important government instrument in the reorganization of regional structures in Rondônia. POLONOROESTE was originally created to finance the paving of the BR 364 with asphalt, financially assisted in part by the World Bank. Besides this project, POLONOROESTE proposed a number of sub–programmes to avoid the foreseeable negative effects of the asphaltation, especially uncontrolled regional development in Rondônia. Among these measures is an Integrated Rural Development Project (PDRI–RO) in Rondônia which particularly aims to improve living conditions in the existing colonization areas, to provide a new settlement programme for the absorbtion of an increasing number of new migrants, and measures to protect the indigenous population and environment, amongst other wide ranging considerations.

In this study, emphasis is given to the investigation of the realization of Integrated Rural Development within the study area. The central measure of this sub–programme is the foundation of the so–called *Núcleos Urbanos de Apoio Rural* (NUAR), or rural development centres. The three NUARs of PIC Ouro Preto are examined in this study. The NUAR were planned to be small, local settlements in the rural areas, whose primary function would be to improve access to infrastructure and government services for the settlers.

Firstly, the realization of the various government initiatives within the PDRI–RO is analysed by the author. Special attention is however given to the socio–economic situation and problems of the new inhabitants of the NUARs. The NUARs, as rural development centres, represent a new focus of settlement opportunity and service provision for the poor and isolated rural settler population. Such groups especially include: recently arrived migrants; the landless poor including share–croppers and rural workers; and unsuccessful settlers forced to give up their land. One supposition is immediately obvious: the population of the NUARs could prove to be a labour reserve under a future capitalist consolidation of the pioneer front economy of Rondônia. The foundation of NUARs has assisted the processes of socio–economic differentiation of the rural population in Rondônia, despite the fact that they had been created to stabilise and improve the precarious living conditions of the settlers on the pioneer front. One of the main reasons why this has occurred is the increased migration into Rondônia, a second is the unfavorable framework of Brazilian society today, which is an obstacle in the stabilization of regional development in peripheral regions.

Likewise, the new settlement schemes initiated by the POLONOROESTE programme have not reduced the increasing pressure on the land reserves of Rondônia. These measures can not therefore be judged to be a successful contribution to more a organised regional development.

The final part of this study deals with the conflicts of interests within the pioneer front areas of Rondônia. It emphasises a geographical approach to the competition for space, especially land–use conflicts. Although Rondônia cannot be considered as the main focus of land–use conflicts in the Brazilian Amazon, various typical conflict situations could be observed. Different levels of conflict can be recognised. A notable example are the conflicts between the *Capitalist Frontier* (large landowners, sawmills, mining companies etc.) and the *Peasant Frontier* (settlers, squatters etc.) whilst both are in conflict with indigenous population, this is typical of the pioneer front stage of Rondônian development. These conflicts also represent the deep, inherent disparities between centre and periphery dwellers in Brazilian society. This is one form of the permanent *Structural Violence* prejudicing attempts by isolated groups in the *periphery* to improve their living conditions. Even the state, symbol of central power, does not contribute in any real way to the solving of these conflicts. Depending on the interests of the most powerful groups (on the *Capitalist Frontier*), the state exercises a superficial control of the status–quo.

In any case, Rondônia can not be considered as the new *El Dorado* of Amazonia, despite Rondônian regional development being amongst the most dynamic of the Brazilian states. The Rondônian frontier region is passing through a peripheral development phase at the present, characterised by tensions and disparities between core and peripheral regions and the displacement of problems from the *core* to the *periphery*. Nevertheless Rondônia has offered opportunities for social ascension and improvement of living standards for many migrants, whether through land acquisition or through success in the towns of the pioneer front. However a large proportion of the migrants have failed to realise their aspirations on the pioneer front. In view of these facts, the significance of socio–economic differentiation to pioneer front society remains to be seen. For the latter group, the continuation of migration either to the outskirts of the new towns or to the most recent of the pioneer front regions (eg. Acre, Roraima) remains a survival strategy. It is certain however, that any further development along the pioneer front will prove detrimental both to the indigenous population and the natural environment. Finally, a valid concluding assumption is that Rondônia, instead of being the new *El Dorado* of the Amazon, will prove to be only a further step in the expansion of frontier regions in Brazil.

ANHANG

Tabellen
Abbildungen
Fragebögen

Tabellen

Tabelle 1   NATÜRLICHE VEGETATION RONDÔNIAS
EINIGE AUSGEWÄHLTE, NUTZBARE ARTEN

IM RAHMEN DER EXTRAKTIONSWIRTSCHAFT PFLANZLICHER PRODUKTE BEREITS GENUTZTE ARTEN

Brasilianischer Name	Wissenschaftlicher Name
Seringueira	Hevea brasiliensis
Castanha-do-Pará	Bertholletia excelsa
Copaíba	Copaifera langsdorfii

ÖKONOMISCH BEDEUTSAME EDELHOLZARTEN

Brasilianischer Name	Wissenschaftlicher Name
Mogno	Swietiana macrophylla
Imburana,"cerejeira",Cumaru-de-cheiro	Torresea acreana
Angelim	Hymenolobium sp.
Andiroba	Carapa guianensis
Cedro	Cedrela odorata
Jacarandá	Dalbergia spruceana
Pau-roxo	Peltogyne densiflora
Balsamo	Myroxilon balsamum
Saboarana	Swartia laevicarpa
Maracatiara	Astronium lecointei
Freijó	Cordia goeldina
Morototó	Didymopanax morototoni
Tauari	Cariniana micrantha
Pau-mulato	Calycophyllum spruceanum
Marfim-vegetal	Phytelephas microcarpa
Jequitibá	Cariniana brasiliensis
Jatobá	Hymenaea courbaril
Ipé, pau d'arco	Tabebuia serratifolia

NUTZBARE, NATÜRLICH VORKOMMENDE PALMENARTEN

Brasilianischer Name	Wissenschaftlicher Name
Babaçu	Orbignya martiana
Tucumã	Astrocaryum vulgare
Pupunha	Bactris gasipaes
Açaí	Euterpe oleracea
Patauá	Jessenia bataua
Inajá	Maximiliana regia
Bacaba	Oenocarpus distichus
Burití	Mauritia flexuosa
	Mauritia vinifera

Quellen: IBGE (1975): Atlas de Rondônia. Rio de Janeiro.
        VALVERDE, Orlando Hrsg.(1979): A organização do espaço na faixa da Transamazônica. Vol. I. IBGE. Rio de Janeiro.
        CAVALCANTE, Paulo B. (1974): Frutas comestíveis da Amazônia II. Museu Paraense Emílio Goeldi. Belém/PA.
        BALICK, Michael J. (1985): Useful Plants of Amazonia: A Resource of Global Importance. in: PRANCE, G.T.,LOVEJOYT.E. Hrsg.(1985): Amazonia.Oxford, New York. S. 339-368.
        SMITH, Nigel J.H. (1982): Rainforest Corridors. The Transamazon Colonization Scheme. Berkeley. S. 41 ff.
        CEPA-RO (1983): Zoneamento Agro-Ecológico de Rondônia. Porto Velho. S. 218 ff.
        HUECK, Kurt (1966): Die Wälder Südamerikas. Stuttgart. S. 27-29 und 50-51.

Tabelle 2

BEVÖLKERUNGSENTWICKLUNG 1872 - 1980
BRASILIEN, REGIÃO NORTE, RONDÔNIA

	1872		1890		1900	
	absolut	1872=100	absolut	1872=100	absolut	1872=100	1890=100
BRASILIEN	9.930.478	100	14.333.915	144	17.438.434	175	122
REGIÃO NORTE	332.847	100	476.370	143	695.122	209	146
RONDÔNIA	-		-		-		

	1920			1940			1950		
	absolut	1872=100	1900=100	absolut	1872=100	1920=100	absolut	1872=100	1940=100
BRASILIEN	30.635.605	309	176	41.236.315	415	135	51.944.397	523	126
REGIÃO NORTE	1.439.052	432	207	1.462.420	439	102	1.844.655	554	126
RONDÔNIA	24.659			25.784		105	36.935		143

	1960			1970			1980		
	absolut	1872=100	1950=100	absolut	1872=100	1960=100	absolut	1872=100	1970=100
BRASILIEN	70.070.457	706	135	93.139.037	938	133	119.002.706	1.198	128
REGIÃO NORTE	2.561.782	770	139	3.603.860	1.082	141	5.880.268	1.767	163
RONDÔNIA	69.792		189	111.064		159	491.069		442

Quellen: IBGE (1984): Anuário Estatístico do Brasil 1984. Rio de Janeiro
VALVERDE, Orlando Hrsg. (1979): A Organização do Espaço na Faixa da Transamazônica. Vo. L IBGE. Rio de Janeiro
und eigene Berechnungen

Tabelle 3   BEVÖLKERUNG RONDÔNIAS 1980
             NACH GEBURTSSTAATEN

Bundesstaat/REGION Geburtsstaat	Bevölkerung* 1980 absolut	in %
Rondônia	162.686	33
Acre	7.992	2
Amazonas	22.340	5
Roraima	249	0,05
Pará	5.409	1
Amapá	173	0,03
REGIÃO NORTE	198.849	41
Maranhão	4.439	0,9
Piauí	1.459	0,2
Ceará	14.082	3
Rio Grande do Norte	2.033	0,4
Paraíba	2.795	0,6
Pernambuco	6.271	1
Alagoas	3.005	0,6
Fernando de Noronha	7	-
Sergipe	1.828	0,4
Bahia	13.463	3
REGIÃO NORDESTE	49.382	10
Minas Gerais	54.281	11
Espírito Santo	32.765	7
Rio de Janeiro	2.410	0,4
São Paulo	23.605	5
REGIÃO SUDESTE	113.061	23
Paraná	74.082	15
Santa Catarina	5.085	1
Rio Grande do Sul	6.152	1
REGIÃO SUL	85.319	17
Mato Grosso do Sul	9.395	2
Mato Grosso	25.259	5
Goiás	5.410	1
Distrito Federal	282	0,06
REGIÃO CENTRO-OESTE	40.346	8
Brasilien (o.A. des Bundesstaates)	1.524	0,3
INSGESAMT	488.481	100

*Bei diesen Angaben handelt es sich nur um gebürtige Brasilianer

Quelle: IBGE (1982): Censo Demográfico 1980, Vol. 1, Tomo 4, N° 2.
        Rio de Janeiro.
        und eigene Berechnungen.

Tabelle 4 WANDERUNGSSALDEN DER
BRASILIANISCHEN BUNDESSTAATEN
1980

BUNDESSTAAT	Wanderungssaldo 1980	Anteil des Wanderungssaldos an der Bev. des Bundesstaates 1980 in %
Rondônia	246.102	50
Acre	-1.995	7
Amazonas	19.479	1
Roraima	14.443	18
Pará	230.186	7
Amapá	12.172	7
Maranhão	-141.283	4
Piauí	-139.075	7
Ceará	-329.718	6
Rio Grande do Norte	-74.482	4
Paraíba	-250.013	9
Pernambuco	-398.081	6
Alagoas	-93.906	5
Sergipe	-34.717	3
Bahia	-377.700	4
Minas Gerais	-660.167	5
Espírito Santo	-7.914	0,4
Rio de Janeiro	344.584	3
São Paulo	2.021.176	8
Paraná	-780.621	10
Santa Catarina	-2.529	0,1
Rio Grande do Sul	-165.307	2
Mato Grosso do Sul	69.192	5
Mato Grosso	177.835	16
Goiás	-14.455	0,4
Distrito Federal	337.054	29

Quelle: BRET, Bernard et al. (1984): La population brésilienne: dynamique démographique et spatiale.
in: Problèmes d'Amérique Latine, Notes et Etudes Documentaires, n° 4764, S.137.
IBGE (1984): Anuário Estatístico do Brasil 1983. Rio de Janeiro.
und eigene Berechnungen.

Tabelle 5   BEVÖLKERUNG NACH STÄDTISCHEM UND LÄNDLICHEM RAUM
RONDÔNIA, REGIÃO NORTE, BRASILIEN
1950, 1960, 1970, 1980

RONDÔNIA

Jahr	Städtischer Raum absolut	in %	Ländlicher Raum absolut	in %	Insgesamt absolut	in %
1950	13.816	37,4	23.119	62,6	36.935	100
1960	30.186	43,3	39.606	56,7	69.792	100
1970	59.564	53,6	51.500	46,4	111.064	100
1980	228.539	46,5	262.530	53,5	491.069	100

REGIÃO NORTE

1950	580.867	31,5	1.263.788	68,5	1.844.655	100
1960	957.718	37,4	1.604.064	62,6	2.561.782	100
1970	1.626.600	45,1	1.977.260	54,9	3.603.860	100
1980	3.037.150	51,6	2.843.118	48,4	5.880.268	100

BRASILIEN

1950	18.782.891	36,2	33.161.506	63,8	51.944.397	100
1960	31.303.034	44,7	38.767.423	55,3	70.070.457	100
1970	52.084.984	55,9	41.054.053	44,1	93.139.037	100
1980	80.436.409	67,6	38.566.297	32,4	119.011.052	100

QUELLE: IBGE (1984): Anuário Estatístico do Brasil 1983, und eigene Berechnungen

Tabelle 6 MIGRATION NACH RONDÔNIA
1970 BIS 1980
Herkunft der Migranten

Bundesstaat / REGION Letzter Wohnort	Zuwanderung 1970 - 1980	
	absolut	in %
Acre	5.584	2
Amazonas	10.468	4
Roraima	212	0,07
Pará	2.929	1
Amapá	76	-
REGIÃO NORTE	19.269	7
Maranhão	2.827	1
Piauí	495	0,1
Ceará	3.441	1
Rio Grande do Norte	439	0,1
Paraíba	757	0,2
Pernambuco	1.318	0,4
Alagoas	438	0,1
Sergipe	230	0,07
Bahia	4.214	2
REGIÃO NORDESTE	14.159	5
Minas Gerais	18.295	7
Espírito Santo	23.650	9
Rio de Janeiro	1.502	0,5
São Paulo	10.563	4
REGIÃO SUDESTE	54.010	20
Paraná	95.406	36
Santa Catarina	2.219	0,8
Rio Grande do Sul	1.661	0,6
REGIÃO SUL	99.286	37
Mato Grosso do Sul	27.201	10
Mato Grosso	43.754	16
Goiás	4.409	2
Distrito Federal	662	0,2
REGIÃO CENTRO-OESTE	76.026	29
Brasilien (o.A. des Bundesstaates)	256	0,1
Ausland	1.887	0,7
Ohne Angabe	1.234	0,5
INSGESAMT	266.127	100

Quelle: IBGE (1982): Censo Demográfico 1980, Vol. 1, Tomo 4, N° 2.
Rio de Janeiro.
und eigene Berechnungen.

Tabelle 7   **ABWANDERUNG AUS RONDÔNIA**
               1970 BIS 1980

Bundesstaat / REGION	Abwanderung 1970 - 1980 absolut	in %
Acre	1.144	7
Amazonas	2.710	16
Roraima	212	2
Pará	1.162	7
Amapá	76	0,3
REGIÃO NORTE	5.419	33
Maranhão	188	1
Piauí	26	0,1
Ceará	388	2
Rio Grande do Norte	109	0,7
Paraíba	77	0,5
Pernambuco	121	0,7
Alagoas	15	0,1
Sergipe	4	-
Bahia	42	0,3
REGIÃO NORDESTE	970	6
Minas Gerais	878	5
Espírito Santo	513	3
Rio de Janeiro	637	4
São Paulo	1.892	11
REGIÃO SUDESTE	3.920	24
Paraná	1.077	6
Santa Catarina	124	0,7
Rio Grande do Sul	267	2
REGIÃO SUL	1.468	9
Mato Grosso do Sul	934	6
Mato Grosso	3.110	19
Goiás	316	2
Distrito Federal	511	3
REGIÃO CENTRO-OESTE	4.871	29
INSGESAMT	16.648	100

Quelle: SEPLAN/RO-NURE (1984): 5 anos de migração em Rondônia 1979/83. Porto Velho.
und eigene Berechnungen.

Tabelle 8

MIGRATION NACH RONDÔNIA
WANDERUNGSSALDO 1980

Bundesstaat / REGION	Wanderungssaldo 1980* absolut	in %
Acre	4.440	2
Amazonas	7.758	3
Roraima	-129	-
Pará	1.767	0,7
Amapá	14	-
REGIÃO NORTE	13.850	6
Maranhão	2.639	1
Piauí	469	0,2
Ceará	3.053	1
Rio Grande do Norte	330	0,1
Paraíba	680	0,3
Pernambuco	1.197	0,5
Alagoas	423	0,2
Sergipe	226	0,1
Bahia	4.172	2
REGIÃO NORDESTE	13.189	5
Minas Gerais	17.417	7
Espírito Santo	23.137	9
Rio de Janeiro	865	0,4
São Paulo	8.671	4
REGIÃO SUDESTE	50.090	20
Paraná	94.329	38
Santa Catarina	2.095	0,9
Rio Grande do Sul	1.394	0,6
REGIÃO SUL	97.818	40
Mato Grosso do Sul	26.267	11
Mato Grosso	40.644	17
Goiás	4.093	2
Distrito Federal	151	0,1
REGIÃO CENTRO-OESTE	71.155	29
INSGESAMT	246.102	100

Quelle: Tabellen "Migration nach Rondônia 1970-1980" und
"Abwanderung aus Rondônia 1970-1980"
und eigene Berechnungen

*Migranten ohne Angabe des Bundesstaates, Migranten aus dem Ausland und
Fälle ohne Angabe wurden bei Berechnung der Wanderungssalden nicht berücksichtigt

Tabelle 9

RONDÔNIA
STÄDTISCHE UND LÄNDLICHE BEVÖLKERUNG SOWIE BEVÖLKERUNGSDICHTEN
1980
nach Munizipien

MUNIZIP	Städtische Bevölkerung absolut	in %	Ländliche Bevölkerung absolut	in %	Gesamtbevölkerung absolut	in %	Munizipanteil an Gesamtbev. RO in %	Fläche in km² absolut	in %	Bevölkerungsdichte (E/km²) A(E/km²)	B(IE/km²) *
Porto Velho	102.978	77	30.920	23	133.898	100	27	54.780	23	2,4	0,6
Guajará-Mirim	19.970	71	7.995	29	27.965	100	6	35.855	15	0,8	0,2
Costa Marques	2.009	30	4.781	70	6.790	100	1	37.829	16	0,2	0,1
Ariquemes	13.831	36	24.750	64	38.581	100	8	24.084	10	1,6	1,0
Jaru	4.864	40	8.919	60	14.783	100	3	12.551	5	1,2	0,7
Ouro Preto do Oeste	4.831	11	38.548	89	43.379	100	9	5.674	2	7,6	6,8
Ji-Paraná	31.645	47	35.574	53	67.219	100	14	8.345	3	8,0	4,3
Presidente Médici	3.065	28	8.048	72	11.113	100	2	6.352	3	1,7	1,3
Cacoal	13.533	20	53.504	80	67.037	100	14	8.307	3	8,1	4,3
Pimenta Bueno	8.005	35	14.723	65	22.728	100	5	12.384	5	1,8	1,2
Espigão do Oeste	2.962	41	4.329	59	7.291	100	1	4.731	2	1,5	0,9
Vilhena	12.575	86	1.966	14	14.541	100	3	14.703	6	1,0	0,1
Colorado do Oeste	7.271	20	28.473	80	35.744	100	7	17.449	7	2,0	1,6
INSGESAMT	228.539	47	262.530	53	491.069	100	100	243.044	100	2,0	1,1

* Dichtewert A (E/km²) = bezogen auf die Gesamtbevölkerung des Munizips, B (IE/km²) = bezogen auf die ländliche Bevölkerung des Munizips

Quellen: IBGE (1982): Censo Demográfico 1980, Vol. 1, Tomo 3, N° 1: Dados Distritais. Rio de Janeiro,
SEPLAN/RO (1983): Anuário Estatístico de Rondônia 1982. Porto Velho,
und eigene Berechnungen.

Tabelle 10   HERKUNFT DER 169 IM PIC "OURO PRETO" BEFRAGTEN *

1. Nova Colina

Herkunftsstaat	Land Land	Stadt	NUAR Land	Stadt	Insgesamt
Paraná	5	2	7	2	16
Mato Grosso	5	2	4	3	14
Espírito Santo	2	-	1	2	5
Minas Gerais	1	-	2	2	5
São Paulo	1	1	-	1	3
Mato Grosso do Sul	-	-	2	2	4
Rio de Janeiro	-	-	-	1	1
Amazonas	-	-	-	1	1
Insgesamt	14	5	16	14	49

2. Nova União

Herkunftsstaat	Land Land	Stadt	NUAR Land	Stadt	Insgesamt
Paraná	11	-	6	6	23
Mato Grosso	7	1	2	1	11
Espírito Santo	2	-	-	-	2
Minas Gerais	2	-	1	4	7
São Paulo	-	1	-	5	6
Mato Grosso do Sul	1	1	-	1	3
Bahia	1	-	1	-	2
Maranhão	1	-	-	-	1
Rio Grande do Norte	1	-	-	-	1
Goiás	1	-	-	-	1
Acre	-	-	-	1	1
Amazonas	-	-	1	-	1
Paraguay	-	-	-	1	1
Insgesamt	27	3	11	19	60

3. Teixeirópolis

Herkunftsstaat	Land Land	Stadt	NUAR Land	Stadt	Insgesamt
Paraná	8	-	5	2	15
Mato Grosso	6	-	2	-	8
Espírito Santo	4	1	2	1	8
Minas Gerais	5	-	2	2	9
São Paulo	-	1	1	4	6
Mato Grosso do Sul	2	-	4	2	8
Bahia	-	1	-	-	1
Rio Grande do Norte	1	-	-	-	1
Maranhão	-	-	-	1	1
Acre	-	-	-	1	1
Amazonas	1	-	-	-	-
Rio de Janeiro	-	-	-	1	1
Insgesamt	27	3	16	14	60

* Letzter Wohnort vor der Wanderung nach Rondônia

Fortsetzung

4. INSGESAMT

Herkunftsstaat	Land		Stadt		NUAR Land		Stadt		Insgesamt Land		Stadt		INSGESAMT	
	Land	%	Stadt	%	Land	%	Stadt	%	Land	%	Stadt	%		%
Paraná	24	92	2	8	18	64	10	36	42	78	12	22	54	32
Mato Grosso	18	86	3	14	8	67	4	33	26	79	7	21	33	20
Espírito Santo	8	89	1	11	3	50	3	50	11	73	4	27	15	9
Minas Gerais	8	100	-	-	5	38	8	62	13	62	8	38	21	12
São Paulo	1	25	3	75	1	9	10	91	2	13	13	87	15	9
Mato Grosso do Sul	3	75	1	25	6	55	5	45	9	60	6	40	15	9
Bahia	1	50	1	50	1	100	-	-	2	67	1	33	3	2
Maranhão	1	100	-	-	-	-	1	100	1	50	1	50	2	1
Rio Grande do Norte	2	100	-	-	-	-	-	-	2	100	-	-	2	1
Goiás	1	100	-	-	-	-	-	-	1	100	-	-	1	1
Acre	-	-	-	-	-	-	2	100	-	-	2	100	2	1
Amazonas	1	100	-	-	1	50	1	50	2	67	1	33	3	2
Rio de Janeiro	-	-	-	-	-	-	2	100	-	-	2	100	2	1
Paraguay	-	-	-	-	-	-	1	100	-	-	1	100	1	1
	68	86	11	14	43	48	47	52	111	66	58	34	169	100

Quelle: Ergebnisse der Befragungen im PIC "Ouro Preto". 1983/84

Tabelle 11   ANKUNFTSJAHR IN RONDÔNIA DER 169 IM PIC "OURO PRETO" BEFRAGTEN

Ankunftsjahr in Rondônia	Nova Colina Land	Nova Colina NUAR	Nova União Land	Nova União NUAR	Teixeirópolis Land	Teixeirópolis NUAR	Insgesamt Land	%	NUAR	%	TOTAL	%
Vor 1970 (incl)	1	1	-	-	2	1	3	50	3	50	6	4
1971	-	-	1	1	-	-	1	50	1	50	2	1
1972	3	2	-	-	7	5	10	59	7	41	17	10
1973	5	4	7	4	2	-	14	64	8	36	22	13
1974	2	2	2	-	4	2	8	67	4	33	12	7
1975	2	3	12	1	1	-	14	74	5	26	19	11
1976	2	1	3	3	3	1	8	52	5	38	13	8
1977	-	1	1	-	4	3	5	56	4	44	9	5
1978	-	-	-	-	1	-	1	100	-	-	1	1
1979	1	1	1	3	-	3	2	22	7	78	9	5
1980	-	2	-	5	2	1	2	20	8	80	10	6
1981	-	-	2	1	1	2	3	50	3	50	6	4
1982	3	1	-	3	2	3	5	42	7	58	12	7
1983	-	6	-	7	2	4	2	11	17	89	19	11
1984	-	6	-	1	-	4	-	-	11	100	11	7
Probanden insgesamt											168	100

Quelle: Ergebnisse der Befragungen im PIC "Ouro Preto" 1983/84

Tabelle 12   BESCHÄFTIGUNG IM HERKUNFTSGEBIET DER 169 IM PIC "OURO PRETO" BEFRAGTEN

Beschäftigung im Herkunftsgebiet	Nova Colina		Nova União		Teixeirópolis		Insgesamt				TOTAL	%
	Land	NUAR	Land	NUAR	Land	NUAR	Land	%	NUAR	%		
In der Landwirtschaft als Pächter, agregado etc. (abhängig)	8	9	15	5	12	10	35	59	24	41	59	35
Eigene Landwirtschaft (Eigentümer)	7	9	11	6	15	5	33	62	20	38	53	31
Arbeit in der Stadt*	5	12	3	17	1	11	9	18	40	82	49	29
Landwirtschaft als Landarbeiter	-	1	1	2	2	4	2	22	7	78	9	5
Nennungen insgesamt											170	100
*Detaillierung für in den NUARs Befragte:												
Handwerk/Kleingewerbe		5		8		3			16	100	16	40
Kleinangestellter		7		7		6			20	100	20	50
Kleinhändler		-		2		1			3	100	3	8
Ausbildung		-		-		1			1	100	1	2

Quelle: Ergebnisse der Befragungen im PIC "Ouro Preto"

Tabelle 13 SCHULBESUCH DER 79 IM PIC "OURO PRETO" BEFRAGTEN KOLONISTEN *

Schulbesuch Jahre	Nova Colina	Nova União	Teixeirópolis	Insgesamt	%
0	8	14	17	39	49
1 - 4	8	15	12	35	44
mehr als 4	3	1	1	5	6
Probanden insgesamt				79	100

* nur im ländlichen Raum Befragte

Quelle: Ergebnisse der Befragungen im PIC "Ouro Preto" 1983/84

Tabelle 14 WANDERUNGSMOTIVE DER 169 IM PIC "OURO PRETO" BEFRAGTEN

NENNUNGEN

Wanderungsmotive	Nova Colina Land	Nova Colina NUAR	Nova União Land	Nova União NUAR	Teixeirópolis Land	Teixeirópolis NUAR	Insgesamt Land	Insgesamt %	Insgesamt NUAR	Insgesamt %	TOTAL	%
hatte kein Land	11	10	18	11	9	12	38	54	33	46	71	30
hatte zu wenig Land für die gesamte Familie	6	4	7	6	11	3	24	65	13	35	37	16
sah im Herkunftsgebiet für die Familie keine Zukunft	4	3	2	2	1	7	7	37	12	63	19	8
hatte bereits Verwandte in Rondônia	-	4	-	7	-	8	-	-	19	100	19	8
große Fazenden haben im Herkunftsgebiet die Kleinen verdrängt	-	2	5	2	5	1	10	67	5	33	15	6
in der Herkunftsregion gab es zu wenig Arbeit	-	4	-	8	-	3	-	-	15	100	15	6
hörte von den großen Landreserven in Rondônia	4	1	3	3	2	-	9	69	4	31	13	5
beabsichtigte durch Migration die "Rückkehr aufs Land"	-	3	-	3	-	4	-	-	10	100	10	4
das Land im Herkunftsgebiet war unproduktiv geworden	1	2	-	-	3	1	4	57	3	43	7	3
Mechanisierung hat Landarbeit ersetzt	-	1	-	2	2	1	2	33	4	67	6	3
hörte von guten Lebensbedingungen in Rondônia	-	3	-	1	-	2	-	-	6	100	6	3
Gefährdung in der Großstadt	-	2	-	-	-	2	-	-	4	100	4	2
hat Arbeit verloren	-	-	-	-	1	1	1	50	1	50	2	1
konnte Land günstig verkaufen	-	-	-	1	-	-	-	-	1	100	1	0
andere Gründe	1	2	-	2	2	2	7		6		13	5
											238	100

Quelle: Ergebnisse der Befragungen im PIC "Ouro Preto" 1983/84

Tabelle 15 WANDERUNGSMOTIVE NACH HERKUNFTSREGIONEN DER BEFRAGTEN

HERKUNFTSREGION	1 abs	1 %	2 abs	2 %	3 abs	3 %	4 abs	4 %	5 abs	5 %	6 abs	6 %	7 abs	7 %	8 abs	8 %	9 abs	9 %	10 abs	10 %	11 abs	11 %	12 abs	12 %	13 abs	13 %	14 abs	14 %	15 abs	15 %	Insgesamt abs	Insgesamt %
Paraná	30	39	14	18	7	9	6	8	4	5	2	3	5	6	1	1	1	1	3	4	2	3	-	-	1	1	-	-	-	-	77	100
Mato Grosso	16	37	8	19	3	7	2	5	2	5	1	2	5	12	-	-	2	5	-	-	3	7	-	-	-	-	-	-	1	2	43	100
Espírito Santo	6	29	4	19	-	-	1	5	4	19	1	5	-	-	1	5	2	10	-	-	1	5	1	5	-	-	-	-	-	-	21	100
Minas Gerais	4	13	6	19	4	13	2	6	3	9	5	16	1	3	2	6	1	3	1	3	-	-	-	-	-	-	-	-	3	9	32	100
São Paulo	5	21	1	4	1	4	1	4	-	-	3	13	-	-	6	25	-	-	-	-	-	-	3	13	-	-	-	-	4	17	24	100
Mato Grosso do Sul	7	32	2	9	3	14	3	14	2	9	3	14	-	-	-	-	-	-	2	9	-	-	-	-	-	-	-	-	-	-	22	100
Bahia	1	25	2	50	-	-	1	25	-	-	-	-	-	-	-	-	-	-	-	-	-	-	-	-	-	-	-	-	-	-	4	100
Maranhão	-	-	-	-	-	-	1	50	-	-	-	-	-	-	-	-	-	-	-	-	-	-	-	-	-	-	-	-	1	50	2	100
Rio Grande do Norte	-	-	-	-	1	33	-	-	-	-	-	-	-	-	-	-	-	-	-	-	-	-	-	-	1	33	-	-	1	33	3	100
Goiás	-	-	-	-	-	-	-	-	-	-	-	-	1	50	-	-	1	50	-	-	-	-	-	-	-	-	-	-	-	-	2	100
Acre	1	50	-	-	-	-	-	-	-	-	-	-	-	-	-	-	-	-	-	-	-	-	-	-	-	-	-	-	1	50	2	100
Amazonas	1	33	-	-	-	-	-	-	-	-	-	-	-	-	-	-	-	-	-	-	-	-	-	-	-	-	-	-	2	67	3	100
Rio de Janeiro	-	-	-	-	-	-	2	100	-	-	-	-	-	-	-	-	-	-	-	-	-	-	-	-	-	-	-	-	-	-	2	100
Paraguay	-	-	-	-	-	-	-	-	-	-	-	-	1	100	-	-	-	-	-	-	-	-	-	-	-	-	-	-	-	-	1	100
Insgesamt	71	30	37	16	19	8	19	8	15	6	15	6	13	5	10	4	7	3	6	3	6	3	4	2	2	1	1	0	13	5	238	100

Wanderungsmotive: 1 = hatte kein Land, 2 = hatte zu wenig Land für die gesamte Familie, 3 = sah im Herkunftsgebiet für die Familie keine Zukunft, 4 = hatte bereits Verwandte in Rondônia, 5 = große Fazenden haben im Herkunftsgebiet die Kleinen verdrängt, 6 = in der Herkunftsregion gab es zu wenig Arbeit, 7 = hörte von den großen Landreserven in Rondônia, 8 = beabsichtigte durch Migration die "Rückkehr aufs Land", 9 = das Land im Herkunftsgebiet war unproduktiv geworden, 10 = Mechanisierung hat Landarbeit ersetzt, 11 = hörte von guten Lebensbedingungen in Rondônia, 12 = Gefährdung in der Großstadt, 13 = hat Arbeit verloren, 14 = konnte Land günstig verkaufen, 15 = andere Gründe.

Tabelle 16 WANDERUNGSABSICHTEN DER 169 IM PIC "OURO PRETO" BEFRAGTEN

Wanderungsabsicht	Nova Colina Land	Nova Colina NUAR	Nova União Land	Nova União NUAR	Teixeirópolis Land	Teixeirópolis NUAR	Insgesamt Land	%	NUAR	%	TOTAL	%
Landzuteilung durch INCRA	14	20	24	22	14	21	52	45	63	55	115	64
Land kaufen	4	6	5	4	14	6	23	59	16	41	39	22
Geschäft in der Stadt eröffnen	1	1	-	6	-	5	1	8	12	92	13	7
Arbeit in der Stadt suchen	-	4	1	1	-	-	-	-	5	100	5	3
Land als "posseiro" nehmen	-	-	2	-	-	-	2	100	-	-	2	1
Arbeit bei anderen Kolonisten oder auf Fazendas in Rondônia suchen	-	-	-	-	1	1	1	50	1	50	2	1
Beim Straßenbau arbeiten	-	-	-	-	-	1	-	-	1	100	1	0
andere Absichten	-	1	1	-	1	1	2	67	1	33	3	2
Nennungen insgesamt											180	100

Quelle: Ergebnisse der Befragungen im PIC "Ouro Preto" 1983/84

Tabelle 17 Migrationsabsicht "Landkauf" bzw. "Landzuteilung durch INCRA"
in Abhängigkeit von sozialer Stellung im Herkunftsgebiet und Ankunftsjahr in Rondônia

A) Migrationsabsicht Landkauf

Stellung im Herkunftsgebiet	Ankunftsjahr in Rondônia			Insgesamt			
	1968 - 1975 (incl.)	1976 - 1980	1981 - 1984	absolut	in %	1*	2**
Landeigentümer	5	15	8	28	72		
Pächter, agregado etc.	2	2	1	5	13		
Landarbeiter (Tagelöhner etc)	1	-	-	1	2		
Arbeit in der Stadt	1	-	4	5	13		
Insgesamt	9	17	13	39	100		
in %	23	44	33	100			
davon in NUARs Befragte	2	6	7	15			
in % von Befragten insgesamt	22	35	54	38			

B) Migrationsabsicht Landzuteilung durch INCRA

Landeigentümer	21	3	1	25	22	56	44
Pächter, agregado etc.	37	9	5	51	44	53	47
Landarbeiter (Tagelöhner etc)	-	5	4	9	8	33	67
Arbeit in der Stadt	8	5	17	30	26	27	67
Insgesamt	66	22	27	115	100		
in %	57	19	24	100			
davon in NUARs Befragte	26	14	23	63			
in % von Befragten insgesamt	39	64	85	55			

* % - Anteile der in den ländlichen Einzugsgebieten der NUARs Befragten
** % - Anteile der in den NUARs selbst Befragten

Quelle: Ergebnisse der Befragungen im PIC "Ouro Preto" 1983/84

Tabelle 18   INFORMATION ÜBER RONDÔNIA VOR DER WANDERUNG
              BEI DEN 79 IM PIC "OURO PRETO" BEFRAGTEN KOLONISTEN *

Informationsquellen	Nennungen	%
Eigene Kenntnis Rondônias bereits vor der Wanderung	29	26
Informationen von Nachbarn, Bekannten etc. bereits im Herkunftsgebiet	27	24
Informationen von Verwandten, die bereits nach Rondônia gewandert waren	19	17
Informationen von Bekannten, die bereits nach Rondônia gewandert waren	18	16
Informationen durch Radio und TV	10	9
Informationen privater Kolonisationsfirmen, die in Rondônia aktiv waren	4	4
Informationen durch Regierungsstellen	?	?
Übrige Informationen	2	2
Insgesamt	111	100

* nur im ländlichen Raum Befragte

Quelle: Ergebnisse der Befragungen im PIC "Ouro Preto" 1983/84

Tabelle 19   ENTFERNUNGSTABELLE

Von Porto Velho (Rondônia) in die übrigen Hauptstädte
        der brasilianischen Bundesstaaten
    und andere Städte der Herkunftsgebiete

Entfernung (in km) von Porto Velho (Rondônia) nach:

Region	Bundesstaat	Stadt	km
Norden	Amazonas	Manaus	878
	Pará	Belém	4.371
	Roraima	Boa Vista	k.A.
	Acre	Rio Branco	490
	Amapá	Macapá	k.A.
Nordosten	Maranhão	Sao Luis	4.789
	Piauí	Teresina	4.334
	Ceará	Fortaleza	5.191
	Rio Grande d.N.	Natal	5.122
	Paraíba	Joao Pessoa	5.523
	Pernambuco	Recife	4.846
	Alagoas	Maceió	5.185
	Sergipe	Aracajú	4.908
	Bahia	Salvador	4.642
Südosten	Espírito Santo	Vitória	3.611
	Minas Gerais	Belo Horizonte	3.070
		Gov. Valadares	3.394
		Uberlândia	2.475
	Rio de Janeiro	Rio de Janeiro	3.534
	São Paulo	Sao Paulo	3.174
		Pres. Prudente	2.587
Süden	Rio Grande d.S.	Porto Alegre	3.867
	Santa Catarina	Florianópolis	3.444
	Paraná	Curitiba	3.165
		Foz do Iguaçu	3.265
		Londrina	2.796
Mittelwesten	Mato Grosso d.S.	Campo Grande	2.128
	Mato Grosso	Cuiabá	1.416
	Goiás	Goiânia	2.350
	Distrito Federal	Brasília	2.540

Quelle: Guia "Quatro Rodas 1984". Rio de Janeiro.

Tabelle 20   ZUR WANDERUNG NACH RONDÔNIA BENUTZTES TRANSPORTMITTEL
BEI DEN 79 IM PIC "OURO PRETO" BEFRAGTEN KOLONISTEN *

Transportmittel	Nova Colina	Nova União	Teixeirópolis	Insgesamt absolut	in %
"Pau-de-Arara"	7	10	13	30	38
Omnibus	7	12	9	28	35
Lastwagen	4	6	8	18	23
Eigenes Kraftfahrzeug	1	2	-	3	4
INSGESAMT	19	30	30	79	100

* nur im ländlichen Raum Befragte

Quelle: Ergebnisse der Befragungen im PIC "Ouro Preto" 1983/84

Tabelle 21 ERSTER WOHNORT IN RONDÔNIA DER 169 IM PIC "OURO PRETO" BEFRAGTEN

Wohnort (Stadt/Land)	Nova Colina		Nova União		Teixeirópolis		Insgesamt							
	Land	NUAR	Land	NUAR	Land	NUAR	Land	%	%	NUAR	%	%	TOTAL	%
Ji-Paraná														
Stadt	10	6	5	1	4	7	19			14			33	
Land	8	12	5	1	7	3	20			16			36	
Ouro Preto														
Stadt	-	-	2	3	1	-	3			3			6	
Land	-	-	16	10	12	13	28			23			51	
Übrige Munizipien														
Stadt	-	3	-	2	1	-	1			5			6	
Land														
INSGESAMT														
Stadt	10	9	7	6	6	7	23	51	29	22	49	24	45	27
Land	8	12	21	14	19	16	48	53	61	42	47	47	90	53
Direktwanderung an jetzigen														
Wohnort	1	9	2	10	5	7	8	24	10	26	76	29	34	20
Probanden							79	100		90	100		169	100

Quelle: Ergebnisse der Befragungen im PIC "Ouro Preto" 1983/84

Tabelle 22   WOHNFORM UND ERSTER WOHNORT IN RONDÔNIA
              BEI DEN 79 IM PIC "OURO PRETO" BEFRAGTEN KOLONISTEN *

WOHNART	WOHNORT					
	Stadt	%	Land	%	Insgesamt	%
In eigenem Haus	12	71	5	29	17	24
Bei Bekannten	1	6	15	94	16	23
Bei Verwandten	-	-	15	100	15	21
In gemietetem Haus	10	83	2	17	12	17
Bei vorher nicht bekannter Familie	-	-	11	100	11	15
Insgesamt					71	100

* nur im ländlichen Raum Befragte

Quelle: Ergebnisse der Befragungen im PIC "Ouro Preto" 1983/84

Tabelle 23   ERSTE BESCHÄFTIGUNG DER 169 IM PIC "OURO PRETO" BEFRAGTEN

Beschäftigung	Nova Colina Land	Nova Colina NUAR	Nova União Land	Nova União NUAR	Teixeirópolis Land	Teixeirópolis NUAR	Insgesamt Land	%	%	NUAR	%	%	TOTAL	%	%
Halbpächter	6	4	14	5	7	9	27	60	34	18	40	19	45	100	26
"agregado"	4	6	7	5	6	9	17	46	22	20	54	21	37	100	21
Landeigentümer (parceleiro)	4	4	5	4	9	1	18	67	23	9	33	10	27	100	16
Landarbeiter (diarista)	4	3	1	3	2	2	7	47	9	8	53	9	15	100	9
Eigener Kleinhandel	1	1	1	3	-	4	2	20	2	8	80	9	10	100	6
Längere Zeit ohne Arbeit	-	1	1	1	1	-	1	33	1	2	67	2	3	100	2
Arbeit in der Stadt (für NUAR siehe Spezifizierung)2	s.u.	s.u.	1	s.u.	1	s.u.	3	4	s.u.			(3)		
Andere Beschäftigungen	-	-	1	-	2	-	3	100	4	-	-	-	3	100	3
nur in NUARs Befragte:															
Angestellter		3		3		2				8	100	9	9	100	5
Kleinhandwerker		3		4		1				8	100	9	8	100	5
Kleinlandeigentümer (chácara)		2		1		2				5	100	5	5	100	3
Landbesetzer (posseiro)		3		-		-				3	100	3	3	100	2
Busfahrer		-		1		1				1	100	1	1	100	0,5
Eigentümer eines Lastwagens		-		-		1				1	100	1	1	100	0,5
Beamter im NUAR		-		-		1				1	100	1	1	100	0,5
Zwischenhändler (dono da máquina)		1		-		-				1	100	1	1	100	0,5
Nennungen insgesamt							79		100	94		100	173		100

Quelle: Ergebnisse der Befragungen im PIC "Ouro Preto" 1983/84

Tabelle 24

ETAPPENMIGRATION NACH RONDÔNIA

"Migrationsgeschichten" der im PIC "Ouro Preto" Befragten

445

GEBURTSSTAAT: STAATEN DES NORDOSTENS

1) CE- -SP- -SP- -RO-
2) CE- -SP- -PR- -RO-
3) CE- -MT- -MT- -RO- -RO-
4) CE- -MT- -AMs- -RO- -RO-
5) CE- -SP- -PR- -RO-
6) CE- -AL- -MS- -RO-
7) CE- -RN- -MS- -RO-
8) CE- -RO- -SP- -PR-

9) BA- -RO- -RO-
10) BA- -RO- -ROs- -RO
11) BA- -RO- -ESs- -RO-
12) BA- -BA- -PR- -RO-
13) BA- -PR- -PR- -RO-
14) BA- -PR- -PR- -ROs-
15) BA- -PR- -PRs- -SPs-
16) BA- -PR- -MS- -RO- -RO
17) BA- -PR- -SPs- -RO-
18) BA- -BAs- -ROs- -PR-

19) PE- -MA- -RO- -RO
20) PE- -SP- -ROs- -RO-
21) PE- -SP- -MS- -ES- -RO-
22) PE- -SPs- -PR- -RO-
23) PE- -PR- -RO- -RO
24) PE- -PE- -MT- -MTs- -RO-
25) PE- -SPs- -MT- -ROs- -RO-

26) SE- -PR- -PR- -RO-
27) SE- -SP- -SP- -RO
28) RN- -RO- -MG- -RO-
29) RN- -RN- -RO

30) MA- -MA- -RO

31) PI- -SP- -SP- -PR-

32) AL- -PR- -PRs- -PR- -RO

GEBURTSSTAAT: ESPIRITO SANTO

1) ES- -RO- -ROs- -RO
2) ES- -ES- -ROs- -RO-
3) ES- -ES- -RO- -RO
4) ES- -ES- -RO- -RO
5) ES- -ES- -RO- -RO
6) ES- -ES- -ES- -ES-
7) ES- -ES- -ES- -RO

8) ES- -RO- -RO- -RO
9) ES- -ES- -PR- -RO-
10) ES- -ES- -SPs- -ROs- -RO
11) ES- -PR- -RO- -RO-
12) ES- -ES- -PR- -RO-
13) ES- -PRs- -RO- -RO-
14) ES- -PR- -RO- -RO
15) ES- -PR- -RO- -RO
16) ES- -PR- -ESs- -ES-

17) ES- -MT- -RO- -RO
18) ES- -MT- -MT- -RO-
19) ES- -SP- -RO- -RO-
20) ES- -ES- -ESs- -MT- -ROs- -RO
21) ES- -ES- -MT- -RO- -RO
22) ES- -MT- -RO- -AM-

23) ES- -RJ- -ROs- -RO
24) ES- -RJs- -ES- -RO
25) ES- -BA- -ES- -RO

GEBURTSSTAAT: MINAS GERAIS

1) MG- -RO-
2) MG- -RO-
3) MG- -RO-
4) MG- -RO-
5) MG- -RO-
6) MG- -RO-
7) MG- -RO-
8) MG- -RO-
9) MG- -RO-
10) MG- -RO- -ROs- -RO
11) MG- -MG- -RO-
12) MG- -MG- -RO-
13) MG- -MG- -RO-
14) MG- -MGs- -ROs-
15) MG- -MGs- -MGs-
16) MG- -MGs- -MGs-
17) MG- -MGs- -MGs-
18) MG- -MG- -MGs-

19) MG- -ES- -RO-
20) MG- -ES- -ES- -RO
21) MG- -ES- -RO-
22) MG- -ES- -PR- -RO-
23) MG- -ES- -PR- -RO-
24) MG- -ES- -PRs- -RO-
25) MG- -ES- -PR- -RO-
26) MG- -ES- -AC- -RO-
27) MG- -ES- -MT- -ACs- -RO-

28) MG- -PR- -RO-
29) MG- -PR- -RO-
30) MG- -PR- -RO-
31) MG- -PR- -RO-
32) MG- -PR- -RO-
33) MG- -PRs- -RO-
34) MG- -GO- -PRs- -MGs- -RO-
35) MG- -MGs- -PR- -RO-
36) MG- -MGs- -ROs- -RO
37) MG- -PR- -RO-

38) MG- -MT- -RO-
39) MG- -MT- -RO-
40) MG- -MT- -RO-
41) MG- -MT- -RO-
42) MG- -MT- -ROs- -RO
43) MG- -MT- -MTs- -RO-
44) MG- -MT- -MTs- -ROs- -RO
45) MG- -MT- -ACs- -RO-
46) MG- -MG- -MS- -RO-
47) MG- -MS- -MS- -RO-
48) MG- -MG- -GO- -MT- -MTs- -RO-

50) MG- -SPs- -RO-
51) MG- -SP- -RO- -RO
52) MG- -SPs- -SPs- -RO- -RO
53) MG- -MG- -SPs- -RO-
54) MG- -MGs- -SP- -ROs- -RO
55) MG- -MGs- -SP- -MTs- -RO-
56) MG- -SP- -MTs- -RO-
57) MG- -GO- -MT- -ROs- -RO

58) MG- -RJs- -RO-
59) MG- -MGs- -PR- -MGs- -RO-
60) MG- -MGs- -RJs- -SPs- -PRs- -RO
61) MG- -BA- -ES- -PAR- -PR-

GEBURTSSTAAT: SÃO PAULO

1) SP- -SPs- -RO- -ROs- -RO
2) SP- -PR- -ROs- -RO
3) SP- -PR- -ROs- -RO
4) SP- -PR- -PR- -RO
5) SP- -PR- -PR- -MT- -ROs- -RO
6) SP- -MS- -RO
7) SP- -MS- -RO
8) SP- -MS- -MT- -RO-
9) SP- -SP- -MT- -MSs- -RO
10) SPs- -MT- -RO- -RO
11) SP- -MT- -RO-
12) SP- -MT- -ROs- -RO
13) SP- -MT- -RO-
14) SP- -SP- -RO-

GEBURTSSTAAT: STAATEN DES SÜDENS (AUSSER PARANA)

1) RS- -PR- -RO
2) RS- -PR- -RO
3) RS- -PR- -ROs-
4) RS- -PR- -MT- -RO-
5) RS- -SCs- -PRs- -PRs- -RO

6) SC- -PR- -PRs-
7) SC- -PR- -PR-

GEBURTSSTAAT: PARANA

1) PR- -RO- -ROs- -RO
2) PR- -RO- -ROs- -RO
3) PR- -PR- -ROs-
4) PR- -PRs- -PR- -RO
5) PR- -PR- -MS- -RO
6) PR- -PR- -MS- -ROs- -RO
7) PR- -PR- -MSs- -RO
8) PR- -PR- -PRs- -RO
9) PR- -PR- -MS- -RO
10) PRs- -MT- -MSs- -ACs- -RO-
11) PR- -SPs- -MT- -RO- -RO
12) PRs- -MT- -ROs- -RO
13) PR- -SP- -MT- -RO-
14) PR- -SP- -PAR- -PRs- -RO
15) PR- -PR- -SCs- -RSs- -RO
16) PR- -PR- -SPs- -SPs- -RO

GEBURTSSTAAT: STAATEN DES MITTELWESTENS

1) MS- -RO- -ROs- -RO
2) MSs- -RO- -MSs- -MT- -RO
3) MS- -MS- -GOs- -MS- -RO
4) MS- -MT- -ROs- -RO
5) MS- -GOs- -MS- -RO

6) MT- -MTs- -RO- -RO
7) MT- -MT- -RO- -RO

8) GO- -RO

GEBURTSSTAAT: ÜBRIGE REGIONEN UND AUSLAND

1) RJ- -PR- -PRs- -ROs- -RO
2) RJs- -RO- -RJs- -RO
3) RJ- -MG- -ES- -PR- -RO
4) AM- -AMs- -RO
5) PAR- -MT- -RO- -RO

Tabelle 25   ETAPPENMIGRATION NACH RONDÔNIA
Anzahl der Wohnorte der Befragten

Anzahl der Wohnorte*	Befragte absolut	in %
2	2	1
3	25	15
4	42	25
5	31	18
6	42	25
7	14	8
8	5	3
9	5	3
10	2	1
INGESAMT	168	100

*sämtliche genannten Wohnorte, inclusive Geburtsort und bisherige Wohnorte in Rondônia

Quelle: Ergebnisse der Befragungen im PIC "Ouro Preto" 1983/84

Tabelle 26 ETAPPENMIGRATION NACH RONDÔNIA

Vergleich zwischen Geburts- und Herkunftsregion* der Befragten

Geburtsregion	Befragte absolut	in %	Herkunftsregion	Befragte absolut	in %
Bundesstaaten des Nordostens	32	19	Bundesstaaten des Nordostens	7	4
Espírito Santo	25	15	Espírito Santo	15	9
Minas Gerais	61	36	Minas Gerais	21	12
São Paulo	14	8	São Paulo	15	9
Bundesstaaten des Südens (außer Paraná)	7	4	Bundesstaaten des Südens (außer Paraná)	-	-
Paraná	16	10	Paraná	54	32
Bundesstaaten des Mittelwestens	8	5	Bundesstaaten des Mittelwestens	49	29
Übrige Regionen und Ausland	5	3	Übrige Regionen und Ausland	8	5
Insgesamt	168	100		169	100

* Herkunftsregion bezgl. des letzten Wohnorts vor der Wanderung nach Rondônia

Quelle: Ergebnisse der Befragungen im PIC "Ouro Preto" 1983/84

Tabelle 27

ETAPPENMIGRATION NACH RONDÔNIA
Wanderungsetappe Paraná

GEBURTSSTAAT: STAATEN DES NORDOSTENS

1) CE- -SP- -RO-
2) CE- ●PR- -RO-
3) CE- -MT- -RO-
4) CE- -MT- -AMs- -RO-
5) CE- -SP- -MT- -RO-
6) CE- -AL- -MS- -RO-
7) CE- -RO- -RO- -RO-
8) CE- -CE- -SP- ●PR- -RO-

9) BA- -RO-
10) BA- -RO- -ROs- -RO-
11) BA- -ESs- -RO-
12) BA- -BA- -RO-
13) BA- ●PR- -RO-
14) BA- -PR- ●PRs- -RO-
15) BA- -MS- -RO-
16) BA- -PR- -SPs- -RO-
17) BA- -SP- -RO-
18) BA- -BAs- -BAs- -RO-

19) PE- -MA- -ROs- -RO-
20) PE- -PR- -ROs- -RO-
21) PE- -SP- -MS- -RO-
22) PE- -SPs- -PR- -RO-
23) PE- -PR- -RO-
24) PE- -PR- -SP- -MTs- -ROs- -RO-
25) PE- -SP- -MT- -ROs- -RO-

26) SE- -SP- ●PR- -RO-
27) SE- -SP- -RO-

28) RN- -RO-
29) RN- -RN- -RO-

30) MA- -MA- -RO-

31) PI- -SP- ●PR- -RO-

32) AL- ●PR- -SPs- ●PR- -RO-

GEBURTSSTAAT: ESPIRITO SANTO

1) ES- -RO-
2) ES- -RO- -ROs- -RO-
3) ES- -ES- -RO-
4) ES- -ES- -RO-
5) ES- -ES- -RO-
6) ES- -ES- -RO-
7) ES- -ES- -ES- -RO-
8) ES- ●PR- -RO-
9) ES- ●PR- -RO-
10) ES- ●PR- -ROs- -RO-
11) ES- -ES- -ROs- -RO-
12) ES- -ES- -ROs- -RO-
13) ES- ●PR- -MT- -ROs- -RO-
14) ES- ●PR- -RO- -ROs- -RO-
15) ES- -RO- -AM- -RO-
16) ES- -ESs- -RO-
17) ES- -MT- -RO-
18) ES- -MT- -RO-
19) ES- -ESs- -RO-
20) ES- -MT- -ESs- -RO-
21) ES- -MT- -MTs- -RO-
22) ES- -RO- -AM- -RO-
23) ES- -RJ- -RJs- -RO-
24) ES- -ES- -RO-
25) ES- -BA- -ES- -RO-

GEBURTSSTAAT: MINAS GERAIS

1) MG- -RO-
2) MG- -RO-
3) MG- -RO-
4) MG- -RO-
5) MG- -RO-
6) MG- -RO-
7) MG- -RO-
8) MG- -RO-
9) MG- -RO-
10) MG- -RO-
11) MG- -RO- -ROs- -RO-
12) MG- -RO- -MS-
13) MG- -MS- -RO-
14) MG- -MGs- -RO-
15) MG- -MGs- -RO-
16) MG- -MGs- -RO-
17) MG- -MGs- -RO-
18) MG- -MGs- -MGs- -RO-
19) MG- -ES- -RO-
20) MG- -ES- -MGs- -RO-
21) MG- -MGs- -RO-
22) MG- -ES- -RO-
23) MG- -ESs- ●PR- -RO-
24) MG- -ES- -PR- -RO-
25) MG- -ES- -PR- -RO-
26) MG- -ES- -PR- -AC- -RO-
27) MG- -ES- -MT- -RO-
28) MG- -MGs- -RO-
29) MG- ●PR- -RO-
30) MG- ●PR- -RO-
31) MG- ●PR- -PR- -RO-
32) MG- ●PR- -RO-
33) MG- -PR- ●PRs- -RO-
34) MG- ●PR- ●PRs- -MGs- -RO-
35) MG- ●PR- ●PRs- -MGs- -RO-
36) MG- ●PR- -MGs- -ROs- -RO-
37) MG- -MS- -RO-
38) MG- -MT-
39) MG- -MT- -RO-
40) MG- -MT- -RO-
41) MG- -MT- -ROs- -RO-
42) MG- -MT- -ROs- -RO-
43) MG- -MT- -ACs- -RO-
44) MG- -MG- -RO-
45) MG- -MG- -MTs- -RO-
46) MG- -MGs- -RO-
47) MG- -MT- -RO-
48) MG- -MS- -RO-
49) MG- -MG- -MTs- -RO-
50) MG- -SPs- -RO-
51) MG- -SPs- -RO-
52) MG- -SP- -MGs- -RO-
53) MG- -MGs- -SPs- -RO-
54) MG- -SP- -MT- -RO-
55) MG- -SP- -MT- -RO-
56) MG- -SP- -MTs- -RO-
57) MG- -SP- -MS- -RO-
58) MG- -RJs- -MGs- -RO-
59) MG- -RJs- ●PR- -MGs- -RO-
60) MG- -RJs- -MGs- -SPs- -RO-
61) MG- -BA- -ES- ●PR- -PAR- -ROs- -RO-

GEBURTSSTAAT: ÜBRIGE REGIONEN UND AUSLAND

1) RJ- ●PR- ●PRs- -RO-
2) RJ- -RJ- ●PR- -RO-
3) RJ- -MG- -ES- -RO-
4) AM- -AMs- -RO-

GEBURTSSTAAT: SAO PAULO

1) SP- -SPs- -ROs- -RO-
2) SP- ●PR- -ROs- -RO-
3) SP- ●PR- -RO-
4) SP- ●PR- ●PR- -MT- -RO-
5) SP- ●PR- ●PR-
6) SP- -MS- -RO-
7) SP- -MS- -RO-
8) SP- -MS- -MT-
9) SP- -MS- -RO-
10) SP- -MS- -MSs- -RO-
11) SP- -MT- -RO-
12) SP- -MT- -RO-
13) SP- -MT- -ROs- -RO-
14) SP- -MT- -RO-

GEBURTSSTAAT: STAATEN DES SÜDENS (AUSSER PARANA)

1) RS- -RO-
2) RS- -RO-
3) RS- -ROs- -RO-
4) RS- -PR- -RO-
5) RS- -SCs- ●PRs- -MSs- -RO-
6) SC- ●PR- -RO-
7) SC- ●PR- -RO-

GEBURTSSTAAT: PARAJA

1) PR- -ROs- -RO-
2) PR- -ROs- -RO-
3) PR- -RO-
4) PR- -RO-
5) PR- -RO-
6) PR- -PRs- -RO-
7) PR- -PRs- -RO-
8) PR- ●PR- -RO-
9) PR- ●PR- -RO-
10) PR- -PR- -MS-
11) PR- -MSs- -MSs-
12) PR- -MSs- -RO-
13) PR- -SPs- -RO-
14) PR- -NT- -RO-
15) PR- ●PR- -PAR- -RO-
16) PR- -PR- -SCs- -SC-

GEBURTSSTAAT: STAATEN DES MITTELWESTENS

1) MS- -RO-
2) MS- -ROs- -RO-
3) MS- -MS- -MSs- -RO-
4) MS- -GOs- -MS- -RO-
5) MS- -GOs- -MS- -RO-
6) MT- -MTs- -RO-
7) MT- -MT- -RO-
8) GO- -RO- -RO-

Wanderungsetappen Mato Grosso do Sul und Mato Grosso

GEBURTSSTAAT: SAO PAULO

1) SP- -SP- -ROs- -RO
2) SP- -SPs- -PR- -RO- -RO
3) SP- -PR- -RO- -RO
4) SP- -PR- -RO- -RO
5) SP- -PR- -PR- ●MT- -RO
6) SP- ●MS- -RO
7) SP- ●MS- -RO
8) SP- ●MS- ●MT- -RO
9) SP- ●MS- -RO- -RO
10) SP- ●SPs- ●MSs- ●MSs- -RO
11) SP- ●MT- -RO
12) SP- ●MT- -RO
13) SP- ●MT- -ROs- -RO
14) SP- ●MT- -RO- -RO

GEBURTSSTAAT: STAATEN DES SÜDENS (AUSSER PARANA)

1) RS- -PR- -RO
2) RS- -PR- -ROs- -RO
3) RS- -PR- -RO- -RO
4) RS- -PR- ●MT- -PRs- -RO
5) RS- -SCs- -PRs- ●MSs- -RO
6) SC- -PR- -RO
7) SC- -PR- -RO- -RO

GEBURTSSTAAT: PARANA

1) PR- -RO- -ROs- -RO
2) PR- -PR- -ROs- -RO
3) PR- -PR- -RO
4) PR- -PRs- -RO
5) PR- -PR- -RO- -RO
6) PR- -PR- -ROs- -RO- -RO
7) PR- ●MS- ●MSs- -PRs- -RO
8) PR- ●MS- ●MSs- -PRs- -RO
9) PR- ●MSs- ●MSs- -RO- -RO
10) PR- ●MS- -RO- -RO
11) PR- ●MS- -RO- -RO
12) PR- ●MSs- -PR- -RO- -RO
13) PR- -SPs- -PR- -RO
14) PR- -SP- ●MT- -RO
15) PR- ●MT- -PAR- -PRs- -RO
16) PR- -PR- -SCs- -SPs- -PAR-

GEBURTSSTAAT: STAATEN DES MITTELWESTENS

1) ●MS- -RO- -ROs- -RO
2) ●MSs- -ROs- ●MS- -RO
3) ●MS- ●MSs- ●MSs- -RO
4) ●MS- -GOs- -GOs- ●MT- -RO
5) ●MS- ●MS- ●MS- -RO
6) ●MT- ●MTs- -ROs- -RO
7) ●MT- ●MTs- -RO- -RO
8) GO- -RO

GEBURTSSTAAT: MINAS GERAIS

1) MG- -RO
2) MG- -RO
3) MG- -RO
4) MG- -RO
5) MG- -RO
6) MG- -RO
7) MG- -RO
8) MG- -RO
9) MG- -RO
10) MG- -ROs- -RO
11) MG- -RO- -RO
12) MG- -RO- -RO
13) MG- -MG- -RO
14) MG- -MGs- -RO
15) MG- -MGs- -ROs- -RO
16) MG- -MGs- -RO
17) MG- -MGs- -RO
18) MG- -MGs- -RO
19) MG- -ES- -RO
20) MG- -ES- -RO
21) MG- -MG- -RO
22) MG- -PR- -RO
23) MG- -ES- -RO
24) MG- -ES- -RO
25) MG- -ES- -RO
26) MG- -ES- -PR- -RO
27) MG- -ES- -PR- -AC- -RO
28) MG- -ES- ●MT- -RO
29) MG- -PR- -RO
30) MG- -PR- -RO
31) MG- -PR- -RO
32) MG- -PR- -RO
33) MG- -PR- -RO
34) MG- -PR- -RO- -RO
35) MG- -PRs- -MGs- -RO
36) MG- -PR- -MGs- -ROs- -RO
37) MG- ●MS- -PR- -ROs- -RO
38) ●MT- -RO
39) MG- ●MT- -RO
40) MG- ●MT- -RO
41) MG- ●MT- -RO
42) MG- ●MT- -RO
43) MG- ●MT- -ROs- -RO
44) MG- ●MT- -RO- -RO
45) MG- ●MT- -ROs- -RO
46) MG- ●MTs- -RO- -RO
47) MG- ●MT- -ROs- -RO
48) MG- ●MS- -RO
49) MG- -GO- ●MT- -RO
50) MG- -SPs- -RO
51) MG- -SPs- -RO
52) MG- -MGs- -RO
53) MG- -MGs- -RO
54) MG- -MGs- -MGs- -RO
55) MG- -SP- -MGs- -RO
56) MG- -SP- ●MT- -RO
57) MG- -SP- ●MT- -RO
58) MG- -RJs- -MGs- -RO
59) MG- -RJs- -SPs- -MGs- -RO
60) MGs- -RJs- -BA- -ES- -RO
61) MGs- -PR- -PRs- -RO

GEBURTSSTAAT: ÜBRIGE REGIONEN UND AUSLAND

1) RJ- -PR- -PRs- -ROs- -RO
2) RJs- -PR- -PR- -RO- -RO
3) RJ- -KG- -AMs- -RO- -RO
4) AM- -AM- -RO
5) PAR- ●MT- -RO

GEBURTSSTAAT: STAATEN DES NORDOSTENS

1) CE- -SP- -RO
2) CE- -PR- -RO- -RO
3) CE- ●MT- -PR- -RO
4) CE- ●MT- -ROs- -RO
5) CE- -SP- -RO- -RO
6) CE- -AL- -RO- -PR-
7) CE- ●MT- -RO- -RO
8) CE- -SP- -PR-
9) BA- -RO
10) BA- -ROs- -RO- -RO
11) BA- -RO- -RO
12) BA- -PR- -RO
13) BA- -PR- -RO
14) BA- -BA- -RO
15) BA- -PRs- -RO
16) BA- ●MS- -ROs- -RO
17) BA- -PR- -RO- -RO
18) BA- -SPs- -BAs- -RO
19) PE- -MA- -RO- -RO
20) PE- -PR- -PR- -RO
21) PE- -PR- -RO- -RO
22) PE- -SPs- ●MS- -ROs- -RO
23) PE- ●MS- -RO
24) PE- -SP- ●MT- -MTs- -RO
25) PE- -SPs- ●MT- -ROs- -RO
26) SE- -SP- -PR-
27) SE- -SP- -RO
28) RN- -SP- -RO
29) RN- -RN- -RO
30) MA- -MA- -RO
31) PI- -SP- -RO
32) AL- -PRs- -SPs- -PR-

GEBURTSSTAAT: ESPIRITO SANTO

1) ES- -RO
2) ES- -ROs- -RO
3) ES- -ES- -RO
4) ES- -ES- -RO
5) ES- -ES- -RO
6) ES- -ES- -RO
7) ES- -ES- -ES- -RO
8) ES- -PR- -RO
9) ES- ●MT- -RO
10) ES- ●MT- -RO
11) ES- -PR- -RO
12) ES- -ES- -RO
13) ES- -PR- -ROs- -RO
14) ES- -PRs- -RO
15) ES- -PR- -ROs- -RO
16) ES- -PR- -ROs- -RO
17) ES- -RO- -RO
18) ES- ●MT- -RO
19) ES- ●MT- -RO
20) ES- -ES- -ESs- ●MTs- -RO
21) ES- -ES- ●MT- ●MTs- -RO
22) ES- ●MT- ●MTs- -ROs- -RO
23) ES- -RJ- -RO
24) ES- -RJs- -RJs- -RO
25) ES- -BA- -ES- -RO

Tabelle 29

ETAPPENMIGRATION NACH RONDÔNIA
Wanderungsetappe São Paulo

GEBURTSSTAAT: STAATEN DES NORDOSTENS

```
 1) CE-  ●SP-   ●SP-   ●SP-   -RO-   -RO
 2) CE-  -PR-   -PR-   -PR-   -PR-   -RO-   -RO-   -RO-   -RO
 3) CE-  -MT-   -MT-   -ROs-  -RO
 4) CE-  -MT-   -MT-   -AMs-  -RO-   -RO-   -RO-   -RO
 5) CE-  ●SP-   -PR-   -RO-   -RO
 6) CE-  -AL-   ●SP-   -MS-   -RO-   -RO
 7) CE-  -RN-   -MS-   -MT-   -ROs-  -RO
 8) CE-  -RO-   -CE-   ●SP-   -PR-   -PR-   -RO

 9) BA-  -RO-   -RO-   -RO
10) BA-  -ROs-  -ROs-  -RO
11) BA-  -BA-   -ESs-  -RO-   -RO
12) BA-  -PR-   -PR-   -RO-   -RO
13) BA-  -PR-   -PR-   -RO-   -ROs-  -RO
14) BA-  -BA-   -PR-   -RO-   -RO
15) BA-  -PR-   -PR-   ●SPs-  -RO
16) BA-  -PR-   -MS-   ●SPs-  -RO-   -RO-   -RO
17) BA-  ●SP-   ●SP-   -ROs-  -RO-   -RO
18) BA-  -BAs-  ●SPs-  -BAs-  -RO

19) PE-  -MA-   -RO-   -ROs-  -RO
20) PE-  -PR-   -PR-   -PR-   -PR-   -RO
21) PE-  ●SP-   -MS-   -RO-   -RO
22) PE-  ●SPs-  -PR-   -RO-   -ROs-  -RO-   -RO-   -RO-   -RO
23) PE-  ●SPs-  -RO-   ●SPs-  -RO
24) PE-  ●SPs-  ●SP-   -MT-   -MTs-  -ROs-  -RO
25) PE-  ●SPs-  -MT-   ●SPs-  -ROs-  -RO

26) SE-  ●SP-   -PR-   -PRs-  -ROs-  -RO
27) SE-  ●SP-   ●SP-   -MG-   -RO-   -RO

28) RN-  -RO-   -RO
29) RN-  -RN-   -RO

30) MA-  -MA-   -RO

31) PI-  ●SP-   ●SP-   -PR-   -RO-   -RO

32) AL-  -PR-   -PRs-  ●SPs-  -PR-   -PR-   -RO-   -RO
```

GEBURTSSTAAT: ESPIRITO SANTO

```
 1) ES-  -RO
 2) ES-  -RO-   -ROs-  -RO
 3) ES-  -RO-   -ROs-  -RO-   -FO
 4) ES-  -ES-   -RO
 5) ES-  -ES-   -RO-   -RO
 6) ES-  -ES-   -RO-   -RO
 7) ES-  -ES-   -ES-   -ES-   -ES-   -RO

 8) ES-  -PR-   -RO
 9) ES-  -PR-   -RO-   -RO
10) ES-  -PR-   -RO-   -RO
11) ES-  -PR-   -ROs-  -RO
12) ES-  -PR-   -RO-   -RO-   -RJ
13) ES-  -ES-   -RO-   -RJ
14) ES-  -PRs-  -ROs-  -RO-   -RJ-   -RO
15) ES-  -PR-   -RO-   -RO-   ●SPs-  -RO
16) ES-  -PR-   -ESs-  -RO-   -ROs-  -RO

17) ES-  -MT-   -RO-   -RO
18) ES-  -MT-   -RO-   -RO
19) ES-  -MT-   -RO-   -RO
20) ES-  -ES-   -ESs-  -MT-   -ROs-  -RO-   -RO
21) ES-  -ES-   -MT-   -MT-   -ROs-  -RO
22) ES-  -MT-   -RO-   -AM-   -ROs-  -RO

23) ES-  -RJ-   -ROs-  -RO
24) ES-  -RJs-  -ES-   -RO
25) ES-  -BA-   -ES-   -RO-   -RO
```

GEBURTSSTAAT: MINAS GERAIS

```
 1) MG-  -RO
 2) MG-  -RO-   -RO
 3) MG-  -RO-   -RO
 4) MG-  -RO-   -RO
 5) MG-  -RO-   -RO
 6) MG-  -RO-   -RO
 7) MG-  -RO-   -RO
 8) MG-  -RO-   -RO
 9) MG-  -RO-   -RO
10) MG-  -ROs-  -RO
11) MG-  -RO-   -RO-   -RO
12) MG-  -MG-   -RO-   -RO
13) MG-  -RO-   -RO-   -RO
14) MG-  -RO-   -RO
15) MG-  -MGs-  -ROs-  -RO
16) MG-  -MGs-  -MGs-  -RO
17) MG-  -MGs-  -MGs-  -RO
18) MG-  -MG-   -MGs-  -MGs-  -RO

19) MG-  -ES-   -RO-   -RO-   -RO
20) MG-  -ES-   -ES-   -RO
21) MG-  -MG-   -ES-   -RO-   -RO-   -RO
22) MG-  -ES-   -RO-   -RO
23) MG-  -ES-   -PR-   -RO-   -RO
24) MG-  -ES-   -PR-   -RO-   -RO
25) MG-  -ES-   -PR-   -RO-   -RO-   -RO
26) MG-  -ES-   -RR-   -RS-   -RO-   -RO
27) MG-  -ES-   -PR-   -AC-   -ACs-  -ROs-  -RO
28) MG-  -ES-   -MT-   -RO

29) MG-  -PR-   -RO-   -RO-   -RO-   -RO
30) MG-  -PR-   -RO-   -RO
31) MG-  -MG-   -PR-   -RO-   -RO
32) MG-  -PR-   -PR-   -RO
33) MG-  -MG-   -PR-   -RO-   -RO
34) MG-  -PRs-  -PR-   -RO-   -RO
35) MG-  -PR-   -PRs-  -PR-   -PR-   -RO-   -ROs-  -RO
36) MGs- -MGs-  -PRs-  -MGs-  -RO
37) MG-  -PR-   -MS-   -RO-   -RO

38) MG-  -MT-   -RO
39) MG-  -MT-   -RO-   -RO
40) MG-  -MT-   -RO-   -RO
41) MG-  -MT-   -ROs-  -RO
42) MG-  -MT-   -ROs-  -RO
43) MG-  -MT-   -RO-   -RO-   -RO
44) MG-  -MG-   -MT-   -ROs-  -RO-   -RO
45) MG-  -MTs-  -MT-   -RO
46) MG-  -MTs-  -ACs-  -RO-   -RO-   -RO
47) MG-  -MS-   -MT-   -MT-   -ROs-  -RO
48) MG-  -MG-   -MS-   -RO-   -RO-   -RO
49) MG-  -GO-   -MT-   -MTs-  -ROs-  -RO

50) MG-  ●SPs-  -RO
51) MG-  ●SPs-  -RO
52) MG-  -MGs-  ●SPs-  -RO
53) MG-  -MGs-  ●SPs-  -RO
54) MG-  -MGs-  -MGs-  ●SPs-  -RO-   -RO
55) MG-  ●SP-   -PR-   -ROs-  -RO
56) MG-  ●SP-   -MT-   -MTs-  ●SPs-  -MT-   -RO-   -RO-   -RO
57) MG-  ●SP-   -MS-   -MTs-  -PR-   -MSs-  -RO-   -ROs-  -ROs-  -RO

58) MGs- -RJs-  -MGs-  -RO
59) MGs- -RJs-  -PR-   -RO-   -ROs-  -RO
60) MGs- -RJs-  ●SPs-  -MGs-  -SPs-  -ESs-  -RO
61) MGs- -BA-   -ES-   -PR-   -PAR-  -PRs-  ●SPs-  -RO
```

GEBURTSSTAAT: ÜBRIGE REGIONEN UND AUSLAND

```
 1) RJ-  -PR-   -PRs-  -ROs-  -RO
 2) RJs- -PR-   -PR-   -PR-   -RO-   -RJs-  -RO
 3) RJ-  -MG-   -ES-   -PR-   -PR-   -RO-   -RO-   -RO

 4) AM-  -AMs-  -ROs-  -RO
```

GEBURTSSTAAT: SAO PAULO

```
 1) ●SP-   ●SPs-  -ROs-  -RO-   -ROs-  -RO
 2) ●SP-   -PR-   -RO-   -RO
 3) ●SP-   -PR-   -ROs-  -RO-   -RO-   -RO
 4) ●SP-   -PR-   -PR-   -RO-   -RO
 5) ●SP-   -PR-   -PR-   -PR-   -MT-   -ROs-  -RO
 6) ●SP-   -MS-   -RO
 7) ●SP-   -MS-   -RO
 8) ●SP-   -MS-   -RO
 9) ●SP-   -MS-   -MT-   -RO-   -RO
10) ●SPs-  -MS-   -MS-   -MSs-  -MSs-  -RO-   -RO
11) ●SP-   -MT-   -RO-   -RO
12) ●SP-   -MT-   -ROs-  -RO
13) ●SP-   -MT-   -ROs-  -RO-   -RO
14) ●SP-   ●SP-   -MT-   -RO-   -RO
```

GEBURTSSTAAT: STAATEN DES SÜDENS (AUSSER PARANA)

```
 1) RS-  -PR-   -RO
 2) RS-  -PR-   -RO-   -RO
 3) RS-  -PR-   -ROs-  -RO
 4) RS-  -PR-   -RS-   -MT-   -RO-   -RO
 5) RS-  -SCs-  -PRs-  -MSs-  -PRs-  -PRs-  -RO

 6) SC-  -PR-   -RO-   -RO
 7) SC-  -PR-   -PR-   -PR-   -PR-   -RO
```

GEBURTSSTAAT: PARANA

```
 1) PR-  -RO-   -ROs-  -RO
 2) PR-  -RO-   -ROs-  -RO
 3) PR-  -PR-   -ROs-  -RO
 4) PR-  -PR-   -RO-   -RO-   -RO-   -RO
 5) PRs- -PRs-  -RO
 6) PR-  -PRs-  -PRs-  -ROs-  -RO
 7) PR-  -PR-   -PR-   -PR-   -RO-   -RO
 8) PR-  -PR-   -PR-   -PR-   -RO-   -RO-   -RO
 9) PR-  -PR-   -PR-   -PR-   -PR-   -ROs-  -RO
10) PR-  -PR-   -MS-   -MS-   -RO-   -RO
11) PR-  -PR-   -MSs-  -ROs-  -RO
12) PRs- -MSs-  -MSs-  -ROs-  --ROs- -RO
13) PR-  ●SPs-  -PRs-  -RO
14) PR-  ●SP-   -MT-   -RO-   -RO
15) PR-  -PR-   -PAR-  -RO-   -PRs-  -RO
16) PR-  -PR-   -SCs-  -SC-   -RSs-  ●SPs-  -PAR-  -RO
```

GEBURTSSTAAT: STAATEN DES MITTELWESTENS

```
 1) MS-  -RO-   -RO
 2) MSs- -RO-   -ROs-  -RO
 3) MS-  -MS-   -MSs-  -RO
 4) MS-  -MT-   -RO-   -ROs-  -RO-   -ROs-  -RO
 5) MS-  -GOs-  -GOs-  -MS-   -MT-   -RO-   -RO
 6) MT-  -MTs-  -RO-   -RO-   -RO-   -RO
 7) MT-  -MT-   -MT-   -RO-   -RO
 8) GO-  -RO-   -RO
```

Städtische Wanderungsetappen

Tabelle 31 AUS DER NACHBARSCHAFT WIEDER ABGEWANDERTE BEKANNTE ODER VERWANDTE UND DEREN WANDERUNGSZIELE

	Nova Colina		Nova União		Teixeirópolis		INSGESAMT	
	abs	%	abs	%	abs	%	abs	%
kennt keine abgewanderten Familien	7	37	11	37	10	33	28	35
kennt abgewanderte Familien	12	63	19	63	20	67	51	65
INSGESAMT	19	100	30	100	30	100	79	100

Wanderungsziele	Von den Befragten genannte Anzahl der wieder abgewanderten Familien							
	abs	%	abs	%	abs	%	abs	%
Weiterwanderung								
Roraima	30	77	39	59	57	85	126	73
Acre	1	3	7	11	2	3	10	6
Amazonas	1	3	2	3	2	3	5	3
Mato Grosso	-	-	4	6	-	-	4	2
Rückwanderung								
Espírito Santo	5	13	-	-	3	4	8	5
Minas Gerais	1	3	2	3	2	3	5	3
São Paulo	1	3	3	5	-	-	4	2
Paraná	-	-	4	6	-	-	4	2
Goiás	-	-	2	3	-	-	2	1
Pernambuco	-	-	2	3	-	-	2	1
Rio Grande do Norte	-	-	1	2	1	2	2	1
INSGESAMT	39	100	66	100	67	100	172	100

*nur im ländlichen Raum Befragte

Quelle: Ergebnisse der Befragungen im PIC "Ouro Preto" 1983/84

Tabelle 32   BETRIEBSGRÖSSENSTRUKTUR IN DER BRASILIANISCHEN LANDWIRTSCHAFT
1920, 1950, 1980

Betriebsgrößenklassen	1 9 2 0				1 9 5 0				1 9 8 0			
	Betriebe	%	Fläche	%	Betriebe	%	Fläche	%	Betriebe	%	Fläche	%
Weniger als 10 ha	463.879	72	15.708.314	9	710.934	34	3.025.372	1	2.603.576	50	8.994.718	2
10 - < 100 ha	157.959	24	48.415.737	28	1.052.557	51	35.562.747	15	2.015.821	39	64.456.452	17
100 - < 1.000 ha	24.647	4	65.487.928	37	268.159	13	75.520.717	33	489.303	9	126.936.136	34
1.000 - < 10.000 ha	1.668	3	45.492.696	26	31.017	2	73.093.482	31	45.906	0,1	105.655.585	29
mehr als 10.000 ha					1.611	0,1	45.008.788	19	2.410	0,05	63.545.030	17
Insgesamt	648.153	100	175.194.675	100	2.064.642	100	232.211.106	100	5.167.578	100	369.587.872	100

Quelle: IBGE (1984): Anuário Estatístico 1983. S. 362. Rio de Janeiro. und eigene Berechnungen

Tabelle 33 GELENKTE KOLONISATION IN BRASILIEN
Übersicht über die Kolonisation des INCRA
(Stand: 1983)

Bundesstaat / REGION	Zahl der Projekte	Zahl der bis 1983 (incl.) angesiedelten Familien		
		absolut	%-Anteil (Region)	%-Anteil (Brasilien)
Rondônia	10	24.901	41	31
Pará	5	23.754	39	30
Acre	5	8.775	15	11
Roraima	4	2.023	3	3
Amazonas	1	1.007	2	1
REGIÃO NORTE	25	60.460	100	75
Mato Grosso	6	1.869	74	2
Distrito Federal	1	640	26	1
REGIAO CENTRO-OESTE	7	2.509	100	3
Maranhão	1	5.968	38	7
Piauí	1	96	1	0
Ceará	5	742	5	1
Rio Grande do Norte	1	53	0	0
Paraíba	2	669	4	1
Pernambuco	1	1.180	8	1
Sergipe	1	93	1	0
Bahia	2	6.730	43	8
REGIÃO NORDESTE	14	15.531	100	19
Minas Gerais	1	216	20	0
Rio de Janeiro	3	556	52	1
São Paulo	1	301	28	0
REGIAO SUDESTE	5	1.073	100	1
Paraná	1	427	75	1
Santa Catarina	1	-	-	-
Rio Grande do Sul	1	146	25	0
REGIAO SUL	3	573	100	1
Insgesamt	54	80.146		100

Ansiedlungen durch "Assentamento Rápido" ab 1980	37.939
Ansiedlungen in 1978 bereits abgeschlossenen Projekten	7.273
Ansiedlungen durch das PROTERRA-Programm	2.994
Andere INCRA-Ansiedlugen ("convênios")	1.834
INCRA-ANSIEDLUNGEN INSGESAMT	130.186
Ansiedlungen durch private Kolonisation	28.477
INSGESAMT	158.663

Quelle: ZANATTA, Odair (1984): A titulação de terra rural no Brasil.
in: INCRA-Documentos, Informe Técnico: Titulação de Terras. Brasília. S.16
und eigene Berechnungen

Tabelle 34 AGRARKOLONISATION IN RONDÔNIA

Projekte des INCRA

(Stand: Juli 1985)

Kolonisationsprojekt	Projektfläche (ha)	Gründungsjahr	Parzellengröße (ha)	Familienzahl
PIC Ouro Preto	512.585	1970	100	5.162
PIC Sidney Girão	60.000	1971	100	638
PIC Gy-Paraná	486.137	1972	100	4.756
PIC P. A. Ribeiro	293.580	1973	100	3.106
PIC Padre A. Rohl	407.219	1975	100	3.689
PAD Marechal Dutra	494.661	1975	100	4.767
PAD Burareiro	304.925	1974	250	1.540
Zwischensumme: Ansiedlungen der 70er Jahre	2.559.107			23.658
"Assentamento Rápido"	o.A.	ab 1980	50	12.315
PA Urupá	75.460	1981	30	1.212
PA Machadinho	382.940	1982	42	2.920*
PA Bom Princîpio	190.000	1983	65	1.200
PA São Felipe	o.A.	1984	50	450
Zwischensumme: Bisherige Ansiedlungen der 80er Jahre	648.400**			18.097
"Soldados da Borracha"	o.A.	verschiedene	verschiedene	1.393
"Gleba G"	o.A.	o.A.	verschiedene	890
INSGESAMT	3.207.507**			44.038

* bis Juli 1985 einschließlich   ** entspricht durch fehlende Angaben nicht der tats. Fläche
o.A. = ohne Angaben
PIC = Projeto Integrado de Colonização, PAD = Projeto de Assentamento Dirigido,
PA = Projeto de Assentamento

Quelle: Informationen MEAF-INCRA-CEER, Porto Velho, November 1984;
MIRAD-INCRA-DR/RO, Juli 1985.

Tabelle 35

RONDÔNIA
VERWENDUNGSBESTIMMUNG DER LÄNDEREIEN DURCH INCRA
(Angaben der Projetos Fundiários)

Flächenbestimmung	PF Alto Madeira (ha)	PF Guajará-Mirim (ha)	PF Corumbiara (ha)	PF Jaru-Ouro Preto (ha)	Insgesamt (ha)	%
Kolonisation	154.000	250.000	779.717	2.065.552	3.249.309	13,3
Indianerreservate	205.760	1.264.100	1.015.160	615.000	3.100.020	12,8
Waldschutzgebiete	192.960	939.600		268.150	1.400.710	5,8
Regularização Fundiária	1.775.448	3.636.967	1.167.673	1.532.135	9.112.223	37,5
Städt. Gebiete und andere öffentl. Funktionen	23.211	64.333	41.657	1.218.923	1.347.224	5,6
Concorrência Pública			1.674.693		1.674.693	6,9
Noch zu bestimmende Verwendung	1.699.477	890.000	311.600		2.901.077	11,9
Privatland mit alten Eigentumstiteln	767.493				767.493	3,1
Auf rechtmäßige Titel überprüfte Gebiete	751.650				751.650	3,1
Insgesamt	5.570.000	7.045.000	5.990.500	5.698.900	24.304.400	100

Quelle: MEAF-INCRA-CEER (1984): O INCRA em Rondônia 1984. Porto Velho. unveröffentlicht

Tabelle 36

RONDÔNIA
VERHÄLTNIS EXTRAKTION PFLANZLICHER ROHSTOFFE ZU AGRARPRODUKTION
(Produktionsmengen und Produktionswerte)
1952, 1973, 1980

1. PRODUKTIONSMENGEN (in t)

	EXTRAKTION			AGRARPRODUKTION	
	Kautschuk	Castanha-do-Pará		Ackerkulturen	Dauerkulturen
1952	5.788	1.598		?	?
1973	5.634	2.050		59.447	388
1980	4.965	1.745		253.753	19.256

2. PRODUKTIONSWERTE (in 1.000 Cruz.)*

	EXTRAKTION				AGRARPRODUKTION		
	Kautschuk	%	Castanha-do-Pará	%	Ackerkulturen	%	Dauerkulturen	%
1952	128.598	93	8.073	6	1.785	1		
1973	50.319	56	3.075	3	35.699	39	1.507	2
1980	420.542	12	12.938	0,4	2.238.968	66	731.268	21

* in laufenden Preisen

Quellen: IBGE (o.J.): Território Federal do Guaporé. Conselho Nacional de Estatística. Rio de Janeiro
IBGE (1975): Anuário Estatístico do Brasil 1974. Rio de Janeiro
IBGE (1983): Censo Agropecuário 1980. Rondônia. Rio de Janeiro
und eigene Berechnungen

Tabelle 37

RONDÔNIA
LANDWIRTSCHAFTLICHE BETRIEBE UND BETRIEBSFLÄCHE NACH GRÖSSENKLASSEN
1970, 1975, 1980

a) BETRIEBE

Betriebsgrößen	1970 abs	%	1975 abs	%	1980 abs	%	Wachstum (%) 1970-1975	1970-1980	1975-1980
< 10 ha	565	8	4.864	19	12.157	25	761	2.052	150
10 - < 50 ha	2.062	29	4.450	17	7.261	15	116	343	62
50 - < 200 ha	1.630	23	14.734	57	26.598	55	804	1.532	81
200 - < 1.000 ha	2.716	38	1.155	5	1.813	4	-57	-33	57
1.000 - < 10.000 ha	96	1	266	1	539	1	177	461	103
> 10.000 ha	13	0,2	12	0,1	24	0,1	-8	85	100
INSGESAMT	7.082	100	25.483	100	48.371	100	260	583	90

b) BETRIEBSFLÄCHE

	1970 ha	%	1975 ha	%	1980 ha	%	1970-1975	1970-1980	1975-1980
< 10 ha	3.042	0,2	17.903	0,6	53.381	1	489	1.655	198
10 - < 50 ha	43.793	3	99.359	3	181.439	3	127	314	83
50 - < 200 ha	162.965	10	1.447.902	47	2.437.426	47	788	1.396	68
200 - < 1.000 ha	795.997	49	494.883	16	571.531	11	-38	-28	16
1.000 - < 10.000 ha	243.634	15	516.555	17	1.134.591	22	112	366	120
> 10.000 ha	382.209	23	505.500	16	845.276	16	32	121	67
INSGESAMT	1.631.640	100	3.082.052	100	5.223.631	100	89	220	70

Quelle: IBGE (1983): Censo Agropecuário 1980. S. 2. Rio de Janeiro.
und eigene Berechnungen.

Tabelle 38

RONDÔNIA

ENTWICKLUNG DER ANBAUFLÄCHE VON DAUERKULTUREN UND ACKERKULTUREN

1950 - 1985

	1950 ha	%	1960 ha	%	1970 ha	%	1980 ha	%	1985 ha	%
Dauerkulturen	577	14	3.190	27	12.524	28	35.627	14	124.450	28
Ackerkulturen	3.690	86	8.619	73	31.655	72	219.206	86	327.119	72
ANBAUFLÄCHE INSGESAMT	4.267	100	11.809	100	44.179	100	254.833	100	541.569	100

	1950 - 1960 (1950=100)	1960 - 1970 (1960=100)	1970 - 1980 (1970=100)	1980 - 1985 (1980=100)
Wachstum Dauerkulturfläche	553	393	284	349
Wachstum Ackerkulturfläche	234	367	692	149
WACHSTUM GESAMTANBAUFLÄCHE	277	375	577	177

Quellen: IBGE (1975): Anuário Estatístico do Brasil 1974. Rio de Janeiro.
IBGE (1983): Censo Agropecuário. Rondônia. S. 173 ff. Rio de Janeiro.
CEPA-RO (1985): Prognóstico Agropecuário de Rondônia 1985/1986. S. 140 ff. Porto Velho.
und eigene Berechnungen

Tabelle 39

RONDÔNIA

DAUERKULTURANBAU

Anbaufläche und prduktive Fläche der wichtigsten Dauerkulturen 1985

Munizip	Kaffee Gesamtfläche (ha)	%	Kaffee produktive Fläche (ha)	%	Kakao Gesamtfläche (ha)	%	Kakao produktive Fläche (ha)	%	Kautschuk Gesamtfläche (ha)	%	Kautschuk produktive Fläche (ha)	%
Ariquemes	15.685	14	10.980	13	22.330	49	20.835	50	9.639	52	-	-
Jaru	6.873	6	5.287	6	9.505	21	9.065	22	1.016	6	-	-
Ouro Preto d.O.	9.530	8	4.979	6	8.506	19	7.051	17	2.138	12	15	83
Ji-Paraná	9.868	9	7.894	10	440	1	-	-	1.460	8	-	-
Pres. Médici	3.375	3	2.835	3	-	-	-	-	-	-	-	-
Cacoal	31.529	28	24.253	29	4.841	11	4.638	11	1.477	8	-	-
Espigao d.O.	9.000	8	7.500	9	-	-	-	-	342	2	-	-
Rolim de Moura	11.960	11	9.200	11	-	-	-	-	-	-	-	-
Pimenta Bueno	3.000	3	2.500	3	-	-	-	-	711	4	-	-
Vilhena	300	0	230	0	-	-	-	-	448	2	-	-
Colorado d.O.	8.973	8	4.785	6	-	-	-	-	-	-	-	-
Cerejeiras	667	1	467	1	-	-	-	-	-	-	-	-
Costa Marques	1.220	1	754	1	-	-	-	-	307	2	-	-
Guajará-Mirim	889	1	711	1	-	-	-	-	-	-	3	17
Porto Velho	-	-	-	-	-	-	-	-	895	5	-	-
INSGESAMT	112.870	100	82.375	100	45.622	100	41.589	100	18.433	100	18	100

Quelle: CEPA-RO (1986): I Estimativa da safra 85/86. Porto Velho. 17 S. und eigene Berechnungen

Tabelle 40 KAKAO-ANBAU IN RONDÔNIA

Entwicklung der Anbauflächen und ihre regionale Verteilung
in den Aktionsbereichen der CEPLAC

Landwirtschaftsjahr	Kleinbetrieb ha	Mittelbetrieb ha	Großbetrieb ha	Insgesamt ha
bis 1975	435	-	-	435
1975/76	1.925	-	-	1.925
1976/77	4.337	-	61	4.398
1977/78	2.890	1.051	-	3.941
1978/79	2.321	3.829	690	6.840
1979/80	940	2.310	2.870	6.120
1980/81	2.060	3.490	2.910	8.460
1981/82	3.997	1.490	1.540	7.027
Insgesamt	18.905	12.170	8.071	39.146
% - Anteil	48	31	21	100
Zahl der Kakao-Produzenten 1982	1.654	485	146	2.285

CEPLAC-Aktionsgebiet	bis 1975 ha	1975/76 ha	1976/77 ha	1977/78 ha	1978/79 ha	1979/80 ha	1980/81 ha	1981/82 ha	Insgesamt ha	%
Ouro Preto do Oeste	384	1.604	1.391	420	625	230	590	2.060	7.214	18
Jaru	51	283	1.924	1.390	1.426	610	1.180	802	7.666	20
Ariquemes	-	5	61	1.051	4.519	5.180	6.220	3.380	20.416	52
Cacoal	-	33	1.112	1.080	270	100	470	785	3.850	10
Insgesamt	435	1.925	4.398	3.941	6.840	6.120	8.460	7.027	39.146	100

Quelle: Informationen CEPLAC/DIRON, Porto Velho, Juli 1983
ALVARES-AFONSO, F. M. (1984): A cacauicultura da Amazônia. Antecedentes, estruturas programáticas, evolução e resultados alcançados.
CEPLAC, Brasília, S. 49, 50.

Tabelle 41

RONDÔNIA
Entwicklung der Rinderhaltung
1980 -1985

Munizip	1980 abs	%	1981 abs	%	1982 abs	%	1983 abs	%	1984 abs	%	1985 abs	%
Ariquemes	23.123	9	25.400	10	25.000	7	39.500	7	44.068	6	53.111	6
Jaru					19.894	6	37.650	7	45.934	6	55.425	6
Ouro Preto do Oeste					41.968	12	71.430	12	89.730	12	111.486	12
Ji-Paraná	81.832	33	81.000	32	38.911	11	44.748	8	56.212	7	66.555	7
Presidente Médici					10.183	3	23.000	4	61.488	8	65.431	7
Cacoal	31.494	13	19.620	8	26.450	8	45.000	8	80.000	10	97.600	11
Espigao do Oeste					18.450	5	54.000	9	77.000	10	90.270	10
Rolim de Moura									31.600	4	34.700	4
Pimenta Bueno	44.014	18	46.447	18	42.000	12	97.000	17	106.159	14	122.588	13
Vilhena	21.281	8	24.473	10	45.000	13	73.000	13	83.867	11	101.151	11
Colorado do Oeste					18.400	5	29.513	5	20.294	3	24.278	3
Cerejeiras									13.524	2	16.160	2
Costa Marques					8.000	2	12.000	2	13.500	2	15.984	2
Guajará-Mirim	22.586	9	26.030	10	24.188	7	12.582	2	13.162	2	15.055	2
Porto Velho	27.289	11	31.378	12	28.835	8	35.660	6	39.940	5	48.267	5
Insgesamt	251.419	100	254.348	100	347.279	100	575.083	100	776.478	100	918.061	100

	80/81	81/82	82/83	83/84	84/85	80/85
Wachstum (in %)	1	37	66	35	18	265

Quelle: CEPA-RO (1985): Prognóstico Agropecuário de Rondônia 1985/86. Porto Velho, S. 148 und eigene Berechnungen

Tabelle 42 E I N Z E L H A N D E L S S T R U K T U R
IN JI-PARANÁ UND OURO PRETO DO OESTE
1981 / 1982

a) JI-PARANÁ

BRANCHE	ZAHL DER EINZELHANDELSGESCHÄFTE	BESCHÄFTIGTE
1	15	35
2	39	102
3	44	103
4	12	36
5	7	18
6	32	57
7	107	224
8	4	8
9	459	657
10	15	37
11	45	79
TOTAL	779	1.356

b) OURO PRETO DO OESTE

BRANCHE	ZAHL DER EINZELHANDELSGESCHÄFTE	BESCHÄFTIGTE
1	2	4
2	1	2
3	3	4
4	1	5
5	2	3
6	11	23
7	20	42
8	2	3
9	82	95
10	4	10
11	5	8
TOTAL	133	199

Quelle: CEAG/RO (1984): Cadastro Comercial de Rondônia 1981/1982. SIC/SEPLAN. Porto Velho.

Branchen: 1 = Eisenwaren, Sanitärprodukte, Baumaterial
2 = Maschinen, Elektroartikel, elektr. Apparate und Haushaltsgeräte (Schreibmaschinen, Nähmaschinen, Kühlschränke etc.),Musikinstrumente, -platten, -kassetten
3 = Kraftfahrzeuge und Kraftfahrzeugzubehör
4 = Möbel und Dekoration, HAushaltswaren incl. TApeten, Matrazen, Geschirr etc.
5 = Schreibwaren und Büroartikel, Bücher, Zeitschriften
6 = Chemische und Pharmazeutische Produkte incl. Parfumerieartikel (bes. Apotheken und Drogerien)
7 = Textilien (Bekleidung, Kurzwaren, Bett- und Tischwäsche etc.)
8 = Brenn- und Schmierstoffe: Tankstellen, Haushaltsgas, Holz, Kohle etc.
9 = Lebensmittel, Tabakwaren, Bars, Restaurants (incl. "Krämerläden", Bäckereien, Metzgereien etc)
10 = verschiedene Artikel, incl. Lebensmittel: bes. Supermärkte
11 = übrige Artikel (z.B. Uhren und Schmuck, Photoartikel etc.)

Tabelle 43

BESCHÄFTIGTE* RONDÔNIA NACH WIRTSCHAFTSSEKTOREN 1980

Wirtschaftssektoren		Ariquemes	Cacoal	MUNIZIPIEN Guajará-Mirim	Ji-Paraná	Pimenta Bueno	Porto Velho	Vilhena	BUNDESSTAAT RONDÔNIA	NATION BRASILIEN
1	absolut	12.773	17.483	4.130	28.886	7.360	7.129	11.406	89.167	12.661.017
	in %	68	78	40	69	70	15	63	53	29
2	absolut	799	839	562	2.031	601	2.534	1.752	8.436	6.939.421
	in %	4	4	5	5	6	5	10	5	16
3	absolut	321	384	475	981	220	3.741	446	6.568	3.171.046
	in %	2	2	5	2	2	8	2	4	7
4	absolut	399	36	305	132	49	6.360	50	7.331	661.996
	in %	2	0	3	0	1	14	0	4	2
5	absolut	1.297	918	1.080	2.321	530	6.013	973	13.132	4.037.917
	in %	7	4	11	6	5	13	5	8	9
6	absolut	2.339	2.171	2.658	5.708	1.279	13.111	2.880	30.146	11.803.469
	in %	12	10	26	14	12	28	16	18	27
7	absolut	392	329	870	672	244	6.138	338	8.981	1.722.284
	in %	2	1	9	2	2	13	2	5	4
8	absolut	591	329	143	1.097	243	1.923	162	4.488	2.238.562
	in %	3	1	1	3	2	4	1	3	5
TOTAL	absolut	18.911	22.489	10.223	41.828	10.526	46.949	18.005	168.931	43.235.712
	in %	100	100	100	100	100	100	100	100	100

Quellen: IBGE (1983): Censo Demográfico 1980, Vol 1/5/2 Rondônia - Mão-de-Obra. Rio de Janeiro
IBGE (1984): Anuário Estatístico do Brasil 1983. Rio de Janeiro. Eigene Zusammenfassungen und Berechnungen

*über 10 Jahre

Wirtschaftssektoren:
1 = Landwirtschaft incl. Extraktion pflanzl. Rohstoffe und Fischerei
2 = Verarbeitende Industrie
3 = Baugewerbe
4 = Übrige industrielle Bereiche, bes. Extraktion mineralischer Rohstoffe
5 = Handel
6 = Übrige Dienstleistungen
7 = Öffentliche Verwaltung
8 = Übrige Aktivitäten

Tabelle 44 I N D U S T R I E S T R U K T U R
IN JI-PARANÁ, OURO PRETO DO OESTE UND RONDÔNIA
1982

INDUSTRIEBRANCHE	ZAHL DER BETRIEBE		
	Ji-Paraná	Ouro Preto do Oeste	Rondônia
Holz- und Holzverarbeitung, incl. Sägereien	46	10	448
"Agroindustrien": bes. Reis- und Kaffeeschälmaschinen, Zwischenhändler	48	10	260
Übrige Industrien (Lebensmittel und Getränke, Baumaterial, Keramik etc.)	31	3	194
TOTAL	125	23	902

Quelle: SEPLAN/RO (1984): Anuário Estatístico de Rondônia. Porto Velho. Eigene Zusammenfassung.

Tabelle 45

INDUSTRIE UND PRODUZIERENDES GEWERBE IN JI-PARANÁ
BESCHÄFTIGTE, BETRIEBE UND BETRIEBSGRÖSSENKLASSEN
1980

BRANCHEN	BESCHÄFTIGTE insgesamt	BETRIEBE insgesamt	BETRIEBE NACH GRÖSSENKLASSEN (BESCHÄFTIGTE)						
			1-5	6-10	11-20	21-50	51-100	101-200	400-450
"Agroindustrien": Reis- und Kaffeeschälmaschinen etc.	75	28	25	2	1	-	-	-	-
Sägereien und Holzverarbeitung	994	28	10	5	8	2	-	2	1
Möbelschreinereien	31	11	11	-	-	-	-	-	-
Ziegeleien	60	17	16	1	-	-	-	-	-
Sonstiges Baumaterial	35	8	6	2	-	-	-	-	-
Nahrungsmittel	33	8	7	1	-	-	-	-	-
Druckereien	16	3	1	2	-	-	-	-	-
Wagnerei	6	1	-	1	-	-	-	-	-
TOTAL	1.250	104	76	14	9	2	-	2	1

Quelle: IBGE-Regionalbüro Ji-Paraná, Urlisten des Censo Industrial 1980 für heutiges Munizip Ji-Paraná, eigene Zusammenstellung

Tabelle 46

GESUNDHEITSWESEN IN RONDÔNIA
VERSORGUNG MIT KRANKENHAUSBETTEN
1983

MUNIZIP	BEVÖLKERUNG	KRANKENHAUSBETTEN				insgesamt		VERHÄLTNIS
		staatl. Krankenhäuser		private Krankenhäuser				EINWOHNER/BETTEN
		Anzahl	in %	Anzahl	in %	Anzahl	in %	
Porto Velho	185.270	440	62	272	38	712	100	260
Ariquemes	55.912	78	37	133	63	211	100	265
Jaru	48.501	36	41	52	59	88	100	551
Ouro Preto do O	70.078	50	76	16	24	66	100	1.062
Ji-Paraná	80.651	215	50	213	50	428	100	188
Presidente Médici	32.468	25	38	40	62	65	100	500
Cacoal / Rolim	114.908	107	43	142	57	249	100	461
Pimenta Bueno	36.103	40	34	78	66	118	100	306
Espigão do Oeste	14.326	20	57	15	43	35	100	409
Vilhena	26.801	40	48	44	52	84	100	319
Colorado / Cer.	58.071	56	38	90	62	146	100	398
Guajará-Mirim	36.131	138	49	144	51	282	100	128
Costa Marques	5.300	31	100	-	-	31	100	171
TOTAL	764.520	1.276	51	1.239	49	2.515	100	304

Quelle: SEPLAN/RO (1984): I Plano de Desenvolvimento Integrado de Rondônia 1985/1989. Vol. 2. Porto Velho. und eigene Berechnungen

VERGLEICH RONDÔNIA - BRASILIEN 1980

	Einwohnerzahl	Krankenhausbetten insgesamt	Verhältnis Einwohner/Betten
Rondônia	491.069	1.468	335
Region NORTE	5.880.268	14.788	398
Brasilien	119.002.706	509.104	234

Quelle: IBGE (1984): Anuário Estatístico do Brasil 1983. und eigene Berechnungen

Tabelle 47 ELEKTRIZITÄTS- UND WASSERVERSORGUNG
JI-PARANÁ UND OURO PRETO DO OESTE
1982 und 1984

	Ji - Paraná		Ouro Preto do Oeste	
	1982	1984	1982	1984
Bevölkerung in der Stadt	43.745	70.030	6.968	9.831
Zahl der Haushalte*	7.291	11.672	1.161	1.639
Private Stromabnehmer	2.961	5.512	893	-
in % der Haushalte	41	47	77	-
Private Wasseranschlüsse	4.776	5.436	216	-
in % der Haushalte	66	47	19	-

Quellen: SEPLAN/RO-COPLAN (1985): Projeção Populacional. Porto Velho
SEPLAN/RO (1983): Indicadores Municipais 2° semestre de 1982. Porto Velho
SEPLAN/RO (1985): Indicadores Municipais 1° semestre de 1984. Porto Velho
und eigene Berechnungen

* Schätzung auf der Basis einer angenommenen durchschnittlichen Haushaltsgröße von 6 Personen.

VERGLEICHSANGABEN FÜR BRASILIEN INSGESAMT		
	1970	1980
Zahl der Haushalte (städtisch)	10.276.340	17.770.981
davon mit Wasseranschluß (%)	54	76
mit Stromanschluß (%)	76	88

Quelle: IBGE (1984): Anuário Estatístico do Brasil 1983. Rio de Janeiro

Tabelle 48 ANKUNFTSJAHR UND FORMEN DES LANDERWERBS
DER 79 IM PIC "OURO PRETO" BEFRAGTEN KOLONISTEN

A. Einzugsbereich des NUAR "Nova Colina"

Eigentumsformen	1972	1973	1974	1975	bis 1975 abs	bis 1975 %	1976	1977	1978	1979	bis 1979 abs	bis 1979 %	1980	1981	1982	1983	1984	bis 1983/84 abs	bis 1983/84 %	INSGESAMT abs	INSGESAMT %
Eigentum durch INCRA	-	-	1	4	5	26	-	2	-	-	2	11	1	-	-	-	-	1	5	8	42
Eigentum durch Kauf	-	1	1	1	3	19	-	-	1	-	1	5	1	-	3	-	-	4	21	8	42
ehemalige "posse" durch INCRA regularisiert	-	-	-	-	-	-	2	-	-	-	2	11	-	-	-	-	-	-	-	2	11
Landlose: Halbpächter, "agregados", Verwalter	-	-	-	-	-	-	1	-	-	-	1	5	-	-	-	-	-	-	-	1	5
INSGESAMT	-	1	2	5	8	42	3	2	1	-	6	32	2	-	3	-	-	5	26	19	100

B. Einzugsbereich des NUAR "Nova União"

Eigentumsformen	1972	1973	1974	1975	bis 1975 abs	bis 1975 %	1976	1977	1978	1979	bis 1979 abs	bis 1979 %	1980	1981	1982	1983	1984	bis 1983/84 abs	bis 1983/84 %	INSGESAMT abs	INSGESAMT %
Eigentum durch INCRA	-	-	-	-	-	-	1	-	-	-	1	3	1	1	-	-	-	2	7	3	10
Eigentum durch Kauf	-	-	-	-	-	-	-	3	-	3	6	20	1	3	1	-	-	5	17	11	37
ehemalige "posse" durch INCRA regularisiert	-	-	1	-	1	3	2	5	3	2	12	40	-	1	-	-	-	1	3	14	47
Landlose: Halbpächter, "agregados", Verwalter	-	-	-	-	-	-	-	-	-	-	-	-	-	-	-	2	-	2	7	2	7
INSGESAMT	-	-	1	-	1	3	3	8	3	5	19	63	2	5	1	2	-	10	34	30	100

C. Einzugsbereich des NUAR "Teixeirópolis"

Eigentumsformen	1972	1973	1974	1975	bis 1975 abs	bis 1975 %	1976	1977	1978	1979	bis 1979 abs	bis 1979 %	1980	1981	1982	1983	1984	bis 1983/84 abs	bis 1983/84 %	INSGESAMT abs	INSGESAMT %
Eigentum durch INCRA	5	2	1	-	8	27	-	1	-	-	1	3	-	-	1	1	-	-	-	9	30
Eigentum durch Kauf	-	-	-	2	2	7	2	3	2	-	7	23	1	1	1	1	-	4	13	13	43
ehemalige "posse" durch INCRA regularisiert	-	1	1	-	2	7	-	1	-	-	1	3	-	-	-	-	-	-	-	3	10
Landlose: Halbpächter, "agregados", Verwalter	-	-	-	-	-	-	-	-	-	-	-	-	-	-	1	3	1	5	17	5	17
INSGESAMT	5	3	2	2	12	41	2	5	2	-	9	29	1	1	2	4	1	9	30	30	100

Quelle: Befragungsergebnisse im PIC "Ouro Preto" 1983/1984

Tabelle 49   LANDERWERB DURCH KAUF VON KOLONISTENBETRIEBEN
VERKAUFSGRÜNDE UND HEUTIGE TÄTIGKEIT/WOHNORT DES VORBESITZERS
NACH ANGABEN DER BEFRAGTEN KÄUFER EINES KOLONISTENBETRIEBS IM PIC "OURO PRETO"

Verkaufsgründe der Vorbesitzer	Nennungen insgesamt	%
Verschuldung	6	18
zu schwierige Lebensbedingungen auf dem lote	5	15
hatte lote nur in Besitz genommen um es sofort wieder zu verkaufen	4	12
Krankheit	3	9
wollte in die Stadt abwandern	3	9
wollte in anderes Kolonisationsgebiet in Rondônia weiterwandern	2	6
zu hohes Alter	2	6
wollte aus Rondônia abwandern	1	3
andere Gründe	5	15
Gründe sind dem Käufer nicht bekannt	2	6
Nennungen insgesamt	33	100

Heutige Tätigkeit/Wohnort des Vorbesitzers	Nennungen insgesamt	%
hat anderes lote gekauft	8	23
arbeitet in einer der Städte Rondônias	7	20
lebt in der Stadt ohne Arbeit	4	11
hat Geschäft eröffnet	3	9
ist aus Rondônia abgewandert	3	9
arbeitet als Halbpächter	1	3
andere Tätigkeiten	5	14
heutige Tätigkeit ist dem Käufer nicht bekannt	4	11
Nennungen insgesamt	35	100

Quelle: Ergebnisse der Befragungen im PIC "Ouro Preto" 1983/1984

Tabelle 50   ENTWALDUNG IN RONDÔNIA

Zeitraum	Entwaldete Fläche in ha	Anteil der entwaldeten Fläche an der Gesamtfläche Rondônias in %
bis 1975	121.650	0,50
bis 1978	418.450	1,72
bis 1980	757.927	3,12
bis 1983	1.395.521	5,74

* Gesamtfläche Rondônias: 24.304.400 ha

Quelle: IBDF (Instituto Brasileiro de Desenvolvimento Florestal), Departamento de Economia Florestal, Brasília, Juli 1985.

ZUNAHME DER ENTWALDUNG IN RONDÔNIA
1975 - 1983

Zeitraum	Zunahme der entwaldeten Fläche in ha	in %
1975 - 1978	296.800	144
1978 - 1980	339.477	81
1980 - 1983	637.594	84

Quelle: Eigene Berechnungen

Tabelle 51 ANTEILE DER BEREITS GERODETEN FLÄCHEN
IN DEN 79 IM PIC "OURO PRETO" BEFRAGTEN KOLONISTENBETRIEBEN

Befragungsgebiete	Anteil der Rodungen an der Gesamtfläche des Betriebs																INSGESAMT	
	bis 20 %		21 - 30 %		31 - 40 %		41 - 50 %		51 - 60 %		61 - 70 %		71 - 80 %		über 80 %			
	Betriebe	%	Betriebe	%	Betriebe	%	Betriebe	%	Betriebe	%	Betriebe	%	Betriebe	%	Betriebe	%	Betriebe	%
NUAR "Teixeirópolis" Rodungsbeginn ca. 1972	3	10	6	20	10	33	5	17	3	10	1	3	-	-	2	7	30	100
NUAR "Nova Colina" Rodungsbeginn ca. 1974	1	5	5	26	1	5	6	32	4	21	1	5	-	-	1	5	19	100
NUAR "Nova União" Rodungsbeginn ca. 1976	8	27	7	23	6	20	7	23	-	-	1	3	-	-	1	3	30	100
INSGESAMT	12	15	18	23	17	22	18	23	7	9	3	4	-	-	4	5	79	100

Quelle: Ergebnisse der Befragungen im PIC "Ouro Preto" 1983/84

Tabelle 52 JÄHRLICHE NEURODUNGEN 1980 - 1983/84 IN DEN 79 IM PIC "OURO PRETO" BEFRAGTEN BETRIEBEN
(für alle befragten Betriebe, für die durch Kauf erworbenen befragten Betriebe zum Vergleich)

a) BEFRAGTE BETRIEBE INSGESAMT (79 Betriebe)

Befragungsgebiete Einzugsbereiche der NUARs	Durchschnittliche Neurodungen pro befragtem Betrieb (ha)					Durchschnitt in ha der Jahre 1980-1983/84
	1980	1981	1982	1983	1984	
"Teixeirópolis" (Rodungsbeginn 1972)	0,6	2,2	2,6	1,4	2,3	1,8
"Nova Colina" (Rodungsbeginn 1974)	8,5	2,6	3,6	2,9	-	4,4
"Nova União" (Rodungsbeginn 1976)	3,9	5,1	3,6	3,1	-	3,9
Insgesamt	4,3	3,3	3,3	2,5	-	3,4

b) BEFRAGTE, DURCH KAUF ERWORBENE BETRIEBE (32 Betriebe)

	1980	1981	1982	1983	1984	
"Teixeirópolis"	0,8	3,8	3,8	2,0	2,4	2,6
"Nova Colina"	9,5	2,6	4,1	3,4	-	4,9
"Nova União"	5,2	7,5	4,5	2,4	-	4,9
Insgesamt	5,2	4,6	4,1	2,6	-	4,2

Quelle: Ergebnisse der Befragungen im PIC "Ouro Preto" 1983/1984

Tabelle 53 NUTZUNGSEIGNUNG DES LANDES
IN DER WAHRNEHMUNG DER 79
IM PIC "OURO PRETO" BEFRAGTEN KOLONISTEN

	Einzugsbereiche der NUARs							
Land ist besonders geeignet für Nutzung mit:	"Nova Colina"		"Nova União"		"Teixeirópolis"		INSGESAMT	
	Nennungen	%	Nennungen	%	Nennungen	%	Nennungen	%
"lavoura branca" (Reis, Mais und Bohnen)	9	23	4	11	-	-	14	13
Kaffee	14	36	1	3	2	7	17	16
Kakao	1	3	1	3	1	3	3	3
Kautschuk	3	8	1	3	-	-	4	4
Weide	8	21	3	9	1	3	12	11
jeder Kultur	4	10	25	71	26	87	55	52
keiner Kultur	-	-	-	-	-	-	-	-
NENNUNGEN INSGESAMT	39	100	35	100	30	100	105	100

Quelle: Ergebnisse der Befragungen im PIC "Ouro Preto" 1983/84

Tabelle 54 WICHTIGE KENNZAHLEN ZUR LANDNUTZUNG
DER 79 IM PIC "OURO PRETO" BEFRAGTEN KOLONISTENBETRIEBE

Befragungsgebiet	NUTZUNGSARTEN		
	"Capoeira"	Anbaufläche	Kunstweidefläche
NUAR "Nova Colina"			
A. Insgesamt			
Kolonisten	12	19	18
in % (pro Befragungsgebiet)	63	100	95
Gesamtfläche in ha	74	321	367
durchschnittl. Fläche in ha	6,2	16,9	20,4
maximale Fläche in ha	12	39	44
minimale Fläche in ha	2	2	5
B. Gekaufte Betriebe (8 Betriebe)			
Gesamtfläche in ha		156	90
durchschnittl. Fläche in ha		19,6	11,3
NUAR "Nova União"			
A. Insgesamt			
Kolonisten	9	30	29
in % (pro Befragungsgebiet)	30	100	97
Gesamtfläche in ha	53	469	413
durchschnittl. Fläche in ha	5,9	15,6	14,3
maximale Fläche in ha	15	55	36
minimale Fläche	2	7	1
B. Gekaufte Betriebe (11 Betriebe)			
Gesamtfläche in ha		217	178
durchschnittl. Fläche in ha		19,7	16,2
NUAR "Teixeirópolis" (ohne N° 9,12)			
A. Insgesamt			
Kolonisten	16	28	25
in % (pro Befragungsgebiet)	57	100	89
Gesamtfläche in ha	121	394	502
durchschnittl. Fläche in ha	7,6	14,1	20,1
maximale Fläche in ha	19	36	61
minimale Fläche in ha	1	2	2
B. Gekaufte Betriebe (13 Betriebe)			
Gesamtfläche in ha		169	331
durchschnittl. Fläche in ha		13	25,5

Quelle: Ergebnisse der Befragungen im PIC "Ouro Preto" 1983/84

Tabelle 55   WICHTIGE KENNZAHLEN ZUM LANDWIRTSCHAFTLICHEN ANBAU DER 79 IM PIC "OURO PRETO" BEFRAGTEN KOLONISTENBETRIEBE

Befragungsgebiete	REIS	MAIS	BOHNEN	MANIOK	BANANEN	ZUCKERROHR	KAFFEE	KAKAO	KAUTSCHUK
NUAR "Nova Colina"									
Anbauende Kolonister	17	18	17	14	4	6	11	3	4
% von befragten Kolonisten pro NUAR	89	95	89	74	21	32	58	16	21
Anbaufläche insgesamt in ha	111	74,5	44	18,5	9,5	6,5	65	7,5	40
Durchschnittl. Anbaufläche in ha	6,5	4,1	2,6	1,3	2,4	1,1	5,9	2,5	10
Minimale Anbaufläche in ha	1	0,5	0,5	0,5	0,5	0,5	1	1,5	10
Maximale Anbaufläche in ha	10	12	12	4	7	2	12	4	10
NUAR "Nova União"									
Anbauende Kolonisten	28	29	28	18	7	6	20	5	6
% von befragten Kolonisten pro NUAR	93	97	93	60	23	20	67	17	20
Anbaufläche insgesamt in ha	123	104,5	129	19	16,5	4	82,5	33	53
Durchschnittl. Anbaufläche in ha	4,4	3,6	4,6	1,1	2,4	0,7	4,1	6,6	8,8
Minimale Anbaufläche in ha	0,5	0,5	0,5	0,5	0,5	0,5	0,5	2	5
Maximale Anbaufläche in ha	24	9	18	2	5	1	19	10	10
NUAR "Teixeirópolis"									
Anbauende Kolonisten	28	27	27	17	5	6	20	6	3
% von befragten Kolonisten pro NUAR	93	90	90	57	17	20	67	20	10
Anbaufläche insgesamt in ha	89,5	92,5	72	18,5	7	4,5	116	51,3	17,5
Durchschnittl. Anbaufläche in ha	3,2	3,4	2,7	1,1	1,4	0,75	5,8	8,6	5,8
Minimale Anbaufläche in ha	1	1	0,5	0,5	0,5	0,5	0,5	0,3	2,5
Maximale Anbaufläche in ha	10	12	7,5	5	2,5	1	24	24	10

Quelle: Ergebnisse der Befragungen im PIC "Ouro Preto" 1983/84

Tabelle 56

VERTEILUNG DER ANBAUFLÄCHEN
ZWISCHEN GRUNDNAHRUNGSMITTELN UND MARKTORIENTIERTEN DAUERKULTUREN
AUF DEN 79 IM PIC "OURO PRETO" BEFRAGTEN KOLONISTENBETRIEBEN

(Wirtschaftsjahr 1982/83, 1983/84 für Betriebe des Befragungsgebietes "Teixeirópolis")

Anbauflächen nach Größenklassen	Anbaukulturen														
	Reis		Mais		Bohnen		Maniok		Bananen		Kaffee		Kakao		Kautschuk
	Betriebe	%	Betriebe	%	Betriebe	%	Betriebe	%	Betriebe	%	Betriebe	%	Betriebe	%	Betriebe	%
< 1 ha	2	3	2	3	5	6	15	19	3	4	3	4	1	1	-	-
1 - 2,5 ha	30	38	33	42	34	43	29	37	10	13	21	27	4	5	1	1
> 2,5 - 5 ha	23	29	33	42	19	24	4	5	2	3	10	13	3	4	2	3
> 5 - 10 ha	17	22	6	8	10	13	-	-	1	1	10	13	5	6	9	11
> 10 ha	1	1	2	3	3	4	-	-	-	-	6	8	1	1	-	-
kein Anbau	6	8	3	4	8	10	31	39	63	80	29	37	65	82	67	85
Betriebe insgesamt	79	100	79	100	79	100	79	100	79	100	79	100	79	100	79	100

Quelle: Ergebnisse der Befragungen im PIC "Ouro Preto" 1983/84

Tabelle 57

KENNZAHLEN ZUR AGRARPRODUKTION
DER 79 IM PIC "OURO PRETO" BEFRAGTEN KOLONISTENBETRIEBE

Befragungsgebiete	Reis	Mais	Bohnen	Bananen	Kaffee	Kakao
NUAR "Nova Colina"						
Produzierende Kolonisten	18	16	13	-	12	1
Kolonisten ohne Produktion	1	2	6	19	7	18
keine Angaben	-	1	-	-	-	-
Gesamtproduktionsmenge in kg	178.320	116.400	16.480	-	31.400	400
durchschnittl. Produktionsmenge in kg	9.907	7.275	1.268	-	2.617	400
minimale Produktionsmenge in kg	1.800	1.800	120	-	160	400
maximale Produktionsmenge in kg	27.000	48.000	3.120	-	12.000	400
NUAR "Nova União"						
Produzierende Kolonisten	27	23	28	3	18	-
Kolonisten ohne Produktion	2	2	2	27	12	30
keine Angaben	1	5	-	-	-	-
Gesamtproduktionsmenge in kg	158.040	143.580	37.800	6.630*	55.280	-
durchschnittl. Produktionsmenge in kg	5.853	6.243	1.350	2.210*	3.071	-
minimale Produktionsmenge in kg	660	600	180	630*	80	-
maximale Produktionsmenge in kg	30.000	27.000	4.980	3.000*	16.000	-
NUAR "Teixeirópolis" **						
Produzierende Kolonisten	24	19	11	-	14	4
Kolonisten ohne Produktion	2	2	2	30	14	26
keine Angaben	4	9	17	-	2	-
Gesamtproduktionsmenge in kg	132.840	112.380	27.420	-	99.320	11.200
durchschnittl. Produktionsmenge in kg	5.535	5.915	2.493	-	7.094	2.800
minimale Produktionsmenge in kg	900	900	180	-	320	600
maximale Produktionsmenge in kg	26.160	15.000	12.000	-	40.000	7.000

Quelle: Ergebnisse der Befragungen im PIC "Ouro Preto" 1983/84

* Produktionsmenge in Büscheln
** für NUAR "Teixeirópolis" 1983/84

Tabelle 58
FLÄCHENPRODUKTIVITÄTEN DER WICHTIGSTEN KULTUREN
BEI DEN 79 IM PIC "OURO PRETO" BEFRAGTEN KOLONISTENBETRIEBEN
und Vergleichswerte

Untersuchungsgebiete Einzugsbereiche der NUARs	Flächenproduktivitäten wichtiger Kulturen 1983(1984)			
	Reis kg/ha	Mais kg/ha	Bohnen kg/ha	Kaffee kg/ha
"Nova Colina" (Munizip Ji-Paraná)	1.525	1.141	515	626
"Nova União" (Munizip Ouro Preto)	1.380	1.521	416	909
"Teixeirópolis" (Munizip Ouro Preto)*	1.759*	2.344*	751*	617*
* Wirtschaftsjahr 1983/84				
Vergleichswerte 1982/83				
Munizip Ji-Paraná	1.300	1.400	480	1.087
Munizip Ouro Preto do Oeste	1.500	1.500	480	1.095
Rondônia	1.342	1.459	512	1.093
Brasilien	1.516	1.745	390	1.461
Vergleichswerte 1983/84				
Munizip Ouro Preto do Oeste	1.600	1.176	600	707
Rondônia	1.504	1.466	598	705
Brasilien	1.684	1.735	492	1.092

Quellen: Ergebnisse der Befragungen im PIC "Ouro Preto" 1983/1984
für die Vergleichswerte: CEPA-RO (1985): Prognóstico Agropecuário de Rondônia 1985/86. Porto Velho. S. 140 ff.
IBGE (1985): Anuário Estatístico do Brasil 1984. Rio de Janeiro. S. 455 ff.

Tabelle 59   WEGE DER KOMMERZIALISIERUNG LANDWIRTSCHAFTLICHER PRODUKTE
BEI DEN 79 IM PIC "OURO PRETO" BEFRAGTEN KOLONISTENBETRIEBEN

Verkaufswege	Verkäufe			Insgesamt	
	"Nova Colina"	"Nova União"	"Teixeirópolis"	absolut	in %
"dono da máquina" (Zwischenhändler mit Reis- oder Kaffeeschälmaschine)	30	41	19	90	62
"marreteiro" (Lastwagenfahrer, der Produkt direkt beim Kolonisten kauft)	–	19	15	34	23
Verkauf an Nachbarn	1	9	1	11	8
Zwischensumme: Verkäufe an privaten Zwischenhandel	31	69	35	135	93
CFP / CIBRAZEM	3	1	2	6	4
Kooperative (CIRA/PICOP)	–	–	5	5	3
Zwischensumme: Verkäufe an staatliche oder genossenschaftliche Institutionen	3	1	7	11	7
VERKÄUFE INSGESAMT	34	70	42	146	100

Quelle: Ergebnisse der Befragungen im PIC "Ouro Preto" 1983/84

Tabelle 60

KENNZAHLEN ZUR WEIDEFLÄCHE UND ZUR TIERHALTUNG
DER 79 IM PIC "OURO PRETO" UNTERSUCHTEN KOLONISTENBETRIEBE

Befragungsgebiete	Weidefläche	Rinderhaltung	Schweinehaltung	Hühnerhaltung	Arbeitstierhaltung *
NUAR "Nova Colina"					
Kolonisten	18	13	16	18	7
% von Befragten	95	68	84	95	37
Bestand (Fläche) insgesamt:	367 ha	189 Stück	228 Stück	1.082 Stück	13 Stück
durchschnittlicher Bestand (Fläche):	20,4 ha	15 Stück	14 Stück	60 Stück	2 Stück
minimaler Bestand (Fläche):	5 ha	1	3	12	1
maximaler Bestand (Fläche):	44 ha	33	50	120	3
NUAR "Nova União"					
Kolonisten	29	18	27	30	8
% von Befragten	97	60	90	100	27
Bestand (Fläche) insgesamt:	413 ha	434 Stück	432 Stück	2.999 Stück	17 Stück
durchschnittlicher Bestand (Fläche):	14,3 ha	24 Stück	16 Stück	100 Stück	2 Stück
minimaler Bestand (Fläche):	1 ha	3	2	14	1
maximaler Bestand (Fläche):	36 ha	72	80	400	4
NUAR "Teixeirópolis" **					
Kolonisten	25	19	26	29	14
% von Befragten	89	66	90	100	48
Bestand (Fläche) insgesamt:	502 ha	487 Stück	335 Stück	2.265 Stück	21 Stück
durchschnittlicher Bestand (Fläche):	20,1 ha	26 Stück	13 Stück	78 Stück	2 Stück
minimaler Bestand (Fläche):	2 ha	2	1	15	1
maximaler Bestand (Fläche):	61 ha	130	60	150	4

* als Arbeitstiere werden Pferde, Maultiere und Esel gehalten

** ohne Betrieb Nr. 9

Quelle: Ergebnisse der Befragungen im PIC "Ouro Preto" 1983/84

Tabelle 61   VERWENDUNG VON WEIDEGRÄSERN UND LEGUMINOSEN
BEI DEN 79 IM PIC "OURO PRETO" BEFRAGTEN KOLONISTENBETRIEBEN

Grassorten Botanischer Name	Brasilianischer Name	Nennungen	%
Brachiaria decumbens	"brachiaria"	68	50
Panicum maximum	"coloniao"	44	33
Brachiaria humidicola	"kikuiu da Amazônia"	9	7
Hyparrhenia rufa	"jaraguá"	6	4
übrige Weidegräser		8	6
Nennungen insgesamt		135	100
Verwendung von Leguminosen		6	9
keine Verwendung von Leguminosen		64	91
Nennungen insgesamt		70	100

Quelle: Ergebnisse der Befragungen im PIC "Ouro Preto" 1983/84

Tabelle 62   GRÜNDE FÜR DIE AUSDEHNUNG DER WEIDEFLÄCHEN
IN DER SICHT DER 79 IM PIC "OURO PRETO" BEFRAGTEN KOLONISTEN

Gründe für Weideflächenausdehnung	Nennungen	%
Viehhaltung lohnt sich am meisten	8	9
möchte in Zukunft erstmals Vieh kaufen	13	14
möchte in Zukunft mehr Vieh zu bisherigem dazukaufen	21	23
Viehbestand nimmt von Jahr zu Jahr zu	12	13
Weide ist im Vergleich zu anderen Nutzungsformen günstiger, macht weniger Arbeit, ist besser als "capoeira" und in der Region besonders geeignet	18	19
bisher existierende Weideflächen sind bereits zu klein, bzw. bereits erschöpft	13	14
möchte durch "Weidevermietung" Zusatzeinkommen erzielen	8	9
Nennungen insgesamt	93	100

Quelle: Ergebnisse der Befragungen im PIC "Ouro Preto" 1983/1984

Tabelle 63 GRÜNDE FÜR DIE POSITIVE EINSCHÄTZUNG
DES VERÄNDERUNGSPOTENTIALS VON KLEINBAUERNASSOZIATIONEN
IN DER WAHRNEHMUNG DER 79 IM PIC "OURO PRETO" BEFRAGTEN KOLONISTEN

Gründe	Nennungen absolut	in %
Wird den Kleinbauern mehr Unabhängigkeit von den Zwischenhändlern verschaffen	7	11
Wird die Position der Kleinbauern gegenüber den "Großen" verbessern	7	11
Wird die Position der Kleinbauern gegenüber der Regierung und ihren Behörden verbessern	3	5
Es wird durch Kleinbauernassoziationen möglich sein, bessere Preise beim Verkauf und beim Einkauf zu erzielen	47	71
Wird die Gemeinschaft und Zusammenarbeit unter den Nachbarn fördern	2	3
Nennungen insgesamt	66	100

Quelle: Ergebnisse der Befragungen im PIC "Ouro Preto" 1983/84

Tabelle 64   INDIKATOREN ZUR ZENTRALITÄTSFUNKTION DER PIONIERSTÄDTE
FÜR DIE 79 IM PIC "OURO PRETO" BEFRAGTEN KOLONISTEN

Frequenz der Stadtbesuche	Nennungen abs	%
Einmal pro Woche	15	19
Alle 14 Tage	16	20
Einmal im Monat	29	37
Seltener	19	24
Nennungen insgesamt	79	100

Benutztes Verkehrsmittel	Nennungen abs	%
Omnibus	73	79
zu Fuß	11	12
Mitfahrgelegenheit	5	5
Eigener PKW	4	4
Nennungen insgesamt	93	100

Wichtigste Aktivitäten in der Stadt	Nennungen abs	%
Einkauf	72	50
Bankbesuch	29	20
Arzt- bzw. Hospitalbesuch	24	17
Verkauf von landw. Produkten	9	6
Behördenbesuch	6	4
Postbesuch	3	2
Kirchgang	1	1
Nennungen insgesamt	144	100

Eingekaufte Waren	Nennungen abs	%	Eingekaufte Waren (Fortsetzung)	Nennungen abs	%
Kleidung	48	15	Seife	7	2
Zucker	46	15	Öl	4	1
Arzneimittel	43	14	Schweinefett	3	1
Haushaltswaren	40	13	Bohnen	3	1
Salz	36	11	Kaffee	3	1
Kerosin	35	11	Weizenmehl	2	1
Fleisch	23	7	Gas	2	1
Maniokmehl	11	3	Reis	1	0
Brot	9	3			
Nennungen insgesamt				316	100

Quelle: Ergebnisse der Befragungen im PIC "Ouro Preto" 1983/84

Tabelle 65   HAUPTPROBLEMBEREICHE DES LEBENS IM LÄNDLICHEN RAUM
AUS DER SICHT DER 79 IM PIC "OURO PRETO" BEFRAGTEN KOLONISTEN

Hauptproblembereiche des Lebens im ländlichen Raum aus der Sicht der Kolonisten	Nennungen absolut	in %
Nicht-kompensatorische Agrarpreise, Preisschwankungen bei "cash crops"	40	25
Schlechter Zustand der Erschließungsstraßen	24	15
Krankheit (hauptsächlich Malaria und andere tropische Infektionskranheiten)	21	13
Unzureichender bzw. fehlender staatlicher Gesundheitsdienst auf dem Lande	16	10
Vermarktungsprobleme der landwirtschaftlichen Produktion, Abhängigkeit von den Zwischenhändlern	13	8
Schlechte Busanbindung	12	7
Insgesamt fehlende Regierungsunterstützung für die ländliche Bevölkerung	9	6
Hohes Preisniveau für Verbrauchsgüter	10	6
Hohes Zinsniveau für Agrarkredite	7	4
Fehlende Schulen im ländlichen Raum	5	3
Fehlender Einzelhandel	3	2
Zunehmende Landknappheit	3	2
Nennungen insgesamt	163	100

Quelle: Ergebnisse der Befragungen im PIC "Ouro Preto" 1983/04

Tabelle 66   BEREICHE DER HÖCHSTEN KOSTEN DES LEBENSUNTERHALTES
WÄHREND DES VERGANGENEN JAHRES
AUS DER SICHT DER 79 IM PIC "OURO PRETO" BEFRAGTEN KOLONISTEN

Bereiche der höchsten Ausgaben im zurückliegenden Jahr	Nennungen absolut	in %
Allgemeine Lebenshaltungskosten	34	47
Krankheit	23	32
Zinsen zur Tilgung von Bankkrediten	9	12
Kosten für Arbeitskraft auf dem lote	3	4
Kosten für Agrochemikalien	1	1
Sonstige Kosten	3	4
Nennungen insgesamt	73	100

Quelle: Ergebnisse der Befragungen im PIC "Ouro Preto" 1983/84

Tabelle 67   POLONOROESTE - PROGRAMM

VERTEILUNG DER GEPLANTEN GESAMTKOSTEN
AUF DIE EINZELNEN TEILPROGRAMME

Teilprogramme	Kosten in Mio. US-$	in %
A. TRANSPORTWESEN		
1. Erneuerung und Asphaltierung der BR 364 Cuiabá - Porto Velho	448,6	41,6
2. Verstärkung des DER-RO	30,7	2,8
3. Ausbau der höherrangigen Erschließungsstraßen ("estradas coletoras")	91,3	8,5
B. KOLONISATION NEUER GEBIETE	261,5	24,2
C. LANDEIGENTUMSREGULIERUNG	8,6	0,8
D. LÄNDLICHE ENTWICKLUNG		
1. PDRI Rondônia	104,0	9,6
2. PDRI Mato Grosso	56,8	5,3
E. UMWELTPROGRAMM		
1. Waldschutzgebiete	8,9	0,8
2. Ökologische Forschung	7,0	0,6
F. GESUNDHEITSPROGRAMM RONDÔNIA	24,7	2,3
G. SCHUTZ DER INDIANISCHEN BEVÖLKERUNG	26,6	2,5
H. VERWALTUNG	10,1	1,0
GESAMTKOSTEN	1.078,8	100
Voraussichtliche Kostenüberschreitungen	136,4	
Voraussichtliche Preiserhöhungen	332,8	
TOTAL	1.548,0	
Finanzierung aus brasilianischen Mitteln		66 %
Finanzierung aus Mitteln der Weltbank		34 %

Programmkoordination: "Superintendência do Desenvolvimento do Centro-Oeste" (SUDECO), Brasília

Quelle: BANCO MUNDIAL (1981a): Relatório de Avaliação. Brasil. Programa Integrado de Desenvolvimento do Noroeste do Brasil. Projeto de Desenvolvimento Agrícola e Proteção Ambiental. Relatório Nº 3512b-BR. Washington, Brasília, S. 11.

Tabelle 68　　EINSCHÄTZUNG DER AGRARBERATUNG DURCH DIE
　　　　　　　　IM PIC "OURO PRETO" BEFRAGTEN KOLONISTEN

Einschätzung	Nennungen absolut	in %
Positiv		
konnte durch Beratung vieles auf dem Betrieb verbessern	15	44
habe durch Beratung neue Techniken angewandt	5	15
Negativ		
Berater haben wenig Erfahrung	3	9
Berater kennen die spezifische Situation der Region zu wenig	3	9
Berater kommen viel zu selten auf den Betrieb	7	21
Nennungen insgesamt	34	100

Quelle: Ergebnisse der Befragungen im PIC "Ouro Preto" 1983/84

Tabelle 69

EIGENTUM AN PARZELLEN ("DATAS"), PARZELLEN - ERWERBSFORM UND AKTUELLE WOHNFORM DER 90 IM PIC "OURO PRETO" BEFRAGTEN NUAR - BEWOHNER

Parzellen-Eigentum	Befragte absolut	in %
Kein Parzellen-Eigentümer	2	2
Eigentümer 1 Parzelle	63	70
Eigentümer 2 Parzellen	18	20
Eigentümer 3 Parzellen	4	4
Eigentümer 4 Parzellen	3	3
Befragte insgesamt	90	100

Parzellen-Erwerbsform	Befragte absolut	in %
Zuteilung durch "administrador"/CODARON	44	50
Kauf der Parzelle(n)	33	38
Zuteilung und späteren Kauf ein/oder mehrerer weiterer Parzellen	11	12
Befragte insgesamt	88	100

Aktuelle Wohnform	Befragte absolut	in %
in selbst gebautem Haus	59	66
in (mit der Parzelle) gekauftem Haus	16	18
in gemietetem Haus	15	17
Befragte insgesamt	90	100

Quelle: Ergebnisse der Befragungen in den NUARs des PIC "Ouro Preto" 1983/84

Tabelle 70 ENTWICKLUNGSSTAND DER NUARS DES PIC "OURO PRETO" EIN- BIS EINEINHALB JAHRE NACH IHRER EINRICHTUNG

	NUAR "Nova União" (August 1984)	NUAR "Nova Colina" (November 1984)	NUAR "Teixeirópolis" (August 1984)
1. GEBÄUDEBESTAND (außer staatl. Infrastrukturen)			
Genutzte Gebäude	152	94	82
Fertiggestellte, noch nicht genutzte Gebäude	17	10	4
Gebäude im Bau	33	27	10
Nicht mehr genutzte Gebäude	4	5	1
2. GEBÄUDENUTZUNG			
Ausschließlich Wohnfunktion	129	76	66
Wohnfunktion und kommerzielle Funktion	17	12	11
Ausschließlich kommerzielle Funktion	2	2	1
Kirchen und Bethäuser	4	4	4
3. ZAHL DER HAUSHALTE	146	88	77
4. GESCHÄTZTE EINWOHNERZAHL (Durchschnittl. Haushaltsgröße = 6 Personen)	880	530	460

Quelle: Eigene Erhebungen und Kartierungen in den NUARs des PIC "Ouro Preto" 1983/1984

Tabelle 71   FUNKTIONALE MÄNGEL DER NUARs IM PIC "OURO PRETO"
AUS DER SICHT DER IM LÄNDLICHEN EINZUGSBEREICH UND IN DEN NUARs BEFRAGTEN

Funktionale Mängel der NUARs	Anzahl der Nennungen					
	Befragte insgesamt		Befragte im ländlichen Raum		Befragte in NUARs	
	absolut	in %	absolut	in %	absolut	in %
Mangelhafte Strom- und Wasserversorgung	73	19	12	7	61	28
Unbesetzte oder unterversorgte Gesundheitsposten (PS II)	64	17	20	12	44	20
Gering entwickelter Einzelhandel, hohe Preise	62	16	39	24	23	10
Fehlende ärztliche Betreuung	57	15	26	16	31	14
Unzureichender oder fehlender landwirtschaftl. Zwischenhandel	29	7	21	13	8	4
Zu wenig Dienstleistungseinrichtungen (Bank, Post etc.)	27	7	14	9	13	6
Unzulängliche Verwaltung des NUAR	23	6	10	6	13	6
Fehlendes bzw. schlecht funktionierendes CIBRAZEM-Lagerhaus	21	5	16	10	5	2
Zustand der Straßen im NUAR	13	3	-	-	13	6
Fehlende Sägerei	7	2	4	2	3	1
Schlecht funktionierende Schule	5	1	3	2	2	1
Fehlende Freizeiteinrichtungen	3	1	-	-	3	1
Fehlende Tankstelle	2	1	-	-	2	1
Fehlende Herberge	1	0	-	-	1	0
Nennungen insgesamt	387	100	165	100	222	100

Quelle: Ergebnisse der Befragungen im PIC "Ouro Preto" 1983/1984

Tabelle 72 WOHNDAUER IM NUAR UND LETZTER WOHNORT VOR DEM UMZUG IN DEN NUAR
BEI DEN 90 IM PIC "OURO PRETO" BEFRAGTEN NUAR - BEWOHNERN

Wohndauer im NUAR	Befragte in den NUARs						NUARs insgesamt	
	NUAR "Nova Colina"		NUAR "Nova União"		NUAR "Teixeirópolis"			
	absolut	in %	absolut	in %	absolut	in %	absolut	in %
weniger als ein Jahr	18	60	15	50	23	77	56	62
ein bis zwei Jahre	10	33	8	27	7	23	25	28
zwei bis drei Jahre	-	-	2	7	-	-	2	2
mehr als drei Jahre	2	7	5	17	-	-	7	8
Befragte insgesamt	30	100	30	100	30	100	90	100
Letzter Wohnort vor Umzug in NUAR								
Ländlicher Einzugsbereich des NUAR	9	30	6	20	15	50	30	33
Andere ländliche Regionen in Rondônia	1	3	5	17	3	10	9	10
Pionierstädte Rondônias	11	37	8	27	5	17	24	27
RONDONIA	21	70	19	63	23	77	63	70
Ländliche Regionen außerhalb Rondônias	4	13	-	-	1	3	5	6
Städte außerhalb Rondônias	5	17	11	37	6	20	22	24
REGIONEN AUSSERHALB RONDONIAS	9	30	11	37	7	23	27	30
Befragte insgesamt	30	100	30	100	30	100	90	100

Quelle: Ergebnisse der Befragungen in den NUARs des PIC "Ouro Preto" 1984

Tabelle 73   BESCHÄFTIGUNG IM LETZTEN WOHNORT VOR DEM UMZUG IN DEN NUAR DER 90 IM PIC "OURO PRETO" BEFRAGTEN NUAR - BEWOHNER

Beschäftigung vor Umzug in den NUAR	Befragte in den NUARs								NUARs insgesamt	
	NUAR "Nova Colina"		NUAR "Nova União"		NUAR "Teixeirópolis"					
	absolut	in %	absolut	in %	absolut	in %	absolut	in %	absolut	in %
Landeigentümer im NUAR-Einzugsbereich	8	26	3	10	5	17			16	18
Landeigentümer in anderen Gebieten	-	-	4	13	2	7			6	8
Halbpächter im NUAR-Einzugsbereich	-	-	2	7	5	17			5	6
Halbpächter in anderen Gebieten	1	3	-	-	-	-			1	1
"agregado" im NUAR-Einzugsbereich	-	-	-	-	1	3			1	1
"agregado" in anderen Gebieten	2	7	1	3	1	3			4	4
Tagelöhner	5	17	2	7	1	3			8	9
Eigentümer einer "chácara" (Minifundium)	1	3	-	-	2	7			3	3
Selbständige Beschäftigung in der LW*	9	30	7	23	9	30			25	28
Abhängige Beschäftigung in der LW	8	26	5	17	8	26			21	23
Kleinhändler (eigener "Bolicho" etc.)	2	7	3	10	3	10			8	9
Keinhandwerker (Zimmermann, Maurer etc.)** oder Kleingewerbe (eigener Lastwagen etc.)	5	17	7	23	3	10			15	17
Angestellter oder Arbeiter (Busfahrer, Einzelhandel, Wächter, Tankstelle etc.)***	6	20	8	26	7	23			21	23
Selbständige Beschäftigung in der Stadt	7	23	10	33	6	20			23	26
Abhängige Beschäftigung in der Stadt	6	20	8	26	7	23			21	23
Befragte insgesamt	30	100	30	100	30	100			90	100

* LW = Landwirtschaft, **Kontraktbasis normalerweise sog. "empreita", *** in einigen Fällen mehr Gelegenheitsarbeit

Quelle: Ergebnisse der Befragungen in den NUARs des PIC "Ouro Preto" 1984

Tabelle 74   GRÜNDE FÜR DIE WAHL DES NUARS ALS WOHNORT
BEI DEN 90 IM PIC "OURO PRETO" BEFRAGTEN NUAR - BEWOHNERN

Gründe für Wahl des NUARs als Wohnort	Nennungen absolut	in %
Neue Orte bieten bessere Existenzmöglichkeiten für die Armen	28	25
hatte bereits Verwandte/Bekannte im NUAR	16	14
NUAR bietet bessere Lebensbedingungen als auf dem "lote"	10	9
konnte Beschäftigung im NUAR erhalten	10	9
konnte im NUAR leichter eine "data" erwerben als z.B. in den Pionierstädten	9	8
wollte im NUAR ein Geschäft eröffnen	9	8
hatte Verwandte/Bekannte im Einzugsbereich des NUAR	8	7
lebte auf eigenem "lote" im NUAR-Einzugsbereich und erhielt eine "data"	7	6
lebte im NUAR-Einzugsbereich ohne eigenes Land	6	5
wollte die neuen Infrastrukturen (bes. Schule) des NUAR besser nutzen können	6	5
wollte von NUAR aus Siedlungsland suchen	5	4
Nennungen insgesamt	114	100

Quelle: Ergebnisse der Befragungen in den NUARs des PIC "Ouro Preto" 1984

Tabelle 75   LANDEIGENTUMSVERHÄLTNISSE BEI DEN 90 IM PIC "OURO PRETO" BEFRAGTEN NUAR - BEWOHNERN

EIGENTUMSVERHÄLTNISSE	NUAR "Nova Colina" absolut	in %	NUAR "Nova União" absolut	in %	NUAR "Teixeirópolis" absolut	in %	NUARs insgesamt absolut	in %
hat "lote" * im NUAR-Einzugsbereich verkauft	6	20	2	7	1	3	9	10
hat "lote" in anderen Regionen ROs verkauft	1	3	5	17	4	13	10	11
hat (besetztes) Land verloren	3	10	-	-	-	-	3	3
hatte nie Landeigentum	11	37	14	47	16	53	41	46
LANDEIGENTÜMER	9	30	11	37	10	33	30	33
Eigentümer mehrerer "lotes"	-	-	-	-	1	3	1	1
Eigentümer eines "lotes" im NUAR-Einzugsbereich	2	7	2	7	3	10	7	8
Eigentümer eines "lotes" in anderen Regionen ROs	1	3	5	17	5	17	11	12
Eigentümer einer "chácara" ** in der NUAR-Umgebung	6	20	4	13	1	3	11	12
"POSSEIRO" IM PI "LOURDES"	5	17	-	-	-	-	5	6
LANDLOSE NUAR-BEWOHNER	21	70	19	63	20	67	60	67
Befragte insgesamt	30	100	30	100	30	100	90	100

* "lote" = Landparzelle von 100 ha oder 50 ha
** "chácara" = Minifundium von < 20 ha

Quelle: Ergebnisse der Befragungen in den NUARs des PIC "Ouro Preto" 1984

Tabelle 76 EINKOMMENSQUELLEN DER 90 IM PIC "OURO PRETO" BEFRAGTEN NUAR - BEWOHNER

ERSTE EINKOMMENSQUELLE \ ZWEITE EINKOMMENSQUELLE	ARBEIT IM NUAR					ARBEIT NUAR-EINZUGSBEREICH						KEINE ARBEIT	INSGESAMT	%
		Ladenbesitzer	Handwerker	Sonstiger Gewerbetreibender	Angestellter		Kolonist	Minifundist	Halbpächter	Tagelöhner	"agregado"	"posseiro"			
ARBEIT IM NUAR	**44**													**58**	**64**
Ladenbesitzer		14	–	1	1		2	–	–	1	1	–	–	20	22
Handwerker		–	5	1	–		–	1	–	1	2	1	–	11	12
Sonstiger Gewerbetreibender		–	1	6	–		1	–	–	1	–	–	–	9	10
Angestellter		–	–	1	15		1	–	1	–	–	–	–	18	20
ARBEIT IM NUAR-EINZUGSBEREICH	**3**					**21**								**24**	**26**
Kolonist		–	1	–	–		2	–	–	–	–	–	–	3	3
Minifundist		–	–	–	–		–	2	1	–	1	–	–	4	4
Halbpächter		–	1	–	–		–	–	1	1	1	–	–	4	4
Tagelöhner		1	1	–	–		–	2	1	3	1	–	–	8	9
"agregado"		–	–	–	–		–	–	–	1	3	–	–	3	3
"posseiro"		–	–	–	–		–	–	–	–	–	2	–	2	2
KEINE ARBEIT		–	–	–	–		–	–	–	–	–	–	8	8	9
INSGESAMT		14	10	8	15		6	5	3	8	8	5	8	90	100

Quelle: Ergebnisse der Befragungen in den NUARs des PIC "Ouro Preto" 1984

Tabelle 77   BEDEUTUNG DER MITHILFE UND DES ZUSATZVERDIENSTES VON FAMILIENMITGLIEDERN FÜR DIE EINKOMMENSERWIRTSCHAFTUNG BEI DEN 90 IM PIC "OURO PRETO" BEFRAGTEN NUAR - BEWOHNERN

Kategorie / Tätigkeit	Ehefrau	Tochter	Sohn	Insgesamt
MITHELFENDE FMILIENMITGLIEDER				
Mithilfe in Ladengeschäft	13	2	-	15
Mithilfe bei landwirtschaftl. Arbeit	-	-	5	5
Mithilfe bei Ausübung eines Handwerks	1	-	1	2
Mithilfe bei Ausübung eines sonst. Gewerbes	-	-	1	1
ZUSÄTZLICH VERDIENENDE FAMILIENMITGLIEDER				
als Hebamme	2	-	-	2
als Schneiderin	3	1	-	4
als Köchin	3	1	-	4
als Wäscherin	3	-	-	3
als Putzhilfe	1	-	-	1
als Angestellte(r)	-	1	3	4
als Tagelöhner	-	-	2	2
INSGESAMT	26	5	12	43

Quelle: Ergebnisse der Befragungen in den NUARs des PIC "Ouro Preto" 1984

Tabelle 78 DIE SITUATION DER INDIANER IN RONDÔNIA
(STAND: 1985)

Indianerreservate	Größe (in ha)	Indianergruppe	Individuenzahl	rechtliche Position des Reservats
"Area Indígena" KARITIANA	89.698	Karitiana	130	endgültig legalisiert
"Area Indígena" LOURDES	185.533	Arara, Gavião	400	endgültig legalisiert
"Area Indígena" KAXARARI	127.540	Kaxarari	200	Legalisierung im Gange
"Area Indígena" URU-EU-WAU-WAU	1.832.300	Uru-Eu-Wau-Wau **	1.000 (ca.)	Legalisierung eingeleitet
"Area Indígena" KARIPUNA	195.000	Karipuna **	200 (ca.)	Legalisierung eingeleitet
"Area Indígena" RIBEIRÃO	47.863	Pakaas Novos	270	endgültig legalisiert
"Area Indígena" LAGE	107.328	Pakaas Novos	270	endgültig legalisiert
"Area Indígena" RIO NEGRO-OKAIA	104.265	Pakaas Novos	310	endgültig legalisiert
"Area Indígena" GUAPORÉ	69.837	Pakaas Novos	500	endgültig legalisiert
"Area Indígena" PAKAAS NOVOS	269.906	Pakaas Novos	350	endgültig legalisiert
"Area Indígena" RIO BRANCO	240.000	Pakaas Novos	260	endgültig legalisiert
"Area Indígena" MEQUENS	226.200	Makurap, Sakirap	100	Legalisierung im Gange
"Area Indígena" SETE DE SETEMBRO	247.869	Suruí	300	endgültig legalisiert
"Area Indígena" ROOSEVELT	233.055	Cinta Larga	200	endgültig legalisiert
"Area Indígena" TUBARÃO	118.000	Tubarão, Latundé, Massaká	180	endgültig legalisiert
"Parque Indígena" ARIPUANÃ *	1.614.366	Suruí, Cinta Larga	2.000	endgültig legalisiert
Total	5.708.760		6.670	

* Teile des P.I. Aripuanã liegen im Bundesstaat Mato Grosso

** bisher nur zum Teil durch FUNAI kontaktiert

Quelle: mdl. Inf. Sr. Amaury Vieira, Delegierter der FUNAI in Rondônia, Porto Velho Juli 1985

Tabelle 79   WALDSCHUTZGEBIETE IN RONDÔNIA
                         (STAND: 1985)

Waldschutzgebiete	Größe (in ha)	Zuständige Behörde
Parque Nacional PAKAÁS NOVOS	764.800	IBDF
Reserva Biológica GUAPORÉ	600.000	IBDF
Reserva Biológica JARU	268.150	IBDF
Floresta Nacional JAMARÍ	215.000	IBDF
Estação Ecológica CUNIÃ	100.000	SEMA
Insgesamt	1.947.950	
Als "Floresta Nacional" vorgesehene Gebiete	280.000	IBDF

IBDF = Instituto Brasileiro de Desenvolvimento Florestal

SEMA = Secretaria Especial do Meio Ambiente

Quelle: Information IBDF-delegacia Rondônia, Porto Velho Juli 1985

Abbildungen

Abbildung A1

FLÄCHENNUTZUNG, LANDERWERBSFORMEN
UND ANKUNFTSJAHR DER KOLONISTEN
AUF DEN 79 IM PIC "OURO PRETO"
BEFRAGTEN BETRIEBEN

Quelle: Befragungsergebnisse 1983/84

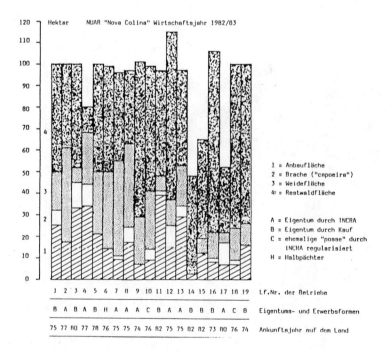

503

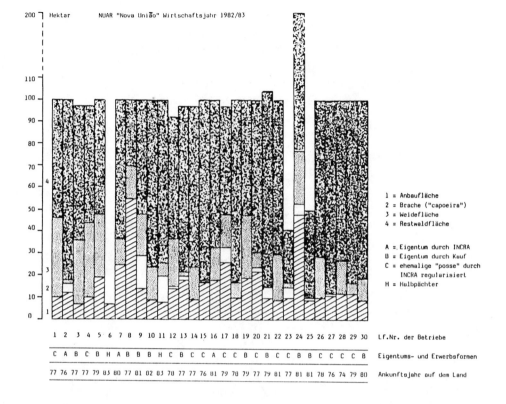

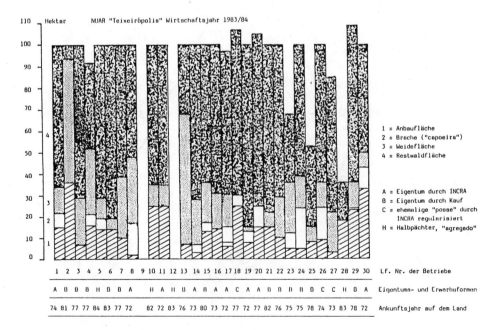

Abbildung A2

GRUNDSTRUKTUREN DER LANDWIRTSCHAFTLICHEN NUTZUNG
DER 79 IM PIC "OURO PRETO" BEFRAGTEN KOLONISTENBETRIEBE

Legende:
I = wichtigste Subsistenzkulturen
("lavoura branca" sowie Maniok, Zuckerrohr und Bananen *)
II = marktorientierte Dauerkulturen
(Kaffee, Kakao, Kautschuk)
III = Kunstweide

* bei den Betrieben 7,8,9 im Einzugsbereich des NUAR "Nova União"
wurde Banane zu II gerechnet, weil sie hier - als Schattenpflanze für Kakao -
großenteils zur Vermarktung angebaut wird

● = Eigentum durch INCRA-Zuteilung
○ = Eigentum durch Kauf

Quelle: Ergebnisse der Befragungen im PIC "Ouro Preto" 1983/84

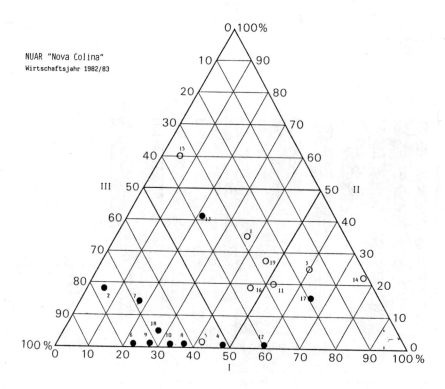

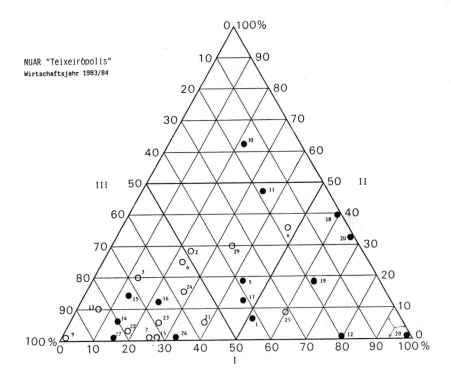

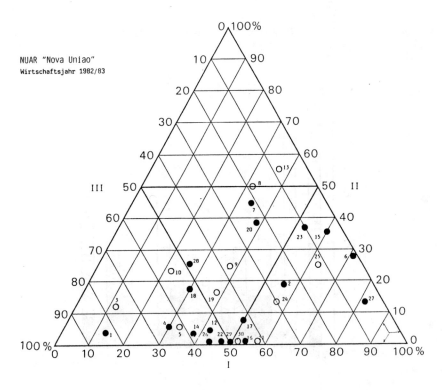

Abbildung A3

ANBAUFLÄCHEN
VON ACKER- UND DAUERKULTUREN
DER 79 IM PIC "OURO PRETO"
BEFRAGTEN KOLONISTENBETRIEBE

■ Reis   ⊡ Zuckerrohr
▨ Mais   ▦ Kaffee
◩ Bohnen ⊡ Kakao
☐ Maniok ⌇ Kautschuk
⊡ Bananen ⊡ Übrige Kulturen

Quelle: Befragungsergebnisse 1983/84

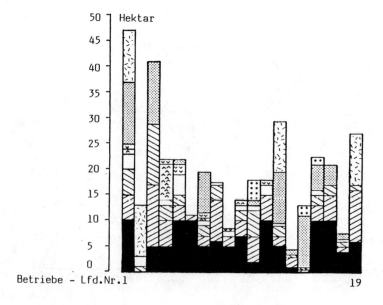

NUAR "Nova Colina"
1982/83

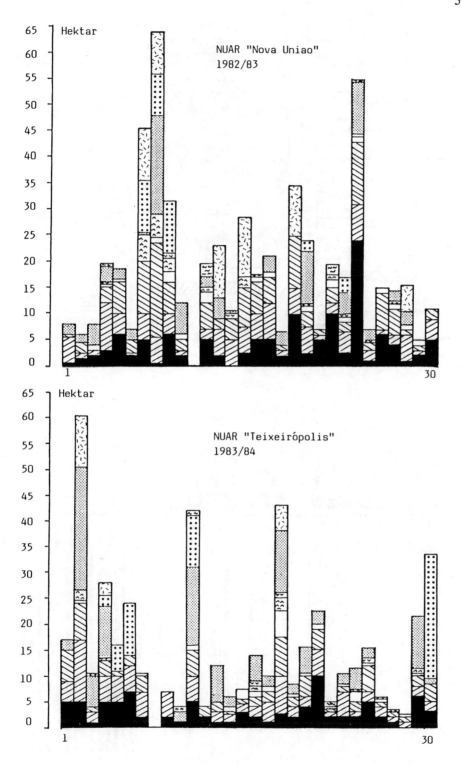

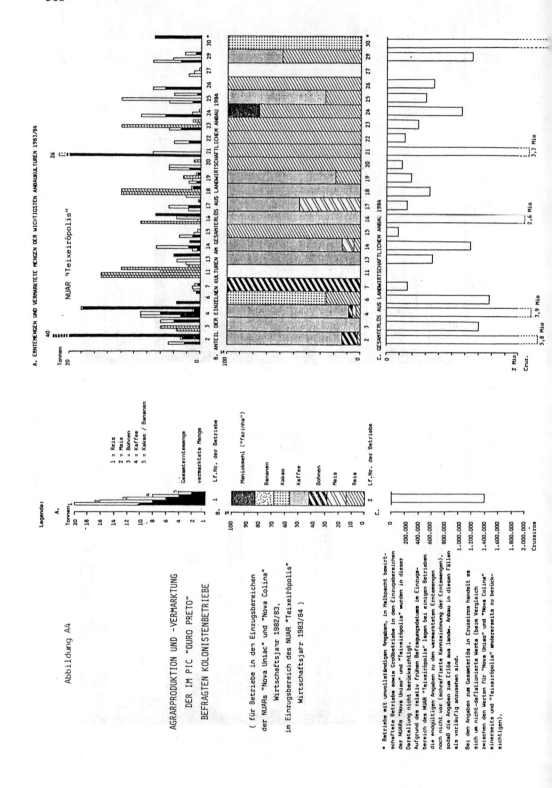

509

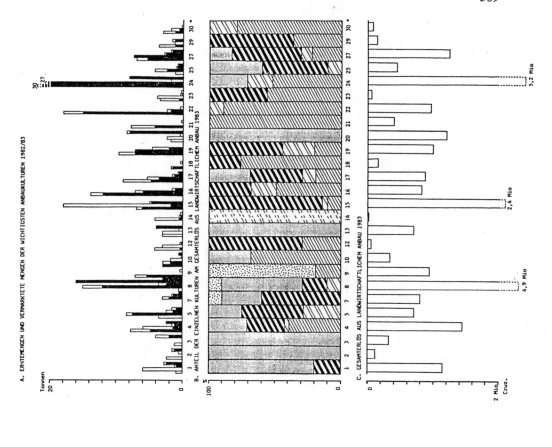
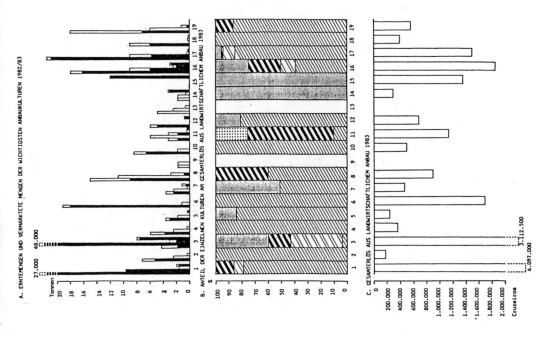

Abbildung A5

B E T R I E B S P R O F I L E
DER 79 IM PIC "OURO PRETO"
BEFRAGTEN KOLONISTENBETRIEBE

(außer Betrieb Nr. 9 Einzugsbereich des NUAR "Teixeirópolis")

Quelle: Ergebnisse der Befragungen im PIC "Ouro Preto" 1983/84

Legende:

KRITERIUM	MERKMALSAUSPRÄGUNG	MITTELWERTE
Kriterium 1: gerodete Fläche (Abweichung von $\bar{x}$)	I = hoch ($\bar{x} + \geq 10$ ha) II = mittel ($\bar{x} \pm < 10$ ha) III = gering ($\bar{x} - \geq 10$ ha)	Nova Colina = 40 ha Nova Uniao = 31 ha Teixeirópolis = 40 ha
Kriterium 2: Gesamt-Anbaufläche (Abweichung von $\bar{x}$)	I = sehr hoch ($\bar{x} + > 15$ ha) II = hoch ($\bar{x} + 5-<15$ ha) III = mittel ($\bar{x} \pm < 5$ ha) IV = gering ($\bar{x} - \geq 5$ ha)	Nova Colina = 19,1 ha Nova Uniao = 20,1 ha Teixeirópolis = 16,3 ha
Kriterium 3: Dauerkulturfläche (Abweichung von $\bar{x}$)	I = sehr hoch ($\bar{x} + > 9$ ha) II = hoch ($\bar{x} + 3-<9$ ha) III = mittel ($\bar{x} \pm < 3$ ha) IV = gering ($\bar{x} - \geq 3$ ha) V = keine Dk. ($\bar{x} - \bar{x}$)	Nova Colina = 5,9 ha Nova Uniao = 7,3 ha Teixeirópolis = 8,4 ha
Kriterium 4: Weidefläche (Abweichung von $\bar{x}$)	I = sehr hoch ($\bar{x} + > 15$ ha) II = hoch ($\bar{x} + 5-<15$ ha) III = mittel ($\bar{x} \pm < 5$ ha) IV = gering ($\bar{x} - \geq 5$ ha) V = keine W. ($\bar{x} - \bar{x}$)	Nova Colina = 20 ha Nova Uniao = 14 ha Teixeirópolis = 19 ha
Kriterium 5: Rinderbestand (Abweichung von $\bar{x}$)	I = sehr hoch ($\bar{x} + > 20$ Rinder) II = hoch ($\bar{x} + 10-<20$ R.) III = mittel ($\bar{x} \pm < 10$ R.) IV = gering ($\bar{x} - \geq 10$ R.) V = keine R. ($\bar{x} - \bar{x}$)	Nova Colina = 15 Rinder Nova Uniao = 24 Rinder Teixeirópolis = 26 Rinder
Kriterium 6: Finanzierung der Dauerkulturen durch Agrarkredite	I = Kredite für mehrere Kulturen II = Kredit für 1 Kultur III = keine Kredite, nur Eigenfinanzierung V = keine Dauerkulturen	
Kriterium 7: Produktionsmenge Subsistenzkulturen (Abweichung von $\bar{x}$)	I = sehr hoch ($\bar{x} + > 100$ %) II = hoch ($\bar{x} + 50-<100$ %) III = mittel ($\bar{x} \pm < 50$ %) IV = gering ($\bar{x} - \geq 50$ %) V = keine Prod. ($\bar{x} - \bar{x}$)	Nova Colina: Reis = 9.907 kg; Mais = 7.275 kg; Bohnen = 1.268 kg Nova Uniao: Reis = 5.853 kg; Mais = 6.243 kg; Bohnen = 1.350 kg Teixeirópolis: Reis = 5.915 kg; Mais = 5.915 kg; Bohnen = 2.493 kg
Kriterium 8: Produktionsmenge Dauerkulturen (Abweichung von $\bar{x}$)	I = sehr hoch ($\bar{x} + > 100$ %) II = hoch ($\bar{x} + 50-<100$ %) III = mittel ($\bar{x} \pm < 50$ %) IV = gering ($\bar{x} - \geq 50$ %) V = keine Prod. ($\bar{x} - \bar{x}$)	Nova Colina: Kaffee = 2.617 kg Nova Uniao: Kaffee = 3.071 kg Teixeirópolis: Kaffee = 7.094 kg; Kakao = 2.800 kg
Kriterium 9: Verkaufserlös aus landw. Anbau (Abweichung von $\bar{x}$)	I = sehr hoch ($\bar{x} + > 100$ %) II = hoch ($\bar{x} + 50-<100$ %) III = mittel ($\bar{x} \pm < 50$ %) IV = gering ($\bar{x} - \geq 50$ %) V = kein Verk. ($\bar{x} - \bar{x}$)	Nova Colina = 1.139.000 Cruz Nova Uniao = 1.051.000 Cruz (1983/84) Teixeirópolis = 2.325.000 Cruz
Kriterium 10: Verkaufte Menge bei Subsistenzkulturen (in % der Produktionsmenge)	I = sehr hoch (> 80 %) II = hoch ($60 - < 80$ %) III = mittel ($40 - < 60$ %) IV = gering (< 40 %) V = kein Verkauf	
Kriterium 11: Beitrag der Subsistenzkulturen zum Verkaufserlös (in % des Verkaufserlöses)	I = sehr hoch (> 80 %) II = hoch ($60 - < 80$ %) III = mittel ($40 - < 60$ %) IV = gering (< 40 %) V = kein Verkauf	
Kriterium 12: Beitrag der Dauerkulturen zum Verkaufserlös (in % des Verkaufserlöses)	I = sehr hoch (> 80 %) II = hoch ($60 - < 80$ %) III = mittel ($40 - < 60$ %) IV = gering (< 40 %) V = kein Verkauf	
Kriterium 13: Arbeitskraft - Einsatz	I = Familien-AK + zusätzliche AK II = ausschließlich Familien-AK	
Kriterium 14: Halbpächter	I = Beschäftigung von Halbpächtern IV = keine Beschäftigung von Pächtern	
Kriterium 15: Tagelöhner ("diaristas")	I = hoher Einsatz von Tagelöhnern III = geringer Einsatz von Tagelöhnern IV = kein Einsatz von Tagelöhnern	
Kriterium 16: Arbeit als Tagelöhner auf anderen Betrieben	I = arbeitet nicht als Tagelöhner V = arbeitet als Tagelöhner	

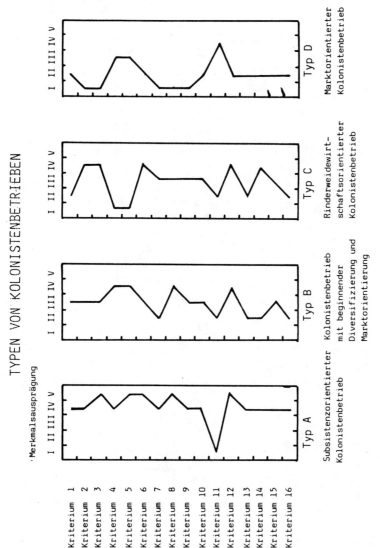

Abbildung A6

B E T R I E B S P R O F I L E
DER 19 IM EINZUGSBEREICH DES NUAR "NOVA COLINA"
BEFRAGTEN KOLONISTENBETRIEBE

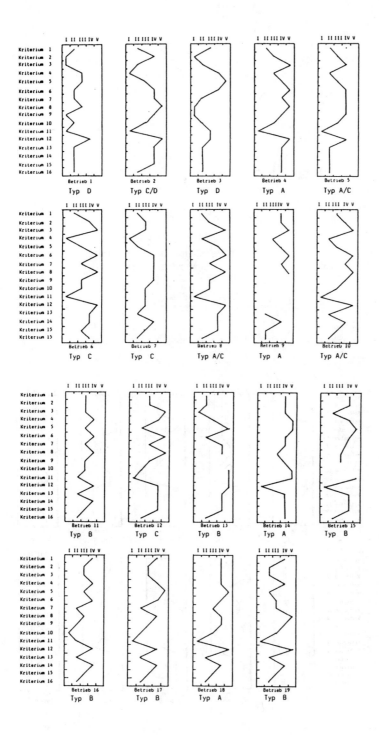

BETRIEBSPROFILE
DER 30 IM EINZUGSBEREICH DES NUAR "NOVA UNIAO"
BEFRAGTEN KOLONISTENBETRIEBE

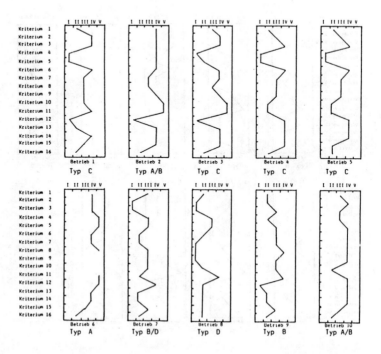

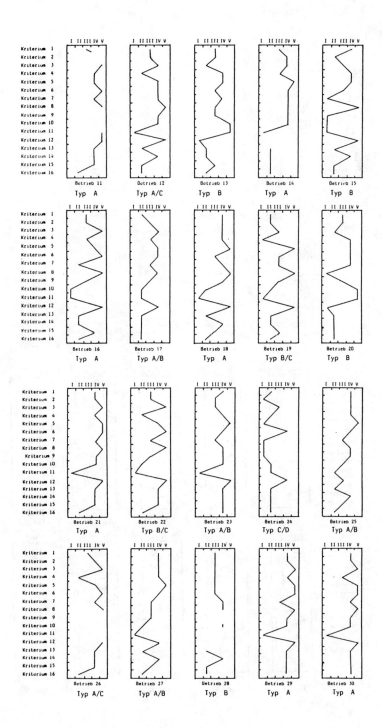

BETRIEBSPROFILE
DER 30 IM EINZUGSBEREICH DES NUAR "TEIXEIROPOLIS"
BEFRAGTEN KOLONISTENBETRIEBE

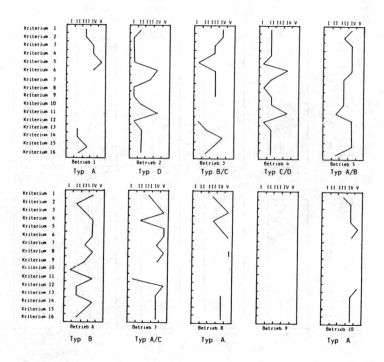

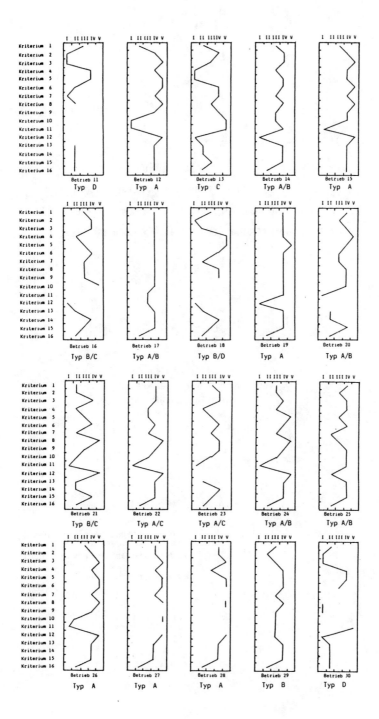

Abbildung A7

TYPISIERUNG
IN ABHÄNGIGKEIT VON DER LANDERWERBSFORM,
DER SOZIALEN STELLUNG IM HERKUNFTSGEBIET
UND DER ZAHL DER WANDERUNGEN DER SIEDLER

Abbildungsteil A

B E T R I E B S P R O F I L E
DER 19 IM EINZUGSBEREICH DES NUAR "NOVA COLINA"
BEFRAGTEN KOLONISTENBETRIEBE

Legende:

▩   durch Kauf erworbene Betriebe
●   Landeigentümer im Herkunftsgebiet
2   Anzahl der Wanderungen

519

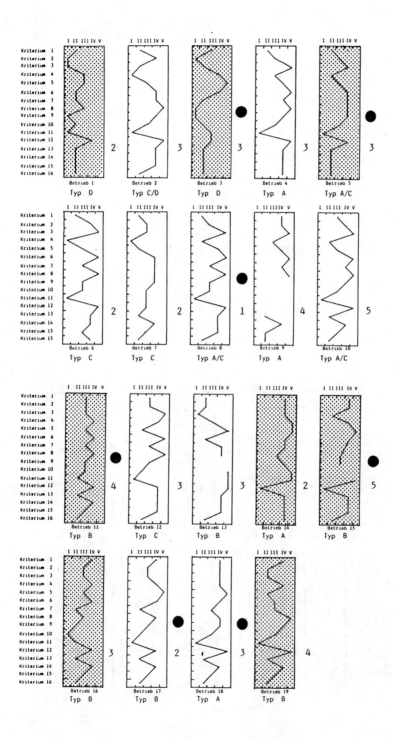

Abbildungsteil B

BETRIEBSPROFILE
DER 30 IM EINZUGSBEREICH DES NUAR "NOVA UNIAO"
BEFRAGTEN KOLONISTENBETRIEBE

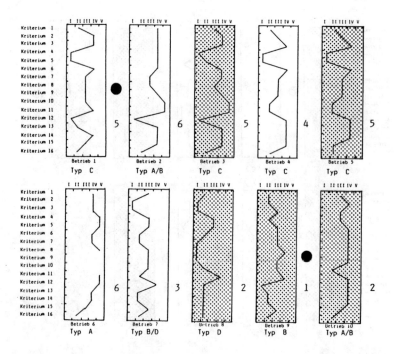

521

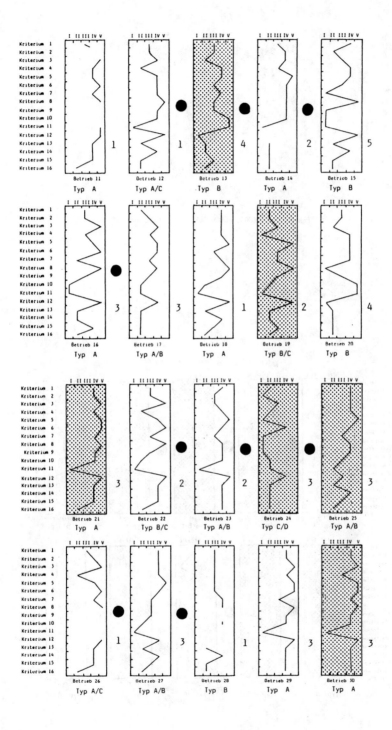

522

Abbildungsteil C

BETRIEBSPROFILE
DER 30 IM EINZUGSBEREICH DES NUAR "TEIXEIROPOLIS"
BEFRAGTEN KOLONISTENBETRIEBE

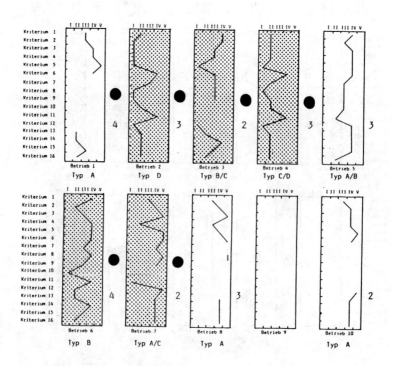

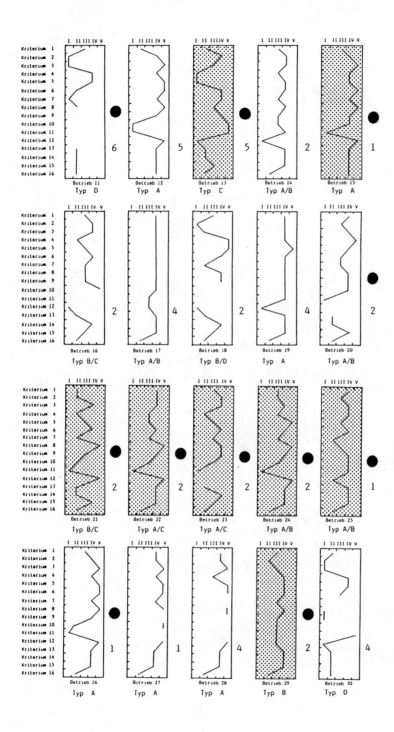

Fragebögen

Martin C O Y
Geógrafo

Departamento de Geografia
Universidade de Tübingen
Rep. Fed. da Alemanha

LEVANTAMENTO SOCIO-ECONOMICO NA "AREA DE ABRANGÊNCIA" DE 3 NUARs EM RONDÔNIA

LOCALIZAÇÃO (Area de Abrangência NUAR, linha, gleba, lote)

CARACTERIZAÇÃO FAMILIAR

1. QUAL É O NÚMERO DOS MEMBROS DA FAMILIA ?

2. QUAL É A IDADE DO CHEFE DA FAMILIA ?
   20-25 (1), 26-35 (2), 36-45 (3), 46-60 (4), mais que 60 (5)

3. QUAL É A IDADE DAS CRIANÇAS ? (Anos)
   0-5 (1), 6-10 (2), 11-15 (3), 16-20 (4), mais que 20 (5)

PROCEDÊNCIA

4. NATURALIDADE

5. DOMICILIOS ANTES DE VIR PARA RONDÔNIA

6. O SR. SE SENTE COMO (p.e. Rondoniense, Paranaense etc)

7. O SR. É DE DESCENDÊNCIA
   portuguesa (1), italiana (2), japonesa (3), alemã (4), polonesa (5), outra (6)

8. QUAIS SÃO AS LINGUAS FALADAS EM FAMILIA ?
   português (1), italiano (2), japonês (3), alemão (4), polonês (5), outro (6)

9. QUANTOS ANOS DE ESCOLA VOCÊ TEM ?

10. TEM UM CURSO PROFISSIONAL ?
    Não (1), Sim (2)

11. EM CASO AFIRMATIVO, QUAL ?

12. QUAL FOI A OCUPAÇÃO PROFISSIONAL DO CHEFE DA FAMILIA NA AREA DE PROCEDÊNCIA ?
    agricultura no estabelecimento próprio (1), agricultura como arrendatário, parceiro, meeiro (2), agricultura como trabalhador rural (diarista, boia-fria) (3), trabalho no meio-rural fora da agricultura (4), trabalho na cidade (5), não tinha trabalho (6)

MIGRAÇÃO

13. PORQUE O SR. VEIO PARA RONDÔNIA ?
    não tinha terra (1), tinha só pouca terra, não prestou para toda a família (2), pudia vender a minha terra para um bom preço (3), as grandes fazendas expandiram, não tinha mais condições para sobrevivência do pequeno (4), a mecanização substituiu os trabalhadores rurais (5), perdi o emprego (6), não tinha emprego alternativo (7), as terras na área de procedência foram improdutivas (8), fui expulso pela construção de Itaipu (9), construção de outros projetos (10), na área de procedência não tinha mais futuro para a família (11), ouvi falar das boas condições de vida em Rondônia (12), ouvi falar que tem muita terra em RO (13), parentes ou conhecidos já vieram antes para RO (14), outro (15)

14. QUAIS FORAM AS INFORMAÇÕES SOBRE RONDÔNIA ?
    informações de TV ou rádio (1), informações do Governo rondoniense (2), informações doutros órgãos governamentais (3), informações de colonizadores particulares (4), informações de vizinhos etc (5), informações de parentes que já foram para RO (6), informações de conhecidos que já foram para RO (7), conhecimento próprio de RO (8), outros (9)

15. QUAIS FORAM AS PRETENÇÕES INICIAIS DO SR: VINDO PARA RONDÔNIA ?
    pegar terra pela inscrição no INCRA (1), comprar terra (2), tomar terra (posseiro) (3), procurar trabalho nas fazendas e propriedades rurais na região (4), abrir um comércio na área urbana (5), abrir um comércio na área rural (6), procurar trabalho na construção da estrada (7), procurar trabalho na cidade (8), outros (9)

16. QUANDO CHEGOU O SR. EM RONDÔNIA ?

17. QUANDO CHEGOU A FAMILIA ?
    ao mesmo tempo (1), depois (2), está ainda na região de procedência (3)

18. COM QUE MEIO DE TRANSPORTE O SR. VEIO PARA RONDÔNIA ?
    Ônibus (1), avião (2), caminhão (3), "pau-de-arara" (4), carro próprio (5), outro (6)

19. QUAL FOI O PRIMEIRO DOMICILIO EM RONDÔNIA ?

20. O SR. MOROU COM:
    outra família que não conheci antes (1), parentes (2), conhecidos (3), em casa alugada (4), em alojamento (5), em casa própria (6), em casa construída com ajuda do INCRA (7), outro (8)

21. QUAL FOI O PRIMEIRO TRABALHO EM RONDÔNIA ?
    trabalhador rural (diarista, boia-fria), meeiro/parceiro (2), lavrador no próprio lote (3), trabalhador na cidade (4), trabalhador na construção da estrada (5), pequeno comércio próprio (6), não tinha trabalho para alguns meses (7), outro (8)

22. OUTROS DOMICILIOS E OCUPAÇÕES EM RONDÔNIA ANTES DOS ATUAIS:

23. DESDE QUANDO VOCÊ MORA NO DOMICILIO ATUAL ?

24. TEM MEMBROS DA SUA FAMILIA OU CONHECIDOS QUE JA EMIGRARAM DE RONDÔNIA ?

MORADIA E OCUPAÇÃO ATUAL

25. PARTICIPOU NUMA INSCRIÇÃO DO INCRA ?

26. TEM:
    lote rural próprio (título definitivo) (1), lote rural próprio (título em regulamento) (2), lote rural em parceria ou arrendamento (3), data no NUAR (4), data na sede do município (5)

27. MORA:
    sempre no NUAR (1), sempre no lote (2), no Lote e no NUAR (3), no lote e na cidade (4), no NUAR e na cidade (5)

28. EM CASO DE DOMICILIO PERMANENTE NO NUAR: QUAL É A OCUPAÇÃO OCUPANTE ?
    trabalho no próprio lote (1), trabalho como diarista ou lote dum outro (2), trabalho numa fazenda (3), comércio no NUAR (4), não tenho trabalho (5), outro (6)

29. EM CASO DE COMÉRCIO: QUAL É O TIPO DE COMÉRCIO ?

30. EM CASO DE DONO DO LOTE MORANDO NO NUAR: QUAIS SÃO AS RAZÕES ?
    vida no lote é duro demais (1), tem mais conforte no NUAR (2), lote é perto, não faz diferença morar la ou aqui (3), quero que filhos estudassem no NUAR (4), não vou mais trabalhar no lote (5), vou vender o lote (6), vou abrir um comércio aqui (7), outra (8).

31. NO CASO DE LOTE RURAL PROPRIO: COMO O LOTE FOI ADQUIRIDO ? distribuição do INCRA (1), comprei o lote (2), posse (regularizado nelo INCRA)(3), outro (4)

32. NO CASO DE COMPRA: QUANTOS PROPRIETÁRIOS ANTERIORES TINHA O LOTE ?

33. PORQUE VENDEU AO SEU VER O PROPRIETÁRIO ANTERIOR O LOTE ? lote não deu rendimento suficiente (1), problemas de saúde (2), quis emigrar de Rondônia (3), escassez de mão-de-obra (4), mudou para cidade (5), não aguentou trabalho e vida no lote (6), outro (7)

34. O QUE FAZ O PROPRIETÁRIO ANTERIOR HOJE ? mora na cidade sem trabalhar (1), trabalha na cidade (2), abriu comércio (3), comprou outro lote (4), emigrou de Rondônia (5), outro (6)

35. NO CASO DE ARRENDAMENTO OU PARCERIA: QUAIS SÃO AS CONDIÇÕES ? arrendamento (1), parceria (2), outro (3)

36. EM CASO DE PARCERIA: QUAL É A PERCENTAGEM ?

37. ONDE MORA O DONO DO LOTE ?

38. QUAL É A OCUPAÇÃO ATUAL DO DONO DO LOTE ? parceleiro (1), fazendeiro (2), comerciante (3), funcionário (4), médico (5), advogado (6), outro (7)

EXPLORAÇÃO AGRÍCOLA

39. QUAL É A ÁREA TOTAL DA SUA PROPRIEDADE ?

40. QUAL É A COMPOSIÇÃO DA SUA PROPRIEDADE COM: mato nativo (1), capoeira (2), lavoura (3), pastagens (4)

41. QUAL É A PERCENTAGEM DA ÁREA CULTIVÁVEL DO SEU LOTE ?

42. QUAIS SÃO AS QUALIDADES NATURAIS DA MAIORIA DOS SOLOS NO SEU LOTE ? arenosa (1), argiloso (2), pedregoso (3), amarelo (4), vermelho (5), drenagem boa (6), drenagem ruim (7), outro (9)

43. QUAL É A PERCENTAGEM DA ÁREA QUEBRADA NAS TERRAS LAVRADAS DO SEU LOTE ? não tem (1), pouco (2), um quarto (3), a metade (4), mais que a metade (5)

44. PARA QUAIS CULTURAS PRESTA O SEU LOTE ESPECIALMENTE ? lavoura branca (1), café (2), cacao (3), seringa (4), pastagem (5), qualquer cultura (6), nenhuma cultura (7), outra (8)

45. NO SEU LOTE TEM PRESENÇA NATURAL DE ÁGUA ? rio (1), igarapé (2), mina (3), não tem (4)

46. TEM POÇO ? não (1), sim (2)

LAVOURA

47. QUAIS SÃO AS PRINCIPAIS CULTURAS ? (área plantada no ano agrícola 82/83) arroz (1), milho (2), feijão (3), mandioca (4), banana (5), cana de açucar (6), algodão (7), café (8), cacao (9), seringa (10), outras (11)

48. QUAL É A ÁREA QUE VOCÊ VAI PLANTAR AGORA COM ... ? (código 47)

49. QUAIS SÃO AS CULTURAS QUE VOCÊ PLANTA PARA O CONSUMO FAMILIAR ? (código 47)

50. QUAIS SÃO AS QUANTIDADES QUE VOCÊ COLHEU POR CULTURA NA ÚLTIMA SAFRA ? (código 47)

51. QUAIS SÃO OS PRODUTOS VENDIDOS E AS QUANTIDADES COMERCIALIZADAS NO ANO 82/83 ? (culturas - código 47) (código 47)

52. PARA ONDE VOCÊ VENDEU A PRODUÇÃO ? (culturas - código 47) atacadista (1), dono da máquina (2), CIBRAZEN (3), fábrica de beneficiamento (4), cooperativa (5), mercado livre (6), vizinhos (7), outro (8) localidades: JP=Ji-Paraná, OP=Ouro Preto, JA=Jaru, NUAR

53. QUAL FOI O PREÇO P/PRODUTO QUE VOCÊ CONSEGUIU NA VENDA ? (código 47)

54. TEM PRODUTOS QUE VOCÊ ARMAZENA E PARA QUE FIM ? (código 47) consumo próprio na entressafra (1), para comercialização na entressafra quando os preços são melhores (2), para o próximo plantio (3), outro (4)

55. COM QUE MEIO DE TRANSPORTE VOCÊ LEVA A PRODUÇÃO PARA A VENDA ? caminhão próprio (1), caminhão alugado (2), caminonete (3), carroça (4), nas costas (5), outro (6)

PASTAGENS E PECUÁRIA

56. QUAL É A ÁREA TOTAL DE PASTO NO SEU LOTE ?

57. DESDE QUE ANO VOCÊ PLANTA PASTO ?

58. DE QUE TIPOS DE CAPIM SE COMPÕE O PASTO ? Colonião (1), braquiária (2), quicuiu (3), jaraguá (4), outro (5)

59. VOCÊ UTILIZA LEGUMINOSAS PARA AS PASTAGENS ? não (1), sim (2)

60. QUANTAS CABEÇAS DE GADO VOCÊ TEM ? não tenho (1)

61. QUAL É A COMPOSIÇÃO RACIAL DO GADO ? "pé-duro" (1), nelore (2), gir (3), guzerá (4), indubrasil (5), holandês (6), girolanda (7), outro (8)

62. QUANTAS CABEÇAS SÃO: gado de leite (1), gado de corte (2)

63. QUAL É A PRODUÇÃO DE LEITE P/DIA P/CABEÇA ? época seca (1), época das águas (2)

64. QUAL É O FIM DA PRODUÇÃO DE LEITE ? próprio consumo (1), comercialização (2), produção de queijo (3), produção de manteiga (4), outro (5)

65. QUAIS SÃO OS LATICINIOS QUE VOCÊ VENDE ? leite (1), queijo (2), manteiga (3), nenhum (4)

66. QUAL FOI O RENDIMENTO DA CRIAÇÃO DE GADO NO ÚLTIMO ANO ? (em cabeças) aumento do rebanho (1), venda para abate (2), abate para consumo próprio (3), outro (4)

67. QUAIS SÃO OS ANIMAIS QUE VOCÊ TEM ALÉM DO GADO BOVINO ? (em cabeças) porcos (1), aves (2), cavalo (3), mula (4), burro (5), outro (6)

68. QUAL É O FIM DA CRIAÇÃO DESSES ANIMAIS ? (animais código 67) comercialização (1), consumo próprio (2), tração (3), outro (4)

69. VOCÊ PRETENDE AUMENTAR A ÁREA DE PASTAGEM NO FUTURO ? não (1), sim (2)

85. QUANTOS HECTARES VOCÊ DERRUBOU NOS ÚLTIMOS ANOS ?

86. VOCÊ UTILIZA PARA AS CULTURAS ANUAIS ROTAÇÃO DA LAVOURA ?
    não (1), sim (2)

87. EM CASO AFIRMATIVO: DEPOIS DE QUANTOS ANOS DE PLANTIO E PARA QUE CULTURAS ?
    Cada ano (1), depois de 2 anos (2), depois de 3 anos (3)
    (culturas código 47)

88. VOCÊ UTILIZA UMA ROTAÇÃO DE CULTURAS ?
    não (1), sim (2)

89. EM CASO AFIRMATIVO: QUAL É A SEQUÊNCIA ?

MÃO-DE-OBRA

90. QUANTOS MEMBROS DA FAMÍLIA TRABALHAM SEMPRE NO LOTE ?

91. QUANTOS TRABALHADORES RURAIS VOCÊ CONTRATA ? (número)
    nenhum (1), permanente (2), temporariamente (3), diaristas (4)

92. QUAIS SÃO AS ÁREAS EM QUE ELES TRABALHAM ?
    roçar (1), plantar (2), colher (3), gado (4), tudo (5), outro (6)

93. DONDE VEM ESSES TRABALHADORES ?
    da cidade (1), da linha (2), de outras linhas (3), do IIUAR (4), outro (5)

94. QUAIS SÃO AS DESPESAS ATUAIS P/TRABALHADOR E P/DIA ?

95. TEM QUANTAS OUTRAS FAMÍLIAS QUE MORAM NO SEU LOTE ?

96. ELES SÃO:
    arrendados (1), conhecidos (2), parceiros (3), trabalhadores (4), outros (5)

97. QUAL É A ÁREA QUE ELES TRABALHAM ?

98. EM CASO DE PARCEIROS: QUE É A PERCENTAGEM ?

FINANCIAMENTO

99. PARA QUE CULTURAS VOCÊ PEGOU FINANCIAMENTO ?
    nenhuma (1), lavoura branca (2), café (3), cacao (4), seringa (5), pasto (6), gado (7), outro (8)

100. QUAL É O ÓRGÃO FINANCIADOR ?
     Banco do Brasil (1), BASA (2), outro (3)

101. EM CASO NEGATIVO: QUAIS SÃO AS RAZÕES ?
     pessoalmente, não tinha condições (1), banco não aceitou (2), não gosto de depender dum banco (3), juros altos (4), não precisei (5), outro (6)

MECANIZAÇÃO

102. TEM ALGUMA MECANIZAÇÃO ?
     na derruba (1), na tração (2), na preparação do solo (3), na semeadura (4), na colheita (5), no beneficiamento (6), outro (7)

103. TEM:
     tração com boi (1), carroça (2), pequeno trator (3), motoserra (4), máquina de arroz (5), máquina de milho (6), outro (7)

70. EM CASO AFIRMATIVO: PORQUE ?
    aqui, pasto dá muito bem (1), nesta região, pasto é a única coisa que presta (2), gosto não dá muito trabalho (3), problemas com cultivo e comercialização de outros produtos são grande demais (4), quero comprar mais gado (5), tinha já antes de vir para Rondônia sobretudo gado (6), quero plantar pasto para evitar a invasão de ervas daninhas na roça limpa (7), outro (8)

71. VOCÊ QUEIMA AS PASTAGENS CADA ANO ?
    não (1), sim (2)

72. EM CASO AFIRMATIVO: PORQUE ?
    a invasão de ervas daninhas é grande demais (1), a qualidade do solo fica melhor (2) a brotação do capim fica melhor depois da queimada (3), sempre fiz assim (4), outro (5)

73. VOCÊ TEVE PREJUIZO POR CAUSA DAS QUEIMADAS DESTE ANO ?
    não (1), sim (2)

74. EM CASO AFIRMATIVO: QUAIS FORAM AS CULTURAS PREJUDICADAS E EM QUE EXTENSÃO ?
    (culturas código 47, área prejudicada ou %)

COOPERATIVISMO E ASSOCIATIVISMO

75. VOCÊ É MEMBRO DUMA COOPERATIVA OU DUMA ASSOCIAÇÃO DE PEQUENOS PRODUTORES ?
    não (1), sim (2)

76. EM CASO AFIRMATIVO: QUAL ?

77. VOCÊ ACHA QUE A SITUAÇÃO DO PEQUENO PRODUTOR PODERIA SER MELHORADA PELA FUNDAÇÃO DUMA ASSOCIAÇÃO ?
    não (1), sim (2)

78. EM CASO NEGATIVO: PORQUE ?
    só vão aumentar as brigas dentro da comunidade (1), tive más experiências com este tipo de associação (2), normalmente, só os grandes e os líderes aproveitam (3), a situação atual é boa, não preciso associação (4), trabalhar sozinho é melhor (5), outro (6)

79. EM CASO AFIRMATIVO: PORQUE ?
    vai dar mais independência do intermediário e do comerciante (1), vai fortalecer a posição dos pequenos em frente dos grandes (2), vai fortalecer a posição dos pequenos em frente aos órgãos governamentais (3), seria possível de conseguir melhores preços para venda e compra de produtos (4), vai fortalecer a unidade e a cooperação da comunidade (5), outro (6)

80. VOCÊ JÁ FOI ANTERIORMENTE MEMBRO DUMA COOPERATIVA ?
    não (1), sim (2)

81. EM CASO AFIRMATIVO: QUAIS FORAM AS SUAS EXPERIÊNCIAS ?
    boas, conseguimos bons preços (1), boas, conseguimos um melhoramento das condições de vida (2), ruins, a cooperativa não funcionava (3), ruins, a cooperativa não trabalhava para o pequeno (4), ruins, só os gerentes da cooperativa se enriqueceram (5), outro (6)

82. VOCÊ É MEMBRO DUM SINDICATO ?
    não (1), sim (2)

83. EM CASO AFIRMATIVO: QUAL ?

DIVERSOS

84. VOCÊ UTILIZA ADUBO ORGÂNICO, ADUBO QUÍMICO, HERBICIDAS, INSETICIDAS, FUNGICIDAS E PARA QUE CULTURAS ?

ASSISTÊNCIA TÉCNICA

104. DE QUE ÓRGÃOS VOCÊ RECEBE ASSISTENCIA TECNICA ?
ASTER (1), CEPLAC (2), SUDHEVEA (3), IBC (4), Particulares (5), outro (6)

105. COM QUE FREQUENCIA VOCÊ APROVEITA DESTA ASSISTÊNCIA ?
uma vez por mês (1), cada três, quatro meses (2),mais raro (3)

106. O QUE VOCÊ ACHA DA AS ISTÊNCIA TÉCNICA ?
consegui amelhorar muita coisa no meu lote (1), introduzi novas culturas (2), aprendi mais sobre a região (3), apliquei novas técnicas (4), técnicos têm pouca experiência (5), não sabem nada sobre as condições específicas da região (6), vêm muito pouco (7), outro (8)

107. TEM AJUDA MÚTUA ENTRE OS VIZINHOS ?
nenhuma (1), só pouca (2), bastante (3), muita (4)

ALIMENTAÇÃO

108. QUAIS DOS PRODUTOS SEGUINTES PRODUZ EM CASA ?
açúcar (1), farinha (2), pão (3), doces (4), polvilho (5), nenhum (6), outro (7)

109. QUAIS SÃO AS LEGUMES E VERDURAS QUE VOCÊ PLANTA PARA O PRÓPRIO CONSUMO ?
alface (1), tomate (2), cove (3), repolho (4), outro (5)

110. QUE ARVORES FRUTÍFERAS TEM NO LOTE ?
abacate (1), manga (2), mamão (3), laranja (4), limão (5), banana (6), abacaxi (7), outro (8)

EXTRATIVISMO

111. VOCÊ FAZ EXTRATIVISMO DOS SEGUINTES PRODUTOS NO SEU LOTE ?
madeira (1), borracha (2), castanha-do-Pará (3), nenhum (4)

112. EM CASO POSITIVO: QUAL FOI O RENDIMENTO DA ÚLTIMA COLHEITA ? (em cruzeiro)
madeira (1), borracha (2), castanha-do-Pará (3)

113. COMO VOCÊ APRENDEU ESTA ATIVIDADE ?
já conheci antes (1), informei-me junto aos "nativos" (2), aprendi sozinho (3)

114. VOCÊ VAI REGULARMENTE PESCAR E CAÇAR ?
não (1), sim (2)

115. VOCÊ CONHECE E APROVEITA DOS SEGUINTES PRODUTOS NATIVOS ?
cupuaçú (1), açaí (2), biribá (3), buriti (4), graviola (5), pupunha (6), tucumã (7), outro (8)

MEIO-RURAL E CIDADE

116. QUAL É A DISTANCIA DO SEU LOTE PARA ... ?(km, horas época seca, época das chuvas) a sede do município (1), a NUAR (2), próxima escola rural (3), próxima posto de saúde (4)

117. COM QUE MEIO DE TRANSPORTE VOCÊ VAI NORMALMENTE PARA A CIDADE E PARA O NUAR ?
não vou (1), a pé (2), cavalo (3), ônibus (4), motocicleta (5), bicicleta (6), carro (7), carona (8)

118. QUANTAS VEZES VOCÊ VAI NORMALMENTE PARA CIDADE / PARA NUAR ?
várias vezes p/semana (1), uma vez p/semana (2), por quinzena (3), uma vez p/mes (4) mais raro (5), não vou (6)

119. QUANTAS VEZES TEM ÔNIBUS PARA A CIDADE ? (durante época seca e época chuvosa)
várias vezes p/dia (1),uma vez p/dia (2), várias vezes p/semana (3), uma vez p/semana (4)

120. TEM ÔNIBUS PARA O NUAR ?
não (1), sim (2)

121. QUAIS SÃO AS ATIVIDADES MAIS IMPORTANTES DA SUA IDA NA CIDADE ?(prioridade)
banco (1), médico/hospital (2), correio (3), administração (4), fazer compras (5), venda da produção (6), igreja (7), visitar amigos (8), outro (9)

122. QUAIS DOS PRODUTOS SEGUINTES VOCÊ COMPRA REGULARMENTE NA CIDADE O NO NUAR ?
açucar (1), arroz (2), feijão (3), café (4), carne (5), farinha (6), roupas (7), não (8), utensílios domésticos (9), remédios (10), outros (11)

ESCOLA

123. EM QUE ESCOLA VÃO OS SEUS FILHOS ? (número)
não vão para escola (1), escola rural (2), colégio NUAR (3), outro (4)

124. DEPOIS DE TERMINAREM A ESCOLA RURAL, OS SEUS FILHOS VÃO ESTUDAR NO COLEGIO DO NUAR ?
não (1), sim (2), ainda não sei (3)

CASA

125. QUAL É O MATERIAL DA CASA ?
madeira (1), alvenaria (2), taipa (3), outro (4)

126. QUEM CONSTRUIU A CASA E COM QUE RECURSOS ?
entrevistado, com recursos próprios (1), entrevistado, com ajuda do INCRA (2) proprietário do lote (3), proprietário anterior do lote (4), outro (5)

127. O CHÃO DA CASA É DE:
Chão batido (1), piso em cimento (2), assoalho (3), outro (4)

128. TEM SANITÁRIO ?
não (1), sim (2)

129. TEM:
armazém (1), estábulo para porcos (2), curral (3)

130. TEM:
Rádio (1), TV (2)

131. TEM:
Carro (1), motocicleta (2), bicicleta (3)

DIVERSOS

132. QUAIS DAS SEGUINTES DOENÇAS JÁ OCORRERAM NA SUA FAMILIA ?
malária (1), verminose (2), hepatite (3), febre amarela (4), Leishmaniose (5), febre selvagem (6)

133. VOCÊ JÁ TEVE CONTATO COM INDIOS ?
não (1), sim (2)

134. O QUE VOCÊ ACHA DA POPULAÇÃO INDÍGENA ?
são primitivos que não se integram na sociedade (1), são os únicos que sabem viver na região (2), têm mais terra que eles precisam (3), prejudicam a colona (4), outro (5)

135. QUAIS FORAM OS GASTOS MAIS ELEVADOS DURANTE O ÚLTIMO ANO ? (prioridade)
custo de vida (1), doenças (2), juros bancários (3), defensivos agrícolas (4), mão-de-obra (5), outro (6)

136. DE QUANTO DINHEIRO VOCÊ DISPÕE POR MÊS ? (época da colheita, época da entresafra)

NUAR

137. TEM UMA DATA NO NUAR ?
não (1), sim (2)

138. EM CASO AFIRMATIVO: PORQUE ?
quero morar futuramente no NUAR (1), tem muito mais conforto que no lote (2), lá tem toda a infraestrutura que no lote não tem (3), tem água e luz (4), quero que filhos estudassem no colégio (5), quero abrir um comércio lá (6), lá é mais fácil fazer as compras (7), contato com a administração será mais fácil no NUAR (8), vou abandonar o lote e procurar outro trabalho (9), outro (10)

139. EM CASO NEGATIVO: PORQUE ?
não quero morar lá (1), ainda não tem nada no NUAR (2), investimentos para construção duma casa no NUAR são alto demais (3), NUAR fica muito longe do meu lote (4), lote é tão perto que eu posso chegar lá sem dificuldade (5), tenho toda a infraestrutura necessária na linha (6), NUAR não vai funcionar (7), prefiro ir diretamente a cidade (8), outro (9)

140. AO SEU VER, O QUE É UM NUAR ?

141. VOCÊ ACHA QUE O NUAR TERÁ UM DESENVOLVIMENTO NOS PRÓXIMOS ANOS ?
não (1), sim (2)

142. EM CASO AFIRMATIVO: PORQUE ?
governo investe muito nos NUAR (1), muitas famílias novas vão chegar diretamente no NUAR (2), se o comércio expandirá, terá desenvolvimento (3), muitos preferirão vir para cá e não na cidade que fica muito longe (4), NUAR tem uma localização boa (5), outro (6)

143. EM CASO NEGATIVO: PORQUE ?
NUAR é muito mal localizado (1), a cidade tem atração muito maior (2), outro (3)

144. QUAIS SÃO AO SEU VER AS DEFICIÊNCIAS MAIS IMPORTANTES DO NUAR ? (prioridade)
administração (1), problemas técnicos como água e luz (2), falta de comércio (3) falta de armazem (4), falta de ônibus (5), outro (6)

145. QUAIS SÃO OS PROBLEMAS MAIS IMPORTANTES DA REGIÃO ? (prioridade)
falta de estradas (1), péssima qualidade das estradas (2), doença (3), falta de escolas (4), falta do comércio (5), problemas de escoamento da produção (6), preços ruins para os produtos agrícolas (7), falta de armazem (8), dependência do atravessador (9), falta de ônibus (10), falta de assistência do governo (11), não falta nada (12), outro (13)

146. AO SEU VER, QUAL É O FUTURO DESSA REGIÃO ?

147. SE VOCÊ COMPARA AS CONDIÇÕES DE VIDA NA REGIÃO DE PROCEDÊNCIA E AQUÍ EM RONDÔNIA, QUE SERIA O RESULTADO ?
amelhorou bastante (1), amelhorou pouco (2), fica igual (3), piorou (4), piorou muito (5)

PERGUNTAS AO LÍDER DA COMUNIDADE:

1. QUANTOS LOTES TEM A ÁREA DA COMUNIDADE ?
2. QUANTAS FAMÍLIAS TEM A COMUNIDADE ?
3. QUANTOS TRABALHAM EM CONDIÇÃO DE MEEIRO ?
4. QUANTOS LOTES SÃO ABANDONADOS ?
5. QUANTOS PROPRIETÁRIOS TEM MAIS QUE UM LOTE (E QUANTOS LOTES) ?
6. QUANTOS COLONOS JÁ VENDERAM O LOTE (DESDE O TEMPO QUE VOCÊ MORA AQUÍ) ?
7. QUEM SÃO NA MAIORIA OS COMPRADORES DE LOTES ?
colonos recém chegados (1), comerciantes (2), advogados (3), médicos (4), funcionários (5), colonos da linha (6), fazendeiros (7), outros (8)

LEVANTAMENTO SOCIO-ECONÔMICO NA "AREA DE ABRANGÊNCIA" DE 3 NUARs EM RONDÔNIA

FICHA DAS RESPOSTAS

LOCALIZAÇÃO : Area de Abrangência NUAR:
linha:
gleba:
lote:

1. _____, 2. _____, 3. I: _____, 2: _____, 3: _____, 4: _____, 5: _____

4. Estado: _____ Municipio: _____ área urbana: ☐ área rural: ☐

5. Estado: _____ Municipio: _____ a.u.: ☐☐☐☐☐ a.r.: ☐☐☐☐☐

6. _____, 7. ☐, 8. _____, 9. _____ anos, 10. ☐, 11. _____

12. ☐☐☐
13. ☐☐☐
14. ☐☐☐
15. ☐☐☐
16. I9 _____, 17. ☐ I8. _____

19. Municipio: _____ área urbana: ☐ área rural: ☐

20. ☐

21. _____
22. Municipio: _____ a.u.: ☐ a.r.: ☐ ocupação(código 2I): ☐☐☐ anos: _____
": _____ ": _____ ": _____
": _____ ": _____ ": _____
": _____ ": _____ ": _____

23. I9 _____

24. Membros da familia: _____ pessoas, _____ familias, destinos:
Conhecidos: _____ pessoas, destino:

25. Ano: I9 _____ lugar: _____ projeto: _____

26. _____, 27. ☐, 28. _____ menos que 500 p: ☐
29. _____, 30. ☐, 3I. _____ mais que 500 p: ☐
32. _____, 33. ☐, 34. _____ %
35. _____, 36. ☐,

37. Municipio: _____ área urbana: ☐ área rural: ☐

38. ☐

39. _____, 40. I: _____, 2: _____, 3: _____, 4: _____

41. _____, 42. ☐ de _____, 43. ☐, 44. _____, 45. _____, 46. ☐

47. I: _____, 2: _____, 3: _____, 4: _____
5: _____, 6: _____, 7: _____, 8: _____
9: _____, 10: _____, 11: _____, 12: _____

48. I: _____, 2: _____, 3: _____, 4: _____
5: _____, 6: _____, 7: _____, 8: _____
9: _____, 10: _____, 11: _____, 12: _____

49. ☐☐☐☐☐

50. I: _____, 2: _____, 3: _____, 4: _____
5: _____, 6: _____, 7: _____, 8: _____
9: _____, 10: _____, 11: _____, 12: _____

51. I: _____, 2: _____, 3: _____, 4: _____
5: _____, 6: _____, 7: _____, 8: _____
9: _____, 10: _____, 11: _____, 12: _____

52. I: _____, 2: _____, 3: _____, 4: _____
5: _____, 6: _____, 7: _____, 8: _____
9: _____, 10: _____, 11: _____, 12: _____

53. I: _____, 2: _____, 3: _____, 4: _____
5: _____, 6: _____, 7: _____, 8: _____
9: _____, 10: _____, 11: _____, 12: _____

54. I: _____, 2: _____, 3: _____, 4: _____
5: _____, 6: _____, 7: _____, 8: _____
9: _____, 10: _____, 11: _____, 12: _____

55. ☐

56. _____, 57. I9 _____, 58. _____, 59. ☐

60. ☐

61. I: _____, 2: _____, 62.I: _____, 63. I: _____, 2: _____, 3: _____, 4: _____

64. _____, 65. ☐☐☐

66. I: _____, 2: _____, 3: _____, 4: _____

67. I: _____
6: _____

68. _____, 2: _____, 3: _____, 69. _____, 70. _____

71. ☐, 72. _____
73. ☐, 74. _____
75. ☐, 76. _____, 77. _____
78. ☐, 79. _____
80. _____, 8I. _____
82. ☐, 83. _____

84. AO _____
AO _____
H _____
I _____
F _____

	I	2	3	4	5	6	7	8	9	10	11	12	13

85. I960: _____ I96I: _____ I982: _____ I983: _____
86. _____, 87. I: _____, 2: _____, 3: _____, 4: _____, 5: _____
88. _____, 89. _____, 6: _____, 7: _____
90. _____, 9I. ☐☐, 2: ☐☐, 3: _____, 4: _____
92. _____ pessoas, 93. ☐☐, 94. _____
95. _____ familias, 96. ☐☐, 97. _____, 98. _____

533

LEVANTAMENTO SOCIO-ECONÔMICO NA ÁREA URBANA DOS NUARS

Data da entrevista:

1 LOCALIZAÇÃO: NUAR:_____ Quadra:_____ Lote:_____

2 MORA NO NUAR: permanentemente ☐
                  temporariamente ☐   NUAR e lote ☐
                                      NUAR e cidade ☐
                                      outro:

3 DESDE QUANDO MORA NO NUAR:

4 RESIDÊNCIA ANTERIOR NA: Área de abrangência do NUAR ☐
                           Zona rural (fora área de abrangência) ☐
                           Qual:
                           Cidade ☐ Qual:
                           Chegou diretamente no NUAR ☐

5 NATURALIDADE:
   Estado:_____ Município:_____ Área urbana ☐ Área rural ☐

6 PROCEDÊNCIA (todos os domicílios antes de vir para RO):
   Est:_____ Mun:_____ Área urb.☐ Área rur.☐ Anos:_____
   Est:_____ Mun:_____ Área urb.☐ Área rur.☐ Anos:_____
   Est:_____ Mun:_____ Área urb.☐ Área rur.☐ Anos:_____
   Est:_____ Mun:_____ Área urb.☐ Área rur.☐ Anos:_____
   Est:_____ Mun:_____ Área urb.☐ Área rur.☐ Anos:_____
   Est:_____ Mun:_____ Área urb.☐ Área rur.☐ Anos:_____

7 OCUPAÇÃO PROFISSIONAL NA ÁREA DE PROCEDÊNCIA:

8 ANO EM QUE CHEGOU EM RONDÔNIA:

9 MORADIAS EM RONDÔNIA ANTES DA ATUAL:
   Mun:_____ Área urb.☐ Área rur.☐ Anos:_____ Ocup:_____
   Mun:_____ Área urb.☐ Área rur.☐ Anos:_____ Ocup:_____
   Mun:_____ Área urb.☐ Área rur.☐ Anos:_____ Ocup:_____
   Mun:_____ Área urb.☐ Área rur.☐ Anos:_____ Ocup:_____
   Mun:_____ Área urb.☐ Área rur.☐ Anos:_____ Ocup:_____

10 PORQUE VEIO PARA RONDÔNIA (Problemas na área de origem):

11 QUE PENSOU FAZER EM RONDÔNIA:

12 QUANTAS PESSOAS TEM SUA FAMÍLIA:_____ pessoas

13 IDADE DE: 1Pão____anos
             2 Mãe____anos
   IDADE DOS FILHOS (NETOS): 3____anos, 4____anos, 5____anos, 6____anos, 7____anos,
   8____anos, 9____anos, 10____anos, 11____anos, 12____anos, 13____anos

14 AS PESSOAS QUE MORAM SEMPRE NO NUAR (número):

15 AS PESSOAS QUE MORAM TEMPORARIAMENTE NO NUAR (número):

16 OCUPAÇÃO (OCUPAÇÕES) ATUAL DO CHEFE DA FAMÍLIA:

17 LUGAR DE TRABALHO:

18 QUAIS MEMBROS DA FAMÍLIA TRABALHAM ALÉM DO CHEFE DA FAMÍLIA (número), QUAL E O
   TIPO DE TRABALHO (agricultura, assalariado etc.) E O LUGAR DE TRABALHO:
   No:____ Tipo de trabalho:_____ Lugar:_____
   No:____ Tipo de trabalho:_____ Lugar:_____
   No:____ Tipo de trabalho:_____ Lugar:_____
   No:____ Tipo de trabalho:_____ Lugar:_____
   No:____ Tipo de trabalho:_____ Lugar:_____
   No:____ Tipo de trabalho:_____ Lugar:_____

19 TEM FILHOS QUE ESTUDAM NO COLÉGIO DO NUAR:
   Até a 4ª série (número): ☐☐☐☐☐
   5ª série por diante (número): ☐☐

20 TEM LOTE RURAL:
   sim ☐   Pegou pelo INCRA ☐
           Comprou ☐   Porque:
   não ☐   Vendeu ☐
           Nunca tinha ☐   por seleção ☐
           Tenta conseguir ☐   por compra ☐
           Trabalha a meia ☐
           Trabalha a diária ☐

   PARCELEIRO:
21 Linha:_____ Lote:_____ Distância do NUAR:_____

22 SEMEXE QUEM CUIDA DO LOTE:

535

COMPRAS:
35 COMPRA MAIS NA CIDADE OU MAIS NO NUAR: mais na cidade ☐
mais no NUAR ☐

36 QUE MERCADORIAS COMPRA: na cidade: _____
no NUAR: _____

PLANEJAMENTO:
37 JÁ OUVIU FALAR DUM PROGRAMA? CHAMADO "POLONOROESTE": _____

38 QUE VOCÊ ACHA É A IDEIA DESSE PROGRAMA:::_____

39 ESSE PATRIMÔNIO TEM TAMBEM O NOME DE "NÚCLEO URBANO DE APOIO RURAL? TEM UMA IDEIA PORQUE ESSE NOME E O QUE É O PAPEL BESSES NÚCLEOS:-_____

40 NAS LINHAS TEM COMISSÕES DOS MORADORES FORMADAS PELA CODARON E PELA PROMOÇÃO SOCIAL, SABE O QUE E O OBJETIVO DESSES COMISSÕES:_____

41 SE LEMBRA QUEM ELEGIU O ADMINISTRADOR DO NUAR:_____

42 QUAIS SÃO, AO SEU VER, OS MAIORES PROBLEMAS DESTE NUAR:_____

43 PORQUE VEIO MORAR AQUI:_____

44 ESTE PATRIMÔNIO MUDOU OU VAI MUDAR ALGUMA COISA NA REGIÃO: sim ☐ não ☐
PORQUE:_____

45 ACHA QUE ESTE PATRIMÔNIO VAI PARA FRENTE: sim ☐ não ☐
PORQUE:_____

MEEIRO OU DIARISTA:
23 Linhas: _____ Lote: _____ Distância p/NUAR: _____

24 QUAIS SÃO A ÁREA E AS CULTURAS EM QUE TRABALHA:
Área:_____
Culturas:_____

25 ONDE MORA O DONO DO LOTE:_____

PARCELEIRO/MEEIRO/DIARISTA:
26 VAI CONTINUAR TRABALHAR FUTURAMENTE NO LOTE: sim ☐ não ☐
Porque:_____

27 QUER TRABALHAR SÓ NO NUAR: sim ☐ não ☐
Porque:_____

COMÉRCIO:
28 TIPO DE COMÉRCIO:_____

29 COMÉRCIO PRÓPRIO ☐ FILIAL ☐ MATRIZ: ☐

30 QUANDO ABRIU O COMÉRCIO:_____

31 QUEM COMPRA AQUÍ: Só o pessoal do NUAR ☐
Pessoal do NUAR e das linhas ☐
Mais o pessoal das linhas ☐

DATA: QUANTAS DATAS TEM:_____
32 PEGOU DATA PELA CODARON ☐
ADMINISTRADOR DISTRIBUIU ☐
COMPROU A DATA ☐ QUANDO:_____ PREÇO:_____
NÃO É O PROPRIETÁRIO ☐

CASA:
33 CONSTRUIU A CASA ☐
COMPROU A CASA ☐ QUANDO:_____ PREÇO:_____
ALUGA A CASA ☐ ALUGUEL ATUAL:_____

34 MATERIAL DA CASA: Madeira serrada ☐
Alvenaria ☐
Outro ☐

TÜBINGER GEOGRAPHISCHE STUDIEN

Heft 1	M. König:	Die bäuerliche Kulturlandschaft der Hohen Schwabenalb und ihr Gestaltswandel unter dem Einfluß der Industrie. 1958. 83 S. Mit 14 Karten, 1 Abb. u. 5 Tab. **vergriffen**
Heft 2	I. Böwing-Bauer:	Die Berglen. Eine geographische Landschaftsmonographie. 1958. 75 S. Mit 15 Karten **vergriffen**
Heft 3	W. Kienzle:	Der Schurwald. Eine siedlungs- und wirtschaftsgeographische Untersuchung. 1958. 59 S. Mit 14 Karten u. Abb. **vergriffen**
Heft 4	W. Schmid:	Der Industriebezirk Reutlingen—Tübingen. Eine wirtschaftsgeographische Untersuchung. 1960. 109 S. Mit 15 Karten **vergriffen**
Heft 5	F. Obiditsch:	Die ländliche Kulturlandschaft der Baar und ihr Wandel seit dem 18. Jahrhundert. 1961. 83 S. Mit 14 Karten u. Abb., 4 Skizzen **vergriffen**
Sbd. 1	A. Leidlmair (Hrsg.):	Hermann von Wissmann — Festschrift. 1962. 384 S. Mit 68 Karten u. Abb., 15 Tab. u. 32 Fotos **DM 29.—**
Heft 6	F. Loser:	Die Pfortenstädte der Schwäbischen Alb. 1963. 169 S. Mit 6 Karten u. 2 Tab. **vergriffen**
Heft 7	H. Faigle:	Die Zunahme des Dauergrünlandes in Württemberg und Hohenzollern. 1963. 79 S. Mit 15 Karten u. 6 Tab. **vergriffen**
Heft 8	I. Djazani:	Wirtschaft und Bevölkerung in Khuzistân und ihr Wandel unter dem Einfluß des Erdöls. 1963. 115 S. Mit 18 Fig. u. Karten, 10 Fotos **vergriffen**
Heft 9	K. Glökler:	Die Molasse-Schichtstufen der mittleren Alb. 1963. 71 S. Mit 5 Abb., 5 Karten im Text u. 1 Karte als Beilage **vergriffen**
Heft 10	E. Blumenthal:	Die altgriechische Siedlungskolonisation im Mittelmeerraum unter besonderer Berücksichtigung der Südküste Kleinasiens. 1963. 182 S. Mit 48 Karten u. Abb. **vergriffen**
Heft 11	J. Härle:	Das Obstbaugebiet am Bodensee, eine agrargeographische Untersuchung. 1964. 117 S. Mit 21 Karten, 3 Abb. im Text u. 1 Karte als Beilage **vergriffen**
Heft 12	G. Abele:	Die Fernpaßtalung und ihre morphologischen Probleme. 1964. 123 S. Mit 7 Abb., 4 Bildern, 2 Tab. im Text u. 1 Karte als Beilage **DM 8.—**
Heft 13	J. Dahlke:	Das Bergbaurevier am Taff (Südwales). 1964. 215 S. Mit 32 Abb., 10 Tab. im Text u. 1 Kartenbeilage **DM 11.—**
Heft 14	A. Köhler:	Die Kulturlandschaft im Bereich der Platten und Terrassen an der Riß. 1964. 153 S. Mit 32 Abb. u. 4 Tab. **DM 12.—**
Heft 15	J. Hohnholz:	Der englische Park als landschaftliche Erscheinung. 1964. 91 S. Mit 13 Karten u. 11 Abb. **vergriffen**
Heft 16	A. Engel:	Die Siedlungsformen im Ohrnwald. 1964. 122 S. Mit 1 Karte im Text u. 17 Karten als Beilagen **DM 11.—**
Heft 17	H. Prechtl:	Geomorphologische Strukturen. 1965. 144 S. Mit 26 Fig. im Text u. 14 Abb. auf Tafeln **DM 15.—**

Heft 18	E. Ehlers:	Das nördliche Peace River Country, Alberta, Kanada. 1965. 246 S. Mit 51 Abb., 10 Fotos u. 31 Tab. **vergriffen**
Sbd. 2	M. Dongus:	Die Agrarlandschaft der östlichen Poebene. 1966. 308 S. Mit 42 Abb. u. 10 Karten **DM 40.—**
Heft 19	B. Nehring:	Die Maltesischen Inseln. 1966. 172 S. Mit 39 Abb., 35 Tab. u. 8 Fotos **vergriffen**
Heft 20	N. N. Al-Kasab:	Die Nomadenansiedlung in der Irakischen Jezira. 1966. 148 S. Mit 13 Fig., 9 Abb. u. 12 Tab. **DM 15.—**
Heft 21	D. Schillig:	Geomorphologische Untersuchungen in der Saualpe (Kärnten). 1966. 81 S. Mit 6 Skizzen, 15 Abb., 2 Tab. im Text u. 5 Karten als Beilagen **DM 13.—**
Heft 22	H. Schlichtmann:	Die Gliederung der Kulturlandschaft im Nordschwarzwald und seinen Randgebieten. 1967. 184 S. Mit 4 Karten, 16 Abb. im Text u. 2 Karten als Beilagen **DM 12.—**
Heft 23	C. Hannss:	Die morphologischen Grundzüge des Ahrntales. 1967. 144 S. Mit 5 Karten, 4 Profilen, 3 graph. Darstellungen. 3 Tab. im Text u. 1 Karte als Beilage **DM 10.—**
Heft 24	S. Kullen:	Der Einfluß der Reichsritterschaft auf die Kulturlandschaft im Mittleren Neckarland. 1967. 205 S. Mit 42 Abb. u. Karten, 24 Fotos u. 15 Tab. **vergriffen**
Heft 25	K.-G. Krauter:	Die Landwirtschaft im östlichen Hochpustertal. 1968. 186 S. Mit 7 Abb., 15 Tab. im Text u. 3 Karten als Beilagen **DM 9.—**
Heft 26	W. Gaiser †:	Berbersiedlungen in Südmarokko. 1968. 163 S. Mit 29 Abb. u. Karten **vergriffen**
Heft 27	M.-U. Kienzle:	Morphogenese des westlichen Luxemburger Gutlandes. 1968. 150 S. Mit 14 Abb. im Text u. 3 Karten als Beilagen **vergr.**
Heft 28	W. Brücher:	Die Erschließung des tropischen Regenwaldes am Ostrand der kolumbianischen Anden. — Der Raum zwischen Rio Ariari und Ecuador —. 1968. 218 S. Mit 23 Abb. u. Karten, 10 Fotos u. 23 Tab. **vergriffen**
Heft 29	J. M. Hamm:	Untersuchungen zum Stadtklima von Stuttgart. 1969. 150 S. Mit 37 Fig., 14 Karten u. 11 Tab. im Text u. 22 Tab. im Anhang **vergriffen**
Heft 30	U. Neugebauer:	Die Siedlungsformen im nordöstlichen Schwarzwald. 1969. 141 S. Mit 27 Karten, 5 Abb., 6 Fotos u. 7 Tab. **vergriffen**
Heft 31	A. Maass:	Entwicklung und Perspektiven der wirtschaftlichen Erschliessung des tropischen Waldlandes von Peru, unter besonderer Berücksichtigung der verkehrsgeographischen Problematik. 1969. VI u. 262 S. Mit 20 Fig. u. Karten, 35 Tab. u. 28 Fotos **vergriffen**
Heft 32	E. Weinreuter:	Stadtdörfer in Südwest-Deutschland. Ein Beitrag zur geographischen Siedlungstypisierung. 1969. VIII u. 143 S. Mit 31 Karten u. Abb., 32 Fotos, 14 Tab. im Text u. 1 Karte als Beilage **vergriffen**
Heft 33	R. Sturm:	Die Großstädte der Tropen. — Ein geographischer Vergleich —. 1969. 236 S. Mit 25 Abb. u. 10 Tab. **vergriffen**

Heft 34 (Sbd. 3)	H. Blume und K.-H. Schröder (Hrsg.):	Beiträge zur Geographie der Tropen und Subtropen. (Herbert Wilhelmy-Festschrift). 1970. 343 S. Mit 24 Karten, 13 Fig., 48 Fotos u. 32 Tab. DM 27.—
Heft 35	H.-D. Haas:	Junge Industrieansiedlung im nordöstlichen Baden-Württemberg. 1970. 316 S. Mit 24 Karten, 10 Diagr., 62 Tab. u. 12 Fotos vergriffen
Heft 36 (Sbd. 4)	R. Jätzold:	Die wirtschaftsgeographische Struktur von Südtanzania. 1970. 341 S. Mit 56 Karten u. Diagr., 46 Tab. u. 26 Bildern. Summary DM 35.—
Heft 37	E. Dürr:	Kalkalpine Sturzhalden und Sturzschuttbildung in den westlichen Dolomiten. 1970. 120 S. Mit 7 Fig. im Text, 3 Karten u. 4 Tab. im Anhang vergriffen
Heft 38	H.-K. Barth:	Probleme der Schichtstufenlandschaften West-Afrikas am Beispiel der Bandiagara-, Gambaga- und Mampong-Stufenländer. 1970. 215 S. Mit 6 Karten, 57 Fig. u. 40 Bildern DM 15.—
Heft 39	R. Schwarz:	Die Schichtstufenlandschaft der Causses. 1970. 106 S. Mit 2 Karten, 23 Abb. im Text u. 2 Karten als Beilagen DM 10.—
Heft 40	N. Güldali:	Karstmorphologische Studien im Gebiet des Poljesystems von Kestel (Westlicher Taurus, Türkei). 1970. 104 S. Mit 14 Abb., 3 Karten, 11 Fotos u. 7 Tab. vergriffen
Heft 41	J. B. Schultis:	Bevölkerungsprobleme in Tropisch-Afrika. 1970. 138 S. Mit 13 Karten, 7 Schaubildern u. 8 Tab. vergriffen
Heft 42	L. Rother:	Die Städte der Çukurova: Adana — Mersin — Tarsus. 1971. 312 S. Mit 51 Karten u. Abb., 34 Tab. DM 21.—
Heft 43	A. Roemer:	The St. Lawrence Seaway, its Ports and its Hinterland. 1971. 235 S. With 19 maps and figures, 15 fotos and 64 tables DM 21.—
Heft 44 (Sbd. 5)	E. Ehlers:	Südkaspisches Tiefland (Nordiran) und Kaspisches Meer. Beiträge zu ihrer Entwicklungsgeschichte im Jung- und Postpleistozän. 1971. 184 S. Mit 54 Karten u. Abb., 29 Fotos. Summary DM 24.—
Heft 45 (Sbd. 6)	H. Blume und H.-K. Barth:	Die pleistozäne Reliefentwicklung im Schichtstufenland der Driftless Area von Wisconsin (USA). 1971. 61 S. Mit 20 Karten u. Abb., 3 Tab. u. 6 Fotos. Summary DM 18.—
Heft 46 (Sbd. 7)	H. Blume (Hrsg.):	Geomorphologische Untersuchungen im Württembergischen Keuperbergland. Mit Beiträgen von H.-K. Barth, R. Schwarz und R. Zeese. 1971. 97 S. Mit 25 Karten u. Abb. u. 15 Fotos DM 20.—
Heft 47	H.-D. Haas:	Wirtschaftsgeographische Faktoren im Gebiet der Stadt Esslingen und deren näherem Umland in ihrer Bedeutung für die Stadtplanung. 1972. 106 S. Mit 15 Karten, 3 Diagr. u. 5 Tab. vergriffen
Heft 48	K. Schliebe:	Die jüngere Entwicklung der Kulturlandschaft des Campidano (Sardinien). 1972. 198 S. Mit 40 Karten u. Abb., 10 Tab. im Text u. 3 Kartenbeilagen DM 18.—

Heft 49	R. Zeese:	Die Talentwicklung von Kocher und Jagst im Keuperbergland. 1972. 121 S. Mit 20 Karten u. Abb., 1 Tab. u. 4 Fotos **vergriffen**
Heft 50	K. Hüser:	Geomorphologische Untersuchungen im westlichen Hintertaunus. 1972. 184 S. Mit 1 Karte, 14 Profilen, 7 Abb., 31 Diagr., 2 Tab. im Text u. 5 Karten, 4 Tafeln u. 1 Tab. als Beilagen **DM 27.—**
Heft 51	S. Kullen:	Wandlungen der Bevölkerungs- und Wirtschaftsstruktur in den Wölzer Alpen. 1972. 87 S. Mit 12 Karten u. Abb., 7 Fotos u. 17 Tab. **DM 15.—**
Heft 52	E. Bischoff:	Anbau und Weiterverarbeitung von Zuckerrohr in der Wirtschaftslandschaft der Indischen Union, dargestellt anhand regionaler Beispiele. 1973. 166 S. Mit 50 Karten, 22 Abb., 4 Anlagen u. 22 Tab. **DM 24.—**
Heft 53	H.-K. Barth und H. Blume:	Zur Morphodynamik und Morphogenese von Schichtkamm- und Schichtstufenreliefs in den Trockengebieten der Vereinigten Staaten. 1973. 102 S. Mit 20 Karten u. Abb., 28 Fotos. Summary **DM 21.—**
Heft 54	K.-H. Schröder (Hrsg.):	Geographische Hausforschung im südwestlichen Mitteleuropa. Mit Beiträgen von H. Baum, U. Itzin, L. Kluge, J. Koch, R. Roth, K.-H. Schröder und H. P. Verse. 1974. 110 S. Mit 20 Abb. u. 3 Fotos **DM 19.50**
Heft 55	H. Grees (Hrsg.):	Untersuchungen zu Umweltfragen im mittleren Neckarraum. Mit Beiträgen von H.-D. Haas, C. Hannss und H. Leser. 1974. 101 S. Mit 14 Abb. u. Karten, 18 Tab. u. 3 Fotos **vergriffen**
Heft 56	C. Hannss:	Val d'Isère. Entwicklung und Probleme eines Wintersportplatzes in den französischen Nordalpen. 1974. XII und 173 S. Mit 51 Karten u. Abb., 28 Tab. Résumé **DM 42.—**
Heft 57	A. Hüttermann:	Untersuchungen zur Industriegeographie Neuseelands. 1974. XX und 243 S. Mit 33 Karten, 28 Diagrammen und 51 Tab. Summary **DM 36.—**
Heft 58 (Sbd. 8)	H. Grees:	Ländliche Unterschichten und ländliche Siedlung in Ostschwaben. 1975. 320 S. Mit 58 Karten, 32 Tab. und 14 Abb. Summary **vergriffen**
Heft 59	J. Koch:	Rentnerstädte in Kalifornien. Eine bevölkerungs- und sozialgeographische Untersuchung. 1975. XV, 154 S. Mit 51 Karten u. Abb., 15 Tab. und 4 Fotos. Summary **DM 30.—**
Heft 60 (Sbd. 9)	G. Schweizer:	Untersuchungen zur Physiogeographie von Ostanatolien und Nordwestiran. Geomorphologische, klima- und hydrogeographische Studien im Vansee- und Rezaiyehsee-Gebiet. 1975. 145 S. Mit 21 Karten, 6 Abb., 18 Tab. und 12 Fotos. Summary. Résumé **DM 39.—**
Heft 61 (Sbd. 10)	W. Brücher:	Probleme der Industrialisierung in Kolumbien unter besonderer Berücksichtigung von Bogotá und Medellín. 1975. 175 S. Mit 26 Tab. und 42 Abb. Resumen **DM 42.—**

Heft 62	H. Reichel:	Die Natursteinverwitterung an Bauwerken als mikroklimatisches und edaphisches Problem in Mitteleuropa. 1975. 85 S. Mit 4 Diagrammen, 5 Tab. und 36 Abbildungen. Summary. Résumé	**DM 30.—**
Heft 63	H.-R. Schömmel:	Straßendörfer im Neckarland. Ein Beitrag zur geographischen Erforschung der mittelalterlichen regelmäßigen Siedlungsformen in Südwestdeutschland. 1975. 118 S. Mit 19 Karten, 2 Abb., 11 Tab. und 6 Fotos. Summary	**DM 30.—**
Heft 64	G. Olbert:	Talentwicklung und Schichtstufenmorphogenese am Südrand des Odenwaldes. 1975. 121 S. Mit 40 Abb., 4 Karten und 4 Tabellen. Summary	**DM 27.—**
Heft 65	H. M. Blessing:	Karstmorphologische Studien in den Berner Alpen. 1976. 77 S. Mit 3 Karten, 8 Abb. und 15 Fotos. Summary. Résumé	**DM 30.—**
Heft 66	K. Frantzok:	Die multiple Regressionsanalyse, dargestellt am Beispiel einer Untersuchung über die Verteilung der ländlichen Bevölkerung in der Gangesebene. 1976. 137 S. Mit 17 Tab., 4 Abb. und 19 Karten. Summary. Résumé	**DM 36.—**
Heft 67	H. Stadelmaier:	Das Industriegebiet von West Yorkshire. 1976. VII, 155 S. Mit 38 Karten, 8 Diagr. u. 25 Tab. Summary	**DM 39.—**
Heft 68 (Sbd. 11)	H.-D. Haas	Die Industrialisierungsbestrebungen auf den Westindischen Inseln unter besonderer Berücksichtigung von Jamaika und Trinidad. 1976. XII, 171 S. Mit 31 Tab., 63 Abb. u. 7 Fotos. Summary	**vergriffen**
Heft 69	A. Borsdorf:	Valdivia und Osorno. Strukturelle Disparitäten und Entwicklungsprobleme in chilenischen Mittelstädten. Ein geographischer Beitrag zu Urbanisierungserscheinungen in Lateinamerika. 1976. VIII, 155 S. Mit 28 Fig. u. 48 Tab. Summary. Resumen	**DM 39.—**
Heft 70	U. Rostock:	West-Malaysia — ein Entwicklungsland im Übergang. Probleme, Tendenzen, Möglichkeiten. 1977. X, 199 S. Mit 22 Abb. u. 28 Tab. Summary	**DM 36.—**
Heft 71 (Sbd. 12)	H.-K. Barth:	Der Geokomplex Sahel. Untersuchungen zur Landschaftsökologie im Sahel Malis als Grundlage agrar- und weidewirtschaftlicher Entwicklungsplanung. 1977. 234 S. Mit 68 Abb. u. 26 Tab. Summary	**DM 42.—**
Heft 72	K.-H. Schröder:	Geographie an der Universität Tübingen 1512—1977. 1977. 100 S.	**DM 30.—**
Heft 73	B. Kazmaier:	Das Ermstal zwischen Urach und Metzingen. Untersuchungen zur Kulturlandschaftsentwicklung in der Neuzeit. 1978. 316 S. Mit 28 Karten, 3 Abb. und 83 Tab. Summary	**DM 48.—**
Heft 74	H.-R. Lang:	Das Wochenend-Dauercamping in der Region Nordschwarzwald. Geographische Untersuchung einer jungen Freizeitwohnsitzform. 1978. 162 S. Mit 7 Karten, 40 Tab. und 15 Fotos. Summary	**DM 36.—**

Heft 75	G. Schanz:	Die Entwicklung der Zwergstädte des Schwarzwaldes seit der Mitte des 19. Jahrhunderts. 1979. 174 S. Mit 2 Abb., 10 Karten und 26 Tab. DM 36.—
Heft 76	W. Ubbens:	Industrialisierung und Raumentwicklung in der nordspanischen Provinz Alava. 1979. 194 S. Mit 16 Karten, 20 Abb. und 34 Tab. DM 40.—
Heft 77	R. Roth:	Die Stufenrandzone der Schwäbischen Alb zwischen Erms und Fils. Morphogenese in Abhängigkeit von lithologischen und hydrologischen Verhältnissen. 1979. 147 S. Mit 29 Abb. DM 32.—
Heft 78	H. Gebhardt:	Die Stadtregion Ulm/Neu-Ulm als Industriestandort. Eine Industriegeographische Untersuchung auf betrieblicher Basis. 1979. 305 S. Mit 31 Abb., 4 Fig., 47 Tab. und 2 Karten. Summary DM 48.—
Heft 79 (Sbd. 14)	R. Schwarz:	Landschaftstypen in Baden-Württemberg. Eine Untersuchung mit Hilfe multivariater quantitativer Methodik. 1980. 167 S. Mit 31 Karten, 11 Abb. und 36 Tab. Summary DM 35.—
Heft 80 (Sbd. 13)	H.-K. Barth und H. Wilhelmy (Hrsg.):	Trockengebiete. Natur und Mensch im ariden Lebensraum. (Festschrift für H. Blume) 1980. 405 S. Mit 89 Abb., 51 Tab., 38 Fotos. DM 68.—
Heft 81	P. Steinert:	Góry Stołowe — Heuscheuergebirge. Zur Morphogenese und Morphodynamik des polnischen Tafelgebirges. 1981. 180 S. Mit 23 Abb., 9 Karten. Summary, Streszszenie DM 24.—
Heft 82	H. Upmeier:	Der Agrarwirtschaftsraum der Poebene. Eignung, Agrarstruktur und regionale Differenzierung. 1981. 280 S. Mit 26 Abb., 13 Tab., 2 Übersichten und 8 Karten. Summary, Riassunto DM 27.—
Heft 83	C. C. Liebmann:	Rohstofforientierte Raumerschließungsplanung in den östlichen Landesteilen der Sowjetunion (1925—1940). 1981. XI, 466 S. Mit 16 Karten, 24 Tab. Summary DM 54.—
Heft 84	P. Kirsch:	Arbeiterwohnsiedlungen im Königreich Württemberg in der Zeit vom 19. Jahrhundert bis zum Ende des Ersten Weltkrieges. 1982. 343 S. Mit 39 Kt., 8 Abb., 15 Tab., 9 Fotos. Summary DM 40.—
Heft 85	A. Borsdorf und H. Eck:	Der Weinbau in Unterjesingen. Aufschwung, Niedergang und Wiederbelebung der Rebkultur an der Peripherie des württembergischen Hauptanbaugebietes. 1982. 96 S. Mit 14 Abb., 17 Tab. Summary DM 15.—
Heft 86	U. Itzin:	Das ländliche Anwesen in Lothringen. 1983. 183 S. Mit 21 Karten, 36 Abb., 1 Tab. DM 35.—
Heft 87	A. Jebens:	Wirtschafts- und sozialgeographische Untersuchungen über das Heimgewerbe in Nordafghanistan unter besonderer Berücksichtigung der Mittelstadt Sar-e-Pul. Ein geographischer Beitrag zur Stadt-Umland-Forschung und zur Wirtschaftsform des Heimgewerbes. 1983. 426 S. Mit 19 Karten, 29 Abb., 81 Tab. Summary u. persische Zusammenfassung DM 59.—

Heft 88	G. Remmele:	Massenbewegungen an der Hauptschichtstufe der Benbulben Range. Untersuchungen zur Morphodynamik und Morphogenese eines Schichtstufenreliefs in Nordwestirland. 1984. 233 S. Mit 9 Karten, 22 Abb., 3 Tab. und 30 Fotos. Summary DM 44.—
Heft 89	C. Hannss:	Neue Wege der Fremdenverkehrsentwicklung in den französischen Nordalpen. Die Antiretortenstation Bonneval-sur-Arc im Vergleich mit Bessans (Hoch-Maurienne). 1984. 96 S. Mit 21 Abb. und 9 Tab. Summary. Resumé DM 16.—
Heft 90 (Sbd. 15)	S. Kullen (Hrsg.):	Aspekte landeskundlicher Forschung. Beiträge zur Sozialen und Regionalen Geographie unter besonderer Berücksichtigung Südwestdeutschlands. (Festschrift für Hermann Grees) 1985. 483 S. Mit 42 Karten (teils farbig), 38 Abb., 18 Tab., Lit. DM 59,—
Heft 91	J.-W. Schindler:	Typisierung der Gemeinden des ländlichen Raumes Baden-Württembergs nach der Wanderungsbewegung der deutschen Bevölkerung. 1985. 274 S. Mit 14 Karten, 24 Abb., 95 Tab. Summary. DM 40,—
Heft 92	H. Eck:	Image und Bewertung des Schwarzwaldes als Erholungsraum — nach dem Vorstellungsbild der Sommergäste. 1985. 274 S. Mit 31 Abb. und 66 Tab. Summary. DM 40,—
Heft 93 (TBGL 1)	G. Kohlhepp (Hrsg.):	Brasilien. Beiträge zur regionalen Struktur- und Entwicklungsforschung. 1987. 318 S. Mit 78 Abb., 41 Tab. DM 45,—
Heft 94 (TBGL 2)	R. Lücker:	Agrarräumliche Entwicklungsprozesse im Alto-Uruguai-Gebiet (Südbrasilien). Analyse eines randtropischen Neusiedlungsgebietes unter Berücksichtigung von Diffusionsprozessen im Rahmen modernisierender Entwicklung. 1986. 278 S. Mit 20 Karten, 17 Abb., 160 Tab., 17 Photos. Summary. Resumo. DM 54,—
Heft 95 (Sbd. 16) (TBGL 3)	G. Kohlhepp und A. Schrader (Hrsg.):	Homem e Natureza na Amazônia. Hombre y Naturaleza en la Amazonía. Simpósio internacional e interdisciplinar. Simposio internacional e interdisciplinario. Blaubeuren 1986. 1987. 507 S. Mit 51 Abb., 25 Tab. DM 37,—
Heft 96 (Sbd. 17) (TBGL 4)	G. Kohlhepp und A. Schrader (Hrsg.):	Ökologische Probleme in Lateinamerika. Wissenschaftliche Tagung Tübingen 1986. 1987. 317 S. Mit Karten, 74 Abb., 13 Tab., 14 Photos. DM 27,—
Heft 97 (TBGL 5)	M. Coy:	Regionalentwicklung und regionale Entwicklungsplanung an der Peripherie in Amazonien. Probleme und Interessenkonflikte bei der Erschließung einer jungen Pionierfront am Beispiel des brasilianischen Bundesstaates Rondônia. 1988. 549 S. Mit 31 Karten, 22 Abb. 79 Tab. Summary. Resumo. DM 48,—

Mit TBGL bezeichnete Bände erscheinen zugleich in der Reihe „Tübinger Beiträge zur Geographischen Lateinamerika-Forschung", hrsg. von Gerd Kohlhepp.